教育部哲學社會科學研究重大課題攻關項目

「十一五」國家重點圖書出版規劃項目·重大工程出版規劃
國家社會科學基金重大項目
北京大學「九八五工程」重點項目

儒藏

精華編一〇二册
經部群經總義類

儒藏

精華編

北京大學《儒藏》編纂與研究中心

《儒藏》精華編第一〇二册

首席總編纂　季羨林

項目首席專家　湯一介

總　編　纂　湯一介　龐　樸　孫欽善　安平秋（按年齡排序）

本册主編　朱維錚

《儒藏》精華編凡例

一、中國傳統文化以儒家思想爲中心。《儒藏》爲儒家經典和反映儒家思想、體現儒家經世做人原則的典籍的叢編。收書時限自先秦至清代結束。

二、《儒藏》精華編爲《儒藏》的一部分，選收《儒藏》中的精要書籍。

三、《儒藏》精華編所收書籍，包括傳世文獻和出土文獻。傳世文獻按《四庫全書總目》經史子集四部分類法分類，大類、小類基本參照《中國叢書綜録》和《中國古籍善本書目》，於個别處略作調整。凡單書已收入入選的個人叢書或全集者，僅存目録，並注明互見。出土文獻單列爲一個部類，原件以古文字書寫者一律收其釋文文本。韓國、日本、越南儒學者用漢文寫作的儒學著作，編爲海外文獻部類。

四、所收書籍的篇目卷次，一仍底本原貌，不選編，不改編，保持原書的完整性和獨立性。

五、對入選書籍進行簡要校勘。以對校爲主，確定内容完足、精確率高的版本爲底本，精選有校勘價值的版本爲校本。出校堅持少而精，以校正誤爲主，酌校異同。校記力求規範、精煉。

六、根據現行標點符號用法，結合古籍標點通例，進行規範化標點。專名號除書名號用角號（《》）外，其他一律省略。

七、對較長的篇章，根據文字内容，適當劃分段落。正文原已分段者，不作改動。千字以内的短文一般不分段。

八、各書卷端由整理者撰寫《校點説明》，簡要介紹作者生平、該書成書背景、主要内容及影響，以及整理時所確定的底本、校本（舉全稱後括注簡稱）及其他有關情況。重複出現的作者，其生平事蹟按出現順序前詳後略。

九、本書用繁體漢字豎排，小注一律排爲單行。

《儒藏》精華編第一〇二册

經部　群經總義類

群經平議

〔清〕俞樾 撰
張鈺翰 校點

目録

校點説明

俞樾（一八二一——一九〇七），字蔭甫，號曲園，浙江德清人。道光三十年（一八五〇）進士，選翰林院庶吉士，散館授編修。咸豐五年（一八五五），放爲河南學政。七年，奏請以公孫僑從祀文廟、孟皮配享崇聖祠，并從之。同年，以御史曹澤劾其所出試題割裂經義罷職。其後僑居蘇、杭等地，曾先後主講蘇州紫陽、上海求志各書院，主杭州詁經精舍達三十餘年，門弟子戴望、黄以周、朱一新、章炳麟等人，皆有聲於世。在杭州時總辦浙江書局，建議江、浙、揚、鄂四書局分刻二十四史，又於浙江書局精刻子書二十二種，當時稱爲善本。光緒二十九年（一九〇三），以鄉舉重逢，詔復原官。光緒三十二年十二月二十三日，卒，年八十六。生平著述甚多，有《群經平議》三十五卷、《諸子平議》三十五卷、《第一樓叢書》三十卷、《曲園雜纂》五十卷、《俞樓雜纂》五十卷、《右臺仙館筆記》十六卷、《茶香室叢抄》、《春在堂隨筆》等，合編爲《春在堂全書》五百卷。曾國藩謂「俞蔭甫拼命著書」，誠不虚也。

俞樾學術承乾嘉漢學而來，以高郵王念孫、王引之父子爲宗，著述以《群經平議》續王引之《經義述聞》，以《諸子平議》續王念孫《讀書雜志》。謂治經之道有三：正句讀、審字義、通古文假借，而通假借爲尤要。其《古書疑義舉例》取古書句法、用字、脱衍致誤之由等爲八十八例，詳爲例證，以明其義，爲讀古書之助。而清《國史儒林傳》尤稱其《易》學，謂其於諸經皆有纂述，而《易》學爲深。所著《易貫》，專發明聖人觀象繫辭之義。《玩易》五篇，則自出新意，不拘泥先儒之説。復作《艮宧易説》、《卦氣直日考》、《續考》、《邵易補原》、《易窮通變化論》、《周易互體徵》、《八卦方位説》，散見《叢書》、《雜纂》中，皆足證一家之學。

《群經平議》爲俞樾經學研究之重要著作。其所謂「群經」者，乃《十三經》除《孝經》，增《逸周書》、《大戴禮記》及《國語》。其有所訂正者先列經文，次列先儒舊注説解，然後加按語以駁正舊説，發明己意。所考訂者，有經文衍誤，有字義訓詁，有名物制度，然大要在以「正字」爲主。辨析經文字義，多以假借之法讀之。因《經義述聞》用漢儒讀爲、讀曰之例者居半，乃明古文以聲爲主，假借之法即以聲訓爲據，聲同或聲近者義則可通，故每得通用。以爲經義所以晦而不明者，由學者不通假借之旨。若通假借，則古字明；古字明，而古義顯；古義顯，則經旨可得而通。此正戴東原「由字以通其詞，由詞以通其道」之遺訓也。其説雖或有輾轉相借、牽合難通者，而是正經文亦復不少。讀者細讀其書，得失自見。

據俞樾自序稱，《群經平議》之作始於同治元年（一八六二）至天津之後，三載乃告成。同治四年春，天津人張汝霖取其第十四卷單獨刊刻。經祁寯藻、閻汝弼之揄揚，乃漸傳播於世。在當時浙江巡撫蔣益澧（薌泉）、杭州知府劉汝璆（芴堂）的鼎力支持下，於同治五年冬刻成全書，是爲該書最早的完整刻本。其後收入《春在堂全書》，迭經刷印，所謂同治十年本、光緒三年、七年、九年本、十五年本、二十五年本、二十八年本等，並皆每頁十行二十一字，屬同一版本系統。光緒十四年南菁書院所刻《皇清經解續編》，卷一千三百六十二至一千三百九十六亦收入此書，由長江王賓、善化劉鐸負讎校之責，是爲此書之另一版本，但删去卷首《序目》，並非完璧。又北京國家圖書館藏有《群經平議》稿本二十四卷，以其爲殘稿，且多勾畫圈點删改之處，似屬未定之本，故本次校點未予採用。本次校點，以《續修四庫全書》影印的光緒二十五年《春在堂全書》本爲底本，以光緒十四年南菁書院刻《皇清經解續編》本爲校本。書中所引經典或前人經説，儘可能查對原文，個別文句與原文不符而不影響原義者，不出校。因學力所限，疏漏之處或恐難免，尚祈方家指正。

校點者　張鈺翰

序目

《群經平議》三十五卷，德清俞樾譔。樾自爲《序録》曰：

道光之元，樾始生焉。生六歲而母氏姚太恭人授之《論語》、《孟子》及《禮記·大學》《中庸》二篇。十歲受業於戴貽仲先生，始習爲時文。十五歲從先朝議君讀書常州，粗通群經大義。其明年入縣學，又明年應鄉試，廁名副榜，於是竱力爲科舉之文。越七年而舉於鄉，又六年而成進士，入翰林，則年已三十矣。自以家世單寒，獲在華選，惴惴惟不稱職是懼，不皇它也。咸豐七年，自河南學政免官歸，因故里無家，僑寓吴下石琢堂前輩五柳園中。當是時，粤賊據金陵已五年，東南數千里幾無完城。朝廷命重臣督師，四出討賊，才智之士争起言兵。余自顧無所能，閉户發匧，取童時所讀諸經復誦習之，於是始竊有譔述之志矣。家貧不能具書，假於人而讀焉，有所得必録之，治經之外，旁及諸子，妄有訂正，兩《平議》之作蓋始此矣。其後江、浙皆陷于賊，流離遷徙，靡有定居，《平議》兩書卒未忍棄。同治建元之歲，由海道至天津，寓於津者三載，而《群經平議》三十五卷乃始告成。念少年精力爲舉業所秏，通籍後又居館職，習詩賦，至中歲以後始退而孯經，所謂「困而學之」者非歟，庸足以知聖人之微言大義乎！雖然，本朝經學之盛，自漢以來未之有也。余幸生諸老先生之後，與聞緒論，粗識門户，嘗試以爲治經之道，大要有三：正句讀，審字義，通古文假借。得此三者以治經，則思過半矣。《詩》曰：「昔我有先正，其言明且清。」聖人之言，豈有不明且清者哉？其詁𥳑爲病，由學者不達此三者故也。三者之中，通假借爲尤要。諸老先生惟高郵王氏父子發明故訓，是正文字，至爲精審。所著《經義述聞》，用漢儒讀爲、讀曰之例者居半焉。或者病其改易經文，所謂「焦明已翔乎寥廓，羅者猶視乎藪澤」矣。余之此書，竊附王氏《經義述聞》之後，雖學術淺薄，儻亦有一二言之幸中者乎？以其書成最先，故列所著書弟一，今録其目于左方。

春秋外傳國語二

第三十卷

論語一

第三十一卷

論語二

第三十二卷

孟子一

第三十三卷

孟子二

第三十四卷

爾雅一

第三十五卷

爾雅二

是書也成，藏之匧中未出也。同治四年春，天津有張少巖汝霖者取其書第十四卷刻之，以此卷專論《考工記》世室、重屋、明堂制度，可單行也。壽陽相國見而好之，寓書曰：「歷代明堂之制，見于秦氏《五禮通考》，其中辨正舊注者不爲無功，要亦互有出入，未足以難鄭也。陳氏《五經異義疏證》采輯近儒新説，又案而不斷，鮮所折衷。吾子據《隋書・宇文愷傳》訂正《考工記》一字之衍，遂使記文八十一字略無齟齬；且於鄭注之誤駁正無遺，三代世室、重屋、明堂相因之制燦然在目，而秦、漢以來規模亦略具於斯，誠覃思精義，有功經傳者也。」閻夢巖農部汝弼亦好之，介相國而求焉，於是人始稍稍知有此書矣。是年夏，宋雪帆侍郎以使事至津，索觀《三禮平議》，謂余曰：「高郵王氏之學固極精審，然多考訂于一字一句之閒。若子之書，則有見其大者，殆將駕而上之乎！」因謀以《儀禮平議》二卷刻之京師。余旋南歸，未果也。余既南歸，蔣薌泉撫部時爲吾浙方伯，雄才英略，獨冠當代，既已夷險發荒，胥兩浙之民而衽席之；又將興起人文，作養士類，以副朝廷求治之意。知余有此書，力以栞刻自任。杭州劉筎堂太守以余書尚無定本，宜以時寫定，贈洋泉四十爲寫書費。太守故清貧，問其所自來，乃得之假貸者，余笑曰：「此亦君循吏傳中一事矣。」五年春，方伯出巨貲，鳩衆工登全書於版，未竟厥功，遷廣東巡撫去。筎堂承公命始終之，開雕於夏四月，越八月而書成。經理其事者爲丁松生丙，任校讎者爲高伯平均儒，皆與有力焉。嗟乎！本朝經術昌明，諸老先生説經之書浩如煙海，余此書又何足道。而諸巨公必欲刻而行之世，豈以其中固有一二言之幸中者乎？抑或以數十年來兹道衰息，將振而起之，而姑以余此書爲嚆矢乎？後之君子，必有以辨之。

群經平議卷一

德清俞樾

周易一

初九《乾》

正義曰：「陽爻稱九，陰爻稱六，其説有二：一者乾體有三畫，坤體有六畫，陽得兼陰，故其數九；陰不得兼陽，故其數六。二者老陽數九，老陰數六，老陰老陽皆變，《周易》以變者爲占，所以老陽數九，老陰數六者，以揲蓍之數，九遇揲則得老陽，六遇揲則得老陰，其少陽稱七，少陰稱八，義亦準此。」

樾謹按：八卦成列，本皆三畫之卦，因而重之，則皆六畫之卦。乾以⚊爲一畫，坤以⚋爲一畫，不得以乾爲三畫，坤爲六畫也。如其説，將震、坎、艮爲五畫卦，巽、離、兑爲四畫卦乎？然則前一説不可通矣。其後一説以老陰老陽爲説，自不可易，而究其所以爲老陽老陰者，則徒執揲蓍之數以求之。夫揲蓍之數，人之所定，非天之所爲也。聖人何爲必以九爲老陽，七爲少陽，六爲老陰，八爲少陰乎？是必有一定之理，先儒未有能見及者。今按：陽之數以三而奇，陰之數以二而偶。《周書·武順》篇曰「男生而成三，女生而成兩」，是其義也。

《説卦傳》曰「參天兩地而倚數」，正義引鄭注曰「三之以天，兩之以地」，竊謂九、六之數起於此矣。乾卦三陽，陽之數三，三其三則爲九，故九者乾之數也。坤卦三陰，陰之數二，三其二則爲六，故六者坤之數也。以是推之，震、坎、艮皆一陽二陰，其數七；巽、離、兑皆一陰二陽，其數八。《易》用九六，不用七八者，用老不用少，統于尊也。於是聖人卽本此數以揲蓍，凡三少則所存者三十六，四之得九，是爲老陽。三多則所存者二十四，四之得六，是爲老陰。一少兩多則所存者二十八，四之得七，是爲少陽。一多兩少則所存者三十二，四之得八，是爲少陰。夫九與六所以爲老陽老陰，而七與八所以爲少陽少陰者，卽本乎八卦之數，非以意爲之也。明乎此，而用九、用六之義可無疑矣。

夕惕，若厲。九三

樾謹按：近讀以「夕惕若」爲句，武氏億《經讀攷異》謂「漢唐舊讀，竝連『夕惕若厲』爲句」，引《淮南子・人閒訓》、《漢書・王莽傳》、《説文》「⿰骨昜」字注、《風俗通義》、《後漢書・謝夷吾傳》爲證。今按：近讀固非，漢唐舊讀以「夕惕若厲」四字爲句，實亦未得。此當以「夕惕」二字爲句，「君子終日乾乾，夕惕」，猶言終日乾乾，終夕惕惕也。語有繁簡耳。「若厲」二字自爲句，猶《夬》九三言「若濡」，《萃》初六言「若號」也。《文言》曰：「故乾乾因其時而惕，雖危，無咎矣。」「雖危」二字正解「若厲」之義，然則漢唐舊讀，其亦未可從矣。

坤彖辭

《釋文》曰：「坤，本又作巛。巛，今字也。」

樾謹按：《説文・土部》坤下竝無作巛重文。《川部》曰：「巛，貫穿通流水也。《虞書》曰『濬く巛距巛』。」是「巛」卽「川」字，非「坤」字也，疑「巛」當讀爲順。《説卦傳》

「乾，健也；坤，順也」，而乾卦古卽謂之健，《象傳》「天行健」卽天行乾也。乾卦謂之健，故坤卦謂之順矣。此作「巛」者，乃「順」之叚字，順從川聲，古文以聲爲主，故順或作川。《説文·臤部》曰：「臤，古文以爲賢字。」《可部》曰：「哥，古文以爲歌字。」然則以川爲順，猶以臤爲賢，以哥爲歌矣。孔子贊《易》，既正其名曰「坤」，而古文流傳至漢世尚有存者，是以《孟郁修堯廟碑》作「川」，《孔廟置卒史碑》作「巛」，《韓勑修孔廟後碑》作「巛」，《史晨祠孔廟奏銘》作「巛」，《魏修孔子廟碑》作「川」，皆是隸書川字。至陸德明作《釋文》時，尚有作「巛」之本，而皆莫識其爲「順」之叚字。近世學者，或謂巛六畫不連，連者是「川」字，妄爲區别，更失之遠矣。

履霜。《坤》初六

《釋文》曰：「鄭讀履爲禮。」

樾謹按：履霜之義，明白無疑，鄭讀爲「禮」，義不可通，疑鄭氏所據本作「禮霜」，鄭注則曰「禮，讀爲履」，蓋禮履聲近而義通。《禮記·祭義》篇：「禮者，履此者也。」《白虎通·禮樂》篇：「禮之爲言履也。」「禮霜」卽「履霜」，經文作「禮」，鄭破叚字而讀以本字，乃解經之恒例。後人用注説改經文，又以既改之經文改注，而陸氏承其誤耳。經典中如此者甚多，段氏玉裁《經韻樓集》舉《周禮》「蒩」讀爲「鉏」、「蜮」讀爲「蟈」數事可證。

小貞吉，大貞凶。《屯》九五

正義曰：「貞，正也。出納之吝謂之有司，是小正爲吉。若大人不能恢宏博施，是大正爲凶。」

樾謹按：《周官·太卜》曰：「凡國大貞，卜立君，卜大封。」鄭司農曰：「貞，問也。國有大疑，問於蓍龜。」據此則以大事問謂之大貞，以小事問謂之小貞。「小貞吉，大貞凶」，言可小事不可大事也。正義訓貞爲正，未得經意。《説文·卜部》曰：「貞，卜問也，從卜，貝以爲贄。」又曰：「占，視兆問也。」是貞與占同義。《周官·天府》「季冬，陳玉以貞來歲之吉凶」，❶猶云占來歲之吉凶也。鄭司農訓貞爲問，甚得古義。康成謂「問於正者，必先正之，乃從問焉」，其義轉迂矣。

利用刑人，用説桎梏。《蒙》初六

王弼注曰：「蒙發疑明，刑説當也。」正義曰：「以蒙既發去，疑事顯明，刑人説桎梏皆得當。」

樾謹按：《爾雅·釋詁》：「刑，常也。」「利用刑人」，猶《尚書·立政》所云「其惟克用常人」耳。常人者，有常之人。《周書·皇門》篇「苟克有常」，孔晁注曰「常謂常德」，是其義也。此爻之義，言發蒙者利用有常之人，又當寬之，故曰「利用刑人，用説桎梏」也。《釋詁》刑訓常，又訓法，故《象傳》曰「利用刑人，以正法也」。若如王注，以刑爲刑罰之刑，則「刑人」與「説桎梏」義正相反，判然兩事，《象傳》不當偏舉一端矣。

師或輿尸，凶。《師》六三

《集解》引虞氏曰：❷「尸在車上，故輿尸凶矣。」

樾謹按：以「輿尸」爲尸在車上，則但云「師輿尸」足矣。如六四「師左次」，不必言「師或左次」也。程傳曰：「輿，衆也；尸，主

❶ 「吉凶」，《周禮注疏》作「媺惡」。
❷ 「虞」，原作「盧」，今據《周易集解》改。

也。」訓尸爲主，本《爾雅・釋詁》文，殊勝古義。但輿訓衆，則六五曰「弟子輿尸」，豈可云弟子衆主乎？「輿」當讀爲「與」。襄二年《左傳》「使正輿子賂夙沙衛」，又十年《傳》「王叔陳生與伯輿争政」，又三十一年《傳》「生去疾及展輿」，又定五年《傳》「囚闉輿罷」，《釋文》竝曰「輿本作與」。《史記・孔子弟子傳》「曾參，字子輿」，《家語》作「子與」，是輿、與古通用。「師或輿尸」者，師或與尸也，言師或與爲主，如後世有觀軍容使之類，故凶也。「弟子輿尸」者，弟子與尸也，言既使長子帥師，又使弟子與爲主，如晉河曲之戰有趙穿是也。

原筮，元永貞，无咎。《比》彖辭

《集解》引干寶曰：「原，卜也，《周禮》三卜，一曰原兆。」又引蜀才曰：「原究筮道，以求長正。」

樾謹按：《周官》：「太卜掌三兆之法：一曰玉兆，二曰瓦兆，三曰原兆。」鄭注曰「原，原田也」，然則原兆特三兆之一，以其象似原田，故名之曰原，豈可即訓原爲卜乎？干氏之説疏矣。蜀才謂「原究筮道」，此與正義所云「原窮其情，筮決其意」，竝爲望文生訓。今按：《比》之「原筮」，猶《蒙》之「初筮」。《説文・灥部》：「厵，水泉本也。」重文原，曰：「篆文厵省。」❶是原之本義水泉本也，今俗加水作「源」，即其字也，故引申之則有始義。《漢書・元帝紀》注引晉灼曰：「原，本也，始祖之廟，故曰本也。」「原筮」之「原」，當從此訓，正與「後夫凶」相對。正義解「後夫凶」曰：「親比貴速，若及早而來，人皆親附，故

❶ 「厵省」，《説文解字》作「从泉」。

在先者吉。若在後而至者，人或疏己，親比不成，故後夫凶。」此説極合經旨，「原筮，元永貞，无咎」，即所謂在先者吉也。孔穎達能得此旨而不得「原」字之解，故知詁經當先明字義矣。顧氏炎武《日知録》曰：「元者，本也，後人以『原』字代之，不知何解。原者，再也，《易》『原筮』，《周禮》『原蠶』，《文王世子》『末有原』，《漢》『原廟』，皆作再字解。師古曰『原，重也』，與本來之義全不相同。」按：顧氏此説極爲疏闊，原之訓本，於經有徵。《禮記・孔子閒居》篇「必達於禮樂之原」，鄭注曰「原，猶本也」。且「原廟」之「原」，晉灼與師古異義，在《漢書》已有兩説矣，安得謂原止訓再乎？

不甯方來。

樾謹按：傳曰：「不甯方來，上下應也。」王注曰：「安則不安者託焉，故不甯方所以來，上下應故也。」據注是以「不甯方」三字連讀，甚爲不辭，殆失之矣。《考工記》祭侯之辭曰：「惟若甯侯，無或若女不甯侯，不屬於王所。」此「不甯」二字之義也。方之言竝也，《説文・方部》：「方，併船也，象兩舟省、總頭形。」是方之本義爲兩舟相竝，故方卽訓竝。《儀禮・鄉射禮》曰「不方足」，鄭注曰「方，猶併也」。《聘禮》注曰「今文竝皆爲併」，是併、竝同字，方訓併，卽訓竝。《尚書・微子》篇「小民方興」，《史記・宋世家》作「竝興」，蓋史公以詁訓字代之也。「不甯方來」猶云不甯竝來，言不甯者無不來，故傳曰「上下應」也。

邑人不誡。《比》九五

正義曰：「『邑人不誡，吉』者，雖不能廣普親比，於自己相親之處不妄加討罰，所以己邑之人不須防誡而有吉也。」

樾謹按：此承「王用三驅」而言，王者田獵所至，非敵人侵犯，何防誡之有？「誡」當讀爲「駭」。《周官・太僕職》曰「始崩，戒鼓」，鄭注曰「故書戒爲駭」，是其例也。「邑人不誡」，言不驚駭也。孔氏以本字讀之，非是。

既雨既處。《小畜》上九❶

注曰：「剛不能侵，故既處也。」正義曰：「三不能侵，不憂危害，故已得其處也。」

樾謹按：以「既處」爲已得其處，則與「既雨」之意不倫矣。《説文・几部》：「処，止也，得几而止，從几從夂。」重文處曰「処或從虍聲」，是處之本義爲止，故《詩・江有汜》篇「其後也處」，《鳧鷖》篇「公尸來燕來處」，毛傳竝曰「處，止也」。「既雨既處」者，既雨既止也。止謂雨止，猶言既雨既霽也。《説文・雨部》：「霽，雨止也。」不曰「既止」，而曰「既處」，取於韻協耳。

幽人貞吉。《履》九二

注曰：「在幽而貞，宜其吉。」正義曰：「『幽人貞吉』者，既无險難，故在幽隱之人，守正得吉。」

樾謹按：正義以幽人爲幽隱之人，非古義也。《集解》引虞翻曰：「訟時二在坎獄中，故稱幽人。」惠氏定宇《周易述》引《尸子》曰「文王幽於羑里」，《荀子》曰「公侯失禮則幽」，證幽人爲幽繫之人。今按：虞説是矣，而未盡也。傳曰：「作《易》者其有憂患乎？」又曰：「《易》之興也，其當殷之末世，周之盛德邪？當文王與紂之事邪？」以此推之，則文周之《易》自有微辭，必如干

❶「九」，原脱，今據上下文例及《周易正義》補。

令升之注《易》，援殷周之事一一比附，斯固失之。然竟謂無所寓意，則亦所謂「頌其詩，讀其書，不知其人」者也。太史公曰「文王囚而演《周易》」，然則所稱「幽人」者，殆指文王而言乎？爻辭稱「幽人」者二，履九二與歸妹九二是也。虞氏謂履自訟來，則歸妹當自解來。訟初爻變而成履，《訟》之九二曰「不克訟，歸而逋，其邑人三百户，无眚」，此寓文王歸國之事也，故《履》九二曰「幽人貞吉」。解初爻變而成歸妹，《解》之九二曰「田獲三狐，得黄矢，貞吉」，則并牧野之事而寓之。牧野之役，紂與二妻授首，事見《周書·克殷》篇，其卽所謂「三狐」歟？《左傳》曰「狐蠱乃其君也」，或古《易》説固如此矣，故《歸妹》九二曰「利幽人之貞」。自來言《易》者未見及此。

視履考祥。上九

注曰：「處履之極，履道成矣，故可視履而考祥也。」正義曰：「上九處履之極，履道已成，故視其所履之行善惡得失，考其禍福之徵祥。」

樾謹按：《爾雅·釋詁》曰：「考，成也。」王注云「履道成矣，故可視履而考祥」，「成」字正釋「考」字，言視其所履以成其祥，祥者善也。正義謂「考其禍福之徵祥」，則尚有禍有福，傳何以言「大有慶」乎？非經意，且非注意矣。

拔茅，茹以其彙。《泰》初九

注曰：「茅之爲物，拔其根而相牽引者也。茹，相牽引之貌也。三陽同志，俱志在外，初爲類首，已舉則從，若茅茹也。」

樾謹按：《漢書·劉向傳》：「《易》曰：『拔茅，茹以其彙，征吉。』在上則引其類，在下則推其類。」注引鄭氏曰：「茹，牽引也。」王注正用鄭義，惟以「茅茹」連讀則非也。傳曰「拔茅征吉，志在外也」，是中閒「茹以其彙」四字當爲一句。「茹以其彙」者，牽引以其類也。《集解》引虞翻以茹爲茅根，則亦以「茅茹」連讀，竝與傳違矣。

同人于宗。《同人》六二

注曰：「應在乎五，唯同於主，過主則否。用心褊狹，鄙吝之道。」正義曰：「係應在五，而和同於人在於宗族，不能宏闊，是鄙吝之道，故《象》曰『吝道』也。」

樾謹按：正義所説非注意也，王氏蓋訓宗爲主，故曰「唯同於主，過主則否」也。《一切經音義》卷九引《字林》曰：「宗，尊也，亦主也。」正義不知王訓宗爲主，而以宗族釋之，則與注義違矣。然王氏此注恐亦未得經旨，二五本是正應，若臣之於君，妻之於夫，二之唯同于五，乃其正也，豈得以爲吝道乎？《集解》引荀爽曰：「宗者，衆也。上下衆陽皆欲與二爲同。陰道貞静，從一而終。今宗同之，故吝也。」此説視王注爲長。

匪其彭，无咎。《大有》九五

注曰：「三雖至盛，五不可舍，能辯斯數，專心承五，常匪其旁，則无咎也。」正義曰：「匪，非也。彭，旁也。謂九三在九四之旁。」

樾謹按：《釋文》：「其彭，步郎反，子夏作旁。」王氏以「彭」爲「旁」，與《子夏傳》合，注中「盛」字正釋「彭」字之義。《廣雅·釋訓》：「彭彭、旁旁，盛也。」王氏之意，以彭與旁皆有盛義，故經字作「彭」，而注從《子夏傳》作「旁」，旁卽彭也，非謂旁側也。正義誤會注意，謂「九三在九四之旁」，殊失其旨。惟王氏專以九三一爻爲盛，似與經義有未盡合。今按：大有內卦爲乾，初二三皆陽爻，是陽之極盛者也。九四一爻雖與三陽同類，然近于六五之尊，專心承五而不與下之三陽合，故曰「匪其彭」。匪之言分也，《周官·太宰職》「匪頒之式」，司農曰「匪，分也」；《廩人職》「以待國之匪頒」，鄭注曰「匪讀爲分」，竝其證也。《説文·文部》：「斐，分別文也。」斐與匪古亦通用，是匪有分別之義。「匪其彭」者，言下之三陽雖盛，而能分別之，不與合也。傳曰：「匪其彭，明辯晢也。」所謂「明辯晢」者，正以其能自分別矣。王氏專以九三一爻爲盛，又不解「匪」字之義，故其所説不了也。

厥孚交如。六五

正義曰：「交，接也。」

樾謹按：凡言如者，若「乘馬班如」、「泣血漣如」之類，大率皆形容之詞。正義訓交爲交接，殆非也。交當讀爲皎，六五一爻居外卦離體之中，爲明之主，故其信皎然。皎之言明也，《詩·大車》篇「謂予不信，有如皦日」，此卽「厥孚皎如」之義。

鳴謙。《謙》上六

樾謹按：《謙》上六「鳴謙」與六二同，然六二傳曰「中心得也」，上六傳曰「志未得也」，何傳義不同如是？疑上六「鳴謙」當作「冥謙」，猶《豫》上六曰「冥豫」也。兩爻皆以陰柔居卦之終，故同爲冥耳。《升》上六曰「冥升」，正同此例。鄭康成讀「冥豫」之「冥」爲「鳴」，見《釋文》，蓋不知《謙》上六之「鳴」當作「冥」，而反疑《豫》上六之「冥」當作「鳴」，失之矣。

貞疾。《豫》六五

樾謹按：貞之言當也，《尚書·洛誥》篇「我二人共貞」，《釋文》引馬注曰「貞，當也」。六五當九四一陽之上，故有「貞疾」之象。傳曰：「六五貞疾，乘剛也。」以乘剛釋「貞疾」，可知「貞」字之義。正義曰「正得其疾」，失之迂矣。

先甲三日，後甲三日。《蠱》彖辭

樾謹按：此與《巽》九五之「先庚三日，後庚三日」，先儒所說，義皆未安。《蠱》之先後甲，以春之日言也，《月令》所謂「其日甲乙」也；《巽》之先後庚，以秋之日言也，《月令》所謂「其日庚辛」也，蠱爲有事之卦，故以春之日言，見始事之義；巽爲申命行事之卦，故以秋之日言，見繼事之義。言甲不言乙，言庚不言辛，舉甲庚以包乙辛也。古人行事，每以先後三日爲節，如《冠禮》「前期三日，筮賓」，此先三日之例也；子生，「三日，卜士負之」，此後三日之例也。《蠱》之先甲後甲，《巽》之先庚後庚，皆以示行事之節，見方春而有事，則宜先甲三日，後甲三日；方秋而有事，則宜先庚三日，後庚三日也。說者或牽合五行方位，或附會丁辛癸之字義，胥失之矣。

幹父之蠱。初六

《集解》引虞翻曰：「幹，正。蠱，事也。」

樾謹按：蠱卦諸「幹」字，竝當作「斡」。《說文・斗部》：「斡，蠡柄也。」柄則有秉執之義，故引申之，得訓爲主，字亦通作管。《漢書・食貨志》「欲擅斡山海之貨」，師古注曰「斡讀與管同，謂主領也」；又《車千秋傳》「自以爲國家興榷筦之利」，注曰「筦卽管字，義與斡同，❶皆爲主也」。蓋古音斡與管相近，《匡俗正謬》引《字林》曰「斡音管」，故其義亦通用。斡父之蠱、斡母之蠱

❶「斡」，《漢書》作「幹」。

竝言主領其事也。漢隸或以幹爲榦,《執金吾丞武榮碑》「内幹三事」,幹卽榦也。《漢書·竇憲傳》❶「内幹機密」,《劉向傳》「幹尚書事」,其字竝作「幹」,蓋皆沿漢隸之譌,此卦諸「幹」字猶是矣。虞氏訓幹爲正,然則九二曰「幹母之蠱,不可貞」,是爲正母之事不可正也,豈可通乎?《文言》曰「貞者,事之幹也」,「貞固足以幹事」,兩幹字亦當爲榦。事之榦也,猶云事之主也;足以榦事,猶云足以主事。正義引莊氏之説,以幹爲幹濟,非是。

咸臨。《臨》初九

注曰:「咸,感也。感,應也。」

樾謹按:《雜卦傳》曰:「咸,速也。」臨卦二陽既長,則有沛然莫禦之勢,故初九、九二兩爻竝曰「咸臨」,言臨之速也。《荀子·議兵篇》曰:「善用兵者,感忽悠闇,莫知其所從也。」楊倞注曰:「感忽悠闇,皆謂倏忽之頃也。」學者但知咸之訓感,感之訓應,而不知感有感忽之義,故失其旨矣。

甘臨。六三

注曰:「甘者,佞邪説媚不正之名。」

樾謹按:此爻之義,與《復》六二「休復」同。休,美也,甘亦美也。一陽生爲復,二陽生爲臨。復六二一陰與初九一陽相比,故曰「休復」,言以其復爲美也;臨六三一陰與初二兩陽相比,故曰「甘臨」,言以其臨爲美也。傳曰「甘臨,位不當也」,然則所以「无攸利」者,以位不當之故,而非以甘臨之故。注乃曲坐以不正之名,失經意矣。

知臨。六五

注曰:「處於尊位,履得其中,能納剛以禮,

❶「漢書」,當作「後漢書」。

用建其正，不忌剛長而能任之，委物以能而不犯焉，則聰明者竭其視聽，知力者盡其謀能，不爲而成，不行而至矣。大君之宜，如此而已，故曰『知臨，大君之宜，吉』也。」《釋文》曰：「知，音智，注同。又如字。」

樾謹按：注中惟「知力」之「知」當音智。然云「聰明者竭其視聽，知力者盡其謀能」，則是泛論事理，非以「知力」字解經文「知」字也。經文「知」字，王氏蓋讀如本字。正義曰「是知爲臨之道」，此説與王氏合。《釋文》依王注作音，乃首云「音智」，失之矣。

觀其生，君子无咎。《觀》上九

注曰：「觀我生，自觀其道也。觀其生，爲民所觀者也。」「生，猶動出也。」

樾謹按：王注以「觀我生」爲觀其道，又訓「生」爲「動出」，正義因謂「道是開通生利萬物」，故「道得名生」，其義殊爲迂曲。生當讀爲性，《周官・大司徒職》「辨五地之物生」，杜子春讀生爲性，是其例也。「觀我生」即觀我性也，「觀其生」即觀其性也。「率性之爲道」，故傳曰「觀我生進退，未失道也」。京房説此經曰：「言大臣之義，當觀賢人，知其性行。」然則以觀其生爲觀其性，漢人固有此解矣。

屨校滅趾。《噬嗑》初九

正義曰：「屨，謂著而踐履也。」

樾謹按：《説文・履部》：「屨，履也。」然屨、履二字，義自有別。《詩》云「糾糾葛屨，可以履霜」，不得易之曰「糾糾葛履，可以屨霜」。蓋「屨舄」字可作「履」，「踐履」字必不可作「屨」也。《周易》「履霜」、「履虎尾」字皆作「履」，此文不云「履校」而云

「屨校」，義殊可疑。且校之爲物，雖施於足，然非著而踐履之也。《集解》引虞翻曰：「屨，貫。趾，足也。」訓屨爲貫，疑其字未必作「屨」。《説文・女部》：「婁，空也。」《史記・律書》曰：「婁者，呼萬物且内之也。」以物内空中則有貫義，或虞本固作「婁」歟？ 婁校者，内其足於校中也。後人因下有「滅趾」之文，改其字作「屨」，似是而實非矣。

白馬翰如。《賁》六四

注曰：「鮮絜其馬，翰如以待。」正義曰：「『白馬翰如』者，但鮮絜其馬，其色翰如，徘徊待之，未敢輒進也。」

樾謹按：注言「翰如以待」，則王氏之意不以「翰如」爲馬色也。《禮記・檀弓》篇正義引鄭注曰「翰猶幹也，見六四適初未定，欲幹而有之」，是鄭君讀「翰」爲「幹」，王氏此注蓋陰從鄭讀，但不用其「幹而有之」之義。《廣雅・釋詁》：「幹，安也。」王氏之意，讀「翰」爲「幹」，而訓「幹」爲安，「翰如」猶安然也，故曰「翰如以待」。正義以「翰如」爲馬色，則「待」字無著矣，乃又增出「徘徊」字，豈注意乎？

剥牀以辨。《剥》六二

注曰：「辨者，足之上也。」正義曰：「辨，謂牀身之下，牀足之上，足與牀身分辨之處也。」

樾謹按：王氏解「剥牀以足」爲猶剥牀之足，足屬牀，故辨亦屬牀。然其解「剥牀以膚」曰「牀既剥盡，以及人身」，則膚又屬人而不屬牀，三句之義不一律矣。且牀足與牀身分辨之處果何物乎，王氏此注殊不可從。《集解》引鄭注曰「足上稱辨」，虞注曰「指閒稱辨」，並以人身言，其義雖較安，而亦無塙據。今按：「辨」當作「胖」，脅肉也。《禮記・内則》篇「鵠鴞胖」，鄭注曰「胖，謂脅側薄肉」是也。人卧則脅與牀最近，故初爻曰「以足」，二爻曰「以胖」，以者及也，《小畜》九五「富以其鄰」，《集解》引虞注曰：「以，及也。」然則「剥牀以足」謂剥牀而及足，「剥牀以胖」謂剥牀而及胖，「剥牀以膚」謂剥牀而及膚，三句一律。胖作辨者，古字通也，《儀禮・士虞禮》「以其班祔」，注云「古文班或爲辨，今文爲胖」，蓋辨胖音近，故今文爲胖者，古文或爲辨也。《少牢饋食禮》「司馬升羊右胖」，注云「古文胖皆爲辯」，辯亦猶辨也。

剥牀以膚。六四

樾謹按：足與辨何莫非膚，此膚字必實有所指，與他處言膚者不同。《説文・肉部》：「臚，皮也，從肉盧聲。」重文膚曰：「籀文臚。」是臚、膚一字也。《一切經音義》卷二十二引《釋名》曰「腹前曰臚」，「剥牀以膚」當從此義。蓋六二曰「以辨」，辨者，脅肉也。此曰「以膚」，由脅側而及腹前，爲害尤切，故傳曰「切近災也」。

有厲利已。《大畜》初九

注曰：「四乃畜已，未可犯也。故進則有厲，已則利也。」《釋文》曰：「利已，夷止反，下及注『已則』、『能已』同。或音紀，姚同。」

樾謹按：《釋文》依王注讀「已」爲「已止」之「已」，故音夷止反。「已則」之文即見此注，「能已」之文於注不見。下文傳曰：「有厲利已，不犯災也。」注曰：「處健之始，未果其健者，故能利已。」陸德明所見本蓋作「故能已」，與今不同也。然王氏經注亦有異同，《集解》載王弼曰：「四乃畜已，未可犯也。進則災危，有厲則止，故能利己。」是李鼎祚所見王注與陸德明所見王注其文不同。若從李本，則王氏讀經文「已」字正作「人己」之「己」，故有「四乃畜己」之文。又按：六四注曰：「處艮之始，履得其位。能止健初，距不以角，柔以止剛，剛不敢犯。抑鋭之始，以息强争，豈唯獨利，乃將有喜也。」曰「初」曰「始」，皆以初九一陽而言。曰「豈唯獨利」，則兼利初九明矣。故自初九言之，卽謂之利己。蓋抑鋭息争，在初九與有利焉。其有厲也，正所以利己也。若讀爲「已止」之「已」，則全失其義矣。王氏此注，疑後人竄改，當依《集解》訂正。

老夫得其女妻。《大過》九二

《集解》引虞翻曰：「互體乾老，故稱老夫。女妻謂上兑，兑爲少女，故曰女妻。」

樾謹按：虞氏此注雖若極塙，然於九五「老婦得其士夫」，又曰「兑爲少，故稱士夫」，豈兑既爲女妻，又爲士夫乎？是不可通矣。此兩爻之義，當以旁通及二五升降之例求之。大過與頤旁通，大過互體乾，是爲老夫，以大過二之頤五，則上體成巽，是爲「老夫得其女妻」。頤互體坤，是爲老婦，以頤二之大過五，則上體成震，是爲「老婦得其士夫」。大過二之頤五，得正者也，故「无不利」；頤二之大過五，則失正矣，故傳曰「亦可醜也」。兩爻之義如此，先儒徒以本卦求之，宜其不得耳。

險且枕。《坎》六三

注曰：「枕者，枕枝而不安之謂也。」

樾謹按：注中「枝」字乃枝柱之義，言枝柱之而不安也。然其義迂曲，殆非塙詁。鄭易作「檢且枕」，謂「木在手曰檢」，「在首曰枕」，說見《釋文》。然檢是何物，于古無徵，鄭說亦未足據。今按：「枕」當爲「沈」，《釋文》謂「古文作沈」是也。《莊子·外物》篇「慰暋沈屯」，《釋文》引司馬注曰：「沈，深也。」「險且沈」者，險且深也。上文曰「來之坎坎」，可謂險矣；下文曰「入于坎窞」，可謂深矣。「險且沈」一語，上承「坎坎」之文，下起「坎窞」之義。自「沈」誤作「枕」，而其義全失矣。又按：《釋文》曰「《九家》作玷」，「玷」字之義，亦與沈近。《說文·水部》：「沈，陵上滈水也。一曰濁默也。」然則沈與默通，《楚辭·九辨》篇「或默點而汙之」。《九家》作「玷」者，玷猶點也，若是「枕」字，則《九家》何以作「玷」乎？

祇既平。九五

注曰：「祇，辭也。」

樾謹按：經言「祇既平」，則「祇」字必實有所指，非語辭也。《釋文》曰：「祇，京作禔，《說文》同，安也。」然禔訓安，則與平義相近，當云「禔且平」，不當云「禔既平」矣。又引鄭云「當作坻，小丘也」，以文義而言，鄭爲得之。然祇從氏聲，坻從氐聲，兩聲絶遠，古不相通，則亦非也。「祇」當作「氏」，《說文·氏部》曰：「巴蜀名山岸脅之堆旁箸欲落𡐦者曰氏，氏崩聲聞數百里。象形，乀聲。楊雄賦曰『響若氏隤』。」今按：「響若氏隤」出楊子雲《解嘲》文，《文選》作「坻隤」，《漢書》作「阺隤」，從土從𨸏，皆後人所加耳。此經「祇既平」即「氏隤」之「氏」，氏隤則平矣。古本《周易》蓋止作「氏既平」，京房讀「氏」爲「禔」，後人遂於「氏」旁加示，所謂「說誤于前，文變于後」也，而古字古義皆不可見矣。

咸其股，執其隨。《咸》九三

注曰：「股之爲物，隨足者也。進不能制動，退不能静處，所感在股，志在隨人者也。志在隨人，所執亦以賤矣。用斯以往，吝其宜也。」

樾謹按：此爻之辭，與《艮》六二云「艮其腓，不拯其隨」文法相似。王氏彼注曰「隨，謂趾也」，此注因《象傳》有「志在隨人」之語，故解「隨」字不以形體言，其見殊拘。孔子作傳以釋經，以「志在隨人」明周公所以取象於隨者，其義如此。至周公之辭既曰「執其隨」，則「隨」字自必實有所指。經取其象，傳釋其義，豈可并爲一談乎！惟《艮》注以隨爲趾，亦無依據。正義曰「腓動則足隨之，故謂足爲隨」，此亦曲説也。王氏既以股爲隨足之物，豈又以足爲隨腓之物乎？轉展遷就，以成其説，遂使字無定詁，經無定義，殊非注經之體矣。竊疑「隨」乃「骽」之叚字，古無「骽」字，故以「隨」爲之。「執其隨」者，執其骽也；「不振其隨」者，不振其骽也。隨從隋聲，與妥聲相近。《儀禮·士虞禮》注曰「今文墮爲綏」，《特牲饋食禮》注曰「墮與挼讀同」，是隋聲、妥聲之字，古每通用也。「骽」雖後出之字，然從骨妥聲，亦必有本，蓋因古叚「隨」爲之，故依其聲而製此字耳。

羸其角。《大壯》九三

注曰：「貞厲以壯，雖復羝羊，以之觸藩，能無羸乎？」

樾謹按：《釋文》曰：「羸，律悲反，又力追反，下同。馬云『大索也』。徐力皮反。王肅作『縲』，音螺。鄭、虞作『纍』，蜀才作『累』，張作『虆』。」是此字諸家各異，其爲叚借字明矣。竊謂《周易》「羸」字皆以作「纍」者爲正。《説文·糸部》「纍，綴得理也。一曰大索也」，故凡以索係物即謂之纍。成三年《左傳》「兩釋纍囚」，杜注曰「纍，係也」，然則「纍其角」即係其角也。《集解》引侯果曰：「用壯觸藩，求應於上，故角被拘羸矣。」此古義也，「拘羸」猶言拘係也。《姤》初六「羸豕孚蹢躅」，《集解》引虞翻曰：「巽繩操之，故稱羸也。」《井》彖辭「羸其瓶」，《集解》引荀爽曰：「初欲應五，今爲二所拘羸，故凶也。」荀、虞之説皆同，可徵古義矣。王氏於此「羸」字無所發明，至「羸豕」則臆解爲牝豕，「羸其瓶」則解爲幾至而覆，望文生訓，前後異義，殊不可從。正義於此云「拘羸，纏繞也」，蓋用古義爲説。於「羸其瓶」云「拘羸其瓶而覆之」，覆之之説雖徇王注，拘羸之説仍古義也。惟「羸豕」不言「拘羸」，則以王注與古義絶遠，不能比而同之耳。

喪羊于易。六五

樾謹按：《釋文》：「『易』，陸作『埸』，謂疆埸也。」《朱子語類》曰：「『喪羊于易』，不若解作『疆埸』之『埸』。《漢·食貨志》『疆埸』之『埸』正作『易』，後有『喪牛于易』，亦同此義。」今按：埸、易古通用，易即埸也。然既曰「喪羊于易」，則自從「易」字取義。傳曰「喪羊于易，位不當也」，竊謂此爻與《旅》上九「喪牛于易」其義正同。羊者兑象也，牛者離象也。離之爲牛，不見于《説卦傳》，故虞仲翔斥爲俗説，然《左傳》載叔孫莊叔之言，已有「純離爲牛」之文，則其説古矣。大壯自三至五互兑，故有羊象，六五不當位，易而爲九五，斯當位矣，然而喪羊矣，是謂「喪羊于易」。旅上體爲離，故有牛象，上九不當位，易而爲上六，斯當位矣，然而喪牛矣，是謂「喪牛于易」。蓋疆易也、變易也，古本無二字，於文則爲疆易之易，於義則爲變易之易。凡易之辭，皆當以是求之。乃「喪羊于易，无悔」，而「喪牛于易」則凶者，蓋大壯六五變則爲夬，《夬》之九五曰「莧陸夬夬，中行无咎」，此《大壯》六五「喪羊」所以无悔也。旅上九變則爲小過，《小過》之上六曰「弗遇過之，飛鳥離之，凶」，此《旅》上九「喪牛」所以凶也。辭也者，各指其所之，故同而異矣。

明夷于南狩，得其大首。《明夷》九三

《集解》引《九家易》曰：「暗昧道終，三可升上而獵於五，得據大陽首位，故曰『明夷于南狩，得其大首』。」

樾謹按：大陽首位而曰大首，不辭甚矣。首當讀爲道，古首道字通用。《周書·芮良夫》篇「予小臣良夫稽道」，《群書治要》作「稽首」；《史記·秦始皇紀》「追首高明」，《索隱》曰「《會稽刻石》文，首作道」，竝其證也。「得其大首」猶云得其大道。蓋自三至五互震，《説卦傳》震爲大塗，故有得其大道之象，大道卽大塗也。

其人天且劓。《睽》六三

《釋文》引馬云：「剠鑿其額曰天。」《集解》引虞翻曰：「黥額爲天。」

樾謹按：《易》凡言天者，大率爲乾爲陽，此乃以爲剠額之名，不亦異乎？馬、虞之説皆非也。天疑「兀」字之誤。《説文·足部》：「跀，斷足也。」重文䟤曰：「跀，或從兀」；《莊子·德充符》篇「魯有兀者」，《釋文》曰「李云：刖足曰兀」，蓋卽䟤之省也。其人兀且劓，猶《困》九五曰「劓刖」也。古文「天」作「兲」，見《玉篇》，故「兀」誤爲「天」矣。

損有孚，元吉，无咎可貞。《損》彖辭

正義曰：「先儒皆以无咎、可貞各自爲義，準下王注曰『損下而不爲邪，益上而不爲諂，則何咎而可正』，則王注以无咎、可貞共成一義。」

樾謹按：此非經旨也。《易》有言「不可貞」者，如《節》彖辭「苦節，不可貞」，《蠱》九二爻辭「幹母之蠱，不可貞」是也。亦有言「可貞」者，如《坤》六三爻辭「含章可貞」是也。无咎、可貞自各爲義，且如《无妄》九四曰「可貞无咎」，又豈共成一義乎？

往不勝爲咎。《夬》初九

樾謹按：爲咎猶有咎也，《孟子·滕文公》篇「將爲君子焉？將爲野人焉？」趙注曰「爲，有也」；又《盡心》篇「爲閒不用」，注曰「爲閒，有閒也」。然則爲可訓有，有咎而曰爲咎，亦猶有閒而曰爲閒也。《莊子·大宗師》篇「莫然有閒」，《釋文》曰「本亦作爲閒」，可證古字之通。

羸豕孚蹢躅。《姤》初六

注曰：「孚，猶務躁也。」

樾謹按：此「孚」字與他言「孚」者不同，故王注以「務躁」釋之，蓋讀「孚」爲「浮」。然以義求之，不當如王氏所讀。孚之言孚乳也，《禮記·月令》篇「玄鳥至」，鄭注曰「燕以施生時來巢人堂宇而孚乳」；又「田獵罝罘羅網畢翳餧獸之藥，毋出九門」，注曰「爲鳥獸方孚乳，傷之逆天時也」，是孚乳得兼鳥獸言。「羸豕孚蹢躅」，言拘羸之豕方孚乳而蹢躅也。姤之初，一陰始生，故有豕孚乳之象。《説文·爪部》：「孚，卵孚也。一曰信也。」徐鍇曰：「鳥之乳卵皆如其期，不失信也。」此經「孚」字訓爲孚乳，與全經「孚」字訓信者義不相背；若如王注訓爲務躁，則與全經「孚」字絶異矣。

舊井无禽。《井》初六

注曰：「久井不見渫治，禽所不嚮，而況人乎？」

樾謹按：井水至深，非瓶綆不能汲，禽無從取而飲之，雖非舊井，禽亦不嚮也，王注殆不可從。古者羽毛鱗介通名爲禽，《白虎通·田獵》篇曰「禽者何？鳥獸之總名」，此其所説猶有未盡。《國語·魯語》「登川禽」，韋昭注曰「川禽，鼈蜃之屬」，然則禽之名并通乎水族矣。下文「井谷射鮒」，《釋文》曰：「鮒，魚名也。《子夏傳》謂蝦蟇。」魚與蝦蟇皆可謂之禽，舊井無水，則此屬皆無從生矣，故曰「舊井无禽」。傳曰「舊井无禽，時舍也」，《集解》引干寶曰：「舊井，謂殷之未喪師也。亦皆清絜，无水禽之穢。」此與傳義不合，而以水禽釋經文禽字，則其義甚塙，水禽卽《國語》所謂「川禽」也。學者但知二足而羽謂之禽，於是此爻之義不可通矣。

巳日乃孚。《革》彖辭

注曰：「卽日不孚，巳日乃孚也。」《集解》引干寶曰：「天命已至之日也。」

樾謹按：「巳日」二字甚爲不辭，顧氏《日知録》引朱子發之説，以此巳字爲戊己之己，當從之。《禮記·月令》篇：「中央土，其日戊己。」《蠱》之先甲後甲，以春之日言也；《巽》之先庚後庚，以秋之日言也，其説見前矣。《革》之己日，則以中央土之日言之。春日言甲，秋日言庚，而中央土之日不言戊者，戊日不孚，己日乃孚，正見其過中而當變革也。改字從「己」，或以此歟？

故自「己日」之義明，而《蠱》之甲、《巽》之庚，亦不必曲爲之説矣。

億喪貝。《震》六二

注曰：「億，辭也。」

樾謹按：《集解》引虞翻曰「億，惜辭」，干寶曰「億，歎辭」，王氏之義殆亦同此。然歎惜之辭，施于喪貝則得矣，六五曰「億无喪」，恐不可通也。《釋文》引鄭注曰「十萬曰億」，然在此爻，尚可以爲所喪之貝數，六五「億无喪」亦不可通。今按：襄二十五年《左傳》「不可億逞」，杜注曰「億，度也」；《荀子・賦篇》「暴至殺傷而不億忌者與」，楊注曰「億謂以意度之也」。古字億與意通，《論語》「億則屢中」，《漢書・貨殖傳》作「意則屢中」。此經兩言「億」，蓋以意揣度而決勝負，如《後漢書・梁冀傳》所謂「意錢之戲者，有勝負則有得喪」，故六二曰「億喪貝」，六五曰「億无喪」也。

其君之袂不如其娣之袂良。《歸妹》六五

注曰：「袂，衣袖，所以爲禮容者也。」《集解》引虞翻曰：「兑爲口，乾爲衣，故稱袂。」

樾謹按：此皆拘文牽義，未足以説《易》也。《説卦傳》曰「震爲決躁」，又曰「兑爲附決」，此兩「決」字卽《歸妹》爻辭兩「袂」字。因「其君之決」、「其娣之決」文不成義，故變而稱「袂」，聲近而義通也。《説文・水部》：「決，行流也」，是決有行義。傳曰「以貴行也」，此「行」字正解經文「袂」字，可知「袂」之當爲「決」矣。君者震也，君固乾象，而震得乾之初爻，是謂「帝出乎震」，故亦得稱君，「君之袂」猶言震之決也。娣者兑也，兑爲少女，故稱娣，「娣之袂」猶言兑之決也。震二之兑五成歸妹，是歸妹六五卽震六二所謂「其君之袂」也。兑五之震二亦成歸妹，是歸妹九二即兑九五所謂「其娣之袂」也。然以震二之兑五，則不當位矣，故曰「其君之袂不如其娣之袂良」，猶言以震二行而之兑五而成歸妹，不如以兑五行而之震二而成歸妹也。袂猶決也，決者行也。凡《易》之詞，大率如此，善學者從聲音訓詁以求《易》，則思過半矣。

斯其所，取災。《旅》初六

注曰：「最處下極，寄旅不得所安，而爲斯賤之役，所取致災，志窮且凶。」

樾謹按：王氏蓋讀「斯」爲「厮」，故云「斯賤之役」，然於文義殊爲未安，此當以「斯其所」爲句。《説文·斤部》「斯，析也」，析之則離，故斯亦訓離。《爾雅·釋言》「斯，離也」；《列子·黄帝》篇「不知斯齊國幾千萬里」，張湛注曰「斯，離也」，然則「斯其所」者，離其所也。「斯其所，取災」，言離其所乃取災害也。此爻「斯其所」與六二「旅即次」義正相反。

渙奔其机。《渙》九二

注曰：「机，承物者也，謂初也。二俱无應，與初相得，而初得散道，離散而奔，得其所安，故悔亡也。」

樾謹按：經無「得」字，增字釋經，非經旨也。《説文·夭部》「奔，走也，從夭賁省聲」，故賁與奔古通用，《詩》「鶉之奔奔」，《禮記·表記》引作「鶉之賁賁」是也。「奔其机」當作「賁其机」。《射義》「賁軍之將」，鄭注曰「賁讀爲僨，僨猶覆敗也」；《大學》「此謂一言賁事」，《釋文》曰「賁，本又作僨，猶覆敗也」，然則「賁其机」者猶言敗其机也。當渙之時，敗其所依者，而轉得獨行其志，故傳曰「得願也」。

渙其血，去逖出，无咎。上九

樾謹按：傳曰「渙其血，遠害也」，則當以「渙其血」三字爲句，疑「血」下古更有「血」字，當作「渙其血，血去逖出，无咎」。古人遇重文多省不書，但于字下加二畫以識之，傳寫因奪去耳。「血去逖出，无咎」，猶《小畜》六四曰「血去惕出，无咎」也。上「血」字乃本字，下「血」字乃「恤」之叚字。《小畜》釋文曰「血，馬云當作恤，憂也」，得其義矣。彼作「惕出」，此作「逖出」者，《説文·心部》「惕，或從狄作悐」，故此叚「逖」爲之耳。易聲狄聲之字，古往往相通。《詩·泮水》篇「狄彼東南」，箋云「狄當作剔」，《釋文》云「韓作鬄」。又簡狄，《漢書·古今人表》作「簡逷」，竝可爲證。

亨小利貞。《既濟》彖辭

《集解》引虞翻曰：「泰五之二，小謂二也。柔得中，故亨小。」

樾謹按：傳曰「既濟亨，小者亨也。利貞，剛柔正而位當也」。是彖辭本無「小」字，止云「既濟亨利貞」，故傳以「小者亨」釋「亨」字，以「剛柔正而位當」釋「利貞」二字也。其作「亨小」者，涉《未濟》「亨，小狐汔濟」之文而衍耳。虞氏以「亨小」絶句，甚爲不辭。朱子《本義》倒其文曰「小亨」，并謂傳文「亨」上當有「小」字，胥失之矣。

高宗伐鬼方。九三

《集解》引虞翻曰：「鬼方，國名。乾爲高宗，坤爲鬼方。」

樾謹按：《繫辭傳》曰：「精氣爲物，游魂爲變，是故知鬼神之情狀。」虞氏有乾神坤鬼之説，凡經傳言鬼者，率以坤爲鬼釋之，此未得也。傳本泛論，不必專指乾坤。竊謂鬼神猶陰陽也，乾神坤鬼，必古有是説，故《觀·彖傳》曰：「聖人以神道設教。」蓋否九四變而成觀，上體之乾，一陽又失，是有鬼道焉。鬼道不可以爲教，則聖人仍以神道設教，其義在六四，曰「觀國之光，利用賓于王」。虞氏説《易》，以坤爲國，乾爲王。夫觀下有坤則有國，上無乾則無王也，而曰「利用賓于王」，此卽聖人之以神道設教也。以乾坤例坎離，坎得乾中爻，神也；離得坤中爻，鬼也。既濟離下坎上，以上體之坎視下體之離，是謂鬼方，故于九三曰「高宗伐鬼方」。未濟坎下離上，以下體之坎視上體之離，是謂鬼方，故于九四曰「震用伐鬼方」。推之《睽》上九曰「載鬼一車」，睽上體爲離，自三至五互體爲坎，坎有輿象，見《説卦傳》。上九離爻而在互體坎上，以坎車載離鬼，故曰「載鬼一車」也。徒以坤爲鬼，未得厥旨。

又按：《集解》引干寶曰：「鬼方，北方國也。坎當北方，故稱鬼。」然《汲冢古文》云「武丁三十二年，伐鬼方，次于荆」，惠氏棟《九經古義》據此謂荆楚古稱鬼方，其説甚塙。離爲南方之卦，鬼方亦南方之國，足見聖人取象之精。自説《易》者不得其解，并鬼方之國而失之矣。

繻有衣袽。六四

注曰：「繻，宜曰濡。衣袽，所以塞舟漏也。」

樾謹按：經無「舟漏」之文，王注非也。《集解》引虞翻曰：「乾爲衣，故稱繻。袽，敗衣也。乾二之五，衣象裂壞，故繻有衣袽。」若然，則但云「繻有袽」足矣，何必更言衣乎？虞説亦非也。又引盧氏曰：「繻者，布帛端末之識也。袽者，殘幣帛，可拂拭器物也。繻有爲衣袽之道也。四處明闇之際，貴賤无恒，猶或爲衣，或爲袽也。」若然，則是繻有可衣可袽之道，不得但云「繻有衣袽」也。且布則曰布，帛則曰帛，何以止舉其端末之識而曰繻乎，盧說亦非也。今按：《漢書・終軍傳》「關吏予軍繻」，張晏曰：「繻，符也，書帛裂而分之，若券契矣。」蘇林曰：「繻，帛邊也。舊關出入皆以傳，傳煩，因裂繻頭以爲符信也。」竊以漢制多因古，春秋時紀子帛名裂繻，然則裂帛爲符，亦古制所有，殆猶上古結繩之遺意矣。此爻「繻」字，卽終軍棄繻之「繻」。《說文・糸部》：「絮，絜緼也，一曰敝絮，從糸奴聲，《易》曰『需有衣絮』。」是經文「袽」字，古作「絮」。敝絮之說，疑本古《易》說，故京房卽作「絮」也。「繻有衣絮」者，言以繻爲符，而所裂之處乃有衣中之敝絮，則不足以取信，故至終日之久，猶有戒心，而傳則申其義曰「有所疑也」。傳曰「有疑」，則繻是所以爲信之物，明矣。

東鄰殺牛，不如西鄰之禴祭。九五

《集解》引虞翻曰：「泰震爲東，兌爲西，坤爲牛，震動五殺坤，故『東鄰殺牛』。在坎多眚，爲陰所乘，故『不如西鄰之禴祭』。禴，夏祭也。離爲夏，兌動，二體離明，得正承五順三，故『實受其福，吉大來也』。」

樾謹按：虞注以既濟爲泰五之二，故其說如此，實則此爻之象卽在本卦，不必遠求之泰卦也。《集解》引崔憬曰：「居中當位於既濟之時，則當是周受命之日也。五坎爲月，月出西方，西鄰之謂也。二應在離，離爲日，日出東方，東鄰之謂也。離又爲牛，坎水克離火，東鄰殺牛之象。禴，殷春祭之名。按《尚書》克殷之歲，『厥四月，哉生明，王來自商，至于豐。丁未，祀于周廟』，四月，殷之三月，春也，則明西鄰之禴祭，得其時而受祉福也。」今按：崔氏此說，以下體離爲東鄰，上體坎爲西鄰，又以牛爲離象，皆得之矣。惟必牽合殷周時事，而以禴爲殷春祭之名，則非也。既言周事，何不從周制而必從殷制乎？《漢書·郊祀志》引此文作「瀹祭」，《一切經音義》二十五引《通俗文》曰「以湯煮物曰瀹」，然則瀹祭者，坎象也，謂以坎水瀹而祭也。東鄰以離言，牛亦以離言；西鄰以坎言，瀹亦以坎言，因其字變作「禴」，不從水而從示，故其義不顯矣。《萃》六二、《升》九二竝曰「孚乃利用禴」，「禴」亦當作「瀹」。虞注於《升》九二曰：「禴，夏祭也。孚謂二之五成坎，爲孚，離爲夏，故乃利用禴。」夫二之五成坎，則禴是坎象明矣，必取互體之離爲説，何爲乎？推之《萃》六二「孚乃利用禴」，亦以二動之五言，二動之五，則五動之二，而下體成坎矣。惟升二之五當位，萃二之五不當位，故《升》九二曰「孚乃利用禴，无咎」，而《萃》六二曰「引吉，无咎，孚乃利用禴」。「无咎」之文在「孚乃利用禴」之上，明所以无咎者，以「引吉」不以用禴也。此兩爻之文所以同而異也。

群經平議卷一

群經平議卷二

德清俞樾

周易二

六位時成，時乘六龍以御天。《乾》以下《彖傳》

注曰：「大明乎終始之道，故六位不失其時而成。升降无常，隨時而用，處則乘潛龍，出則乘飛龍，故曰時乘六龍也。」

樾謹按：《爾雅・釋詁》「時，是也」，《尚書・舜典》「惟時懋哉」，《史記・五帝紀》作「維是勉哉」，《皋陶謨》「咸若時」，《夏本紀》作「皆若是」，蓋時、是古通用，故史公遇「時」字每以「是」字代之。「六位時成」，猶《詩》云「百禄是遒，百禄是總」也。「時乘六龍以御天」，猶《繫辭傳》云「是興神物，以前民用」也。時乃語詞，蓋言乾之爲德，大明乎終始之道，故六位於是成，於是乘六龍以御天也。語詞而以實義釋之，恐非傳義。

天造草昧。《屯》

注曰：「造物之始，始於冥昧，故曰草昧也。」

樾謹按：《廣雅・釋言》「草，造也」，造與草本疊韻字，故聲近而義通。此當以「造草」二字連文，草亦造也。「天造草昧」，言天道造草之時，猶冥昧也。王注云「始於冥昧」，正得其解，但以「草昧」連讀，則失之。

以此毒天下而民從之。《師》

注曰：「毒，猶役也。」《集解》引干寶曰：

「毒，荼苦也。」《釋文》引馬云「治也」。

樾謹按：《尚書・微子》篇「天毒降災荒殷邦」，《史記・宋世家》作「天篤下災亡殷國」。昭二十二年《左傳》「司馬督」，《漢書・古今人表》作「司馬篤」，是毒通作篤，篤通作督，皆聲近而義同。此傳「毒」字當讀爲「督」。《爾雅・釋詁》「督，正也」，以此督天下，言以此正天下也。《呂氏春秋・順民》篇「湯克夏而正天下」，高注曰「正，治也」，正有治義，故督亦有治義。馬訓治，於傳義爲近，干氏、王氏之説，胥失之矣。

地道變盈而流謙。《謙》

《集解》引崔憬曰：「高岸爲谷，深谷爲陵，是爲變盈而流謙，地之道也。」

樾謹按：如崔氏説，則盈謙皆變矣，此泥變字之義而失之也。《呂氏春秋・至忠》篇「顔色不變」，高注曰「變，毀也」，是變有毀義。「地道變盈而流謙」，言毀盈而流謙也，與天道虧盈義正相近。又《剥・彖傳》「剥，剥也，柔變剛也」，柔變剛者，柔毀剛也。《集解》引荀爽曰「五者至尊，爲陰所變」，于義轉迂矣。

分剛上而文柔。《賁》

注曰：「剛柔不分，文何繇生，故坤之上六來居二位，柔來文剛之義也。柔來文剛，居位得中，是以亨。乾之九二分居上位，分剛上而文柔之義也。剛上文柔不得中位，不若柔來文剛，故小利有攸往。」

樾謹按：如注義，則柔來文剛亦可云坤之上六分居二位，何獨於剛上文柔乃言分乎？是於分字之義未得也。此卦六二一陰爻居初三兩陽爻之閒，所謂「柔來而文剛」也；九三上九兩陽爻包四五兩陰爻於中，所謂「分剛上而文柔」也。以其有兩陽爻，故言分。若依注義專指上九一爻，又何分之有？宜其説之不得也。

鼎象也。《鼎》

注曰：「法象也。」

樾謹按：六十四卦皆觀象繫辭，而獨於鼎言象，義不可通。《集解》引虞翻曰「象事知器，故獨言象也」，此亦曲爲之説耳。「象」當爲「養」，《説文·人部》：「像，象也，從人象聲，讀若養字之養。」凡《説文》「讀若」之字，其聲既同，其義亦通，如「勼，聚也，讀若鳩」，而今「勼聚」字即作「鳩」；「𥫱，厚也，讀若篤」，而今「𥫱厚」字即作「篤」，竝其例也。《周易》「象」字依《説文》本當作「像」，「像」讀若「養」，則亦可叚爲「養」矣。「鼎象也」，猶云鼎養也。下文云「聖人亨以享上帝，而大亨以養聖賢」，是其義也。學者不知「象」爲「養」之叚字，故不得其義。

漸之進也。《漸》

注曰：「之於進也。」

樾謹按：王氏讀「漸」字絶句，殆非也。此承《晉》傳而言，《晉》傳曰「晉，進也」，故此傳曰「漸之進也」，所以别於晉之進也。晉與漸雖竝有進義，然漸則以漸而進，其義微有不同，故曰「漸之進也，女歸吉也」。正義曰「漸漸而進之，施於人事，是女歸之吉也」，此説極合傳義。經曰「漸，女歸吉」，傳則釋之曰「漸之進也，女歸吉也」，辭義本無可疑，自王氏誤讀「漸」字絶句，後儒遂疑「之」字爲衍文矣。

乘木舟虚也。《中孚》

注曰：「乘木於用舟之虚，則終已无溺也。用中孚以涉難，若乘木舟虚也。」

樾謹按：王氏此注所説不了，《集解》引王肅曰：「中孚之象，外實内虚，有似可乘虚木之舟也。」若然，則當言虚舟，不當言舟虚矣。《詩・谷風》篇正義引鄭注曰：「舟謂集板，如今自空大木爲之曰虚，卽古又名曰虚，總名皆曰舟。」鄭君此注亦有奪誤，阮氏校勘記謂「自當作船」，未知是否。至「虚」字之義，當以鄭注爲塙，總名曰舟，別名曰虚，而合言之曰舟虚，猶《禮記》言魚鮪，魚其總名，鮪其別名；《左傳》言鳥烏，鳥其總名，烏其別名，古人屬文自有此例也。二王不解「虚」字，故所説皆非。

天行健。《乾》以下《象傳》

樾謹按：健卽乾也，以健爲乾，亦猶以順爲坤，説詳《坤》彖辭。武氏億《經讀考異》謂「乾古作⿰阝建，見《古今韻會》」。今按：「⿰阝建」卽「健」之異文，猶「巛」卽「順」之省文。若竟以「⿰阝建」爲古「乾」字，亦猶王肅注《家語》，竟以「巛」爲古「坤」字，胥失之矣。

知光大也。《坤》六三

注曰：「知慮光大，故不擅其美。」

樾謹按：光與廣通，光大卽廣大也，説詳王氏引之《經義述聞》。「知」當讀爲「志」，《禮記・緇衣》篇「爲上可望而知也，爲下可述而志也」，鄭注曰「志猶知也」，然則知亦猶志也。《列子・湯問》篇「女志彊而氣弱，故足於謀而寡於斷」，張湛注曰：「志謂心智。」蓋志、知古通用，「知慮」字可以「志」爲之，故「志氣」字亦可以「知」爲之。「知廣大也」，言其志之廣大也。

衍在中也。《需》九二❶

《集解》引虞翻曰：「衍，流也。中謂五也。」

❶「二」，原作「三」，今據《周易正義》改。

荀爽曰：「二應於五，水中之剛，故曰沙。知前有沙漠而不進也。體乾處和，美德優衍在中而不進也。」

樾謹按：二説以荀爲長。《詩·伐木》篇「釃酒有衍」，毛傳曰「衍，美貌」，是衍即有美義。「衍在中也」，猶云美在中也，正與九三傳云「災在外也」相對成義。

患至掇也。《訟》九三

《集解》引荀爽曰：「下與上爭，即取患害，如拾掇小物而不失也。」《釋文》曰：「鄭本作惙，陟劣反，憂也。」

樾謹按：二説義均未安，惟此字鄭、荀各異，疑皆非本字。古字蓋止作「叕」，荀訓拾掇，故從手；鄭訓憂，故從心耳。《説文·叕部》：「叕，綴聯也。」「患至叕也」，言患害之來綴聯不絶也。今各本皆作「掇」，古字古義俱亡矣。

不足以與行也。《履》六三

樾謹按：「以」字衍文也，傳文本云「眇能視不足以有明也，跛能履不足與行也」。古與、以二字通用，上句用「以」字，下句用「與」字，文異而義同。《史記·貨殖傳》曰：「智不足與權變，勇不足以決斷，仁不能以取予」，《漢書·楊雄傳》曰：「建道德以爲師，友仁義與爲朋。」與、以互用，正與此同。學者不知「與」字之即「以」字，而更加「以」字於「與」字之上，轉爲不辭矣。

卑以自牧也。《謙》初六

注曰：「牧，養也。」

樾謹按：牧固訓養，然卑以自養，於義未合。《荀子·成相篇》「請牧基賢者思」，楊倞注曰「牧，治」，然則「卑以自牧」者，卑以自治也。《方言》曰「牧，司也」，又曰「牧，察也」。司察二義皆與治義相近，雖亦從牧養一義而引申之，然詁經者當隨文以求其義，未可徒泥本訓矣。

咸臨，吉无不利，未順命也。《臨》九二

注曰：「若順於五則剛德不長，何繇得吉无不利乎？全與相違則失於感應，其得咸臨，吉无不利，必未順命也。」正義曰：「未順命者，釋无不利之義，未可盡順五命，須斟酌事宜，有從有否，故得无不利也。」

樾謹按：傳文止曰「未順命也」，竝無有順有不順之義，王氏此說殊不可通。《集解》引荀爽曰：「陽感至二，當升居五，群陰相承，故无不利也。陽當居五，陰當順從，今尚在二，故曰未順命也。」若然，則「咸臨吉无不利」以陽升之五而言，「未順命也」又以陽在二而言，兩句各成一義，全非孔子作傳以解經之旨矣，荀氏此說亦未盡合。今按：《雜卦傳》曰「咸，速也」，咸臨者，言臨之速也，其說已詳爻辭。傳意蓋言咸臨所以吉无不利者，以陽尚在二，未升之五，群陰尚未順從，故欲其臨之速也。自「咸」字失解，遂并傳義而不可通矣。

天下雷行，物與无妄。《无妄》

注曰：「與，辭也，猶皆也。天下雷行，物皆不可以妄也。」正義曰：「按諸卦之象，直言兩象，卽以卦名結之。今云『物與无妄』者，欲見萬物皆无妄，故加『物與』二字也。」

樾謹按：「物與无妄」四字，卦名也，因卦名多兩字者，而此獨四字，則於文不便，故但曰「无妄」。猶「習坎」二字，卦名也，因乾、坤、震、巽、離、艮、兑皆一字，而習坎獨二字，則於文不便，故但曰「坎」也。《坎》象辭稱「習坎」，而《无妄》彖辭不稱「物與无妄」，則已從省矣，惟《象傳》尚存其舊耳。

正義所云殊爲曲説。世傳《歸藏》卦名有大毒畜、小毒畜，卽大畜、小畜也。雖未必可據，然毒與育通，《老子》釋文曰「毒之今作育」是也。育之義爲養，畜之義亦爲養，單言之曰小畜、大畜，重言之曰小毒畜、大毒畜，未爲無義。是故小毒畜、大毒畜，三字卦名也；物與无妄，四字卦名也。聖人設卦觀象而命以名，安在其不可以三字四字乎？

滕口説也。《咸》上六

注曰：「咸其輔頰舌，則滕口説也。憧憧往來，猶未光大，況在滕口，薄可知也。」正義曰：「滕口説也者，舊説字作滕，徒登反，滕，競與也。鄭玄又作媵，媵送也。王注義得兩通，未知誰同其旨也。」

樾謹按：王氏蓋從鄭作「媵」，媵之義爲送，故以憧憧往來爲説，取往與送義相近也。若作「滕」，則與憧憧往來全不相涉矣。正義謂義得兩通，猶未達王氏之旨。

君子以自昭明德。《晉》

注曰：「以順著明自顯之道。」正義曰：「自昭明德者，昭亦明也，謂自顯明其德也。」周氏等爲照，非注旨也。」

樾謹按：《集解》引鄭玄曰：「地雖生萬物，日出於上，其功乃著，故君子法之，而以明自照其德。」虞翻曰：「君子謂觀乾。乾爲德，坤爲自，離爲明。乾五動以離日自照，故以自照明德也。」鄭所傳者費氏《易》，虞所傳者孟氏《易》，而其字皆作「照」，然則古本固不作「昭」矣。照與昭古通用，照明卽昭明也。《孫叔敖碑》「處幽暍而照明」，《劉熊碑》「誕生照明」，竝其證也。此傳之義當從王弼作「昭」，其字當從鄭、虞作「照」，竟作「昭」則非古字矣。

下不厚事也。《益》初九

注曰：「時可以大作而下不可以厚事，得其時而无其處，故元吉乃得无咎也。」正義曰：「厚事，猶大事也。」

樾謹按：經言利用爲大作，而傳言不可厚事，則傳與經異旨矣，恐非也。《説文》「厚，古文作垕」，故厚字卽與后通。《禮記・檀弓》篇「后木」，正義曰「《世本》云厚，此云后，其字異耳」，是厚與后古字通用之證。后訓後，厚亦訓後。《釋名・釋親屬》篇曰：「后，後也。」《釋言語》曰：「厚，後也。」《莊子・列禦寇》篇注「静而怯乃厚其身耳」，《釋文》曰：「元嘉本厚作後。」然則「下不厚事」，猶云下不後事，蓋下不可徒受上之益，雖當損上益下之時，必利用爲大作，乃元吉无咎。此卽事君敬其事而後其食之義。

莫益之，偏辭也。《益》上九

注曰：「獨唱莫和，是偏辭也。」

樾謹按：《釋文》：「偏辭音篇，孟作徧，云周帀也。」尋繹文義，以作「徧」爲長，惟周帀之訓尚未盡善。此「徧」字解經文「莫」字，徧之言盡也。《淮南子・主術》篇「則天下徧爲儒墨矣」，高注曰「徧，猶盡也」，是其義也。凡言莫者，如莫非、莫不之類，皆是極盡之辭。若有不盡然者，卽不得言莫矣，故曰「莫益之，徧辭也」。王氏所據本作「偏」，是以所解未得傳義。《集解》引虞翻曰：「徧，周帀也。三體剛凶，故至上應乃益之矣。」是其字正作「徧」，而其義卽用孟氏周帀之説。然經言「莫益之」，而注言「乃益之」，豈可通乎？學者但當據虞注以訂正經文，不必苟同其説也。

積小以高大。《升》

《釋文》曰：「以高大，本或作以成高大。」

樾謹按：《集解》引虞翻曰：「君子謂三，小謂陽息復時。復小爲德之本，至二成臨。臨者，大也。臨初之三，巽爲高二之五，艮爲慎。坤爲積，故慎德積小成高大。」是虞氏之《易》正與或本同。然下言高大，則上宜言卑小，今但言積小，疑本作「積小以成大」。正義曰：「君子以順德，積小以高大者，地中生木，始於毫末，終至合抱，君子象之以順行其德。積其小善，以成大名。」然則孔氏所據本正作「積小以成大」，故以積小善釋積小之義，成大名釋成大之義也。此蓋古本如是，後誤衍「高」字而作「積小以成高大」，又誤删「成」字而作「積小以高大」，皆於文義未安，胥失之矣。正義云云，是其所據本不誤，其述經文必作「積小以成大」，今作「積小以高大」，此後人以既誤之經改不誤之疏，非孔氏之舊也。且其上文曰「地中生木升者，地中生木，始於細微，以至高大，故爲升象」，此文易之曰「地中生木，始於毫末，終至合抱」。蓋前言高大者，以卦名升，故必加「高」字以見升象；此言合抱者，以傳云「積小以成大」，言大不言高，故但言合抱以見其大也。此孔氏措辭之密，學者可藉以考正經文矣。

行惻也。《井》九三

注曰：「行感於誠，故曰惻也。」

樾謹按：經文曰：「井渫不食，爲我心惻，可用汲。王明，竝受其福。」傳曰：「井渫不食，行惻也。求王明，受福也。」但稱述經文而其義自見，孔子作傳自有此例。如《比·象傳》曰：「比之初六，有他吉也。」《大有·象傳》曰：「大有初九，无交害也。」

此類甚多，不可枚舉。傳文「行」字即經文「爲」字。《墨子·經上》篇曰「行，爲也」，然則「行惻」即爲惻。正義解經文曰「爲，猶使也」，而《淮南子·説山》篇高誘注曰「行，猶使也」，蓋行之與爲其義通矣。王注云「行感於誠」，實非傳義。

信如何也。《鼎》九四

注曰：「不量其力，果致凶災，信如之何！」正義曰：「言信有此不可如何之事也。」

樾謹按：注及正義説皆于文義未安。「信」當讀爲「身」，《周官·大宗伯職》「侯執信圭」，鄭注曰「信當爲身」，是其證也。又信、伸古通用，《荀子·儒效篇》「是猶傴伸而好升高也」，楊注曰「伸讀爲身」，亦其證也。「信如何也」，即身如何也。既覆公餗，其身將如之何，言必不免也。王氏解爻辭曰：「既覆公餗，體爲渥沾，知小謀大，不堪其任，受其至辱，災及其身，故曰其形渥凶也。」此正與傳義合，但不知「信」爲「身」之叚字，故於傳文不得其解耳。

君子以居賢德善俗。《漸》

注曰：「賢德以止巽則居，風俗以止巽乃善。」正義曰：「君子求賢德使居位，化風俗使清善。」

樾謹按：賢德善俗相對成文，「居」字包下二事而言。當漸進之時，不可不慎，必有賢德善俗而後居之，故曰「君子以居賢德善俗」。《荀子·勸學篇》曰「君子居必擇鄉」，是其義也。自解者誤以居賢德爲一事，善俗爲一事，遂有疑「賢」字爲衍文者矣。

天際翔也。《豐》上六

注曰：「翳光最盛者也。」正義曰：「如鳥之飛翔於天際，言隱翳之深也。」

樾謹按：鳥飛翔於天際，何以轉謂之隱翳，王氏蓋從翔字取義。《淮南子·俶真》篇「雖欲翺翔，其勢焉得」，高注曰：「鳥之高飛，翼上下曰翺，直刺不動曰翔。」然則翔者，鳥高飛而張其兩翼也，故有翳光之義。正義云云，似于王氏之旨尚未達也。

失時極也。《節》九二

《集解》引虞翻曰：「極，中也。未變之正，失時極矣。」

樾謹按：九二雖未變之正，然不可謂失中也。極當讀爲亟，《荀子·賦篇》「出入甚極」，又曰「反覆甚極」，楊注竝曰「極讀爲亟」，是古字通也。失時亟也，猶云亟失時耳，《論語·陽貨》篇「好從事而亟失時」，是其義也。蓋初九居卦之初，故「不出户庭，无咎」。至九二而猶不出門庭，則其失時也亟矣，故凶也。

君子以慎辨物居方。《未濟》

注曰：「辨物居方，令物各當其所也。」正義曰：「君子見未濟之時，剛柔失正，故用慎爲德，辨别衆物，各居其方，使皆得安其所，所以濟也。」

樾謹按：物之所處謂之居，處置其物亦謂之居。《考工記·輿人》曰「凡居材，大與小無并」，《弓人》曰「居榦之道，菑栗不迆，則弓不發」，皆處置之義也。是故辨物者，分别其品物也；居方者，處置其方位也。辨物居方相對成義，謂辨别衆物，各居其方，非傳義矣。

方以類聚，物以群分。《繫辭傳》

樾謹按：方之言四方也，物之言萬物也。四方各以類聚，如《爾雅·釋地》云「太平之人仁，丹穴之人智，太蒙之人信，空桐之人武」是也。萬物各以群分，如《大戴記·

易本命》篇云「有羽之蟲三百六十而鳳皇爲之長，有毛之蟲三百六十而麒麟爲之長，有甲之蟲三百六十而神龜爲之長，有鱗之蟲三百六十而蛟龍爲之長，倮之蟲三百六十而聖人爲之長」是也。《樂記》正義引鄭注曰：「類聚群分，謂水火也。」《集解》引虞翻曰：「坤方道静，故以類聚；乾物動行，故以群分。」又引《九家易》曰：「方以類聚，謂姤卦陽爻聚於午；物以群分，謂復卦陰爻群於子。」其説皆以求深而反失之。至鄭君注《樂記》云「方謂行蟲也，物謂殖生者也」，則又失之小矣。

悔吝者，憂虞之象也。

韓康伯注曰：「失得之微者，足以致憂虞而已，故曰悔吝。」正義曰：「經稱悔吝者，是得失微小，初時憂念虞度之形象也。」

樾謹按：《集解》引干寶曰：「悔亡則虞，有小吝則憂。憂虞未至於失得，悔吝不入於吉凶。事有小大，故辭有急緩，各象其意也。」干氏之意，蓋以「虞」爲「驩虞」之「虞」，故云「未至於失得」，言雖憂而未至有失，雖虞而未至有得也。韓伯此注與干寶説同，正義以爲憂念虞度，失注意矣。惟如干説，實亦未合，傳但言悔，不言悔亡，乃曰悔亡，則虞豈可通乎？《廣雅·釋詁》曰「虞，驚也」，然則憂虞猶言憂驚也，或以爲驩虞，或以爲虞度，胥失其解。《廣雅》此訓，殆古《易》説歟？

齊小大者存乎卦。

注曰：「齊，猶言辯也。」

樾謹按：齊之訓辯，初無依據，韓意蓋謂齊小大與辯吉凶語意相近耳，殆非也。齊小大正與列貴賤同，齊猶言列也。《淮南子·原道》篇「齊靡曼之色」，高注曰「齊，列也」，是齊可訓列。《莊子・盜跖》篇「齒如齊貝」，齊貝猶列貝也。「列貴賤者存乎位」，齊小大者存乎卦」，曰列曰齊，辭異而義同，猶未及乎辯之也；繫辭焉而明吉凶，斯辯矣，故又曰「辯吉凶者存乎辭」。韓伯謂齊猶辯，殊非傳意。

憂悔吝者存乎介。

注曰：「介，纖介也。王弼曰：『憂悔吝之時，其介不可慢也。』卽悔吝者，言乎小疵也。」

樾謹按：所引王弼説見《略例・明卦適變通爻篇》，其文曰：「故當其列貴賤之時，其位不可犯也。遇其憂悔吝之時，其介不可慢也。」以文義求之，似王氏讀「介」爲「畍」，故以其位、其介對文竝舉。《釋文》於《略例》出「其介」二字，云「音畍」，此得王氏之意者也。又曰：「本又作分，符問反。」蓋界限之畍與分量之分，義得兩通，故陸氏竝存之，不以爲誤也。韓伯訓介爲纖介，本王肅、干寶之説，乃又引王弼説以證之，殆未達弼旨矣。《釋文》於此出「乎介」二字，云「音畍，注同。王肅、干、韓云纖介也」，是陸氏讀此傳仍從王弼作「畍」。所謂注同者，卽注中「其介不可慢」之「介」也。纖介之説，別屬之王肅、干、韓，其所見塙矣。

其靜也專。

注曰：「專，專一也。」

樾謹按：下文云「夫坤，其靜也翕，其動也闢」，翕與闢正相對。此云「夫乾，其靜也專，其動也直」，專與直亦必相對。殆非專一之謂也。專當作摶，《説文・手部》：「摶，圜也。」《考工記・梓人》「摶身而鴻」，鄭注曰「摶，圜也」。又《廬人》、《弓人》注竝同。《楚辭·橘頌》篇「圜果摶兮」，王逸注曰：「摶，圜也。楚人名圜爲摶。」然則其静也摶，猶言其静也圜，圜者乾之本體也。摶、直、翕、闢皆言其狀，非言其德。「摶」作「專」者，叚字耳。《史記·秦始皇紀》「摶心壹志」，叚摶爲專也。此云「其静也專」，叚專爲摶也。《釋文》曰「專，陸作塼」，「塼」卽「摶」字之譌矣。

成性存存，道義之門。

注曰：「物之存成，由乎道義也。」正義曰：「此明易道既存天地之中，能成其萬物之性，使物生不失其性。存其萬物之存，使物得其存成也。性謂稟其始也，存謂保其終也。」

樾謹按：繼之者善，成之者性，但能保其成之之性，使長存而勿失，卽道義之所從出也，故曰「成性存存，道義之門」。《爾雅·釋訓》曰「存，存在也」，邢昺疏卽引《繫辭》「成性存存」以證之，是存存重言，非有兩義。正義以成性爲一事，存存爲一事，解爲「存其萬物之存」，下「存」字果何指乎？

言天下之至賾，而不可惡也。

正義曰：「謂聖人於天下至賾之理，必重慎明之，不可鄙賤輕惡也。」

樾謹按：惡之言麤也。《國語·齊語》「惡金以鑄鉏夷斤欘」，韋昭注曰：「惡，麤也。」《儀禮·既夕》記「主人乘惡車」，亦取麤惡之義。天下之理至賾，必詳悉言之，方能其曉，故曰「言天下之至賾而不可惡也」，謂不可麤略也。惡與善爲對文。《釋名·釋言語》曰：「善，演也，演盡物理也。」盡物理謂之善，然則不盡物理謂之惡矣。正義以爲「鄙賤輕惡」，夫天下之理，豈有可賤惡者，知其不然也。

言天下之至動，而不可亂也。

《釋文》曰：「鄭本作『至賾』，云賾當爲動，《九家》亦作册。」《集解》引虞翻曰：「動，舊誤作賾也。」

樾謹按：以鄭、虞説觀之，是古本此句作「言天下之至賾」，與上句同。正義曰「若以文勢上下言之，宐云『至動而不可亂也』」，然則孔穎達所據本亦作「至賾」矣。學者徒見上文「賾」與「動」對舉，故改「賾」爲「動」，不知此文言天下之至賾而不可惡也，言天下之至賾而不可亂也，實專承天下之賾而言。下文云「擬之而後言，議之而後動」，然後覆説動字。若謂此文「賾」字必與「動」對，則下文「動」字何以不與「賾」對乎？蓋天下之賾，天下之動，文雖平列，意實相承，不必兩兩對舉也。執後世之文法以讀聖經，失之泥矣。其兩云「言天下之至賾」，似乎繁複，乃古人自有此文法。《孟子·梁惠王》篇：「故王之不王，非挾泰山以超北海之類也。王之不王，是折枝之類也。」《離婁》篇：「瞽瞍底豫而天下化，瞽瞍底豫而天下之爲父子者定。」若以後世文法繩之，兩「王之不王」，兩「瞽瞍底豫」，亦可省其一矣。

小人而乘君子之器，盜思奪之矣。上慢下暴，盜思伐之矣。

正義曰：「言君子合乘車。今應負之人而乘車，是小人乘君子之器也，則盜竊之人思欲奪之矣。小人居上位必驕慢，而在下必暴虐。爲政如此，大盜思欲伐之矣。」

樾謹按：《詩·泮水》篇「思樂泮水」，《禮記·禮器》篇正義作「斯樂泮水」；《我行其野》篇「言歸思復」，唐石經作「言歸斯復」，蓋思、斯竝語詞，古亦通用。「盜思奪之矣」，「盜思伐之矣」，兩「思」字均與「斯」字同，猶曰盜斯奪之矣，盜斯伐之矣。正義以實字解之，未合古義。

聖人以此洗心。

注曰：「洗濯萬物之心。」

樾謹按：傳言「洗心」，不言洗萬物之心，韓注非也。《釋文》出「先心」二字，曰：「劉瓛悉殄反，盡也。王肅、韓悉禮反。京、荀、虞、董、張、蜀才作先。」今按：洗心之義，當從劉瓛説。《尚書・酒誥》篇「自洗腆」，《釋文》曰：「洗，先典反。馬云盡也。」然則洗之訓盡，古有此義。「以此洗心」者，以此盡心也。《禮記・王制》篇「刑者，侀也。侀者，成也。一成而不可變，故君子盡心焉」，文義與此相近。《説文・歺部》：「殄，盡也。」劉音悉殄反，蓋即讀如殄，故訓盡也。京、荀諸本作先，乃洗字之省，而《集解》引虞注曰：「以蓍神知來，故以先心。」若然，則當云聖人以此先知，何言先心乎！

《易》窮則變，變則通，通則久，是以「自天祐之，吉无不利」。

樾謹按：以上下文法言之，此數語殊爲不倫。疑「《易》窮則變，變則通，通則久」乃上篇「動則觀其變而玩其占」以下之脱簡。「是以自天祐之，吉无不利」乃文之重出者也，當移至上篇，曰：「是故君子居則觀其象而玩其辭，動則觀其變而玩其占。《易》窮則變，變則通，通則久，是以『自天祐之，吉无不利』。」至此篇則云：「神農氏没，黄帝、堯、舜氏作，通其變，使民不倦；神而化之，使民宐之。黄帝、堯、舜垂衣裳而天下治，蓋取之乾坤。」

動而不括。

注曰：「括，結也。君子待時而動，則无結閡之患也。」

樾謹按：括與适通。《書・君奭》篇「南宮括」，《大傳》作「南宮适」，是其證也。《說文・辵部》：「适，疾也，讀與括同。」然則「不括」卽「不适」，言不疾也。藏器於身，待時而動，是君子不急於動，故曰「動而不适」。韓注訓括爲結，又加閡字以成其義，失之迂矣。

於稽其類。

《集解》引侯果曰：「於，嗟也。」

樾謹按：《爾雅・釋詁》：「爰，粵，於也。」《詩・桑中》篇「爰采唐兮」，《儀禮・士冠禮》「爰字孔嘉」，毛傳、鄭注竝曰「爰，於也」。《漢書・敘傳》「尚粵其幾」，應劭曰：「粵，於也。」❶然則「於稽其類」，猶云爰稽其類，粵稽其類耳。侯訓爲嗟，則讀爲烏，轉於文義未安矣。

因貳以濟民行。

注曰：「貳則失得也。」

樾謹按：《釋文》：「因貳，音二。鄭云當爲式。」《集解》引虞翻曰：「二謂乾與坤也。」是虞、韓皆與鄭讀同。然聖人何不明舉此二者以示人，而但曰貳，貳者何物乎？後人各以意求之，或以爲乾坤，或以爲失得，而聖人之傳幾同秦客之廋辭、楚王之隱語矣，殆非也。《周官・小宰》之職曰「掌邦之六典、八灋、八則之貳」，鄭司農云：「貳，副也。」《司勳職》曰「大功，司勳藏其貳」，鄭注曰：「貳，猶副也。功書藏于天府，又副于此者，以其主賞。」《司盟職》曰「既盟則貳之」，注曰：「貳之者，寫副當以授六

❶「劭」，原作「邵」，今據清經解續編本改。

官。」以此考之，凡有正書而寫其副本曰貳。古者三《易》之法掌于太卜，民閒不得見也。然聖人吉凶與民同患，亦欲使之知所趨避，因寫副本行之邦國，使民皆得取決焉，故曰「因貳以濟民行，以明失得之報」。

是故變化云爲。

正義曰：「『是故變化云爲』者，《易》既備含諸事，以是之故，物之或以漸變改，或頓從化易，或口之所云，或身之所爲也。」

樾謹按：「變化云爲」與下句「吉事有祥」一律，云亦有也。《廣雅・釋詁》曰：「云，有也。」《文選》陸機《答賈長淵詩》曰「公之云感」，注引應劭《漢書注》曰：「云，有也。」《國語・晉語》曰「其誰云弗從」，韋昭注曰「誰有弗從」，是亦訓云爲有也。「變化云爲」即變化有爲，言其變化必有所爲也。變化有爲，故象事知器；吉事有祥，故占事知來。上句用「云」字，下句用「有」字，文異而義同，古書往往有此。《尚書・洪範》篇「水曰潤下，火曰炎上，木曰曲直，金曰從革，土爰稼穡」，爰即曰也。《爾雅・釋魚》篇「俯者靈，仰者謝，前弇諸果，後弇諸獵」，諸即者也。疊句成文而虛字不同，不可枚舉。若從正義之說，「變化云爲」分爲四事，則與下文不屬矣。

不易乎世。《文言》

王注曰：「不爲世俗所移易也。」

樾謹按：「易」當讀爲「施」。《詩・皇矣》篇「施于孫子」，鄭箋云「施猶易也」，故施、易二字古亦通用。《何人斯》篇「我心易也」，《釋文》曰「易，《韓詩》作施」。《戰國策・韓策》「易三川而歸」，《史記・韓世家》作「施三川」，皆其證也。《白虎通・號》篇引

《尚書》「不施予一人」，卽《盤庚》篇「不愓予一人」，「施」通作「易」，故通作「愓」，亦其證也。「不易乎世」者，不施乎世也，言不得設施乎世也。不施乎世，故不成名，而爲龍德之隱矣。

善世而不伐。

正義曰：「謂爲善於世，而不自伐。」

樾謹按：傳言「善世」，不言「爲善於世」，正義所説非其旨也。世當作大。《禮記・曲禮》篇「不敢與世子同名」，鄭注曰「世或爲大」。《公羊春秋》文十三年「世室屋壞」，昭二十五年「樂世心」，《左》、《穀》經文「世」竝作「大」。桓九年《左傳》正義曰：「諸經稱『世子』，及『衛世叔申』，經作『世』字，傳皆爲『大』，然則古者世之與大，字義通也。」「善世而不伐」者，善大而不伐也。下句曰「德博而化」，善世與德博義正一律，世與博皆大也。

君子以成德爲行，日可見之行也。

正義曰：「言君子之人，當以成就道德爲行，令其德行彰顯，使人日可見其德行之事，此君子之常也。」

樾謹按：如正義所説，甚爲不辭。此「日」字疑「曰」字之誤。《大畜》九三「曰閑輿衛」，《釋文》云：「曰音越，曰猶言也。鄭人習反，云日習車徒。」然則曰、日二字之相亂，在本書已有徵矣。「君子以成德爲行，曰可見之行也」，猶云君子以成德爲行，言可見之行也。「曰」譌作「日」，於義難通矣。

蓋言順也。

樾謹按：此「順」字卽《象傳》「馴致其道」之「馴」，《集解》於《象傳》引《九家易》曰：「馴猶順也。」蓋馴順竝從川聲，《説文・馬部》

「馴，馬順也」，是二字聲義俱同。「馴致其道」即順致其道，「蓋言順也」即蓋言馴也。正義於彼云「言順其陰柔之道，習而不已」，於此云「蓋言順習陰惡之道，積微而不已」，是孔氏猶知順、馴之同義，唐時古訓未湮也。

然後能變化既成萬物也。《説卦》

《集解》引虞翻曰：「乾道變化，各正性命，成既濟定，故既成萬物矣。」

樾謹按：《繫辭傳》云「初帥其辭而揆其方，既有典常」，《集解》引侯果曰「盡有典常，非虛設也」，是侯氏訓既爲盡。此云「既成萬物」，義亦與彼同，猶言盡成萬物也。傳本泛論，必牽合卦名，此最虞氏之失。

巽入也。

樾謹按：《説文・丌部》：「巽，具也，從丌𢀿聲。」❶「顨，巽也，從丌從頭。此《易》顨卦爲長女爲風者。」以此推之，疑古《説卦傳》當曰「顨巽也」，不曰「巽入也」。蓋嘗徵之《彖傳》矣。《彖傳》每不言卦名，而言卦之名義，如坎下艮上則曰險而止，震下兑上則曰動而説，皆是也。獨至巽卦則皆曰巽，無曰入者。《小畜》曰「健而巽」，《蠱》曰「巽而止」，《觀》曰「順而巽」，《大過》曰「巽而説行」，《恒》曰「巽而動」，《益》曰「動而巽」，《升》曰「巽而順」，《鼎》曰「巽而耳目聰明」，《漸》曰「止而巽」，《中孚》曰「説而巽」，《彖傳》無一入字，然則《説卦傳》不作「巽入也」明矣。蓋卦名本作「顨」，《説卦傳》釋其義曰「顨巽也」，《彖傳》言巽者皆顨之名義也。自卦名變作「巽」，則巽、巽也二字無別，於是用《序卦

❶「巴」，原作「巽」，今據《説文解字》改。

傳》義改作「巽入也」，而古字古義俱亡矣。

爲蕃鮮。

正義曰：「鮮，明也，取其春時草木蕃育而鮮明。」

樾謹按：蕃育鮮明則成兩義，當曰「爲蕃爲鮮」，不得合言之曰「爲蕃鮮」也。「蕃」讀爲「播」。《周官・大司樂職》「播之以八音」，「故書播爲藩，杜子春云『藩當爲播』」。然則《周易》叚「蕃」爲「播」，猶《周官》故書叚「藩」爲「播」。蕃、藩、播竝從番聲，古音同也。鮮之言散也。《國語・周語》「地無散陽」，《漢白石神君碑》作「地無鱻陽」，鮮與鱻同。是故「爲蕃鮮」猶云爲播散也，震動故有播散之義。後人不通古音，斯失其解矣。

爲廣顙。

樾謹按：《釋文》：「廣，鄭作黃，當從之。」上文「爲寡髮」，本作「爲宣髮」。《集解》引虞翻曰「爲白故宣髮」，《考工記》鄭注曰「頭髮皓落曰宣，《易》巽爲宣髮」，是鄭説與虞同。「爲宣髮，爲黃顙，爲多白眼」，三句皆以色言也。今作寡髮、廣顙，失之矣。

爲曳，其於輿也爲多眚。

樾謹按：「爲曳」二字似宜在「其於輿也」之下，「其於輿也爲曳」，如《睽》六三「見輿曳」是也。睽自三至五，正有坎象，以經注經，莫塙于此矣。「爲多眚」以下於輿義不相蒙，自「爲曳」二字誤倒在上，乃以「多眚」屬輿。《集解》引虞翻曰：「坤爲大車，坎折車軸，故爲車多眚」，未免曲爲之説矣。

豫必有隨，故受之以隨。以喜隨人者必有事，故受之以蠱。《序卦》

樾謹按：「以喜」二字，疑當在「必有隨」之上。其文曰：「豫以喜，必有隨，故受之以隨。隨人者必有事，故受之以蠱。」正義引鄭注曰「喜樂而由人，則隨從」，正解「豫以喜必有隨」之義，可據以訂正。

節而信之，故受之以中孚。

注曰：「孚，信也。既已有節，則宜信以守之。」

樾謹按：《説文·卪部》：「卪，瑞信也。守國者用玉卪，守都鄙者用角卪，❶使山邦者用虎卪，土邦者用人卪，❷澤邦者用龍卪，門關者用符卪，貨賄用璽卪，道路用旌卪。象相合之形。」今經典相承皆以節爲之，韓伯之意蓋謂節猶卪也，所以爲信也，故曰「既已有節，則宜信而守之」。晉人猶知古義，唐以後不復知此矣。

比樂師憂。《雜卦》

注曰：「親比則樂，動衆則憂。」

樾謹按：「比樂師憂」實《周易》中之精義，韓伯此注殊爲膚淺。《集解》引虞翻曰「比五得位，建萬國，故樂；師三失位輿尸，故憂」，亦非其旨也。蓋「比樂師憂」即需、訟之一利涉、一不利涉也。需卦坎在上，是未出險，未出險則宜往而出險，故曰「利涉大川」。訟卦坎在下，是已出險，已出險則不宜又入險，故曰「不利涉大川」，此需訟一利涉、一不利涉之别也。然需訟之利涉不利涉，以乾言也。乾陽上升，故需坎在上爲未出險，而訟坎在下爲已出險。若師比則當以坤言矣。坤陰下降，故比坎在上爲不遇險，而師坎在下爲遇險。不遇險故樂，遇險故憂。「比樂師憂」正

❶「卪」，原作「節」，今據清經解續編本改。
❷「土」，原作「上」，今據清經解續編本改。

與需、訟之利涉不利涉相反，而實一義也。請更以蹇、解、井、困四卦明之。艮、震皆陽卦也，陽則上升，故艮上有坎爲蹇，而震下有坎則解矣。兑、巽皆陰卦也，陰則下降，故巽上有坎爲井，而兑下有坎則困矣。傳曰「井通而困相遇也」，明井坎在上則巽陰已通，困坎在下則兑陰降，而適與相遇也。知井之通則知比之樂矣，知困之相遇則知師之憂矣。余著《易貫》一書，頗發明憂樂之旨，以明處憂患之道。此書專孷古訓，於《易》義未及敷陳，姑撮其大旨如此。

賁无色也。

注曰：「飾貴合衆，无定色也。」

樾謹按：无定色不可謂之「无色」，韓注非也。《集解》引虞翻曰「五動巽白故无色也」，若然，則賁變爲家人矣。舍賁之本卦而取義於家人，不亦遠乎，虞注亦非也。然无色之義，殊不可曉。《釋文》引：「傅氏云：賁，古斑字，文章貌。鄭云：賁，變也，文飾之貌。王肅云：賁有文飾，黄白色。」以諸説觀之，賁安得云无色？惟上九「白賁无咎」，王注曰「處飾之終，飾終反素」，是无色之義，但可以言上九一爻，豈可以言全卦乎！疑「无」當作「亓」，乃古文「其」字，《集韵》曰「其古作亓」是也。噬嗑食也，賁色也，食色正相對成文。因「賁」止一字，故加「其」字以足之，曰「賁亓色也」。❶亓、无形似，遂譌爲「无色」矣。

兑見而巽伏也。

注曰：「兑貴顯説，巽貴卑退。」

樾謹按：「兑見而巽伏」者，陰始于上而極

❶「亓」，原作「丌」，今據上文改。

于下也。畫卦者必自下而上，故有震長男、巽長女之説。然陰陽之理實不盡于此。冬至之日一陽自地而升，夏至之日一陰自天而降，此陽升陰降之定理也，故《雜卦傳》有震起、艮止、兑見、巽伏之説。震所以爲起者，陽始于下也；艮所以爲止者，陽極于上也，此學者所知也。兑所以爲見者，陰始于上也；巽所以爲伏者，陰極于下也，此學者所未知也。請以否、泰二卦明之。三陽在上，三陰在下，則陽已升陰已降而不復交矣，聖人因名之曰否。三陰在上，三陽在下，則陽升陰降而交焉，聖人因名之曰泰。是可見陰陽之理矣。不然，天位乎上，地位乎下，豈非天地之正位，何以爲否乎？夫伏羲之卦，猶倉頡之字也。畫卦之法，必自下而上，亦猶作字之法，必自左而右也。一卦有一卦之意，非必自下而上，亦猶一字有一字之意，非必自左而右也。然則兑見巽伏之説，與巽長兑少之説，何妨各成一義乎！

群經平議卷二

群經平議卷三

德清俞樾

尚書一

光被四表。《堯典》

枚氏傳曰：「故其名聞充溢四外。」

樾謹按：光被四外甚爲不辭。《詩·噫嘻》篇正義引鄭注曰「言堯德光耀及四海之外」，然經文但曰「四表」，不曰「四海之表」，增字釋經，亦非經旨。今按：僖二十八年《左傳》「表裏山河」，表裏皆以衣爲喻，是故四表猶四裔也。《説文·衣部》「表，上衣也，從衣從毛。古者衣裘，以毛爲表」，又曰「裔，衣裾也」，是表與裔本義皆屬衣。以其在極外而言則曰四表，猶衣之有表也；以其在極末而言則曰四裔，猶衣之有裔也。《文選·西都賦》曰「表以太華終南之山，帶以洪河涇渭之川」，表帶竝言，得古義矣。

克明俊德。

傳曰：「能明俊德之士任用之，以睦高祖玄孫之親。」

樾謹按：此句當與上文「光被四表，格于上下」連讀，言光被四表，格于上下，由其克明俊德。《禮記·大學》篇引此文而釋之曰「皆自明也」，是謂堯自明其德，非謂明俊德之士也。「以親九族，九族既睦。平章百姓，百姓昭明。協和萬邦，黎民於變時雍。」皆兩句爲一義，與「慎徽五典，五典克從。納于百揆，百揆時敘。賓于四門，四門穆穆。納于大麓，烈風雷雨弗迷」八句正相似。僞孔傳割「慎徽五典」以下爲《舜典》，蓋正取此數語與《堯典》相配也。其後僞作二十八字者，終之曰「玄德升聞，乃命以位」，則固以舜之玄德配堯之俊德矣。

厥民因。

傳曰：「因，謂老弱因就在田之丁壯以助農也。」

樾謹按：經文止言「厥民」，安知其爲老弱者乎，傳義似非經意也。因之言重襲也。《說文・艸部》曰：「茵，車重席。」《廣雅・釋器》曰：「複袳謂之裀。」蓋因有重複之義，以其爲重席而從艸作茵，以其爲複袳而從衣作裀，其義通也。「厥民因」與下文「厥民隩」文異而義相近。「隩」本作「奧」，見段氏玉裁《古文尚書撰異》。奧，深也，因有重複之義，則亦深也。大暑大寒，人不可犯，皆宜深居以避之。《禮記・月令》篇於仲夏之月、仲冬之月竝曰「處必掩身」，是其義也。

胤子朱啟明。

傳曰：「胤，國。子，爵。朱，名。」正義曰：「夏王仲康之時，胤侯命掌六師，《顧命》陳寶有胤之舞衣，故知古有胤國。胤既是國，自然子爲爵，朱爲名也。馬融、鄭玄以爲『帝之胤子曰朱也』，求官而薦太子，太子下愚以爲啟明，揆之人情，必不然矣。」

樾謹按：枚說是也。《說文・糸部》：「絑，純赤也。《虞書》丹朱如此。」蓋《虞書》有「胤子朱」之朱，有「朱虎熊羆」之朱，有「丹朱」之朱。許君謂「丹朱如此」，然則「胤子朱」與「朱虎」不如此，明矣。不然，「胤子朱」之文最在前，何舍前而舉後乎？即此可見壁中古文「胤子朱」與「丹絑」兩字不同，其非一人明甚。孔傳雖僞，然此説實勝馬、鄭舊義，學者不可不知也。

試可乃已。

傳曰：「唯鯀可試，無成乃退。」

樾謹按：經言「試可」，不言「可試」；經言「乃已」，不言「無成乃已」，傳義非也。「已」當作「以」。《禮記·檀弓》篇「則豈不得以」，鄭注曰「以，已字」，又曰「以與已字本同」。《周易·損》初九「已事遄往」，《釋文》曰「已，本亦作以」。《論語·先進》篇「毋吾以也」，《釋文》曰「以，鄭本作已」。皆已、以通用之證。以，用也。「試可乃以」者，言試之而可，乃用之也。《史記·五帝紀》作「試不可用而已」，蓋不知「已」當作「以」，而疑「試可乃已」文義難通，遂改「可」爲「不可」。古書之難讀久矣。

巽朕位。

傳曰：「巽，順也。言四岳能用帝命，故欲使順行帝位之事。」《釋文》引馬注曰：「巽，讓也。」《史記集解》引鄭注曰：「入處我位。」

樾謹按：諸説於文義均未安。《史記·五帝本紀》「巽」作「踐」，當從之。《尚書》作「巽」者，叚字也。踐從戔聲，古音與巽近。《史記·仲尼弟子傳》「宓不齊，字子賤。任不齊，字子選。」賤從戔聲，選從巽聲，而皆名不齊，是其證矣。説者不知「巽」爲「踐」之叚字，望文生訓，失之。

舜讓于德弗嗣。

樾謹按：《文選·典引》曰「有于德不台，淵穆之讓」，李善注引《漢書音義》曰「古文台爲嗣」，是《古文尚書》作「嗣」，《今文尚書》作「台」。台卽怡字，故《史記·五帝紀》集解引徐廣曰：「《今文尚書》作不怡也。」古文「台」爲「嗣」，猶《韓詩》「嗣音」作「詒音」，《公羊春秋》「治兵」作「祠兵」，乃叚借字。《史記·五帝紀》作「不懌」，則以訓詁字代之也。《史公自序》曰：「唐堯遜位，虞舜不台。」竊謂史公雖得台字之義，而于經文句讀有未審也。此經「嗣」字當從今文作「怡」，其義則從史公作「懌」，而以「舜讓于德」爲句，「弗台」爲句。「舜讓于德」者，言舜讓于有德之人也。他如讓于稷契暨皋陶，讓于殳斨暨伯與，皆有所讓之人。而此無之者，蓋舜實亦未見有可讓之人，但不敢便陟帝位，故讓于有德者。若曰天下自當有其人，姑待之耳。「弗怡」者，堯弗怡也。堯聞其讓而不怡懌，蓋不允其讓也，故其下遂繼之曰「正月上日受終于文祖」。不然，如下文諸臣之讓，史臣必書「帝曰：『俞！女往哉。』」或云「帝曰：『俞！往哉女諧。』」此文舜讓之下堯猶無一言，何以即紀受終之事乎？

如五器。

姚氏傳曰：「器，謂圭璧。如五器，禮終則還之。」

樾謹按：姚方興以「如五器」連下「卒乃復」爲義，蓋即馬融説，《太平御覽·禮儀部》引馬注曰「五器，上五玉。禮終則還之，三帛以下不還」是也。然如其説，則但曰「五玉卒乃復」，豈不甚明？必變其文曰「五器」，何歟？隱八年《公羊傳》疏引鄭注曰：「如者，以物相授與之。言授贄之器有五，卿、大夫、上士、中士、下士也。」鄭氏此説于古無徵，且以物相授與而謂之如，亦未詳何義，殆不可用也。今按：如猶同也。《廣雅·釋言》曰：「如，均也。」上文「同律度量衡」，傳曰：「律法制及尺丈、斛斗、斤兩，皆均同。」然則如與同竝有均義，律度量衡言同，五器言如，其義一也。五器者，五兵也。《國語・周語》「阜其財求，而利其器用」，韋注曰：「器，兵甲也。用，耒耜之屬也。」是古謂兵器爲器。《大戴記・用兵》篇：「公曰：『蚩尤作兵與？』子曰：『否。蚩尤，庶人之貪者也。及利無義，不顧厥親，以喪厥身。蚩尤惛慾而無厭者也，何器之能作？』」公問作兵，子言作器，此古謂兵爲器之明證。蓋器械之中以兵爲重，故得專以器名。《禮記・少儀》篇「不度民械」，鄭注曰「械，兵器也」，謂兵器爲器，猶謂兵器爲械矣。《司馬法》曰：「弓矢圍，殳矛守，戈戟助，凡五兵，長以衛短，短以救長。」是古者兵器有五，故謂之五器。天子巡守，所至必均同之，故曰「如五器」也。五兵之説諸傳記所載不一，今姑依《司馬法》爲説，其詳見孔氏廣森《禮學卮言》。

卒乃復。

樾謹按：姚傳襲馬融之説，以此句連上「如五器」爲義，未得其旨，辯見前矣。隱八年《公羊傳》疏引鄭注曰：「卒，已也。復，歸也。巡守禮畢，乃反歸矣。」然每方禮畢輒歸，道里迂遠，于事不便。且下文言歸，此文言復，文既不同，義亦當異。若如鄭注，何不言「卒乃歸」，而必言「卒乃復」乎？今按：《周官・宰夫職》曰「諸臣之復」，鄭注曰：「復之言報也，反也。反報於王，謂於朝廷奏事。」又《太僕職》曰「掌諸侯之復逆」，注曰：「復謂奏事也。」「卒乃復」當從此義，謂每一方禮畢，舜輒使人反報于堯也。下文「歸格于藝祖」方是舜自歸。曰復曰歸，經固別而言之，何後人尚混而一之乎？

歸格于藝祖。

傳曰：「藝，文也。言祖則考著。」

樾謹按：姚以藝祖卽文祖，蓋陰用鄭義。鄭君說上文「受終于文祖」曰「文祖者，五府之大名，猶周之明堂」，見《史記集解》。又說此文「歸格于藝祖」曰「藝祖，文祖，猶周之明堂」，見《詩·我將》篇正義，是鄭意正謂藝祖卽文祖也。姚襲其說，但不以爲明堂耳。今按：文祖之說，自以鄭義爲塙。《尚書帝命驗》曰：「帝者承天立五府。五府者，五帝之廟，蒼曰靈府，赤曰文祖，黃曰神斗，白曰顯紀，黑曰玄矩。」然則舉文祖之一名以包靈府、神斗衆名，猶舉明堂之一名以包青陽、總章諸名也。王者南面而聽天下，嚮明而治，故舜之受終必於文祖，猶周公朝諸侯必于明堂也。孫氏星衍、江氏聲竝宗其說，洵無以易之矣。惟以藝祖謂卽文祖，恐未必然。文祖、藝祖既有異名，必非同實。若文藝一也，何以前後俱言文祖，此獨變文言藝乎？且藝之訓文，亦非古訓。《周官》以禮樂射御書數爲六藝，猶言材藝也。漢世遂以六經爲六藝，而後世因之有文藝之稱，豈可以說唐虞之書乎？《尚書大傳》作「歸假于禰祖」，《史記·五帝本紀》亦云「歸至于禰祖廟」，此自是古文今文之異。然文祖無異文，而藝祖禰祖古今文不同，卽此可知藝祖之非卽文祖矣。《釋文》引馬、王云「藝，禰也」，以藝爲禰，是以今文說古文。上文「受終于文祖」，馬云「文祖，天也。天爲文萬物之祖，故曰文祖」。是馬融之意，固以文祖藝祖爲有別矣。惟藝之爲禰，殊無依據。孫氏星衍謂聲相近，此未得也。「藝」當讀爲「暬」，暬從埶聲，古「藝」字止作「埶」。《漢書・楚元王傳》注曰「埶，古藝字」，《司馬遷傳》注曰：「蓺，古藝字。」蓋古作「埶」，後作「蓺」，又作「藝」，轉相加而愈非古矣。是故以「藝」爲「暬」，實以「埶」爲「暬」。古文以聲爲主，省不從日，亦猶以哥爲歌，以臤爲賢之例也。《國語・楚語》「居寢有暬御之箴」，韋注曰：「暬，近也。」暬之義爲近，禰之義亦爲近。襄十三年《左傳》正義曰：「禰，近也，於諸廟，父最爲近也。」隱元年《公羊傳》疏引舊説云：「禰，示旁爾，言雖可入廟是神示，猶自最近于己，故曰禰。」以是推之，疑古字止作爾。爾，近也。其後又加示旁者，神之也，故《説文》無「禰」字也。字亦通作「昵」。《高宗肜日》篇「典祀無豐于昵」，《釋文》引馬曰：「昵，考也，謂禰廟也。」然則以「暬」爲「禰」，猶以「昵」爲「禰」。「昵」卽「暱」之或體。暱與暬竝在《説文・日部》，其説解曰「暱，日近也」，「暬，日狎習相慢也」，二字之義相近。考廟最親，有狎近之義，故或謂之暬，或謂之昵，實一義也。自後世以爾字加示作「禰」，遂爲定名，而暬昵之名皆廢矣，又安知此經「藝」字爲「暬」字之叚借乎？今破「藝」爲「暬」，以申明馬説，明今古文文異而義同。鄭君明堂之説，可以説文祖，不可以説藝祖。至姚氏竊鄭義而變其説，更不足論矣。

鞭作官刑。

傳曰：「以鞭爲治官事之刑。」

樾謹按：《史記集解》引馬注曰「爲辨治官事者爲刑」，姚傳正用馬注。惟「官」字之義，自來未得。今按：官、館古同字。《説文・食部》：「館，客舍也，從食官聲。」《𠂤部》：「官，吏事君也，從宀𠂤，𠂤猶衆也」，此與師同意。夫以宀覆衆，正合客舍之義，官卽古「館」字，明矣。許君分官館爲二，誤也。《漢書・賈誼傳》「學者所學之官也」，《文翁傳》「修起學官於成都市中」，字竝作「官」，不作「館」。《漢書》多古字也，説詳余所著《字義載疑》。原官之始，蓋專爲庶人在官者而設，彼皆從田閒來，不有以舍之，何以從事于公乎？在國曰市井之臣，在野曰草莽之臣，故在官者卽謂之官。其後遂相承以爲吏事君者之名，而官之本義反爲所奪，乃更製「館」字以爲客舍之名。館所以從食者，以庶人在官皆得食禄故也。此經「鞭作官刑」，蓋以警庶人在官之游惰者。若以今字書之，當云「鞭作館刑」，馬、姚之義均有未盡。

達四聰。

樾謹按：文十八年《左傳》杜注曰「闢四門，達四窻，以賓禮衆賢」，此古説之幸存者也。四聰卽四窻也。《釋名・釋宮室》曰「窻，聰也，於内窺外爲聰明也」，是窻聰聲近而義通。闢四門所以明四目也，達四窻所以達四聰也。門與目聲義俱隔，故兩言之；窻與聰聲義俱通，故一言之，言聰卽言窻也。此承「格于文祖」而言，鄭君云「文祖猶周之明堂」，然則四門四窻，明堂之制也。古明堂之制，四旁爲兩夾，兩夾皆有窻，故曰「四旁兩夾窻白盛」，説詳《考工記世室重屋明堂考》。四窻卽四旁之窻也。四門在前，故以喻目；四窻在旁，故以喻耳，是可見古義之精矣。

黎民阻飢。

傳曰：「阻，難。衆人之難在於飢。」

樾謹按：《詩·思文》篇正義引鄭注曰「阻，阨也」，姚義與鄭相近。《釋文》曰：馬融注《尚書》作「祖，始也」。《漢書·食貨志》「舜命后稷，以黎民祖飢」，孟康曰「祖，始也，古文言阻」。是作「阻」者古文，作「祖」者今文，馬用今文説耳。竊謂阻、祖皆「且」之叚字，古字祖、阻皆與且通。商祖庚卣、祖乙卣，其祖字皆作「且」，《儀禮·大射禮》曰「且左還」，❶鄭注曰「古文且爲阻」，是其證也。《説文·且部》「且，薦也」，然則黎民且飢猶云黎民薦飢。《詩·雲漢》篇「飢饉薦臻」，毛傳曰「薦，重也」，正義引《爾雅·釋天》「仍飢爲荐」，謂薦、荐字異義同。黎民薦飢，正仍飢之義也。「且」字古文作「𠀃」，几在地上有薦籍之意，故訓爲薦。作「祖」作「阻」，均其叚字。因其作「祖」而訓爲始，因其作「阻」而訓爲阨，俱未免望文生訓矣。

女后稷。

正義曰：「稷是五穀之長，立官主此稷事。后訓君也，帝言女君此稷官，布種是百穀以濟救之。上文『讓於稷契』，《益稷》云『暨稷』，《吕刑》云『稷降播種』，《國語》云『稷爲天官』，單名爲稷，尊而君之稱爲后稷，非官稱后也。」

樾謹按：稷曰后稷，猶夔曰后夔，羿曰后羿，所謂尊而君之者是也。帝命其臣，何得亦從尊稱而曰「女后稷」乎？若謂「女君此稷官」，不辭甚矣。《詩·思文》篇正義引鄭注曰「汝居稷官，種蒔五穀」，疑鄭君所據本作「女居稷」。今作「后」者，后與居形似，又經傳多言后稷，因而致誤也。

❶「儀禮」，原作「儀祖」，今據清經解續編本改。

《國語・周語》「昔我先王，世后稷以服事虞夏」，「后」字亦當作「居」。世居稷者，世居稷官也。今作「世后稷」，則不成義矣。韋注曰「后，君也」，是其所據本已誤。

寬而栗。

傳曰：「寬宏而能莊栗。」

樾謹按：《史記集解》引馬融曰「寬大而敬謹戰栗也」，姚義卽本馬融説。然莊栗之義，與下文「無傲」相近。傳曰「簡失之傲」，然則寬不失之傲也。此栗字疑非戰栗之謂，栗猶秩也。《詩・良耜》篇「積之栗栗」，《説文》引作「穦之秩秩」；哀二年《公羊傳》「戰于栗」，《釋文》曰「栗，一本作秩」，是栗與秩古通用。「寬而栗」猶寬而秩也，言寬大而條理秩然也。《爾雅・釋訓》曰「條，條秩。秩，智也」，是其義也。《禮記・表記》篇「寬而有辨」，鄭注曰：「辨，别也，猶寬而栗也。」然則鄭君以「寬而栗」爲寬而有辨别，得其旨矣。

歌永言。

傳曰：「歌詠其義，以長其言。」正義曰：「作詩者直言不足以申意，故長歌之，教令歌詠其詩之義。以長其言，謂聲長續之。定本經作『永』字，明訓永爲長。」

樾謹按：《史記・五帝本紀》作「歌長言」，是亦訓永爲長。然訓永爲長，則下句「聲依永」爲聲依長矣，於義難通。蔡沈《集傳》曰：「大抵歌聲長而濁者爲宫，以漸而清且短則爲商，爲角，爲徵，爲羽，所謂聲依永也。」夫五聲既有長短清濁之不同，卽不得言依永也，豈將獨存宫聲而廢其四聲乎？蔡説非也。今按：《漢書・禮樂志》曰「歌咏言，聲依咏」，《藝文志》曰「詩言志，歌詠言」，是《今文尚書》「永」作「詠」，當從之。「詩言志，歌詠言」，謂詩所以言其志，歌所以詠其言也。依其所詠以定五聲，是謂聲依詠；又患其不和也，而以六律六呂和之，是謂律和聲。《古文尚書》作「永」者，卽「詠」之叚字耳。《釋文》曰「永，徐音詠」，得之矣。

庶明厲翼。《皋陶謨》

枚傳曰：「衆庶皆明其教令，而自勉厲，翼戴上命。」正義引鄭注曰：「厲，作也，以衆賢明作輔翼之臣。」

樾謹按：枚傳增字太多，未得經旨。鄭注以「庶明」爲「衆賢明」，亦近不詞。「明」當讀爲「萌」。《周官·占夢》「乃舍萌于四方」，杜子春讀「萌」爲「明」，又曰「其字當爲明」，是明、萌古通用也。《史記·三王世家》「加以姦巧邊萌」，《索隱》曰「萌一作甿」，《漢書·霍去病傳》「及厥衆萌」，《劉向傳》「民萌何以勸勉」，師古注竝曰「萌與甿同」，是古人每叚「萌」爲「甿」。《呂氏春秋·高義》篇「比於賓萌」，《鹽鐵論》「三代之盛無亂萌」，《文選·上林賦》「以瞻萌隸」，《長楊賦》「遐萌爲之不安」，《吴都賦》李注引《戰國策》「臣觀人萌謠俗」，《漢成陽靈臺碑》「以育苗萌」，《楊震碑》「凡百黎萌」，皆是也。然則庶萌猶言庶民矣。《詩·卷阿》篇「有馮有翼」，鄭箋曰「翼，助也」。庶萌厲翼，言庶民勉厲以助上也。「惇敘九族」，猶《堯典》言「九族既睦」；「庶萌厲翼」，猶《堯典》言「黎民於變時雍」。九族舉至近者，庶萌舉至遠者，故曰「邇可遠在兹」。《論語》曰「君子篤於親則民興於仁」，此所以惇敘九族而庶萌厲翼也。

簡而廉。

傳曰：「性簡大而有廉隅。」

樾謹按：《禮記・中庸》篇「簡而文，温而理」，鄭注曰：「猶簡而辨，直而温也。」然則此經廉字，鄭讀爲辨，言雖簡約而有分別也。《論語・陽貨》篇「古之矜也廉」，鄭注曰「魯讀廉爲貶」，《禮記・玉藻》篇「立容辨卑」，鄭注曰「辨讀貶」，廉辨竝可讀爲貶，是其聲相近也，故鄭讀此經「廉」字爲「辨」。凡人惟過于簡約則無等威，易於無別。《書》曰「簡而辨」，《禮》曰「簡而文」，其義一也。鄭説洵長于枚矣。

剛而塞。

傳曰：「剛斷而實塞。」正義曰：「剛而能斷，失於空疏，必性剛正而内充實，乃爲德也。」

樾謹按：剛而能斷，安見必失之空疏，正義所説非也。「塞」當讀爲「思」，《堯典》篇「欽明文思」，《今文尚書》作「塞」。正義引鄭注曰「慮深通敏謂之思」，此古文説也。《後漢書・郅惲傳》注引鄭注《尚書考靈燿》曰「道德純備謂之塞」，此今文説也，是鄭君各依本字爲説。《釋文》引馬融曰「道德純備謂之思」，則以今文「塞」字之義爲古文「思」字之義矣，説詳段氏《撰異》。蓋思、塞雙聲，故義得相通。《堯典》「思」字，馬以「塞」字讀之，然則《皋陶謨》「塞」字亦可以「思」字讀之。「剛而塞」者，剛而思也。剛斷之人恐或不能審思，則失之於不當斷而斷者多矣，故必剛而思乃爲德也。

百僚師師。

傳曰：「師師，相師法也。」

樾謹按：《爾雅・釋詁》曰「師，衆也」，《廣雅・釋訓》曰「師師，衆也」，猶之雍爲和，雍雍亦爲和；肅爲敬，肅肅亦爲敬。古人之詞類然。「百僚師師」乃衆盛之貌，猶

《詩》言「濟濟多士」也。《微子》篇「卿士師師非度」,《梓材》篇「我有師師」,《司徒》、《司馬》、《司空》、亞旅凡言師師,皆言衆也。馬融解「卿士師師非度」曰「卿士以下轉相師效,爲非法度」,見《史記集解》。枚傳以師師爲相師法,蓋即襲馬融説,然非古義矣。

無教逸欲。有邦。

傳曰:「不爲逸豫貪欲之教,是有國者之常。」

樾謹按:逸豫、貪欲非美名也,必無以此爲教者。且經文止「有邦」二字,乃增益之曰「是有國者之常」,非經旨矣。今按:教之言效也,《説文·教部》:「教,上所施,下所效也。」《太平御覽》引《春秋元命包》曰:「教之爲言效也,言上爲而下效也。」《釋名·釋言語》曰:「教,效也,下所法效也。」蓋教從𡥈聲,《説文·子部》曰「𡥈,效也;𡥈從爻聲」,《周易·繫辭傳》曰「爻也者,效此者也」,是爻、𡥈、教三字竝聲近而義通。「無教逸欲」,猶無效逸欲,與「無若丹朱傲」同義。「有邦」二字屬下讀,「有邦兢兢業業」,言有國者不可不慎也。

自我五禮有庸哉。

傳曰:「天次秩有禮,當用我公侯伯子男五等之禮以接之使有常。」正義曰:「王肅云:五禮,謂王、公、卿、大夫、士。鄭玄云:五禮,天子也,諸侯也,卿大夫也,士也,庶民也。此無文可據,各以意説耳。」

樾謹按:王肅本天子立三公、九卿、二十七大夫、八十一元士爲説,枚則專以諸侯言,其義皆有所未盡,鄭義盡之矣。而江氏聲據《曲禮》「禮不下庶人」,謂庶人通用士禮，不别爲庶人制禮。于是又自爲説，謂五等諸侯爲三，卿大夫四，士五，而引《周禮》「上公九命，侯伯七命，子男五命」證五等諸侯爲三，其説似塙矣。然不及天子，義終未安。今按：五禮者，天子也，公侯也，伯子男也，卿大夫也，士庶人也。僖二十九年《左傳》曰「在禮卿不會公、侯，會伯、子、男可也」，此可證公侯與伯子男之禮不同。昭四年《傳》：「左師獻公合諸侯之禮六，子産獻伯、子、男會公之禮六。」其曰公者，蓋兼侯而言。公合諸侯，謂公侯合伯子男也；伯子男會公，謂伯子男會公侯也。哀十三年《傳》「伯合諸侯，則侯帥子男以見於伯」，此「伯」字杜注謂諸侯長，非五等之伯。其曰侯者，蓋兼公而言；其曰子男者，蓋兼伯而言，謂公侯帥伯子男以見於伯也。古者公侯爲一等，伯子男爲一等，鄭合公侯伯子男而一之，分士庶人而二之，固其説之小疏矣。

予思日孜孜。

傳曰：「言己思日孜孜不怠，奉承臣功而已。」

樾謹按：上文臯陶云「思曰贊贊」，正義曰「經云曰者，謂我上之所言也」，是其字作「曰」，音越。今作「日」，讀人，實反誤也。禹此語與臯陶之語相承，則其字亦當作「曰」。因臯陶言「思曰贊贊」，故禹言「予思曰孜孜」也。曰者語詞，「思曰贊贊」者，思贊贊也；「思曰孜孜」者，思孜孜也。正義解上文「曰」字未得其旨，然即其語知上文是「曰」字，可知此文亦是「曰」字矣。蓋兩語相承，不容有異也。

奏庶艱食。

傳曰：「艱，難也。衆難得食處，則與稷教民播種之。」

樾謹按：如枚傳，則當移「庶艱食」三字於「暨稷播」之上，必非經旨矣。《釋文》曰「艱，馬本作根，云根生之食，謂百穀」，然「根食」二字，甚爲不辭。《詩·思文》篇正義引鄭注曰「教民種。澤物菜蔬，難戹之食」，然菜蔬之類不爲甚難，且經止言「艱食」，安知其爲菜蔬乎？恐亦非經旨矣。今按：「艱」當讀爲「饎」。《説文·堇部》：「艱，從堇艮聲。」重文囏，曰：「籀文艱從喜。」蓋喜聲之轉即爲欣，成十三年《左傳》「曹公子欣時」，十六年《公羊傳》作「喜時」，是其證也。喜轉爲欣，則與艮聲相近，故篆文艱從艮聲，籀文囏從喜聲也。囏從喜，饎亦從喜，兩字聲同，故得通用。《儀禮·士虞禮》《特牲饋食禮》鄭注竝曰：「炊黍稷曰饎」，《爾雅·釋訓》篇《釋文》引《字林》曰：「饎，熟食也。」然則饎食謂熟食，正與鮮食相對成義。先時「隨山刊木」，猶未播種，止得鳥獸之屬而食之，故曰「暨益奏庶鮮食」。此時「決九川，距四海，濬畎澮距川」，田疇已可耕種，兼得黍稷之食，故曰「暨稷播，奏庶饎食鮮食」也。馬融百穀之説，於義正合，但必作根食則轉未安耳。艱根竝從艮聲，囏饎竝從喜聲，以六書叚借之例求之，皆無不合。而饎食之義，則視根食之義爲長矣。《禮記·樂記》篇「天地訢合」，鄭注曰「訢讀曰熹」，訢從斤聲得讀爲熹，故艱從艮聲得讀爲饎也。

予欲聞六律、五聲、八音在治，忽以出納五言，女聽。

傳曰：「言欲以六律和聲音，在察天下治理及忽怠者。又以出納仁義禮智信五德之言，❶施于民以成化。」

樾謹按：枚以忽爲忽怠，與治理相對，義殊未安。至蔡沈傳竟云「忽，治之反也」，更爲肊説矣。「忽」字鄭作「曶」，《史記集解》引鄭注云「曶者，臣見君所秉書，思對命者也。君亦有焉，以出内政教於五官」。如其説，則「曶」卽今「笏」字，笏以出納五言，不辭甚矣。然以鄭注繹之，蓋於「治」字絶句，而以「曶」字屬下讀，其解非也，其讀是也。「予欲聞六律五聲八音在治」者，聲音之道與政事通，故欲聞六律五聲八音以在察天下之治理也。「曶以出納五言」者，曶乃語詞。《説文·曰部》云：「曰，詞也，從口乙聲，亦象口气出也。」又云：「曶，出气詞也，從曰象气出形。」然則曰曶二字，古人竝用爲語詞。「曶以出納五言」者，以出納五言也。曶乃語辭，不當以實義求之。《漢書·律麻志》曰：「『予欲聞六律、五聲、八音、七始，訓以出内五言，女聽。』予者，帝舜也。言以律吕和五聲，施之八音，合之成樂。七始者，天地四時人之始也。順以歌詠五常之言，聽之則順乎天地，序乎四時云云。」班氏此解，以「順」字釋「訓」字，順以歌詠五常之言，卽訓以出内五言也。古文今文文字雖異，而句讀則同，可證枚傳以「治忽」連讀之非矣。又按：《漢志》「訓」字今本譌作詠，段氏《撰異》據《隋書·律麻志》訂正，今從之。

既載壺口。《禹貢》

樾謹按：「既載壺口，治梁及岐」，與下文

❶「信」，原脱，今據清經解續編本補。

「既修太原，至于岳陽」文義一律。舊讀以「冀州既載」爲句，非也。蔡傳曰「經始治之謂載」，言既又言始，甚爲不詞。《白虎通·四時》篇曰：「載之言成也。」「既載壺口」言禹治壺口既成，乃治梁岐也。壺口不言治者，文見于下，故省于上也。猶下文「既修太原，至于岳陽」，岳陽不言修者，文見于上，故省于下也。此古人屬詞之法也。

厥賦貞，作十有三載乃同。

傳曰：「貞，正也。州第九，賦正與九相當。」

樾謹按：《史記集解》引鄭注曰：「貞，正也。治此州正作不休，十三年乃有賦，與八州同，言功難也。其賦中下。」夫究賦中下，經無明文，鄭何以知之？且訓貞爲正，而云「正作不休」，義亦難曉。及讀枚傳正與相當之説，始悟鄭意。鄭訓貞爲正者，蓋謂正當也，《廣韻》曰：「正，正當也。」厥田中下，厥賦亦中下，賦正與田相當。他州無田賦同等者，獨兖則然。如曰「厥田惟中下，厥賦惟中下」，則於詞累矣，故變文曰「厥賦貞」也。《洛誥》「我二人共貞」，《釋文》引馬曰「貞，當也」，厥賦貞亦此義也。枚傳正與相當之説，蓋竊鄭舊義，謂賦第九則有意異鄭耳。鄭注又曰「治此州正作不休，十三年乃有賦，與八州同」者，正作之正，蓋涉上文「貞正也」而誤，當云「治此州工作不休，十三年乃有賦，與八州同」，故繼之曰「言功難也」。自「工作」誤爲「正作」，而鄭義晦矣。江氏聲《尚書集注》乃改鄭注中下爲下下，强鄭從枚，其失已甚。信述古之難也。

嵎夷既略。

《史記集解》引馬注曰：「用功少曰略。」

樾謹按：「略」當爲「垎」。《説文・土部》：「垎，土乾也，一曰堅也。」嵎夷既垎，正當從土乾之訓，水退而土乾也。作「略」者叚借字，垎、略竝各聲，从土从田，義得相通。《説文・田部》：「㽝，城下田也。」《漢書・翟方進傳》注引張晏曰：「堧，城郭旁地。」《廣雅・釋水》曰：「㽘，池也。」王逸注《七諫》曰：「陂池曰坑。」然則垎之爲略，猶㽝之爲堧，㽘之爲坑矣。

厥土赤埴墳。

傳曰：「土黏曰埴。」

樾謹按：《釋文》：「埴，市力反。鄭作戠，徐、鄭、王皆讀曰熾。」《文選・蜀都賦》注引鄭注曰：「熾，赤也。」是經文「埴」字鄭本作「戠」，讀爲「熾」，訓爲「赤」。枚傳乃今文家説，非古文家説也。惟鄭義亦有未安，既言赤矣，何必又言熾乎？「戠」字仍當讀如本字。赤者，赤色也；戠者，雜色也。《周易・豫》九四「勿疑朋盍簪」，虞氏本「簪」作「戠」，曰「戠，聚會也」。雜色謂之戠，正取聚會之義。《周官・縫人職》鄭注曰：「柳之言聚，諸飾之所聚。《書》曰『分命和仲，度西曰柳縠』。」賈公彦疏曰：「柳者諸色所聚。日將没，其色赤，兼有餘色，故曰柳縠。」赤戠猶柳縠也。「縠」即《説文》「𧹞」字，亦赤色。日色赤而又聚有諸色謂之柳縠，土色赤而又聚有諸色謂之赤戠矣。下文曰「厥貢惟土五色」，蔡沈傳曰「徐土雖赤，而五色亦閒有之」，不知五色即包于一「戠」字之中，經固有文，不待後人增益其義也。

陽鳥攸居。

林之奇《尚書全解》曰：「諸儒之説，皆以陽鳥爲雁，竊獨疑之。此篇所敘治水，詳見九州之下者莫非地名。此州上言彭蠡，下言三江震澤，獨于此三句中言雁，非惟文勢不稱，考之九州，亦無此例也。古地名取諸鳥獸，如虎牢、犬丘之類多矣。《左》昭二十八年『公如死鳥』，❶杜注『衛地名』。又鄭有鳴雁，在陳留縣，漢北邊有雁門，安知陽鳥非地名乎？」

樾謹按：林説是矣，然未盡也。古鳥、島通用。《釋名·釋水》曰：「島，到也，人所奔到也。亦言鳥也，人物所趨如鳥之下也。」《集韻·二十二皓》曰：「島，古作鳥。」《群經音辨》曰：「鳥，海曲也。」是以「冀州島夷皮服」，《史記·夏本紀》作「鳥夷」，「揚州島夷卉服」，《漢書·地理志》作「鳥夷」，《後漢書·度尚傳》注引此亦作「鳥夷」，然則陽鳥卽陽島也。古文止作「⿱自刀」，⿱自刀夷也，陽鳥也，一也。後人于「鳥夷」之「鳥」皆改作「島」，而「陽鳥」之「鳥」則因誤解爲雁，轉得仍古文之舊，而其爲地名則益無知者矣。林氏雖知陽鳥爲地名，然不知「鳥」卽「島」字，而引虎牢、犬丘之類以證之，蓋古字亡而古義之湮久矣。《説文·山部》：「島，海中往往有山，可依止曰島。」然島亦不必在海中。《史記·司馬相如傳》「阜陵别島」，正義曰：「水中山曰島，字亦作隝。」《文選·西京賦》「長風激於别隝」，注曰：「水中之洲曰隝，音島。」然則所謂陽鳥者，雖不知何地，要亦此類也。《呂氏春秋·恃君覽》有揚島，豈卽《禹貢》陽鳥歟？至「鳥夷」之「鳥」字當作「⿱自刀」，而義則仍當爲「島」。鄭注曰「東方之民搏食鳥獸者」，則

❶「八」，原脱，今據清經解續編本補。

未免望文生訓矣。

九江孔殷。

傳曰：「江於此州界分爲九道，甚得地勢之中。」

樾謹按：《史記》作「九江甚中」，枚義卽本史公說。然以經例求之，如「九河既道」，「三江既入」之類，末一字皆言水之治，「九江孔殷」亦當同之，殆非甚中之謂也。今按：孔當訓大，《老子》「孔德之容」，河上公注曰「孔，大也」。殷猶定也。《堯典》篇「以殷仲秋」，《五帝紀》作「以正仲秋」；「以閏月定四時」，《五帝紀》作「以閏月正四時」，史公以訓詁字易經文，殷訓正，定亦訓正，然則殷定同義，固《尚書》家之師說矣。「九江孔殷」者，九江大定也，言九江之水東合大江，故水勢大定也。正義引鄭注曰：「殷，猶多也。九江從山谿所出，其孔衆多，言治之難也。《地理志》九江在今廬江潯陽縣南，皆東合爲大江。」按鄭君說九江自是古義，而以孔殷爲其孔衆多，不辭甚矣。雖古文家舊說，殆不可用。

厥名包匭菁茅。

正義曰：「鄭康成以厥名屬下包匭菁茅爲句。匭猶纏結也。菁茅，茅之有毛刺者。重之，故既包裹而又纏結也。」

樾謹按：「厥名包匭菁茅」與「厥篚玄纁璣組」文法一律，當以鄭讀爲正。太史公以「厥名」屬上「三邦底貢」爲句，作「三國致貢其名」，《集解》引馬融注曰「三國所致貢，其名美也」，枚傳從之，殆非經旨矣。然「厥名」二字，鄭注不傳，不知鄭作何解。《周官·外史》「掌達書名于四方」，鄭注曰：「古曰名，今曰字。」蓋古謂字曰名，故以文字題識卽謂之名。亦或作「銘」。《司勳》曰「銘書于王之大常」，注曰：「銘之言名也。生則書于王旌，以識其人與其功也。」《禮記・祭統》曰「銘者自名也」，鄭注曰：「銘謂書之刻之以識事者也。」蓋書以識事，古但謂之名，後人因器物題識或須刻之，故從金作銘耳。「厥名包匭菁茅」者，因既包裹而又纏結，不可識別，乃以文字題其上，亦重之之意也。他物則否，故「包匭菁茅」獨言厥名也。

岷嶓既藝。

《釋文》曰「嶓，音波。徐甫河反。韋音播。」

樾謹按：《説文》無「嶓」字。壁中古文蓋止作「播」，後人因其是山名，輒改從手者爲從山，而其音猶從播之本音，故韋昭音播也。播與波古通用，上文「熒波既豬」，馬、鄭、王本作播，《周官・職方氏》「其浸波溠」，鄭注云「波讀爲播」，竝其證也。播與波通，故亦得讀從波音，此陸德明所以音波也。以音求之，古字作「播」無疑矣。

四隩既宅。

樾謹按：「四隩既宅」，即《堯典》所謂「宅嵎夷」，「宅南交」，「宅西」，「宅朔方」者也。故九山、九川、九澤皆言九，而此獨言四也。《國語・周語》「宅居九隩，合通四海」，「九隩」亦當作「四隩」，涉上文九山、九川、九澤、九藪、九原而誤也。辯見《國語》。

五百里侯服。百里采，二百里男邦，三百里諸侯。

樾謹按：上文甸服曰百里、二百里、三百里、四百里、五百里，皆積而計之也。二百里者，合百里而言；三百里者，合二百里而言；四百里者，合三百里而言；五百里者，合四百里而言也。下文綏服、要服、荒服曰三百里、二百里，皆不積而計之。三百里則自爲三百里也，二百里則自爲二百里也。獨此文曰「百里采，二百里男邦」，則積而計之也。所謂二百里者，合百里而言也。曰「三百里男邦」，則又不積而計之，所謂三百里者自爲三百里也。以前後文準之，似乎自亂其例矣。疑「三百里」本作「二百里」，傳寫誤加一畫耳。百里采，二百里男邦，二百里諸侯，適合五百里之數，皆不積而計之也。《史記·夏本紀》、《漢書·地里志》竝同今本，無可據以訂正。然尋繹文義，其誤自見。蓋甸服分爲五等，若曰百里賦納總，百里納銍，百里納秸服，百里粟，百里米，則於文不便，故積而計之曰百里、二百里、三百里、四百里、五百里。至侯服以下，或分三等，或分二等，自無庸積而計之矣。若如今本，將使人積而計之乎，則止于三百里；將使人不積而計之乎，則又成六百里。疑誤後人，莫此爲甚，而於太史公及馬、鄭之説，皆不可通矣。《堯典》「咨女二十有二人」，王氏引之謂當作三十有二人，四岳爲四人，十二牧爲十二人，禹、稷、契、皋陶、垂、益、伯夷、夔、龍爲九人，殳、斨、伯與爲三人，朱、虎、熊、羆爲四人，合之爲三十二人，説詳《經義述聞》。此文「二」譌爲「三」，猶彼文「三」譌爲「二」。凡若斯類，其數顯然，即可從而訂正，似無容別求證據也。

二百里流。

傳曰：「流，移也，言政教隨其俗。」

樾謹按：《廣雅·釋詁》「流，末也」，《漢書·外戚傳》「託長信之末流」，是流有末義。故冕玉之垂者謂之瑬，「旒旗」之「游」字亦作「旒」，其義竝通也。此二百里最居五服之末，故謂之流矣。枚傳訓移，未得其旨。

怠棄三正。《甘誓》

傳曰：「怠惰棄廢天地人之正道。」

樾謹按：《史記集解》引鄭注曰「三正，天地人之正道」，枚傳即本鄭注。然天地人之正道但謂之三正，於義未明，恐鄭義非也。《釋文》引馬注曰「建子、建丑、建寅，三正也」，若然，則有扈氏所建何正，豈亦如秦人之建亥乎？經無明文，疑不足據。今按：《爾雅・釋詁》曰「正，長也」，故古謂官長爲正。昭二十九年《傳》「木正曰句芒」，杜注曰「正，官長也」，是其義也。襄二十五年《左傳》「齊人賂晉六正」，注曰「三軍之六卿」，竊謂三正六正，其義正同。據《周官》，王六軍，大國三軍，次國二軍，小國一軍，軍將皆命卿。雖未知夏制如何，然上文「乃召六卿」，《詩・棫樸》篇正義引鄭注曰「六卿，六軍之將」，是王六軍六卿，與周制同。然則大國三軍三卿，宜亦同矣。是故三正者，三卿也，猶晉六卿謂之六正也。大國三卿皆命于天子，以天子之命卿而怠棄之，則其不奉王命，任用私人，可見矣，故以爲罪也。

御非其馬之正。

傳曰：「御以正馬爲政。」

樾謹按：《史記・夏本紀》作「御非其馬之政」。尋繹枚傳，似以「正馬」釋「政」字，其所據經文亦當作「政」也。惟「御非其馬之政」於義難通，「政」疑「攻」字之誤。上文曰「左不攻于左，女不恭命；右不攻于右，女不恭命」，此文曰「御非其馬之攻，女不恭命」，三「攻」字同義。「御非其馬之攻」，猶云御不攻于御也。「攻」誤作「政」，猶鄭注「工作不休」，今誤作「正作不休」也，説見《禹貢》「厥賦貞」下。

予則孥戮女。

傳曰：「孥，子也。非但止女身，辱及女子。」

樾謹按：如枚説，則經文當言「戮女孥」矣，非經義也。《周官·司厲》注鄭司農云「今之爲奴婢，古之罪人也，故《書》曰『予則奴戮女』，《論語》曰『箕子爲之奴』」，是古本止作「奴」，不作「孥」。《漢書·季布欒布傳》贊曰「奴僇苟活」，此固《尚書》家舊説。然上文云「用命賞于祖，不用命戮于社」，明是「誅戮」之「戮」。此承「戮于社」而言，不當別爲「戮辱」之「戮」，疑「奴」當讀爲「拏」。《文選·長笛賦》注引《蒼頡篇》曰：「拏，捽也，引也。」「予則拏戮女」，言予則捽引而戮女也。枚傳固非，舊説恐亦未是耳。

群經平議卷三終

群經平議卷四

德清俞樾

尚書二

我后不恤我衆，舍我穡事而割正夏。《湯誓》

傳曰：「我后，桀也。正，政也。言奪民農功，而爲割剥之政。」

樾謹按：《史記·殷本紀》曰「舍我嗇事而割政」，無「夏」字，枚傳亦不及「夏」字，是「夏」字衍文也。後人因正義曰「爲割剥之政于夏邑」，故妄增之耳。然傳義與經旨未合，蓋經旨正如蔡傳所謂「亳邑之民憚伐桀之勞者」。宋儒雖短于詁訓，至其體會古人語意，則有獨得之見，未可盡没也。我后當謂湯。「割」讀作「害」，《大誥》「天降割于我家」，《釋文》曰「割，馬本作害」，是割與害古通也。害卽下文「時日害喪」之「害」，今作「曷」，乃後人所改。《孟子·梁惠王》篇引作「時日害喪」，可證古本作「害」也。《詩·葛覃》篇毛傳曰：「害，何也。」亳衆蓋曰「我后不恤我衆，舍我穡事而何正乎」，故湯告之曰「予畏上帝，不敢不正」也。《史記》作「政」者，「正」之爲「政」，猶「害」之爲「割」，竝叚借字耳。

有衆率怠弗協。

傳曰：「衆下相率爲怠惰，不與上和合。」

樾謹按：《史記集解》引馬注曰：「衆民相率怠憧不和同。」枚傳正用馬注，然非經旨也。經方言桀之無道，乃又責民之怠惰，斯不然矣。「怠」讀爲「殆」，古怠與殆通。

《詩・玄鳥》篇「受命不殆」，鄭箋曰：「受天命而行之，不解殆。」《論語・爲政》篇「思而不學則殆」，何晏注曰：「徒使人精神疲殆。」「解殆」與「疲殆」其字竝當作「怠」，而經皆作「殆」，是怠、殆通也。此文「怠」字當爲「危殆」之「殆」，言夏王率遏衆力，率割夏邑，故其民率危殆而弗協也。三「率」字皆語詞。《詩・思文》篇「帝命率育」，毛傳曰：「率，用也。」馬注以相率釋之，亦誤矣。

盤庚遷于殷，民不適有居。《盤庚上》

樾謹案：「遷于殷」是既遷矣，「民不適有居」是既遷之後民有所不便，非未遷以前民不樂遷也。嘗取《盤庚》三篇反覆推求，竊謂《盤庚》之作，當從《史記・殷本紀》説。《紀》云：「帝盤庚崩，弟小辛立，是爲帝小辛。帝小辛立，殷復衰。百姓思盤庚，乃作《盤庚》三篇。」是《盤庚》之作在小辛時，作《盤庚》所以諷小辛也。傷今思古，猶《小雅・楚茨》諸篇之義也。《吕氏春秋・慎大覽》曰：「武王乃恐懼，太息流涕，命周公旦進殷之遺老，而問殷之亡故，又問衆之所説，民之所欲。殷之遺老對曰：『欲復盤庚之政。』武王於是復盤庚之政。」然則《史記》謂「百姓思盤庚」，信有徵矣。《盤庚》之作，因百姓思盤庚而作，則所重者盤庚之政也。其首篇述盤庚遷殷之後，以常舊服正法度，即所謂「盤庚之政」也，此作書之本指也。其中下兩篇，則取盤庚未遷與始遷之時告誡其民之語附益之，故雖三篇，而伏生止作一篇也。《後漢書・文苑傳》杜篤《論都賦》曰：「盤庚去奢，行儉于亳。」李賢注引《帝王世紀》曰：「盤庚以耿在河北，迫近山川，自祖辛以來，奢淫不絶，盤庚乃南渡，徙都于亳。」正義引鄭注，意亦略同，是盤庚之政，去奢行儉之政也。篇首曰「盤庚遷于殷，民不適有居」，蓋民習于耿之奢淫，故至殷而不適有居，言不安于所居也。盤庚以常舊服正法度，而告之曰「無傲從康」，又曰「不昬作勞，不服田畝，越其罔有黍稷」，又曰「各長于厥居，勉出乃力，聽予一人之作猷」，又曰「自今至于後日，各恭爾事，齊乃位，度乃口。罰及爾身，弗可悔」，所再三致告者，皆勉以本業，戒以荒淫，正與去奢行儉之指合。且曰「自今至于後日」，則爲既遷後所作可知。使其時尚未遷，則但可如中篇之末所云「今予將試以汝遷」，不當曰「自今至于後日」也。又自「王若曰格汝衆」至「罰及爾身弗可悔」，凡數百言，無一語及遷。至中篇則屢言之曰「視民利用遷」，又曰「今予將試以女遷，安定厥邦」，又曰「今予將試以汝遷，永建乃家」，豈非中篇述未遷時語，故屢及之，上篇乃盤庚遷殷後正法度之言，與遷無涉乎？故以當時事實而言，《盤庚中》宜爲上篇，《盤庚下》宜爲中篇，《盤庚上》宜爲下篇。曰「盤庚作，惟涉河以民遷」者，未遷時也；曰「盤庚既遷，奠厥攸居」者，始遷時也；曰「盤庚遷于殷，民不適有居」者，則又在後矣。惟奠厥攸居而民不適有居，此盤庚所以必正法度也。然則作《書》者何以顛到其序乎？曰：作書之序如此也。《盤庚》之作，百姓追思之而作也，思盤庚，思其政也，故始所作者，蓋止今之上篇，載盤庚遷殷正法度之言而已，無中篇無下篇也。然而盤庚未遷與始遷時再三致告其民者，民猶孰而能詳也，於是亦附其後焉，此中下兩篇所以作也。序《書》者不能不曰三篇，在作《書》者則以上篇爲主，而中下兩篇特附焉者也。是故《盤庚》三篇，宜仍伏生之舊合爲一篇，而仿漢石經之例，「罰及乃身弗可悔」之下空一格接「盤庚作」，「永建乃家」之下空一格接「盤庚既遷」，以見古人附録之體。而其義則從《史記》，爲百姓追思而作。上篇所載皆盤庚遷殷後之言，則篇中文義自明矣。

率籲衆慼，出矢言曰。

樾謹按：《盤庚上》篇既曰「盤庚遷于殷」，又曰「盤庚斅于民，由乃在位」，一篇而兩用發端之語，先儒未有得其義者。今按：《説文・頁部》：「籲，呼也。《商書》曰『率籲衆戚』。」是「慼」本作「戚」，今作「慼」者，後人依枚傳義改之也。率乃語詞，《詩・思文》篇毛傳曰「率，用也」。盤庚因遷殷之後，民不適有居，用是呼衆戚近之臣，使之出而矢言于民也。籲之義當從《説文》訓呼。古彝器銘詞每用「呼」字，《無專鼎》曰「王呼史友册命無專」，《頌鼎》曰「王呼史虢生册命頌」，《師遽敦》曰「王呼師朕錫師遽貝十朋」，《師酉敦》曰「王呼史秙門册命師酉」，《吴彝》曰「王呼史戊册命吴」，此類甚多。然則籲衆戚者，呼衆戚也，正古人紀載之體。自「我王來既爰宅于兹」至「底綏四方」凡九十四字，皆盤庚使人依己意爲此言，故《盤庚》之文聱牙難讀，而此九十四字獨爲明順，蓋譔述之文與面命者不同也。其文至「底綏四方」已畢，下乃盤庚進其臣而親誥之，與上文不相蒙，故各以盤庚發端焉。

我王來，既爰宅于兹。

樾謹按：我王即謂盤庚也。盤庚自言皆稱

予，此則使衆近臣出而陳辭，非盤庚自言，故稱我王也。來者，自耿來亳也。爰之言易也，僖十五年《左傳》「晉於是乎作爰田」，服注曰「爰，易也」。「既爰宅于兹」，言既易宅于兹也。《盤庚上》篇爲遷殷後作，此其明證矣。

不能胥匡以生，卜稽曰其如台。

樾謹按：《商書》言「其如台」者四，《湯誓》篇「夏罪其如台」，《高宗肜日》篇「乃曰其如台」，《西伯戡黎》篇「今王其如台」，《殷本紀》皆易其文曰「柰何」。惟此篇「卜稽曰其如台」，《本紀》不載，以類求之，則亦當爲「柰何」，蓋古語如此也。曰字句中語助，非卜詞也。言我民不適有居，則是奢淫無度，不能相正以生矣，雖卜稽可柰何。當以「卜稽曰其如台」六字爲句，「曰其」猶越其也。下文曰「越其罔有黍稷」，越與曰古通用耳。傳曰：「卜以決疑，不疑何卜？」盤庚之遷，蓋不用卜，故有「非敢違卜」之言，説詳下篇。當時臣民必有以此爲口實者，故盤庚言苟不能以法度相正以生，雖卜亦無如何耳。

先王有服。

傳曰：「先王有所服行。」

樾謹按：枚義迂曲，殆非也。《説文・又部》：「𠬝，治也，從又從卪。卪，事之制也。」然則「服事」之「服」字本作「𠬝」，今經傳皆作「服」，「服」行而「𠬝」廢矣。卪爲事之制，故服亦爲制，鄭石制字子服是也。襄三十年《左傳》「子産使都鄙有章，上下有服」，上下有服言上下有制也。杜注曰「公卿大夫服不相踰」，則誤以爲車服之服矣。《吕氏春秋・樂成》篇曰「田有封洫，都鄙有服」，高注曰「服，法服也」，然都鄙有法服，義不可通，疑高氏原注曰「服，法也」。蓋服爲制，故亦爲法，淺人不知其義，妄加服字耳。此云「先王有服」，言先王有制也。盤庚遷殷之後，因民習以耿之奢淫，不適有居，故以先王之制告之。其下云「以常舊服正法度」，所謂常舊服，卽先王之制矣。

于今五邦。

傳曰：「湯遷亳，仲丁遷囂，河亶甲居相，祖乙居耿，我往居亳，凡五徙國都。」正義曰：「孔以盤庚意在必遷，故通數往居亳爲五邦。鄭、王皆云湯自商徙亳，數商、亳、囂、相、耿爲五。計湯既遷亳，始建王業，此言先王遷都，不得遠數居亳之前充此數也。」樾謹按：《釋文》引馬融云「五邦，謂商丘、亳、囂、相、耿也」，其説亦與鄭同。請以漢人舊説破之。張平子《西京賦》曰「殷人屢遷，前八而後五」，據《書序》「自契至于成湯凡八遷，湯始居亳，從先王居」，然則後五遷當從亳始，若并商丘數之，則不足前八遷之數矣。枚傳悉本《書序》，自不可易，但因不知上篇爲遷殷後作，而曰「我往居亳」，則疑不可并今所欲遷者而預數之。正義謂意在必遷，故通數爲五，此説殊爲迂曲，故自《盤庚上》篇之義明，而五邦之數亦定矣。

盤庚斆于民由乃在位。

傳曰：「斆，教也，教人使用汝在位之命。」樾謹案：傳義非也。《説文·教部》：「斆，覺悟也。」蓋民之不適有居，由于奢淫成俗，而民之奢淫成俗，實由在位者導之。盤庚覺悟于民之不適有居，由于在位者之故，而欲以法度正之，故曰「盤庚斆于民由乃在位」，九字作一句讀。其下曰「以常舊服正法度，曰：無或敢伏小人之攸箴」，文義本一氣。正義曲徇枚傳，曰先教民又戒臣，失之矣。

予告女訓女，猷黜乃心。

傳曰：「告女以法教，謀退女違上之心。」

樾謹按：此當以「予告女訓女」五字爲句，「告女訓女」與中篇「承女俾女」文法正同。「猷黜乃心」四字爲句，傳云「謀退女違上之心」，卽釋「猷黜乃心」之義。「謀退」上無女字，知經文「猷黜」上不當連「女」字也。今讀「予告女訓」爲句，不如枚傳爲長。惟傳以猷爲謀，義亦未安。《說文》無「猷」字，《文選》張茂先《女史箴》「王猷有倫」，注引《詩》「王猶允塞」云「猷與猶古字通」，是猷卽猶字也。猶通作由，莊十四年《左傳》正義曰「古者猶由二字義得通用」是也。由用也，猷亦用也，言予告女訓女，用黜女違上之心也。中篇曰「曁予一人猷同心」，猷同心者，用同心也。傳曰「謀同心徙」，蓋不知其爲語詞，而訓爲實義，胥失之矣。

王播告之修，不匿厥指。

傳曰：「王布告人以所修之政，不匿其指。」

樾謹按：《說文·言部》「譒，敷也。《商書》曰『王譒告之』」，近世學者皆據此謂當於「之」字絶句。然「修」字屬下讀，殊不成義，恐《說文》或奪去「修」字，未足據也。惟如傳義解爲「王布告人以所修之政」，亦於經文不合。經言「播告之修」，不言播告以所修也。「修」疑當讀爲「迪」。修字本從攸聲，《多方》篇「不克終日，勸于帝之迪」，《釋文》云「迪，馬本作攸」，然則以「修」爲「迪」，猶以「攸」爲「迪」也。《吕刑》篇「惟時伯夷，播刑之迪」，與此經「播告之迪」文義正同。迪者，道也。枚氏於彼傳解爲「伯夷布刑之道」，然則播告之迪，亦謂布告之道也。盤庚進其臣而告之，期於開誠布公，使群臣同諭，故首言先王布告之道如此，見我今日亦率由是道也。因叚「修」爲「迪」，故學者不得其解耳。

惟女含德，不惕予一人。

傳曰：「女不從我命，所含惡德，但不畏懼我耳。」

樾謹按：經文止言含德，不言含惡德，傳乃增出惡字，非經旨矣。含之言藏也，懷也。《國語・楚語》「士氣含收」，韋注曰「含，藏也」。《戰國策・秦策》「含怒日久」，高注曰「含，懷也」。「惟女含德」者，惟女懷藏其德也。惕當讀爲施。《白虎通・號》篇引《尚書》曰「不施予一人」，即《盤庚》此文。段氏《撰異》謂古文作惕，今文作施，其實古文惕字當從今文讀作施字。施本字，惕叚字。言女懷藏其德，不施及予一人也，含與施正相應成義。下文曰「女克黜乃心，施實德于民」，施德于民，即施予一人，君民一體也。上用叚字，下用本字，古書自有此例。解爲畏懼，非其旨矣。

女不和吉言于百姓。

傳曰：「責公卿不能和喻百官。」

樾謹按：枚傳未得「和」字之義。「和」當讀爲「宣」。《禹貢》篇「和夷底績」，《水經・桓水注》引鄭注曰「和讀曰桓」。桓與宣竝從亘聲，古亦通用，《魏策》「魏桓子」，《韓子・說林》篇作「魏宣子」，是其證也。和可讀爲桓，故亦可讀爲宣矣。「女不和吉言于百姓」者，女不宣布吉言于百姓也。枚以本字讀之，非是。

世選爾勞。

傳曰：「選，數也。言我世世數女功勤。」

樾謹按：傳訓選爲數，於義迂曲，非經旨也。「選」當讀爲「纂」。《爾雅・釋詁》：「纂，繼也。」《禮記・祭統》篇「纂乃祖服」，襄十四年《左傳》「纂乃祖考」，《國語・周語》「纂修其緒」，其義竝同。「世纂爾勞」者，世繼爾勞也，故下文曰「予不掩爾善」也。選從巽聲，纂從算聲，古音相近。《説文・食部》：「籑，具食也，從食算聲。」重文饌，曰：「籑或從巽。」是巽聲算聲相近之證。《詩・柏舟》篇「不可選也」，《後漢書》朱穆《絶交論》引作「不可算也」。「選」之通作「纂」，猶「選」之通作「算」矣。

盤庚作，惟涉河以民遷。《盤庚中》

傳曰：「爲此南渡河之法，用民徙。」正義曰：「鄭玄云作渡河之具，王肅云爲此思南渡河之事，此傳言南渡河之法，皆謂造舟船渡河之具，是濟水先後之次，思其事而爲之法也。」

樾謹按：經文止言「盤庚作」，不言造作舟船，諸説皆非經旨，由不知《盤庚中》篇實爲上篇故也。《孟子・公孫丑》篇曰「由湯至於武丁，賢聖之君六七作」，與此「作」字同。「盤庚作」猶《繫辭傳》曰「神農氏作」，「黄帝堯舜氏作」也。「盤庚作，惟涉河以民遷」，言盤庚既即位，承祖乙之後，奢侈逾禮，故思涉河以民遷也。中下兩篇皆附録盤庚遷都之事，故以此發端。中篇曰「盤庚作，惟涉河以民遷」，下篇曰「盤庚既遷」，正相因也。上篇曰「盤庚遷于殷」，則爲遷殷後事。自後人泥于篇第，因并「盤庚作」之義而失之矣。下云「乃話民之弗率」，蓋上篇是遷殷後事，故曰「不適」，言既遷而民不便也。中篇是未遷時事，故曰

「弗率」，言將遷而民弗從也。

乃話民之弗率。

傳曰：「話，善言。」

樾謹按：《詩・板》篇、《抑》篇毛傳竝曰「話，善言也」，話之爲善言，固古訓矣。然此經「話」字在「民之弗率」上，則非善言之謂也。善言民之弗率，於義豈可通乎？「話」當讀爲「佸」。《説文・人部》：「佸，會也，字亦作括。」《詩・車舝》篇「德音來括」，傳曰「括，會也」，蓋皆聲近而義通。盤庚會合民之弗率者而誥之，故曰「乃話民之弗率」。「話」即「佸」之叚字，不當以本義説之。

古我前後，罔不惟民之承保。后胥慼，鮮以不浮于天時。

傳曰：「言我先世賢君，無不承安民而恤之。民亦安君之政，相與憂行君令。浮，行也。少以不行於天時者言皆行天時。」

樾謹按：枚讀「保后胥慼」爲句，非也。《洛誥》篇「承保乃文祖受命民」，亦以承保連文。江氏聲讀「罔不惟民之承保」爲句，洵長於舊讀矣。「后胥慼」當自爲句，胥慼者，相憂也，言憂民之憂也。「鮮」讀爲「斯」，《詩・瓠葉》篇鄭箋云「今俗語斯白之字作鮮，齊魯之閒聲近斯」，是鮮與斯聲近義通。「浮」讀爲「佛」，《後漢書・襄楷傳》注曰：「浮屠即佛陀，但聲轉耳。」「鮮以不浮于天時」者，斯以不佛于天時也。《説文・口部》：「咈，違也。」古書每以「佛」爲之。《法言・寡見》篇「佛乎正」，李軌注曰「佛，違也」，《文選・非有先生論》「夫談者有悖於目而佛於耳」，李善注引《字書》曰「佛，違也」，竝其證也。又曰「佛，扶勿切」，是佛與扶爲雙聲，而浮從孚聲，與扶爲疊韵，故浮得讀爲佛也。此言君常憂民之憂，斯于天時無所違失。若從枚傳，則但曰「鮮不浮天時」，文義已足，而「以」字、「于」字皆贅矣。江氏聲據漢石經「戚」作「高」，因讀「后胥高鮮」爲句，爲之説曰「小山别大山爲鮮，言前后相度高山之處而徙居之」，其説甚鑿，恐不可從。漢石經作「高」者，亦聲之轉也。《孟子・萬章》篇「舜見瞽瞍，其容有蹙」，《韓非子・忠孝》篇作「舜見瞽瞍，其容造焉」，蹙從戚聲，造從告聲，而得相通，然則戚聲之轉即如告矣。高與告聲近，故「臯」字通作「高」，又通作「告」，是其例也。漢石經「戚」作「高」，正猶「蹙」之爲「造」矣。讀古書者當依聲而求字，勿逐字而求解。浮之爲佛，戚之爲高，其義絶遠，殆難爲拘文牽義者道矣。

承女俾女。

傳曰：「今我法先王，惟民之承，故承女使女從。」

樾謹按：俾之訓使，蓋本《釋詁》文。然如傳義，則「俾女」下必增出「從」字，於文方足矣。《説文・人部》：「俾，益也，字亦作朇。」《會部》曰：「朇，益也，又通作埤。」《廣雅・釋詁》曰：「埤，益也。」俾與朇、埤聲義皆同。「承女俾女」者，承引女，俾益女也，與「予告女訓女」句法相似，説詳上篇。

惟喜康共。

傳曰：「惟與女共喜安。」

樾謹按：如傳義，則當云「惟喜共康」，於義方明，不當云「惟喜康共」也，傳義殆失之矣。《廣雅・釋詁》：「拱，固也。」共拱古通用，《論語・爲政》篇「居其所而衆星拱之」，《釋文》「共，鄭作拱」是也。「惟喜康共」者，惟喜安固也。康之義爲安，共之義爲固，康共二字平列。上文「承女俾女」，承俾二字亦平列。枚說竝于文義未安。

予若籲，懷茲新邑。

傳曰：「言我順和懷此新邑。」

樾謹按：《小爾雅·廣詁》：「若，女也。」《說文·頁部》：「籲，呼也。」「予若籲」者，予女呼也，猶言予呼女也。《詩·匪風》篇「懷之好音」，《皇矣》篇「予懷明德」，毛傳竝曰：「懷，歸也。」「懷茲新邑」者，歸此新邑也，言予呼女歸此新邑，亦惟女故耳。枚氏於上篇「率籲衆戚」訓籲爲和，此「籲」字亦訓和。段氏玉裁謂籲音同籥，籥音同龠。《說文》「龠，樂之竹管，三孔以和衆聲也」，故訓爲和。今按：龢、龤字竝從龠，然則籲之訓和，自是古訓。然以「率籲衆戚」爲「率和衆憂之人」，以「予若籲懷茲新邑」爲「我順和懷此新邑」，實于文義未安。學者固不得因枚傳之僞，而廢籲和之古訓；要不得因籲有和義，而曲從枚傳也。

乃咸大不宣，乃心欽，念以忱動予一人。

傳曰：「女皆大不布腹心，敬念以忱感動我，是女不盡忠。」

樾謹案：枚氏于句讀未審，此當以「乃咸大不宣」爲句，「乃心欽」爲句，「念以忱動予一人」爲句。宣者，明也。僖二十七年《左傳》「未宣其用」，《國語·晉語》「武子宣法以定晉國」，杜注、韋注竝曰「宣，明也」，是其義也。欽，言欽欽然也。《詩》曰「憂心欽欽」，是其義也。重言之曰欽欽，單言之曰欽，古語類然。故毛傳、鄭箋每以重言釋一言，如「咥其笑矣」，傳、箋竝曰「咥咥然」，「垂帶悸矣」，傳、箋竝曰「悸悸然」，「條其歗矣」，傳、箋竝曰「條條然」，皆其例也。《爾雅・釋詁》曰：「念，思也。」「念以忱動予一人」與下篇「念敬我衆」文法正同，言汝不憂朕心之所困，乃皆大不明，乃心欽欽然，思以誠意感動予一人，冀不遷也。枚讀「欽念以忱」爲句，故上下文皆失其讀矣。

爾忱不屬，惟胥以沈。

傳曰：「女忠誠不屬逮古，苟不欲徙，相與沈溺。」

樾謹按：經言「不屬」，而傳言「不屬逮古」，增字釋經，非經旨也。《釋文》引馬云「獨也」，屬之訓獨，蓋以聲訓。《荀子・成相篇》「到而獨鹿弃之江」，楊注曰：「獨鹿與屬鏤同，本或作屬鏤。」然則屬之與獨，古通用也。「爾忱不獨」義不可解，疑「忱」字馬本作沈。「爾沈不獨，惟胥以沈」，言不獨爾自沈溺，且相與共沈溺也。獨字、胥字，正相應成義。沈與忱字形相近。《詩・采薇》篇正義引鄭《周易注》曰「慊讀如群公溓之溓」，古書篆作立心，與水相近，讀者失之故作慊。然則沈之爲忱，猶溓之爲慊，竝由立心與水相近之故耳。馬注雖存于《釋文》，而因「沈」誤爲「忱」，遂無能申明其義者。王氏鳴盛謂當云「不獨」，大非古人以聲相訓之旨矣。

今予命女，一無起穢以自臭。

傳曰：「我一心命女，女違我，是自臭敗。」

樾謹按：經言「命女一」，不言「一心命女」，傳義非也。「一」字當屬下讀。《大戴記・衛將軍文子》篇「則一諸侯之相也」，《荀子・勸學篇》「一可以爲法則」，盧辯、楊倞注竝曰：「一，皆也。」「一無起穢以自臭」者，皆無起穢以自臭也。「今予命女」當自爲句，不連一字讀。

我先后綏乃祖乃父。乃祖乃父乃斷棄女，不救乃死。

傳曰：「言我先王安女父祖之忠。今女不忠，女父祖必斷絶棄女命，不救女死。」

樾謹按：經文本一氣連屬，若如傳義，加入「今女不忠」一轉，恐非經旨也。「綏」當讀爲「退」。文十二年《左傳》「乃皆出戰交綏」，杜注曰：「《司馬法》曰：『逐奔不遠，從綏不及。逐奔不遠則難誘，從綏不及則難陷。』然則古名退軍爲綏。」正義引《司馬法》云「『將軍死綏』，舊説綏，卻也」，是綏與退古字通也。《禮記·檀弓》篇「文子其中退然如不勝衣」，鄭注曰「退或爲妥」，卽其例矣。「綏乃祖乃父」者，退乃祖乃父也。此承上文「女有戕則在乃心」而言，謂女有戕害人之心，我先后已知之，必因孫子之不贊而斥退乃祖乃父，於是乃祖乃父亦斷棄女，不救乃死也。

乃祖乃父丕乃告我高后，曰：「作丕刑于朕孫。」

《釋文》曰：「我高后，本又作乃祖乃父。」

樾謹按：乃祖乃父丕乃告乃祖乃父，義不可通。段氏玉裁謂當於「告」字絶句，此亦曲説也。我高后既作乃祖乃父，則乃祖乃父必作我高后。《釋文》既云「我高后，本又作乃祖乃父」，亦必云「乃祖乃父，本又作我高后」，傳寫奪去之耳。尋繹文義，似以別本爲長。上文云「茲予有亂政，同位具乃貝玉」，此當於「政」字絶句。昭六年《左傳》曰「夏有亂政而作禹刑，商有亂政而作湯刑，周有亂政而作九刑」，「茲予有亂政」義與彼同。枚傳訓亂爲治，非也。同位，同在朝廷之位者，指群臣而言。群臣之貪由于君政之亂，故曰「茲予有亂政，句。同位具乃貝玉」，於是「我高后丕乃告乃祖乃父，曰『作丕刑于朕孫』」。朕孫，盤庚自謂也。上文「曷不暨朕幼孫有比」，枚傳曰「幼孫，盤庚自謂」，然則此文「朕孫」，亦盤庚自謂，明矣。以其有亂政，故作大刑也。上言「乃祖乃父乃斷棄女，不救乃死」，此言高后「作丕刑于朕孫」，一就臣言，一就君言，言君臣將同受其罰也。上文「失于政，陳于兹，高后丕乃崇降罪疾，曰：『曷虐朕民？』」女萬民乃不生生，暨予一人猷同心，先后丕降與女罪疾，曰『曷不暨朕幼孫有比？』」亦是一就君言，一就臣言。蓋自「予念我先神后之勞爾先」，至「迪高后丕乃崇降弗祥」，皆反覆申明不遷之害，君臣上下竝有大咎。説者誤解「兹予有亂政」一節爲責臣之辭，則於義偏矣。既以此一節爲責臣之辭，於是疑朕孫當指臣，不應出於高后之口，遂改「我高后丕乃告乃祖乃父」爲「乃祖乃父丕乃告我高后」，而經意全晦，賴有陸氏《釋文》猶可藉以訂正耳。至下文「迪高后」之「迪」，乃發端之詞，説詳王氏引之《經傳釋詞》。自改經文爲「乃祖乃父丕乃告我高后」，枚傳遂訓迪爲道，「言女父祖開道湯，大重下不善以罰女」，其不辭甚矣。

弔由靈。《盤庚下》

傳曰：「弔，至。靈，善也。非廢，謂動謀於衆，至用其善。」

樾謹按：訓弔爲至，文義迂曲，非經旨也。弔訓至，亦訓善。《詩·節南山》篇「不弔昊天」，毛傳曰：「弔，至。」鄭箋曰：「至，猶善也。」《粊誓》篇「無敢不弔」，正義曰：「弔訓至也。鄭云，至猶善也。」是弔之訓善，固《尚書》家舊説矣。弔善也，靈亦善也。

「弔由靈」者，善用其善謀也。下文「宏茲賁」，枚傳曰：「宏、賁皆大也。」善用其善謀謂之「弔由靈」，猶大此大業謂之「宏茲賁」也。若謂弔、靈不當竝訓善，則宏、賁亦不當竝訓大乎？

各非敢違卜用，宏茲賁。

傳曰：「君臣用謀不敢違卜用，大此遷都大業。」

樾謹按：此當於「用」字絶句。《大誥》篇曰「甯王惟卜用，克綏受茲命。今天其相民，矧亦惟卜用」，竝以「卜用」連文。此云「各非敢違卜用」，義亦然也。《説文・用部》「用，可施行也，從卜中」，是用字本從卜中會意。《尚書》「卜用」連文，於本義最近。「宏茲賁」三字爲句，與「弔由靈」一律。弔、靈皆善也，宏、賁皆大也，正見古人用字之精。又按：經云「非敢」，傳云「不敢」，亦於經義未合。蓋盤庚遷殷，實不用卜，觀中篇無一語及卜可知矣。不然，盤庚方叚鬼神禍福之説以聳動其民，使得吉卜，亦當如周公大誥屢及之矣，何不一言乎！當時臣民，必有以此爲口實者，故盤庚於既遷之後，自解之曰「各非敢違卜用」也。各乃語詞，《廣雅・釋詁》「各，詞也」，徐鍇《説文繫傳》於曰篆下云「凡稱詞者，虚也，語气之助也」。枚傳不知各爲語詞，而以君臣言，斯失之矣。《廣雅》「各，詞也」一訓必有所受之，王氏念孫《疏證》疑爲若字之譌，非然也。

尚皆隱哉。

傳曰：「相隱括共爲善政。」

樾謹案：枚解隱爲隱括，是也。此必古訓相承如此，枚竊取之。而以「共爲善政」足成之，則非其義矣。隱括與檃栝同，《荀子・性惡篇》楊倞注曰：「檃栝，正曲木之木也。」耿俗奢淫逾禮，不正甚矣，盤庚遷都之意本在於此，故既遷之後卽欲以法度正之，因呼邦伯師長百執事之人，而告之曰「尚皆隱哉」，欲其去奢淫之舊俗，而就法度也。其下曰「朕不肩好貨」，又曰「無總于貨寶」，皆與去奢行儉之旨合，故知漢人所傳爲不虚也。漢石經隱作乘，乘字義不可曉，疑當爲繩。《詩・緜》篇鄭箋曰「乘，聲之誤，當爲繩也」，是其例矣。《淮南子・時則》篇「繩者，所以繩萬物也」，高注曰「繩，正也」，則亦與檃栝同義。今古文文異而義同。上篇曰「不能胥匡以生」，匡亦正也。不能胥匡，是不就檃栝也。然則盤庚以常舊服正法度，卽由隱哉一語發其端矣。觀其文義，《盤庚上》篇實與下篇相承。前人泥于篇第，未有能見及此者也。

降年有永有不永。《高宗肜日》

樾謹按：降年之永不永，疑與正厥事無涉。正義引鄭注曰「年命者，蠢愚之人尤愒焉，故引以諫王也」，於義亦未安，祖己豈當以王爲蠢愚之人邪？嘗反覆推求，於《漢書・五行志》而得此經之旨。《五行志》引劉歆説以爲「鼎，宗廟之器。主器奉宗廟者，長子也。野鳥自外來，入爲宗廟器主，是繼嗣將易也」。歆此説雖或附會，亦必有所自。商自陽甲以來，諸君享年不永。據《竹書紀年》，陽甲四年，小辛三年，小乙十年，惟盤庚二十八年耳。高宗承小乙之後，見先君皆不永年，而肜祭之日，又有此異，爲繼嗣將易之象，必將悚然震動。《殷本紀》云「武丁懼」，懼者，懼此也。又云「祖己曰：『王勿憂，先修政事』」而已。史公增「勿憂」一語，乃善於説經者。篇中自「惟天監下民典厥義」至「乃曰其如台」，皆告王使勿憂也。「非天夭民，民中絶命」，《史記》作「非天夭民，中絶其命」，是下一民字當爲衍文。「天既孚命」，漢石經孚作付，亦當從之。孚之爲付，猶桴之爲柎也。祖己之意，蓋謂天之降年有永不永，非天夭民而絶其命也，乃「民有不若德，不聽罪」之故耳。天既付命于人，人苟能正其德，雖有妖孽，其柰何哉？「乃曰其如台」，與《盤庚》篇「卜稽曰其如台」義同，猶言越其柰何也，説見《盤庚上》篇。祖己因武丁恐懼，故爲此言，使王勿憂。自「王司敬民」以下，始是進戒之詞，故以「嗚呼」發之也。古大臣進言于君，從容不迫如此，是可見其愛君之誠矣。然非史公「勿憂」二字，則篇中之義不顯，故知西漢經師之説爲可寳也。

嗚呼！王司敬民，罔非天，胤典祀，無豐于昵。

傳曰：「胤，嗣。昵，近也。歎以感王入其言，王者主民，當敬民事。民事無非天所嗣。常也，祭祀有常，不當特豐於近廟。」

樾謹按：傳文當曰「典，常也」，傳寫奪「典」字耳。「無非天所嗣」釋「罔非天胤」之義，「典，常也。祭祀有常」釋「典祀」之義。孔穎達據誤本作正義，乃讀傳文「民事無非天所嗣常也」九字爲一句，而釋之曰「民事無非天所繼嗣以爲常道者也」，則大非傳義矣。然如傳義，讀「罔非天胤」爲句，實亦未安，疑當以「罔非天」爲句。「王司敬民」，「司」字《史記》作「嗣」，當從之，言王嗣位敬行民事，罔非天所命也。祖己言此者，見天降下民，作之君，人君乃天所命以治民者也。其位雖傳之自父，其命實受之自天，不當私其所親也。「胤典祀」自爲句。《爾雅·釋詁》曰：「胤，繼也。」「典」當爲「殄」，《考工記·輈人》「是故輈欲頎典」，司農云「典讀爲殄」，是其證也。《釋詁》曰：「殄，絶也。」「胤殄祀」者，繼絶祀也，言當繼續其已絶之祀，無徒豐於近廟也。按《殷本紀》自祖乙以後，陽甲、小辛、小乙四君皆兄弟相及。《通典》卷五十一引賀循議曰：「殷之盤庚，不序陽甲之廟，而上繼先君，以弟不繼兄故也。」賀循此議，必《尚書》家舊説。以其説推之，則盤庚止立父祖乙廟，而不立兄陽甲廟。小辛之於盤庚，小乙之於小辛，亦必猶是矣。高宗繼父小乙之後，其止立父小乙廟，而世父陽甲、盤庚、小辛皆無廟，從可知也。此實當時闕典，故祖己以繼續已絶之祀，無徒豐于近廟爲高宗諷也。通篇皆告王使勿憂，而其訓于王者止此數語，蓋此下尚有《高宗之訓》一篇，必詳言之，而今亡矣。此篇告王勿憂之意爲多，故以《高宗肜日》名篇；下篇所載當詳言其所訓于王之事，故以《高宗之訓》命篇也。不然，何不分爲上下兩篇，而必異爲之名乎？

天既訖我殷命。《西伯戡黎》

樾謹按：是時殷猶未亡，乃云既訖我命，義不可通。古書既與其每通用，《禹貢》「濰淄其道」，《史記·夏本紀》作「既道」，《詩·常武》篇「徐方既來」，《荀子·議兵篇》引作「徐方其來」，竝其證也。「天既訖我殷命」當作「天其訖我殷命」，蓋以「格人元龜，罔敢知吉」，故推度天意如此也。此篇以「天其訖我殷命」發端，猶《微子》篇以「殷其弗或亂正四方」發端也，皆事前推度之辭。若作「既訖」，則似乎事後之論矣。

格人元龜。

傳曰：「至人以人事觀殷，大龜以神靈考之，皆無知吉。」正義曰：「格訓爲至。至人謂至道之人，有所識解者也。」

樾謹按：至道之人謂之至人，義殊未安。元大也，格亦大也。元龜者，大龜也。格人者，大人也。《史記》「格」作「假」，《爾雅・釋詁》：「假，大也」，《方言》曰：「凡物之壯大者而愛偉之，周、秦之閒謂之假。」此經字雖作「格」，義與「假」同。即以格至之義而論，《釋詁》曰「晊，大也」，《釋文》曰「本又作至」，然則至亦大也。格之義爲至，卽爲大矣。凡有大義者皆有美善之義，元訓大，亦訓善，卽其例也。《論衡・卜筮篇》引此經而釋之曰「賢者不舉大龜不兆」，是王仲任以「格人」爲賢者，義自可通。孔穎達以爲至道之人，則失之矣。

指乃功。

傳曰：「言殷之就亡，指女功事所致。」

樾謹按：枚傳未解「指」字之義。指，致也，言致極爾之事，必將爲戮也。《詩・武》篇「耆定爾功」，毛傳曰：「耆，致也。」指與耆古字通用，《皇矣》篇「上帝耆之」，《潛夫論・班禄》篇引作「上帝指之」，是其證也。《書》言「指乃功」，《詩》言「耆爾功」，文異而義同，美惡不嫌同辭。

我祖厎遂陳于上。《微子》

傳曰：「言致遂其功，陳列於上世。」

樾謹按：「厎遂陳于上」蓋以德言。下文曰「我用沈酗于酒，用亂敗厥德于下」，紂所亂敗者，卽湯所厎遂而陳者也。上句不言德者，文見於下，故省于上，古人自有此文法也。傳不知此而增出「功」字，失之。

我用沈酗于酒。

樾謹按：《無逸》篇傳「以酒爲凶曰酗」，是枚氏所據本固作「酗」，故其説如此，必非枚氏私造此字，而自爲之説也。陸德明謂《説文》作「䣱」，然《説文》「䣱」篆下竝不引此經，壁中古文作「䣱」，與否未可知也。《玉篇・酉部》：「䣱，許具切，㐫酒曰䣱醟」，又出「酗」字曰「同上」。《玉篇》之字多本於《説文》，安知古本《説文》「䣱」篆下不更有重文作「酗」者乎？鄭康成注《周官・司救》亦有「酗醟」之文，不得謂漢時無「酗」字矣。蓋酗者會意字也，䣱者形聲字也。經典相承之字，苟合六書之旨，皆可各從其舊。江氏聲必謂「酗」不成字，改從《説文》作「䣱」，失之泥矣。

好草竊姦宄。

傳曰：「草野竊盜，又爲姦宄於外内。」

樾謹按：枚氏解「草竊」之義殊爲望文生訓。江氏聲曰「莠害苗爲草竊」，引《吕氏春秋・辨土》篇文爲證。然彼文云：「夫四序參發，大甽小畝，爲青魚胠，苗若直獵，地竊之也。既種而無行，耕而不長，則苗相竊也。弗除則蕪，除之則虚，則草竊之也。」此自是吕氏譔造之語，非古人名莠害苗爲草竊也，不得因「草竊」二字適與此經合，遂引以爲證。孫氏星衍引《廣雅・釋言》「鈔，掠也」，謂與草聲相近，其説視江氏爲長。然讀草爲鈔，於古無徵。如其説，則盜聲與草聲亦相近，直讀爲盜竊，豈不更徑易乎？江、孫兩説殆皆未塙。今按：「竊」當讀爲「蔡」。《莊子・庚桑楚》篇「竊竊乎又何足以濟世哉」，《釋文》曰：「竊竊，本作察察。」然則竊之爲蔡，猶竊竊之爲察察也。草竊者，草蔡也。《説文・丯部》：「丯，艸蔡也，象艸生之散亂也。」是草蔡有散亂之義，古語然也。其本義屬草，引而申之則凡散亂者皆得謂之草蔡，故與姦宄連文。好草蔡卽好亂也。草蔡之語止見于許氏之書，他無所見。古語久湮，而此經又叚「竊」爲「蔡」，於是其義益晦矣。

凡有辜罪，乃罔恒獲。

傳曰：「皆有辜罪，無秉常得中者。」

樾謹按：經文止有「獲」字，無「中」字，傳義非也。詳此經之義，正《牧誓》所謂「乃惟四方之多罪逋逃，是崇是長，是信是使，是以爲大夫卿士」者。昭七年《左傳》曰：「周文王之法曰『有亡荒閱』，所以得天下也。」又曰：「昔武王數紂之罪，以告諸侯曰『紂爲天下逋逃主，萃淵藪』。」皆可以説此經。蓋文王之法，有罪人逃亡則大蒐其衆，期于必得，而紂則反是，故當時以爲逋逃之淵藪，「凡有辜罪者乃罔恒獲」也。「罔恒獲」猶言常不得。使倒其文曰「乃恒罔獲」，則其義便明顯，而非古書佶屈之體矣。

我其發出狂？我家耄遜于荒？今爾無指告，予顛隮，若之何其？

樾謹按：《史記·宋微子世家》曰：「微子度紂終不可諫，欲死之。及去，未能自決，乃問于太師、少師。」是微子之問，有一死一去兩意，故上文既決殷之淪喪，又特呼父師少師而發此問，乃微子作誥之本意也。「我其發出狂」，此去之之説也。狂，《史記》作「往」，《集解》引鄭注曰「發，起也。紂禍敗如此，我其起作出往也」，是其義也。「吾家耄遜于荒」，此死之之説也。正義引鄭注曰「耄，亂也」，蓋不忍斥言紂昏亂，故言吾家昏亂，與上文「我用沈酗于酒」，不言紂而言我，語意正同。遯古與馴通，故《堯典》「五品不遜」，《史記・五帝紀》作馴，《周易・坤》六二《象傳》曰「馴致其道」，《釋文》引向秀曰「馴，從也」。「荒」讀爲「亡」。下文「天毒降災荒殷邦」，《史記》作「天篤下災亡殷國」，是讀荒爲亡，正古文家説，此「荒」字當亦同也。「吾家耄遯于荒」，言吾家亂而從于亡，蓋欲從紂死，不忍斥言，故微其詞也。微子之意若曰：我其發出往乎？抑吾家亂而從于亡乎？今爾無指告，我則或去或死，不知所從，無所措手足矣，故曰「予顛隮」也。「若之何其」，乃致其問之之意。枚傳謂「如之何其救之」，亦非當日語意也。微子之意晦于千載，賴史公數語，猶可得其梗概耳。「吾家耄遯于荒」，《史記》作「吾家保于喪」，保、耄同聲，惟無「遯」字，疑或奪誤。然觀上句「狂」字《史記》作「往」，此句「荒」字《史記》作「喪」，則微子一去一死兩意，居然可見。下文「詔王子出迪」，蓋就微子之意而爲決之也。

降監殷民，用乂讎斂，召敵讎不怠。

傳曰：「下視殷民，所用治者皆重賦傷民，斂聚怨讎之道，而又亟行暴虐，自召敵讎不解怠。」

樾謹按：如傳義，則讎斂與召敵讎一也，何必重復言之乎？《釋文》曰「讎，如字，下同」，此依傳義作音也。又曰「徐云鄭音疇，馬本作稠，云數也」，是鄭本上「讎」字與下異讀，馬本則并異其字矣。段氏玉裁謂鄭亦讀「讎」爲「稠」，非也。鄭蓋讀「讎」爲「疇」，故徐云「鄭音疇」也。《一切經音義》卷一引《國語》賈注曰：「一井爲疇，九夫爲一井。」《孟子・盡心》篇「易其田疇」，趙注亦曰：「疇，一井也。」鄭讀「雔」爲「疇」，當從此訓。殷制用助法，上所應得者惟公田所入而已，其外皆民之私田，上不得而斂之也。此云「疇斂」，則是按井而斂之，是所取不止公田矣，殆紂時所加賦歟。乂當爲刈，據《説文》，乂、刈本一字也。王逸注《離騷》曰：「刈，穫也。」「降監殷民，用乂疇斂」，言下視殷民，方用刈穫之時，計疇而斂之也。鄭義每存乎音，以音求之，往往可得其義矣。

群經平議卷四

群經平議卷五

德清俞樾

尚書三

王朝至于商郊牧野。《牧誓》

傳曰：「紂近郊三十里地名牧。」正義曰：「繼牧言野，明是牧地。而鄭玄云郊外曰野，將戰于郊，故至于牧野而誓。豈王行已至于郊，乃復倒退適野，誓訖而更進兵乎？何不然之甚也！」

樾謹按：此當以「郊牧野」三字連文。《爾雅·釋地》「邑外謂之郊，郊外謂之牧，牧外謂之野」，此正釋《尚書》「郊牧野」三字之義。合言之曰郊牧野，從省則但曰牧野，《詩·大明》篇「牧野洋洋」是也；又從省則但曰牧，《國語·周語》曰「庶民弗忍，欣戴武王，以致戎于商牧」是也。此篇以「牧誓」名篇，是武王作誓實在郊外之牧。而史臣併舉郊野者，是時諸侯會者八百，車徒衆多，其所屯聚必非一處，前軍及郊，後軍至野，中軍在牧，亦情事所應爾也。鄭注稱「郊外曰野」，是鄭君所見《爾雅》與今本異。然據《尚書》以治《爾雅》，則固以今本爲長矣。又《爾雅》此篇之後總題曰野，蓋野者對邑而言。邑外郊，郊外牧，牧外野，野外林，林外坰，雖分五名，然郊、牧、林、坰實皆野也，故亦有稱牧之野者。《詩·閟宮》篇「致天之届，于牧之野」，《禮·大傳》篇曰「牧之野，武王之大事也」。牧稱牧之野，猶坰稱坰之野，《駉》篇曰「駉駉牡馬，在坰之野」是也。坰之野即林外之坰，牧之野即郊外之牧。若以牧爲地名，豈坰亦魯之地名乎？

惟家之索。

傳曰：「索，盡也。」

樾謹按：惟家之盡于義未安，枚説非也。《周官·方相氏》「以索室敺疫」，即此「索」字之義。牝雞晨鳴，必有妖孽，當索室以敺除之，故曰「惟家之索」。武王以諸侯伐紂，爲天下除暴亂，亦猶索室敺疫也，故以爲喻耳。

昏棄厥遺王父母弟不迪。

樾謹按：《隸釋》載石經作「厥遺任父母弟不迪」，段氏玉裁謂未知今文家説如何，其實乃誤字也。漢人隸書王、壬二字往往無別，武梁石室畫象「秦王」作「秦壬」，又《魯峻碑》陰「壬端」、「壬輔」竝即「王」字可證也。文七年《左傳》「宋公王臣卒」，《釋文》曰「本或作壬臣」，蓋亦隸體混淆之故。此經「王」字，漢人書作「壬」字，因又加人旁作「任」耳。《韓非子·外儲説左》篇「王登爲中牟令」，《吕氏春秋·知度》篇作「任登」，即其例也。蔡邕等正定六經文字，而此等字未能正定，固其小疏。或因經師舊讀，學者共曉，字雖作「任」，讀仍爲「王」，相習已久，無庸改易其舊耳。懼好古之士不加詳審，或滋異説，故具論之。「不迪」之「迪」當讀爲「由」，《漢書·楊雄傳》注曰「迪，由也」，是迪與由聲近義通。由者用也，故《周本紀》即作「不用」，蓋史公讀「迪」爲「由」，而以詁訓字易之也。枚傳曰「不接之以道」，迂矣。

弗迓，克奔以役西土。

傳曰：「商衆能奔來降者，不迎擊之，如此

則所以役我西土之義。」

樾謹按：經但言「奔」，不言「降」；經但言「迓」，不言「擊」；經但言「役西土」，不言「役西土之義」，傳義非也。《史記·周本紀》「弗迓」作「不禦」，《集解》引鄭注曰「禦，彊禦，謂彊暴也。克，殺也。不得暴虐殺紂師之奔走者，以爲周之役也」，其説亦甚迂曲。蓋説此經者，皆先有成見，以爲聖人仁義之師，宜乎其言藹如，然後相稱。不知上文明言「尚桓桓，如虎如貔，如熊如羆，于商郊」，下文又言「勖哉夫子！爾所弗勖，其于爾躬有戮」，則此文必是勉以殺敵致果，方合作誓之本旨，不當如先儒所云也。「迓」字宜從《史記》作「禦」，《廣雅·釋詁》：「禦，止也。」字亦通作「御」，《釋名·釋樂器》曰：「御，止也。」弗禦者，弗止也。軍旅有進無退，故勉以弗止也。「克奔以役西土」六字爲句。「奔」讀如「奮」，《詩·行葦》篇毛傳「奔軍之將」，《釋文》曰「奔音奮」，是「奔」得讀如「奮」也。「克奔以役西土」者，克奮發以從我西土之役也。此篇本爲友邦冢君及從征庸蜀諸國而作，故有「以役西土」之語。自「尚桓桓」以下，至「克奔以役西土」，文義本一氣連屬，欲其尚克如此也。學者失其義，因失其讀矣。

惟天陰騭下民。《洪範》

傳曰：「騭，定也。天不言而默定下民。」正義曰：「傳以騭即質也。質訓爲成，成亦定義，故爲定也。」

樾謹按：《宋世家》作「維天陰定下民」，疑史公讀「騭」爲「敕」。《皋陶謨》篇「敕天之命」，枚傳曰「敕，正也」，《夏本紀》作「陟天之命」。騭之爲敕，猶敕之爲陟也。敕訓正，正與定古字通，故史公作定而枚傳從之。正義謂騭卽質也，非是。

建用皇極。

傳曰：「皇，大。極，中也。」

樾謹按：以「皇極」爲大中，固古義也。然下文言「皇建其有極」、「惟皇作極」，一以大中訓之，實有不可通者。蔡傳曰「皇，君也。極，猶北極之極，至極之義，標準之名」，其説殊勝。下文曰「皇極之敷言」，又曰「凡厥庶民極之敷言」，蓋以皇極、庶民極相對爲文。説本馬注，見《史記集解》。然則皇之爲君無疑矣。極爲準則，蓋亦古有此義。《詩・殷武》篇「商邑翼翼，四方之極」，猶言四方之準則也。《後漢書・樊準傳》引作「四方是則」，李賢注曰：「《韓詩》之文。」蓋極有準則之義，故《毛詩》作「極」，《韓詩》作「則」也。昭十三年《左傳》「貢獻無極」，猶言貢獻無有準則也。上文曰「貢之無藝」，服注曰「藝，極也」，杜注曰「藝，法制」，藝與極同義，藝爲法制，則極亦法制矣。《周禮・序官》「設官分職，以爲民極」，民極者，民之準則也，猶云以爲黔首則也。《國語・越語》「無過天極」，天極者，天之準則也，猶云順帝之則也。凡斯之類，皆可證成其義。

金曰從革。

傳曰：「金可以改更。」正義曰：「金可以從人改更。」

樾謹按：枚傳不説「從」字之義。《史記集解》引馬融曰「金之性從人而更」，正義卽本馬注，然其説殊未安。木之曲直亦是從人，何獨於金言之乎？「從革」猶言因革也。《漢書・外戚傳》注曰：「從，因也，由也。」蓋從與由義同，《詩・南山》篇「衡從其畝」，《釋文》曰「從，《韓詩》作由」是也。由之義爲因，故從之義亦爲因。金之性可因可革，是爲從革，猶木之性可曲可直，是爲曲直也。

四曰司空。

傳曰：「主空土以居民。」

樾謹按：《史記集解》引馬融之說亦與枚同。《白虎通·封公侯》篇曰：「司空主土。不言土言空者，空尚主之，何況於實？」此説殊爲迂曲。疑「司空」之「空」當讀爲「工」，以「空」爲「工」，猶以「功」爲「工」，以「紅」爲「工」也。《周官·肆師職》「凡師不功」，鄭注曰「古者工與功同字」，《漢書·哀帝紀》「害女紅之物」，如湻曰「紅亦工也」，是「工」字可從力作「功」，從糸作「紅」，則亦可從穴作「空」矣。蓋古人作字，有省偏旁者，如以「臤」爲「賢」之類。亦有加偏旁者，如以「割」爲「害」之類。試以《尚書》言之。《大誥》篇「殷小腆」，王肅曰「腆，主也」，則「腆」卽「典」字也。《呂刑》篇「明明棐常」，《墨子》作「明明不常」，則「棐」卽「非」字也。然則「空」卽「工」字，復何疑乎？ 冬官主百工之事，故謂之司工。其職雖亡，而《小宰職》曰「冬官掌邦事」，不曰冬官掌邦土，則司空之爲司工明矣。工與功通，功者事也，惟其司工，故掌邦事也。《冬官》亡而以《考工記》補之，未爲無見。《王制》曰「司空執度，度地居民」，此乃匠人之事，固亦冬官所屬。且其下文曰「興事任力」，則仍是掌邦事，非掌邦土也。後人不知「空」爲「工」之叚字，因有主空土之說，而僞古文遂曰「司空掌邦土」矣。

而康而色。

傳曰：「女當安女顏色，以謙下人。」

樾謹按：下「而」字訓「女」，上「而」字不訓「女」，乃語詞也。此句承上文「皇則受之」而言。「皇則受之，而康而色」，言不但受之，而又當和女之顏色以受之也。康之義爲安，故亦爲和。《史記·樂書》正義曰「康，和也」。枚傳因「皇則受之」與上文「女則念之」相對，念之下更無他文，則受之下亦不得箸此四字，乃以此四字屬下爲義，其所見殊泥矣。

是彝是訓。

傳曰：「不失其常，則人皆是順矣。」

樾謹按：枚傳以「順」字解「訓」字，蓋本之《史記》。不知下文「于帝其訓」、「是訓是行」兩「訓」字《史記》作「順」，至此句作「是夷是訓」，不作「順」也。《集解》引馬注曰「是大中之道而常行之，用是教訓天下」，是馬本於此句亦不作「順」也。惟馬以彝爲常，不如史公以彝爲夷。夷，陳也。「是夷是訓」者，是陳列之，是訓教之也，此以君言也。下文曰「是順是行」者，是順從之，是奉行之也，此以民言也。君宜順天，故曰「于帝其順」；民宜從君，故曰「以近天子之光」。下兩「訓」字讀爲「順」，此一「訓」字讀如本字，史公分別最明，枚混而一之，誤矣。

一曰正直。

傳曰：「能正人之曲直。」

樾謹按：經言「正直」，不言「正曲直」，傳義非也。正直與剛克、柔克竝爲三德，義當一律。正直者，以正道相切直也；剛克、柔克者，以剛柔相克治也。《爾雅·釋訓》曰：「丁丁，嚶嚶，相切直也。」郭注曰：「以喻朋友切磋相正。」此「直」字之義也。故其下曰「平康正直，彊弗友剛克，燮友柔克。沈潛剛克，高明柔克」，言平康者以正道相切直而已，彊弗友者、沈潛者宜以剛克之，燮友者、高明者宜以柔克之也。如傳義，則不可通矣。

曰克。

傳曰：「兆相交錯。」

樾謹按：兆相交錯，何以謂之克？正義引鄭注曰「克者，如雨氣色相侵入」，《史記集解》引鄭注曰「克者，如祲氣之色相犯也」。兩文不同而皆從侵克取義，❶然則何不竟謂之祲，與雨、霽、圛、雺一律乎？今按：《說文·克部》：「克，肩也，象屋下刻木之形。」重文桌，曰：「古文。」夫克既訓肩，何以又取象刻木，於義不可解。疑古文作「桌」者，乃《尚書·洪範》「曰克」之本字，壁中古文也。其上從占，以其爲占之用也；其下作朩，象其形也。雨霽圛雺有可取象，而桌則無可取象，故特製此字，猶卦有八，皆叚他字以命之，而特製坤、顨二字；聲有五，皆叚他字以命之，而特製䨐一字也。桌字之義，或解爲侵克，或解爲交錯，皆各就其下之朩爲說。刻木一義，亦必《尚書》家舊說也。因「桌」字讀如「克」，後人遂即以「克」字爲之，亦猶「顨」止作「巽」，「䨐」止作「羽」也。許氏因以「桌」爲「克」之古文，不特《尚書》「曰克」之義不可知，并「克」篆說解而亦失之矣。《說文·卜部》：「𠧟，《易》卦之上體也，從卜每聲。《商書》『曰貞，曰𠧟』。」然則「曰克」之「克」壁中古文作「桌」，亦猶「曰悔」之「悔」壁中古文作「𠧟」，從占與從卜同也。許氏惜未

❶「兩」，原作「雨」，今據清經解續編本改。

表而出之耳。

四曰攸好德。

傳曰：「所好者德福之道。」正義曰：「鄭云：民皆好有德也。王肅云：言人君所好者道德爲福。《洪範》以人君爲主，上之所爲，下必從之。人君好德，故民亦好德，事相通也。」

樾謹按：鄭、王及枚氏之説皆讀好爲好尚之好。《漢書·五行志》曰「貌之不恭其極惡順之，其福曰攸好德」，此今文家説，以好德與惡對，則「好」字讀如「美好」之「好」，其説似較古文爲長。蓋以好人之德爲福，不如自有美好之德更爲福也。古字攸與修通，《史記·秦始皇紀》「德惠修長」，《索隱》曰「王劭按：張徽所録會稽南山秦始皇碑文修作攸」，是其證也。「攸好德」即修好德，人能修飾其美德，如孟子所謂「飽乎仁義，不願人之膏粱；令聞廣譽施於身，不願人之文繡」，是亦福也。《張衮碑》曰「令德攸兮」，「攸」亦「修」之叚字，令德即好德也。疑今文家固以「攸」爲「修」矣。

若爾三王，是有丕子之責于天。《金縢》

傳曰：「大子之責，謂疾不可救於天。」正義曰：「責謂負人物也。大子之責於天，言負天一大子。」

樾謹按：傳義不了，正義説更迂曲矣。又引鄭注曰：「丕讀爲不。愛子孫曰子。玄孫遇疾，若女不救，是將有不愛子孫之過，爲天所責，欲使爲之請命也。」此説視枚爲長，而以上下文勢求之，則亦未安。今按：「是」通作「實」，故《秦誓》篇「是能容之」，《禮記·大學》篇作「實能容之」也。「若爾三王，實有丕子之責于天，以旦代某之身」

三句一氣連屬。丕字《史記》作負，負子者，諸侯疾病之名。《禮記·曲禮》篇正義引《白虎通》曰：「天子病曰不豫，言不復豫政也。諸侯曰負子，子，民也，言憂民不復子之也。」是負子之義本爲不子，故此經作「丕子」，丕與不古通用也。桓十六年《公羊傳》何休《解詁》又曰：「天子有疾稱不豫，諸侯稱負兹。」古文以聲爲主，無定字耳。凡人有病則須子孫扶持之，周公事死如生，故仍以人事言，謂爾三王在天，若有疾病，扶持之事必須子孫任其責，則請以旦代某也。下文曰「乃玄孫不若旦多材多藝，不能事鬼神」，可知此文所言是事鬼神之事矣。三王生前皆未爲天子，故仍從諸侯之稱也。自來説者未達此義，惟孔氏廣森《經學卮言》解「丕子」二字與愚合。然孔氏以丕子屬武王言，謂告神謙，故從諸侯病辭，則非也。武王有疾可云「丕子」，不可云「有丕子之責于天」，且與上文「若爾三王」文義不貫，而與下文「能事鬼神」之意亦不屬矣。

予仁若考，能多材多藝。

傳曰：「我周公仁能順父，又多材多藝，能事鬼神。」正義曰：「考是父也，故仁能順父。既能順父，又多材多藝，能事鬼神，言己可以代武王之意。」

樾謹按：如傳義，則是改經文爲「予仁能若考」矣。且既告三王，亦不應專稱考，傳義非也。《史記·魯世家》作「旦巧能，多材多藝」。王氏念孫曰：「考、巧古字通，若、而語之轉。『予仁若考』者，予仁而巧也，故能多材多藝，能事鬼神。」其説見《經義述聞》。今按：王説是矣，然未盡也。「仁」當讀爲「佞」。《説文·女部》「佞，巧讇高材也」，大徐本作從女信省，小徐本作從女仁聲。段氏玉裁曰：「《晉語》『佞之見佞，果喪其田』，古音佞與田韻，則仁聲是也。」佞從仁聲，故得叚仁爲之。「予仁若考」者，予佞而巧也。佞與巧義相近，仁與巧則不類矣。《史記·周本紀》「爲人佞巧」，亦以佞巧連文，是其證也。古人謂才爲佞，故自謙曰不佞。佞而巧，故多材多藝，能事鬼神也。至「多材多藝」上以文義論之，似不必有能字。江氏聲《集注》以「仁若」二字爲衍文，讀「巧能」二字爲句。孫氏星衍《注疏》讀「仁若巧能」四字爲句，義均未安。古能、而二字通用。《履》六三「眇能視，跛能履」，李氏《集解》本「能」皆作「而」，虞注曰「眇而視，跛而履」。《鹽鐵論》：「忠焉能勿誨乎？愛之而勿勞乎？」崔駰《大理箴》「或有忠能被害，或有孝而見殘」，皆能、而通用之證。「予仁若考，能多材多藝」者，若而也，能亦而也，猶曰「予佞而巧，而多材多藝」也。此「能」字與「能事鬼神」之「能」不同，故下文曰「乃玄孫不若旦多材多藝，不能事鬼神」。「多材多藝」上不更箸「能」字，可知兩「能」字不同也。

敷佑四方。

傳曰：「布其德教，以佑助四方。」

樾謹案：枚訓敷爲布，而增出「德教」字以成其義，非經旨也。《史記集解》引馬注曰「布其道以佑助四方」，其失亦與枚同。敷之言徧也，《詩·賚》篇曰「敷時繹思」，鄭箋曰：「敷，徧也。」字通作「普」，亦通作「溥」。《詩·般》篇曰「敷天之下」，《北山》篇曰「溥天之下」，《孟子·萬章》篇曰「普天之下」，是敷、溥、普文異義同。「佑」乃俗字，當作「右」，而讀爲「有」。《儀禮・有司徹》篇「右几」，鄭注曰「古文右作侑」。右、侑通用，故右、有亦得通用。宣十五年《公羊傳》曰「潞子離於狄而未能合於中國，晉師伐之，中國不救，狄人不有」，不有卽不右，言狄人不助也。彼叚「有」爲「右」，此叚「右」爲「有」，聲同者義亦同。古書多叚借，以聲爲主，不泥其形也。「敷佑四方」者，普有四方也，言武王受命于帝廷，普有四方，爲天下主也。

乃并是吉。

樾謹案：三卜皆吉，一言可蔽。既曰「一習吉」，又曰「乃并是吉」，何也？并當作併，竝也。《説文・从部》「并，相從也」，《人部》「併，竝也」，二字義亦可通。「乃併是吉」，言王與周公竝吉也。上文曰「我其以璧與珪歸俟爾命」，《史記集解》引馬注曰：「待爾命，武王當愈，我當死也。」蓋周公本意請以身代，三龜皆吉，則武王當愈，不待言矣。武王愈，周公宜死。及啓籥見書，更詳審之，乃知王與周公竝吉也。不然，則上文「以旦代某」之言更無歸宿，一似聖人苟爲美詞以冀動聽，自言而自食之，斯不然矣。下文「公曰：體，王其罔害」，此決武王之不死也。又曰「予小子新命于三王，惟永終是圖」，此知己亦不死也。「惟永終是圖」當卽書中之詞。其後武王既喪，周公相成王，成文、武之德，所謂「永終是圖」者，至此乃驗。大王、王季、文王實叚卜以命周公，而公知之也，故曰「予小子新命于三王」。而其後告二公之言亦曰「我之弗辟，我無以告我先王」，正以受命先王故也。《史記・魯世家》載周公告大公望、召公奭曰「大王、王季、文王三王之憂勞天下久矣，於今而後成」，此卽周公受命三王，永終是圖之意也。「乃并是吉」《史記》作「乃見書遇吉」。《論衡・卜筮篇》曰：「周武王不豫，周公卜三龜。公曰：『乃逢是吉。』」蓋《今文尚書》「并」作「逢」，故史公以爲遇吉，不知「逢」卽「倂」也。逢聲之轉，與旁相近。《史記・龜策傳》曰：「桀有諛臣，名曰趙梁。教爲無道，勸爲貪狼。繫湯夏臺，殺關龍逢。」逢與梁、狼爲韻，後世因誤有從夆從夅之別。《廣韻》「三鍾」收逢字，「四江」收逄字，其實則一聲之轉也。是故倂之爲逢，猶竝之爲傍也。《列子・黃帝》篇「竝流而承之」，《釋文》曰：「竝音傍。」《史記・秦始皇紀》「竝河而東」，《集解》引服虔《漢書注》曰：「竝音傍。」竝之爲傍，倂之爲逢，皆聲之轉，文異而義實不異也。史公易以「遇」字，失之矣。

公曰：「體。」

傳曰：「公視兆曰：『如此兆體，王其無害。』言必愈。」

樾謹按：「體」字以一言爲句，乃發語之辭，慶幸之意也。《詩・氓》篇曰「爾卜爾筮，體無咎言」，《釋文》曰「體，《韓詩》作履，幸也」，然則體亦猶幸也。《禮記・玉藻》篇「君定體」，鄭注曰「體視兆所得也」，引此文「周公曰體」爲證。然則鄭已不得其解，枚襲其說，更無譏矣。

周公居東二年，則罪人斯得。

傳曰：「周公既告二公，遂東征之，二年之中，罪人此得。」

樾謹按：經文止言「居東」，則非東征也。故上文「我之弗辟」，馬、鄭皆以爲避居東都。此文「罪人斯得」，其非謂誅管、蔡明矣。《詩・鴟鴞》篇正義引鄭注曰：罪人，周公之屬黨盡爲成王所得，謂之罪人，史書成王意也，此亦不然。成王當日容或以周公之黨爲罪人，及事既大白，卽成王亦知其無罪矣，豈有史官於事後作史册以傳信後世，而仍謂之罪人乎？蔡傳曰：「二年之後，王始知流言之爲管、蔡」，此亦不然。夫是非曲直，必無竝行之理，既知管、蔡流言，則又何疑乎周公，乃必待風雷之變，發金縢之書，而後悔而迎公乎？今按：「罪人斯得」之文卽承「周公居東二年」之後，是周公得之而非成王得之也。所謂得之者，謂得流言之所自起也。上文曰「管叔及其群弟乃流言於國」，此自史臣事後紀實之辭。若當其時，則但聞公將不利於孺子之言播滿國中，其倡自何人，傳自何地，非獨成王與二公不知，雖周公亦不知也。及居東二年，乃始知造作流言者實爲管、蔡，故曰「罪人斯得」。《詩・皇矣》篇「皇赫斯怒」，《板》篇「無獨斯畏」，鄭箋竝曰：「斯，盡也。」其注此經曰盡爲成王所得，則亦訓斯爲盡。「罪人斯得」者，言盡得其主名也。《墨子・耕柱》篇「周公旦非關叔，辭三公，東處于商蓋」，此周公避居之明證。關叔卽管叔，商蓋卽商奄，皆古文叚借字也。周公既至商奄，與東人相習，故能盡得其狀，而王與二公則猶未之知也，此當日之情事。故於其避居東也，可見周公之仁；而於罪人之盡得也，可見周公之智。

矧曰其有能格知天命。《大誥》

傳曰：「安人且猶不能，況其有能至知天命者乎？」

樾謹按：《漢書・翟方進傳》載王莽《大誥》

作「況其能往知天命」，以格爲往，乃古訓也。《爾雅・釋言》：「格，來也。」訓格爲往，如亂爲治、故爲今之例。蓋物之既來謂之格，物未來而我往逆之亦謂之格。僖十五年《左傳》「輅秦伯」，宣二年《傳》「狂狡輅鄭人」，杜注竝曰「輅，迎也」。輅卽格字，因戰陳必用車，故以從車之輅字爲之，其實卽格來之義所引申也。《莊子・人閒世》篇《釋文》引崔云「逆擊曰輅」，此蓋合格、挌二字之義爲說。逆者格之訓，擊者挌之訓，輅與格、挌竝從各聲，其義得通，故輅訓逆擊也。「格知天命」猶曰逆知天命。莽用雅訓以易經文，當云「來知天命」。乃不曰來而曰往者，欲人易曉也。枚傳云「至知天命」，則仍是來字之義，泥于古訓，不能變通。正義曰「其能至於知天之大命」，則恐并失枚意矣。

予不敢閉于，天降威，用。

傳曰：「天下威用，謂誅惡也，言我不敢閉絶天所下威用而不行，將欲伐四國。」

樾謹按：王莽《大誥》作「予豈敢自比於前人乎！天降威明，用甯帝室，遺我居攝寶龜」，是莽讀此誥於「予不敢閉」絶句。其作比者，必今文家說，於義似短，然其句讀則是也。上文云「敷賁敷前人受命」，此「閉」字正與兩「敷」字相應。惟不敢閉，故敷陳之也。于字莽《誥》所無。孫氏星衍讀「于天降威」四字爲句，引《釋詁》「粤于也」爲解。然下文「天降威，知我國有疵，民不康」無「于」字，《酒誥》曰「天降威，我民用大亂喪德」，亦無「于」字，疑此「于」字本在「閉」字之上。「予不敢于閉」猶下文曰「敢弗于從」，傳寫誤倒之耳。「用」字屬下讀，「用甯王」三字如莽《誥》之義，則爲天用甯我王室。然「甯王」字篇中屢見，自當從枚傳以爲文王。《君奭》篇正義引鄭注曰「甯王，文王也」，枚義卽鄭義也。「天降威，用甯王遺我大寶龜，紹天明，卽命曰：『有大艱于西土，西土人亦不静』」，此天降威命，用甯王所遺之寶龜以告我也。卽命者，卽寶龜以命之也。蔡傳以有大艱二語爲龜兆預告，甚得其旨。但以用字屬上讀，則尚仍枚傳之失耳。

天降威，知我國有疵，民不康，曰：「予復反鄙我周邦。」

樾謹按：王莽《大誥》曰：「天降威，遺我寶龜，固知我國有呰災，使民不安，是天反覆右我漢國也。」據此，則「予復反鄙我周邦」七字當作一句。蓋今文家讀如此，於義殊勝，當從之。曰與上文「卽命曰」同，乃天叚寶龜以告也。復反猶反復也，語有倒順耳。《禮記·月令》篇「命舟牧覆舟，五覆五反」，先言覆，後言反，與此正同。蓋反復、復反義皆得通，後人習聞反復，尠聞復反，故於此經失其解也。鄙當作啚，經傳皆通用都鄙字，而啚廢矣。《説文·㐭部》「啚，嗇也」，《嗇部》「嗇，愛濇也」。啚爲嗇，卽爲愛濇。故莽《誥》作右，右之言助也。愛之斯助之矣，是其義通也。啚聲、右聲據段氏《説文》同在古音第一部，是其音亦相近也。予者設爲天之言，與《詩》「予懷明德」同。「予復反啚我周邦」者，蓋愛之甚則必反復之。《詩·蓼莪》篇「顧我復我」，鄭箋曰「復，反覆也」，卽可以説此經矣。疑此句與上文「有大艱」云云相屬，當日以寶龜卜之，其詞蓋曰「有大艱于西土，西土人亦不静，予復反啚我周邦」，三句皆卜詞也。周公述卜詞未畢，而閒以

「越茲蠢殷小腆誕敢紀其敘」數語者，見卜詞之有徵也。於是將再述卜詞，故又以「天降威」發之，猶曰「天降威，用甯王遺我大寶龜，紹天明」也。因其詞緐，故省之耳。莽《誥》「天降威」下更有「遺我寶龜」四字，此可證矣。「知我國有疵，民不康」者，卽括上文「有大艱」二語之意。國有疵卽所謂有大艱于西土也，民不康卽所謂西土人亦不静也。重言之則於文複矣，故約其意如此，見卜詞本相屬也。下文曰「朕卜并吉」，又曰「予得吉卜」，蓋因卜詞有「予復反鄙我周邦」一語，故云然。天意如此，則吉可知矣。若止曰「有大艱于西土，西土人亦不静」，安知其吉與否乎？

今蠢今翼。日。

傳曰：「今天下蠢動，今之明日。」

樾謹按：「今之明日」義不可通，疑今蠢、今翼兩義相對。翼本作翌，衛包改作翼，説詳段氏《撰異》。《説文・䖵部》「蠢，蟲動也」，《羽部》「翊，飛貌」，翌卽翊之變體。蠢以蟲喻，翊以鳥喻。字又變作⿰犭立，《文選・吳都賦》「⿺走參譚⿰犭立⿰犭眔」，李注曰：「相隨驅逐，衆多貌。」上文「越茲蠢」專以武庚言，此文「今蠢今翌」則見武庚蠢動而淮夷從之。⿰犭立⿰犭眔，衆多也。「日」字屬下爲義。文七年《左傳》「日衛不睦」，襄二十六年《傳》「日其過此也」，昭七年《傳》「日君以夫公孫段爲能任其事」，十六年《傳》「日起請夫環竝」，與此「日」字同。蓋左氏正因《尚書》有此文法而循用之耳。「日民獻有十夫予翼」，言近日民之賢者十夫來翼佐我也。枚傳見「翌日」連文適與《金縢》篇同，遂讀「今翌日」爲句，誤矣。

天棐忱，辭其考我民。

傳曰：「言我周家有大化誠辭，爲天所輔，其成我民矣。」

樾謹按：下文曰「越天棐忱」，《康誥》曰「天畏棐忱」，《君奭》曰「若天棐忱」，竝于「忱」字絶句，此亦當然。自來以「天棐忱辭」爲句，非也。棐之訓輔，雖本《爾雅・釋詁》文，然古字多叚借，不得概以本字釋之。經凡言「棐忱」者，竝當讀爲「非」。古棐、匪字通，《漢書・地理志》録《禹貢》文，凡「貢匪」之「匪」皆作「棐」，然則叚「棐」爲「非」，猶叚「匪」爲「非」也。《吕刑》「明明棐常」，枚傳亦以爲輔行常法，然《墨子・尚賢》篇作「明明不常」，則固讀棐爲非矣。《君奭》篇「天難諶」，《漢書・王莽傳》引作「天應棐忱」，此可見凡言棐忱者，猶言非忱也。「辭」字屬下讀。「辭」籀文作「𤔲」，壁中古文亦必作「𤔲」，乃「嗣」之叚字。此承「予不敢不極卒甯王圖事」而言。「嗣其考我民」者，謂天命不常嗣，王亟先成我民也。《高宗肜日》篇「王司敬民」，《史記》作「王嗣敬民」，此經云「嗣其考我民」，文義正相近。作「司」，作「辭」，竝叚字也。莽《誥》作「天輔誠辭」，則失其讀久矣。

厥子乃弗肯堂，矧肯構？

傳曰：「子乃不肯爲堂基，況肯構立屋乎？」

樾謹按：經言「堂」不言「堂基」，傳必增「基」字者，以其對構而言，疑堂亦必構立而成。「弗肯堂矧肯構」於義未安，故增「基」字以成其義也。若然，則經文何不即云「弗肯基」，而必云「弗肯堂」乎？傳義非也。蓋古所謂堂者有二，其一爲前堂後室之堂，其一爲四方而高之堂。《禮記・檀弓》篇「吾見封之若堂者矣」，鄭注曰「堂形四方而高」，是知古人封土而高之，其形四方，即謂之堂。故《文選·西京賦》注引宋均《大玄經注》曰：「堂，高也。」《廣雅·釋詁》曰：「堂，明也。」堂之義爲高爲明，則堂之制可見矣。《金縢》篇《釋文》曰：「壇，馬云土堂。」《楚辭·大招》篇「南房小壇」，王逸注曰：「壇猶堂也。」夫壇與堂得通稱，則堂之制又可見矣。楊倞注《荀子·彊國篇》曰：「明堂，壇也，謂巡守至方岳之下，會諸侯，爲宫三百步，四門，壇十有二尋，深四尺，加方明其上。」以楊氏此注考之，則方岳下之明堂皆是封土爲壇，非有如《周書》所謂「四阿、反坫、重亢、重郎」者也。疑堂之初制止是如此，故室字從宀，而堂字從土不從宀也。此經以堂構對言，見封土以爲堂且不肯，又安責其構立屋乎？經文本極分明，後人不達古制，故失其解。

紹聞衣德言。《康誥》

傳曰：「繼其所聞，服行其德言。」

樾謹按：「服行其德言」謂之「衣德言」，不辭甚矣。「衣」疑「𣥠」字之誤，乃古文「旅」字也。《書序》曰「周公既得命禾，旅天子之命作《嘉禾》」，枚傳訓旅爲陳。旅德言者，陳德言也，言布陳其德言也。因古文作「𣥠」，故誤爲「衣」字耳。古書「𣥠」誤作「衣」者往往有之。《周書·武稱》篇「冬寒其衣服」，「衣」字亦當作「𣥠」而讀爲「穭」，今誤作「衣」而又衍「服」字矣。《官人》篇「愚依人也」，「依」字亦當作「𣥠」而讀爲「魯」，今誤作「衣」而又加人旁矣。其説詳見《周書》。《尚書》與《周書》同出周初史臣之手，故其文字有可參考也。

無康好逸豫。

傳曰：「無自安好逸豫寬身，其乃治民。」

樾謹按：經文「豫」字衍文也。傳以自安釋「康」字，以逸豫釋「逸」字，非經文有「豫」字也。僞《五子之歌》曰「太康尸位，以逸豫滅厥德」，故枚傳遇「逸」字每以逸豫釋之。《酒誥》「不敢自暇自逸」，傳曰「不敢自寬暇，自逸豫」；《無逸》篇「君子所其無逸」，傳曰「歎美君子之道，所在念德，其無逸豫」；又云「先知稼穡之艱難乃逸」，傳曰「稼穡農夫之艱難，事先知之，乃謀逸豫」；又云「乃逸乃諺」，傳曰「乃爲逸豫遊戲，乃叛諺不恭」；又云「生則逸」，傳曰「生則逸豫無度」；《多方》篇「有夏誕厥逸」，傳曰「有夏桀不畏天戒而大其逸豫」；又云「爾乃惟逸惟頗」，傳曰「若爾乃爲逸豫頗僻」。凡此之類，皆以「逸豫」釋經文「逸」字。經文止言「逸」，不言「逸豫」也。此經「豫」字，卽涉傳文而誤衍耳。《漢書·武五子傳》「毋桐好逸」，蓋康聲轉而爲空，與同聲相近，故《古文尚書》作「康」，《今文尚書》作「桐」也。然則「逸」下無「豫」字有明證矣，當據以訂正。

自作不典。

傳曰：「自爲不常。」

樾謹按：「典」當讀爲「腆」。《儀禮記》「辭無不腆」，《燕禮》「寡君有不腆之酒」，鄭注竝曰：「腆，善也。」「自作不腆」者，自作不善也。古典與腆通用，《大誥》「殷小腆」，王肅曰「腆，主也」，是肅讀「腆」爲「典」也。「典主」之「典」可作「腆」，故「腆善」之「腆」可作「典」矣。《多方》篇「爾乃自作不典」義同。

非終乃惟眚災。

樾謹按：《潛夫論·述赦》篇引作「乃惟眚

哉」，當從之。上文云「非眚乃惟終」，「眚」下無「災」字，則此文宜亦無「災」字也。「乃惟眚哉」與《洛誥》「乃時惟不永哉」文法正相近。哉、災聲近，因而致誤耳。

適爾。

樾謹按：傳及正義均不解「適」字之義。《一切經音義》六、《華嚴經音義》上竝引三蒼曰：「適，始也。」然則「適爾」者，始爾也，正見其非終也。

有敘時乃大明服。

傳曰：「歎政教有次敘，是乃治理大明，則民服。」

樾謹按：僖二十三年《左傳》「周書有之曰：『乃大明服』」，《荀子・富國篇》「《書》曰：『乃大明服』」，據《左》、《荀》所引，知「時」字當屬上讀。然「有敘時」三字文義難明。上文曰「越厥邦厥民惟時敘」，下文曰「乃女盡遜曰時敘」，疑此文亦當作「有時敘」，而誤倒之耳。有時敘者，有是次敘也。有是次敘，則治理大明而民服矣。

非女封刑人殺人，無或刑人殺人非女封。又曰劓刵人，無或劓刵人。

樾謹按：釋此經者皆以「刑人殺人」與「劓刵人」爲對文，「又曰」二字遂不可解。夫劓刵人即刑人也，本非對舉之辭，當讀「非女封刑人殺人」爲句，「無或刑人殺人非女封」爲句，言非女封手自刑人，手自殺人也。然凡刑人殺人，無非女封，爲政不可不慎也。「又曰」之「又」讀爲「有」，「有曰劓刵人，無或劓刵人」者，言人告女曰此人當劓，此人當刵，則有之矣。然劓之刵之，仍由女封，他人無得而劓之，無得而刵之也。刑人如此，殺人從可知。舉輕以見重，正申明「無或刑人殺人非女封」之意。

下文云「又曰要囚，服念五六日至于旬時，丕蔽要囚」，又亦當讀爲有，言人有曰要囚，女必服念，至旬時然後丕蔽要囚也，與「又曰劓刵人，無或劓刵人」兩文一律。又按：《尚書》每有又曰之文，❶《多士》篇「又曰時予乃或言爾攸居」，《君奭》篇「又曰天不可信」，「又曰無能往來」，《多方》篇「又曰時惟爾初，不克敬與和」，諸稱「又曰」者，皆未詳何義。《君奭》篇正義曰：「此經言『又曰』，傳不明解，鄭云『人又云』，則鄭以此『又曰』爲周公稱人之言也。王肅云『重言天不可信，明己之留蓋畏其天命』，則肅意以周公重言，故稱『又曰』。」是又曰之義，鄭、王各異。此篇「又曰要囚」，正義引顧氏云：「『又曰』者，周公重言之。」則亦與王肅同。然古書竝無以又曰當重言者。或引石鼓文凡疊字作「二」爲證，然疊字作「二」可也，重言作「又曰」則使人難曉，古人必不如是苟簡也。且《尚書》中「孺子其朋，孺子其朋」，「生則逸，生則逸」皆重言也，竝無作「又曰」者，王肅之説不可從也。鄭以「又曰」爲「人又云」，是鄭讀「又」爲「有」。「人又云」者，人有云也。然則《康誥》兩「又曰」讀爲「有曰」，正合鄭義矣。

于父不能字厥子，乃疾厥子。于弟弗念天顯，乃弗克恭厥兄。

傳曰：「於爲人父不能字愛其子，乃疾惡其子，是不慈。於爲人弟不念天之明道，乃不能恭事其兄，是不恭。」

樾謹按：《儀禮・士冠禮》「宜之于假」，鄭注曰：「于猶爲也。」《聘禮記》「賄在聘于賄」，注曰：「于讀曰爲。」蓋古于、爲同聲，

❶ 「文」，原作「人」，今據清經解續編本改。

一三一

故得通用。「于父不能字厥子」，猶曰爲父不能字厥子也；「于弟弗念天顯」，猶曰爲弟弗念天顯也。枚不知于即是爲，而訓于爲於，又增「爲」字以成其誼，失之矣。

作求。

傳曰：「我是其惟殷先智王之德，用安治民爲求等。」正義曰：「爲求而等之。」

樾謹按：傳意蓋讀求爲逑，《詩·關雎》傳曰「逑，匹也」，故曰「爲求等」，猶曰爲逑匹也。《爾雅·釋訓》「惟逑鞠也」，《釋文》曰「逑本作求」，是求、逑通用之證。正義曰「求而等之」，未得傳意。

朝夕曰：「祀茲酒。」惟天降命，肇我民，惟元祀。《酒誥》

傳曰：「朝夕勑之：惟祭祀而用此酒，不常飲。惟天下教命，始令我民知作酒者，惟爲祭祀。」

樾謹按：如枚傳之義，則「祀茲酒」三字文不成義矣。此「祀」字乃「已」之叚借字。《周易·損》初九「已事遄往」，《釋文》曰「已，虞作祀」，此叚「祀」爲「已」之證。「已茲酒」者，止此酒也。文王誥毖之詞至明切矣。「惟天降命」即承「已茲酒」而言，謂止酒非一人之私，言惟天降命也。蓋重其事，故託之天命耳。「肇我民惟元祀」，言與我民更始，惟此元祀也。元祀者，文王之元年。上文曰「肇國在西土」，「肇國」者始建國之謂，故知是文王元年也。曰「元祀」者，猶用殷法也。蓋文王元年即有此命，故云然耳。上「祀」字叚爲「已」，下「祀」字乃本字，古書一簡之中同字異義，往往有之。

亦罔非酒惟行。

傳曰：「使民亂德，亦無非以酒爲行者。」

樾謹按：以酒爲行，文義不明。「行」當作「衍」，字之誤也。《淮南子・泰族》篇「不下廟堂而行四海」，今本「行」誤作「衍」，是其例矣。「衍」讀爲「愆」。昭二十一年《左傳》「豐愆」，《釋文》曰「愆，本或作衍」，是愆與衍古字通。「亦罔非酒惟愆」，正與下文「亦罔非酒惟辜」語意一律。

越庶國飲，惟祀德將無醉。

傳曰：「於所治衆國飲酒，惟當因祭祀以德自將，無令至醉。」

樾謹按：此「祀」字亦「已」之叚字，與上文「祀茲酒」同。古已、以通用。此當讀「越庶國飲」爲句，枚傳所謂「於所治衆國飲酒」也；「惟已德將無醉」爲句，「已」讀爲「以」，枚傳所謂「惟當以德自將，無令至醉」也。因不知「祀」之爲叚字，而誤以本字說之，遂於經旨大失矣。

爾大克羞耇惟君。

傳曰：「女大能進老成人之道，則爲君矣。」

樾謹按：傳義非也。此與上文「奔走事厥考厥長」義同。耇卽老也，君卽長也，因「耇君」連文則不辭，故加「惟」字以成句，猶《禹貢》曰「齒革羽毛惟木」也。下文曰「又惟殷之迪諸臣惟工」，與此正同。「臣惟工」者，臣與工也；「耇惟君」者，耇與君也。《說文・丑部》：「羞，進獻也。」「爾大克羞耇惟君，爾乃飲食醉飽」，言爾克進獻爾考與爾長，爾乃亦得以飲食醉飽也。大乃語詞，無實義。朱氏彬《經傳攷證》有《釋大》一篇詳言之。

作稽中德。

傳曰：「爲考中正之德。」

樾謹按：稽字從禾，《說文・禾部》「禾，木之曲頭，止不能上也」，故稽亦有止義。

《説文・稽部》「稽，留止也」，凡從稽之字如穧，如稽，俱有止義。「作稽中德」者，稽止也，言「爾克永觀省」，則所作所止無不中德也。「中」讀如「從容中道」之「中」，枚傳以爲「考中正之德」，失之。

我西土棐徂，邦君、御事、小子，尚克用文王教。

傳曰：「我文王在西土，輔訓往日，國君及治御事者、❶下民子孫，皆庶幾能用上教。」

樾謹按：「輔訓往日」，文不成義。棐當讀爲非，説見《大誥》篇「天棐忱矣」。徂，往也，《荀子・解蔽篇》「不慕往」，楊注曰：「往，古昔也。」然則「我西土棐徂」者，言我肇國西土，至今未遠，非古昔也。故邦君、御事、小子，尚克用文王教也。

不克畏死辜，在商邑越殷國，滅無罹。

傳曰：「紂疾狠其心，不能畏死，言無忌憚。紂聚罪人在都邑而任之，於殷國滅亡無憂懼。」

樾謹按：《白虎通・京師》篇引《尚書》曰「在商邑」，即此文也，則「辜」字當屬上讀。「不克畏死辜」者，言其不能畏死罪也。「在商邑越殷國滅無罹」者，《爾雅・釋詁》曰：「在，察也。」越與與同，《尚書》連及之詞每用「越」字。《大誥》「王若曰：『大誥猷爾多邦越爾御事』」，又曰「肆予告我友邦君，越尹氏、庶士、御事」，皆其例也。「在商邑越殷國」，猶言在商邑與殷國。商邑以紂所都言，殷國蓋通指王畿千里之內。紂察見商邑與殷國將滅亡而無憂，此即「不克畏死辜」之證也。

弗惟德馨香，祀登聞于天，誕惟民怨。

傳曰：「紂不念發聞其德，使祀見享，升聞

❶ 「治御」，阮刻《尚書正義》作「御治」。

于天，大行淫虐，惟爲民所怨咨。」

樾謹按：「登聞于天」上箸「祀」字，殊爲不辭。枚義亦迂曲，非經旨也。「祀」乃「已」之叚借字，已、以古通用，説見上文。此當於「香」字絶句，猶曰「弗惟德馨香，以登聞于天」也。又傳解「弗惟」爲不念，蓋用《爾雅・釋詁》「惟，思也」之義，然不念德馨香亦爲不辭。《文選・東京賦》「卜惟洛食」，薛綜注曰「惟，有也」，是惟可訓有。「弗惟德馨香」，猶言弗有德馨香也；「誕惟民怨」，猶言誕有民怨也。蓋無德以聞于天，則所有者民之怨咨而已。《尚書》中「惟」字可訓有者甚多：《皋陶謨》「時乃功惟敘」，言有敘也；《大誥》「卜陳惟若兹」，言有若兹也；《吕刑》「五過之疵惟官、惟反、惟内、惟貨、惟來」，言有官、有反、有内、有貨、有來也。惟之訓有，蓋古訓矣。

王曰封。《梓材》

樾謹按：《梓材》一篇竝無誥康叔之文，直以篇首一「封」字，故不得不屬之康叔耳。嘗三復之而有疑焉。《康誥》之首有「惟三月載生魄」至「乃洪大誥治」四十八字，此文於全篇無涉，蔡氏《集傳》因用蘇氏之説，移此文於《洛誥》之首。然「周公咸勤乃洪大誥治」與「周公拜手稽首曰朕復子明辟」文不相屬。且既云「周公咸勤」，則篇中當有慰勞五服之語，《洛誥》豈有是耶？然則此四十八字在《康誥》、在《洛誥》皆贅旒也，竊疑當在《梓材》之首。「王曰封」者，涉《康誥》、《酒誥》之文而誤衍「封」字也。「王曰以厥庶民暨厥臣達大家，以厥臣達王惟邦君」，正合「侯、甸、男邦、采、衛，百工播民和，見士于周」之文。蓋因五服之臣民咸在，進而誥之，故以此發端也。篇中文義雖不盡可解，然曰「庶邦享作，兄弟方來」，又曰「庶邦丕享」，又曰「和懌先後迷民」，皆與篇首四十八字相應。其曰「姦宄殺人宥」，又曰「戕敗人宥」，蓋因四方民大和會而播曠蕩之恩也。若稽田、若作室家、若作梓材三喻，皆明營洛邑之不可已，與《大誥》篇若考作室兩喻文義相似，皆誥衆之詞，故多爲譬喻以明之。因篇首衍「封」字，遂誤以爲誥康叔，而篇中文義晦矣。楊子《法言·問神》篇曰：「昔之説《書》者，序以百，而《酒誥》之篇俄空焉，今亡夫。」《酒誥》見在而云「俄空」，自來不得其説。按：楊子明言「昔之説《書》者序以百」，則所謂「今亡」者自是其序，非謂其書。若以書而言，則上文固云「不備過半」，非止一篇之空矣。今《書序》云：「成王既伐管叔、蔡叔，以殷餘民封康叔，作《康誥》、《酒誥》、《梓材》。」楊子之意，蓋以《酒誥》當自有序，不與《康誥》相屬，故有「俄空」之歎。其説必有所受之也。夫《酒誥》且不與《康誥》相屬，則《梓材》更可知矣。後人見《康誥》、《酒誥》、《梓材》同屬一序，因疑《梓材》首四十八字總冒三篇，不得專屬《梓材》，乃移而置之《康誥》之首。又以三篇同序，謂《梓材》亦是誥康叔者，遂于篇首加「封」字，而其誤乃不可復正矣。原其所以致誤之由，蓋始于今文家説。《尚書大傳》載伯禽與康叔見周公，三見而三笞，乃見商子而問焉。商子曰：「橋者，父道也。梓者，❶子道也。」此事亦見《説苑·建本》篇、《論衡·譴告篇》，蓋古相傳有此事。今文家見《康

❶「梓」，原作「杍」，今據清經解續編本改。

誥》、《酒誥》之後有《梓材》之篇，遂據以爲説。史公於《衛世家》亦有「示可法則」之文。然《梓材》篇豈有此義邪？故知《梓材》一篇不屬康叔也。

若作室家，既勤垣墉，惟其塗塈茨。若作梓材，既勤樸斲，惟其塗丹雘。

傳曰：「如人爲室家，已勤立垣牆，惟其當塗塈茨蓋之。爲政之術，如梓人治材爲器，已勞力樸治斲削，惟其當塗以漆丹以朱而後成。」正義曰：「二文皆言斁卽古塗字，明其終而塗飾之。其室言『塗塈』，塈亦塗也，不是以物塗之。茨謂蓋覆也。器言『塗丹雘』，塗、丹皆飾物之名，謂塗丹以朱雘。雘是采色之名，有青色者，有朱色者，故鄭玄引《山海經》云：『青丘之山，多有青雘。』此經知是朱者，與丹連文故也。」樾謹按：傳義既不分明，正義以塗塈爲一事，茨爲一事，塗、丹雘共爲一事，兩句不一律，兩「塗」字又異義，非經旨也。惟經文「塗」字據正義是「斁」字，此則可據以訂正者。按《漢書·張衡傳》「惟盤逸之無斁」，注曰「斁，古度字」，是斁、度通。《説文·丹部》「雘」下引《周書》「惟其敷丹雘」。蓋壁中古文叚「敷」爲「度」，孔安國因漢時斁、度通用，故以「斁」字易之耳。《爾雅·釋詁》曰：「度，謀也。」言既勤垣墉，則惟謀塈茨之事；既勤樸斲，則惟謀丹雘之事也。《説文·土部》：「塈，仰塗也。」《艸部》：「茨，以茅葦蓋屋也。」是塈茨爲二事，塈者以土塗之，茨者以草蓋之也。丹雘亦爲二事，丹者朱色，雘者青色也。正義既引鄭注以雘爲青雘，又因與丹連文輒斷爲朱，失之矣。

庶邦享，作兄弟方來。

傳曰：「衆國朝享于王，又親仁善鄰爲兄弟之國，萬方皆來賓服。」

樾謹按：枚以「作兄弟」爲句，「方來」爲句，甚爲不辭。當以「作兄弟方來」五字爲句。作者，使也。《儀禮·鄉飲酒禮》「作相爲司正」，《鄉射禮》「作上耦射」，「作衆賓射」，《燕禮》及《大射儀》「小臣作下大夫」，《聘禮》及《公食大夫禮》「則公作大夫」，鄭注竝曰：「作，使也。」又《周禮·司士》「作六軍之士」，注曰「作，使之也」，是作有使義也。方之言竝也。《説文·方部》：「方，併船也。」方之本義爲兩船相併，故卽訓併。《鄉射禮》曰「不方足」，注曰：「方，猶併也。」《聘禮》注曰「今文竝皆爲併」，是併竝同字，方訓併，卽訓竝。故《微子》篇「小民方興」，《宋世家》作「竝興」也。「作兄弟方來」者，使兄弟竝來也，言使兄弟之國竝來朝享也。

群經平議卷五

群經平議卷六

德清俞樾

尚書四

惟二月既望，越六日乙未。《召誥》

傳曰：「周公攝政七年二月十五日，日月相望，❶因紀之。於已望後六日，二十一日。」

樾謹按：枚傳本劉歆三統術，班固作《漢書·律厤志》載之。而《史記·魯世家》亦謂是成王七年二月乙未，則《尚書》家舊説固然矣。惟鄭康成以爲是周公居攝五年，二月三月當爲一月二月。近來言鄭學者多宗其説。乃卽以《尚書》徵之，鄭説恐未必然也。《康誥》篇曰：「惟三月哉生魄，周公初基作新大邑于東國洛。四方民大和會，侯、甸、男邦、采、衛，百工播民和，見士于周。周公咸勤，乃洪大誥治。」《釋文》引馬云：「魄，朏也，謂月三日始生兆朏，名曰魄。」《説文·月部》：「霸，月始生霸然也。承大月二日，承小月三日。從月，䨣聲。《周書》曰：『哉生霸。』」是「魄」者「霸」之叚字，壁中古文本作「霸」，後人因經傳相承作「魂魄」字，遂誤以「魄」爲月質，而有死霸朔、生霸望之説，與《禮記·鄉飲酒義》篇「月三日則成魄」，《白虎通·日月》篇「三日成魄，八日成光」諸説皆不合矣。是故「哉生魄」當以馬注爲正。「惟三月哉生魄，周公初基作新大邑于東國洛」，卽此篇

❶ 「相」，原作「既」，今據阮刻《尚書正義》改。

「越若來三月，惟丙午朏。越三日戊申，大保朝至于洛，卜宅」也。《康誥》篇正義引鄭注以基爲謀，蓋本《釋詁》文，當從之。丙午朏，周公始定作新邑之謀，故越三日戊申，太保至洛卜宅也。兩篇皆言三月，可知三月字不誤。鄭必破二月爲一月，三月爲二月，未足據也。又《康誥》篇首四十八字，愚以文義求之，當在《梓材》篇首，説已見前矣。然則下文所謂「越七日甲子，周公乃朝用書命庶殷侯甸男邦伯」者，其卽《梓材》一篇乎？《梓材》、《召誥》、《洛誥》三篇相屬，皆作洛邑時事。因《梓材》篇首四十八字誤置《康誥》篇首，鄭不知彼文「三月既生魄」卽此「三月丙午朏」，故滋異説耳。枚氏於彼傳曰「周公攝政七年三月，始生魄，月十六日，明消而魄生」，是枚氏固知彼三月卽此三月矣。惟以始生魄爲月十六日，未合古義。以此經證之，周公作書以命庶殷，實是二十一日甲子之事。彼止言始謀之日者，以詳見此經，故略之也。若以哉生魄爲十六日，則是戊午社于新邑之明日己未矣。是日不見于此經，其無事可知。史臣紀周公作誥，必述其所自始，故以「哉生魄」發端。若必欲實載其日，則自當言二十一日甲子，豈宜虚舉十六日己未乎？蓋枚氏雖知彼三月卽此三月，而猶不知彼哉生魄卽此丙午朏，故所説未盡合耳。

則達觀于新邑營。

傳曰：「周公通達觀新邑所營，言周徧。」

樾謹按：達觀非周徧之謂。達者，同也，言周公與召公同觀也。《禮記·禮器》篇「君子達亹亹焉」，鄭注曰「達，猶皆也」，是其義也。凡《古文尚書》作「達」，《今文尚書》

皆作「通」，説詳段氏《譔異》。此文「達」字今文亦必作「通」。《後漢書・來歷傳》注曰：「通，猶共也。」共卽同也，蓋同、通音義俱相近。《説文・行部》：「衕，通街也。」《竹部》：「筩，通簫也。」通街謂之衕，通簫謂之筩，是通、同一義也。達爲通，故亦爲同。新邑本召公所經營，周公既至，自必與召公同觀。但以周徧釋之，未得其義。

面稽天若。

傳曰：「禹亦面考天心而順之。」

樾謹按：若，順也，順卽道也。《論衡・本性篇》引陸賈曰「人能察己所以受命則順，順之爲道」，《國語・楚語》以違而道、從而逆相對，是古人謂順爲道。天若卽天順，天順卽天道也。枚但知若之爲順，不知順之爲道，而古義湮矣。《康王之誥》篇「用奉卹厥若」，厥若者，其道也。枚傳訓若爲順，而曰「奉憂其所行順道」，則「道」字轉爲增出矣。

顧畏于民碞。

傳曰：「碞，僭也。又當顧畏於下民僭差禮義。」

樾謹按：《説文・石部》：「碞，磛碞也，從石品。《周書》曰：『畏于民碞』，讀與巖同。」又《品部》：「喦，多言也，從品相連。《春秋傳》曰：『次于喦北』，讀與聶同。」是《説文》引此經作「碞」，不作「喦」。而王厚齋《困學紀聞》、《蓺文志攷》二書皆云《説文》顧畏于民喦，多言也，尼輒切，與《説文》不合，故段氏玉裁譏其踳駁。夫王氏經學視近代諸儒誠爲疏闊，然在宋儒之中亦其傑出者，必非不見《説文》而臆説者也，何至踳駁至此？疑王氏所見《説文》與今不同。其「碞」篆下引《春秋傳》「次于碞北」而云「讀與聶同」，其「喦」篆下引《周書》「畏于民喦」而云「讀與巖同」，此蓋許君之真本也。「喦」字與「嵒」字相似。《説文·山部》：「嵒，山巖也，從山品，讀若吟。」《尚書》「喦」字傳寫誤作「嵒」，則與「暫碞」之「碞」其義相近，因又誤爲「碞」。枚傳不得其解，妄生僭差之訓，而古字古義俱失矣。《釋文》曰：「碞，五咸反。徐又音吟。」夫吟乃嵒之音也，《尚書》既作碞，何以徐邈又音吟？可知古本有作「嵒」者也。雖同是誤本，而作「嵒」之本視作「碞」之本又爲古矣。後人日習枚傳，遂據以改易《説文》，而《尚書》與《春秋傳》遂皆失其本字。夫碞爲暫碞，則《春秋》之「碞北」蓋以其地在山巖之北而得名也。今移置「喦」篆下，則失其義矣。喦爲多言，則《尚書》之「畏于民喦」即《詩》所謂「畏人之多言」也。今移置「碞」篆下，則又失其義矣。當從王厚齋所引訂正，未可妄譏其踳駁也。

知今我初服，宅新邑。

傳曰：「天已知我王今初服政，居新邑。」

樾謹按：枚解「知」字之義殊爲迂曲。孫氏星衍曰：「知或語辭」，此説是也。《説文·矢部》「知，詞也」，次「矤」、「矣」兩篆之閒。然則古人固用知爲語助，《召誥》篇所用「知」字皆是也。「夫知保抱攜持厥婦子，以哀籲天」，知乃語辭，言夫保抱攜持厥婦子也。正義引王肅云「匹夫知欲安其室」，則失之迂曲矣。「我不敢知曰，有夏服天命，惟有曆年。我不敢知曰，不其延，惟不敬厥德，乃早墜厥命」，知亦語辭，「我不敢知曰」者，我不敢曰也。枚傳曰「我不敢獨知曰，亦王所知」，則失之迂曲矣。蓋語辭而釋以實義，宜其皆不可通也。

朕復子明辟。《洛誥》

傳曰：「周公盡禮致敬，言我復還明君之政於子。子，成王。年二十成人，故必歸政而退老。」蔡沈《集傳》曰：「復如逆復之復。成王命周公往營成周，周公得卜，復命于王也。謂成王爲子者，親之也。謂成王爲明辟者，尊之也。周公相成王，尊則君，親則兄之子。明辟者，明君之謂。先儒謂成王幼，周公代王爲辟，至是反政成王，故曰『復子明辟』。夫有失然後有復，武王崩，成王立，未嘗一日不居君位，何復之有哉？」

樾謹按：王氏應麟《困學紀聞》曰：「《洛誥》『復子明辟』，荆公謂周公得卜，復命於成王也。漢儒居攝還政之説，於是一洗矣。」是蔡傳之説本於荆公，而不言者，恥襲其説也。然荆公之説實亦漢儒之舊説。蓋漢儒雖言周公居攝，而解此經「復子明辟」則亦以爲復命成王。何以知之？《漢書·元后傳》曰：「成王加元服，周公則致政。《書》曰：『朕復子明辟。』周公常稱王命，專行不報，故云我復子明君也。」是漢儒亦以復爲逆復之復。平時周公稱王命專行，無須復命，至是成王已長，周公將歸政，退從臣禮，故須復命也。蓋復命成王卽是明己將歸政，而初非以歸政爲復子明辟也。《書序》稱「周公往營成周，使來告卜」，經文發端卽云「周公拜手稽首曰：『朕復子明辟』」，其爲復命成王，文義了然，漢人豈不知之，豈待宋儒掇獲乎？枚氏作傳，習聞周公居攝之説，乃用以説此經曰：「言我復還明君之政于子。」夫經文但言「復子明辟」，不言「復子明辟之政」，枚氏此解自不可通，而漢儒舊説則固不爾也。荆公挪解適與漢儒舊説暗合。近來宗漢學者反循用枚説，誤矣。

我卜河朔黎水，我乃卜澗水東瀍水西，惟洛食。我又卜瀍水東，亦惟洛食。

正義曰：「以帝王所都，不常厥邑。夏、殷皆在河北，所以博求吉地，故令先卜河北，不吉乃卜河南也。顔氏云：❶『先卜河北黎水者，近於紂都，爲其懷土重遷，故先卜近以悦之。』用鄭康成之説，義或然也。」樾謹按：帝王所都既不常厥邑，何必以夏、殷舊都而輒往從之乎？若謂先卜近以悦之，則是愚其民，并誣其神矣。是二説皆非也。《史記·周本紀》載武王之言曰：「我南望三途，北望嶽鄙，顧瞻有河，粤瞻洛伊，毋遠天室。」《周書·度邑》篇亦有此文，大略相近。周公先卜黎水者，即武王「顧瞻有河」之意，故不直曰黎水而必曰「河朔黎水」。繫黎水於河，其意在河也。黎水不吉，改卜澗水、瀍水，則舍河而就洛矣。既得吉卜，乃詳其所在，曰「澗水東瀍水西」，曰「瀍水東」，而要皆以洛爲主，即武王「粤瞻洛伊」之意，故兩言「惟洛」，其意在洛也。後人不達此旨，則不特先「卜河朔黎水」之意不可見，并兩言「惟洛」亦不知其何意矣。又按：食字之義，《詩·王風譜》正義引鄭注曰「皆可長久居民，使服田相食」，其説殊爲迂曲。枚傳曰「卜必先墨畫龜，然後灼之，兆順食墨」，此亦不然。《周官·占人》曰：「君占體，大夫占色，史占墨。」營洛乃王者大事，不占體而占墨，何歟？《周易·井》初六《象傳》「井泥不

❶「顔」，原作「顧」，今據《尚書正義》改。

食」，李氏《集解》引虞注曰「食，用也」；《國策・衛策》「始君之所行於世者，食高麗也」，高注曰「食，用也」；《老子》「而貴食母」，河上公注曰「食，用也」，是食可訓用。「我卜河朔黎水」不言食，言此處所不用也；「我乃卜澗水東瀍水西，惟洛。我又卜瀍水東，亦惟洛」，兩處皆曰食，則皆所用也。古謂用爲食，亦謂食爲用。《韓非子・外儲説左》篇「孔子御坐於魯哀公，哀公賜之桃與黍，哀公請用」，請用卽請食也。《荀子・禮論篇》「祭，齊大羹而飽庶羞，貴本而親用也」，楊注曰「用，謂可用食也」，皆其證也。《説文・亯部》「𩫖，用也」，𩫖字訓用而從亯，會意，此卽用與食義通之證。自古義湮，而此經「食」字遂不可解矣。

伻來，來視予卜休恒吉。

傳曰：「言公前已定宅，遣使來，來視我以所卜之美、常吉之居。」正義曰：「來來重文，上來言使來，下來爲視我卜也。鄭云：『伻來來者，使二人也』，與孔意異。」

樾謹按：「來來」重文，殊不可解，如正義所説，則下「來」字贅矣。至鄭義亦有未安，倘使者三人，豈當疊三「來」字乎？疑上「來」字爲本字，下「來」字乃「賚」之叚字。賚者，賜也，錫也。「賚視予」者，錫視予也。古人重其事則曰錫，《堯典》「師錫帝曰」是也。賚與錫同義，因其字叚作「來」，故學者失其義耳。

孺子其朋，孺子其朋。其往！

傳曰：「少子愼其朋黨，少子愼其朋黨，戒其自今已往。」

樾謹按：《後漢書・爰延傳》「帝左右者所以咨政德也，故周公曰其朋其朋，言愼所與也」，是枚傳之説正漢人舊説。然以文義求之，實有未安。經言「其朋」，不言「慎其朋」也；經言「其往」，不言「戒其往」也。李賢注《後漢書》引《尚書》「孺子其朋，孺子其朋，慎其往」，此「慎」字疑誤衍，而足利古本遂據以增入經文，謬矣。今按：兩「朋」字當讀爲「倗」。《廣雅・釋詁》：「倗，不也。」《玉篇・人部》：「倗，匹肯切，不也。」謂不爲倗，蓋古語如此。據《説文》，「倗」讀若「陪位」之「陪」。陪從否聲，否者，相與語唾而不受也。然則古人謂不爲倗，其聲蓋卽如否矣。此經作「朋」不作「倗」者，本取其聲，不取其義，故不必定作「倗」字也。上文曰「予齊百工，伻從王于周，予惟曰庶有事」，蓋周公將歸政，故使百工從王也。成王乃命之曰「女受命篤弼，丕視功載，乃女其悉自教工」，兩「女」字皆謂周公也。凡成王與周公言皆稱公，此稱女者，自周公述之故也。成王蓋使周公視群臣有功者記載之，不必請命于己，故曰「乃女其悉自教工」。《廣雅・釋詁》曰「教，效也」，《釋言》曰「效，考也」，然則教亦考也。欲周公自稽考百工，如攝政時事也。周公不敢當，故力辭之，曰「孺子其倗，孺子其倗」，猶曰孺子其無然，孺子其無然。重言之者，見意之決也。學者不達此旨，乃并上文而俱失其解矣。「其往」者，卽下文所謂「往新邑」。周公欲王往治新邑，故勉之曰「其往」耳。

女惟沖子惟終。

傳曰：「惟當終其美業。」

樾謹按：《君奭》篇「其終出于不祥」，《釋文》曰：「終，馬本作崇。」蓋終與崇聲近義通。《詩・蝃蝀》篇「崇朝其雨」，毛傳曰

「崇，終也」，是其證也。此文「惟終」當作「惟崇」，「女惟沖子惟崇」與《召誥》曰「有王雖小元子哉」文義正同。《禮記・祭統》篇「崇事宗廟社稷」，鄭注曰「崇，猶尊也」，言女雖沖幼，然女位甚尊，故宜敬識百辟享也。如枚傳，則與下意不貫矣。

公無困哉我惟無斁其康事。

傳曰：「公必留，無去以困我哉！我惟無厭其安天下事。」

樾謹按：經文「哉我」二字傳寫誤倒，傳文下「我」字乃衍文也。成王之意，謂公既厭其安天下事，則必去我，而我乃困矣，故曰：「公無困我哉！惟無斁其康事。」《周書・祭公》篇亦曰「公無困我哉」，文與此同，可證也。《漢書・元后傳》、《杜欽傳》引作「公無困我」，其無「哉」字者，以語辭故省之耳。枚傳云「公必留，無去以困我哉」，是枚本「哉」上正有「我」字。經文傳寫誤倒，於是後人於傳文「惟無厭」之上又增「我」字，而義不可通矣。夫周公將歸政，故成王有「無斁」之語。若云「我惟無斁」，則成王於安天下事豈宜有所厭倦，此又何必道哉！後人但疑「哉」字爲「我」字之誤，而不知「哉我」二字之誤倒，則其所見猶未盡得矣。

用告商王士。《多士》

傳曰：「用王命告商王之衆士。」

樾謹按：此當以「王士」二字連文。王士之稱，猶《周易》言王臣，《春秋》書王人，傳稱王官，其義一也。《周書・世俘》篇「癸丑，薦殷俘王士百人」，此「王士」二字連文之證。

上帝引逸。有夏不適逸。

傳曰：「言上天欲民長逸樂。有夏桀爲政，

不之逸樂。」

樾謹按：逸樂非所以爲政，枚義非也。王充《論衡·語增篇》曰：「『上帝引逸』，謂虞舜也。舜承安繼治，任賢使能，恭己無爲而天下治。」又《自然篇》亦引此經，其說略同。然無爲而治，豈易言邪？謂桀以不能無爲而治遂致滅亡，于義更非矣。蓋說此經者皆未明「引」字之義。《素問·五常政大論》「是謂收引」，王注曰：「引，斂也。」又《異法方宜論》「天地之所收引也」，注曰：「引，謂牽引使收斂也。」然則「上帝引逸」者，言上帝不縱人逸樂，有逸樂者，則收引之，勿使大過也。「有夏不適逸」者，適之言節也。《吕氏春秋·重己》篇「故聖人必先適欲」，高注曰「適，猶節也」；《管子·禁藏》篇「故聖人之制事也，能節宮室、適車輿以實藏」，是適與節同義，言夏桀不自節其逸樂也。人知引有引申之義，不知引亦有收引之義，蓋古訓反覆相通類如此。自「引」字之義不明，而「引逸」與「適逸」俱失其旨矣。

予惟率肆矜爾。

傳曰：「惟我循殷故事，憐愍女。」正義曰：「『循殷故事』，此『故』解經中『肆』字。」

樾謹按：《論衡·雷虚篇》「紂至惡也，武王將誅，哀而憐之，故《尚書》曰：『予惟率夷憐爾』」，是《今文尚書》「肆」作「夷」，「矜」作「憐」，段氏玉裁謂皆同部字是也。惟訓夷爲誅，于義未合。《周官·行夫職》注曰「夷，發聲」，然則夷乃語辭。「予惟率夷憐爾」者，予惟率憐爾也。率者用也，《詩·思文》篇「帝命率育」，毛傳曰「率，用也」，是其義也。今文、古文其字雖異，其義則同。肆亦語辭，「予惟率肆矜爾」者，予惟率矜爾也。枚傳解「率肆」爲「循殷故事」，失其義矣。凡《尚書》中「肆」字如「肆予」、「肆女」之類，皆可以語辭讀之。解者或訓爲陳，或訓爲故，胥失之矣。

繼爾居。

傳曰：「繼汝所當居爲。」

樾謹按：枚義甚爲不詞，非經旨也。「繼」當作「綏」。《説苑・指武》篇「損其有餘而繼其不足」，《淮南子・道應》篇「繼」作「綏」，是其例也。「綏爾居」者，安爾居也。《盤庚》下篇「奠厥攸居，乃正厥位，綏爰有衆」，義與此同。《爾雅・釋詁》曰「緌，繼也」，《漢書・律麻志》曰「蕤，繼也」，緌、蕤竝與綏通。《禮記・明堂位》「夏后氏之綏」，鄭注曰：「綏當爲緌，讀如冠蕤之蕤。」緌、蕤竝訓繼，則繼之與綏義亦可通也。

既誕，否則侮厥父母曰：「昔之人無聞知。」

《無逸》

樾謹按：「誕」字漢石經作「延」，「否」字漢石經作「不」，俱當從之。《爾雅・釋詁》「延，長也」，長與久同義。此承「乃逸乃諺」而言，其始逸豫遊戲，叛諺不恭而已，及既長久，則且輕侮其父母也。不乃語辭，枚傳以不欺解之，未得其旨。下文「民否則厥心違怨，否則厥口詛祝」，段氏玉裁曰：「『否則』皆『丕則』之誤，上文『丕則有愆』，《康誥》篇『丕則敏德』。此處文理蒙上直下，恐不似今人俗語云否則也。」按：段説固是，然不、丕、否古字通用，亦不必以否字爲誤。延之爲誕，猶不之爲否。《漢書・古今人表》「赧王延」，《史記索隱》作「誕」。學者不達叚借之例，而必泥本字爲説。然則由逸豫而叛諺而欺誕，事本相因，何不曰「乃逸乃諺乃誕」，而變其文曰

「既誕」乎？

文王卑服。

傳曰：「文王節儉，卑其衣服。」

樾謹按：衣服非宮室，不可言卑，枚義非也。《釋文》曰「卑，馬本作俾，使也」，則可知非「卑高」之「卑」矣。然馬訓爲使，義亦未安。「俾」者「比」之叚字。《詩·皇矣》篇「克順克比」，《禮記·樂記》篇作「克順克俾」；《漸漸之石》篇「俾滂沱矣」，《論衡·明雩篇》作「比滂沱矣」，是俾、比音近義通。《周官·遂師職》曰「比敘其事而賞罰」，然則文王比服者，服事也，言文王比敘其事也。字亦作「庀」。《國語·魯語》曰「夜庀其家事」，又曰「子將庀季氏之政焉」，竝同此義。

惠鮮鰥寡。

傳曰：「又加惠，鮮乏鰥寡之人。」

樾謹按：「惠鮮鰥寡」與上句「懷保小民」語本相對，若以「鮮鰥寡」三字連文，則與上句不一律矣。蔡傳曰「於小民則懷保之，於鰥寡則惠鮮之」，甚得經旨。然其解「惠鮮」，云「鰥寡之人垂首喪氣，賚予賙給之，使有生氣」，則望文生訓，大不詞矣。由宋人不通古訓故也。「鮮」當讀爲「賜」。《詩·瓠葉》篇鄭箋曰「今俗語斯白之字作鮮，齊、魯之閒聲近斯」，是古音鮮與斯近，故鮮與賜聲亦相近。《禹貢》「析支」，《大戴禮·五帝德》篇作「鮮支」，《後漢書·西羌傳》作「賜支」，蓋析、鮮、賜皆一聲之轉也。「惠鮮鰥寡」猶云惠賜鰥寡，正與「懷保小民」一律。《漢書·谷永傳》引作「惠于鰥寡」，此自《今文尚書》之異。然亦可見鮮之與惠義本不殊，故今文無「鮮」字。枚傳「鮮乏」之訓，不可從也。

用咸和萬民。

傳曰：「用皆和萬民。」

樾謹按：咸亦和也。《詩・常棣》篇箋曰「周公弔二叔之不咸」，正義曰：「咸，和也。」蓋「咸」卽「諴」字之省。《説文・言部》：「諴，和也。」「用咸和萬民」者，用諴和萬民也。傳以爲皆和萬民，則不辭矣。

乃非民攸訓，非天攸若。

傳曰：「夫耽樂者，乃非所以教民，非所以順天。」

樾謹按：若，順也，訓亦順也。《廣雅・釋詁》曰：「訓，順也。」「非民攸訓」，言非民所順也；「非天攸若」，言非天所順也。文異而義實不異。枚氏於《洪範》篇諸「訓」字皆以「順」字釋之，此「訓」字乃以爲「教」，何也？下文曰「此厥不聽，人乃訓之，乃變亂先王之政刑」，言人乃順從其意，以變亂舊法也。枚傳曰「人乃教之以非法」，亦失之矣。

時則有若保衡。《君奭》

傳曰：「太甲繼湯，時則有如此伊尹爲保衡，言天下所取安，所取平。」正義曰：「《詩》稱『實維阿衡，實左右商王』，鄭云：『阿，倚。衡，平也。伊尹湯所依倚而取平。』至太甲改曰保衡，保，安也，言天下所取安，所取平。此皆三公之官，當時爲之號也。」

樾謹按：阿保一也。「阿」卽「妿」之叚字，《説文・女部》「妿，女師也，讀若阿」，古書卽以「阿」爲之。《史記・范雎傳》曰「居深宮之中，不離阿保之手」，《列女傳・貞順傳》曰「下堂必從傅母保阿」，竝以阿保連文，可知阿猶保也。伊尹爲太保，故謂之保衡。保衡猶保奭也。保奭者，保其官，奭其名；保衡者，保其官，衡其字，蓋伊氏尹名而衡字也。鄭康成謂伊陟伊尹之子，則伊是其氏明矣。伊尹自稱尹躬，則尹是其名明矣。尹之義爲正，衡之義爲平。楚屈原名平，而《離騷》曰「名余曰正則」，是平與正同，故名尹字衡也。《詩》謂之「阿衡」，《書》謂之「保衡」，阿、保字異而義同。鄭意伊尹在湯時稱阿衡，在太甲時稱保衡，殊非古義。其解阿衡、保衡迂曲不合，更無論矣。至伊摯之稱，見于《孫子·用閒》篇。彼文曰：「殷之興也，伊摯在夏。周之興也，吕牙在殷。」以伊尹爲伊摯，以吕尚爲吕牙，蓋戰國時記載之異，皆與經不合，恐未足據也。此經先稱伊尹，後稱保衡，其氏、其官、其名、其字具見于此矣。

故殷禮陟配天。

傳曰：「故殷禮能升配天。」

樾謹按：夏、殷之君，生雖稱王，死則稱帝，故《史記》于《夏》《殷本紀》無不稱帝者。《禮記·曲禮》篇「措之廟立之主曰帝」，鄭注曰：「同之天神。」然則「殷禮陟配天」者，謂殷人之禮，死則配天而稱帝也。《竹書紀年》凡帝王之終皆曰「陟」，此經「陟」字義與彼同，言殷有賢臣爲之輔佐，故有殷之君無失德者，死則配天稱帝，其子孫享國長久，多歷年所也。傳義未得。

誕無我責收，罔勗不及。

傳曰：「女大無非責我留。今與女留輔成王，欲收教無自勉不及道義者。」

樾謹按：枚傳於「責」字絶句，而以「收」字屬下讀，「收罔勗不及」，甚不可解。如傳義，亦太迂迴矣。「收」當屬上讀。收者，成也。《周易·井》上六「井收勿幕」，王弼注曰「井功大成在此爻矣，故曰『井收』」，是收有成義也。此承「小子同未在位」而言。成王沖幼，雖已即政，與未在位同，若無我責求其收成，則無能勗勉其所不及也，故曰「誕無我責收，罔勗不及」。誕者語辭，不必訓爲大，説詳王氏《經傳釋詞》。責之本義爲求，《説文・貝部》：「責，求也。」以非責釋之，義亦未協。

乃惟以爾多方之義民，不克永于多享。《多方》

傳曰：「天所以不與桀，以其乃惟用女多方之義民爲臣，而不能長久多享國故。」

樾謹按：枚傳于「義」字不知其作何解。《立政》篇「茲乃三宅無義民」，王氏念孫曰「義與俄同，衺也，言居賢人於官而任之，則三宅無傾衺之民也」，詳見《經義述聞》。此説爲先儒所未發，然「義民」字已見此篇，王説顧不之及。孫氏星衍于《立政》篇用王氏説，于此篇則用江氏聲之説，謂「義民」猶「民儀」，前後異訓，殆失之矣。此篇「義」字亦當讀爲「俄」，言天所以不與桀，以其惟用女多方傾衺之民爲臣，故不能長久多享國也。「義」爲「俄」之叚字，王氏引《吕刑》「鴟義姦宄」及《大戴禮・千乘》篇「誘居室家有君子曰義」，《管子・明法解》篇「雖有大義，主無從知之」爲證。今以其説推之，文十八年《左傳》「掩義隱賊」，義亦俄也。義賊皆不善之事，故掩蓋之，隱蔽之也。字亦作「議」，《管子・法禁》篇「法制不議則民不相私」，議亦俄也，言法制不傾衺，則民不相私也。字又作「儀」，《荀子・成相篇》「君法儀禁不爲」，儀亦俄也。此與上文「君法明論有常」相對成文，言君法明盛，則其論有常；君法傾邪，則當禁之，使不爲也。皆可爲證。

簡代夏作民主。

傳曰：「大代夏政，爲天下民主。」❶

樾謹按：簡固訓大，然「大代夏作民主」，殊爲無義。《皋陶謨》「笙鏞以閒」，枚傳曰：「閒，迭也。」簡與閒古字通用，「簡代夏作民主」，謂迭代夏作民主也。

天惟五年，須暇之子孫，誕作民主，罔可念聽。

傳曰：「天以湯故，五年須暇湯之子孫，冀其改悔。而紂爲民主，肆行無道，事無可念，言無可聽。」

樾謹按：《詩·武》篇正義引此經曰「天惟五年，須暇湯之子孫」，蓋卽用枚傳義。而又增益「湯」字，然實經文所無，不足據也。《皇矣》篇正義曰：「《多方》云：『天惟五年，須夏之子孫。』注云：『夏之言假。天覬紂能改，故待假其終，至五年，欲使傳子孫。』」是鄭解此經子孫又以爲紂之子孫，與經文語意實亦未合。惟據鄭注，知經文「假」字本是「夏」字，因鄭注訓「夏」爲「假」，枚本從之，而又變其字作「暇」耳。今按：上文曰：「非天庸釋有夏，非天庸釋有殷」，以夏、殷竝言，則此經「夏」字當卽上文「夏」字也。蓋天既降喪于殷，則宜更求民主。而夏后氏有大功德于民，天所不忍釋，雖其後未有聖人，然「惟狂克念卽聖」矣，故以五年須待夏后氏之子孫，欲其誕作民主。而夏后氏之子孫「罔可念聽」者，於是又「求爾多方」，而亦「罔堪顧之」，故「惟我周王靈承于旅」也。此云「罔可念聽」，下云「罔堪顧之」，文義相近，皆非專指一人之辭。蓋多方非一人，而夏之子孫在周尚有杞、鄫諸國，則在殷時亦非一人

❶「主」，原作「生」，據阮刻《尚書注疏》改。

也。自鄭君誤訓夏爲假，而經義全失矣。說互詳《詩・皇矣》篇。

爾曷不夾介乂我周王。

傳曰：「夾，近也。女何不近大見治於我周王。」

樾謹按：《一切經音義》卷十二引倉頡曰：「夾，輔也。」《爾雅・釋詁》曰：「介，助也。」然則「夾介」猶言輔助也。哀十六年《左傳》「是得艾也」，杜注曰「艾，安也」，乂、艾古通用，然則「乂我周王」猶言安我周王也。枚以夾介爲近大，不辭殊甚。又訓乂爲治，而加「見」字以成其義，亦非經旨。

我有周惟其大介賚爾。

傳曰：「我有周惟其大大賜女。」

樾謹按：枚氏因「大介」連文，介亦大也，因釋爲「大大」，則不辭甚矣。《說文・大部》：「乔，大也，從大介聲，讀若蓋。」今經典無「乔」字，蓋皆叚「介」爲之，凡訓大之「介」皆「乔」之叚字也。此經疑用「乔」本字，其文曰：「我有周惟其乔賚爾。」「乔賚」即大賚也。後人罕見「乔」字，遂誤分爲大、介二字耳。

用咸戒于王曰：「王左右常伯、常任、準人、綴衣、虎賁。」《立政》

傳曰：「周公用王所立政之事皆戒於王曰，常所長事，常所委任，謂三公六卿；準人平法，謂士官；綴衣掌衣服，虎賁以武力事王，皆左右近臣，宜得其人。」

樾謹按：上文「周公若曰：『拜手稽首，告嗣天子王矣。』」正義引王肅曰：「于是周公會群臣共戒成王，其言曰『拜手稽首』，是周公讚群臣之辭。」然則周公會群臣共戒成王，故云「用咸戒于王」，枚傳之義非也。「王左右常伯、常任、準人、綴衣、虎賁」，蓋不敢斥尊者，故歷呼王左右者而告之，猶後世人臣進言，不敢斥言天子而曰陛下也。枚傳不知此義，乃曰「皆左右近臣，宜得其人」。經文竝無宜得其人之意，增義釋經，非其旨矣。下文又書「周公曰」者，蓋雖會戒成王，而其辭實出周公一人之口，故下文曰「予旦已受人之徽言咸告孺子王」也。

惟羞刑暴德之人，同于厥邦。

傳曰：「惟進用刑，與暴德之人同于其國，竝爲威虐。」

樾謹按：枚氏以「刑」爲「刑罰」之「刑」，則暴德足以包之，乃累言之曰「刑暴德」，不辭甚矣，枚義非也。刑與庸同義，故《爾雅》刑、庸竝訓常。刑之與庸，猶形之與容，刑、形、庸、容聲義竝同。「惟羞刑暴德之人」者，惟進庸暴德之人也。庸者，用也，故《尚書》每以「刑用」連文。《召誥》篇「小民乃惟刑用于天下」，《多方》篇「厥民刑用勸」。刑卽用也，猶《無逸》篇「不皇暇食」，皇卽暇也；《多方》篇「克堪用德」，克卽堪也，古人自有複語耳。枚不知刑與庸同義，故於刑用皆失其解。昭十二年《左傳》「形民之力」，形亦與庸同，言用民之力也。説詳《左傳》。

藝人。

傳曰：「況大都邑之小長，以道藝爲表幹之臣。」

樾謹按：「藝」當讀爲「暬」，與「藝祖」之「藝」同，説詳《堯典》。藝人者，暬御之人也，此藝人猶上之「左右攜僕」。下云「表臣百司」，猶上之「百司庶府」，但有內外臣之別耳。公卿都邑亦自有暬御之人。《儀禮・有司徹》篇「獻私人于阼階上」，然則立政之暬人，其卽禮所謂私人歟？私與暬一也，因其字作「藝」，枚氏遂以道藝釋之，殆非古義。

阪尹。

傳曰：「阪地之尹長。」正義曰：「鄭玄以服文王者分爲三邑，其長居險，故言阪尹。『三亳阪尹』者共爲一事，云：『湯舊都之民蓋東成皋，南轘轅，西降谷也。』」

樾謹按：枚解「阪尹」與鄭義同，但不連「三亳」解稍異耳。昭二十三年《左傳》「單子從阪道，劉子從尹道」，疑此經「阪尹」卽所謂阪道、尹道者，乃地名也。「夷微、盧、烝、三亳、阪、尹」，以一「夷」字總領下文。微也，盧也，烝也，三亳也，阪也，尹也，其地皆有蠻夷錯處，故以「夷」字冠之。蔡傳曰「烝或以爲衆，或以爲夷名」，蓋夷名近是矣。此見文王、武王敬事上帝，立民長伯，雖蠻夷之地，亦不敢忽也。但列其地，不詳其官，亦猶《禹貢》篇「終南、惇物，至于鳥鼠」，空舉山名，不言治意，蒙上爲文，從可知也。先儒所説「阪尹」之義，殆皆未得矣。

文王罔攸兼于庶言。

傳曰：「文王無所兼知於毁譽衆言。」

樾謹按：經文止言「罔攸兼」，不言「罔攸兼知」，傳義非也。兼者，絶也。《考工記·輪人》「外不廉而内不挫」，鄭注曰：「廉，絶也。」《説文·火部》作「熑」，曰「火熑車網絶也」，引《周禮》曰：「熑牙，外不熑。」《水部》又有「溓」字，其一説曰：「中絶小水也。」是從兼得聲之字，每有絶義。孟子稱周公兼夷狄，卽絶夷狄也，説詳《孟子》。此經云「文王罔攸兼于庶言」者，文王于庶言無所絶也。下文曰：「庶獄庶慎，惟有司之牧夫。」又曰：「庶獄庶慎，文王罔敢知于兹。」蓋文王博采衆言，有司牧夫各得其人，故庶獄庶慎，文王不與知也。下文于「庶獄庶慎」曰「文王罔敢知」，此文于「庶言」曰「文王罔攸兼」，其義各殊。枚傳誤讀「文王罔攸兼于庶言庶獄庶慎」爲句，因失其義矣。

其惟克用常人。

傳曰：「其惟能用賢才爲常人。」

樾謹按：傳增「賢才」字以釋經，非經旨也。上云「繼自今立政，其勿以憸人，其惟吉士」，此云「繼自今後王立政，其惟克用常人」，常人卽吉士也。《皋陶謨》篇「彰厥有常吉哉」，是其義也。《儀禮·士虞禮》記「薦此常事」，鄭注曰：「古文常爲祥。」然則常、祥聲近義通，故上文言吉士，此言常人也。傳義失之。

恐不獲誓言嗣。《顧命》

傳曰：「恐不得結信出言嗣續我志。」

樾謹按：傳義迂迴，非經旨也。誓與矢古通用，《爾雅·釋詁》：「矢，陳也。」「嗣」當作「𤔲」，乃籀文「辭」字。言病日臻既彌留，恐不獲陳言辭兹，故審訓命女也。古辭、嗣字聲近義通。《大誥》篇「辭其考我民」，「辭」當讀爲「嗣」。此云「恐不獲誓言嗣」，「嗣」當讀爲「辭」。學者多以本字讀之，失其旨矣。

俾爰齊侯吕伋，以二干戈虎賁百人。

傳曰：「使桓、毛二臣各執干戈，於齊侯吕伋索虎賁百人。」

樾謹按：《爾雅·釋詁》：「俾，使也。」又曰：「俾，從也。」此經「俾」字當訓爲從，「俾爰齊侯吕伋」者，從於齊侯吕伋也。蓋桓、毛及吕伋三人皆受命逆子釗，先書桓、毛二臣者，王人也，不以外先内也；從於齊侯者，齊侯尊也，不以卑臨尊也。枚傳遇「俾」字皆訓爲使，遂謂使於齊侯吕伋索虎賁，因臆爲之説曰「伋爲天子虎賁氏」。夫虎賁氏下大夫，豈齊侯所宜爲歟？且上文既言「命矣」，此文「俾」字又訓使，則是命仲桓、南宫毛使於齊侯吕伋，於文無乃複歟？可知其非經旨矣。

二人雀弁執惠。

傳曰：「惠，三隅矛。」

樾謹按：惠爲兵器，必叚借字，而未有得其本字者。《説文・叀部》「惠」篆下有重文「𢡱」，❶曰「古文惠」，疑此即「執惠」之本字。其字從芔者，象三隅之形；從惠者，其聲也。壁中古文本作「𢡱」，孔安國以今文讀之作「惠」，許氏遂誤以「𢡱」爲「惠」之古文，而此經「惠」字無得其本字者矣。

夾兩階戺。

傳曰：「堂廉曰戺。」

樾謹按：凡側邊皆謂之廉，堂有堂之廉，階有階之廉。此云「夾兩階」，則戺者階廉也，非堂廉也。《儀禮・聘禮》「鼎九，設于西階前，陪鼎當内廉」，此階亦有廉之證。蓋東階以西邊爲内廉，西階以東邊爲内廉，當内廉者，當西階東邊之廉也。此傳疑本作「階廉曰戺」，學者知有堂廉，不知有階廉，遂誤改爲「堂廉」，而戺義遂失矣。程氏瑶田《釋宫小記》有《夾兩階戺圖説》，最爲明塙，當從之。

宅授宗人同。

傳曰：「太保居其所，授宗人同。」正義曰：「太保居其所於受福酒之處，足不移。」

❶ 「叀」，原作「惠」，今據《説文解字》改。

樾謹按：上文「王三宿三祭三咤」，正義引鄭注曰：「徐行前曰肅，卻行曰咤。王徐行前三祭，又三卻復本位。」《釋文》曰「咤亦作宅」，然則咤、宅同字。此文「宅授宗人同」，依鄭義則爲卻行授宗人同耳。《説文・宀部》：「詫，奠爵也，從宀託聲。《周書》曰：『王三宿三祭三詫。』」是壁中古文字本作「詫」。奠爵之説，亦古文家舊義。王肅訓咤爲奠爵，枚傳從之，自非無據。鄭君本爲古文之學，而不用舊説，别爲卻行之義者，正以下有「宅授宗人同」之文。若既奠矣，又何授焉？故以咤爲却行，則「宅授宗人同」義亦可通，足徵鄭注之精也。枚傳非不知咤、宅同字，但于三咤既從奠爵之説，則此文「宅」字不得不更爲之説。正義以「足不移」申明之，失之迂曲矣。

王義嗣，德答拜。《康王之誥》❶

傳曰：「康王以義繼先人明德，答其拜，受其幣。」

樾謹按：傳以「王義嗣德」四字連文，失其讀矣。襄十四年《左傳》載吴季札之言曰：「君義嗣也，誰敢奸君？」杜注曰：「諸樊適子，故曰義嗣。」疑適子謂之義嗣，古有此稱。此經不直曰「王」而曰「王義嗣」者，蓋當喪未君之稱也。文九年《公羊傳》曰：「毛伯者何？天子之大夫也。何以不稱使？當喪未君也。踰年矣，何以謂之未君？即位矣，而未稱王也」，是古者天子未終喪不稱王。上文書「王」者，所謂緣民臣之心，不可一日無君也。此文書「王義

❶ 「康王之誥」四字，原在下文「丕平富，不務咎」下，今據阮刻《尚書正義》移此。

嗣」者，所謂緣孝子之心，則三年不忍當也。據《覲禮》「侯氏再拜稽首」，無王答拜之文，是康王答拜，正以未成君而從降禮，故於此獨稱「王義嗣」也。「德答拜」三字連讀。德讀爲特，古德字作悳，《詩・柏舟》篇「實惟我特」，《韓詩》作「實惟我直」，「直」通作「特」，故「悳」亦通作「特」也。《周官・司士職》「孤卿特揖」，鄭注曰：「特揖，一一揖之。」然則特答拜者，一一答拜也。傳失其讀，因失其旨矣。

丕平富，不務咎。

傳曰：「言先君文、武道大，政化平美，不務咎惡。」

樾謹按：《爾雅・釋詁》：「平，成也。」《禮記・郊特牲》篇：「富也者，福也。」「丕平富不務咎」，言大成其福善之事，不務爲咎惡之事也。福與咎正相對，《洪範》篇「女雖錫之福，其作女用咎」是也。《周易・謙・彖傳》「鬼神害盈而福謙」，《釋文》曰「福，京作富」，是福與富古通用。枚傳不知「富」爲「福」之叚字，故不得其解耳。

用端命于上帝。

傳曰：「用受直端之命於上天。」

樾謹按：經文本無「受」字。且上帝之命，又何必言直端乎？傳義非也。端者，始也。《說文・耑部》：「耑，物初生之題也。上象生形，下象其根也。」經典竝叚「端」爲之。《家語・禮運》篇「五行之端」，王肅注曰：「端，始也。」《孟子・公孫丑》篇「仁之端也」，趙岐注曰：「端，首也。」首卽始也。「用端命于上帝」者，用始命于上帝也，言始命于上帝而爲天下主也。

女則有無餘刑非殺。《粊誓》

傳曰：「汝則有無餘之刑。刑者非一也，然

亦非殺汝。」

樾謹按：無餘之刑，不知何謂。正義引王肅云「父母妻子同産皆坐之」，鄭玄云「盡奴其妻子，不遺其種類」，又疑不供楨幹未應緣坐盡及家人，遂謂權以脅之，使勿犯，此亦曲説矣。今按：「無餘刑」者，即《李斯傳》所謂「具五刑也」。秦、漢之世有具五刑之法，先劓，斬左右趾，笞殺之，梟其首，見《漢書·刑法志》。此經曰「無餘刑非殺」，則諸刑皆具，獨不兼大辟也。蓋軍法至重，故古有具五刑者。此因其罪未至死，故不殺之也。同是無餘刑，而殺與非殺，生死殊科。經文「非殺」二字，蓋當時律令有然。若如舊説，則「非殺」二字贅矣。

苗民弗用靈。《呂刑》

傳曰：「三苗之君習蚩尤之惡，不用善化民。」正義曰：「鄭玄以爲穆王深惡此族三生凶德，故著其惡而謂之民。」

樾謹按：《禮記·坊記》篇「先民有言」，鄭注曰：「先民，謂上古之君也。」然則三苗之君謂之苗民，正合先民之義。鄭於此經又必曲爲之説，何也？《召誥》曰「相古先民有夏」，豈亦惡之歟？

罔中于信。

傳曰：「皆無中于信義。」

樾謹按：于猶越也，越猶與也。《康誥》篇「告女德之説于罰之行」，《多方》篇「不克敬于和」，竝用于字爲連及之詞，説本王氏引之《經傳釋詞》、孔氏廣森《經學巵言》。然則「罔中于信」者，無中與信也。中與忠通，《周官·大司樂職》「中和祇庸孝友」，鄭注曰：「中猶忠也。」此經「中」字亦當爲忠，言三苗之民皆無忠信也。傳義失之。

乃命三后，恤功于民。

傳曰：「所謂堯命三君，憂功於民。」正義曰：「憂功於民，憂欲與民施功也。」

樾謹按：「憂功于民」義不可通，正義因增「施」字以成其義，非經旨也。《説文・心部》「恤，憂也，收也」，是恤有二義。此經「恤」字當訓爲收，「恤功于民」猶云收功于民。《周易・井》上六「井收勿幕」，王注曰「井功大成，在此爻矣，故曰『井收』」，是收有成義。訓恤爲收，正與下文「三后成功」相應。

三后成功，惟殷于民。

傳曰：「各成其功，惟所以殷盛於民。」

樾謹按：《堯典》「以殷仲春」，枚傳曰「殷，正也」，此經「殷」字亦當訓正。「殷于民」者，正于民也。王伯厚《漢藝文志考》引《墨子・尚賢》中篇作「惟假于民」。假與格通，《君奭》篇「格于皇天」、「格于上帝」，《史記・燕召公世家》皆作「假」。惟假于民，即惟格于民，格亦正也，《方言》曰：「格，正也。」「三后成功，惟殷于民，爰制百姓于刑之中」，此三句一氣相屬。「制百姓于刑之中」，即所以正于民也。《後漢書・梁統傳》引此經曰：「爰制百姓于刑之中。」枚本改「爰制」爲「士制」，而以「皋陶作士」釋之，則與三后無涉，「惟殷于民」句遂若結上之辭，而不知其爲上下承接之語，於是「殷」字之解失矣。近來説《尚書》者，如江氏聲力闢枚氏，凡有異同之處，必舍枚本而從他本，固未免太泥。然此經「士制」之當爲「爰制」，以文勢求之，實無可疑。上文曰：「伯夷降典，折民惟刑」，下文曰：「今爾何監，非時伯夷播刑之迪？」可知此經不及皋陶也。枚本之誤顯然矣。段氏玉裁謂其未必不本于馬、鄭、王，殆非也。

今爾罔不由慰曰勤，爾罔或戒不勤。

傳曰：「今女無不用安自居，曰當勤之。女無有徒念戒而不勤。」正義曰：「今女等諸侯無不用安道以自居，曰我當勤之哉！女已許自勤，卽當必勤。女無有徒念我戒，許欲自勤而身竟不勤，戒使必自勤也。」

樾謹按：如枚傳義，則經文當作「曰勤」，唐石經作「日」，誤也。惟枚義迂曲，未得經旨。穆王之意，蓋謂今女等無不用以自安，曰我已勤矣，女等無有自戒其不勤者，慰與戒正相反。惟其以勤自慰，故不知以不勤自戒也。經義本極簡明，傳義反嫌詞費矣。

告爾祥刑。

傳曰：「告女以善用刑之道。」

樾謹按：祥古通作「常」，説見《立政》篇。「告爾祥刑」者，告爾常刑也。莊十四年《左傳》曰「周有常刑」，正謂此矣。傳訓祥爲善，而以「用刑之道」足成其義，殆非也。

何度非及。

傳曰：「當何所度，非惟及世輕重所宐乎？」

樾謹按：枚因《史記》作「何居非其宐」，故爲此説，實非經旨也。「及」乃「服」字之誤。僖二十四年《左傳》「子臧之服，不稱也夫？」《釋文》作「子臧之及」，曰「一本作之服」。蓋服從𠬝聲，古或止作𠬝，𠬝、及形似，故易譌耳。《堯典》曰「五刑有服，五服三就」，此篇曰「上刑適輕下服，下刑適重上服」，《周官・小司寇》曰「以施上服下服之刑」，刑以服言，蓋古語也。「何敬非刑，何度非服」，言汝何所敬，非五刑乎？汝何所度，非五服乎？《史記》作「宐」者，

《爾雅·釋詁》「服，宜事也」。服與宜同訓，故經文作「服」，《史記》作「宜」。自「服」誤作「及」，而《史記》作「宜」之故遂不可曉。枚傳牽合其説，而義益乖矣。

今往何監非德？于民之中，尚明聽之哉！

傳曰：「自今已往，當何監視？非當立德於民，爲之中正乎？庶幾明聽我言而行之哉！」

樾謹按：此當於「德」字絶句，言自今以往，當何所監視，豈非德乎？「何監非德」與上文「何擇非人？何敬非刑？何度非服」文法一律。枚讀「監」字爲句，非也。中者，獄訟之成也。《周官·鄉士職》「士師受中」，鄭注曰「受中，謂受獄訟之成也」，是古謂獄訟之成爲中，故曰「于民之中，尚明聽之哉！」枚傳連上「非德」爲句，因失其義。

追孝于前文人。《文侯之命》

傳曰：「繼先祖之志爲孝。」

樾謹按：「追孝」猶言追養繼孝也，《禮記·祭統》篇曰：「祭者，所以追養繼孝也。」古鐘鼎款識每有「追孝」之文，《追敦》曰「用追孝于前文人」，語與此同。《楚良臣余義鐘》曰「以追孝先祖」，《邿遣敦》曰「用追孝于其父母」，亦與此文義相近，是追孝乃古人常語。又《都公敦》曰「用享孝于乃皇祖，于乃皇考」，《陳逆簠》曰「以享以孝于大宗」，享、孝竝言，可知所謂追孝者，以宗廟祭祀言也。犬戎之難，文、武幾不血食。自平王東遷，周室復存，然後春秋享祀，不致廢隊，得以追孝于前文人。文侯之功大矣，故特言此，所以大其功也。傳但謂繼志爲孝，是猶未達古義矣。

民訖自若是多盤。《秦誓》

傳曰：「言民之行已，盡用順道，是多樂。」正義曰：「訖，盡也。自，用。若，順。盤，樂也。盡用順道則有福，有福則身樂。」樾謹按：傳義與下意不屬，非當日援引之旨，良由誤解「盤」字也。「盤」當作「般」。《盤庚》篇《釋文》曰：「盤，本又作般。」《君奭》篇「甘盤」，《史記・燕世家》作「甘般」。此經正義訓盤爲樂，亦用《爾雅・釋詁》「般，樂也」之文，是盤與般通。《説文・舟部》：「般，辟也。」然則「多般」猶云多辟，《詩・板》篇「民之多辟」，鄭箋曰「民之行多爲邪辟」，是其義也。「民訖自若是多般」，❶言民盡自順其意，故多辟也，正枚傳所謂「悔前不順忠臣」者，而于下意亦相屬矣。

惟古之謀人，則曰未就予忌。

傳曰：「惟爲我執古義之謀人，謂忠賢蹇叔等也，則曰未成我所欲，反忌之耳。」樾謹按：傳以「則曰未就予」五字連讀，而以「忌」字別爲一句，文義未安。段氏玉裁曰：「《説文・心部》：『惎，毒也，從心其聲。《周書》曰：「來就惎惎。」』『來』字當是『未』字之誤，『惎惎』之上當脱『予』字，下『惎』字之下當有闕文。如『圛，升雲半有半無』；『堲，疾惡也』；『莧席，纖蒻席也』，皆引《書》而釋之，與其字之本義不必合。」今按：段説是矣。然「惎」字當作何解？段氏謂當作惎教也，此用宣十二年《左傳》杜注，然未就予教，亦於義未安。竊謂此「惎」字當訓謀，《廣韻》「惎，教也」，一曰「謀也」。「未就予惎」者，未能成我之所謀也。考之《左傳》，杞子以襲鄭之謀來告，穆公訪之蹇叔，蹇叔云云，公辭焉，此卽所謂「未就予惎」矣。惎

❶「訖」，原作「汔」，今據清經解續編本改。

之訓謀，蓋古訓也。《爾雅・釋詁》「基，謀也」，《玉篇・言部》「諆，謀也」，惎與基、諆竝聲近而義通。壁中古文作「惎」，説古文者讀爲「忌」，雖聲亦相近，而義則非矣，宜枚傳之不得其解也。

禹別九州，隨山濬川，任土作貢。《序》

正義曰：「諸序皆言作某篇，此序不言『作《禹貢》』者，以發首言禹，末言貢，篇名足以顯矣。百篇之序，此類有三。『微子作誥父師、少師』，不言『作《微子》』，『仲虺作誥』，不言『作《仲虺之誥》』，與此篇皆爲理足而略之也。」

樾謹按：正義之説非也。彼既云「微子作誥」、「仲虺作誥」，自不必言「作《微子》」、「作《仲虺之誥》」矣。若此序止是首言禹，末言貢，作書之意未彰，豈可不言「作《禹貢》」乎？疑此序本云「禹別九州，隨山濬川，任土，作《禹貢》」，因「禹」字偶闕，讀者遂以「任土作貢」四字爲句。不知「隨山濬川任土」，乃渾括篇首「禹敷土，隨山刊木，奠高山大川」三句之意，固不及貢賦也。段氏玉裁疑「任土作貢」下當有「作《禹貢》」三字，蓋猶未見及此。

太康失邦，昆弟五人須于雒汭，作《五子之歌》。

段氏玉裁《譔異》曰：「《五子之歌》，惠氏定宇《古文尚書考》據《左氏傳》、《外傳》、《離騷》、《周書・嘗麥解》、王符《潛夫論》、韋昭《國語注》證枚頤書之僞矣。竊謂《墨子》作『武觀』，《楚語》作『五觀』，武即五也。以《左傳》『斟灌』《夏本紀》作『斟戈氏』，若干或言若柯，桓表讀如和表例之，歌即觀也，五子之歌即五觀也。之歌蓋謂往觀地。觀地即雒汭，韋注最爲明確。約之曰五觀，詳之曰五子之歌。謂五子爲五觀，或省五言觀，皆以國名之也。五子必非五人。汲郡古文曰『放王季子武觀于西河』，云季子則一人也。序言五人，猶經言五子也。作僞者泥於歌字，敷衍五章。《尚書》不當以詩歌名篇，固不待辨而自明者。」

樾謹按：枚氏《古文尚書》之僞固不待言矣，至段説亦非塙論。《尚書》篇名如《高宗之訓》、《微子之命》，凡「之」字皆語詞。《五子之歌》正同一律，以之歌爲往觀，失之鑿矣。又謂《尚書》不當以詩歌名篇，夫記動記言史職也，有韻無韻皆言也，曾謂古之史臣止記無韻之言，不記有韻之言乎？《喜起》之歌何爲而載於《虞書》也？梁《昭明文選》尚知合詔令詩賦而竝録之，近代始有分詩文爲二集者，其可以律古史乎？《楚辭·離騷》云：「啟九辨與九歌兮，夏康娱以自縱。不顧難以圖後兮，五子用失乎家巷。」王逸注曰：「言大康不遵禹、啟之樂，更作淫聲，放恣情欲，以自娱樂，不顧患難，不謀後世，卒以失國。兄弟五人，家居閭巷，失尊位也。」《墨子·非樂》篇引《武觀》文亦有「萬舞翼翼，章聞于天」之語。然則「歌」字自當仍以本字讀之，所謂五子之歌，蓋即其更作淫聲，以自娱樂者也。史録其歌，或以爲戒乎？且古所謂淫聲者，必非如後世《玉樹後庭花》之比。疑當日即因九辨、九歌之舊而更新之，亦頗有考定潤色之功，方將播之瞽矇，以爲一代之雅樂，故史臣不得不録，而孔子亦未嘗無取焉。然不能效法禹之明德，而徒斤斤於聲音之道，則亦末矣。《墨子·非樂》遂援爲口實。設使其歌尚在，吾知其文辭古雅，意義深厚，必高出三百篇之上可知也。孔子於《詩》不删鄭、衛，則其於《書》也何容不録《五子之歌》乎？以淫聲貶之，乃墨氏之言，吾儒論古宜別有卓識矣。若夫五觀、武觀之異，亦有可得而言者。《竹書紀年》云：「帝啟十一年，放王季子武觀于西河。十五年，武觀以西河叛，彭伯壽帥師征西河，武觀來歸。」《潛夫論·五德志》篇曰：「夏后啟子太康、仲康更立，兄弟五人皆有昏德，不堪帝事，降須洛汭，是謂五觀。」以是二説言之，帝啟封其季子於觀，是謂武觀。其後得罪而放之西河，則西河非即是觀。漢東郡畔觀縣乃武觀以叛之地，而非其始封之觀也。觀地在洛汭，韋昭之注當矣。武觀來歸之後，或仍居觀，或即留而不遣，均不可知。至太康失邦，乃就季子之故封而居之，兄弟五人更立於觀，是謂五觀。此武觀、五觀之所爲同而異也。段氏謂歌即是觀，固屬臆説；謂武即是五，亦近於武斷矣。且序明言兄弟五人，而謂五子非五人，豈可通乎？今以《書序》爲據，則《五子之歌》是太康失邦後所作。意者降須洛汭，朝覲訟獄一無所預，乃審定音律，有所更正，《五子之歌》由是而作。古人著書，每在困窮之日，文王囚而演《周易》，仲尼戹而作《春秋》，皆其事也。五子之作歌雖未足比于二者，要亦近之矣。《離騷》所云，似乎五子因此而失國，蓋沿墨氏之餘論，未足據也。東晉古文僞造歌詞，與春秋以來相傳之舊説顯爲乖錯，近世學者人人知之。乃如段氏之説，并不信有五子作歌之事，毋乃楚失而齊亦未得也乎？

殷既錯天命，微子作誥父師、少師。

樾謹按：「微子作誥父師、少師」，義似未足，疑「誥」下更有「誥」字，蓋曰「微子作誥，誥父師、少師」。因古重字不再書，止于字下作二畫，傳寫誤奪之耳。

康王命作册畢，分居里成周郊，作《畢命》。

樾謹按：此序幾不可讀，據《史記·周本紀》「康王命作策畢公，分居里成周郊」，疑序奪「公」字。然《呂刑序》曰「呂命穆王訓夏贖刑，作《呂刑》」，呂不言侯，或畢亦不言公，古人語簡故也。「分居里成周郊」不知何義。據《君陳》篇序曰「周公既没，命君陳分正東郊成周，作《君陳》」，疑康王命畢公與成王命君陳事同，「分居里成周郊」當作「分居東郊成周」，東與里相似而誤。「郊」字本在「成周」之上，傳寫倒之，遂不可讀耳。「東郊成周」，蓋當時有此稱。鄭注曰「天子之國五十里爲近郊，今河南洛陽相去則然」，見《周官·載師》疏。自王城而視成周，尚在近郊五十里之内。《洛誥》篇鄭注以澗水東瀍水西爲王城，瀍水東爲成周，是成周在王城之東，因謂之「東郊成周」矣。

群經平議卷六

群經平議卷七

德清俞樾

周書

□爵以明等極。《度訓》

孔晁注曰：「極，中也，貴賤之等，尊卑之中也。」

樾謹按：孔訓極爲中，則「等極」二字義不相屬矣。極猶則也。《詩·殷武》篇「商邑翼翼，四方之極」，《後漢書·樊準傳》引作「四方是則」，李賢注曰「《韓詩》之文也」。蓋極有準則之義，故《毛詩》作「極」，《韓詩》作「則」，說詳《尚書·洪範》篇。此云「等極」，猶等則也。上文云「度小大以正，權輕重以極，明本末以立中」，既言極又言中，知極之不訓中矣。

知哀以知慧。

樾謹按：「慧」讀爲「惠」，古字通用。《論語·衛靈公》篇「好行小慧」，鄭注曰「魯讀慧爲惠」，是其證也。《說文·叀部》：「惠，仁也。」「知哀以知惠」，言知哀之則知仁之矣。《吕氏春秋·論人》篇曰「哀之以驗其人」，「人」即「仁」之叚字。「哀之以驗其仁」與此文「知哀以知惠」同義。因叚「人」爲「仁」，叚「慧」爲「惠」，學者乃皆失其解矣。

是故民主明醜以長子孫，子孫習服鳥獸，仁德土宜天時百物行治。

樾謹按：疊「子孫」二字，文義未安，下「子孫」字蓋衍文也。此當以「是故民主明醜以長子孫」爲句，「習服鳥獸」爲句，「仁德土宜天時百物行治」爲句。仁讀爲人。《大武》篇「四凶一攻天時，二攻地宜，三攻人德」，正與此文同。仁德卽人德，土宜卽地宜也。「人德、土宜、天時、百物行治」者，行猶用也，猶言人德、土宜、天時、百物用治也。《周官・司爟》掌「行火之政令」，鄭注曰：「行猶用也。」孔晁不知「仁」爲「人」之叚字，故失其讀，因失其解。至「民主」二字，趙氏曦明謂「民」爲「明」字之誤，朱氏右曾謂「主」爲「王」字之誤。本書多言「明王」，尟言「民主」，當依之訂正。

通道通天以正人。《命訓》

樾謹按：此當作「道天以正人」，道猶通也。《法言・問道》篇曰：「道也者，通也，無不通也。」襄三十一年《左傳》「不如小決使道」，《荀子・禮論篇》「道及士大夫」，杜預、楊倞注竝曰：「道，通也。」然則「道天以正人」，猶云通天以正人。疑古本亦有作「通天以正人」者，傳寫者誤合兩本爲一，則曰「通道通天以正人」，於是文不成義。後人又以「道」上加「通」字，而爲「通道通天」矣。下文云「正人莫如有極，道天莫如無極。道天有極則不威，不威則不昭；正人無極則不信，不信則不行」，皆以「道天」「正人」對舉，正承此文而言，可知此文當作「道天以正人」，不當作「通道通天以正人」也。董子曰「道之大原出於天」，若作「通道通天」，則先言道，後言天，近於老子所謂「有物混成，先天地生」者，恐非周初聖人之書所有之義也。下文又曰「夫天道三，人道三」，是天有道，人亦有道，更可知此文之不以道與天與人對舉矣。由後人不知道天卽爲通天，因致此誤耳。

人有常順。《常訓》

樾謹按：「順」當讀爲「訓」，古字通也。其下文曰「順在可變」，卽孔子有教無類之義。下文又曰「古者因民以順民」，亦言因民以訓民也。若如本字讀之，則順卽因也，因民以順民，文義複矣。

上賢而不窮。

注曰：「窮，謂不肖之人。」

樾謹按：「不」字疑「下」字之誤，故孔注以窮爲不肖，蓋謂上賢而下不肖也。若是「不」字，則上賢而不不肖，文不可通，孔氏必不作是解矣。

夫民群居而無選。

注曰：「選，行也。」

樾謹按：《詩・猗嗟》篇「舞則選兮」，毛傳曰：「選，齊也。」高誘注《吕氏春秋・觀世》篇、《淮南子・精神》篇竝曰：「齊，等也。」然則「群居而無選」，猶言群居而無等。《程典》篇「無政無選」，又曰「選官以明訓」，凡言「選」者，其義竝爲齊等。《史記・平準書》「吏道益雜不選」，是不選有殺雜之義。此言「無選」，猶彼言「不選」矣。孔訓選爲行，未得其旨。

大武劒勇。《文酌》

樾謹按：劒武義不可通，「劒」當讀爲「驗」，言大武所以驗其勇也。劒、驗竝從僉聲，故得通用。《墨子・雜守》篇「守節出入，使主節必疏書，署其情，令若其事，而須其還報以劒驗之」，「劒驗」二字亦不可通。蓋古本止作「須其還報以劒之」，叚「劒」爲「驗」，「劒之」卽「驗之」也。校者旁注「驗」字以明「劒」當爲「驗」，因誤入正文，古書往往有此。王氏念孫《讀書雜志》以「劒驗」爲「參驗」之誤，然參之與劒形聲絶遠，無由致誤，其説非也。此文叚「劒」爲「驗」，正與彼同。且以字義言之，《説文・馬部》「驗，馬名」，竝無徵驗義。凡言徵驗者當作「譣」，《説文・言部》「譣，問也」，是其本字也。然則「驗」亦叚字，安在「驗」可叚而「劒」不可叚乎？

三取戚免梏，四樂生身復。

注曰：「戚，近也。免梏，無患也。」

樾謹按：《大武》篇「四赦：二取威信復，三人樂生身」，與此文大略相似，疑各有誤字，不可强通。此文「取戚」當從《大武》篇作「取威」，於義爲長。梏猶攪也。《後漢書・馬融傳》《廣成頌》曰「梏羽群」，李賢注曰：「字書梏從手，卽古文攪字，謂攪亂也。」然則「取威免梏」，殆謂取足以示威，而無攪亂之乎？

服美義淫。《糴匡》

注曰：「淫，過。」

樾謹按：孔晁不釋「義」字。謝氏墉曰「凡義之所當爲者，皆可過盛」，此謬説也。「義」當讀爲「儀」，《周官・肆師》注曰「古者書儀但爲義」，是其證也。「儀淫」者，威儀盛也，故與「服美」竝舉。《詩・有客》篇「既有淫威」，此言「儀淫」，彼言「淫威」，其旨相近。

年饑則勤而不賓舉祭以薄。

樾謹按：「賓舉」二字傳寫誤倒，當作「年荒則勤而不舉，賓祭以薄」。勤之言憂勤也。僖二年《穀梁傳》「不雨者，勤雨也」，《釋文》曰「勤，麋氏音覲」，《集韵・去聲二十二稕》「勤，渠吝切，憂也。《春秋傳》『勤雨』。麋氏説」。此「勤」字當從麋讀。「勤而不舉」，言憂勤而不舉也。《周官・膳夫職》曰：「王日一舉，鼎十有二物，皆有俎，以樂侑食。大喪則不舉，大荒則不舉，大札則不舉，天地有災則不舉，邦有大故則不舉。」然則「年饑則勤而不舉」，正合《周官》大荒不舉之義。「賓祭以薄」，言賓與祭皆從薄也。上文曰「成年穀足，賓祭以盛」，又曰「年儉穀不足，賓祭以中盛」，可證此文舉祭以薄之誤。

冬寒其衣服。《武稱》

注曰：「寒衣爲敗其絲麻。」

樾謹按：「冬寒其衣服」義不可通，孔注亦曲説也。據《大武》篇：「四時：一春違其農，二夏食其穀，三秋取其刈，四冬凍其葆」，孔注曰：「凍葆，謂發露其葆聚」，其文與此篇大略相同，疑此文本作「冬寒其旅」。《史記・天官書》曰「主葆旅事」，是旅與葆同義，「冬寒其旅」猶冬寒其葆也。《後漢書・光武紀》李賢注曰：「旅，寄也。不因播種而生，故曰旅。今字書作穭，音吕，古字通。」然則「冬寒其旅」亦就在田野者而言，方與上文「春違其農，秋伐其穡，夏取其麥」三句一律。若作「冬寒其衣服」，則不類矣。「旅」字古文作「𣃨」，與「衣」字相似，「𣃨」誤爲「衣」，後人又加「服」字耳。孔注但曰「寒衣」，疑其所見本尚無「服」字也。

爵位不謙。

注曰：「謙，損也。」

樾謹按：謙之言絶也。《考工記・輪人》「外不廉而内不挫」，鄭注曰：「廉，絶也。」《説文・火部》作「熑」，曰：「火煣車網絶也」，引《周禮》曰：「煣牙外不熑。」蓋「熑」其本字，其義爲火煣車網絶，引申之則凡絶者皆謂之熑。今《周禮》作「廉」，乃其叚字。此文作「謙」，亦其叚字也。「爵位不謙」，言有爵位者不絶其爵位也。《説文·水部》「溓，一曰中絶小水」也，是從兼得聲之字每有絶義。孟子稱周公兼夷狄，兼亦絶也，説詳《孟子》。

童壯無輔。《允文》

樾謹按：「輔」當讀爲「悑」，悑、輔竝從甫聲，故叚「輔」爲「悑」也。《説文·心部》：「悑，惶也，從心甫聲。或體作怖。」「童壯無悑」，言無使惶懼也。

五遠宅不薄。《大武》

注曰：「雖遠居皆厚之。」

樾謹按：「遠宅」二字無義。據《大開武》篇，亦有五和，其文曰「一有天維國，二有地維義，三同好維樂，四同惡維哀，五遠方不争」，與此篇所言「五和：一有天無惡，二有人無郄，三同好相固，四同惡相取，五遠宅不薄」大略相同。疑「遠宅」亦當作「遠方」，字之誤也。觀孔晁「遠居」之解，是其所據本已誤作「宅」矣。

三哀：一要不羸，二喪人，三擯厥親。

注曰：「哀敵人之困窮如此。要當爲惡。」

盧氏文弨曰：「所當哀者，羸病者也，失位者也，六親不能收卹者也。正文『要不』字訛，注亦難曉。梁處素云：『不羸』當作『不羸』，不足也。下文『必羸』，程榮本亦誤作『必羸』，可知此字亦訛。」

樾謹按：梁説是也。惟「要」之義難解，即從孔注作惡義，亦難通。「要」疑「粟」字之誤。「粟不羸」者，穀不足也，《糴匡》篇所謂「年儉穀不足」是也。

四赦：一勝人必羸，二取威信復，三人樂生身，四赦民所惡。

樾謹按：以所列四事言之，赦特其一事，且居四者之末，何得統目之曰「四赦」乎？

據《文酌》篇「四教：一守之以信，二因親就年，三取戚免梏，四樂生身復」，其三、其四與此文二、三略同。然則此文「四赦」疑亦當作「四教」，教、赦字形相似，又涉「四赦民所惡」句，適「四赦」二字相連，因致此誤耳。

因其耆老及其總害。《大匡》

樾謹按：「總」字之義無解，疑當作「利」。「利」古文作「㓿」，總俗書作「惣」，其上半相似，因而致誤。下文曰「鄉問其利，因謀其菑」，與此文正相應。

樂不牆合。

樾謹按：「牆合」二字無義。盧氏文弨曰：「牆合，即所謂宮縣」，然古書無以宮縣爲牆合者，亦曲説也。疑此文本作「樂不合」。古人作樂必合之於廟，《詩·有瞽》篇序曰「始作樂而合乎祖」是也。「樂不合」者，不合樂也。因涉下句「牆屋有補無作」之文，而誤衍「牆」字耳。

乃作程典，以命三忠。《程典》

樾謹按：「三忠」未知何義。盧氏文弨訂爲「三𢘑」，曰：「《戰國策》『臣』作『𢘑』」，古文也。然一忠爲臣，其義殊淺。《顔氏家訓》言北朝喪亂之餘，書迹鄙陋，乃以百念爲憂，言反爲變，不用爲罷，追來爲歸，更生爲蘇，先人爲老，偏滿經傳，然則『𢘑』字亦其時所造無疑。《論語》釋文於《泰伯》、《先進》篇俱有『𢘑』字，云古『臣』字。」錢氏大昕《養新餘録》以不精小學譏之，是也，盧説恐未足據。且所謂「三臣」者果何指乎？據《大匡》篇「王乃召冢卿三老三吏」，孔注「三吏，三卿也」，疑此文「三忠」乃「三吏」之誤，「吏」字闕壞，後人遂妄改爲「忠」耳。

德開開乃無患。

樾謹按：「德開開」文不成義，疑「德」字上有「慎德」二字。其原文蓋云「思地慎制，思制慎人，思人慎德，慎德德開，開乃無患」，皆以四字爲句。古人遇重文多省不書，止於字下作二小畫，傳寫誤奪之耳。

土勸不極美美不害用。

樾謹按：二句不可解，疑當作「土物不極美不害」，與上句「牛羊不盡齒不屠」相對成文。「物」誤爲「勸」，「美」字重出，「用」字即涉下句「用乃思慎」而誤衍也。「害」當讀爲「割」。《書·大誥》篇「天降割于我家」，《釋文》曰「割，馬本作害」，是害與割古字通用。割猶刈也，《廣雅·釋詁》割、刈同訓斷。然則「土物不盡美不割」猶言土物不盡美不刈也。《文傳》篇曰「無伐不成材」，即其義矣。

商饋始于王。《酆保》

樾謹按：此當作「饋始于商王」，蓋言祀上帝之後而饋膰肉，從商王始也。其下文云「因饗諸侯，重禮庶吏」，蓋先商王，次及諸侯，次及庶吏也。今作「商饋始于王」，則文不成義矣。

不深乃權不重。

樾謹按：此當作「不深不重，乃權不重」，蓋承上文「深念之哉，重維之哉」而言，謂不深念之、不重維之，則其權不重也。後人因兩句皆有「不重」字，疑爲衍文，誤删其一。不知「乃權不重」之「重」爲「輕重」之「重」，「不深不重」之「重」爲「重複」之「重」，字雖同而義則異也。且此兩句以重、重二字爲韵，下文曰「從權乃慰，不從乃饋」，以慰、饋二字爲韵，竝四字一句。今奪「不重」二字，則句法參差不齊，而亦失其韵矣。

利維生痛。《文儆》

樾謹按：此文云：「民何嚮非利，利維生痛，痛維生樂，樂維生禮，禮維生義，義維生仁」，下文云：「何嚮非私，私維生抗，抗維生奪，奪維生亂，亂維生亡，亡維生死。」下文所生五者皆不美之事，則此文五者宜皆美事，方相對成義。而云「利維生痛」，殊不可曉。疑「痛」字當讀作「通」。痛與通聲近而義同，故《釋名・釋疾病》曰：「痛，通也，通在膚脈中也。」「利維生通，通維生樂」者，利則流通，流通則無所鬱結，故樂矣。

土廣無守可襲伐，土狹無食可圍竭。《文傳》

樾謹按：「圍竭」二字義不相屬，「圍」疑「匱」字之誤。《潛夫論・實邊》篇引《周書》曰「土多人少，莫出其材，是謂虚土，可襲伐也。土少人衆，民非其民，可遺竭也」，「遺」亦當爲「匱」。唐人書從匚之字或變作辶，如帀作迊，匹作辺，匣作逥，陋作陋之類，《干禄字書》可考。匱變作遺，因誤爲遺也。彼所引雖與此不同，然大旨相近，可知此文之當作「匱竭」矣。

天降寤于程，程降因于商，商今生葛，葛右有周，維王其明用開和之言，言孰敢不格。《大開武》

樾謹按：「程」字不當疊，降寤于程、降因于商，皆天之所降也，若作「程降因于商」，則義不可通矣。「葛」字亦不當疊，孔注曰「商朝生葛，是祐助周也」，可知所據本不疊「葛」字也。「言」字亦不當疊，孔注曰「可否相濟曰和，欲其開臣以和，則忠告之言無不至也」，是孔讀「維王其明用開和之」爲句，「言孰敢不格」爲句，可知所據本不疊「言」字也。今疊「葛」字、「言」字，義不可通，當依孔注訂正。惟孔解「開和」句於義未安，此當以「維王其明用開和之言」爲句，「孰敢不格」爲句。《開和》乃書名，《武儆》篇曰：「丙辰，出金枝郊寶開和細書。」

何畏非道，何惡非，是不敬殆哉！

樾謹按：「是」上有闕文，當云：「何畏非道，何惡非□，是不敬殆哉！」上文云：「何敬，何好，何惡，時不敬殆哉！」此文之「是不敬」即上文之「時不敬」，時猶是也。《尚書·堯典》篇「惟時茂哉」，《史記·五帝紀》作「維是勉哉」，《臯陶謨》篇「咸若時」，《夏本紀》作「皆若是」，竝其證也。「是」字連「不敬」讀，則「是」上闕一字明矣。

物周爲器。《寶典》

注曰：「周用之爲器。」

樾謹按：❶經文當云「物用爲器」，注文當云「用，句。用之爲器」，今作「周」者，皆字之誤。

一孝，子畏哉乃不亂謀。

樾謹按：「子」乃「孝」字之誤，鄭君注《禮》所謂壞字也。當讀曰「一孝，句。孝畏哉乃不亂謀」，猶下文曰「二悌，悌乃知序」。「悌」下疊「悌」字，則「孝」下必當疊「孝」字矣。又下文曰「三慈惠茲知長幼」，亦有奪誤，當作「三慈惠，慈惠知長幼」。「慈惠」下疊「慈惠」字，猶「孝」下疊「孝」字，「悌」下疊「悌」字也。「茲」字即「慈」之壞字，亦猶「子」字即「孝」之壞字也。傳寫奪誤，而其迹幸尚可尋。謝氏墉以「茲」爲衍文，盧刻遂刪去之，而其迹泯矣。亦見古書之未可輕改也。

❶「謹」，原作「經」，今據清經解續編本改。

欲與無□則，欲攻無庸，以王不足。《寤儆》

樾謹按：此三句本無闕文，當以「欲與無則」爲句。「欲與無則，欲攻無庸，以王不足」，每句皆四字，言欲與之而無則，欲攻之而無庸，以王則不足也。下文周公之言曰「奉若稽古維王，克明三德維則，戚和遠人維庸」，正對此三句而言。淺人不知無則、無庸相對成文，而以「則」字屬下句，因疑「欲與無」下尚有闕文，乃加空圍以識之耳。

教之以服。《武穆》

注曰：「教之以服先王法服也。」❶

樾謹按：《説文》服從𠬝，𠬝從卩，卩事之制也，故鄭石制字子服，是服有法制之義。「教之以服」，服卽法也。孔以法服釋之，豈所教止在衣服乎？失其旨矣。

惟風行。賄賄無成事。《和寤》

注曰：「人之歸惠，如草應風。如用賄則無成事。」

樾謹按：下「賄」字乃「則」字之誤，其原文蓋曰：「后降惠于民，民罔不格，惟風行。賄則無成事。」故孔注云云，是其所據本尚未誤也。王氏念孫《讀書雜志》謂「行」下當有「草」字，而今本脱之。此説非也。注中「草」字乃孔氏增出以明風行之義，非必正文有「草」字也。《大明武》篇曰「侵若風行」，與此義同。王氏又謂「賄賄無成事」上更有脱文，由不知下「賄」字乃「則」字之誤故耳。賄與則左旁竝從貝，因而致誤。注中「賄則」連文卽本正文，可據以訂正。

王食無疆。《武寤》

❶「王」，原作「生」，今據清經解續編本及四部叢刊本《逸周書》注改。

樾謹按：「王」當作「玉」，所謂維辟玉食也。古玉字、王字竝三畫而連其中，故易致混，又涉下句「王不食言」而誤。此篇文皆用韵，以四字爲句，多頌美之詞，「玉食無疆」義亦然也。

泰顛、閎夭皆執輕呂以奏王，王入，卽位于社太卒之左。《克殷》

注曰：「執王輕呂當門奏太卒，屯兵以衛也。」

樾謹按：此文本作「泰顛、閎夭皆執輕呂以奏王太卒，王入，卽位于社之左」，故孔注如此，蓋其所據本未誤也。《書・堯典》「敷奏以言」，枚氏傳曰：「奏，進也。」「奏王太卒」者，言進王之太卒以衛王也。孔注加「當門」二字，正明「奏」字之義。「王入卽位于社之左」，言王位在社左也。後人誤讀「皆執輕呂以奏王」爲句，謂與「周公把大鉞，召公把小鉞，以夾王」相對成文，因移「太卒」字於「社」字之下。而不知夾王可通，奏王不可通。且下句「王入卽位于社太卒之左」，「社太卒」連文，更不成義矣。

大匡封攝外用和大。《大匡》

注曰：「和平大國。」

樾謹按：此二句文義難明。據下文曰「中匡用均，勞故禮新。小匡用惠，施舍靜衆」，疑此文本作「大匡用和，大封攝外」，乃與下二句一律。「大匡用和」，猶中匡用均，小匡用惠也。「大封攝外」者，《儀禮・士冠禮》鄭注曰「攝，猶整也」，言大封諸侯，以整攝畿外之地也。傳寫者奪「用和大」三字而誤補之「封攝外」之下，其義遂不可通矣。孔注亦曲爲之説，於義不了也。

傾九戒。《文政》

注曰：「順此戒也。」

樾謹按：「傾」字之義難明，當依注文作「順」，順與傾形似而誤耳。注文亦有奪字，當云「順，順此戒也。」猶上文「濟九醜」句注曰「濟，謂濟其醜以好也」，皆先舉經字而釋之。注奪一「順」字，而其義遂晦，遂并經文而莫能是正矣。

思義醜□。

樾謹按：《大匡》篇曰「思義醜貪」，疑此文所闕亦「貪」字也。

五民之利。

樾謹按：「民之利」三字於義未足，疑「民」上闕一字。「五□民之利」與下文「七祇民之死」、「九足民之財」一律。

示有危傾。

樾謹按：「示」當爲「亓」，古「其」字也。古「其」字或作「亣」，《玉篇》「其」下更出「亣」字，曰「古文」是也。又或作「亓」，《集韻》「其，古作亓」是也。此文「亓」字當讀爲「基」。《詩・昊天有成命》篇「夙夜基命宥密」，《禮記・孔子閒居》篇引作「夙夜其命宥密」，是其與基古通用。此蓋叚「其」爲「基」，而又從古文作「亓」也。「亓有危傾」，言其基有危傾之勢，不可不戒，故爲九戒之一也。學者少見「亓」字，因改爲「示」耳。

充虛爲害。

注曰：「陰陽姦謂之充，國無人謂之虛也。」

樾謹按：孔解「充」字非也。《荀子・儒效篇》「若夫充虛之相施易也」，楊倞注曰「充，實也」，是充與虛正相對。《大聚篇》曰「殷政總總，若風草有所積，有所虛，和此如何？」孔注曰「有積有虛，言不平也」，可證此篇「充虛爲害」之義。

立勤人以職孤，立正長以順幼。《大聚》

樾謹按：此當作「立正長以勤人，立職孤以順幼」，蓋立正長所以勤民事，而立職孤所以使幼者得遂其生也。正長也，職孤也，皆其名也。勤人也，順幼也，皆其事也。「立職孤以順幼」與下句「立職喪以卹死」文法正同。管子治齊，凡國都有掌孤，孤幼不能自生者屬之，此卽「立職孤以順幼」之事。掌孤猶職孤也，蓋成周之遺制矣。今作「立勤人以職孤，立正長以順幼」，則義不可通。猶上句「畜百草以備五味」誤作「畜五味以備百草」，竝傳寫者倒其文也。王氏念孫已訂正「百草」句，惜未及此。

教芧與樹蓺。

樾謹按：此當作「教與樹蓺」。與猶以也，説見王氏引之《經傳釋詞》。「教與樹蓺」卽教以樹蓺也。古與、予通用，疑古本叚「予」爲「與」，作「教予樹蓺」。後人據别本作「與」者訂正，遂竝存「予」、「與」二字，因又誤「予」爲「芧」耳。《管子·地員》篇「其草宜芧茅」，今本作「其草宜黍秫與茅」，蓋誤芧爲與，而因加「黍秫」二字。不知黍秫已見上文，且非草也，辨見《諸子平議》。彼誤「芧」作「與」，此誤「與」作「芧」，正可互證。

時四月既，旁生魄。越六日庚戌，武王朝，至燎于周，維予沖子綏文。《世俘》

樾謹按：「文」下當有闕文。據下文「用小牲羊犬豕于百神水土，于誓社。曰：惟予沖子綏文考」，然則此文亦當作「綏文考」明矣。朱氏右曾《集訓》曰：「文，文德也。勝殷遏劉，庶自此可綏天下以文德也。」此曲爲之説，與下文不合。

凡厥有庶告焚玉四千。

注曰：「衆人告武王焚玉四千也。」

樾謹按：「告焚」二字當在「四千」之下，其文曰：「時甲子夕，商王紂取天智玉琰五，環身厚以自焚，凡厥有庶玉四千。告焚。五日，武王乃俾千人求之。四千庶玉則銷，天智玉五在火中不銷」，蓋「庶玉」二字連文。此云「凡厥有庶玉四千」，故下云「四千庶玉則銷」，兩文相應。「告焚」二字自爲句。既告焚之五日，武王乃使人求之。所謂告焚者，以商王紂自焚告，非以焚玉告也。若如孔注，則豈有不告紂之自焚而專告玉焚者乎？卽以玉論，天智玉爲重而庶玉則輕矣，又豈有不以天智玉五告而顧以庶玉四千告者乎？揆之事理，皆不可通。蓋由傳寫者誤移「告焚」二字於「玉四千」之上，孔氏不能訂正，故失其解耳。

昬憂天下。《商誓》

樾謹按：「昬憂」連文，義不可通。「憂」當作「擾」，「擾」字隸變作「擾」，闕其左旁則爲「憂」矣。昭十四年《左傳》注曰「昬，亂也」，襄四年《傳》注曰「擾，亂也」，是昬、擾同義。「昬擾天下」，言亂天下也。

官庶則荷，荷至乃辛。《五權》

樾謹按：「荷」字當讀爲「苛」，古字通也。「辛」字無解，且於韵亦不協，疑「㚔」字之誤。《説文·㚔部》：「㚔，所以驚人也。一曰俗語以盜不止爲㚔。」煩苛之至，民必驚擾，此與前説合。《老子》曰「法令滋章，盜賊多有」，則與後説亦合，且與上文韵亦相協。「㚔」字隸變作「幸」，凡執字、報字左旁今皆爲幸，是其證也。幸與辛相似，因而致誤耳。

人庶則匱，匱乃匿。

樾謹按：「匿」當讀爲「慝」，言人衆則必匱乏，匱乏則必競爲姦慝矣。古匿與慝同聲而通用，《尚書大傳》「朔而月見東方謂之側匿」，《漢書·五行志》作「仄慝」，是其證也。《説文》無「慝」字，古字止作「匿」耳。

周公格左閎門會群門。《皇門》

樾謹按：《尚書·堯典》「闢四門」，《詩·緇衣》篇正義引鄭注曰：卿士之職，使爲已出政教於天下。四門者，卿士之私朝在國門。後世東門襄仲，桐門右師，取法於古也。又《周官·大司馬職》「帥以門名」，鄭注曰：「軍將皆命卿。」古者軍將蓋爲營治於國門，魯有東門襄仲，宋有桐門右師，皆上卿爲軍將者。然則此篇所云「會群門」者，言會集衆卿士也。《序》云「周公會群臣于閎門」，經作「群門」，《序》作「群臣」，竝不相背。《玉海》九十、二百六十九兩引此經，竝作「會群臣」，則後人不達「門」字之義，而據《序》以改經也。篇内云「乃維其有大門宗子勢臣，罔不茂揚肅德」，可證「門」字之非誤。朱氏右曾本從《玉海》作「會群臣」，失之矣。

以家相厥室弗卹，王國王家維德是用。

注曰：「言勢人以大夫私家，不憂王家之用德。」

樾謹按：《祭公》篇曰「汝無以家相亂王室，而莫卹其外，尚皆以時中乂萬國」，文義與此略同。疑此文「厥室」上亦當有「亂」字，而今本脱之。「弗卹」二字屬上句讀。「以家相亂厥室弗卹」，猶云「以家相亂王室，而莫卹其外」也。「王國王家維德是用」，猶云「尚皆以時中乂萬國」也。孔注以「弗卹」屬下讀，失之。

又五日土潤溽暑。《時訓》

樾謹按：「暑」字衍文也。此當云「又五日土潤溽」，下文「土潤不溽暑」當作「土不潤溽」，説詳《禮記・月令》篇。

將帥不和。

樾謹按：上文云「鶡旦猶鳴，國有訛言」，下文云「茘挺不生，卿士專權」，言與權爲韵。此云「虎不始交，將帥不和」，和字不入韵，疑必有誤，古本當作「將帥不驩」。驩與歡古通用，《禮記・樂記》篇「鼓鼙之聲讙」，鄭注曰「讙或爲歡」。「將帥不讙」卽將帥不歡也。《一切經音義》卷十二曰：「讙古文作吅。」此文「讙」字疑從古文作「吅」，因誤爲「和」耳。

純行不二曰定。《謚法》

樾謹按：此本作「純行不忒曰定」。古書「忒」字或以「貣」字爲之，《尚書・洪範》篇「衍忒」，《史記・宋微子世家》作「衍貣」，是其證也。「貣」譌作「貳」，後人因改爲「二」矣。《史記正義》引此文作「純行不爽曰定」，《爾雅・釋言》曰「爽，忒也」，是不忒與不爽同義。《後漢書・蔡邕傳》注又作「純行不差曰定」，《周易・豫卦・彖傳》鄭注曰「忒，差也」，是不忒與不差亦同義。若如今本作「不二」，則與不爽、不差之義絶遠矣。《禮記・緇衣》篇引《詩》曰「淑人君子，其儀不忒」，《釋文》曰「不忒，他得反。本或作貣」，蓋亦叚「貣」爲「忒」，因誤「貣」爲「貳」也。此文又改「貳」作「二」，學者益無從訂正矣。

柔質受諫曰慧。

樾謹按：盧校曰「慧舊作惠」，當從之。慧、惠古通用字，《論語・衛靈公》篇「好行小慧」，鄭注曰「魯讀慧爲惠」，是其證也。此句與上文「柔質慈民曰惠，愛民好與曰惠」本爲一條。蓋柔質慈民謂之惠，愛民好與則就慈民而推言之，柔質受諫則就柔質而推言之，以見有其一節者亦得謚之曰惠也。因其字叚作「慧」，後人遂分爲兩謚，恐非其舊。

就會也。

樾謹按：就與集一聲之轉。《詩·小旻》篇「是用不集」，《韓詩》作「是用不就」，毛傳亦曰「集，就也」，是就與集聲近義通。《爾雅·釋言》「集，會也」，此云「就，會也」，蓋卽讀「就」爲「集」，故訓會耳。

四塞九采之國。《明堂》

樾謹按：「采」乃「釆」字之誤。「釆」讀爲「蕃」，蓋「蕃」省作「番」，「番」又省作「釆」也。九蕃之國卽《周禮》所謂「九州之外謂之蕃國」，說詳《禮記·明堂位》篇。

二曰方與之言以觀其志，志殷以淵。《官人》

樾謹按：「方與之言以觀其志」八字當在上文「以觀其備」之下，原文蓋曰：「復徵其言，以觀其精；曲省其行，以觀其備；方與之言，以觀其志，此之謂觀誠。」三句相對成文，皆觀誠之事也。今誤在「二曰」之下，則不類矣。「志殷以淵」四字上當有「其」字，「其志殷以淵」與下文「其氣寬以柔，其色儉而不諂」亦三句相對成文。今奪「其」字，則又不類矣。

愚依人也。

樾謹按：「依」字義不可通，疑是「㐺」字之誤。「㐺」乃古「旅」字，《說文》曰「古文以爲魯、衛之魯」，然則「愚㐺」猶「愚魯」也。「㐺」誤作「衣」，因誤作「依」矣。《武稱》篇「冬寒其衣服」，「衣」亦「㐺」字之誤，說已見前。此文又加人旁作「依」，學者益無從是正矣。

歐人蟬蛇，蟬蛇順，食之美。《王會》

注曰：「東越歐人也，比交州蛇特多，爲上珍也。」

樾謹按：「蟬」卽「鱓」之叚字。《一切經音義》卷十六引《訓纂》曰「鱓，蛇魚也」，《山海經》郭注曰「鱓魚如蛇」，蓋以其似蛇而得蛇名，實非蛇也。孔氏竟以蛇釋之，謬矣。又按：此當於「順」字絶句。順讀爲馴，《易·坤·象傳》「馴致其道」，九家注曰「馴猶順也」，是馴與順音近而義通。「蟬蛇順」者，言其性馴善也。雖有蛇名而實非蛇，故曰「馴」，明其與蛇異也，下乃曰「食之美」。朱氏右曾《集訓》讀「順食之」爲句，釋曰「順謂縱切之」，斯大誤矣。

姑妹珍。

注曰：「姑妹國後屬越。」

樾謹按：盧氏文弨以「姑妹」爲卽「姑蔑」，是也。至「珍」字，當爲一物，而説者皆未詳。今按：乃「珧」字之誤。「珧」字篆書作「珧」，與「珍」相似，因而致誤。《爾雅·釋魚》「蜃小者珧」，《山海經·東山經》「其中多蜃珧」，是珧與蜃同類。此云「姑妹珧」，下句云「具區文蜃」，正以類相從矣。

兹白者若白馬，鋸牙食虎豹。

樾謹按：「若白馬」當作「若馬」，此言獸形如馬，非必白馬乃相似也。孔注曰「兹白一名駮」，今考諸書言駮者，《爾雅·釋獸》曰「駮，如馬，倨牙食虎豹」，《詩·晨風》篇毛傳文與《爾雅》同。《説文·馬部》曰「駮，獸如馬，倨牙食虎豹」，其文蓋卽本此。而皆言如馬，不言如白馬，然則「白」爲衍文無疑矣。《文選》王元長《曲水詩序》李善注引此文曰「兹白者若馬」，「馬」

上正無「白」字，可據以訂正。

都郭生生欺羽。

注曰：「都郭，北狄。生生，獸名。」樾謹按：欺羽似別爲一物。然下文止曰「生生，若黄狗，人面能言」，不及欺羽，未詳其義。疑「欺羽」二字當在下文「奇幹善芳」之上，其文曰：「欺羽奇幹善芳，奇幹善芳者，頭若雄雞，佩之令人不眯。」蓋欺羽爲國名，奇幹善芳爲鳥名。《文選》王元長《曲水詩序》曰「文鉞碧砮之琛，奇幹善芳之賦，紈牛露犬之玩，乘黄兹白之駟」，紈牛露犬、乘黄兹白竝出此篇，皆爲所貢之物，然則奇幹善芳亦當爲物名，不得以奇幹爲國名矣。若以奇幹爲國名，則當云「白民乘黄」、「義渠兹白」，方與「奇幹善芳」一律也。《山海經·西山經》曰「翼望之山有鳥焉，名曰鵸鵌，服之令人不厭」，注引《周書》曰「獻芳不眯」，然則郭所見《周書》當作「奇餘獻芳」，故引以爲鵸鵌之證。欺羽之國或即所謂翼望歟？觀奇幹之或爲奇餘，而郭氏且引以證《山海經》之鵸鵌，則奇幹之非國名益信。蓋由「欺羽」二字誤入上文，讀者遂以奇幹爲國名，國名不當複舉，乃於下句删去「奇幹」二字耳。孔晁於此文不釋「欺羽」之義，是所據本未誤。下注當云「欺羽亦北狄，奇幹善芳鳥名」，今作「奇幹亦北狄，善芳鳥名」，此後人所改，非其舊也。郭璞引《周書》注《山海經》當云「奇餘獻芳不眯」，今作「獻芳不眯」，亦後人删之，非其舊也。若無「奇餘」二字，則與《山海經》之鵸鵌何涉，郭氏乃泛引之乎？

蠻楊之翟。

注曰：「楊州之蠻貢翟鳥。」王氏念孫曰：

「『鑾楊』，本作『楊鑾』，故孔注曰『楊州之鑾貢翟鳥』。今本『楊鑾』二字倒轉，則義不可通。」

樾謹按：王説是矣，而未盡也。此篇之例，皆於國名之下卽繫以所貢之物，如「稷愼大麈，穢人前兒，良夷在子」之類皆是也；又或加「以」字，如「會稽以鼉」，「義渠以兹白」之類，從未有於國名下加「之」字以足句者。此云「楊鑾之翟」，與通篇句法不倫，疑本作「楊之鑾翟」，故孔注曰「楊州之鑾貢翟鳥」也。

離丘漆齒。

樾謹按：《文選·曲水詩序》李善注引此文作「離身染齒」，且引《爾雅》北方有比肩人爲證。疑《周書》原文作「離軀」，軀卽身也。因「軀」字俗書作「躯」，《玉篇·身部》「軀」下有「躯」字，曰「同上，俗」是也。「躯」字闕壞，止存右旁，遂作「離丘」矣。李善所見本作「離身」，蓋傳寫之異文，猶「漆齒」之作「染齒」也。或竟從《選》注改「丘」爲「身」，失之矣。

朕皇祖文王、烈祖武王，度下國作陳周。《祭公》

樾謹按：「作陳周」三字義不可曉。孔氏無注，朱氏右曾《集訓》曰「制作陳布周密」，則失之迂曲矣。今按：作者，始也，《詩·駉》篇毛傳曰「作，始也」，是其義也。陳與甸通，《信南山》篇「維禹甸之」，《周禮·稍人》注引作「維禹敶之」，「敶」卽「陳也」。「作陳周」者，始甸周也。《國語·周語》曰：「邦内甸服。」《説文·田部》：「甸，天子五百里地。」此言文王、武王規度下國，始定成周之地，以爲甸服也。讀者不知「陳」爲「甸」之叚字，故不得其解耳。陳與甸古同聲，甸之爲陳，猶齊陳氏之爲田氏。

維天貞文王之董用威。

注曰：「貞，正也。董之用威，伐崇黎也。」

樾謹按：此本作「維天貞文王，句。董之用威」，故孔注曰：「董之用威，伐崇黎也。」今本「董」、「之」二字誤倒，當據注乙正。孔解「貞」字之義未得。貞當訓定，《釋名·釋言語》曰：「貞，定也。」文王之時天命已定矣，故曰貞。

既畢，丕乃有利宗，丕維文王由之。

注曰：「既終之，則有利于宗，皆由文、武之德也。」

樾謹按：「丕維文王由之」本作「丕維文、武由之」，故注曰：「皆由文、武之德。」若如今本，則注不當增出「武」字矣。上文曰「以予小子，揚文、武大勳」，又曰「自三公上下辟于文、武，文、武之子孫，大開方封于下土」，竝以文、武連文，此亦當然，宜據注訂正。

賞罰無位。《史記》

樾謹按：位與立古字通，無猶不也，説詳王氏引之《經傳釋詞》。「賞罰無位」，即賞罰不立也。

奉孤而專命者，謀主必畏其威，而疑其前事。

注曰：「謀主，謂孤長大也。前事，謂專命。」

樾謹按：❶「謀主」二字不可曉，疑當作「其主」，言其主必畏而疑之也。「其」誤作「某」，又誤作「謀」耳。《周書序》曰：「穆王因祭祖不豫，詢某守位，作《祭公》。」「詢某」即詢謀，或古本《周書》「謀」字多省作「某」，後人概加言旁，遂并此文「其」誤作

❶「謹」，原作「謀」，今據清經解續編本改。

「某」者一律加之，而爲「謀主」矣。注中「謀主」亦「其主」之誤。孔意蓋以經文所謂其主者，乃就其孤長大之日言之，故曰「其主，謂孤長大也」。若如今本作「謀主」，則孤長大之後何以謂之謀主乎？

文武不行者亡。

樾謹按：「文」字衍文也。其下曰「昔者西夏，性仁非兵，城郭不脩，武士無位」云云，是西夏之亡以武不行，非以文不行也。「武不行者亡」與上文「武不止者亡」義正相對。阪泉氏用兵無已而亡謂之武不止，然則西夏性仁非兵而亡當謂之武不行矣。今衍「文」字，義不可通。

其川涇納。《職方》

樾謹按：《周官·職方氏》作「涇汭」。然汭非水名，《説文·水部》「汭，水相入也」，竝無水名之訓。《尚書》之嬀汭、渭汭、洛汭，《左傳》之漢汭、渭汭、雒汭、滑汭、豫章之汭，無作水名解者。惟《職方氏》涇汭爲水名，卽《漢書·地理志》右扶風汧縣之芮也。蓋既非本義，故亦無定字。《周禮》作「汭」，《漢書》作「芮」，此經作「納」，皆從内聲之字也。《説文》於「湛」篆下曰「没也」，又云「一曰湛水，豫州浸」，蓋既著其本義，又著其別義。水部諸篆如此者多矣，而「汭」篆下竝無「一曰汭水，雍州川」之文，疑許君所見《周官》未必作「汭」也。盧本據《周官》訂正作「涇汭」，恐轉非古書之舊。下文「河内曰冀州，其浸汾露」，亦與《周官》作「汾潞」不同。盧謂露、潞古通用，露可爲潞，安在納不可爲汭乎？

遠人來驩，視道如咫。《太子晉》

樾謹按：「驩」讀爲「觀」。下文曰「國誠寗矣，遠人來觀」，卽其證也。

應事則易成。《王佩》

樾謹按：此篇自「王者所佩在德，德在利民，民在順上」至「危亡在不知時」，凡二十九句，皆有「在」字，獨此句作「則」字，與上下文不一律，疑當作「應事在易成」。易之言速也。《史記・天官書》「填星其居久，其國福厚。易，福薄」，徐廣曰：「易，猶輕速也。」《漢書・天文志》「大白所居久，其國利。易，其鄉凶」，蘇林曰：「易，疾過也。」是易有疾速之義，故與久爲對文。事機之來閒不容髮，故曰「應事在易成」，「易成」猶速成也。後人不解「易」字之義，而以「難易」之「易」解之，則「在」字之義不可通，因改爲「則」字矣。

謀成在周長。

注曰：「周，忠信也。」

樾謹按：「周長」二字義不可通。注以忠信爲解，要亦曲説也。「周」疑「用」字之誤，「謀成在用長」，言在擇其長者而用之。

朕則名汝。《周祝》

注曰：「名汝，善惡也。」

樾謹按：名猶命也。《孟子・公孫丑》篇「其閒必有名世者」，《漢書・劉向傳》引傳曰「聖人不出，其閒必有命世者焉」，《三國志・荀攸傳》注引《傅子》曰「孟子稱五百年而有王者興，其閒必有命世者」，蓋命與名古通用。《廣雅・釋詁》曰「命，名也」，然則名亦猶命也。「朕則名汝」者，朕則命汝也。《御覽》引《韓詩》傳曰：「古者必有命民，有能敬長憐孤取舍好讓者，命於其君，然後敢飾車駢馬。未得命者，不得乘車。」又《潛夫論・浮侈》篇曰：「古者必有命民，然後乃得衣繒綵而乘車馬。」是古有命民之事，故曰朕則命汝也。孔注未得其義。

食器甂迤膏侯屑侯。《器服》

樾謹按：王氏念孫以「迤」爲「匜」字之誤，當從之。甂匜者，二器也。膏侯、屑侯者，器中所實也。「侯」讀爲「餱」，《説文・食部》：「餱，乾食也。」膏餱蓋和之以脂膏，屑餱蓋雜之以薑桂之屑，《儀禮・既夕》篇注曰「屑，薑桂之屑」是也。《文選・思玄賦》曰「屑瑶蘂以爲餱兮」，此「屑餱」二字之證，作「侯」者叚字也。朱氏右曾以「迤膏侯屑」爲句，以下「侯」字屬下句讀，失之。

商謀啓平周，周人將興師以承之，作《酆謀》。《周書序》

樾謹按：❶「商謀啓平周」義不可曉，疑當作「商啟謀乎周」。《大開》《小開序》曰「文啟謀乎後嗣」，與此文法正同。啟猶發也，啟謀也者，猶《禮記・内則》篇所云「出謀發慮」也。文王之謀後嗣，與商之謀周，其爲謀也不同，然其啟謀則一也。「啓」、「謀」二字誤倒，而「乎」字又誤「平」，乃失其義矣。

群經平議卷七

❶「謹」，原作「謀」，今據清經解續編本改。

群經平議卷八

德清俞樾

毛詩一

有蕡其實。《桃夭》《國風·周南》

傳曰：「蕡，實貌。」

樾謹按：蕡者，大也。「有蕡其實」，言其實之大也。《汝墳》篇「遵彼汝墳」，傳曰：「墳，大防也」；《靈臺》篇「賁鼓維鏞」，傳曰：「賁，大鼓也。」蕡與墳、賁字異而義同。

肅肅兔罝。《兔罝》

傳曰：「肅肅，敬也。兔罝，兔罟也。」箋云：「罝兔之人，鄙賤之事猶能恭敬，則是賢者衆多也。」正義曰：「此美其賢人衆多，故爲敬。《小星》云『肅肅宵征』，故傳曰：『肅肅，疾貌』；《鴇羽》、《鴻雁》說鳥飛，文連其羽，故傳曰：『肅肅，羽聲也』；《黍苗》說宮室，箋云：『肅肅，嚴正之貌。』各隨文勢也。」

樾謹按：如正義所說，則「肅肅」本無定義，各依文勢釋之。此經云「肅肅兔罝」，不云「肅肅罝兔」，則以器言，非以人言。傳釋爲敬，恐失之矣。肅肅乃說兔罝之形。《文選·西京賦》「飛罕潚箾」，薛綜注曰「潚箾，罕形也」，李善曰「《說文》曰：『罕，網也。』潚音肅，箾音朔」。然則以肅肅說罝形，猶以潚箾說罕形。肅肅疊字也，潚箾疊韵也。

公侯干城。

傳曰：「干，扞也。」箋云：「干也，城也，皆以禦難也。此罝兔之人，賢者也，有武力，可任爲將帥之德。諸侯可任以國守，扞城其民，折衝禦難於未然。」

樾謹按：毛以「干」爲「扞」之叚字，故曰「干，扞也」。鄭以「干」爲「𢧀」之叚字，故曰「干也，城也，皆以禦難也」。如毛意，則「干」爲「扞衛」之「扞」，「公侯干城」者，言公侯可用以扞衛其城也。如鄭意，則「干」爲「𢧀盾」之「𢧀」，「公侯干城」者，言公侯可用以爲干，用以爲城也。箋中「扞」字必是「干」字之誤。鄭止依經文用「干」字爲「𢧀」之叚字，不依毛公讀爲「扞」也，故正義云「鄭惟干城爲異」。自箋文「干」誤爲「扞」，則混傳、箋而一之，或反疑正義之非矣。

維鳩方之。《鵲巢》《召南》

傳曰：「方，有之也。」

樾謹按：方之猶附之也，方、附一聲之轉。《漢廣》篇「不可方思」，傳云「方，泭也」，《谷風》篇鄭箋文同。方之爲附，猶方之爲泭也。《説文・彳部》：「徬，附行也。」《漢書・李尋傳》集注曰：「旁，附也。」徬從旁聲，旁從方聲，而皆訓附，則方亦有附義矣。昭十七年《左傳》「魴也以其屬死之」，《周官・太卜》鄭注引此文「魴」作「鮒」；《禮記・明堂位》篇「周以房俎」，注曰「房，謂足下跗也」，竝方聲、付聲相通之證。「維鳩方之」，言維鳩附之也。附有附益之義，故傳曰「有之也」。

憂心惙惙。《草蟲》

傳曰：「惙惙，憂也。」

樾謹按：首章云「憂心忡忡」，次章云「憂心惙惙」，故《爾雅・釋言》曰「忡忡，惙惙，憂也」，而毛公卽本以爲説。然其解首章不曰「忡忡，憂也」，而曰「忡忡，猶衝衝也」，以是推之，惙惙亦當自有意義矣。《説文・叕部》：「叕，綴聯也。」惙字從叕，卽有綴聯之意。《荀子・非十二子篇》「綴綴然」，楊注曰「不乖離之貌」，不乖離卽是相綴聯也。「憂心惙惙」猶曰「憂心綴綴」，言憂心聯屬不絶也。因其言憂，故字從心耳。且以文義求之，首章曰「憂心忡忡」，承之曰「我心則降」，傳曰「降，下也」，蓋忡有衝突之意，故以降下之意承之也。次章曰「憂心惙惙」，承之曰「我心則説」。説之言釋也，《説文・言部》曰：「説，釋也。」蓋惙有綴聯之意，故以解釋之意承之也。卒章曰「我心傷悲」，承之曰「我心則夷」。夷之言悦也，《爾雅・釋言》：「夷，悦也。」蓋直言傷悲，故以夷悦之意承之也。傳訓説爲服，夷爲平，然則詩人之旨，雖毛公不能盡得矣。

誰謂雀無角。《行露》

傳曰：「不思物變而推其類，雀之穿屋，似有角者。」箋云：「物有似而不同，雀之穿屋不以角，乃以咮。今彊暴之男召我而獄，不以室家之道於我，乃以侵陵。物與事有似而非者，士師所當審也。」

樾謹按：傳、箋之意皆謂雀實無角，故其説如此。然下章云「誰無鼠無牙，❶何以穿我墉？」鼠之穿墉，若不以牙，復以何物乎？兩章文義一律，鼠實有牙，則雀亦實有角。竊疑所謂角者，卽其喙也。鳥喙尖鋭，故謂之角。詩人之意謂雀無角，則何以穿我屋？女無室家之道，則何以速我獄？此論其常也。乃事物之變，則有大不然者，

❶ 上「無」字，據《詩經》經文當爲「謂」。

故曰「誰謂雀無角，何以穿我屋？誰謂女無家，何以速我獄？」正見其出人意計之外，聽訟者不可不察也。角字之義，自來皆屬獸言。《説文・角部》：「角，獸角也。」其實角字本義當爲鳥喙。《漢書・董仲舒傳》「予之齒者去其角，傅之翼者兩其足」，此二句以鳥獸對言，「予之齒者去其角」，謂獸有齒以齧，即不得有角以啄也；「傅之翼者兩其足」，謂鳥有兩翼以飛，即不得有四足以走也。若以角爲獸角，則牛羊麋鹿之類有齒復有角者多矣，安得云「予之齒者去其角」乎？《文選・射雉賦》「裂膆破觜」，注曰：「觜，喙也。」觜爲鳥喙而其字從角，可知角字之義矣。今俗謂口爲嘴，蓋即「觜」字而加口旁也。

林有樸樕。《野有死麕》

傳曰：「樸樕，小木也。」箋云：「樸樕之中及野有死鹿，皆可以白茅包裹，束以爲禮。」正義曰：「林有樸樕，謂林中有樸樕之木也，故箋云『樸樕之中及野有死鹿』。不言林者，則林與樸樕爲一也。」

樾謹按：「林有樸樕」、「野有死鹿」，兩文相對。如鄭箋之意，則林有樸樕爲一處，野爲一處，「有死鹿」三字總承上兩處而言，不辭甚矣，古人無此文法也。《駉》篇毛傳：「邑外曰郊，郊外曰野，野外曰林，林外曰坰。」上章「野有死麕」，毛以郊外曰野解之。然則此章林、野對文，野爲郊外之野，林亦當爲野外之林，毛雖無文，學者可以隅反矣。「林有樸樕，野有死鹿，白茅純束」，謂以白茅束此樸樕及死鹿也。學者但知「白茅純束」止以「野有死鹿」言，與上章「野有死麕，白茅包之」同義，而不知其兼以「林有樸樕」言，於是不得其解矣。

《綢繆》篇「綢繆束薪」，正義曰：「言薪在田野之中，必纏綿束之，乃得成爲家用，以興女在父母之家，必以禮娶之，乃得成爲室家。」然則林有樸樕以白茅束之，正與「綢繆束薪」同義。上章止言「野有死麕」，故曰「白茅包之」；此章兼言「林有樸樕」，故曰「白茅純束」，以死鹿可包，樸樕不可包也。詩人之義其密如此，鄭猶未之得也。

報我不述。《日月》《邶風》

傳曰：「述，循也。」箋云：「不循禮也。」

樾謹按：報我不循，於義未明。鄭以不循禮足成其義，疑亦非經旨也。《釋文》曰「述，本亦作術」，當從之。《説文·行部》：「術，邑中道也。」道德之道與道路之道，本無異義，故《禮記·樂記》篇「不接心術」，《大傳》篇「服術有六」，鄭注竝曰「術，猶道也」。然則不術猶不道，言報我不以道也。《文選·廣絶交論》注引《韓詩》曰「報我不術」，薛君曰「術，法也」，是作「述」者《毛詩》，作「術」者《韓詩》，「術」正字，「述」叚字也。薛義視毛義爲長，然訓術爲法，不如訓術爲道，於義更安矣。

不我以歸。《擊鼓》

箋云：「不與我歸期。」

樾謹按：箋增「期」字，非經旨也。詳繹詩意，蓋從征之士，有因傷病不得歸者，故作此詩。下章云「爰居爰處，爰喪其馬」，傳曰：「有不還者，有亡其馬者。」傳以不還解「爰居爰處」，蓋居處於彼，是不得還也；又亡其馬，則終無還理矣，故欲其家人求之于林之下也。然則此章「不我以歸」，乃實不與歸，非止不與歸期矣。

展矣君子，實勞我心。《雄雉》

傳曰：「展，誠也。」箋云：「『誠矣君子』，愬於君子也。君之行如是，實使我心勞矣。」正義曰：「言君之誠如是，志在婦人矣。君子聞君行如此，實所以病勞我心也。」

樾謹按：鄭以「誠矣君子」爲「怨於君子」，未知於毛意何如？正義解爲君誠如是矣，又未知於鄭意何如？而要皆迂曲，非經旨也。《方言》曰：「寋、展，難也。齊、晉曰寋。山之東西凡難貌曰展。荆吴之人相難謂之展，若秦、晉言相憚矣。」是展與寋音義相近。寋卽蹇字。《廣雅・釋詁》「蹇、展，難也」，卽本《方言》文也。「展矣君子」猶云「蹇矣君子」，言其難也。此詩乃婦人以君子久役而作。首章云「我之懷矣，自詒伊阻」，此我字，我其夫也。次章云「展矣君子，實勞我心」，此我字，婦人自我也。毛傳曰：「阻，難也。」然則「展矣君子」與「自詒伊阻」文義正相屬。惟其自詒伊阻，故曰難矣哉我之君子，實使我心爲之憂勞也。

中心有違。《谷風》

傳曰：「違，離也。」箋云：「徘徊也。」

樾謹按：「違」當爲「媁」。《說文・女部》：「媁，不說貌。」字亦通作「愇」，《廣雅・釋詁》曰：「愇，恨也。」又或叚「違」爲之，《文選・幽通賦》曰「違世業之可懷」，曹大家曰「違，恨也。違或作愇」，是其證也。「中心有違」猶云「中心有恨」，傳、箋竝失之。《釋文》引《韓詩》曰「違，很也」，很、恨義同，《廣雅・釋詁》曰「很，恨也」，韓說殆勝於毛矣。

遑恤我後。

箋云：「遑，暇。恤，憂也。」

樾謹按：《禮記・表記》篇、襄二十五年《左傳》引此文竝作「皇恤我後」，蓋古字止作

「皇」，後加辵作「遑」也。「皇」當讀爲「況」。《尚書・無逸》篇「無皇曰」，漢石經作「毋兄曰」。「則皇自敬德」，正義曰「王肅本皇作況」，漢石經作「則兄曰敬德」，「兄」即古「況」字。《秦誓》「我皇多有之」，《公羊傳》作「而況乎我多有之」，皆皇、況聲近義通之證。《尚書大傳》「皇于聽獄乎」，鄭注曰：「皇猶況也。」然則「我躬不閱，皇恤我後」，猶云我躬不容，況憂我後。箋訓皇爲暇，則其義轉迂矣。

不我能慉。

傳曰：「慉，養也。」箋云：「慉，驕也。」

樾謹按：《說文・心部》「慉」下引此文作「能不我慉」，當從之。能與甯通。《正月》篇「甯或滅之」，《漢書・谷永傳》引作「能或滅之」。然則「能不我慉」猶言甯不我慉，與《日月》篇「甯不我顧」句法正同。彼箋曰：「甯，猶曾也。」「曾不我慉，反以我爲讎」，兩句文意正一氣相生。後人不解「能」字之義，誤倒其文耳。慉者，好也。古音畜、好相近，故《孟子》曰：「畜君者，好君也。」《呂氏春秋・適威》篇引《周書》曰：「民善之則畜也，不善之則讎也。」高注曰：「《周書》，周公所作。畜，好也。」詩人以慉、讎對文，正本《周書》。彼作「畜」者，叚字也。傳、箋所訓，均未得其旨。

瑣兮尾兮。《旄丘》

傳曰：「瑣、尾，少好之貌。」正義曰：「瑣者，少貌。尾者，好貌。」

樾謹按：尾亦少也。尾與微通。《尚書・堯典》「鳥獸孳尾」，《史記・五帝紀》作「字微」。《漢書・古今人表》「尾生晦」，師古注曰：「即微生畝也。」《莊子・盜跖》篇「尾生與女子期於梁」，《釋文》曰：「尾本作微。」《釋名・釋形體》曰：「尾，微也。」是尾、微聲近義通。「瑣兮尾兮」猶云瑣兮微兮，蓋卽式微式微之意。「流離之子」，詩人以自喻。流離卽倉庚，一名黄離留者，陸璣以爲梟，非是。

簡兮簡兮。《簡兮》

傳曰：「簡，大也。」箋云：「簡，擇。」正義曰：「毛以爲衛不用賢，有大德之人兮，有大德之人兮。鄭以爲衛君擇人兮，擇人兮。」樾謹按：傳、箋兩義均有未安，卽正義所衍説，其不辭實甚矣。「簡」當讀爲「僩」。《説文・人部》：「僩，武貌。」字亦作「撊」。《方言》曰：「撊，猛也。」「僩兮僩兮」乃武猛之貌，下句云「方將萬舞」，萬舞者，武舞也。《周易・豫・象傳》「先王以作樂崇德」，李氏《集解》引鄭注曰：「王者功成作樂，以文得之者作籥舞，以武得之者作萬舞。」《禮記・文王世子》篇「春夏學干戈，秋冬學羽籥」，鄭注曰：「干戈，萬舞，象武也。羽籥，籥舞，象文也。」證以《左傳》楚公子元振萬，而夫人曰「先君以是舞也，習戎備也」，則鄭義殊塙。此經「方將萬舞」，毛傳曰「以干羽爲萬舞」，誤兼文武言。鄭易之曰「萬舞，干舞也」，則固謂萬舞是武舞矣。僩兮僩兮乃武猛之貌，與萬舞正合，猶下章言「公庭萬舞」，而繼之曰「有力如虎」也。簡者，「僩」之叚字。《淇澳》傳曰：「僩，寬大也。」僩本爲武貌，而訓大者，義與簡通也。彼「僩兮」之「僩」可訓大，則此「簡兮」之「簡」可訓武。必泥本字以求之，斯不得其旨矣。

終窶且貧。《北門》

傳曰：「窶者，無禮也。貧者，困於財。」箋曰：「君於己祿薄，終不足以爲禮，又近困於財。」

樾謹按：如箋義，則窶卽貧所致，言窶不必更言貧矣，何以云「窶且貧」乎？《一切經音義》卷一引《蒼頡》曰「無財備禮曰窶」，與箋義同。然其字從宀，則窶之本義當屬居處。《説文・宀部》「窶，無禮居也」，此窶之本義也。所謂無禮居者，乃陜小之謂。《史記・滑稽傳》「甌窶滿篝」，正義曰「甌窶，謂高地陜小之區」，是窶有小義。《方言》「簍小者，南楚謂之簍」，又云「冢小者謂之塿」，則凡從婁得聲者，竝有小義矣。窶從宀婁聲，當爲小屋。《爾雅・釋宮》曰「陜而修曲曰樓」，義與相近。屋小則堂室奥阼之制不備，不可以行禮，故曰無禮居，引申之則凡無禮者皆得謂之窶，毛公此傳是也。凡陜小者亦得謂之窶。《釋名・釋姿容》曰「窶數，猶局縮」，皆小意也。又引申之凡貧者亦得謂之窶。《爾雅・釋言》曰：「窶，貧也」，郭璞注曰：「謂貧陋。」經文止言貧而注必兼言陋者，《説文・𨸏部》「陋，阸陜也」，郭氏之意，蓋謂窶得訓貧者，乃從陜小之義引申之也。然則窶之爲貧，展轉引申，非其本義。而鄭箋必謂禄薄不足爲禮，使窶與貧并爲一談，非經意，且非傳意矣。「終窶且貧」者，終猶既也，已也。《葛藟》篇「終遠兄弟」，傳曰「已相遠矣」，箋云「今已遠棄族親」，是傳、箋竝訓終爲已也。衛之忠臣仕於闇君，言既已不見禮遇，又且貧也。孟子論仕有見行可之仕，有際可之仕，有公養之仕。夫仕於闇君，則已非見行可之仕矣，乃并不能接之以禮，養之以財，則際可之仕、公養之仕俱不足言，宜其不得志也。窶是一事，貧又是一事，傳義甚明。先言寠後言貧者，賢者恥無禮，尤甚於患貧也。

北風其喈。《北風》

傳曰：「喈，疾貌。」

樾謹按：《説文・口部》：「喈，鳥鳴聲也。」《葛覃》篇「其鳴喈喈」，傳曰：「和聲之遠聞也。」他如《風雨》篇「雞鳴喈喈」，《鼓鐘》篇「鼓鐘喈喈」，《烝民》篇「八鸞喈喈」，凡言「喈喈」者，皆取其聲之和。《爾雅・釋訓》「噰噰、喈喈，民協服也」，亦和協之意。此經「喈」字傳訓爲疾，未詳其義。竊謂「喈」當作「湝」。《説文・水部》：「湝，水流湝湝也。一曰湝，寒也。《詩》曰：『風雨湝湝。』」今《詩》無此文，疑《説文》錯誤，當引此詩「北風其湝」也。一章曰「北風其涼，雨雪其雱」，二章曰「北風其湝，雨雪其霏」，涼與湝、雱與霏，義皆相近。湝當從《説文》「一曰寒也」之訓。其涼、其湝義同，猶雱盛貌，霏甚貌，其雱、其霏義亦同也。傳訓爲疾，蓋從「水流湝湝」取義，謂風之疾如水之流也。

副笄六珈。《君子偕老》《鄘風》

傳曰：「副者，后夫人之首飾，編髮爲之。笄，衡笄也。珈，笄飾之最盛者。」箋云：「珈之言加也，副既笄而加飾，如今步摇上飾。古之制所有未聞。」

樾謹按：鄭箋不解「副」字，正義亦不言毛、鄭同異。考《周官・追師》「掌王后之首服，爲副、編、次」，鄭注曰：「副之言覆，所以覆首爲之飾，其遺象若今步繇矣，服之以從王祭祀。編，編列髮爲之，其遺象若今之假紒矣，服之以桑也。次，次第髮長短爲之，所謂髲髢，服之以見王。」然則毛公所謂副，正鄭君所謂編。《禮記・明堂位》鄭注曰：「副，首飾也，今之步摇是也。」

《詩》云『副笄六珈』，《周禮》『掌王后之首服爲副』」，是鄭意與毛不同。其箋《詩》雖不言副爲何物，然曰「珈之言加也，副既笄而加飾，如今步摇上飾」，則其説固與注《禮》同，不從毛公編髮之説也。《續漢書·輿服志》曰：「步摇以黄金爲山題，貫白珠爲桂枝相繆，一爵九華，熊、虎、赤熊、天鹿、辟邪、南山豐大特六獸，《詩》所謂『副笄六珈』者。」然則漢固以步摇當周之副，卽六珈亦尚得其大略。鄭不敢竟以漢制説經，故云古制有未聞耳。《釋名·釋首飾》曰：「王后首飾曰副。副，覆也，以覆首。」亦言「副貳也。兼用衆物成其飾也」，不言以髮爲之，與鄭義同。古者祭服，君衮冕，夫人副禕，然則婦人首服之有副，其猶男子首服之有冕與？毛公誤以編爲副，恐不可從。《廣雅·釋器》曰「假結謂之髻」，古制湮而古字亦變矣。

是紲袢也。

傳曰：「是當暑袢延之服也。」正義曰：「縐絺是當暑紲去袢延，蒸熱之服也。又曰紲袢者，去熱之名，故言袢延之服。袢延是熱之氣也。」

樾謹按：傳言「當暑袢延之服」，竝無「紲去」之文。且袢延之爲熱氣亦是臆説，非傳義也。袢延猶伴奂也。《卷阿》篇「伴奂爾游矣」，箋云：「伴奂，自縱弛之意。」袢與伴竝從半聲，延與奂古音亦相近。當暑袢延之服，謂當暑自縱弛之服也。傳、箋均不解「紲」字，「紲」當作「褻」。《説文·衣部》兩引此經，「褻」篆下曰「是褻袢也」，「袢」篆下曰「是紲袢也」。蓋「褻」本字，「紲」叚字。惟其爲褻衣，故得自縱弛也。

美孟庸矣。《桑中》

傳曰：「庸，姓也。」

樾謹按：庸之爲姓無考。錢氏大昕謂庸卽閻也，以文十八年《左傳》「閻職」，《史記·齊世家》作「庸」爲證。然古男子不以姓行，則閻職非姓也。又引《漢書·谷永傳》「閻妻」爲證，此則得之。惟此詩作于惠公時，姜、弋、庸必當時貴姓，乃其時閻姓無聞焉，詩人何取而詠之乎？庸姓疑卽熊姓。《說文》：「熊，從能，炎省聲。」炎與庸一聲之轉，《尚書·洛誥》篇「無若火始炎炎」，《漢書·梅福傳》引作「毋若火始庸庸」。熊從炎聲，故得通作「庸」。《春秋》所書魯夫人，姜氏爲多，而亦有弋氏、熊氏，襄四年「夫人弋氏薨」，宣八年「夫人熊氏薨」是也。魯、衛兄弟國，其所與爲昏姻者宜亦大略相近。詩人以孟姜、孟弋、孟熊竝言，蓋耳目聞見，此三姓最大也。昭七年《左傳》正義曰：「古人讀熊皆于陵反。」然古無韵書，聲之輕重緩急不能齊同。後漢《劉鎮南碑》熊與豐爲韵，然則庸之與熊何不可通？必謂熊字古止于陵反一音，泥矣。

作于楚宮。《定之方中》

傳曰：「楚宮，楚丘之宮也。」仲梁子曰：初立楚宮也。」

樾謹按：此與下句「作于楚室」兩「于」字竝當作「爲」。《文選·魏都賦》張載注及謝朓《和伏武昌詩》、王融《曲水詩序》李善注引此經竝曰「作爲楚宮」、「作爲楚室」，蓋于與爲古通用。段氏玉裁《詩經小學》已及之矣，惟未及「作」字之義。《駉》篇「思馬斯作」，傳曰：「作，始也。」「作于楚宮」者，始爲楚宮也；「作于楚室」者，始爲楚室也。仲梁子曰「初立楚宮」，明以「初」字釋

「作」字，自來未得其義。

匪直也人。

傳曰：「非徒庸君。」

樾謹按：王氏念孫據《廣雅》「匪彼也」之文讀「匪」爲「彼」，詳見《經義述聞》，其説是也。「匪直也人」猶云「彼直者人」，古者、也二字亦通用。《論語・陽貨》篇「惡紫之奪朱也，惡鄭聲之亂雅樂也，惡利口之覆邦家者」；《孟子・盡心》篇「孩提之童，無不知愛其親者；及其長也，無不知敬其兄也」，者、也互用，卽其例矣。「彼直者人」與「彼姝者子」句法相似。毛公生六國時，古語已不盡可通，近人訓詁之學蓋卓絶矣。

猗重較兮。《淇澳》《衛風》

樾謹按：《禮記・曲禮》孔疏、《論語・鄉黨》皇疏、《荀子・非相篇》楊注、《文選・西京賦》李注引此文「猗」並作「倚」。據《節南山》篇「有實其猗」箋曰「猗，倚也」，則猗、倚固聲近義通也。然作「猗」、作「倚」並叚借字，其字實當作「輢」。《説文・車部》：「輢，車旁也。」「輢重較兮」，言車旁有兩較也。「較」《説文》作「䡈」，曰：「車輢上曲銅也。」是較在輢上，故繫於輢而言之。《楚辭・招魂》曰「檻層軒些」，句法與此相似。《西京賦》曰「戴翠帽，倚金較」，則已誤解此經「倚」字矣。

碩人之薖。《考槃》

傳曰：「薖，寬大貌。」

樾謹按：薖乃草名，其爲叚字無疑，而自來未有得其字者。以義求之，蓋當作「和」。「和」字古或以「咼」爲之，《淮南子・説山》篇「咼氏之璧」，高誘注曰「咼，古和字」是也。又或變作「瑦」，《文選》盧子諒《覽古詩》「趙氏有和璧」，李善注曰《琴操》曰「昭王得瑀氏璧」，「瑀」古「和」字是也。此經云「碩人之薖」，蓋叚「薖」爲「咼」，而又叚「咼」爲「和」，展轉相叚，古書自有此例。《釋文》曰「《韓詩》作『過』」，此則後出之字。以碩人言故從人作「過」，猶以璧言故從玉作「瑀」也。首章美其寬大，次章美其和平，本各自成義。而和之聲近于桓，《水經·桓水》篇引鄭康成《尚書》注曰「和讀曰桓」是也。《長發》篇「玄王桓撥」，傳訓桓爲大，則此傳訓和爲寬大，於義未始不可通矣。段氏玉裁曰：「『薖』卽『窠』之叚借」，「碩人之窠」義甚不安，此不得其説而强爲之辭也。

永矢弗告。

傳曰：「無所告語也。」箋云：「不復告君以善道。」

樾謹按：此詩箋義甚失忠厚之旨，毛以爲無所告語，亦與「永矢」之文未合。王肅説首章「弗諼」曰「先王之道，長自誓不敢忘也」，説次章「弗過」曰「長以道自誓，不敢過差」，其義甚正，卒章「弗告」亦當依肅義説之。「告」讀爲「捁」。《後漢書·馬融傳》《廣成頌》曰「梏羽群」，李賢注曰：「字書梏從手，卽古文攪字，謂攪亂也。」《説文》無「捁」字，蓋是「攪」之或體。覺、告聲近。《釋名·釋書契》曰：「告，覺也。」攪從覺，故或從告。《孟子·告子》篇曰「有梏亡之矣」，趙注以「梏」爲「梏亂」，蓋亦讀爲「捁」。「永矢弗告」，言長以道自誓，不敢捁亂。人苟信道未篤，則見紛華而悦者有之矣，詩人所以長誓弗捁也。

朱幩鑣鑣。《碩人》

傳曰：「幩，飾也。人君以朱纏鑣，扇汗且

以爲飾。鑣鑣，盛貌。」《釋文》曰：「鑣鑣，表驕反，馬銜外鐵也。一名扇汗，又曰排沫。《爾雅》云：『鑣謂之钀。』」

樾謹按：《説文・金部》：「鑣，馬銜也。」《巾部》：「幩，馬纏鑣扇汗也。」是扇汗之名屬幩不屬鑣。傳文「人君以朱纏鑣」爲句，「扇汗且以爲飾」爲句。「扇汗」二字乃言其用，非言其名，猶曰既以扇汗，且以爲飾也。後人或即其用而名之謂之扇汗，亦謂之排沫，要是幩之異名。陸氏誤以「鑣扇汗」三字連讀，乃以扇汗爲鑣之異名，則失之矣。《續漢書・輿服志》曰，乘輿象鑣，赤扇汗；王公列侯朱鑣，絳扇汗，可知鑣與扇汗非一物也。又陸氏此數語釋傳文「鑣」字，非釋經文「鑣鑣」字，乃繫之「鑣鑣」下，疑傳寫之誤，阮氏校勘記已及之。

三歲爲婦，靡室勞矣。夙興夜寐，靡有朝矣。《氓》

箋云：「靡，無也。無居室之勞，言不以婦事見困。無有朝者，常早起夜卧，非一朝然，言己亦不解惰。」

樾謹按：此四句皆自言有功於夫家，宜見恩禮之意，故言我三歲爲婦，則一家之人無居室之勞矣；我夙興夜寐，則一家之人無有朝起者矣，皆由己獨任其勞故也。鄭箋所説未得詩人之旨，而以「靡有朝」爲「非一朝」，尤於文義未安。

巧笑之瑳。《竹竿》

傳曰：「瑳，巧笑貌。」

樾謹按：「瑳」非笑貌，乃「齹」之叚字。《説文・齒部》：「齹，齒參差，從齒差聲。」笑則參差齒見，故以爲巧笑之貌。

能不我知。《芄蘭》

傳曰：「不自謂無知以驕慢人也。」箋云：

「此幼穉之君，雖佩觿與，其才能實不如我衆臣之所知爲也。」

樾謹按：《正月》篇「甯或滅之」，《漢書・谷永傳》引作「能或滅之」，是能與甯通。《日月》篇「甯不我顧」，箋云「甯猶曾也」，「能不我知」與「甯不我顧」同，言此幼稚之君雖則佩觿，而曾不我知也。知者，接也。《墨子・經》篇曰：「知，接也。」古謂相交接曰知，故《後漢書・宋弘傳》「貧賤之交不可忘」，《群書治要》作「貧賤之知」，是知有交接之義也。「能不我知」者，曾不我接也。下章「能不我甲」，傳訓甲爲狎，然則首章言不與我交接，二章言不與我狎習，語意正相近。説此經者不知「能」爲語辭，而以實義釋之，又不解「知」字之義，故皆失其解矣。《谷風》篇「不我能慉」，《説文》引作「能不我慉」，與此句法相同，能亦甯也，説已見前。

垂帶悸兮。

傳曰：「垂其紳帶，悸悸然有節度。」

樾謹按：《説文・心部》：「悸，心動也。」有節度之訓與字義不合，傳説非也。「垂帶悸兮」乃刺之，而非美之。悸之本義爲心動，引申之則凡物之動者皆可以悸言之。字亦作「痵」。《一切經音義》卷一曰「悸，古文痵同」，《説文・疒部》「痵，氣不定也」，是痵亦有動義也。詩人刺惠公，雖容兮遂兮，而其垂帶乃悸然常動，正見其舉動之無節，猶《左傳》以「衰衽如故衰」見昭公之不君，即小以明大也。

一葦杭之。《河廣》

傳曰：「杭，渡也。」

樾謹按：葦非可以渡河之物，傳義非也。

《説文·手部》「抗，❶扞也」，重文「杭」，曰「抗，或從木」，是「杭」即「抗」之或體。杭訓扞，故亦訓蔽。昭元年《左傳》曰：「吉不能亢身，焉能亢宗？」杜注曰：「亢，蔽也。」「亢」乃「抗」之叚字。《列子·黄帝》篇曰「而以道與世抗」，《釋文》曰「抗，或作亢」，是其例也。「一葦杭之」，言一葦之闊即足以蔽之，正是極喻其狹耳。

爰樹之背。《伯兮》

傳曰：「背，北堂也。」正義曰：「背者，向北之義，故知在北。」

樾謹按：「背」即「北」字也，古背、北同字。《國語·吴語》曰「吴師大北」，韋昭注曰「北，古之背字」是也。「爰樹之背」即「爰樹之北」，傳以經但言北，未言所在，故以「北堂」釋之。正義之説反涉迂曲矣。

在彼淇厲。《有狐》

傳曰：「厲，深可厲之旁。」

樾謹按：傳意此「厲」即「深則厲」之「厲」，然水深則非狐所能涉，故以爲「深可厲之旁」，其説甚爲迂曲。且經止言「淇厲」，不言「厲旁」，傳義殆失之矣。今按：「厲」者，「瀨」之叚字。《説文·水部》：「瀨，水流沙上也。從水賴聲。」賴與厲古音相近。《論語·子張》篇「未信則以爲厲己也」，《釋文》曰「厲，鄭讀爲賴」；《漢書·地理志》「厲鄉，故厲國也」，師古曰「厲讀曰賴」，皆其證也。瀨從賴聲，故得以厲爲之。《史記·南越傳》「故歸義越侯二人爲戈船、下厲將軍」，徐廣曰：「厲一作瀨。」此經「厲」字正與彼同。「淇厲」者，淇瀨也。《楚辭·湘君》篇「石瀨兮淺淺」，《漢書·司馬

❶「抗」，原作「杭」，今據《説文解字》改。

相如傳》「北揭石瀨」，師古曰「石而淺水曰瀨」，是瀨爲水淺之處。《易》曰「小狐汔濟，濡其尾」，是水淺之處狐得涉之也。毛以爲深可厲之旁，則混于卒章之「淇側」。戴氏《毛鄭詩考正》曰，厲，梁之屬也，引《水經注》「吐谷渾於河上作橋謂之河厲」爲證，則混于首章之「淇梁」。夫詩人之言自有次弟，首言「淇梁」，明易涉也；次言「淇厲」，則涉之稍難矣；卒言「淇側」，則徘徊于水厓不得涉矣，所以憂之彌甚也。混而同之，豈得其意乎？

左執簧。《君子陽陽》《王風》

傳曰：「簧，笙也。」　正義曰：「簧者，笙管之中金薄鐷也。笙必有簧，故以簧表笙。傳以笙簧一器，故云『簧，笙也』。」

樾謹按：笙不能無簧，而簧不必定施於笙。簧蓋自成一器。《釋名·釋樂器》曰「簧，横也，于管頭横施于中也」，此謂竽笙中之簧也；又曰「以竹鐵作，于口横鼓之，亦是也」，此自成一器者也。《鹿鳴》篇「鼓瑟吹笙，吹笙鼓簧」，瑟與笙爲二物，則笙與簧亦二物。傳以簧爲笙，非也。《文選·長笛賦》注曰「大笙謂之簧」，益非古義矣。説詳《禮記·月令》篇「調竽笙箎簧」。

右招我由敖。

箋云：「右手招我，欲使我從之於燕舞之位。」

樾謹按：上章「右招我由房」，毛傳以「房」爲「房中之樂」，此章「敖」字傳雖無文，宜亦一律。「敖」當讀爲「驁」。《儀禮·大射儀》曰「公入驁」，鄭注曰：「驁夏，亦樂章也，以鐘鼓奏之，其詩今亡。」「右招我由敖」，言右招我用驁夏之樂也。鄭解「招我由房」曰「欲使我從之於房中」，房以地言，故敖亦以地言。然敖爲舞位，他無所見，恐未足據也。

將其來施施。《丘中有麻》

傳曰：「施施，難進之意。」箋云：「施施，舒行伺閒，獨來見己之貌。」

樾謹按：《顔氏家訓・書證篇》曰「河北《毛詩》皆云『施施』，江南舊本悉單爲『施』」，是顔所見江南舊本竝作「將其來施」。經單言「施」而傳、箋重言之曰「施施」，猶《氓》篇「咥其笑矣」，傳、箋重言之曰「咥咥」，《芄蘭》篇「垂帶悸兮」，傳、箋重言之曰「悸悸」。此例甚多，當以江南舊本爲正，顔反疑其誤，非也。惟傳、箋之義均未得經旨。《氓》篇「將子無怒」，傳曰：「將，願也。」《荀子・臣道篇》「爪牙之士施則仇讎不作」，楊倞注曰：「施，謂展其才也。」然則「將其來施」者，願其來而展其才也。首章言「將其來施」，次章言「將其來食」，詩人之辭自有意義。蓋首章以子嗟言，《序》所謂「莊王不明，賢人放逐」者，正指子嗟。子嗟之才必有可用，故曰「將其來施」，欲其有所設施也。次章以子國言，子國則子嗟之父也。因其子之賢而思其父，其父之年必已老矣，不能有所設施矣，故曰「將其來食」，言願其來而以飲食頤養之，不復煩以事也。自來説《詩》者皆未達此義。

彼留之子。

箋云：「留氏之子，於思者則朋友之子。」正義曰：「留氏之子，於思者則朋友之子，正謂朋友之身也，非與其父爲朋友。孔子謂子路賊夫人之子，亦此類也。」

樾謹按：此詩首章言「彼留子嗟」，次章言「彼留子國」，傳曰「子國，子嗟父」，蓋因子嗟之賢而上及其父也。卒章言「彼留之子」，則又因子嗟之賢而下及其子也，此正詩人愛賢無已之意。鄭箋明云「於思者則朋友之子」，正義誤以彼留之子亦謂子嗟，故曲爲之説，殊失經旨。

敝予又改爲兮。《緇衣》《鄭風》

樾謹按：篇中言「予」者皆設爲周天子之辭。《序》云：「《緇衣》，美武公也。父子竝爲周司徒，善於其職，國人宜之，故美其德，以明有國善善之功焉。」然則《緇衣》之詩固美武公，而亦見周天子之能善善。正義曰「此乃有國者善中之善」，則大謬矣。故通篇皆設爲周天子之辭。《儀禮·覲禮》「天子賜侯氏以車服」，此卽所謂「敝予又改爲也」；其云「適子之館」者，《覲禮》「天子賜舍」是也；其云「還予授子之粲」者，《覲禮》「饗禮乃歸」是也。武公以諸侯入爲卿士，故用諸侯之禮，詩人紀其實耳。

無踰我里。《將仲子》

傳曰：「里，居也。二十五家爲里。」正義曰：「謂無踰越我里居之垣牆。」

樾謹按：二十五家之里不可逾越，故正義加「垣牆」字以成其義，然非經旨也。里猶廬也。《文選·幽通賦》「里上仁之所廬」，曹大家注曰「里、廬，皆居處名也」，是里爲居處之名，與廬同義。《漢書·食貨志》云「在野曰廬，在邑曰里」，是其義也。「無踰我里」猶云「無踰我廬」。傳以「居」釋「里」，其義已足，又申之曰「二十五家爲里」，則轉失之。

洵美且仁。《叔于田》

箋云：「言叔信美好而又仁。」正義曰：「仁是行之美名，叔乃作亂之賊，謂之信美好而又仁者，言國人悦之辭，非實仁也。」

樾謹按：《禮記·中庸》篇「仁者，人也」，鄭注曰：「人也，讀如相人偶之人，以人意相存問之言。」然則古所謂仁者，乃以人意相存問之意，故其字從人二也。此章以仁稱叔，見有叔則能以人意相存問，故巷有人；無叔則莫能以人意相存問，故巷無人也。孔穎達徒震於仁之名而不達古義，未得其旨。嘗謂詩人之辭，非如後人苟且趁韵者。首章言「巷無居人」，故曰「洵美且仁」；次章言「巷無飲酒」，故曰「洵美且好」；三章言「巷無服馬」，故曰「洵美且武」，末一字皆與首句相應。《説文・馬部》曰：「馬，武也。」於人言仁，猶於馬言武，皆古訓也。

抑磬控忌，抑縱送忌。《大叔于田》

傳曰：「騁馬曰磬，止馬曰控，發矢曰縱，從禽曰送。」

樾謹按：磬、控雙聲，縱、送疊韵，凡古書雙聲疊韵之字皆無二義，傳以一字爲一義，恐非也。磬、控、縱、送竝以御言，磬即控也，言止馬也；送即縱也，言騁馬也。《淮南子・覽冥》篇「磬龜無腹」，高注曰：「磬，空也。」磬爲空，故亦爲控，古文聲近者義即相通。縱、送亦猶是矣。分爲四事，轉非古義。上文曰「叔善射忌，又良御忌」，而磬、控、縱、送獨承「良御」句而言，猶下章「叔馬慢忌，叔發罕忌」，而釋掤、鬯、弓獨承「叔發罕」句而言也。

洵直且侯。《羔裘》

傳曰：「洵，均。侯，君也。」箋云：「言古朝廷之臣，皆忠直且君也。君者，言正其衣冠，尊其瞻視，儼然人望而畏之。」

樾謹按：「洵直且侯」與《叔于田》「洵美且仁」句法正同。彼箋云：「洵，信也，言叔洵美好而又仁。」然則「洵直且侯」亦言洵忠直而又君也。傳訓洵爲均，似於義未合，故鄭不從之，但曰「皆忠直且君」，則與「洵美且仁」一例。至「侯」字之義，傳訓爲「君」，而箋又引《論語》文證之，則君猶威也。君與威古音相近。《説文·艸部》「莙，从艸君聲，讀若威」，是其證也。《爾雅·釋親》：「姑舅在則曰君舅君姑。」《説文·女部》「威」下引漢律曰「婦告威姑」，威姑卽君姑也。毛訓侯爲君，卽是訓侯爲威，故鄭引《論語》文以證之，明君之爲威也。正義以爲「有人君之度」，失毛、鄭之旨矣。毛不直以威釋侯，而仍用《釋詁》文訓爲君者，以侯無威義，訓爲君則威義存其中矣。《釋文》引《韓詩》曰：「侯，美也。」侯之訓美，亦從君之義而引申之。《左傳》曰：「美矣君哉。」《白虎通·號》篇曰：「皇，君也，美也。」侯爲君，故亦爲美。毛、韓之義雖異而實同，精於故訓者可一以貫之。

三英粲兮。

傳曰：「三英，三德也。」箋云：「三德，剛克、柔克、正直也。」

樾謹按：三德卽具本詩，首章「洵直且侯」一句有二德，次章「孔武有力」一句爲一德。直也，侯也，武也，所謂三德也。鄭以《洪範》説此詩，恐未必然。

不寁故也。《遵大路》

傳曰：「寁，速也。」箋云：「子無惡我擥持子之袪，我乃以莊公不速於先君之道使我然。」

樾謹按：傳訓寁爲速，於義未了。箋申傳意，迂曲殊甚，恐非經旨。寁之言接也。寁從疌聲，接從妾聲，兩聲相近。《説文》箑或作篓，卽其例矣。《爾雅·釋詁》篇郭注曰「捷，謂相接續也」，《釋名·釋形體》

曰「睫，接也」，《漢書・外戚傳》注曰「倢，言接幸於上也」，是凡從疌得聲者竝有接義。此詩首章言「無我惡兮，不寁故也」，次章言「無我魗兮，不寁好也」，謂無以惡我魗我之故，而不接續故舊之情好也。蓋今君雖失道，而先君之恩義不可忘。詩人所執袪而留之者，其辭至切矣。

遵大路兮，摻執子之手兮。

樾謹按：首章「路」字入韵，次章「路」字不入韵，猶《騶虞》篇首章「虞」字入韵，次章「虞」字不入韵；《權輿》篇首章「輿」字入韵，次章「輿」字不入韵也。合而讀之，則兩「虞」字、兩「輿」字未始不自爲韵，詩固有此一例也。此詩兩章竝言「遵大路兮」，而一入韵，一不入韵，正與彼同，但彼在末此在首爲小異耳。王氏引之《經義述聞》謂此章「路」字當作「道」，變文協韵，失之矣。

東門之栗。《東門之墠》

傳曰：「栗，行上栗也。」箋云：「栗人所啗食而甘耆，故女以自喻也。」

樾謹按：鄭以「栗」爲「棗栗」字，恐非傳意也。傳云「行上栗」，與《左傳》「行栗」同。襄九年《傳》「斬行栗」，杜注曰：「行栗，表道樹。」若是「棗栗」字，豈鄭國表道止種栗樹而無他樹乎？抑晉師於鄭國表道之樹止斬其栗而不及其他乎？足知其非矣。今按：「栗」當讀爲「列」。《國語・周語》曰：「列樹以表道。」古者列樹表道，故表道之樹卽謂之列。栗與列聲近，故得通用。《東山》篇「烝在栗薪」，箋云「古者聲栗裂同也」；《四月》篇「冬日烈烈」，箋云「烈烈，猶栗栗也」，竝其證也。首章云「東門之墠」，次章云「東門之列」，墠者除地爲墠，列者列樹表道。鄭以本字讀之，似於經義，傳義胥失矣。

云胡不瘳。《風雨》

傳曰：「瘳，愈也。」

樾謹按：首章「云胡不夷」，❶傳曰「夷，説也」；卒章「云胡不喜」，喜、説義同。此章曰「不瘳」，義不倫矣。「瘳」當爲「憀」。《文選·琴賦》注曰：「憀與聊字義同。」然則「不憀」猶「不聊」也。《戰國策·秦策》曰「百姓不聊生」，高誘注曰：「聊，賴也。」《楚辭·逢尤》篇曰「心煩憒兮意無聊」，王逸注曰：「聊，樂也。」蓋人無聊賴則不樂，故聊有樂義。《泉水》篇「聊與之謀」，傳曰「聊，願也」，願與樂意亦相近。「云胡不憀」猶言云胡不樂，傳義失之。

群經平議卷八

❶ 「胡」，原作「故」，今據清經解續編本改。

群經平議卷九

德清俞樾

毛詩二

揖我謂我臧兮。《還》《齊風》

傳曰：「臧，善也。」

樾謹按：臧固訓善，而此「臧」字則當訓爲壯。壯者，盛也。《禮記・學記》篇「約而達，微而臧」，臧與微對，則有壯盛之義可知。蓋臧、壯聲近而義通也。首章言「子之還兮」，故曰「揖我謂我儇兮」，傳曰「還，便捷之貌。儇，利也」，是還與儇義相應也。二章言「子之茂兮」，故曰「揖我謂我好兮」，傳曰「茂，美也」，是茂與好義相應也。此「臧」字亦當與「昌」字相應，傳訓昌爲盛，臧爲善，則義不相應矣。鄭知傳義之未安，而易傳曰「昌，佼好貌」，則又與二章無別。蓋毛傳失之於「臧」，非失之於「昌」。一章以便利相譽，二章以美好相譽，三章以壯盛相譽，言各有當，未可徒泥古訓矣。

履我卽兮。《東方之日》

傳曰：「履，禮也。」箋云：「卽，就也。在我室者以禮來，我則就之與之去也。」

樾謹按：傳訓履爲禮，而箋申其義如此，殊於文義未安。《氓》篇「體無咎言」，《釋文》曰：「《韓詩》作『履』。履，幸也。」此經「履」字當從《韓詩》説訓爲幸。「履我卽矣」者，幸我就也；二章曰「履我發矣」者，幸我行也，皆男女淫奔，私相冀幸之辭。「履」之爲「幸」，蓋古語有然，韓説必非無據。毛訓履爲禮，反失其旨矣。

總角丱兮。《甫田》

傳曰：「總角，聚兩髦也。丱，幼穉也。」

樾謹按：「丱兮」承「總角」而言，則當爲形容總角之辭。丱之爲言貫也。《説文・𢇇部》「𢇇，織以絲貫杼也。從絲省丱聲」，是𢇇有貫義。此作「丱」者，卽「𢇇」之叚字也。又或通作「關」。《禮記・雜記》篇「見輪人以其杖關轂而輠輪」，正義曰「關，穿也」，是關轂卽貫轂，亦卽「𢇇」之叚字也。古字以聲爲主，不泥其形，故「𢇇」或作「關」，又或作「丱」矣。《説文》以貫訓𢇇，蓋以同聲之字爲訓。「總角丱兮」者，總聚其髦以爲兩角，有交貫之象也。昭十九年《穀梁傳》「羈貫成童」，范甯注曰「羈貫，謂交午翦髮以爲飾」，是其義也。

猗嗟名兮。《猗嗟》

傳曰：「目上爲名。」

樾謹按：「名」猶「明」也。《釋名・釋言語》曰：「名，明也，名實使分明也。」蓋名與明古音雖不同，然亦一聲之轉，故《禮記・檀弓》篇曰「銘明旌也」，銘與名同。「猗嗟明兮，美目清兮」正取清明之義。因「明」字非韵，故用「名」字代之。毛公以名兮、清兮皆言美目，而「名兮」之文在「美目」之上，「清兮」之文在「美目」之下，因有目上爲名，目下爲清之説，此蓋依經立義，不可泥也。後人遂將「目上爲名」四字羼入《爾雅》，竟若爲眉目閒之定稱，於是變其字作「眳」，見《文選・西京賦》薛綜注；又變其字作「顯」，見《玉篇・頁部》。不特非詩人之意，且亦非毛公作傳之意矣。

舞則選兮，射則貫兮。

傳曰：「選，齊。貫，中也。」箋云：「選者，謂於倫等最上。貫，習也。」

樾謹按：此當以傳義爲長。《伐柯》篇「籩豆有踐」，傳曰「踐，行列貌」，「選」從巽聲，得與「踐」通。《堯典》「巽朕位」，《史記·五帝紀》作「踐朕位」，是其例也。毛公訓選爲齊，訓踐爲行列貌，其義不殊。《仲尼弟子傳》任不齊字子選，宓不齊字子賤，「賤」卽「踐」也，可知選、踐之同義矣。舞有舞之位，故以齊爲貴；射有射之侯，故以中爲貴。若如鄭義，則舞亦可言貫，射亦可言選，轉覺泛而不切矣。

糾糾葛屨，可以履霜；摻摻女手，可以縫裳。《葛屨》《魏風》

傳曰：「夏葛屨，冬皮屨。葛屨非所以履霜。」又曰：「婦人三月廟見，然後執婦功。」箋云：「魏俗至冬猶謂葛屨可以履霜，利其賤也。」又云：「魏俗使未三月婦縫裳者，利其事也。」

樾謹案：傳義但言葛屨之不可履霜，女之不可縫裳，竝無可以履霜、可以縫裳之説，疑經文兩「可」字當作「何」字。古可、何字通用。襄十年《左傳》「下而無直則何謂正矣」，《釋文》曰：「何，或作可」；昭八年《傳》「若何弔也」，《釋文》曰：「何，本或作可」；《石鼓文》「其魚隹可」，「隹可」卽「維何」也，此古文以「可」爲「何」之證。經文云「糾糾葛屨，何以履霜？摻摻女手，何以縫裳？」故傳義云然。至鄭君作箋曰「魏俗至冬猶謂葛屨可以履霜」，則已不知「可」字爲「何」字古文矣。

美無度。《汾沮洳》

傳曰：「美無有度，言不可尺寸。」

樾謹按：「無度」猶「無數」也。《振鷺》篇

「在此無斁」，箋云：「人皆愛敬，無厭之者。」然則「美無度」亦謂無厭之者也。《後漢書·張衡傳》「惟盤逸之無斁兮」，李賢注曰「斁，古度字」，是度與斁古通用。傳以本字讀之，而釋爲「不可尺寸」，其義轉迂矣。

美如英。

傳曰：「萬人爲英。」

樾謹案：凡言「如」者，皆取喻於物，傳義非也。「美如英」與下章「美如玉」同，英亦玉也。《著》篇「尚之以瓊英乎而」，傳曰「瓊英，美石如玉者」，此「英」字當與彼同。《説文·玉部》：「瑛，玉光也。」古字止以「英」爲之。《穆天子傳》「枝斯之英」，郭注曰：「英，玉之精華也。」玉之精華謂之英，故石似玉者亦謂之英。《説文》：「瑩，玉色也。一曰：石之次玉者。」玉色謂之瑩，石次玉者亦謂之瑩，是其例矣。

行役夙夜必偕。《陟岵》

傳曰：「偕，俱也。」❶

樾謹案：傳義非也。「行役夙夜必偕」與《北山》篇「偕偕士子，朝夕從事」義同。彼傳云「偕偕，彊壯貌」，則此「偕」字亦當訓强。《説文·人部》「偕，强也」，是强乃偕之本義，單言之曰「偕」，重言之曰「偕偕」，其義一也。首章「行役夙夜無已」，傳曰「無解倦」，次章「行役夙夜無寐」，傳曰「無耆寐」，然則卒章言「必偕」正申前兩章之意，言夙夜之閒必當自强也。訓偕爲俱，失之矣。

胡取禾三百廛兮？《伐檀》

傳曰：「一夫之居曰廛。」正義曰：「謂一夫

❶「俱」，原作「具」，今據四部叢刊景宋本《毛詩》改。

之田百畝也。」

樾謹按：如傳義，則三百廛爲三百夫之田，其數太多。且一章言廛，二章言億，三章言囷，義亦不倫，疑傳義非也。《廣雅・釋詁》稇、❶繶、纏竝訓束，然則三百廛者，三百纏也；三百億者，三百繶也；三百囷者，三百稇也，其實皆三百束也。《説文・又部》：「秉，禾束也。」然則三百束者，三百秉也。鄭箋於二章曰「三百億，禾秉之數」，不知三百者億之數，億猶秉也。蓋自傳失其義，故箋亦不得其解矣。

樂土樂土。《碩鼠》

樾謹案：《韓詩外傳》兩引此文，竝作「逝將去女，適彼樂土；適彼樂土，爰得我所」，又引次章亦云「逝將去女，適彼樂國；適彼樂國，爰得我直」，當以《韓詩》爲正。詩中疊句成文者甚多，如《中谷有蓷》篇疊「嘅其歎矣，嘅其歎矣」兩句，《丘中有麻》篇疊「彼留子嗟，彼留子嗟」兩句，《東方之日》篇疊「在我室兮，❷在我室兮」兩句，《汾沮洳》篇疊「美無度，美無度」兩句，皆是也。毛與韓本當不異，因古人遇疊句皆省不書，止於字下加二畫以識之。《宋書・禮樂志》所載樂府詞皆如是，如《秋胡行》疊「願登泰華山，神人共遨游」二句，則書作「願二登二泰二華二山二，神二人二共二遨二游二」，是其例也。此詩亦當作「適二彼二樂二土二」，傳寫誤作「樂土樂土」耳。下二章同此。

職思其居。《蟋蟀》《唐風》

傳曰：「職，主也。」

❶「稇」，原作「梱」，今據明刻《廣雅》改。
❷「兮」，原作「矣」，今據清經解續編本改。

樾謹案：訓職爲主，於義未安。《爾雅》「職」有二訓，一曰常也，一曰主也。「職思」之「職」當訓爲常，猶曰常思其居耳。次章「職思其外」，三章「職思其憂」竝同。詩中「職」字當訓常者甚多，如《巧言》篇「職爲亂階」，言其常爲亂階也；《大東》篇「職勞不來」，言常勞而不見勤也。今一以主釋之，則義轉迂矣。略舉二事，以例其餘。

良士休休。

傳曰：「休休，樂道之心。」

樾謹按：一章云「良士瞿瞿」，二章云「良士蹶蹶」，三章云「良士休休」，其義皆同，故《爾雅·釋訓》「瞿瞿、休休，儉也」。若如傳義，則與「瞿瞿」不一律矣。此「休」字當讀爲「煥休」之「休」。昭三年《左傳》杜注曰「煥休，痛念之聲」，正義引服注曰：「若今時小兒痛，父母以口就之曰煥休。」以是推之，休休猶嘻嘻也。僖元年《公羊傳》「慶父聞之曰嘻」，何休注曰：「嘻，發痛語首之聲。」休與嘻一聲之轉。《廣雅·釋詁》：「休，喜也。」休之爲嘻，猶休之爲喜矣。瞿瞿以目言，蹶蹶以足言，休休以聲言，皆不敢荒淫之意。泥其字以求之，斯不得其解矣。

見此邂逅。《綢繆》

傳曰：「邂逅，解説之貌。」

樾謹按：邂逅乃古語。《莊子·胠篋》篇「解垢同異之變多」，「解垢」即「邂逅」也。與「同異」竝言，是「邂」、「逅」二字各自爲義。邂之言解散也，逅之言構合也，故亦作「解構」。《淮南子·俶真》篇：「孰肯解構人間之事乎？」高誘注曰：「解構，猶合會也。」構爲合會，解非合會，而連言之曰

「解構」，古人之辭往往如此。《史記·刺客傳》「多人不能無生得失」，因「失」而連言「得」；《倉公傳》「緩急無可使者」，因「急」而連言「緩」；《後漢書·何進傳》「先帝嘗與太后不快，幾至成敗」，因「敗」而連言「成」，皆其例也。説見《日知録》卷二十七。《野有蔓草》篇「邂逅相遇」，毛傳曰「邂逅，不期而會」，是專説「逅」字之義。此傳曰「邂逅，解説之貌」，是專説「邂」字之義。毛公生六國時，猶通古語，固知「邂」、「逅」二字各自爲義。但於《野有蔓草》篇謂因「逅」而連言「邂」，於此篇又謂因「邂」而連言「逅」，故前後異義也。毛説此經必與彼異者，蓋亦順文爲説。彼經云「邂逅相遇」，故從「逅」字取義，訓爲「不期而會」；此經云「見此邂逅」，若從彼説則不可通，故從「邂」字取義，訓爲「解説之貌」。

婚姻失時，男女睽隔，其志鬱結不舒矣，今夕見之，皆得解説。然解説在心者不可見，解説在貌者則可見，故傳以貌言之，是説猶悦也。「今夕何夕，見此邂逅」，謂見此怡悦之貌也。毛義精妙，鄭箋尚未能申説，正義更無論矣。《釋文》引《韓詩》以爲不固之貌，《文選·神女賦》曰「頩薄怒以自持兮，曾不可乎犯干」，然則不固猶言不自持也。雖與毛異，而亦從「邂」字取義，其説亦通。

嗟行之人，胡不比焉？人無兄弟，胡不佽焉？《杕杜》

傳曰：「佽，助也。」箋云：「君所與行之人，謂異姓卿大夫也。比，輔也。此人女何不輔君爲政令？」又云：「異姓卿大夫，女見君無兄弟之親親者，何不相推佽而助之？」

樾謹按：箋義非也。《爾雅·釋宫》曰：「行，道也。」「行之人」猶言「道之人」。《荀子·性惡篇》曰「塗之人可以爲禹」，與此詩「行之人」文法相似。「胡不比焉」、「胡不佽焉」，「不」皆語詞。《車攻》篇「徒御不警，大庖不盈」，傳曰：「不警，警也。不盈，盈也。」《文王》篇「有周不顯，帝命不時」，傳曰：「不顯，顯也。不時，時也。」《生民》篇「上帝不甯，不康禋祀」，傳曰：「不甯，甯也。不康，康也。」此例甚多。「胡不比焉」、「胡不佽焉」猶曰「胡比焉」、「胡佽焉」，蓋言彼塗之人，胡親比之有？人無兄弟，胡佽助之有？故《序》曰：「獨居而無兄弟，將爲沃所并。」鄭箋以「行之人」爲「君所與行之人」，義既迂曲；又云「女何不輔君爲政令」，「何不相推佽而助之」，正義因言「猶冀他人輔之」。上文明言「豈無他人？不如我同父」，乃冀他人輔助，失詩旨矣。

父母何怙。《鴇羽》

傳曰：「怙，恃也。」

樾謹按：二章云「不能蓺黍稷，父母何食」，三章云「不能蓺稻粱，父母何嘗」，皆承上句爲義。此章云「不能蓺稷黍，父母何怙」，義亦當同。「怙」乃「餬」之叚字。《説文·食部》：「餬，寄食也。」《莊子·人閒世》篇《釋文》引李云餬食也，崔云字或作「互」，或作「餂」。蓋餬從胡聲，亦或省從古聲，故怙與餬得以通用，猶言父母何食也。傳以本字讀之，非是。

肅肅鴇行。

傳曰：「行，翮也。」正義曰：「以上言羽翼，明行亦羽翼，以鳥翮之毛有行列，故稱行也。」

樾謹按：《說文・羽部》：「𦐂，翅也。從羽革聲。」「翮，羽莖也。從羽鬲聲。」二字義近而音則絶遠，革聲古音在之咍部，鬲聲古音在支佳部，不相混也。此傳「翮」字乃「𦐂」字之誤。《廣雅・釋訓》：「行行，更更也。」行與更音義相近，訓行爲𦐂，猶訓革爲更也。自之支無辯，斯翮𦐂不分，故此傳「𦐂」誤爲「翮」，而正義以有行列爲說，於古人以聲相訓之法失之遠矣。

采苓采苓，首陽之巔。《采苓》

傳曰：「苓，大苦也。首陽，山名也。采苓，細事也。首陽，幽辟也。細事喻小行也，幽辟喻無徵也。」箋云：「采苓采苓者，言采苓之人衆多非一也，皆云采此苓於首陽山之上，首陽山之上信有苓矣。然而今之采者未必於此山，然而人必信之。興者，喻事有似而非。」

樾謹按：傳、箋所說繁而無當，於詩意實未得也。首章言采苓，二章言采苦，三章言采葑，詩人蓋託物以見意。苓之言憐也，苦之言苦也，葑之言從也。《說文・草部》曰：「葑，須從也。」讒人之言往往飾爲哀憐辛苦之辭，動人之聽而使人必從，故以采苓、采苦、采葑爲興也。此詩刺晉獻公聽讒而作，采苓采苦，其卽驪姬之夜半而泣乎？三章皆言「舍旃舍旃，苟亦無然」，箋云「舍之焉，舍之焉，謂謗訕人，欲使見貶退也」，其卽廢太子申生之事乎？首陽者，元首之象，以喻君也。傳謂幽辟，失之。一章言「首陽之巔」，二章言「首陽之下」，見讒人之在君側也。三章言「首陽之東」，則更有意義。《碩人》篇傳曰：「東宮，齊太子也。」正義曰：「太子居東宮。」然則「采葑采葑，首陽之東」，正見讒人之言切近太子矣。千載而下，以意逆志，猶可得其微意也。

逝者其耋。《車鄰》《秦風》

傳曰：「耋，老也，八十曰耋。」箋云：「今者不於此君之朝自樂，謂仕焉。而去仕他國，其徒使自老。」

樾謹按：「逝者」對「今者」言，「今者」謂此日，「逝者」謂他日也。逝，往也，猶言過此以往也。箋以爲「去仕他國」，毛傳殊無此義。

奉時辰牡。《駟鐵》

傳曰：「時，是。辰，時也。冬獻狼，夏獻麋，春秋獻鹿豕群獸。」箋云：「奉是時牡者，謂虞人也。」

樾謹按：「冬獻狼」以下與《周官·獸人》文略同。然虞人驅禽以待射，非如獸人獻獸以供膳，豈其冬但驅狼，夏但驅麋乎？又曰「辰牡」，豈但驅其牡者，而牝者在所不驅乎？傳、箋之説，不可通也。「辰」當讀爲「麎」。《爾雅·釋獸》曰「麋，牡麔牝麎」，然則麎牡猶言麀牡矣。《釋獸》曰：「鹿，牡麚牝麀。」襄四年《左傳》曰：「思其麀牡。」蓋以凡獸言之，則爲牝牡；專以麋言，則當爲麎麔；專以鹿言，則當爲麀麚。而古人之辭往往互文見義，故《詩》言「麎牡」，《傳》言「麀牡」。牡者，通凡獸而言；曰麎、曰麀，專以麋鹿言，互相備也。因「麎」字省作「辰」，雖毛公不得其解矣。

方何爲期？胡然我念之。《小戎》

箋云：「方今以何時爲還期乎？何以然了不來，言望之也。」正義曰：「方欲以何時爲還期乎？何爲了然不來，而使我念之也。」

樾謹按：箋文「何以然」三字解經文「胡然」

二字，因「胡然」之下即云「我念之」，於義似不屬，故加「了不來」三字以成其義。孔氏作正義，誤倒其文而曰「了然不來」，非箋意也。阮氏校勘記已辯之矣。惟經文實無「不來」字，不得增出。「方何爲期？胡然我念之」，此二句乃自解之辭。《廣雅·釋詁》：「方，始也。」言始者與我以何時爲期乎？胡然而我遽念之也。《杕杜》篇曰：「期逝不至，而多爲恤。」彼期已過，故憂之；此未及期，故猶可勿念也。上章曰「在其板屋，亂我心曲」，是亦念之至矣。次章又自解之如此，正義所謂「婦人無怨曠之志」者，於此可見。箋不知方之爲始，而曰「方今以何時爲還期乎」，於是下句不得其解矣。

俴駟孔群。

傳曰：「俴駟，四介馬也。」箋云：「俴，淺也，謂以薄金爲介之札。介，甲也。」正義曰：「俴訓爲淺，駟是四馬，是用淺薄之金以爲駟馬之甲，故知淺駟，四介馬也。箋申明俴駟爲四介馬之意，以馬無深淺之量而謂之俴駟，正謂以淺薄之金爲甲之札，金厚則重，知其薄也。」

樾謹按：毛公但以俴駟爲四介馬，竝無薄金之說。鄭訓俴爲淺，即用《小戎》「俴收」毛傳文。俴之訓淺，固無疑矣。以爲薄金，恐未必然。《韓奕》篇「鞹鞃淺幭」，傳曰「淺，虎皮淺毛也」；《儀禮·既夕記》「鹿淺幦」，鄭注亦曰「鹿淺，鹿夏毛也」，是凡毛之淺者皆謂之淺。古者戰馬之甲，蓋以他獸之皮毛淺者爲之。莊十年《左傳》「蒙皋皮而先犯之」，僖二十八年《傳》「胥臣蒙馬以虎皮」，皆是也。傳所以載之者，以用虎皮爲異耳。蓋馬必有甲，而甲厚則不可驅騁，故以他獸皮淺毛者爲之，使足以禦矢石，而其質仍柔輭，不害馳走也。《管子・參患》篇曰「甲不堅密與俴者同實」，尹注曰「俴，謂無甲單衣者」，可知馬之甲僅如人之單衣耳，未必以金爲札，如鄭君説也。《釋文》引《韓詩》曰「駟馬不著甲爲俴駟」，此恐傳者誤衍「不」字。若不著甲直謂之駟耳，何言俴也？毛、韓義本不異，因韓説衍「不」字，陸氏遂以異義録之矣。

蒙伐有苑。

傳曰：「蒙，討羽也。伐，中干也。苑，文貌。」箋云：「蒙，厖也。討，雜也。畫雜羽之文於伐，故曰厖伐。」

樾謹按：傳文「討」字殊不可曉，箋訓爲「雜」，義亦未詳。「討」疑「糾」字之誤。桓二年《穀梁傳》「以是爲討之鼎也」，《釋文》曰「麋氏云：討或作糾」，是其例也。《説文・丩部》「丩，相糾繚也」，又曰「𦫳，艸之相丩者」，又曰：「糾，繩三合也。」蓋𦫳、糾二字竝從丩爲意。繩三合謂之糾，猶艸相丩謂之𦫳矣。蒙之言蒙茸也，是有糾繚之義，故傳以糾訓蒙，而箋以雜訓糾。今誤爲「討」，則傳箋之意皆晦矣。又按：畫雜羽之説似非經意。《尚書・粊誓》「敿乃干」，枚傳曰「施女楯紛」，正義曰：「楯無施功之處，惟繫紛於楯，故以爲施女楯紛。紛如綬而小，繫於楯以持之，且以爲飾。鄭云：敿猶繫也。」以是言之，蒙有糾繚之義，蓋卽所謂「敿乃干」者，糾繚與敿繫同也。繫紛於盾是謂蒙伐，以其爲盾之飾，故言有苑。傳、箋所説，恐皆失之。或毛傳本無「羽」字，但曰「蒙糾也」，後人據鄭義增益耳。

遡洄從之，道阻且長；遡游從之，宛在水中央。《蒹葭》

傳曰：「逆流而上曰溯洄。逆禮則莫能以至也。順流而涉曰溯游。順禮未濟，道來迎之。」正義曰：「《釋水》云：逆流而上曰溯洄，順流而下曰遡游。孫炎曰：逆渡者，逆流也。順渡者，順流也。然則逆、順流皆謂渡水有逆順，故下傳曰『順流而涉，見其是人渡水也。』」

樾謹按：「溯」，《說文》作「㴑」。《水部》：「㴑，逆流而上曰㴑洄。㴑向也，❶水欲下違之而上也。」是「溯」字止可爲逆流之名，其字本從屰得聲，屰，不順也。若使逆流、順流同謂之溯，義不可通。雖有《爾雅》明文，未敢信也。此詩本刺襄公不能用周禮，兩「溯」字皆從下而上之意，居今思古，故取義於「溯」，兩句之異，全在「洄」字、「游」字。《爾雅・釋水》曰「湀闢流川，過辯回川」，郭璞解上句曰「通流」，解下句曰「旋流」。此經「洄」字卽彼「回」字，「游」字卽彼「流」字。「回」乃「洄」之省，「游」與「流」古字通。《漢書・項籍傳》「必居上游」，師古注曰：「游卽流也。」溯洄、溯流其爲溯也不異，然溯之於回川則道阻且長，喻不以禮求之也；溯之於流川則宛在水中央，喻以禮求之也。傳義雖亦本《爾雅》，然於字義不合，卽非經義可知矣。

道阻且右。

傳曰：「右，出其右也。」箋云：「右者，言其迂迴也。」正義曰：「此說道路艱難而云且右，故知右謂出其右也。若正與相當，行則易到。今乃出其右廂，是難至也。」箋

❶「㴑」，原作「涉」，今據《說文解字》改。

云：右言其迂迴。出其左亦迂迴。言右，取其涘、沚爲韻。」

樾謹按：出其左右方見迂迴，僅曰出其右，於義未足。如正義説，豈古人之文，亦苟且協韻乎？斯不然矣。《有杕之杜》篇曰，「有杕之杜，生於道左」，箋曰：「道左，道東也。日之熱恒在日中之後，道東之杜，人所宜休息也。」彼言左，此言右，義可互明，左熱則右寒矣。霜降爲九月中，白露爲霜，則其時已寒，而道又出其右，是寒甚也。《北門》篇曰「出自北門，憂心殷殷」，傳曰：「北門，背明鄉陰。」此言右猶彼言北也。蓋此詩之作，《序》以爲刺襄公未能用周禮，將無以固其國。今讀其詩，不見有刺意，此後人所以不信《序》説也。然一「右」字已與「北門」同意矣。

其君也哉。《終南》

箋曰：「其君也哉，儀貌尊嚴也。」

樾謹按：《羔裘》篇「洵直且侯」，傳曰「侯，君也」，《釋文》引《韓詩》曰：「侯，美也。」《文王有聲》篇「文王烝哉」，傳曰「烝，君也」，《釋文》引《韓詩》曰：「烝，美也。」是君與美義相近，故昭元年《左傳》曰「楚公子美矣君哉」，《白虎通·號》篇曰：「皇，君也，美也。」孔子稱舜曰「君哉舜也」，猶曰「美哉舜也」。此云「顏如渥丹，其君也哉」，亦美之之詞。箋云「儀貌尊嚴」，蓋與《羔裘》篇引《論語》文同義。然言各有當，或不其然。

交交黄鳥。《黄鳥》

傳曰：「交交，小皃。」❶

樾謹按：《小宛》篇「交交桑扈」，傳與此同。

❶「皃」，原作「皃」，今據阮刻《毛詩正義》改。

又《桑扈》篇「交交桑扈」，箋云「交交，猶佼佼，飛而往來貌」，是傳、箋竝以交交屬貌。然詩人言鳥，如關關雎鳩，雝雝鳴雁，以聲言者爲多，交交亦當以聲言。《文選·鸚鵡賦》注引《韻略》曰：「咬咬，鳥鳴也。」《説文》無「咬」字，蓋卽《詩》之「交交」，而後人加口旁耳。鳥鳴之訓，或本三家詩與？

百夫之特。

傳曰：「乃特百夫之德。」箋云：「百夫之中最雄俊也。」正義曰：「言百夫之德莫及此人。此人在百夫之中，乃孤特秀立，故箋申之云：百夫之中最雄俊也。」

樾謹按：二章「百夫之防」，傳曰：「防，比也。」三章「百夫之禦」，傳曰：「禦，當也。」然則防者言可以比百夫，禦者言可以當百夫，推之首章，義亦如是。《柏舟》篇「實維我特」，傳曰：「特，匹也。」「百夫之特」言可以匹百夫也，故曰：「乃特百夫之德。」《柏舟》釋文曰「特，《韓詩》作直，云相當直也」，其義與毛傳相近。若用以説此詩，亦復可通。三章「禦」字毛訓爲當，卽相當直之意也。鄭箋謂百夫之中最雄俊，則以「特」爲「特立」之「特」，此非申傳，乃易傳矣。正義混傳、箋一之，非是。

人百其身。

箋云：「人皆百其身，謂一身百死猶爲之。」正義曰：「我國人皆百死其身以贖之。」

樾謹按：經言「百其身」，不言「百其死」，箋義非也。此「其」字仍以三良言。首章謂奄息也，穆公以奄息從死，奄息止一身耳。若可贖之，則人願百倍其身以贖之，謂以百人從死亦所甘也。上云「維此奄息，百夫之特」，是奄息之德足以匹百夫，故願以百身代之。兩「百」字正相應。解爲一身百死，失其旨矣。

隰有六駮。《晨風》

傳曰：「駮，如馬，倨牙，食虎豹。」正義曰：「王肅云：『言六，據所見而言也。』陸璣疏云：『駮馬，梓榆也。其樹皮青白駮犖，遥視如駮馬，故謂之駮馬。下章云「山有苞棣，隰有樹檖」，皆山隰之木相配，不宜云獸。』此言非無理也。」

樾謹按：陸以駮爲木名，誠爲有理，然梓榆之名不見於《爾雅》。今以《爾雅》求之，《釋木》云「駁，赤李」，《釋文》曰「字亦作駮」，此木之以駮名者也；《釋草》云「瓝九葉」，《釋文》曰「樊本瓝字作駮」，此草之以駮名者也，何必引梓榆之名爲説乎？至此經「六」字殊不可曉。王肅謂據所見而言，亦臆説也。「六」疑當爲「圥」。《説文·屮部》：「圥，菌圥地蕈叢生田中。從屮六聲。」徐鍇《繫傳》曰：「從屮者，象三菌叢生也。」菌以叢生而謂之圥，則凡叢生者皆得以圥名之。《周易·夬》九五曰「莧陸夬夬」，「陸」即「圥」也。莧叢生而曰莧陸，猶菌叢生而曰菌圥矣。六駮即菌圥、莧陸之比。六、圥、陸古字通用，陸從坴聲，坴從圥聲，圥從六聲，以六爲圥，猶以陸爲圥也。駮蓋即《釋草》之瓝，郭璞注曰「今江東有草，五葉共叢生一莖，俗因名曰五葉」，即此類也。是駮亦叢生之物，故稱圥駮。上云「山有苞櫟」，《鴇羽》篇正義引孫炎曰「物叢生曰苞」，然則櫟曰苞，駮曰六，義正一例。「六駮」即「圥瓝」也。傳義失之，陸疏亦未爲得。

於我乎！夏屋渠渠。《權輿》

傳曰：「夏，大也。」箋云：「屋，具也。渠渠，猶勤勤也。言君始於我厚，設禮食大具以食我，其意勤勤然。」正義曰：「案崔駰《七依》説宮室之美云：『夏屋渠渠。』王肅云『屋則立之於先君，食則受之於今君，故居大屋而食無餘』，義似可通。鄭不然者，詩刺有始無終。始則大具，今終則無餘，猶下章始則四簋，今則不飽，皆説飲食之事，不得言屋宅也。」

樾謹按：傳不解「屋」字，未知毛意如何。鄭訓屋爲具，雖本《爾雅》，似於文義未安。❶古鼎彝之屬往往刻宮室之象，薛尚功所載有册命鼎上刻室形；阮氏積古齊所載有重屋父丁彝上刻重屋形，皆是也。《儀禮·士冠禮》鄭注曰：「周制，自卿大夫以下皆爲夏屋。」此經所謂「夏屋」者，或亦鼎彝之屬，上刻夏屋形，故即以名之。崔駰以「夏屋渠渠」説宮室之美，義自得通。而王肅據以説此經，則詩人固言飲食之器，非言宮室，宜爲孔氏所糾矣。

泌之洋洋。《衡門》《陳風》

傳曰：「泌，泉水也。洋洋，廣大也。」箋云：「泌水之流洋洋然。」正義曰：「《邶風》『毖彼泉水』，知泌爲泉水。」

樾謹按：毖彼泉水爲泉流之貌，泌之洋洋爲泉水之名，正義必合而一之，則是泌之洋洋爲泌然之洋洋，不成句矣。且「毖彼泉水」與「變彼諸姬」一律，今云「泌，泉水也」，則亦將云「變，諸姬也」，其可乎？故觀毛公「泌泉水也」之訓，知非「毖彼泉水」之「毖」矣。蔡邕《郭林宗碑》曰「棲遲泌丘」，以泌爲丘名，或本《三家詩》。《廣雅·釋丘》曰「丘上有丘爲祕丘」，泌丘當即祕丘也。泌之爲丘名，爲泉名，雖未知

❶「義」，原爲空格，今據清經解續編本補。

孰是，要皆實有所指之地，非如「毖彼泉水」爲虛擬之詞也。

誰昔然矣。《墓門》

傳曰：「昔，久也。」箋云：「誰昔，昔也。」

樾謹按：昔之爲久，常訓也。誰乃語辭。「誰昔然矣」猶云由來久矣，傳、箋之義甚明。段氏玉裁所訂《故訓傳》作「昔，夕也」，爲之説曰：「誰夕，猶今人云不記是何日也。《記》云『疇昔之夜』，『疇』『誰』正同。」此説殊誤。陳佗無良師傅，以至於不義，惡加萬民，此豈一二日之事，而以疇昔之夜爲比乎？且《記》云「疇昔之夜」者，疇昔，昔也，猶云昔之夜也。若訓昔爲夕，則既云夕，不必又云夜矣。段誤解《記》文，因臆改傳義，不可從也。

佼人懰兮。《月出》

樾謹按：《説文》無「懰」字，「懰」即《溱洧》篇「瀏其清兮」之「瀏」，作「懰」者字之誤也。《采薇》篇正義引鄭君《周易》注曰：「慊，讀如『群公溓』之『溓』。古書篆立心與水相近，讀者失之，故作『慊』。」然則「瀏」誤爲「懰」，亦猶是矣。瀏之義爲清。《説文・水部》「瀏，流清貌」，引《詩》曰「瀏其清兮」。毛意上言瀏，下言清，不當同義，故曰「瀏，深貌」。至此詩，毛惟首章有傳，二、三章皆無傳，蓋義與首章同。首章「佼人僚兮」，傳曰「好貌」，此章「佼人瀏兮」，《釋文》亦曰「好貌」，正得傳意。深與好從清之義而引申之。《廣雅・釋詁》曰：「婧，深也。」清之爲深，猶婧之爲深也。《碩人》篇「巧笑倩兮」，傳曰：「倩，好口輔。」清之爲好，猶倩之爲好也。此詁訓之法，後世失其傳久矣。

匪適株林，從夏南。《株林》

箋云：「匪，非也。言我非之株林，從夏氏子南之母，爲淫佚之行，自之他耳。觗拒之詞。」

樾謹按：鄭意以此兩句爲詩人設爲靈公觗拒之詞，然非詩意也。靈公之往夏氏，必以從夏南爲詞，故詩人刺之曰吾君胡爲乎朝夕而適株林，從夏南乎？殆非適株林，從夏南也。如此，則淫乎夏姬，意在言外矣。箋義失之。

夭之沃沃。《隰有萇楚》

傳曰：「夭，少也。」箋云：「疾君之恣，故於人年少沃沃之時，樂其無妃匹之意。」

樾謹按：「夭之沃沃」仍當以萇楚言，詩人固借物爲喻，不必斥言人也。《國語・魯語》「澤不伐夭」，韋注曰：「草木未成曰夭。」《漢書・貨殖傳》「澤不伐夭」，師古注曰：「夭，謂草木之方長未成者。」此經「夭」字義與彼同。「沃沃」即《氓》篇所謂「其葉沃若」也。若以人言，則失其義矣。

誰能亨魚？溉之釜鬵。誰將西歸？懷之好音。《匪風》

箋云：「誰能者，言人偶能割亨者。誰將者，亦言人偶能輔周道治民者。」

樾謹按：經文兩「誰」字鄭本當作「疇」。《説文・口部》：「𠷎，誰也。」經典相承以「疇」爲之。《爾雅・釋詁》曰：「疇，誰也。」鄭作箋時，經文蓋作「疇能亨魚」、「疇將西歸」，鄭解「疇」字爲「疇匹」之「疇」。《國語・齊語》「人與人相疇，家與家相疇」，韋注曰：「疇，匹也。」字亦作「儔」。《大玄經・劇首》曰「陽無介儔」，范望注曰：「儔，匹也。」鄭以爲儔匹中有能亨魚者，儔匹中有將西歸者，故以「人偶」釋之，不然則誰能、誰將意甚明顯，何迂迴其詞而曰人偶乎？詩中言「誰」者如「誰謂雀無角」、「誰謂鼠無牙」，鄭固不以人偶釋之也。是知此經「誰」字當爲「疇」矣。

於我歸處。《蜉蝣》《曹風》

箋云：「君當於何依歸乎？」正義曰：「此國若亡，於我君之身，當何所歸處乎？」

樾謹按：正義之説非經意，且非箋意也。經云「於我歸處」，箋云「於何依歸」，蓋卽以「我」爲「何」。我、何古音相近。《鶉之奔奔》篇「我以爲兄」，《韓詩外傳》引作「何以爲兄」。疑此篇「於我歸處」、「於我歸息」、「於我歸説」三「我」字《韓詩》竝作「何」，鄭箋用韓義耳。《周頌·維天之命》篇「假以溢我」，襄二十七年《左傳》引作「何以恤我」，《説文·言部》引作「誐以謐我」。「何」之爲「我」，猶「何」之爲「誐」也。

蜉蝣掘閱。

傳曰：「掘閱，容閱也。」箋云：「掘閱，掘地解閱。」

樾謹按：傳、箋於「掘閱」之義均未明。《説文·土部》「堀」下引詩作「蜉蝣堀閱」，是「堀」乃本字，「掘」其叚借字。《説文》又有「堀」字曰「兔堀也」，徐鍇《繫傳》引《文子》「兔走歸堀閱」證之。《詩》之「堀閱」與《文子》「堀閱」同義。「閱」通作「穴」，《文選·風賦》「空穴來風」注引《莊子》「空閲來風」，是其證也。一章言羽，二章言翼，三章言堀閱者，見昭公任用小人，入其朝者如入蜉蝣之堀穴也。《漢書·鄒陽傳》曰：「士有伏死堀穴巖藪之中耳。」亦以「堀穴」連文。因叚「掘閱」爲之，而毛、鄭均不得其解矣。

季女斯飢。《候人》

傳曰：「季，人之少子也。女，民之弱者。」

正義曰：「《采蘋》云『有齊季女』，謂大夫之妻；《車舝》云『思孌季女逝兮』，欲取以配王，皆不得有男在其間，故以季女爲少女。此言『斯飢』，當謂幼者竝飢，非獨少女而已，故以季女爲人之少子女子。皆觀經爲訓，故不同也。」

樾謹按：毛分季、女爲二義，殊爲不安。此「季女」與《車舝》篇同。彼箋云：「思得孌然美好之少女，有齊莊之德者，往迎之，配幽王，代褒姒也。」此詩之義與彼不殊。僖二十八年《左傳》稱晉文公「入曹，❶數之以其不用僖負羈而乘軒者三百人」，《史記·晉世家》作「美女乘軒者」，然則曹共公不止遠君子近小人，且多內嬖可知，故於卒章及之，見婉孌之季女不見答而至窮困也。《史記》增「美女」二字，必有所本，或《三家詩》説與？

四國有王。《下泉》

傳曰：「郇伯，郇侯也。諸侯有事，二伯述職。」箋云：「有王，謂朝聘於天子也。」

樾謹按：焦氏《易林·蠱卦》云：「下泉苞稂，十年無王，荀伯遇時，憂念周京。」據此，則《三家詩》當有作「四國無王，荀伯勞之」者。勞之謂憂之也。《淮南子·精神》篇「竭力而勞萬民」，《氾論》篇「以勞天下之民」，高誘注曰：「勞，憂也。」《三家詩》必訓勞爲憂，焦氏用其説，故曰「憂念周京」也。以全詩語意求之，優于毛矣。

一之日觱發。《七月》《豳風》

樾謹按：《七月》篇或言日，或言月，王介甫《詩説》因有陽生言日，陰生言月之説，殊近穿鑿。蓋前人徒以陰陽爲言，而未

❶「二」，原脱，今據《春秋左傳》補。

推其紀數之異也。一之日、二之日、三之日、四之日，以周正紀數也；四月、五月、六月、七月、八月、九月、十月，以夏正紀數也。公劉徙豳當有夏中葉，則其俗必循用夏正。周公作詩，陳后稷先公風化之所由，故卽本豳人之俗以立言。篇名《七月》，其曰「七月流火，九月授衣」，皆夏正也。至夏正之十一月，在周爲正月，周公在周言周，故變其文曰「一之日」，以周正紀數，而又不與豳俗之用夏正者混而無別，正古人立言之善也。既曰「一之日」，遂繼之曰「二之日」，便於文也。既曰一之日、二之日，則夏正之正月、二月不得謂之一月、二月，故從周正數之曰三之日、四之日，自是爲蠶月。蠶月者，夏之三月，以周正數之則五之日也。不言五之日者，以篇中有五月也；不言三月者，以篇中有三之日也。因取物候之有定者紀之而曰蠶月，不特屬詞之密，且正朔無定而物候有定，則《七月》一篇所紀日月皆定於此矣。

三之日于耜。

傳曰：「于耜，始修耒耜也。」

樾謹按：四章「一之日于貉」，箋云「往搏貉」，七章「晝爾于茅」，箋云「往取茅」，是經文「于」字箋皆訓爲「往」。獨此無箋，則因修耒耜不當言往耳，不知于耜亦往耜也。《周官·薙氏》「掌殺草，冬日至而耜之」，鄭注曰：「耜之，以耜側凍土剗之。」「三之日于耜」當從此義，謂往而耜之也。耜乃殺草之名，非謂修耒耜。豳地晚寒，故至三之日始克耜之耳。

蠶月條桑。

箋云：「條桑，枝落之，采其葉也。」正義

曰：「於養蠶之月條其桑而采之，謂斬條於地，就地采之也。」

樾謹按：采桑之事尚在下文，若此句已言斬條於地，就而采之，則下又云取彼斧斨，以伐遠揚，於文複矣。且斬條於地而采之，亦不得但謂之條桑，箋義非也。「蠶月條桑」與「四月秀葽」文義一律。《禹貢》「厥草惟繇，厥木惟條」，《説文·草部》「蘨，艸盛貌」，引《夏書》曰「厥草惟蘨」，蘨爲草盛貌，則條爲木盛貌。此「條」字義與彼同，「條桑」言桑葉茂盛也。

猗彼女桑。

傳曰：「角而束之曰猗。」正義曰：「猗束彼女桑而采之，謂柔稺之桑不枝落者，以繩猗束而采之也。」

樾謹按：「猗」乃「掎」之叚字。《説文·手部》：「掎，偏引也。」女桑乃桑之小者，故以手引而采之也，竝無以繩束之義。

四月秀葽。

傳曰：「不榮而實曰秀。葽，葽草也。」箋云：「《夏小正》：四月，王萯秀葽，其是乎？」」正義曰：「《月令》孟夏『王瓜生』，注云『今曰王萯生，《夏小正》云王萯秀，未聞孰是』。鄭以四月生者自是王瓜。今《月令》與《夏小正》皆作王萯，而生、秀字異，必有誤者，故云未知孰是。《本草》云：萯生田中，葉青，刺人，有實，七月采陰乾。云七月采之，又非四月已秀，是葽已否，未能審之。」

樾謹按：王萯之爲葽，本無明文，鄭以意説之耳，未足據也。《爾雅·釋草》曰「葽繞棘蒬」，郭注曰「今遠志也」，疑即此經所謂「葽」者。葽、繞本疊韻字，重言之曰葽繞，單言之則止言葽矣。《本草》云「遠志，一名棘菀，一名葽繞，葉名小草」，陶注曰：

「小草，狀如麻黄而青。」蘇頌《圖經》云：「亦有似大青而小者，三月開花，白色。」此云「四月秀葽」者，蓋三月而華，四月而秀；又或豳地晚寒，故較遲一月也。毛必云「不榮而實曰秀」，此亦似泥。正義引《出車》云「黍稷方華」，《生民》云「實發實秀」，是黍稷有華亦稱秀，然則雅訓固未可拘矣。

上入執宮功。

傳曰：「入爲上，出爲下。」箋云：「可以上入都邑之宅，治宮中之事矣。」

樾謹按：上、尚古字通，「上下」之「上」可以「尚」爲之，「尚庶」之「尚」亦可以「上」爲之。「上入執宮功」，言野功既畢，尚入而執宮中之事也。《陟岵》篇「上慎旃哉」，朱子《集傳》曰「上猶尚也」，其説視箋義爲長，不得因非古訓而疑之。

予所蓄租。《鴟鴞》

傳曰：「租，爲。」《釋文》引《韓詩》曰：「積也。」

樾謹按：「租」當讀爲「苴」。《漢書・郊祀志》「席用苴稭」，如淳曰「苴讀如租」，是租、苴古字通也。《召旻》篇「如彼棲苴」，傳曰：「苴，水中浮草。」然則「予所捋荼」，❶「予所蓄租」，言予所捋取之荼，予所蓄聚之苴，兩句正一律。如毛、韓之義，則與上句不倫矣。

不可畏也，伊可懷也。《東山》

箋曰：「是不足可畏，乃可爲憂思。」

樾謹按：不與伊竝語詞。「不可畏」言可畏也，「伊可懷」言可懷也，蓋言室中久無人，荒穢如此，可畏亦可懷也。箋義失之。

❶「捋」，原作「將」，今據清經解續編本改。

九十其儀。

正義曰：「舉九與十，言其多威儀也。」

樾謹按：數始於一而極於九，至十則復爲一矣，故古人之詞，凡言至多之數必曰九，若《公羊傳》「叛者九國」，《漢書》「反者九起」是也。此言「九十其儀」，與《無羊》篇「九十其犉」一律。蓋以十計者，止于九十，若再益以十，卽當以百計矣，是不可復益之數，故爲至多之數也。若依正義分九與十而二之，轉不見其多矣。且如「九十其犉」，可曰「九其犉，十其犉」乎？由不解古人語意故也。

籩豆有踐。《伐柯》

傳曰：「行列貌。」

樾謹案：「踐」當讀爲「翦」。《爾雅·釋言》曰：「翦，齊也。」翦訓齊，故爲行列之貌，言籩豆之行列翦然而齊也。《尚書序》曰「遂踐奄」，鄭注曰「踐讀曰翦」；《禮記·玉藻》篇「弗身踐也」，鄭注曰「踐當爲翦」。是踐、翦古通用矣。

德音不瑕。《狼跋》

傳曰：「瑕，過也。」箋云：「不瑕，言不可疵瑕也。」

樾謹按：傳、箋義竝非也。瑕古與遐通。《隰桑》篇「遐不謂矣」，《禮記·表記》引作「瑕不謂矣」，是其證也。《泉水》篇「不瑕有害」，傳曰「瑕，遠也」，是亦讀瑕爲遐。「德音不瑕」猶曰「德音不遐」。不乃語詞。不遐，遐也，與《車攻》篇不警，警也、不盈，盈也；《文王》篇不顯，顯也、不時，時也一例，言其德音所及者遠也。

群經平議卷九

群經平議卷十

德清俞樾

毛詩三

翩翩者鵻，載飛載下，集于苞栩。《四牡》《小雅·鹿鳴之什》

傳曰：「鵻，夫不也。」箋云：「夫不，鳥之慤謹者。人皆愛之，可以不勞，猶則飛則下，❶止於栩木。喻人雖無事，其可獲安乎？感厲之。」

樾謹按：鳥何與於人？豈人愛之卽可以不勞乎？箋義非也。《爾雅·釋鳥》曰：「隹其，鳺鴀。」昭十七年《左傳》正義引樊光注曰：「《春秋》云祝鳩氏司徒。祝鳩卽隹其、夫不，孝，故爲司徒。」是夫不乃孝鳥，其載飛載下或以戀其父母使然，故詩因「不遑將父」、「不遑將母」而有感於翩翩之鵻也。《南有嘉魚》篇亦云「翩翩者鵻」，傳曰「鵻，壹宿之鳥」，箋云：「壹宿者，壹意於其所宿之木也。」此箋所云「鳥之慤謹者」，蓋亦此意。而不知大非傳義矣。夫鵻字毛已於此經解訖，壹宿之鳥不卽繫於此傳下者，因彼經下文云「嘉賓式燕」。又思毛公之意，謂鵻是壹宿之鳥，今夕宿此，明夕又宿此，與下文「又」字相關合也。然則詩人託物起興，各有所取，此經取其孝，彼經取其壹，雖同一鵻而所取不同。鄭君殆猶未得其旨矣。

❶ 「下」上原衍「止」字，今據阮刻《毛詩正義》删。

原隰裒矣，兄弟求矣。《常棣》

傳曰：「裒，聚也。求矣，言求兄弟也。」箋云：「原也，隰也，以相與聚居之故，故能定高下之名。猶兄弟相求，故能立榮顯之名。」

樾謹按：傳、箋均未解「求」字之義。《説文・辵部》：「逑，斂聚也。」求與逑古字通。《爾雅・釋訓》篇《釋文》曰「逑，本作求」，是其證也。裒訓聚，求亦訓聚，蓋以原隰之相聚喻兄弟之相聚耳。

和樂且孺。

傳曰：「孺，屬也。」箋云：「屬者，以昭穆相次序。」

樾謹按：六章云「和樂且孺」，七章云「和樂且湛」，兩章之義必當一律。《鹿鳴》篇「和樂且湛」，傳云：「湛，樂之久。」若孺訓爲屬，則與「和樂且湛」不一律矣。「孺」當讀爲「愉」。孺從需聲，愉從俞聲，兩聲相近。隱二年《左傳》「紀裂繻」，《公》、《穀》皆作「紀履緰」；桓六年《傳》「申繻」，《管子・大匡》篇作「申俞」；《爾雅・釋言》篇《釋文》曰「渝，舍人作襦」，《方言》郭注曰「襦，字亦作褕」，竝其證也。《説文・心部》：「愉，樂也。」既言和樂，而又言愉，猶「和樂且湛」既言和樂而又言湛。湛亦樂也，《説文・女部》「媅，樂也」，「湛」即「媅」之叚字。

無酒酤我。《伐木》

傳曰：「酤，一宿酒也。」箋云：「酤，買也。」正義曰：「既有一宿之酒，不得謂之無酒。《論語》云：『酤酒市脯不食。』是古買酒爲酤酒，故易之爲酤買也。」

樾謹按：王者燕其族人，必無酤酒於市之理，此自以傳義爲長。「有酒湑我，無酒酤我」，言有酒則茜之，無酒則釀之也。經言「酤我」，正見無酒之意。必言酤者，取其成之易，若必經久而成，則無及矣。《玉篇・鹽部》：「盬，倉卒也。」《淮南子・道應》篇「斲輪大疾則苦而不入」，高誘注曰：「苦，急意也。」酤與盬、苦同聲，亦有急義，故一宿之酒謂之酤。下文曰：「迨我暇矣，飲此湑矣。」然則酤是倉卒而成，經固自釋其義矣。

蹲蹲舞我。

傳曰：「蹲蹲，舞貌。」

樾謹按：《猗嗟》篇「舞則選兮」，傳訓選爲齊，此云「蹲蹲」，義與「選」同。《史記・周本紀》「遵修其緒」，徐廣曰：「遵，一作選。」然則「選」之通作「蹲」，猶「選」之通作「遵」也。《漢書・揚雄傳》「蹲蹲如也」，師古注曰：「蹲蹲，行有節也。」毛公訓蹲蹲爲舞貌，亦言其行之有節，正與選之訓齊同義。

俾爾單厚。《天保》

傳曰：「單，信也。或曰：單，厚也。」箋云：「單，盡也。」

樾謹按：傳、箋三説當以訓厚者爲定。「俾爾單厚」，單、厚一義也。猶下文「俾爾多益」，多、益亦一義也。《説文・吅部》：「單，大也。」《墨子・經》篇曰：「厚，有所大也。」是大與厚義相近。《北門》篇毛傳曰：「敦，厚也。」《方言》曰：「敦，大也。」《長發》篇毛傳曰：「厖，厚也。」《爾雅・釋詁》曰：「厖，大也。」單訓大，亦訓厚，猶敦與厖訓厚，亦訓大矣。

何福不除。

傳曰：「除，開也。」箋云：「皆開出以予之。」

樾謹按：如傳、箋義，甚爲不詞，非經旨

也。「除」當讀爲「儲」。《易・萃・象傳》「君子以除戎器」,《釋文》曰「除,本作儲」,是其例也。「何福不儲」,言何福而不儲積之也,正與上句「俾爾單厚」相應,儲積之則厚矣。猶下文曰「以莫不庶」,庶,衆也,與上句「俾爾多益」亦相應也。

君曰卜爾。

傳曰:「卜,予也。」

樾謹按:《楚茨》篇「卜爾百福」,箋亦云:「卜,予也。」卜之訓予,雖本《爾雅》,其義絶遠。據《爾雅・釋詁》曰「台、朕、賚、畀、卜、陽,予也」,郭注曰:「賚、畀、卜,皆賜與也。與猶予也,因通其名耳。」是郭意以賚、畀、卜爲賜予之予,台、朕、陽爲予我之予。其實卜亦予我之予也。《禮記・檀弓》篇「卜人師扶右」,鄭注曰:「卜當爲僕,聲之誤也。」卜僕聲既相近,義亦得通。《説文》「墣」或作「圤」,卽其例也。《爾雅》「卜」字疑當作「僕」,故訓爲予,猶今人自言稱僕矣,説詳《爾雅》。毛、鄭據以解此經「卜」字,恐未可從。《大田》篇「秉畀炎火」,《釋文》曰:《韓詩》秉作卜,卜報也。卜報一聲之轉。《白虎通・蓍龜》篇曰「卜,赴也」,赴與報亦聲近義通。《禮記・少儀》篇「毋報往」,鄭注曰:「報讀爲赴疾之赴。」卜既訓赴,亦得訓報,古義卽存乎聲,《韓詩》説殆勝於毛矣。

期逝不至,而多爲恤。《杕杜》

正義曰:「女室家言,本與我期,已往過矣,於今猶不來至,由是而使我念之,多爲憂以致病矣。」

樾謹按:此「多」字當讀爲「亦祇以異」之「祇」。祇,適也。言本與我期者,欲我知有歸期而不憂也。今期已往而猶不至,則適使我憂傷而已。「多」與「衹」古同聲而通用，詳見襄二十九年《左傳》及《論語·子張》篇。正義若云「多爲憂」，則不辭矣。

爲龍爲光。《蓼蕭》《南有嘉魚之什》

傳曰：「龍，寵也。」箋云：「爲寵爲光，言天子恩澤光耀被及己也。」正義曰：「爲君所寵遇，爲君所光榮。」

樾謹按：經言「爲龍爲光」，不言「爲所寵爲所光」，傳、箋之義似均與經文語意未合。此「龍」字仍當讀如本字。《廣雅·釋詁》：「龍，日君也。」「爲龍爲光」猶云爲龍爲日，竝君象也。《賈子·容經》篇曰：「龍也者，人主之譬也。」《禮記·祭法》篇「王宮祭日也」，鄭注曰：「王，君也。日稱君。」是龍日爲君象，古有此義。變日言光，以協韻也。《周易·說卦傳》「離爲日」，而虞注於《未濟》六五及《夬·彖傳》竝曰「離爲光」，於《需》彖辭則曰「離日爲光」，是日與光義得相通。《文選》張孟陽《七哀詩》「朱光馳北」，陸注曰：「朱光，日也。」陸士衡《演連珠》「重光發藻」，注曰：「重光，日也。」詞賦家以日爲光，非無本矣。光與明同義。《禮記·禮器》篇「大明生于東」，注曰：「大明，日也。」日謂之光，猶謂之明也。光與景亦同。《文選》王元長《曲水詩序》「揆景緯以裁基」，注曰：「景，日也。」日謂之光，猶謂之景也。此言遠國之君朝見於天子，故曰「既見君子，爲龍爲光」，龍光竝以天子言也。《柏舟》篇「母也天只」，傳曰：「天，謂父也。」彼變父言天以協韻，此變日言光亦取協韻，詩固有此例矣。乃昭十二年《左傳》叔孫昭子說此詩有曰「宴語之不懷，寵光之不宣」，則已同毛傳義。《左傳》晚出，先儒致疑，若斯之類，恐未可據。

一朝饗之。《彤弓》

傳曰：「一朝，猶早朝。」

樾謹按：經既言朝，其早不待言矣。早乃甲字之誤。甲爲十日之首，故引申之爲第一之稱，如甲令、甲第之類是也。《楚辭·哀郢》篇「甲之鼂吾以行」，「鼂」卽「朝」字。疑甲朝乃六國時常語，故毛公卽用以説詩，謂詩人言一朝猶今人言甲朝耳。後人不曉「甲」字之義，而臆改爲「早朝」，失其旨矣。《大明》篇「會朝清明」，傳曰：「會，甲也。」毛公之意，蓋以會、甲雙聲，古得通用，會朝卽甲朝，甲朝卽一朝也。自此傳誤，而彼傳之義亦不可解矣。

六月棲棲。《六月》

傳曰：「棲棲，簡閲貌。」

樾謹按：棲猶妻也，妻之言齊也。《禮記·祭義》篇「齊齊乎其敬也」，正義曰：「齊齊，謂整齊之貌。」棲棲與齊齊同，故訓爲簡閲貌。下句「戎車既飭」，傳曰「飭，正也」，與上句「六月棲棲」文義相承。《有客》篇「有萋有且」，傳曰：「萋、且，敬慎貌。」萋之與棲義亦通也。近解謂棲棲猶遑遑，蓋本《論語·憲問》篇正義。其説非是，辯見《論語》。

侵鎬及方。

箋云：「鎬也，方也，皆北方地名。」正義曰：「王肅以爲鎬京，故王基駁曰：據下章云『來歸自鎬，我行永久』，言吉甫自鎬來歸，猶《春秋》『公至自晉』、『公至自楚』，亦從晉、楚來歸也。孫毓亦以箋義爲長。」

樾謹按：毛傳説上句「整居焦穫」云「焦穫，周地接于玁狁者」，而於鎬、方則無解，疑毛公之意正同王肅之説，以鎬爲鎬京。蓋焦穫乃周藪，《爾雅·釋地》「周有焦護」，郭璞注曰「今扶風池陽縣瓠中是也」，在今爲陝西西安府三原縣。玁允既居焦穫，復由焦穫内侵，則鎬、方不得更在焦穫之外明矣。方猶竟也。「侵鎬及方」者，侵鎬京而及其方也。古者建國，必用開方之法計之，故四竟謂之四方，竟内謂之方内。《史記·孝文紀》「方内安寧」是也。《出車》篇「往城于方」猶言往城于竟，傳曰「方，朔方」，蓋逆探下文爲説，明此所謂方者乃近北之一方，非其餘三方也。正義曰：「北方大名皆言朔方。此直言方，卽朔方也。」是知朔之可言方，而不知東西南之亦可言方，大非毛意矣。毛於此無傳者，蓋既知焦穫爲周地，則「侵鎬及方」其爲侵鎬之邊竟固不待言，卽下句「至于涇陽」亦可知其所在矣。《漢書·地里志》安定郡「涇陽，开頭山在西，《禹貢》涇水所出，東南至陽陵入渭」。按：漢涇陽縣乃今甘肅平涼府平涼縣，此漢之涇陽，非詩人所詠之涇陽也。水北曰陽，「至于涇陽」謂至涇水之北耳，非必其在涇水所出之开頭山也。後世於涇水所出之處設縣，名之曰涇陽，在周時未有此名，詩人并不知後世有此縣，未可以漢地名爲周地名也。所謂涇陽者，卽指其入渭之處。陽陵故城在今陝西西安府高陵縣，高陵在府東北七十里，上文焦穫在今西安府三原縣，三原在府北九十里，然則居焦穫而侵及涇陽，固勢所必至者矣。春秋時晉伐秦必由涇水，成十三年曰「師遂濟涇」，襄十四年曰「及涇不濟」。周時玁允侵及涇陽，疑卽春秋時秦、晉用兵之路，故下文曰：「薄伐玁允，至于太原。」傳曰：「言逐出之而已。」蓋卽從其來路逐之也。太原之地，毛、鄭皆無説。朱子《集傳》曰「太原亦曰太鹵，今在太原府陽曲縣」，其説是也。《史記·匈奴傳》韓王信降匈奴，❶因引兵南踰句注，攻太原，至晉陽下。周時玁狁之禍正與漢匈奴同，漢文帝幸大原即用吉甫伐玁允故事也。《日知録》謂太原當即今之平涼，若是晉陽之太原，豈有寇從西來，兵乃東出者乎？顧氏之説，蓋誤以漢之涇陽爲詩之涇陽故耳。其致誤之由，皆因鄭君解鎬方爲北方地名，而不知其即爲周之鎬京，於是并涇陽所在而失之，故爲詳考如此。然則「來歸自鎬」當作何解？曰：吉甫此行，遠至大原。若依「公至自晉」、「公至自楚」之例，當云「來歸自大原」，方與上文「薄伐玁允，至于大原」文義相應。今乃云「來歸自鎬」者，蓋上云「吉甫燕喜，既多受祉」，謂吉甫既伐玁允而歸，天子以燕禮樂之，又多受賞賜也；繼之曰「來歸自鎬，我行永久。飲御諸友，炰鼈膾鯉」，則又言吉甫自鎬京歸其私邑，與其私人燕飲也。王基所疑，殆未達此耳。

逸豫無期。《白駒》《鴻雁之什》

傳曰：「何爲逸樂無期以反也。」

樾謹按：「期」當讀爲「綦」。《荀子》書每用「綦」字，爲窮極之義。《王霸篇》「目欲綦色，耳欲綦聲」，楊倞注曰：「綦，極也。」亦或作「期」，《議兵篇》「已朞三年，然後民可信也」，此與《宥坐篇》「綦三年而百姓往矣」文義正同。楊注以爲過一朞之後，非也。詩中言「無期」者，如《南山有臺》篇「萬壽無期」及此篇「逸豫無期」，皆謂無窮極也。荀子固傳《詩》者，其書屢用「綦」

❶「王」，原脱，今據《史記》補。

字，殆古《詩》說如此。毛謂「無期以反」，則是「期日」之「期」，失之矣。

無相猶矣。《斯干》

傳曰：「猶，道也。」箋云：「猶當作瘉。瘉，病也。」

樾謹按：猶當讀爲猷。《說文・女部》：「猷，醜也。」「式相好矣，無相猷矣」，好與猷相對成義。《遵大路》篇「無我魗兮，不寁好也」，正義曰：「魗與醜古今字。」《正月》篇「好言自口，莠言自口」，傳曰：「莠，醜也。」此以猷與好對，猶彼以魗與好對、莠與好對也。猶、猷竝從酉聲，故得通用。傳、箋均失之。《鼓鐘》篇「其德不猶」，「猶」亦「猷」也，箋亦誤讀爲「瘉」。

無非無儀。

傳曰：「婦人質無威儀也。」箋云：「儀，善也。婦人無所專於家事，有非非婦人也，有善亦非婦人也。」

樾謹按：箋義非也。婦道雖無成，然不可以無善爲教。非當讀爲斐。《爾雅・釋訓》「有斐君子」，郭注曰：「斐，文貌。」《毛詩》作「有匪君子」，傳曰：「匪，文章貌。」匪與非《詩》每通用，《木瓜》篇「匪報也」，傳曰：「匪，非也。」匪可爲斐，則非亦可爲斐。傳曰「婦人質無威儀」，「質」字正解「無斐」之義，猶曰無文章無威儀也。鄭不解傳意，以毛未說「非」字，別爲之說，失之矣。

九十其犉。《無羊》

傳曰：「黃牛黑脣曰犉。」

樾謹按：傳義本《爾雅・釋畜》「黑脣曰犉」之文。然「九十其犉」乃是約計其大數，不應專舉黑脣者。《爾雅》曰「牛七尺爲犉」，郭注引《詩》「九十其犉」，似得《詩》意。蓋七尺之牛，牛之大者，舉大足以見小，故曰

「九十其犉」，言牛之七尺者已有九十，則小者可知也。《良耜》篇「殺時犉牡」亦當從此訓，傳竝以黄牛黑脣釋之，非是。

牧人乃夢，衆維魚矣，旐維旟矣。大人占之，衆維魚矣，實維豐年；旐維旟矣，室家溱溱。

傳曰：「陰陽和則魚衆多矣。溱溱，衆也。旐旟所以聚衆也。」

樾謹按：如傳義，則上句止夢見魚衆，下句止夢見旐旟，竝無如朱子《集傳》所載或説人乃是魚，旐乃是旟者也。然兩「維」字頗不易解。王氏引之《經義述聞》曰：「上維字訓乃，下維字訓與。」陳氏奐《毛傳疏》曰：「上維字訓其，下維字訓與。」然兩句本一律，而「維」字乃上下異訓，恐不然也。此詩占夢與《斯干》篇同。彼云「吉夢維何？維熊維羆，維虺維蛇。大人占之，維熊維羆，男子之祥；維虺維蛇，女子之祥」。此篇「維」字與彼不異，「衆維魚矣」猶云維衆魚矣，「旐維旟矣」猶云維旐旟矣。古人之文往往有此例。如《尚書·君奭》篇曰「迪惟前人光」，猶云惟迪前人光也，故枚傳曰「但欲蹈行先王光大之道」；又曰「天惟純佑命」，猶云惟天純佑命也，故枚傳曰：「惟天大佑助其王命。」「衆維魚矣，旐維旟矣」亦猶是耳。後人不知古人文法之變，而異義横生，不可從也。

無小人殆。《節南山》　《節南山之什》

傳曰：「無以小人之言，至於危殆。」箋云：「殆，近也。無小人近。」

樾謹按：傳、箋義竝非也。「無小人殆」與上文「勿罔君子」義同，猶云無殆小人，到其文以協韻耳。詩意蓋謂勿誣罔君子，勿危殆小人也。《論語·爲政》篇「學而不思則罔，思而不學則殆」，罔、殆對文，即本于此。

君子如屆，俾民心闋。

傳曰：「屆，極。闋，息。」箋云：「屆，至也。君子斥在位者，如行至誠之道，則民鞫凶之心息。」

樾謹按：「君子如屆，俾民心闋。君子如夷，惡怒是違」，兩句反覆相明，與《巧言》篇「君子如怒」、「君子如祉」句法相似，屆與夷猶怒與祉也。《說文・尸部》「屆，行不便也」，與夷之訓易義正相反。字亦通作「艐」。《爾雅・釋詁》篇《釋文》引孫炎曰：「艐，古屆字。」《說文・舟部》「艐，船著不行也」，亦卽行不便之意。闋者，閉也。《說文・門部》：「闋，事已閉門也。」傳訓闋爲息，乃從事已之義引申之。凡經傳「闋」字或訓終，或訓止，其義竝同。而不知言各有當，此經「闋」字不取事已之義，而取閉門之義。言君子所行如不便於民，則上下之情不通，而民之心閉矣。君子所行如平易近人，則民自去其惡怒之心也。兩句相對成義，傳、箋均未達其旨。

式月斯生。

箋云：「式，用也。用月此生，言月月益甚也。」

樾謹按：用月此生甚爲不辭，箋義疑非經旨也。「月」乃「抈」之省。《說文・手部》：「抈，折也。」《大玄經・羨》上九「車軸折其衡抈」，范望注亦曰：「抈，折也。」「式抈斯生」，言用折其生也。蓋亂靡有定，故民不得遂其生而夭折也。字又與「扤」通。《說文・手部》：「扤，動也。」《國語・晉語》曰「其爲本也固矣，故不可抈也」，韋注曰：「抈，動也。」是抈、扤同義。蓋從月、從兀之字聲近而義通，《說文・足部》「跀」或從兀，卽其例也。《正月》篇曰「天之扤我」，《釋文》曰：「扤，徐又音月。」然則此言抈，彼言扤，文異義同矣。

有菀其特。《正月》

箋云：「阪田崎嶇墝埆之處，而有菀然茂特之苗。」

樾謹按：茂特之苗但謂之特，於文未明。凡《詩》所云如「有蕡其實」、「有鶯其羽」、「有略其耜」、「有捄其角」之類，末一字皆實有所指，非虛擬之詞，「有菀其特」亦猶是也。「瞻彼阪田，有菀其特」，與《桑柔》篇「瞻彼中林，甡甡其鹿」句法相似。特當爲三歲獸名。《伐檀》篇「胡瞻爾庭有縣特兮」，傳曰「獸三歲曰特」，《周官·大司馬職》司農注亦曰「三歲曰特」是也。《白帖》卷八十引此文作「有宛其特」，是經文「菀」字本不從草，後人因鄭訓爲「菀然茂特」，因并經文改爲「菀」耳。阪田之中有宛然之特，正見宗周旣滅，田野荒蕪，故繼之曰「天之扤我，如不我克」也。

彼求我，則如不我得。

箋云：「彼，彼王也。王之始徵求我，如恐不得我言，其禮命之繁多。」

樾謹按：以箋說考之，此經當以「彼求我」三字爲句，「則如不我得」五字爲句。《禮記·緇衣》篇引此經，而鄭君解之曰「言君始求我，如恐不得我」，讀亦與此同也。近人讀「彼求我則」四字爲句，文不成義，殊不可從。

乃棄爾輔。

正義曰：「爲車不言作輔，此云『乃棄爾輔』，則輔是可解脱之物，蓋如今人縛杖於輻，以防輔車也。」

樾謹按：毛、鄭皆不解「輔」字，未詳何物。

正義所言，近於臆説矣。《説文・革部》：「⿰革專，車下索也。」疑輔即是⿰革專，輔從甫聲，⿰革專從專聲，而專亦從甫聲，是其聲同也。輔爲車下索，故從車；而其質則革也，因又變爲從革之⿰革專，專聲即甫聲也。猶釜爲鍑屬，故從鬲；而其質則金也，因又變爲從金之釜，父聲即甫聲也。説詳余所著《字義載疑》。下文曰「無棄爾輔，員于爾輻」，傳曰：「員，益也。」其實員者旋也，古「員」、「云」同字。十二章「昏姻孔云」，傳曰：「云，旋也。」「員于爾輻」即云于爾輻，謂旋繞于其輻也。《周易・小畜》九三「輿説輻」，《釋文》曰：「輻，本亦作輹。」疑此經「輻」字亦「輹」字之誤。輹即所謂伏兔也。《釋名・釋車》曰：「屐，似人屐也。又曰伏兔，在軸上似之也。又曰輹，輹，伏也，伏於軸上也。」是輹即伏兔之異名。伏兔下有革繫之于軸之上，其名曰⿰車憂，《説文・車部》「⿰車憂，車伏兔下革也」是也。所謂輔者，殆以伏兔之爲物，其任至重，恐非一革所能勝，故又以此輔⿰車憂之不足歟？其名曰輔，即取輔助之義。《爾雅・釋詁》：「輔，俌也。」蓋輔助字古本從人作「俌」，其從車作「輔」者爲車下索之專名。乃經典皆叚「輔」爲「俌」，於是又別製從革專聲之「⿰革專」字耳。僖十五年《左傳》正義引《子夏易傳》曰：「輹，車下伏菟也，形如伏菟，以繩縛於軸，因名縛也。」按：縛即⿰革專字，乃縛伏兔於軸者，而非即伏兔，《子夏傳》所云混伏兔與⿰革專而一之矣。《説文》曰「輹，車軸縛也」，《周易・大畜》釋文曰「輹，車下縛也」，其説皆誤，附辨於此。

于何不臧。《十月之交》

正義曰：「於何不善乎？猶言一何不善。」

樾謹按：「于」即「吁」字，《騶虞》篇「于嗟乎騶虞」，是其證也。「于何不臧」猶曰于嗟乎何其不臧。正義以爲「於何不善」，失之。

黶妻煽方處。

傳曰：「煽，熾也。」箋云：「七子皆用后嬖寵方熾之時竝處位，言妻黨盛、女謁行之甚也。」

樾謹按：《釋文》曰：「處一本作熾」，此涉鄭箋而誤也。傳云「煽，熾也」，是煽即熾矣，何又言熾乎？箋雖有「方熾」二字，然方在熾上，則非經文「方」字也。經文「方」字鄭蓋訓爲竝，故經云「方處」，箋云「竝處位」也。《説文·方部》：「方，併船也。」《爾雅·釋水》「大夫方舟」，郭注曰：「併兩船。」蓋方之本義爲兩舟相竝，故方即訓竝。《尚書·微子》篇「小民方興」，《史記·宋世家》作「竝興」，是其證也。後人誤解鄭箋，致并經文而妄易之，不可從也。

題彼脊令。《小宛》

傳曰：「題，視也。」箋云：「題之爲言視睇也。」

樾謹按：篇首「宛彼鳴鳩」，傳曰：「宛，小貌。」「題彼脊令」與「宛彼鳴鳩」句同，宛以鳩言，題應以脊令言，傳、箋訓題爲視，則以人言矣。凡詩所云「鴥彼晨風」、「弁彼鸒斯」、「翩彼飛鴞」，上一字皆屬鳥，傳、箋非也。「題」當讀爲「提」。僖二年《穀梁傳》注「不言提其耳」，《釋文》曰「提本作題」，是提與題古通用。《小弁》篇「歸飛提提」，傳曰：「提提，群貌。」「題彼脊令」之「題」即「歸飛提提」之「提」也。又按：「題」與「提」竝叚借字，其本字當作「偍」。《説文·亻部》：「偍偍，行貌。」《方言》：「凡細而有容謂之嫛。或曰偍。」「歸飛偍偍」當從《說文》訓爲行貌。「偍彼脊令」當從《方言》訓爲細而有容，與「宛彼鳴鳩」義正相近。

哀我塡寡。

傳曰：「塡，盡。」箋云：「哀哉我窮盡寡財之人。」

樾謹按：「塡」當讀爲「矜」。矜字從令，俗從今，誤也。令聲與真聲古音相同，《左傳》「顛軨」，《漢書》「滇零」，並疊韻字，是古音相近之證。《周官・大司徒職》「則民慎德」，鄭注曰：「謂矜其善德，勸爲善也。」以矜訓慎，亦以同聲相訓。塡之爲矜，猶慎之爲矜也。「哀我塡寡」即哀我矜寡。毛以本字讀之而訓爲盡，恐未得經旨。《釋文》曰：「《韓詩》作疹。疹，苦也。」《爾雅・釋言》曰：「矜，苦也。」然則疹與矜亦聲近而義通矣。

予之佗矣。《小弁》

傳曰：「佗，加也。」正義曰：「此佗謂佗人也。言舍有罪而以罪予佗人，是從此而往加也，故曰『佗，加也』。」

樾謹按：正義之說迂迴難通，非古訓也。《說文・人部》：「佗，負荷也。」荷與加聲近義通，佗訓荷，故亦訓加。字亦作「拕」。《周易・訟》上九「終朝三褫之」，鄭本作「三拕之」，注曰：「三加之也。」拕之訓加，豈亦可云謂佗人乎？

君子無易由言。

箋云：「由，用也。王無輕用讒人之言。」

樾謹按：《抑》篇「無易由言」，箋云：「由，於也。女無輕易於教令。」此云「君子無易由言」，義與彼同，言君子無易於言，人之耳有屬於垣者，不可不慎也。箋訓由爲用，其義轉迂矣。

昊天已威，予慎無罪。昊天大憮，予慎無辜。

《巧言》

傳曰：「慎，誠也。」

樾謹按：《白駒》篇「慎爾優游」傳、《巷伯》篇「慎爾言也」箋竝曰「慎，誠也」，與此文同。《荀子・勸學篇》「真積力久則入」，楊倞注曰：「真，誠也。」蓋「慎」、「真」古通用。《史記・魯世家》「真公」，《漢書・古今人表》作「慎公」，是其證也。「予慎無罪」、「予慎無辜」，猶云予真無罪、予真無辜耳。《日知録》言五經無「真」字，不知古人卽叚「慎」爲「真」也。

往來行言。

箋云：「善言者往亦可行，來亦可行，於彼亦可，於己亦可，是之謂行也。」

樾謹按：箋義迂迴，非經旨也。行言者，輕浮之言。《九章算術・盈不足章》曰「醇酒一斗直錢五十，行酒一斗直錢一十」，行與醇對。《説文・酉部》「醇，不澆酒也」，是行爲澆薄也。《潛夫論・浮侈》篇曰「以完爲破，以牢爲行」，行與牢對，亦不堅固之意。小人之言輕浮無根，故謂之行言，曰往來者，正見其無定也。《尚書・盤庚》篇「而胥動於浮言」，《金縢》篇「乃流言于國」，浮言、流言竝與行言同。《廣雅・釋詁》曰「流，行也」；《釋訓》曰「浮，浮行也」，是浮與流皆有行義也。《泂酌》篇「泂酌彼行潦」，傳曰：「行潦，流潦也。」流言謂之行言，猶流潦謂之行潦矣。《管子・君臣下》篇「淫悖行食之徒」，尹知章注曰：「行食，游食也。」游言謂之行言，猶游食謂之行食矣。詩人以柔木興行言，柔木，木之柔脆者也；行言，言之浮薄者也，足知其取喻之精矣。

爾居徒幾何？

箋云：「女所與居之衆，幾何人？」

樾謹按：與居之衆謂之居徒，則不詞矣。居當訓爲蓄。《論語・公冶長》篇「臧文仲居蔡」，皇侃疏曰：「居，猶蓄也。」「爾居徒幾何」，言爾所蓄徒衆幾何人也。

及爾如貫。《何人斯》

箋云：「我與女俱爲王臣，其相比次，如物之在繩索之貫也。」

樾謹按：箋義迂迴，非也。貫謂羈貫，昭十九年《穀梁傳》「羈貫成童」，范甯注曰「羈貫，謂交午翦髮以爲飾」是也。《甫田》篇「總角丱兮」，傳曰「丱，幼穉也」，貫即丱也。上文曰「伯氏吹壎，仲氏吹篪」，言童穉兄弟相與嬉戲，此情好之最篤者。我與爾之情亦如是，故曰「及爾如貫」，言如總角時無猜忌也。

爲鬼爲蜮。

傳曰：「蜮，短弧也。」箋云：「使女爲鬼爲蜮也，則女誠不可得見也。」

樾謹按：鬼誠不可見，若短弧則實有其物，豈遂不可見乎？《漢書・東方朔傳》「人主之大蜮」，師古注曰：「蜮，魅也。」《文選・東京賦》「八靈爲之震疊，況鬾蜮與畢方」，李善注引《漢舊儀》曰：「魊，鬼也。」魊與蜮古字通，然則此經「蜮」字亦當爲魊。鬼也，魊也，一物也，傳以爲短弧，非是。

既往既來，使我心疚。《大東》《谷風之什》

箋云：「既，盡。疚，病也。言譚人自虛竭餫送而往，周人則空盡受之，曾無反幣復禮之惠。」

樾謹按：既雖訓盡，然盡往盡來殊不成義。且譚人困於役而傷於財，得免爲幸，豈責報於周乎？「既」當作「餼」。《禮記·中庸》篇「既廩稱事」，鄭注曰「既讀爲餼」，正義曰：「既與餼字聲同，故讀既爲餼。」既往既來言周之役繇，佻佻公子往來不給，往者餼之，來者餼之，以致甚困，故使我心疚也。

不以服箱。

傳曰：「服，牝服也。箱，大車之箱也。」箋云：「以，用也。牽牛不可用於牝服之箱。」

樾謹按：李善注《文選·思玄賦》引此文作「不可以服箱」，據箋文似當有「可」字，今本奪之耳。至傳、箋釋「服」字皆未合。「服」當讀爲「負」，服負一聲之轉。《淮南子·人閒》篇「負輦載粟而至」，《御覽·治道部》「負輦」作「服摙」，是服、負古通用。《考工記·車人》注鄭司農曰「服讀爲負」，即其例也。「不可以服箱」猶云不可以負箱，言牽牛雖有牛名，而不可以負車箱也。如以服爲牝服，則當云不可以駕服箱，如下章云「不可以挹酒漿」，文義方足。如但曰「不可以酒漿」，則文不成義矣。故知服非牝服也。古詩曰「南箕北有斗，牽牛不負軛」，皆用此詩之文，則服讀爲負，有明徵矣。

神保是饗。《楚茨》

傳曰：「保，安也。」箋云：「其鬼神又安而享其祭祀。」

樾謹按：「先祖是皇，神保是饗」，兩語相對。下文又曰「神保是格」、「神保聿歸」，朱子《集傳》因以神保爲尸之嘉號，疑爲近之。然既曰「皇尸載起」，又曰「神保聿歸」，則亦未可以爲一也。保蓋師保之保，《書序》「召公爲保，周公爲師」是也，言保以兼師耳。《尚書·盤庚》篇曰「茲予大享于先王，爾祖其從與享之」，《周官・司勳》曰「凡有功者，銘書于王之大常，祭于大烝」，是古者烝祭以功臣配食。上文曰「以往烝嘗」，故并及之；其人皆先王師保之臣，故尊之曰神保。《長發》卒章兼及阿衡，卽其例也。阿衡，《書・君奭》篇謂之保衡，然則阿、保一也。

君婦莫莫。

箋云：「君婦，謂后也。」

樾謹按：下文曰「諸宰君婦，廢徹不遲」，若以君婦爲后而敘於諸宰之下，殊爲不倫，疑君婦非謂后也。古音君與群同。《周書・謚法》篇「從之成群曰君」，《白虎通・號》篇「君之爲言群也」，又《三綱六紀》篇「君，群也」，《廣雅・釋言》亦曰「君，群也」，蓋聲近者義卽相通。上文「先祖是皇」箋云：「皇，暀也。」皇可爲暀，則君亦可爲群。君婦者，群婦也。《周官・九嬪》曰「贊后薦徹豆籩」，群婦卽指九嬪之屬。不斥言后而曰群婦，正詩人立言之謹也，群婦則無嫌與諸宰連文。且宰曰諸宰，婦曰群婦，文正相對也。

信彼南山。《信南山》

箋云：「信乎彼南山之野。」

樾謹按：此以「信南山」名篇，猶之乎「節南山」也。「節彼南山」、「信彼南山」語本一律，「節彼」之「節」傳訓爲高峻貌，則「信彼」之「信」亦當以山之形狀言，不得如箋所云「信乎彼南山」也。古「信」、「申」同字，「信」當讀爲「申」。《爾雅・釋詁》：「申，重也。」《離騷》「申申其詈余」，王逸注曰：「申申，重也。」「信彼南山」猶言申申然者彼南山，蓋言其山形之複沓也。「節彼南山」下云「維石巖巖」，故言其山形之高峻。「信彼南山」下云「畇畇原隰」，故言其山形之複沓。詩人之辭，固各指所之矣。

以我齊明。《甫田》《甫田之什》

傳曰：「器實曰齊，在器曰盛。」箋云：「以潔齊豐盛，與我純色之羊，秋祭社與四方。」正義曰：「經傳多齊盛連文，故傳因齊解盛。」

樾謹按：經文言「齊明」，傳、箋竝言齊盛，正義以爲因齊解盛，然經文本無「盛」字，傳、箋且因齊而及之；經文實有「明」字，傳、箋均不之及，何邪？今按：「齊明」即「齊盛」也。《爾雅・釋詁》：「明，成也。」成與盛古字通，明既訓成，亦得訓盛。《淮南子・説林》篇「長而愈明」，高注曰「明猶盛也」；《禮記・明堂位》正義曰「明堂，盛貌」，竝其證也。然則「齊明」之即「齊盛」無疑矣。

禾易長畝。

傳曰：「易，治也。長畝，竟畝也。」

樾謹按：「易」當讀爲「施」，古施、易二字通用。《何人斯》篇「我心易也」，《釋文》曰「易，《韓詩》作施」，是其證也。《禮記・樂記》引《詩》「施于孫子」，鄭注曰：「施，延也。」《皇矣》篇箋云：「施之言易也，延也。」「禾易長畝」，言禾連延竟畝耳。傳訓易爲治，失之。

既庭且碩。《大田》

傳曰：「庭，直也。」箋云：「衆穀生盡，條直茂大。」

樾謹按：上文言「播厥百穀」，猶未言百穀之生，此遽言條直茂大，於義未安。「庭」當讀爲「挺」。《説文・手部》：「挺，拔也。」《呂氏春秋・仲冬紀》「荔挺出」，高誘注曰：「挺，生出也。」「既挺且碩」，謂百穀既生，又且碩大也。庭、挺同聲，故得通用。《考工記·弓人》注曰：「挺，直也。」然則訓庭爲直，亦是讀「庭」爲「挺」也。

先集維霰。《頍弁》

傳曰：「霰，暴雪也。」正義曰：「以比幽王漸致暴虐。且初爲霰者，久必暴雪，故言暴雪耳，非謂霰卽暴雪也。」

樾謹按：暴之言爆爍也。《桑柔》篇「捋采其劉」傳曰「劉，爆爍而希也」，箋云「捋采之則葉爆爍而疏」，是爆爍有希疏之義。字亦作「暴樂」，《爾雅·釋詁》：「毗劉，暴樂也。」重言之曰暴樂，單言之則曰暴，猶重言之曰毗劉，單言之則曰劉也。暴雪者，謂雪初下暴樂而希也。《說文·日部》：「暴，晞也。」暴之爲希，猶暴之爲晞，其義得通。《爾雅·釋天》曰：「雨霓爲霄雪。」霄與暴聲近，暴雪卽霄雪。正義所說，非傳意矣。

辰彼碩女。《車舝》

傳曰：「辰，時也。」箋云：「喻王若有茂美之德，則其時賢女來配之。」

樾謹按：傳、箋義竝非也。「辰」讀爲「振」。《廣雅·釋言》「辰，振也」，《白虎通·五行》篇「辰則振之也」，是辰、振聲近義通。《麟之趾》篇「振振公子」，傳曰：「振振，仁厚也。」《殷其雷》篇「振振君子」，傳曰：「振振，信厚也。」重言之爲振振，單言之爲振，猶《采薇》篇曰「楊柳依依」，而此曰「依彼平林」，重言之爲依依，單言之爲依也。詩以「依彼平林」喻「辰彼碩女」，傳曰「依，茂木貌」，則辰亦形容碩女之詞，不得訓辰爲時矣。

有壬有林。《賓之初筵》

傳曰：「壬，大。林，君也。」箋云：「壬，任也，謂卿大夫也。諸侯所獻之禮既陳於庭，有卿大夫，又有國君，言天下徧至，得萬國之歡心。」

樾謹按：鄭讀「壬」爲「任」，是也；以爲卿大夫，非也。卿大夫不得列於國君之上，且以任爲卿大夫，義亦迂曲。古音任與男相近，故《禹貢》「男邦」，《史記·夏本紀》作「任國」，《酒誥》「侯甸男衛」，《白虎通·爵》篇作「侯甸任衛」，然則任者男也。《公羊傳》曰：「《春秋》伯、子、男，一也。」舉男足以兼伯、子矣。有任謂有小國之君，有林謂有大國之君。傳訓林爲君，則君固通稱而得專指大國者。據《爾雅·釋詁》「公侯君也」，不及伯、子、男，是古大國之君始謂之君，後乃以爲通稱耳。小國列于大國之上者，亦猶《禹貢》先男邦後諸侯也。

威儀怭怭。

傳曰：「怭怭，媟嫚也。」

樾謹按：《説文·人部》：「佖，威儀也。從人必聲。《詩》曰：『威儀佖佖。』」是許所據本作「佖」，其解爲威儀，與毛迥異，疑「威儀」上當有「失」字。上文「威儀幡幡」，傳曰：「幡幡，失威儀也。」許意佖佖猶幡幡，故曰「佖，失威儀也」，正用毛義，傳寫奪「失」字而義不可通。《韻會》、《廣韻》等書竟曰「有威儀」，失之遠矣。《漢書·楊雄傳》「駢衍佖路」，師古注曰：「佖，次比也。」次比故有媟嫚之義。《法言·學行》篇「頻頻之黨」，李軌注謂「黨比游宴」，然則佖佖與頻頻聲近而義通矣。

不知其秩。

傳曰：「秩，常也。」

樾謹按：下言「不知其郵」，箋云：「郵，過也。」此「秩」字若從傳義，則與下章不類矣。「秩」當作「失」。《爾雅・釋鳥》「秩秩海雉」，《釋文》曰「秩秩，本又作失失」，是秩與失通。「不知其失」正與「不知其郵」同義。

是謂伐德。

箋云：「醉至若此，是誅伐其德也。」

樾謹按：德不可言誅伐，伐猶發也。《考工記・匠人》「一耦之伐」，鄭注曰「伐之言發也」，是伐與發義通。《谷風》篇「無發我笱」，《釋文》引《韓詩》曰：「發，亂也。」此經「伐」字當讀爲「發」，而從《韓詩》訓亂，言醉至此，是亂其德也。箋義失之。

亦是戾矣。《采菽》　《魚藻之什》

傳曰：「戾，至也。」箋云：「戾，止也。諸侯有盛德者，亦優游自安，止於是，言思不出其位。」

樾謹按：此當以傳義爲長。「亦是戾矣」承上章「亦是率從」而言。上箋云：「諸侯之有賢才之德，能辯治其連屬之國，使得其所，則連屬之國亦循順之。」然則此云「優哉游哉，亦是戾矣」，義與上同，言諸侯能優游其連屬之國，則連屬之國亦從之而至矣。箋訓戾爲止，而引《論語》説之，轉於義未安。正義申傳曰「明王之德能如此，亦如是至美矣」，此未得傳意也。

後予極焉。《菀柳》

傳曰：「極，至也。」箋云：「極，誅也。」

樾謹按：「極」當爲「悈」。《説文・心部》：「悈，疾也。」言其後乃憎疾我也，與「後予邁焉」一律，説詳下章。

後予邁焉。

箋云：「邁，行也。」

樾謹按：《白華》篇「視我邁邁」，傳曰：「邁邁，不悦也。」《説文・心部》：「𢗉，恨怒也。」

《詩》曰：『視我怖怖。』」是今《詩》作「邁邁」者乃「怖」之叚字。此「邁」字亦當讀爲「怖」，言其後乃不悦我也。「後予㥛焉」、「後予怖焉」義本一律，因「㥛」借「極」字，「怖」借「邁」字，而傳、箋皆不得其旨矣。

臺笠緇撮。《都人士》

傳曰：「臺所以禦暑，笠所以禦雨也。」箋云：「臺，夫須也。都人之士以臺皮爲笠。」正義曰：「臺，草名，可以爲笠則一也。而傳分之者，笠本禦暑，故《良耜》曰『其笠伊糾』，因可以禦雨，故傳分之以充二事焉。以緇撮爲一，知臺笠不二矣。」

樾謹按：《南山有臺》篇正義引傳曰「臺所以禦雨」，疑此傳「暑」、「雨」二字誤倒，段氏所訂《詁訓傳》已正之矣。惟傳既分爲二事，則當與箋不同。若如箋義以臺皮爲笠，安得曰臺所以禦雨，笠所以禦暑乎？疑毛公所據經文作「簦笠緇撮」。《説文·竹部》：「簦，笠蓋也」，「笠，簦無柄也。」二篆相連，即本《毛詩》。《國語·吴語》「簦笠相望於艾陵」，唐尚書云「簦笠，夫須也」，蓋讀「簦笠」爲「臺笠」，如鄭箋説也。古音臺在之咍部，簦在蒸登部，此二部古得相通。得來之爲登來，耳孫之爲仍孫，皆其例也。毛作「簦笠」，鄭作「臺笠」，故其説不同。正義據鄭本以解傳，宜其迂曲而不可通矣。《女曰鷄鳴》篇「知子之來之，雜佩以贈之」，贈可韻來，故簦可爲臺。乃陸德明作《釋文》時已無作「簦」之本，則古義之湮久矣。

言綸之繩。《采緑》

箋云：「綸，釣繳也。君子往狩與，我當從之，爲之韔弓。其往釣與，我當從之，爲之繩繳。」正義曰：「謂釣竿之上須繩，❶則已與之作繩。」

樾謹按：經文曰「言綸之繩」，不言「言綸其繩」，與上句本不一律。箋以韔弓、繩繳對舉，則知此句「繩」字與上句「韔」字對，此句「綸」字與上句「弓」字對。《爾雅·釋器》曰：「繩之謂之縮之。」郭璞注曰：「縮者，約束之。」「言綸之繩」蓋謂君子釣訖，則其綸我爲收束之耳，與「言韔其弓」文不一律而義則同。正義謂「與之作繩」，非是。

其葉有幽。《隰桑》

傳曰：「幽，黑色也。」

樾謹按：《伐木》篇「出自幽谷」，傳曰：「幽，深也。」《斯干》篇「幽幽南山」，傳曰：「幽幽，深遠也。」此文「幽」字義亦當同，蓋葉盛則望之深遠矣。與上文「其葉有難」、「其葉有沃」一律，不必爲黑色也。

露彼菅茅。《白華》

傳曰：「露亦有雲。」箋云：「白雲下露養彼，可以爲菅之茅。」正義曰：「言露亦有雲者，露雲氣微，不映日月，不得如雨之雲耳，非無雲也。」

樾謹按：傳、箋竝以「露」爲「雨露」之「露」，非經旨也。正義更曲明露之有雲，以證成傳義，甚無謂矣。《釋名·釋天》曰：「露，慮也，覆慮物也。」「覆慮」蓋古語，亦謂之「覆露」。《漢書·鼂錯傳》「今陛下配象天地，覆露萬民」，《嚴助傳》「陛下垂德惠以覆露之」，《淮南子·時則》篇「包裹覆露，無不囊懷」，竝以「覆露」連文，即「覆慮」也。露、慮一聲之轉耳。「露彼菅茅」言英

❶「釣」，原作「鈞」，今據清經解續編本改。

英白雲，覆慮此菅茅也。毛公生六國時，古語已不盡可通，無怪顔師古注《漢書》、高誘注《淮南子》，於「覆露」之「露」皆以爲「雨露」字矣。

不皇朝矣。《漸漸之石》

箋云：「皇，王也。將率受王命東行而征伐，役人罷病，必不能正荆舒，使之朝於王。」正義曰：「王肅云：『武人，王之武臣征役者。言皆勞病，東行征伐東國，以困病，不暇修禮而相朝。』此自王肅之説，毛意無以見其爲然，正以《詩》中諸言『不皇』多爲『不暇』，故存其説代毛耳。」

樾謹按：「不皇」即「不暇」，王肅説是也。若從鄭訓爲王，則首章「不皇朝」義尚可通，二、三章之「不皇出」、「不皇他」實不可通矣。至王肅之説，於義亦未盡得。正義曰：「受命出征，務服前敵，無暇相朝，自其常事，不當以此爲怨。」然則「不皇朝」者，非謂不暇相朝也。「朝」當讀爲「周」。《汝墳》篇「惄如調飢」，傳曰：「調，朝也。」朝之爲周，猶調之爲朝也。上文「山川悠遠，維其勞矣」，箋以「勞勞廣闊」解之，惟廣闊故不遑周也。二章云「山川悠遠，曷其没矣；武人東征，不皇出矣」，傳訓没爲盡，惟其無盡，故不皇出也。不皇周、不皇出皆見山川悠遠之意。然周者環周，出者直出，出且不皇，周更無論。二章視首章其詞爲尤切矣。

群經平議卷十

群經平議卷十一

德清俞樾

毛詩四

帝命不時。《文王》《大雅·文王之什》

傳曰：「不時，時也。時，是也。」

樾謹按：《清廟》篇曰「不顯不承」，《孟子·滕文公》篇引《書》曰「丕顯哉文王謨，丕承哉武王烈」，竝以顯與承相對。不顯不承卽丕顯丕承也。此云「有周不顯，帝命不時」，猶云有周丕顯，帝命丕承。時與承一聲之轉。《儀禮·特牲饋食》篇「詩受之」，鄭注曰：「詩，猶承也。」《說文·人部》：「侍，承也。」時之爲承，猶詩之爲承、侍之爲承。古音之咍與蒸登兩部得相通也。毛訓時爲是，失其義矣。

陳錫哉周。

傳曰：「哉，載。」箋云：「乃由能敷恩惠之施以受命造始周國。」

樾謹按：箋以「陳」爲「敷陳」之「陳」，非經旨也。「陳」當讀爲「申」，「陳錫」卽「申錫」也，《烈祖》篇「申錫無疆」，傳訓申爲重是也。「陳」字本從申得聲，古文作「陳」，故得與「申」通矣。「哉」字之義傳訓爲載，箋訓爲始，宣十五年《左傳》及《國語·周語》引此文竝作「陳錫載周」，則傳義是也。杜預注《左傳》曰：「言文王布陳大利以賜天下，故能載行周道。」韋昭注《國語》曰：「言文王布賜施利，以載成周道。」此二注皆訓陳爲布，未達叚借之旨。至解「載」字，則韋説得之。蓋「成」字之義與「申」字相應，「申」字之義與上文「亹亹文王，令聞不已」相應。亹亹猶勉勉也，惟文王勉之又勉，故令聞不已；惟其令聞不已，故能申錫無疆，載成周道也。下云「本支百世」，則所申錫者不止其身，且下及子孫矣。

厥猶翼翼。

傳曰：「翼翼，恭敬。」箋云：「猶，謀。」

樾謹按：《廣雅·釋詁》：「由，用也。」古字由與猶通，然則「厥猶翼翼」者，厥用翼翼也。箋訓猶爲謀，則誤以語辭爲實義矣。翼翼，衆也。《漢書·禮樂志》「其鄰翼翼」，師古注曰「翼翼，衆貌」是也。「世之不顯，厥猶翼翼。思皇多士，生此王國」，翼翼卽以多士言。傳訓「恭敬」，亦失之矣。

常服黼冔。

傳曰：「黼，白與黑也。冔，殷冠也。」正義曰：「周冕無繢繡之飾，則殷冔亦不以黼爲飾。黼自衣服之所有也。《禮器》云：『冕，諸侯九旒。』注曰：『似夏、殷制。』則殷之諸侯祭服亦九章，而下不止於黼而已，舉一章而表之耳。」

樾謹按：黼謂黼領也。《爾雅·釋器》曰「黼領謂之襮」，郭注曰：「繡刺黼文以褗領。」《唐風·揚之水》篇「素衣朱襮」，❶傳曰：「襮，領也。諸侯繡黼，丹朱中衣。」然則黼領自是諸侯之制。此經以黼冔竝言，黼是領，冔是冠也。正義以黼屬衣，謂舉一章以表之，非是。

王之藎臣，無念爾祖。

傳曰：「藎，進也。」箋云：「今王之進用臣，

❶「揚」，原作「楊」，今據阮刻《毛詩正義》改。

當念女祖爲之法。王斥成王。」
樾謹按：上方言文王德盛，殷士咸來歸之，此忽言今王之進用臣，義不相屬。「王之藎臣」蓋即指殷士也。殷士服殷之服，來助周祭，文王見而勸勉之，曰：此孰非王之藎臣乎？王謂殷王也。「藎」者「𤋱」之叚字。《説文·火部》：「𤋱，火餘木也。」經典相承作「燼」，《桑柔》篇「具禍以燼」，箋曰「災餘曰燼」是也。引申之凡物之餘皆謂之燼，《國語·吴語》曰「然後安受其燼」，韋注曰：「燼，餘也。」字亦通作「藎」。《方言》：「藎，餘也。秦、晉之閒炊薪不盡曰藎。」《廣雅·釋詁》亦曰：「藎，餘也。」「王之藎臣」猶言王之餘臣，以其從殷而來，故謂之王之餘臣，猶曰波及晉國者君之餘也。其人皆商之子孫，故以無念爾祖勖之。爾祖者，斥殷先哲王也。下章繼之曰「無念爾祖，聿修厥德，永言配命，自求多福」，皆文王勸勉殷士之詞，忠厚之至也。《振鷺》篇曰「以永終譽」，《有客》篇曰「降福孔夷」，其意正與此同。「殷之未喪師」以下乃始戒成王耳。詩意若曰：商之子孫，固宜念爾之祖，聿修厥德。而我周之子孫，亦宜以殷爲鑒，無遏爾躬也。鄭以「王之藎臣」即爲斥成王，則大蚤矣。正義謂毛當同鄭，不然也。

俔天之妹。《大明》

箋云：「尊之如天之有女弟。」

樾謹按：天之女弟其名甚異，恐非詩人立言之本旨也。《周易·歸妹》王注曰「妹者，少女之稱」，然則「天之妹」猶言天之少女耳。《時邁》篇「昊天其子之」，王者爲天之子，則以其配爲天之女，義正相當也。《韓非子·詭使》篇「女妹有色」，又曰「女妹私義之門」，所謂女妹者亦是少女之稱，非女弟也。

纘女維莘，長子維行。

傳曰：「纘，繼也。莘，大姒國也。長子，長女也。維行，大任之德焉。」箋云：「使繼大任之女事於莘國，莘國之長女大姒則配文王維德之行。」

樾謹按：以「纘女」爲「繼大任之女事」，文甚迂迴，非經旨也。「纘」當作「薦」。《崧高》篇「王纘之事」，《潛夫論・志氏姓》篇作「王薦之事」，是其例也。昭五年《左傳》「求昏而薦女」，杜注曰：「薦，進也。」「纘女維莘」猶薦女維莘，言進女以爲昏者，實維莘國也。此句但言女，未言長幼，故又曰「長子維行」，言莘之長女於是乎行也。《儀禮・喪服》篇鄭注曰「凡女行於大夫以上曰嫁，行於士庶人曰適人」，卽此「行」字之義。傳、箋所説均未得也。

維師尚父。

傳曰：「師，太師也。尚父，可尚可父。」箋云：「尚父，吕望也，尊稱焉。」正義曰：「《史記・齊世家》云：太公望吕尚者，東海上人。西伯出獵得之，曰，吾太公望子久矣，故號之曰太公望。載與俱歸，立爲太師。劉向《別録》曰：師之、尚之、父之，故曰師尚父。父亦男子之美號。《大誓》注云：師尚父，文王於磻溪所得聖人吕尚，立以爲大師，號曰尚父，尊之。其言皆與可尚父義同。」

樾謹按：諸説皆六國時好事者之言。《詩》云「維師尚父」與言程伯休父同，尚父乃其字也。太公蓋名望，而字尚父。古人名字相配，尚者，上也，上則爲人所望，故名望字尚也。其曰太公者，始封之君之尊稱，猶周之太王、吴之太伯、晉之太叔也。其後田齊之有國始於田和，而謂之太公和。以後證前，知太公望猶太公和矣。《史記》太公望子之説與毛傳可尚可父之説皆齊東野語，不足徵也。

迺宣迺畝。《緜》

箋云：「時耕曰宣。乃時耕其田畝。」正義曰：「時耕曰宣，無他文也，鄭以義言之耳。」

樾謹按：鄭釋「宣」字未得其義，「宣」當作「⿺走亘」。蓋古者田畝有三歲一易之制，何休《公羊解詁》曰：「司空謹別田之高下美惡，分爲三品，上田一歲一墾，中田二歲一墾，下田三歲一墾。肥饒不得獨樂，墝埆不得獨苦，故三年一换主易居，財均力平。」是其事也。《説文·走部》有「⿺走亘」篆曰「⿺走亘田易居」，即謂此。《左傳》「爰田」、《國語》「轅田」皆其叚字，此經「宣」字亦「⿺走亘」之叚字。宣、⿺走亘竝從亘得聲，於叚借之例更近矣。蓋疆理既定之後，即定⿺走亘田之制，以均其肥瘠。「迺宣迺畝」，言乃⿺走亘易其田畝也。周制三年一易，實始於此。鄭以爲時耕其田畝，此則憂百畝之不易者農夫也，不足見古公規制之大矣。

縮版以載。

箋云：「既正則以索縮其築版，上下相承而起。」

樾謹按：箋以「載」爲「承載」之「載」，非也。「載」當讀爲「栽」，《禮記·中庸》篇「上天之載」，鄭注曰「載讀曰栽」，是其例也。哀元年《左傳》正義曰：「栽者，竪木以約版也。」「縮版以栽」謂既以索縮其築版，又竪木以約之也。鄭讀從本字，未得經旨。

鼛鼓弗勝。

箋云：「百堵同時起，鼛鼓不能止之使休息也。《周禮》曰：『以鼛鼓鼓役事』。」正義曰：「引《周禮》者，《地官・鼓人》文。彼云『鼓役事』，此或云『止役事』，以上有止之之文而因設耳。定本云『鼓役事』。」

樾謹按：《周禮》原文「以雷鼓鼓神祀」以下凡六句竝作「鼓」，無異文，此引《周禮》不當作止役事也。《周禮》疏曰「起役止役皆用鼛鼓，兩處義得相兼」，此亦曲爲之説。竊謂鄭於「弗勝」二字未得其義也。此章「陾陾」、「薨薨」、「登登」、「馮馮」皆以聲言，百堵皆興則衆聲竝作，鼛鼓之聲轉不足以勝之矣，故曰「鼛鼓弗勝」，非謂不能止之也。毛傳惟「馮馮」訓爲聲，「陾陾」則曰「衆也」，「登登」則曰「用力也」。然《説文・𨸏部》：「陾，築牆聲也。」知三家詩固有以陾陾爲聲者，則薨薨、登登竝以聲言，從可知矣。

柞棫拔矣，行道兑矣。

傳曰：「兑，成蹊也。」箋云：「今以柞棫生柯葉之時，使大夫將師旅出聘問，其行道士衆兑然。不有征伐之意。」

樾謹按：箋義非傳意也。《爾雅・釋詁》：「拔，盡也。」《説文・手部》：「拔，擢也。」《廣雅・釋詁》：「拔，除也。」蓋大王始遷之時，土廣人稀，樹木充塞，其後生齒日繁，以次開闢，向來柞棫之區，今擢除既盡而成道路，故曰「柞棫拔矣，行道兑矣」。「行道」連文，行亦道也。《爾雅・釋宮》：「行，道也。」非謂行道者也。《皇矣》篇「柞棫斯拔，松柏斯兑」，傳曰：「兑，易直也。」此經「兑」字與彼不殊，彼謂柞棫拔除而松柏挺然直立，此謂柞棫拔除而行道坦然平易也。易直之義通于此經矣。毛於此不釋

「兑」字而但曰「兑成蹊也」，蓋謂此經以道路言，異於彼經以樹木言也。彼此貫通，固非鄭箋所能望矣。

古之人無斁，譽髦斯士。《思齊》

傳曰：「古之人無厭於有名譽之俊士。」箋云：「古之人，謂聖王明君也。口無擇言，身無擇行，以身化其臣下，故令此士皆有名譽於天下，成其俊乂之美也。」

樾謹按：傳、箋之義皆非也。「古之人」謂古老之人，《尚書・無逸》篇「否則侮厥父母曰：昔之人無聞知」，枚氏傳解爲「古老之人」是也。此承上文「肆成人有德，小子有造」而言。惟成人有德，故古老之人不見厭惡；惟小子有造，故其俊士無不安樂也。「譽」讀爲「豫」。昭二年《左傳》「宣子譽之」，趙岐注《孟子》引作「豫」；《孟子・梁惠王》篇「一游一豫」，服虔注《左傳》引作「譽」，是譽、豫古通用。《爾雅・釋詁》「豫，樂也」，又曰「豫，安也」，故豫與無斁互文見義，無厭斁則豫樂可知，豫樂則無厭斁亦可知矣。「髦斯士」者，髦士也。斯乃語詞，詩中多有此例。「螽斯羽者」，螽羽也；「兔斯首」者，兔首也，説詳王氏引之《經傳釋詞》。下句「髦斯士」與上句「古之人」文正相配。古之人即古人，髦斯士即髦士。上句先言古之人，後言無斁，下句先言譽，後言髦斯士，錯綜成文，亦猶「迅雷風烈」之比。詩人立言之妙，雖毛、鄭其猶未得矣。

維此二國。《皇矣》

傳曰：「二國，殷、夏也。」箋云：「二國，謂今殷紂及崇侯也。」正義曰：「一紂而言二國，則是取類而言，故以二國爲殷紂、夏桀也。紂既喪殷，桀亦亡夏，其惡既等，故配而言之。孫毓云：『天觀衆國之政，求可以代殷之人。先察王者之後，故言商而及夏。夏者，夏禹之世。時爲二王之後者，不得追斥桀也。桀亡國六百餘年，何求於將代殷而惡之乎？』或以毓言爲毛義，斯不然矣。天求代殷之人，當觀可代之國。一姓不再興，亡國不再王。先察王者之後，欲何爲哉！」

樾謹按：鄭以二國爲殷紂、崇侯，其義未安。崇侯乃是人臣，何得竝稱二國？正義謂紂乃亡國之主，可以同之崇侯。夫既可同之崇侯，則亦可同之密、阮、徂、共，何不并稱六國，而必以二國四國分別言之乎？竊謂孫毓之説雖未知於毛意如何，然此詩之旨實當以孫説爲長。《尚書·多方》篇曰「非天庸釋有夏，非天庸釋有殷。乃惟爾辟，以爾多方，大淫圖天之命，屑有辭」，即此詩所謂「維此二國，其政不獲」也。又曰「天惟五年，須夏之子孫，誕作民主，罔可念聽」，然則孫毓所謂「先察王者之後」，信有徵矣。又曰「天惟求爾多方，大動以威，開厥顧天」，即此詩所謂「維彼四國，爰究爰度」也。又曰「惟爾多方，罔堪顧之。惟我周王，靈承于旅，克堪用德。惟典神天，天惟式教我用休，簡畀殷命，尹爾多方」，即此詩所謂「上帝耆之，憎其式廓，乃眷西顧，此維與宅」也。蓋《皇矣》篇首章與《尚書·多方》篇大旨相同，皆謂殷既失道，天又顧念夏后氏子孫，欲以代殷。乃夏之子孫無可顧者，又博求之四方之國。而四方之國亦無其人，於是大命遂集於有周也。《多方》篇「須夏之子孫」今從鄭義作「須暇之子孫」，於是經義遂晦，并此詩而失其解矣。説互詳《尚書》。

帝遷明德。

傳曰：「徙就文王之德也。」

樾謹按：「帝徙明德」似爲不辭。《説文・辵部》：「遷，登也。從辵䙴聲。」《舁部》「䙴，升高也」，或從卩作「䙴」。師古注《漢書・地理志》、《郊祀志》竝以「䙴」爲古「遷」字，是遷、䙴古通用。䙴爲升高，故遷爲登，乃其本義也。自遷徙之義盛行，而本義亡矣。此經「遷」字當從本義，言帝因文王之明德而登進之也。

比于文王。

箋云：「王季之德比于文王，無有所悔也。必比于文王者，德以聖人爲匹。」

樾謹按：王季父也，文王子也，父比于子，義殊未安。上文「維此王季」，昭二十八年《左傳》及《禮記・樂記》所引竝作「維此文王」，正義謂《韓詩》亦作「文王」，是此經毛、韓不同。韓於上文既作「維此文王」，則於此文必作「比于王季」。若使上下俱作「文王」，必無是理也。以文義而論，似以《韓詩》爲長。文王比于王季，猶大姒嗣大任之徽音。太任不必賢于大姒，王季不必聖于文王，立言之體宜爾也。毛本上下誤倒耳。

無然畔援。

傳曰：「無是畔道，無是援取。」箋云：「畔援，猶跋扈也。」《釋文》引《韓詩》曰：「畔援，武强也。」

樾謹按：傳分「畔援」爲二義，非也。「畔援」即「畔喭」也。《論語・先進》篇「由也喭」，鄭注曰「子路之行失於畔喭」，正義曰：「舊注作吸喭。《字書》：吸喭，失容也。言子路性行剛强，常吸喭失禮容也。」

此與韓、鄭義正合。援、喭音近，故得通用。猶美士曰彥，美女曰媛，亦取音義相近也。《玉篇》又引作「無然伴換」，蓋古人雙聲疊韻之字皆無一定，畔援也，⿰口反喭也，伴換也，一而已矣。《卷阿》篇「伴奐爾游矣」，「伴奐」即「伴換」也。箋曰「伴奐自縱弛之意」，蓋卽跋扈之義而引申之，美惡不嫌同詞。傳以爲廣大有文章，正義申明之曰「伴然而德廣大，奐然而有文章」，則分「伴奐」爲兩義，與此傳分「畔援」爲兩義其失維均。

無矢我陵。

傳曰：「矢，陳也。」箋云：「矢，猶當也。」

樾謹按：「矢」當作「弛」。《江漢》篇「矢其文德」，《禮記・孔子閒居》篇引作「弛其文德」，是矢、弛古通用。《國語・魯語》「文公欲弛孟文子之宅」，韋注曰：「弛，毁也。」「無弛我陵」言無毁我陵也。字本作「陁」。《說文・自部》：「陁，小崩也。」《周語》「聚不陁崩」注曰：「大曰崩，小曰陁。」《漢書・劉向傳》「山陵崩陁」，正可爲「無弛我陵」之證。傳、箋義竝未得也。

不長夏以革。

傳曰：「革，更也。不以長大有所更。」箋云：「夏，諸夏也。不長諸夏以變更王法者。」

樾謹按：傳、箋之說均于義未安。《禮記・中庸》篇引上句「不大聲以色」，又引孔子曰「聲色之於以化民，末也」，則聲、色二字自是平列，謂不大其聲與色也。朱子《集傳》曰「以猶與也」，得其解矣，而於此句則曰「未詳」。今按：長之言常也。《廣雅・釋詁》曰「長，常也」，又曰「長，久也」，久亦常也。夏之言假也。《釋名・釋天》曰：

「夏，假也，寬假萬物使生長也。」革之言急也。《禮記・檀弓》篇「若疾革」，鄭注曰：「革，急也。」急與寬假義正相反。明德之君寬以濟猛，猛以濟寬，亦如天道然，夏之寬假，秋之緧迫，各以其時而異，故曰「不長夏以革」也。

以爾鉤援。

傳曰：「鉤，鉤梯也，所以鉤引上城者。」正義曰：「鉤援一物，正謂梯也。以梯倚城相鉤引而上，援卽引也。」

樾謹按：下句「與爾臨衝」，傳曰「臨，臨車。衝，衝車」，正義曰：「臨者，在上臨下之名。衝者，從旁衝突之稱。」臨衝非一車，則鉤援當亦非一物。蓋皆兵器也。鉤、句古字通，兵器曲者謂之句，《考工記・廬人》「句兵欲無彈」，鄭注曰「句兵，戈戟屬」是也。直者謂之援，《考工記・冶氏》「援四之」，鄭司農曰「援，直刃也」是也。《晏子春秋・雜》篇：「曲刃鉤之，直兵推之。」《吕氏春秋・知分》篇：「直兵造胸，句兵鉤頸。」古言兵器必兼曲直，故詩以「鉤援」竝言。鉤援有曲直之分，臨衝有從上從旁之別，正見古人立言之不苟矣。

是絶是忽。

傳曰：「忽，滅也。」正義曰：「忽滅者，言忽然而滅，非訓忽爲滅也。」

樾謹按：正義之説未得古訓。《爾雅・釋詁》「忽，滅盡也」，則忽與滅義同矣。《説文・心部》：「忽，忘也。」古忘與亡通，忽訓忘，卽訓亡。《方言》：忽，芒也；芒，滅也。忽之言芒，芒之言滅，其義自通。孔氏謂忽然而滅，失之矣。

庶民子來。《靈臺》

箋云：「衆民各以子成父事而來攻之。」

樾謹按：朱子《集傳》曰：「如子趣父事，不召自來。」然鄭箋之意實不如此，蓋謂衆民樂於就役，凡有私事，各使其子成之，而自來攻作也。至《孟子》引此文而趙岐解之曰「衆民自來趣之，若子來爲父使也」，此則《集傳》之説矣。鄭説失之迂曲，趙説又太巧，恐皆非經旨。《史記·律書》曰：「子者滋也，言萬物滋於下也。」蓋古音子與滋同，故《周易·明夷》六五「箕子之明夷」，《釋文》曰：「今《易》『箕子』作『荄滋』。」此文「子」字亦當讀爲「滋」。《説文·水部》：「滋，益也。」昭三年《左傳》「宫室滋侈」，十六年《傳》「爲罪滋大」，杜注竝曰：「滋，益也。」《老子》曰「民多利器，國家滋昏。人多伎巧，奇物滋起」，《吕氏春秋·懷寵》篇曰「行地滋遠，得民滋衆」，《漢書·吴王濞傳》曰「徵求滋多」，《酷吏·咸宣傳》曰「盗賊滋起」，其義竝同。「經始勿亟，庶民滋來」，言文王寬假之而庶民益來也。因叚「子」爲「滋」，而説者遂望文生訓，使經文之平易者變爲艱深矣。《一切經音義》卷三曰：「滋，古文孖同。」是滋字古文有從二子者，則「子來」之爲「滋來」無疑矣。

下武惟周。《下武》

傳曰：「武，繼也。」箋云：「下猶後也。後人能繼先祖者，維有周家最大。」

樾謹按：以下武爲後繼，其義迂曲，殊不可通。《序》曰「下武繼文也」，箋云：「繼文者，繼文王之王業而成之。」夫「文」字既爲「文王」之「文」，則「武」字亦卽「武王」之「武」，「下武」者猶言武王在下也。《文王》篇曰「文王在上」，正與「下武」相對成義。下猶後也，上猶前也。彼《序》曰：「文王受命作周也。」文王在上，既受命作周，又繼以在下之武王，而有周之業成矣，故曰「下武維周」。《周頌・武》篇曰「嗣武受之」，「下武」猶「嗣武」也。

既伐于崇。《文王有聲》

正義曰：「武功之中既兼伐崇，而别言『既伐于崇』者，以其功最大，其伐最後，故特言之。」

樾謹按：「既伐于崇，作邑于豐」兩句初非對文。「于崇」之「于」當作「邘」，亦國名也。《尚書大傳》：「文王受命，一年斷虞芮之訟，二年伐邘，三年伐密須，四年伐犬夷，五年伐耆，六年伐崇。」此云「既伐邘崇」，蓋言邘言崇，而密須也、犬夷也、耆也，皆包其中矣。若《史記》所載次第與《大傳》不同，虞芮決獄之後明年伐犬戎，明年伐密須，明年敗耆國，明年伐邘，明年伐崇侯虎而作豐邑，未知與《大傳》孰是。然如史公説，則伐邘崇與作豐邑事適相連，故詩人連及之，事或然也。「邘」作「于」者，如「酆」之爲「豐」，「際」之爲「祭」，古文省邑旁耳。毛公無傳，未知其説云何。鄭解上句「有此武功」曰「謂伐四國及崇之功也」，則已不知下句「既伐于崇」爲邘、崇二國矣。

誕置之隘巷。《生民》《生民之什》

傳曰：「天生后稷，異之於人，欲以顯其靈也。帝不順天，是不明也，故承天意而異之於天下。」

樾謹按：不夫而孕之説，毛所不信，其見卓矣。然以人道生子，自是常事，何異之有？爲父母者，何知天意欲異之乎？宜後之學者舍毛而從鄭矣。今按：此詩之意在「后稷呱矣」一句，蓋直至鳥去之後，后稷始呱，然則前此者后稷未嘗呱也。凡人之初生，無不呱呱而泣。后稷生而不呱，是其異也，於是人情駭怪，僉欲棄之。帝嚳所以不禁者，明知神聖之子，雖寘死地，必無所妨，姑從衆意以顯其異。於隘巷、於平林、於寒冰，愈棄愈遠，且亦愈險，聖人不死，昭然可見，而后稷亦既呱矣，於是收而養之，而名之曰棄，志異也。詩人歌咏其事，初不言其棄之之由，而於其卒也曰「后稷呱矣」，蓋没其文於前而著其義於後，此正古人文字之奇。乃學者則莫之能得矣。

實方實苞。

傳曰：「方，極畝也。」正義曰：「方者，正方之義。謂極盡壟畝，種無不生，地皆方正有苗，故以方爲極畝。」

樾謹按：「方」與「旁」通。《尚書·堯典》篇「共工方鳩孱功」，《史記·五帝紀》作「共工旁聚布功」；《大禹謨》篇「方施象刑惟明」，《新序·節士》篇作「旁施象刑維明」，竝其證也。《説文·上部》：「旁，溥也。」毛意「方」卽「旁」之叚字，有溥徧之義，故訓爲極畝。孔以方正説之，非毛意矣。

籩豆静嘉。《既醉》

箋云：「乃用籩豆之物潔清而美。」

樾謹按：鄭意以「潔清」訓「静」，以「美」釋「嘉」，其實「静」亦「嘉」也。《藝文類聚》引《韓詩》曰：「東門之栗，有静家室。」静，善也。《尚書·堯典》篇「静言庸違」，《史記·五帝紀》作「善言」，蓋静、善一聲之轉耳。静與嘉其義同。

永錫爾類。

傳曰：「類，善也。」箋云：「孝子之行，非有竭極之時，長以與女之族類，謂廣之以教道天下也。《春秋傳》曰：穎考叔純孝也，❶施及莊公。」

樾謹按：下章云「永錫祚允」，箋云：「天又長予女福祚，至于子孫。」然則此章「永錫爾類」亦當爲天之所予，鄭用《左傳》義，與下章「永錫」不一律矣。《國語·周語》叔向引此詩而説之曰：「類也者，不忝前哲之謂也。」然則類猶肖也。丹朱、商均之不肖是卽不類矣；啓賢能敬承繼禹之道，是卽類矣。《孟子》曰：「其子之賢不肖，皆天也。」知賢不肖之皆天，則可知「永錫爾類」之義矣。周之興也，世有哲王，是卽天之永錫爾類也。《孟子》以賢不肖對稱，賢卽是肖，不肖卽是不賢，故河上公注《老子》曰：「肖，善也。」類之訓善，其義亦如此矣。毛傳卽本叔向説，可知春秋時師説如此。《左傳》引以美穎考叔，❷乃後人附益，不足據也。鄭據以易傳，誤矣。

釐爾女士。

傳曰：「釐，予也。」箋云：「予女以女而有士行者。」

樾謹按：以女士爲女有士行，其説巧矣。然經文平易，恐不如是也。《甫田》篇「以穀我士女」，此云「女士」猶彼云「士女」，倒文以協韻耳。下云「從以孫子」，「孫子」卽「子孫」，則「女士」卽「士女」也。釐當訓福。《漢書·文帝紀》「祠官祝釐」，《禮樂志》「媪神蕃釐」，集注竝曰：「釐，福也。」「釐」讀曰「禧」。《爾雅·釋詁》：「禧，福也。」然則「釐爾女士」者，福爾女士也，與「穀我士女」同義。《大戴禮記·夏小正》

❶「穎」，原作「頴」，今據阮刻《毛詩正義》改。

❷「穎」，原作「頴」，今據上文改。

篇「綏多女士」，「女士」亦即「士女」也。臧氏琳曰：《毛詩》、《周禮》、《儀禮》疏皆引作「綏多士女」，今本誤倒。然士女、女士於義俱通，不必乙正。

福禄來爲。《鳧鷖》

傳曰：「厚爲孝子也」。箋云：「爲猶助也。」

樾謹按：一章曰「福禄來成」，二章曰「福禄來爲」，文異而義同。《廣雅·釋詁》：「爲，成也。」《淮南·本經》篇「五穀不爲」，高注曰：「不爲，不成也。」是爲與成同義，當訓曰「爲猶成也」，不必别爲之説。

公尸來燕來宗，既燕于宗，福禄攸降。

箋云：「其來燕也，有尊主人之意。既，盡也。宗，社宗也。群臣下及民盡有祭社之禮，而燕飲焉，爲福禄所下也。」

樾謹按：「既燕于宗」即承「來燕來宗」而言，謂既燕與宗，則福禄攸降也。王氏引之《經傳釋詞》曰：于猶越也，與也。《書·大誥》「越爾御士」，王莽倣《大誥》曰「于女卿大夫元士御事」，是連及之詞曰越，亦曰于也。孔氏廣森《經學卮言》曰凡事有兩端云某及某者，行文之常也。《書》則用于用越，引《多方》「不克敬于和」、《康誥》「德之説于罰之行」爲證。以王氏、孔氏之説推之，則「既燕于宗」猶既燕與宗矣，正承上文而言。鄭惟不解「于」字，乃以宗爲社宗，使兩句異義，失之甚也。

公尸來止熏熏，旨酒欣欣，燔炙芬芬。

傳曰：「熏熏，和悦也。欣欣，然樂也。芬芬，香也。」

樾謹按：《説文·屮部》：「熏，火烟上出也。」《雲漢》篇「憂心如熏」，傳曰：「灼也。」疑不得有和悦之義。至欣欣訓樂，固屬常訓。然以下句「燔炙芬芬」例之，芬芬既以燔炙言，則欣欣亦當以旨酒言。今訓爲樂，則以飲酒者言，二句不一律矣。竊疑經文「熏熏」、「欣欣」字當互易。「公尸來止欣欣」，言公尸之和說也。「旨酒熏熏」，此「熏」字乃「薰」字之叚借。《爾雅·釋訓》「炎炎，熏也」，《釋文》曰「本或作薰」，是熏、薰古通用。《說文·艸部》「薰，香草也」，蓋因艸之香而引申之，則凡香者皆得言薰。猶芬之本義《說文》云「艸初生其香分布」，是亦因艸之香而引申之，則凡香者皆得言芬也。是故「旨酒薰薰」言酒香也，「燔炙芬芬」言炙香也。欣欣、薰薰字音相同，古書多口授，誤倒其文耳。或以《說文·酉部》「醺」下引《詩》「公尸來燕醺醺」疑其不誤，然許氏引經有合兩句爲一句者，如「東方明矣，朝既昌矣」，《說文》則引作「東方昌矣」；「混夷駾矣，維其喙矣」，《說文》則引作「犬夷呬矣」。凡此疑皆傳寫奪之，未可竟據以改經。觀《說文》作「醺醺」，其字從酉，益知其當在旨酒下矣。

干禄百福，子孫千億。《假樂》

箋云：「干，求也。十萬曰億。成王行顯顯之令德，求禄得百福，其子孫亦勤行而求之，得禄千億。」

樾謹按：「干」字疑「千」字之誤。「千禄百福」言福禄之多也，「子孫千億」言子孫之多也。鄭作「干禄」而訓爲「求」，殆其所據之本誤耳。何以明之？《旱麓序》曰「周之先祖，世修后稷、公劉之業，大王、王季申以百福干禄焉」，此「干」字明是「千」字之誤，段氏玉裁所訂《故訓傳》已正之矣。彼《序》正本此經，故知此經亦誤也。

爰方啟行。《公劉》

傳曰：「以方開道路去之豳，蓋諸侯之從者十有八國焉。」箋云：「告其士卒曰爲女方開道而行，明己之遷非爲迫逐之故，乃欲全民也。」

樾謹按：鄭意謂公劉以民之故方有此行，然非毛旨也。毛蓋訓方爲竝，方之訓竝，説已見《十月之交》篇。「方開道路」卽是竝開道路，故繼之曰「蓋諸侯之從者十有八國」，正所以明方之爲竝也。

何以舟之。

傳曰：「舟，帶也。」箋云：「民亦愛公劉之如是，故進玉瑤容刀之佩。」

樾謹按：傳、箋異義，傳以舟猶周也，周之言周市也，故訓爲帶；箋意舟亦爲周，周與酬通，《儀禮・鄉飲酒》篇注曰「酬之言周」是也。「何以舟之」卽何以酬之，故曰：「公劉之相此原地也，由原而升巘，復下在原，言反覆之，重居民也。民亦愛公劉之如是，故進玉瑤容刀之佩。」是鄭意謂民以此相酬，乃易傳，非申傳也。毛傳竝無民進玉瑤容刀之説，正義以鄭述毛，非是。《渭陽》篇「何以贈之，瓊瑰玉佩」，文法與此相似。鄭義自勝於毛，正義混而一之，則鄭義晦矣。

乃造其曹。

傳曰：「曹，群也。」箋云：「群臣適其牧群」。

樾謹按：公劉之時雖屬艸刱，然執豕豈遂乏人，乃使群臣親造牧群乎？毛意未必然也。造猶比也。《爾雅・釋水》曰「天子造舟」，郭注曰：「比船爲橋。」《大明》篇正義引李巡曰「比其舟而渡曰造舟」，孫炎曰：「造舟，比舟爲梁也。」是造有比義。《文選・東京賦》曰「次和樹表」，薛注曰：

「次，比也。」造、次一聲之轉，次爲比，故造亦爲比。上句「既登乃依」，傳曰：「賓已登席坐矣，乃依几矣。」然則毛訓曹爲群者，其意謂衆賓也，「乃造其曹」者，謂比次其衆賓之位也。箋義非是。

既庶且多。《卷阿》

箋云：「庶，衆。」正義曰：「王賜其車衆多矣。庶、多一也，丁甯以足句。」

樾謹按：凡言「且」者必有異義，不得謂丁甯以足句也。「多」當讀爲「侈」。哀七年《左傳》「魏曼多」，《史記·魏世家》作「魏侈」，是多與侈古通用。《禮記·雜記》「其衰侈袂」，鄭注曰：「侈猶大也。」「既庶且侈」，庶以車之數言，侈以車之制言。《考工記·輿人》曰「飾車欲侈」，《晏子春秋·外篇》曰「公乘侈輿」，皆其證也。

憯不畏明。《民勞》

傳曰：「憯，曾也。」箋云：「又用此止爲寇虐，曾不畏敬明白之刑罪者。」

樾謹按：如箋義，則必與上句「式遏寇虐」連讀，乃得其義。然次章「式遏寇虐，無俾民憂」，三章「式遏寇虐，無俾作慝」，四章「式遏寇虐，無俾正敗」，五章「式遏寇虐，無俾正反」，皆不以兩句連讀，箋義非也。傳訓憯爲曾，乃語詞，無實義。「憯不畏明」，言不畏明也。《尚書·洪範》篇曰「無虐煢獨而畏高明」，《史記集解》引馬注曰：「高明顯寵者，不枉法畏之。」此云「畏明」，與彼云「畏高明」義同，言爲寇虐者必遏止之，不以其高明而畏之也。

爾用憂虐。《板》

箋云：「乃告女用可憂之事，而女反如戲謔。」

樾謹按：如箋義，則「虐」字與上三字不屬，不辭甚矣。「憂」當爲「優」。襄六年《左傳》「長相優」，杜注曰：「優，調戲也。」「爾用優謔」，言爾用我言相戲謔也。優謔連文，義亦不異。「憂」者「優」之本字。《説文·夊部》「憂，和之行也」，引《詩》曰：「布政憂憂。」今《詩》作「優優」，蓋由後人以「憂」爲「𢝊愁」字而改之。此經「憂」字因鄭訓爲可憂，故得存其本字，而其義則久晦矣。

則莫我敢葵。

箋云：「葵，揆也。民方愁苦而呻吟，則忽然有揆度知其然者。」正義曰：「無有揆度知其然，謂君臣竝不察民也。」

樾謹按：考文古本此箋「忽然」下有「無」字，乃從正義本也。然經文云「莫我敢葵」，尋繹敢之一言，則所謂揆度者，乃以下揆上，非以上揆下。蓋民於愁苦呻吟之中，而展轉揆度其所以使我至於此極之故，於是强者怒於言，弱者怒於色，而亂從此始矣。詩人若曰民方愁苦而呻吟，則無乃敢於揆度我乎？莫之云者猶曰無乃如此也。箋中「忽然」二字從經文「方」字生出，謂方當呻吟之時，忽然動此一念也。正義不達此旨，乃曰：「汝君臣忽然則莫有察我民敢能揆度知其然者。」夫揆度民情，但當言能不能，不當言敢不敢，而曰「敢能揆度」，於義不可通，足知其非矣。

攜無曰益。

箋云：「女攜掣民東與西與，民皆從女所爲，無曰是何益。」

樾謹按：經止言「益」，箋乃言「是何益」，非經旨矣。《釋名·釋州國》曰：「益，阸也。」《古微書》引《春秋元命苞》曰：「益之言隘也。」隘與阸通。《禮記·禮器》篇「君子以爲隘矣」，《釋文》曰「隘本作阸」，是其證也。《説文・𠂤部》：「阸，塞也。」《史記・商君傳》「魏居嶺阸之西」，《索隱》曰：「阸，阻也。」「攜無曰益」言如取如攜，無曰有所阻塞也，牖民乃孔易耳。如此，則上下文義皆順矣。

而秉義類。《蕩》《蕩之什》

箋云：「義之言宜也。類，善。女執事之人，宜用善人。」

樾謹按：下文卽云「彊禦多懟」，與此一氣相承，竝無不用此反用彼之意，然則鄭解義類爲宜用善人，非經旨也。《尚書・立政》篇「茲乃三宅無義民」，《吕刑》篇「鴟義姦宄」，王氏念孫曰「義與俄同，衺也」，引《大戴禮・千乘》篇「誘居室家，有君子曰義」及《管子・明法解》篇「雖有大義，主無從知之」爲證。此經「義」字亦「俄」之叚字。類與戾通，《周書・史記》篇「愎類無親」，孔晁注：「類，戾也。」《説文・犬部》：「戾，曲也。」然則義類猶言衺曲也。「而秉義類，彊禦多懟」，言女執事皆衺曲之人，及彊禦衆懟者也。昭十六年《左傳》「刑之頗類」，義類與頗類同，頗、義古同部字。

侯作侯祝，靡届靡究。

傳曰：「作、祝，詛也。届，極。究，窮也。」

正義曰：「作卽古詛字，傳辨作爲詛，故言『作、祝，詛也』。」

樾謹按：段氏玉裁曰：「『作祝詛也』四字一句。『侯作侯祝』與『乃宣乃畝』、『爰始爰謀』句法同。」此説於傳意得矣，然經意則似未必然也。作，始也，見《魯頌・駉》傳。祝亦始也，見《國語・鄭語》韋昭注及《釋名・釋親屬》篇。「侯作侯祝，靡届靡究」兩句反覆相承。作、祝義同，届訓極、究訓窮，其義亦同，蓋言厲王任用小人，方興未艾也。

殷鑒不遠，在夏后之世。

箋云：「近在夏后之世，謂湯誅桀也。」

樾謹按：若如箋義，則夏后之世猶云夏后之時。❶自禹至于桀，載祀六百，皆夏后之世也，安得專指桀而言乎？鄭於「世」字殆未得其解也。《裳裳者華序》曰「棄賢者之類，絶功臣之世焉」，正義曰「棄去賢者之胤類，絶滅功臣之世嗣」，又曰：「類謂種類，世謂繼世。」此經「世」字義與彼同，蓋謂夏后氏之繼世，在殷時爲二王之後者，以其爲亡國之子孫，故可以爲鑒。《皇矣》篇正義謂「殷之末年，夏后絶矣」，未必然也。

其在于今，興迷亂于政。《抑》

箋云：「于今，謂今厲王也。興，猶尊尚也。王尊尚小人迷亂於政事者。」

樾謹按：以興爲尊尚，則尊尚迷亂于政，不辭甚矣。興與舉同義。《廣雅·釋詁》：「興，舉也。」襄六年《左傳》「君舉不信群臣乎」，杜注曰：「舉，皆也。」舉爲皆，興亦得爲皆，蓋興於《説文》隸舁部，舁者共舉也，而字又從同，許君謂取同力之義，然則興之訓皆，於義更近矣。「興迷亂于政」言皆迷亂于政也，蓋謂君臣皆迷亂。今者以其時而言，非必專斥王也。《蕩》篇「女興是力」，箋云「女群臣又相與而力爲之」，正義曰：「定本作『相興而力爲之』。」此未知與箋意孰得。竊謂「女興是力」亦即女皆是力也，然則從正義本作「相興」，❷義似較

❶ 上「后」，原作「侯」，今據文義改。
❷ 「興」，原作「與」，今據清經解續編本改。

優矣。

女雖湛樂從。

箋云：「女君臣雖好樂嗜酒而相從。」

樾謹按：「雖」當讀爲「惟」。「女惟湛樂從」，猶《尚書・無逸》篇曰「惟耽樂之從」也。雖與惟通，説見王氏引之《經傳釋詞》。如箋義，轉爲迂曲矣。

言不可逝矣。

箋云：「逝，往也。」

樾謹按：言不可往矣，於義未安。《日月》篇「逝不古處」，傳曰：「逝，逮也。」《有杕之杜》篇《釋文》引《韓詩》曰：「逝，及也。」「言不可逝」猶言不可及，蓋卽駟不及舌之意。

矧可射思。

箋云：「神之來至去止，不可度知，況可於祭末而有厭倦乎？」

樾謹按：「矧」字之義，承上文而進一説也。厭倦與度知兩意不倫，乃云不可度知，矧可厭倦，詞雖屬而意不貫矣。此「射」字當讀如本字，與射策、射覆義同。蓋射者期於中，凡射策、射覆者亦期於中。《漢書・藝文志》著龜家有《隨曲射匿》五十卷，射匿疑卽射覆。覆而匿之，人所不知，以意縣揣而期其中，此射之義也。詩人之意謂神之來格，不可揆度，矧可縣揣。鄭以厭倦釋之，非經旨也。毛公無傳，蓋正讀如本字，故不煩詁訓也。

覆用爲虐。

箋云：「反謂之有妨害於事。」

樾謹按：箋訓虐爲害，非經旨也。「虐」讀爲「謔」，言反以爲戲虐也。《板》篇曰「我言維服，勿以爲笑」，「爲笑」與「爲虐」正同。

告爾舊止。

箋云：「舊，久也。止，辭也。」

樾謹按：《小旻》篇「國雖靡止」，箋云：「止，禮也。」「舊止」之「止」亦當訓禮，言告爾以舊禮也。篇首曰「抑抑威儀」，次章曰「敬慎威儀」，五章曰「敬爾威儀」，八章曰「淑慎爾止，不愆于儀」，詩中屢以威儀爲言，故終之曰「告爾舊止」。舊止者，先王之禮也。此「止」字與「淑慎爾止」之「止」同。箋於彼「止」字訓爲容止，而以此「止」字訓爲語辭，所未喻也。

征以中垢。《桑柔》

傳曰：「中垢，言闇冥也。」正義曰：「垢者，土處中而有垢土，故以中垢言闇冥也。」

樾謹按：「中垢」即「中冓」也。《牆有茨》篇「中冓之言」，《釋文》引《韓詩》云：「中冓，中夜。」《漢書・文三王傳》「聽聞中冓之言」，晉灼曰：「冓，《魯詩》以爲夜也。」是韓、魯詩竝以中冓爲中夜。垢與冓通，《周易》「姤」古文作「遘」，即其例也。毛訓中冓爲内冓，異於韓、魯，而此中垢訓爲闇冥，則亦與韓、魯同。「征以中垢」者，征以中夜也，故曰「中垢言闇冥也」。古者宵行有禁，行於闇冥之中，是不順矣。正義所説，未得毛意。

有俶其城。《崧高》

傳曰：「俶，作也。」

樾謹按：俶固訓作，然凡云「有」者，如「有蕡其實」、「有倬其道」之類，皆形容之辭，訓俶爲作則非其義矣。《既醉》篇「令終有俶」，箋云：「俶，猶厚也。」「有俶其城」亦當訓厚，城貴其高亦貴其厚。傳曰：「厚其牆垣。」牆垣猶須厚，而況城乎？故以「有俶」形容其厚也。

衮職有闕。《烝民》

傳曰：「有衮冕者，君之上服也。仲山甫補之，善補過也。」箋云：「衮職者，不敢斥王之言也。王之職有闕輒能補之者，仲山甫也。」

樾謹按：傳訓「衮」不訓「職」，箋以「衮職」連文，恐非經意也。「職」乃語詞，當讀爲「識」。《周官》「職方氏」，《修華嶽碑》作「識方氏」，是職、識古字通用也。成十六年《左傳》「識見不穀而趨」，《國語·晉語》作「屬見不穀而下」，韋昭注曰：「屬，適也。」然則識亦猶適也。「衮識有闕」者，衮適有闕也。蓋詩人本借衮以寓王，闕乃衮衣之闕，而非服衮衣者職事之闕，補卽補衮衣，而非補服衮衣者之職事。若以「衮職」連文，則詩人之語妙全失矣。宣二年《左傳》引此文，杜預注曰：「衮，君之上服。闕，過也。言服衮者有過，則仲山甫能補之。」杜必以服衮言，其見殊拘。然不釋「職」字，是固以爲語詞矣。意晉以前爲毛學者，其説固如此與？

榦不庭方，以佐戎辟。《韓奕》

傳曰：「庭，直也。」箋云：「當爲不直，違失法度之方，作楨榦而征之，以佐助女君。」

樾謹按：箋義迂曲，非經旨也。《廣雅·釋詁》曰：「榦、焉，安也。」榦與焉同訓，是榦亦語詞矣。焉猶何也，如《論語》「焉用佞」之類是也。安亦猶何也，如《禮記》「安取彼」之類是也。然則榦亦猶何也。「榦不庭方」與「曷不肅雝」句法相似。曷與榦一聲之轉。《月令》「鶡旦」，《文選·七發》作「鳱鴠」。「曷」之爲「榦」，猶「鶡」之爲「鳱」，榦從倝聲，與干聲同部也。庭方者，直方也。《易》曰「君子敬以直内，義以方外」，是其義也。王之命韓侯，若曰：朕命不易，女曷不直方以佐女君乎？蓋戒勉之辭。

汾王之甥。

傳曰：「汾，大也。」箋云：「汾王，厲王也。厲王流于彘，彘在汾水之上，故時人因以號之。」

樾謹按：詩言「汾王」，當舉其實，不得漫言大王，傳義誠非也。箋以汾王爲厲王，似亦臆説。此汾王疑是西戎之王。《史紀·秦本記》：❶襄公元年，以女弟繆嬴爲豐王妻；甯公三年，與亳戰，亳王奔戎，皇甫謐曰「亳王號湯，西夷之國也」；穆公三十四年，戎王使由余于秦；厲共公十六年，伐大荔，取其王城；三十三年，伐義渠，虜其王；孝公元年，西斬戎之獂王。然則西戎之君，稱王者多矣。「汾」卽《考工記》之「妢胡」，西戎國名也，説詳《周禮》。汾王者，妢胡之王。韓侯取汾王之甥爲妻，蓋亦有意。《史記》載申侯之言曰：「昔我先酈山之女爲戎胥軒妻，生中潏，以親故歸周，保西垂。今我復與大駱妻，生適子成。申、駱重昏，西戎皆服。」然則韓侯取汾王之甥，亦卽申駱重昏之意，當時借此爲服西戎之策。後世和親之議，此其濫觴也，詩人張大其事而歌詠之，蓋亦以此。不然韓侯取妻，何與王朝之事乎？

溥彼韓城，燕師所完。

傳曰：「師，衆也。」箋云：「燕，安也。大矣彼韓國之城，乃古平安時衆民之所築完。」

樾謹按：箋説迂曲，非經旨也。《釋文》出「燕師」二字，云：「王肅、孫毓竝烏賢反，云北燕國。」傳不釋「燕」字，疑毛公之意正以

❶「紀」、「記」二字當互乙。

燕爲國名。如王、孫説，惟北燕之衆何以爲韓國築城？朱子《集傳》曰：「韓初封時，召公爲司空，王命以其衆爲築此城。」此亦曲説，周初封國多矣，若以召公爲司空之故，凡侯國之城皆使燕衆築之，燕衆不太勞乎？今按：此燕乃南燕也。隱五年《左傳》「衛人以燕師伐鄭」，杜注曰：「南燕國，今東郡燕縣。」正義曰：「燕有二國，一稱北燕，故言南燕以別之。」宣三年《傳》「鄭文公有賤妾曰燕姞」，注曰：「姞，南燕姓。」此詩承上「韓侯娶妻」而言。韓侯娶蹶父之子謂之韓姞，傳曰：「姞，蹶父姓也。」疑蹶父乃南燕之君，入爲王朝卿士者，猶樊侯仲山甫之比。其稱蹶父者，亦猶昭十二年《左傳》所稱燮父、禽父也。上云「韓侯迎止，于蹶之里」，傳曰「里，邑也」，蓋其湯沐之邑。又按：《將仲子》篇傳曰：「里，居也。」此「里」字亦或當訓居，謂迎于蹶父之居也。蹶父既善韓之國土，使韓姞嫁焉而居之，於是又使其國之衆爲之築城。詩人言此者，見燕、韓二國相親如一，推之汾王，亦必惠顧昏姻，永敦盟好，正明宣王命韓侯之得計。《序》所謂「美宣王能錫命諸侯」者，此也。

淮夷來求。《江漢》

箋云：「主爲來求淮夷所處。」

樾謹按：下言「淮夷來鋪」，傳曰「鋪，病也」，正義曰：「鋪，病，《釋詁》文，彼鋪作痡。」然則「淮夷來求」義亦當同。箋以爲求淮夷所處，失之矣。「求」乃「脙」之叚借字，猶「鋪」乃「痡」之叚借字也。《説文·肉部》：「脙，齊人謂臞脙也。」《爾雅·釋言》：「脙，瘠也。」蓋脙之本義爲臞瘠，故引申之則有病義。《皇矣》篇曰「串夷載路」，箋曰：「路，瘠也。」淮夷之脉，猶串夷之路矣。

不測不克。《常武》

箋云：「其勢不可測度，不可攻勝。」

樾謹按：不克猶不測也。《雲漢》篇「后稷不克」，箋云「克當作刻。刻，識也」，是我先祖后稷不識知我之所困。正義曰：「刻削所以記識，故云『刻，識也』。」此言「不克」，正與彼同。不測謂不可測度，不克謂不可識知，非不可攻勝之謂。

徐方來庭。

傳曰：「來王庭也。」

樾謹按：上文曰「徐方既來」，此又曰「徐方來庭」，則文複矣。凡詩中弟三字用「來」字，如「伊予來塈」、「將母來諗」、「蠻荆來威」、「淮夷來求」、「王國來極」之類，皆是語詞，説見王氏引之《經傳釋詞》。「徐方來庭」義亦當然。而王氏徵引不及，則惑於傳義也。《韓奕》篇「榦不庭方」，傳曰：「庭，直也。」此文「庭」字亦當訓直。「四方既平，徐方來庭」，言四方平而徐方直也。《尚書・洪範》曰「王道平平」，「王道正直」，即其義也。下曰「徐方不回」，不回即直之謂也。傳以爲來王庭，則古義之湮久矣。

蟊賊蟊疾。《瞻卬》

箋云：「其爲殘酷痛病於民，如蟊賊之害禾稼然。」正義曰：「蟊賊者，害禾稼之蟲。蟊疾是害禾稼之狀。」

樾謹按：蟊賊蟊疾，於義難通，正義所云亦曲説也。「蟊」字《釋文》作「蛑」，云「本又作蟊，音牟」，竊疑此經兩「蟊」字古止作「牟」。《漢書・景帝紀》「侵牟萬民」，李奇曰「牟，食苗根蟲也」，是古書有叚「牟」爲

「蛑」者。學者疑「牟」爲「蛑」之叚字，輒加虫旁作「蛑」，因又變爲「蟊」矣。不知「牟賊牟疾」者，牟字皆語辭也。牟與毋通。《儀禮·士冠禮記》「毋追夏后氏之道也」，鄭注曰：「毋，發聲也。」《釋名·釋首飾》作「牟追」。然則牟亦發聲之辭矣。賊也，疾也，竝猶害也。「牟賊牟疾，靡有夷届」，言爲害靡有止也。夷亦語辭，《周官·行夫職》鄭注曰「夷，發聲」是也。傳訓夷爲常，語辭而以實義求之，宜其不可通矣。

舍爾介狄。

傳曰：「狄，遠。」箋云：「介，甲也。王不念此而改修德，乃舍女被甲夷狄來侵犯中國者，反與我相忌。」

樾謹按：傳不釋「介」字，箋以「介狄」爲「被甲夷狄」，望文生義，斯失之矣。《爾雅·釋詁》：「介，大也。」「狄」當作「悐」，即「惕」之或體，見《説文·心部》。《周易·小畜》六四「血去惕出」，虞注曰：「惕，憂也。」「舍爾介悐，維予胥忌」，言舍爾所大憂者，反與我相忌也。前章曰：「婦有長舌，維厲之階。亂匪降自天，生自婦人。」然則所謂大憂者，即謂此矣。古從易從狄之字往往相通，故「惕」或從狄作「悐」。説《詩》者不知「狄」爲「悐」之省，因不得其義耳。

大王荒之。《天作》　《周頌·清廟之什》

傳曰：「荒，大也。」箋云：「大王自豳遷焉，則能尊大之，廣其德澤。」

樾謹按：山非人所能大，訓荒爲大，于義未安。《樛木》篇「葛藟荒之」，傳曰：「荒，奄也。」《閟宮》篇「遂荒大東」，傳曰「荒，有也」，正義曰：「荒訓爲奄。此云荒有者，亦謂奄有之也。」然則「大王荒之」，其義當與彼同，言大王自豳遷岐，奄有其地也。

實右序有周。《時邁》

箋云：「天其子愛之，右助次序其事。」

樾謹按：右助次序義不相屬，非經旨也。「序」當作「享」。《莊子・則陽》篇「隨序之相理」，《釋文》曰「序，一本作享」，是其例也。「實右享有周」猶《我將》篇曰「既右饗之」。享與序形相近，又涉下文「式序在位」而誤耳。

執競武王。《執競》

箋云：「能持彊道者，❶維有武王耳。」

樾謹按：以「執競」爲持彊，❷未免望文生義。「執」當讀爲「職」。《詩》之言「職競」者多矣。《十月之交》篇「職競由人」，《桑柔》篇「職競用力」，襄八年《左傳》引《逸詩》「職競作羅」，與此詩「職競武王」雖美惡殊科，然文義同也。借「執」爲「職」者，職主也，執亦主也。《淮南子・說山》篇「執獄牢者無病」，高注曰：「執，主也。」又僖二十七年《左傳》杜注曰：「執秩，主爵秩之官。」是執與職聲近義通。《楚辭・靈懷》篇「執組者不能至兮」，王注曰：「執組，猶織組也。」「執」之通「職」，猶「執」之通「織」矣。

威儀反反。

傳曰：「反反，難也。」箋云：「反反，順習之貌。」正義曰：「傳言反反難者，謂順禮閑習自重難也。」

樾謹按：箋易傳，非申傳也。《載芟》篇「載穫濟濟」，傳曰「濟濟，難也」，箋云：「難者，穗衆難進也。」此箋不說「難」字之義，更舉經文而釋之，則其別爲一義可知矣。《賓

❶ 「彊」，原作「疆」，今據清經解續編本改。
❷ 「彊」，原作「疆」，今據清經解續編本改。

之初筵》篇「威儀反反」，傳曰：「反反，言重慎也。」難卽重慎之意，蓋反之言反覆也，毛意反覆有重慎之意，故訓爲難；鄭意反覆有重復之意，故訓爲順習，兩義不同。正義謂「順禮閑習自重難也」，合而一之，則兩不可通矣。

莫匪爾極。《思文》

傳曰：「極，中也。」箋云：「天下之人，無不於女時得其中者。」

樾謹按：傳訓極爲中，箋因莫匪爾中於義未足，故增成其義如此，然非經旨也。文六年《左傳》「陳之藝極」，杜注曰：「藝，準也。極，中也。」實則藝、極一也。《國語·魯語》曰「貪無藝也」，《晉語》曰「貪欲無藝」，韋注竝曰：「藝，極也。」是極與藝同義。昭十六年《左傳》曰「而共無藝」，杜注曰：「藝，法也。」二十年《傳》曰「布常無藝」，注曰：「藝，法制也。」藝訓法，則極亦可訓法。「立我烝民，莫匪爾極」，言成立我之衆民，莫非爾之法制也。《殷武》篇「四方之極」，《後漢書·樊準傳》引作「四方是則」，若如毛義訓極爲中，與則之義絶遠矣。

奄觀銍艾。《臣工》《臣工之什》

傳曰：「銍，穫也。」正義曰：「《釋名》云：『銍，穫禾鐵也。』說文曰：『銍，穫禾短鎌也。』然則銍器可以穫禾，故云『銍，穫也。』」

樾謹按：銍固器名，然傳訓爲穫，則非此也。毛蓋讀爲「挃」。《廣雅·釋詁》曰：「挃，刺也。」《漢書·郊祀志》「刺六經中作《王制》」，師古注曰：「刺，采取之也。」挃訓刺，則亦有采取之義，故曰「穫也」。作「銍」者，叚借字耳。挃當从手而從金，猶刈當从刀而從屮也。挃、刈本字也，銍、艾借字也。必謂銍爲器名，亦謂艾爲艸名乎？斯不然矣。

宣哲維人，文武維后。《雝》

箋云：「宣，徧也。又徧使天下之人有才知，以文德武功爲之君故。」

樾謹按：「宣」乃「烜」之叚字。《廣雅·釋詁》：「烜，明也。」僖二十七年《左傳》「未宣其用」，《國語·晉語》「武子宣法以定晉國」，杜預、韋昭注竝曰：「宣，明也。」是宣與烜通，宣哲猶明哲也。「宣哲維人，文武維后」兩句相對成義。人者臣也，后者君也。《假樂》篇「宜民宜人」，傳曰：「宜安民，宜官人也。」彼人與民對，此人與后對，蓋皆指臣而言。文王既受命，定其基業，乃使明哲者爲之臣，使有文德武功者爲之君，故能燕及皇天，克昌厥後也。維人維后所包者廣，自王朝卿士以及侯國之臣皆人也，自五等諸侯及附庸之長皆后也。《烝民》篇曰「邦國若否，仲山甫明之。既明且哲，以保其身」，此即「宣哲維人」之義。僖三十年《左傳》曰「國君文足昭也，武可畏也」，此即「文武維后」之義。兩句本平列，鄭義失之。

既右烈考，亦右文母。

傳曰：「烈考，武王也。文母，大姒也。」箋云：「烈，光也。子孫所以得考壽與多福，乃以見右助於光明之考與文德之母，歸美焉。」

樾謹按：傳、箋義異。《長發》篇「相土烈烈」，傳曰：「烈烈，威武貌。」傳意烈考者，武考也，故以爲武王；文母者，配文考而言也，故以爲大姒。箋意烈考、文母相對，乃父母之稱。若從傳義，以子先母，於理未安，故易傳以爲光明之考、文德之母，泛爲子孫歸美父母之辭，無所專指也。《尚書·洛誥》

篇「越乃光烈考武王」，鄭注曰「烈，威也」，而於此箋則曰「烈，光也」，箋、注不同，鄭意可見。蓋以彼烈考指武王，此烈考不指武王耳。正義以爲義得兩通，殊失其旨。

繼猶判渙。《訪落》《閔予小子之什》

傳曰：「判，分。渙，散也。」箋云：「我所失分散者收斂之。」

樾謹按：「判渙」即「伴奐」也。《卷阿》篇「伴奐爾游矣」，箋云：「伴奐，自縱弛之意也。」「將予就之，繼猶判渙」，言將助我而就之，繼猶自縱弛也。傳、箋均未得其義。此詩「判渙」即《卷阿》篇之「伴奐」，亦即《皇矣》篇之「畔援」。古義存乎聲，無定字也。説具《皇矣》篇。

有飶其香。《載芟》

傳曰：「飶，芬香也。」

樾謹按：《釋文》出「有飶」曰「字又作苾」，當從之。「苾」本字，「飶」俗字也。後人因其言酒醴，變而從食，《説文》遂於《食部》出「飶」篆曰「食之香也」。然則下文「有椒其馨」，「椒」字何又不從食乎？苾字從艸，其義本爲草香。傳不徑釋苾爲香，而必曰芬香也者，正以苾芬二字皆從艸，其義相同，故《楚茨》篇、《信南山》篇竝曰「苾苾芬芬」。毛於彼經皆無傳，而此傳曰「苾，芬香也」，則并彼經而釋之矣。「有苾其香」、「有椒其馨」，蓋以草木之馨香喻酒醴之馨香也。沈重以「椒」爲「俶」之誤，非是。

遵養時晦。《酌》

傳曰：「養，取。」

樾謹按：《周官・疾醫》「以五味、五穀、五藥養其病」，鄭注曰：「養，猶治也。」治與取義通。《老子》曰「取天下常以無事」，河上公注曰：「取，治也。」養訓治，故亦訓取。

正義未能申明毛意。

我龍受之。

傳曰："龍，和也。"正義曰："龍之爲和，其訓未聞。"

樾謹按：《説苑·辨物》篇説神龍曰："虚無則精以和，動作則靈以化。"《廣雅·釋魚》篇亦曰："龍能高能下，能小能巨，能幽能明，能短能長，淵深是藏，敷和其光。"然則毛公訓龍爲和，古義然也。龍所以有和義者，龍之言同也。龍字本從童省聲，古音蓋讀如同。《方言》曰："袴，齊魯之閒或謂之襱。"郭注曰："襱，音鮦魚。"又曰"無祠之袴謂之襣"，注曰"祠亦襱，字異耳"。襱從龍聲而得讀如鮦，又或從同聲作祠，是古音龍讀如同之證。"龍和也"猶曰龍同也。古訓多存乎聲，以聲求之，義斯在矣。

思馬斯作。《駉》《魯頌》

傳曰："作，始也。"正義曰："謂令此馬及其古始，如伯禽之時也。"

樾謹按：毛意以"作"爲"一鼓作氣"之"作"，作之言發作也。此章言田馬由獵尚疾，必乘其始作之氣而用之，故傳訓作爲始也。正義爲"令此馬及其古始"，失之迂矣。卒章"思馬斯徂"，箋云："徂，猶行也。"蓋卒章言駑馬主以給官中之役，但取能行已耳。徂之訓行，乃是恒訓，故毛略之也。王肅因傳訓作爲始，遂訓徂爲往，謂"養馬得往古之道"，以是述毛，非毛旨矣。

不告于訩。《泮水》

箋云："訩，訟也。僖公還在泮宫，又無以争訟之事告於治訟之官者。"

樾謹按：治訟之官不得但謂之訩，箋義非也。"于"猶"與"也，説見《皃鷖》篇。"不告于訩」猶云不告與訩。「告」讀爲「嘷」。《漢書・高帝紀》集注引服虔曰：「告，音如嘷呼之嘷。」訩猶匈匈也。《荀子・天論篇》楊注曰：「匈匈，喧譁之聲，與訩同。」上句「不吴不揚」箋云「不讙譁，不大聲」，此云「不告與訩」，義正相近耳。

大賂南金。

傳曰：「賂，遺也。」箋云：「大猶廣也。廣賂者，賂君及卿大夫也。」

樾謹按：上文曰「來獻其琛」，既言獻，不必更言賂矣。「賂」當讀爲「璐」。《説文・玉部》曰：「璐，玉也。」《文選・雪賦》注曰：「璐，美玉也。」「大路」猶《尚書・顧命》篇「大玉」耳。「大璐南金」與上句「元龜象齒」竝列，皆淮夷所獻之琛也。從玉從貝之字古或相通。《説文》「玩，弄也」，重文「貦」，曰「玩或從貝」。「璐」之爲「賂」，猶「玩」之爲「貦」矣。

三壽作朋。《閟宮》

傳曰：「壽，考也。」箋云：「三壽，三卿也。」

樾謹按：傳文「考」字疑「老」字之誤。「壽」字已見上文，而傳於此特釋「壽」字者，毛意三壽即三老也，故訓壽爲老。《文選・東京賦》「降至尊以訓，恭送迎拜乎三壽」，薛綜注曰：「三壽，三老也。言天子尊而養此三老者，以教天下之敬，故來拜迎，去拜送焉。」善曰：「蔡邕《獨斷》曰：『天子事三老，使者安車輭輪，送迎而至家，天子獨拜。《毛詩》曰：「三壽作朋」也。』」然則此詩三壽固有作三老解者，蓋《毛詩》家之説如是。鄭意尊養三老天子之事，魯侯不當有此，故易傳耳。昭三年《左傳》曰「公聚朽蠹而三老凍餒」，此諸侯之國亦有三老之證。杜注以上壽中壽下壽説之，非也。

至漢而鄉亦有三老，《後漢書・光武帝紀》注曰：「三老者，鄉官也。」是知三老之名，通乎上下。鄭以爲三卿，不如古說之足據矣。

居常與許。

傳曰：「常、許，魯南鄙西鄙。」箋云：「許，許田也，魯朝宿之邑也。常或作嘗，在薛之旁。《春秋》魯莊公三十一年築臺于薛是與。六國時齊有孟嘗君，食邑於薛。」

樾謹按：桓元年《春秋公羊傳》曰：「許田者何？魯朝宿之邑也。此魯朝宿之邑也，則曷爲謂之許田？諱取周田也。諱取周田，則曷爲謂之許田？繫之許也。曷爲繫之許？近許也。」然則以其近許而繫之許，《春秋》之特筆。魯朝宿邑初不名許，鄭以説此經，未達《春秋》之義矣。《國語・齊語》「桓公曰：『吾欲南伐，何主？』管子曰：『以魯爲主，反其侵地棠、潛』」，《管子・小匡》篇作「常潛」，是棠與常通。此經所謂常者，即棠也；所謂許者，其潛之異名乎？詩人以此二邑新自齊來歸，故喜而見之歌詠也。隱五年「公矢魚于棠」，杜預注曰：「今高平方與縣北有武唐亭，魯侯觀魚臺。」按：今濟甯州魚臺縣即其地也。隱二年「公會戎于潛」，杜注曰：「陳留濟陽縣東南有戎城。潛，魯地。」按：今曹州府之曹縣即古戎城也，潛地當必與戎相近。以今地里考之，魚臺縣在魯南，曹縣在魯西。毛傳以常爲魯南鄙，許爲魯西鄙，自塙有所見矣。

於赫湯孫。《那》《商頌》

傳曰：「於赫湯孫，盛矣湯爲人子孫也。」箋云：「湯孫，呼太甲也。」

樾謹按：箋必易傳者，以此詩本祀成湯，而

詩中反言湯之爲人子孫，於義未安耳。不知《那》祀成湯而稱成湯爲湯孫，猶《玄鳥》祀高宗而稱高宗爲武丁孫子，疑商時自有此稱。蓋自後世言之則祖也、宗也，自先世言之則孫也。人本乎祖，死則祔於祖，故從其所祔者而稱之曰孫矣。自商以後，謚號益繁，無復斯稱，遂莫達斯旨。毛公所傳，古之遺説，未可廢也。且頌之體必美其所祭者，如「於皇武王」、「允文文王」之類是也。此云「於赫湯孫」，義亦如是。若從鄭義以爲太甲，則豈有不美其所祭者，而反盛稱主祭者之美乎？後人舍毛而從鄭，失之甚矣。

至于湯齊。《長發》

傳曰：「至湯與天心齊。」箋云：「至湯而當天心。」

樾謹按：傳義甚爲不詞，箋亦苟同之耳。鄭君注《禮記·孔子閒居》篇曰「《詩》讀『湯齊』爲『湯躋』」，蓋三家之説，然亦未安。「齊」當讀爲「濟」。《爾雅·釋言》曰：「濟，成也。」「至于湯濟」，言至于湯而成，故湯謂之成湯也。《風俗通·山澤》篇曰「濟者，齊也」，❶是齊與濟義本通耳。

武王載旆。

傳曰：「旆，旗也。」

樾謹按：《説文·土部》「坺」下引作「武王載坺」，徐鍇《繫傳》曰「今《詩》作『伐』字」，是徐氏所見尚有作「伐」之本，疑作「伐」者是也。「坺」與「旆」竝叚借字。「坺」之爲「伐」，猶「坺」之爲「垡」也；「旆」之爲「伐」，猶「旆」之爲「茷」也。載者，始也。《書》言「湯始征」，《詩》言「武王載伐」，其義一也。

❶ 「俗」，原作「澤」，今據清經解續編本改。

《荀子・議兵篇》引作「武王載發」，《噫嘻》篇「駿發爾私」，箋云「發，伐也」，是發、伐聲近義通。《荀子》作「發」，益知其當爲「伐」矣。

裒荆之旅。《殷武》

傳曰：「裒，聚也。」箋云：「克其軍率，而俘虜其士衆。」正義曰：「戰勝必當俘虜，言聚荆之旅，故知俘虜其士衆也。」

樾謹按：傳文「聚」字當讀爲「取」。《易・謙・象傳》「君子以裒多益寡」，《集解》引虞翻注曰「裒，取也」，《釋文》曰「裒，鄭、荀、董、蜀才作捊，取也」，《廣雅・釋詁》曰「捊，取也」，捊與裒字異義同。傳訓裒爲取，故箋申之曰俘虜其士卒也。古取、聚通用。《易・萃・象傳》「聚以正也」，《釋文》曰「聚，荀作取」；❶《漢書・五行志》「内取兹謂禽」，師古曰「取，讀如《禮記》聚麀之聚」，❷竝其證也。正義未能申明傳義，乃曰「聚荆國之人衆，❸俘虜而以歸」，則近於牽合矣。

曰商是常。

箋云：「成湯之時，乃氐羌遠夷之國來獻來見曰：商王是吾常君也。」

樾謹按：如箋義，不詞甚矣。「常」當作「尚」，古「常」、「尚」通用。《史記・衛綰傳》「劒尚盛未嘗服也」，《漢書》「尚」作「常」；《漢書・賈誼傳》「尚憚以危爲安，以亂爲治」，《賈子・宗首》篇「尚」作「常」，竝其證也。「曰」與「聿」同。《角弓》篇「見晛曰消」，《抑》篇「曰喪厥國」，《釋文》引《韓

❶ 「聚」，原汗漫不清，今據清經解續編本補。
❷ 「禮記」，原汗漫不清，今據清經解續編本補。
❸ 「聚荆」，原爲空格，今據清經解續編本補。

詩》竝作「聿」。班固《幽通賦》「聿中龢爲庶幾兮」，曹大家注曰：「聿，惟也。」然則「曰商是尚」者，惟商是助也。《爾雅・釋詁》「尚，右也」，郭注曰「皆相右助」，是其義也。因叚「常」爲「尚」，學者遂不得其解矣。《魯頌・閟宫》篇「保彼東方，魯邦是常」，「常」亦當作「尚」，言東方諸小國，無不惟魯邦是尚也。

旅楹有閑。

傳曰：「旅，陳也。」箋云：「以爲桷與衆楹。」

樾謹按：傳、箋之義均非也。「旅」當讀爲「梠」。《説文・木部》：「梠，楣也。」楣與楹相接，故與梠、楹竝言。「松桷有梴，❶梠楹有閑」，桷言松而梠楹不言其木者，蓋卽蒙松字爲文。桷也、梠也、楹也，皆以松爲之也。《文選・馬汧督誄》「柹梠桷之松」，梠桷竝言松，卽本此詩。蓋三家之説矣。旅與梠聲同，故得通用。《皇矣》篇「以按徂旅」，《孟子・梁惠王》篇作「以遏徂莒」，旅之爲梠，猶旅之爲莒也。《釋名・釋宫室》曰「梠，旅也」，是梠、旅聲近義通矣。

群經平議卷十一

❶「梴」，原作「虔」，今據《毛詩正義》改。

群經平議卷十二

德清俞樾

周官一

體國經野。《天官・序官》

鄭注曰：「體，猶分也。」賈公彦疏曰：「言體猶分者，謂若人之手足分爲四體，得爲分也。」

樾謹按：體之訓分，其義迂迴，殆非也。「體」當讀爲「履」，《詩・氓》篇「爾卜爾筮，體無咎言」，《釋文》曰「體，《韓詩》作履」，是其例也。蓋履與體聲近義通，《易・坤》初六「履霜堅冰至」，《釋文》曰「鄭讀履爲禮」，禮、體竝從豊聲，「體」之通作「履」，猶「履」之通作「禮」也。履國經野，謂履行其國，經畫其野也。宣十五年《公羊傳》曰「税畝者何？履畝而税也」，與此履字義同。

設官分職，以爲民極。

注曰：「極，中也，令天下之人各得其中，不失其所。」

樾謹按：極猶埶也，文六年《左傳》曰「陳之埶極」，杜注曰：「埶，準也。極，中也。」其實埶極一也。《國語・魯語》曰「貪無埶也」，《晉語》曰「貪欲無埶」，韋注竝曰「埶，極也」，是極與埶同義。埶訓準，極亦可訓準。《詩・殷武》篇「商邑翼翼，四方之極」，《後漢書・樊準傳》引作「四方是則」，李賢注曰「《韓詩》之文也」，可知極有準則之義。若從鄭箋訓極爲中，則《韓詩》何以作則乎？此言「設官分職，以爲民極」，猶言以爲民之準則也。鄭訓爲中，雖本雅訓，然于文義轉迂矣。疏引《洪範》「皇極」以證之，不知《書》言「皇極」，猶《詩》言「帝則」也，説詳《尚書》。

八曰誅，以馭其過。《太宰》

注曰：「誅，責讓也。《曲禮》曰『齒路馬有誅』。」疏曰：「『八曰誅以馭其過』者，臣有過失，非故爲之者。誅，責也，則以言語責讓之，故云『以馭其過』也。」

樾謹按：注、疏所説，均非經意也。此文自一曰爵，二曰禄之外，三曰予與六曰奪對，四曰置與七曰廢對，五曰生與八曰誅對。誅謂誅殺之，非徒責讓之也。《春官・内史》亦言此八柄之事，「一曰爵，二曰禄，三曰廢，四曰置，五曰生，六曰殺，七曰予，八曰奪」。其事皆同，惟變誅言殺，然則此誅謂誅殺之明矣。鄭君必以責讓釋之者，因誅以馭其過，疑過失但當責讓，不當誅殺耳，不知此過字當讀爲禍。古禍過通用，《漢書・公孫弘傳》「諸常與弘有隙，雖陽與善，後竟報其過」，《史記》「過」作「禍」，是其證也。「八曰誅以馭其禍」與「五曰生以馭其福」，禍福正相對成義，因叚過爲禍，鄭君遂失其解。賈公彦見《内史》八柄變誅言殺，不知其文異義同而曲爲之説，胥失之矣。

一曰牧，以地得民。二曰長，以貴得民。

注曰：「牧，州長也，九州各有封域以居民也。長，諸侯也，一邦之貴民所仰也。」

樾謹按：此言「以九兩繫邦國之民」，自牧長以下，蓋皆親民之人，故得與民相聯綴。若州長爲一州之長，諸侯爲一國之君，則相去太闊絶矣。鄭注殆非也。今按：牧長之名，通乎上下。下文「乃施典于邦國，而建其牧」，「乃施則于都鄙，而建其長」，鄭解牧字亦曰「州長」，而解長字則曰「公卿大夫王子弟食采邑者」。又《大司寇職》曰「凡遠近惸獨老幼之欲有復於上，而其長弗達者」，注曰：「長謂諸侯，若鄉遂大夫。」然則長之名無一定，牧之名宜亦無一定矣。《國語·齊語》曰「正之政聽屬，牧政聽縣」，韋注曰：「牧，五屬大夫也。」管子治齊，多本周制之遺。疑此經所謂牧者，即彼牧也，此經所謂長者，即彼正也。韋彼注曰「正，長也」，是其義也。《周語》：「天子大采朝日，與三公九卿，祖識地德，日中考政，與百官之政事。師尹維旅牧相，宣序民事。」所謂牧者，疑亦五屬大夫之類。《禮記·曲禮》篇曰「九州之長入天子之國曰牧」，蓋以王朝大夫本有牧名，故從其稱以自貶損耳。相沿既久，遂爲九州之長之定名，而忘其本義矣。

三曰師，以賢得民。四曰儒，以道得民。

注曰：「師，諸侯師氏，有德行以教民。儒，諸侯保氏，有六藝以教民者。」疏曰：「云『師，諸侯師氏』者，此一經皆據諸侯。又經云『以賢得民』，是諸侯師氏也。云『儒，諸侯保氏有六藝』者，以經云『以道得民』。《保氏職》云掌教國子以道，教之六藝，故知諸侯保氏不可同天子之官，故變保言儒，儒亦有道德之稱也。」

樾謹按：諸侯師氏既同天子之官，何以保氏必變而稱儒。且《國語·晉語》曰「失趙氏之典刑而去其師保」，又曰「擇師保以相子」，是大夫之家尚有師保，安見諸侯之國有師氏而無保氏乎？蓋鄭君以諸侯師保爲説，本不可通，賈疏又曲爲之説，皆非經旨也。今按：師者，其人有賢德者也。儒者，其人有伎術者也。《説文・人部》「儒，柔也，術士之稱」，是古謂術士爲儒。凡有一術可稱，皆名之曰儒，故有君子儒、小人儒之別。此經所謂儒者，止是術士耳，以道得民者，道亦術也。《國語》曰「過五日道將不行」，韋注曰：「道，術也。」「儒以道得民」，謂以道術得民也。説此經者，習於後世之言，視儒與道皆甚尊，於是始失其解矣。

六曰主，以利得民。

注曰：「鄭司農云：主謂公卿大夫。」疏曰：「主謂大夫。」

樾謹按：主之本義爲鐙中火主，經典主字則皆「丶」之叚字。《説文・丶部》：「丶，有所絶止，丶而識之也。」凡物有所絶止謂之丶，人有所絶止亦謂之丶。經典皆叚主爲之，而今俗字又從人作住，如《孟子》所云「主顔讎由」，「主司城貞子」，猶俗云住於某所耳。因而有主客之稱，又因而有臣主之稱。《晉語》載欒氏之臣辛俞曰「三世仕家，君之；再世以下，主之」。蓋再世以下恩義尚殺，君臣之分未定，故仍從所止之稱而曰主也。相沿既久，而大夫稱主遂成定名。先鄭即以説此經主字，恐非周公制禮時之本意也。今按：「六曰主」與下文「八曰友」義蓋相近。《大戴記・曾子制言》篇曰：「曾子門弟子或將之晉，曰：『吾無知焉。』曾子曰：『何必然往矣？有知焉謂之友，無知焉謂之主。』」然則主也，友也，皆人所因依者也。主即主顔讎由、主司城貞子之主，利之言利賴也，「主以利得民」，謂爲人所利賴也。任之言信任也，「友以任得民」，謂爲人所信任也。此皆所以繫邦國之民也。自周之衰，而《黄鳥》之詩作焉，曰「此邦之人，莫我肯穀」，則以利得民、以任得民者，皆無有矣。於是名生於不足，而任俠之流遂得藉以收鄉曲之譽，朱家、郭解之徒由此起也。若周公之制行，則安有此乎！先鄭誤解主字，既非經意，而後鄭説友字，止以同井合耦鋤作爲言，狹矣。《調人職》曰：「君之讎眂父，師長之讎眂兄弟，主友之讎眂從父兄弟。」彼所謂師長，即此「二曰長」，「三曰師」也。所謂主友，即此「六曰主」，「八曰友」也。鄭彼注曰「主大夫君也」，亦失之矣。

六曰以敘聽其情。《小宰》

注曰：「情，爭訟之辭。」

樾謹按：《大司寇職》曰「凡卿大夫之獄訟，以邦灋斷之」，然則聽訟自是司寇之事。此經言「小宰以官府之六敘，正群吏」，則所謂「聽其情」者，非謂爭訟也。情當讀爲請，古字通用。《荀子·成相篇》「聽之經，明其請」，楊注曰「請當爲情」，是其例也。「以敘聽其請」者，謂群吏有所陳請，則小宰以敘聽之也。

喪荒，受其含襚幣玉之事。

注曰：「凶荒有幣玉者，賓客所賙委之禮。」

疏曰：「案《小行人》云『若國凶荒，則令賙委之』，彼謂王家賙委諸侯法，此謂諸侯賙委王家法也。」

樾謹按：諸侯賙委當用財粟，不當用幣玉。此幣玉乃事神所用，《肆師職》曰「立大祀，用玉帛牲牷。立次祀，用牲幣」是也。荒政當索鬼神，諸侯各以幣玉助王禱祀，故小宰受之也。昭二十六年《左傳》曰：「至于夷王，王愆于厥身，諸侯莫不竝走其望，以祈王身。」以此推之，則水旱之災以幣玉助王禱祀，宜亦事之所有矣。

諸臣之復，萬民之逆。《宰夫》

注曰：「鄭司農云：復，請也。逆，迎受王命者。玄謂：復之言報也，反也，反報於王謂於朝廷奏事。自下而上曰逆，逆謂上書。」

樾謹按：《夏官·太僕》「掌諸侯之復逆」，《小臣》「掌三公及孤卿之復逆」，皆以復逆連文。《御僕》云「群吏之逆」，「庶民之復」，此云「諸臣之復，萬民之逆」，蓋互言之，非謂諸臣有復而無逆，萬民有逆而無復也。復謂復命也，逆謂逆命也。既奉命而反報于上謂之復命，未得命而迎受于上謂之逆命。昭二十五年《左傳》「有司逆命」，杜注曰「欲迎受殺生之命」是也。此經復字當從後鄭之義，先鄭失之。逆字當從先鄭之義，後鄭失之。

春行羔豚膳膏香，夏行腒鱐膳膏臊，秋行犢麛膳膏腥，冬行鱻羽膳膏羶。《庖人》

注曰：「鄭司農云：膏香，牛脂也。膏臊，豕膏也。杜子春云：膏臊，犬膏。膏腥，豕膏也。膏羶，羊脂也。玄謂：膏腥，雞膏也。」

樾謹按：膏香爲牛脂，先鄭之説已得之矣，其餘三者均當以杜子春説爲定。《内饔職》云：「辨腥臊羶香之不可食者。羊泠毛而毳，羶。犬赤股而躁，臊。豕盲視而交睫，腥。」然則臊以犬言，腥以豕言，羶以羊言，在本經具有明證。先鄭以膏臊爲豕膏，則與《内饔職》不合。後鄭以膏腥爲雞膏，附會土木金火爲義，更不足據矣。

鳥皫色而沙鳴，貍。《内饔》

注曰：「皫，失色不澤美也。」

樾謹按：《説文》無「皫」字。《釋文》出「皫」

字，曰「本又作皫」，是陸氏所據本作「犥」也。《説文・牛部》：「犥，牛黄白色。」所謂牛黄白色者，謂黄牛發白色也。《馬部》「驃，黄馬發白色」，是其例也。驃從票聲，犥從麃聲，而麃即從票省聲，故其義相通。發白色者，於黄色之中有白斑點也。《説文・火部》：「票，火飛也。」火飛則烈燄四射，若流星然，凡有白斑點者其狀相似，故以馬言之則從馬作驃，以牛言之則從牛作犥也。此經言鳥而古無從鳥從票之字，因即以「犥」爲之。鳥犥色者，謂鳥毛羽有白斑點也。傳寫者以其事屬鳥，不得從牛，乃改從白。《玉篇・白部》遂收「皫」字，而解爲白色，既非古字，亦非古義矣。

聚毒藥以共醫事。《醫師》

注曰：「毒藥，藥之辛苦者。藥之物恒多毒。」疏曰：「藥中有毒者，謂巴豆、狼牙之類是也。藥中有無毒者，謂人參、芎藭之類是也。藥之無毒亦聚之，直言聚毒藥者，以毒爲主。」

樾謹按：毒與藥當分爲二。《疾醫職》云「以五味、五穀、五藥養其病」，注曰「五藥，草木蟲石穀也」，此即醫師所聚之藥也。《瘍醫職》云「凡療瘍，以五毒攻之，以五氣養之，以五藥療之，以五味節之」，鄭解「五毒」句曰：「今醫方有五毒之藥，作之合黄堥，置石膽、丹砂、雄黄、礜石、慈石其中，燒之三日三夜，其煙上著，以雞羽掃取之。」此雖鄭君據當時所有爲説，未知古時五毒是此與否。然經文既言「以五毒攻之」，又言「以五藥療之」，則毒與藥明分爲二矣。「聚毒藥以共醫事」者，毒謂五毒，藥謂五藥也。疾醫之事，止需五藥；瘍醫之事，兼需五毒，故曰「聚毒藥以共醫事」。

鄭君誤合毒藥而一之，疏因謂以毒爲主。夫醫之用藥，自當用其品之正、性之良者，何得以毒爲主乎？醫師又何以專聚有毒之藥乎？此皆説之不可通者。至瘍醫之職，五毒、五藥明分爲二，鄭君亦未言五藥卽五毒，疏家强合之，非經意，且非注意。

一曰事酒。《酒正》

注曰：「鄭司農云：事酒有事而飲也。玄謂：事酒，酌有事者之酒，其酒則今之醳酒也。」

樾謹按：先後鄭説事酒，均未得其旨。事酒者，謂臨事而釀者也。三酒以新舊爲次，疏謂昔酒久釀乃孰，清酒更久於昔，然則事酒最在前，其爲新酒可知矣。《釋名·釋飲食》曰：「事酒，有事而釀之酒也。」此説得之。

爲其井匽。《宫人》

注曰：「井漏，井所以受水潦。鄭司農云：匽，路厠也。玄謂：匽豬，謂霤下之地受畜水而流之者。」

樾謹按：「井匽」當作「屏匽。」《戰國策·燕策》曰「宋王鑄諸侯之象，使侍屏匽」，是其證也。屏匽者，屏厠也。《莊子·庚桑楚》篇「觀室者周於寢廟，又適其偃焉」，司馬彪注曰：「偃，屏厠也。」蓋古之爲溷厠，必有屏以蔽之，亦取法于天象。《開元占經》引甘氏云「天溷七星在外屏南」，注曰：「天溷，厠也。外屏，所以障天溷也。」司農釋匽爲路厠，已得其義，不釋井字者，疑其所據本正作「屏」，屏字之義易曉，故不釋也。後鄭作注時，「屏」誤作「井」，因從而爲之説，反疑先鄭匽義之非，失之矣。

四郊之賦，以待稍秣。《大府》

注曰：「稍秣，卽芻秣也。謂之稍，稍用之

物也。」

樾謹按：秣字從禾從末，義卽存乎聲，謂禾末也。稍、秣連文，義蓋相近，稍亦禾末也。稍之爲禾末，猶杪之爲木末。從肖與從小同。今木末之杪每叚「梢」爲之，蓋亦聲近而義通。禾末謂之稍，木末謂之梢，猶馬鞭頭謂之鞘，旌旗旒謂之旓也。《晉書音義》曰「鞘，馬鞭頭也」，《文選・甘泉賦》注引《埤蒼》曰「旓，旌旗旒也」，竝其證也。稍秣皆牛馬所食之草，取其細輭於餧飤尤宜耳，鄭君所説未得其旨。《説文》有「餗」無「秣」，而「稍」字説解曰「出物有漸」，恐非古字古義。

共王之服玉、佩玉、珠玉。《玉府》

注曰：「佩玉者，王之所帶者。《玉藻》曰：『君子於玉比德焉，天子佩白玉而玄組綬。』《詩》傳曰佩玉上有蔥衡，下有雙璜，衝牙蠙珠以納其閒。」

樾謹按：以珠爲蠙珠，則珠玉爲二物，與上服玉佩玉，下食玉含玉均不一例，殆非也。據下文「若合諸侯，則共珠槃、玉敦」，注曰「故書珠爲夷」，疑此經兩「珠」字古皆作「夷」。先鄭所據本尚作「夷槃」，至「夷玉」之「夷」久變作「珠」，故書亦無作「夷」者，故學者不得其義，實卽《尚書・顧命》之夷玉也。夷之義爲陳，《禮記・喪大記》釋文曰：「夷，陳也。」夷玉者，陳設之玉，故與服玉、佩玉爲類。《尚書釋文》引馬注曰「夷玉，東夷之美玉」，正義引鄭注曰「東北之珣玗琪」，或皆望文生訓，非塙詁歟。

王齊則共食玉。

注曰：「玉是陽精之純者，食之以禦水氣。鄭司農云：王齊當食玉屑。」

樾謹按：食玉乃神仙迂怪之説，非周公制

禮所有也。「食」當讀爲「飾」，《周易・豐・彖傳》「月盈則食」，《釋文》曰：「食，或作蝕。」食之通作飾，猶食之通作蝕也。《封人職》曰「飾其牛牲」，注曰：「飾，謂刷治絜清之也。」然則飾玉之義，蓋亦猶是。以其爲王齊所用，故特刷治絜清之，因謂之飾玉，其實亦服玉、佩玉之類耳。

凡祭祀、賓客、喪紀、會同、軍旅，共其財用之幣齎，賜予之財用。《外府》

樾謹按：「財用之幣齎」，❶當作「齎幣之財用」，與「賜予之財用」一律。疏曰：「云齎幣之財用，謂王使公卿已下聘問諸侯之行道所用，則曰齎幣。云賜予之財用者，謂王於群臣有所恩好，賜予之也。」是賈氏所據本正作「齎幣之財用」。

掌書版圖之法。《內宰》

注曰：「版，謂宮中閽寺之屬及其子弟録籍也。圖，王及后世子之宮中吏官府之形象也。」

樾謹按：鄭解「圖」字非也。人之形象，豈可勝圖。宮中之吏歲有更易，必使畫工執筆而圖之，亦太煩擾矣。《小宰職》曰「聽閭里以版圖」，注曰：「圖，地圖也。」《司會職》曰「凡在書契版圖者之貳」，注曰：「圖，土地形象，田地廣狹。」是經言版圖者，其圖皆謂地圖，非謂人之形象也。內宰治王內之政令，則所謂版者，閽寺之屬之録籍；所謂圖者，王宮之圖也。下文曰：「均其稍食，分其人民以居之。」均者，據版以均之也，人之多寡在版也；分者，據圖以分之也，地之廣狹在圖也。

以婦職之灋教九御，使各有屬，以作二事。

❶「幣齎」，原倒，今據阮刻《周禮注疏》乙正。

正其服，禁其奇衺，展其功緒。

注曰：「故書二爲三，杜子春云當爲二。二事，謂絲枲之事。」

樾謹按：絲枲之事但謂之二事，於文不明，殆非也。「二事」當從故書作「三事」。三事卽在下文，正其服一也，禁其奇衺二也，展其功緒三也。以作三事者，以治三事也。《草人職》注曰：「作，猶治也。」

設其次，置其敘，正其肆。

注曰：「次，司次也。敘，介次也。」疏曰：「按《司市》注『次謂吏所治舍思次，介次也，若今市亭然。敘，肆行列也。』與此注不同者，鄭望文解之。彼經無肆文，故以敘爲行列，并思次、介次共爲一所解之。此文自有肆文，故分思次、介次別釋也。」

樾謹按：《司市職》云「以次敘分地而經市，以陳肆辨物而平市」，則彼經亦有肆文也。鄭以敘爲肆之行列，與下句「肆」字自不相妨。蓋敘者，統諸肆而言之也；肆者，就一肆而言之也。乃於此經分次爲司次，敘爲介次，義殊未安。《司市職》云：「上旌于思次以令市，市師涖焉，而聽大治大訟。胥師、賈師涖于介次，而聽小治小訟。凡萬民之期于市者，辟布者，量度者，刑戮者，各於其地之敘。」以敘與介次別言之，可知此注之非矣。

閽人掌守王宮之中門之禁。《閽人》❶

注曰：「中門，於外內爲中，若今宮闕門。鄭司農云：王有五門，外曰皐門，二曰雉門，三曰庫門，四曰應門，五曰路門。路門，一曰畢門。玄謂雉門，三門也。」

樾謹按：如注義，則閽人所守，止是雉門

❶「閽人」，原脱，今據上下文例補。

耳。《序官》乃曰「閽人，王宮每門四人」，然則注義非矣。蓋此閽人列于内小臣、寺人之閒，而經文又特言「守王宮中門之禁」。下文曰「喪服凶器不入宮，潛服賊器不入宮，奇服怪民不入宮」，皆以宮而言，是閽人所守者，王之宮門也。中門猶言内門。《詩·牆有茨》篇毛傳曰：「中冓，内冓也。」《戰國策·秦策》又有「母在中」，高注曰「中猶内也」，是古謂内爲中。經言中門，正以别於外之五門，而後儒反以五門之中門解之，失其旨矣。《爾雅·釋宮》曰：「宮中之門謂之闈，其小者謂之閨，小閨謂之閤，衖門謂之閎。」是宮門非一，故曰「每門四人」，又曰「囿游亦如之」。若是雉門，則囿游安得與之同乎！

舞師，❶下士二人，胥四人，舞徒四十人。《地官·序官》

注曰：「舞徒，給繇役能舞者以爲之。」

樾謹按：徒給繇役，不得即以舞者爲之，疑舞下有闕文，當云「舞者若干人，徒四十人」。《春官·序官·韎師》曰「舞者十有六人，徒四十人」，《旄人》曰「舞者衆寡無數」，又曰「徒二十人」，皆其例也。傳寫奪誤，遂以「舞徒」連文，注家即從而爲之說，殆失之矣。

司禄

注曰：「主班禄。」

樾謹按：司禄與司民皆星名也。《天府職》曰：「若祭天之司民司禄，而獻民數穀數，則受而藏之。」《周官》有司禄司民，皆以星爲名。《秋官·司民職》曰：「掌登萬民之數，自生齒以上，皆書於版。」又曰：「及孟

❶「師」，原作「人」，今據阮刻《周禮注疏》改。

冬祀司民之日，獻民數于王。王拜受之，登于天府。」然則司禄之職，當與彼同。《爾雅·釋言》曰「穀，禄也」，鄭注《天府》「司禄」亦曰「禄之言穀也」，是禄與穀古通稱。禄謂之穀，穀亦謂之禄。此司禄乃主穀數者，祀司禄之日而獻穀數，亦卽此官獻之。鄭君謂「主班禄」，未得其實。趙岐注《孟子》，卽以司禄職闕爲諸侯去籍之證，尤爲附會。

其植物宜皁物。《大司徒》

注曰：「鄭司農云：皁物，柞栗之屬，今世閒謂柞實爲皁斗。」疏曰：「柞實之皮得染皁，故引今世猶謂柞實爲皁斗爲證。其栗雖不得染皁，其皮亦皁斗之類，故與柞同爲皁物也。」

樾謹按：皁者，「草」之俗字。《説文·艸部》：「草斗，櫟實也。」櫟與柞異名而同物，《詩·緜》篇「柞棫拔矣」，鄭箋曰：「柞，櫟也。」字亦作「櫪」，《水經·河水》篇注曰「吳、越之閒名柞爲櫪」是也。亦或連言之曰「柞櫟」，《詩·山有苞櫟》篇陸疏曰：「秦人謂柞櫟爲櫟。」此經司農之注，❶疑本作「柞櫟之屬」，故引今世猶謂柞實爲皁斗爲證。作「栗」者，聲之誤耳。疏曲爲之説，非是。

二曰以陽禮教讓，則民不争。三曰以陰禮教親，則民不怨。

注曰：「陽禮，謂鄉射飲酒之禮也。陰禮，謂男女之禮。昏姻以時，則男不曠，女不怨。」疏曰：「『二曰以陽禮教讓則民不争』者，謂鄉飲酒之禮。酒入人身，散隨支體，與陽主分散相似，故號鄉射飲酒爲陽

❶「經司」，原爲空格，今據清經解續編本補。

禮也。」

樾謹按：賈疏説「陽禮」之義，迂曲甚矣。陽禮與陰禮對文。《内宰》「以陰禮教六宮」，司農曰：「陰禮，婦人之禮。」然則此經言「以陰禮教親」者，亦謂婦人之禮也。《媒氏職》曰：「凡男女之陰訟，聽之于勝國之社。」男女之訟謂之陰訟，故男女之禮謂之陰禮，皆主女而言。古之造字者，婚姻字、嫁娶字，無不從女，卽其義也。陰禮爲婦人之禮，則陽禮爲男子之禮明矣。古人行禮，凡祭祀、賓客、喪紀之禮，婦人皆得與焉。惟鄉射飲酒，純乎男子之事，而婦人不與，故曰陽禮。

八曰以誓教恤，則民不怠。

注曰：「恤，謂災危相憂。民有凶患，憂之，則民不解怠。」

樾謹按：教之相恤，不必以誓，注不及「誓」字之義，蓋亦有所疑而闕之也。今按：恤者，慎也。《詩·維天之命》篇「假以溢我」，毛傳曰「溢，慎也」，襄二十七年《左傳》引作「何以恤我」，是恤亦有慎義矣。《尚書·堯典》曰：「欽哉欽哉，惟刑之恤哉。」《多士》篇曰「自成湯至于帝乙，罔不明德恤祀」，其義竝爲慎，説見王氏《經義述聞》。此經「以誓教恤」，卽以誓教慎也。《士師》之職曰：「以五戒先後刑罰，毋使罪麗于民。一曰誓，用之于軍旅。」其實誓之用，亦不專在軍旅。《條狼氏》注曰「誓者，謂出軍及將祭祀時也」，疏又引《月令》「田獵，司徒北面以誓之」，是祭祀田獵無不用誓，誓之用廣矣。國有大事，先誓戒之，使知敬慎以役上命，故曰「以誓教恤，則民不怠」。若謂災危相憂，則與不怠之義不相屬矣。

以土圭土其地。

注曰：「土其地，猶言度其地。」疏曰：「按上經『以土圭之法測土深』，測猶度也。此經云『以土圭土其地』，以土正當測處，故云土其地，猶言度其地也。」

樾謹按：「土其地」之「土」，卽讀爲「度」。土、度聲近，故通用也。《尚書・粊誓》篇「杜乃擭」，《周官・雍氏》注引作「𢾍乃擭」。《説文・攴部》：「𢾍，閉也，從攴度聲，讀若杜。」今書作「杜」者，叚字也。然則「土」之通作「度」，猶「杜」之通作「𢾍」矣。《土方氏職》曰「以土地相宅」，卽度地相宅也。賈疏未明叚借之例，故其説迂曲。

令五家爲比，使之相保；五比爲閭，使之相受。

注曰：「保，猶任也。故書受爲授，杜子春云：當爲受，謂民移徙所到則受之，所去則出之。玄謂：受者，宅舍有故，相受寄託也。」

樾謹按：受與保同義。古語或以「受保」連文，《儀禮・士冠禮》字辭曰「永受保之」是也。又或以「保受」連文，《尚書・召誥》篇曰「保受王威命明德」是也。昭三十一年《左傳》曰「子必來，我受其無咎」，「受其無咎」卽保其無咎也。此經言「五家爲比，使之相保；五比爲閭，使之相受」，文異義同，皆謂使之互相任保，不爲罪過也。《族師職》曰「使之相保相受，刑罰慶賞，相及相共」，可證保受之同義。先後鄭所説皆非也。《鄰長職》曰「掌相糾相受」，惟其相保受，故亦相糾察。相糾相受，事相因也。賈疏用後鄭義爲説，非經意矣。

九比之數。《小司徒》

注曰：「鄭司農云：九比，謂九夫爲井。玄謂：九比者，冢宰職出九賦者之人數也。」樾謹按：先後鄭説九比之義，均有未安。「九比」疑「大比」之誤。蓋小司徒所掌之事，以大比爲重，故首云「小司徒之職，掌建邦之教法，以稽國中，及四郊都鄙之夫家。大比之數，以辨其貴賤老幼廢疾。凡征役之施舍，與其祭祀飲食喪紀之禁令」。其下云「乃頒比法于六鄉之大夫」，又曰「及三年則大比」，正言其事也。乃爲承上之辭，亦爲發端之語，《尚書·堯典》「乃命羲和」是也。王氏引之謂下文始云「乃頒比灋」，何得於此遽言比？不知此所言者，其綱也；下所言者，皆其目也。九與大形似而誤。《大司樂職》「九磬之舞」，注曰：「九磬，讀當爲大韶，字之誤也。」「大」誤爲「九」，正與此同。王氏謂「九比」乃「人民」二字之誤，然民與比絶不相似，無緣致誤也。

小軍旅，巡役，治其政令。

注曰：「巡役，小田役之事則巡行之。」❶樾謹按：《大司徒職》云：「大軍旅，大田役，以旗致萬民，而治其徒庶之政令。」故鄭君解「巡役」爲「小田役之事則巡行之」，與彼文相配也。然此文「小軍旅巡役」，自與上文所云「大軍旅帥其衆庶」相配。巡役即以小軍旅言，不得分爲二事。「小軍旅巡役」者，謂小軍旅則巡行其徒役也。《鄉師職》云「大軍旅，會同，正治其徒役」，疏曰「謂六軍之外別有民徒，使役皆出於鄉」，是軍旅亦有徒役之證。

國有大故，則令民各守其閭，以待政令。《鄉大

❶ 「田」，阮刻《周禮注疏》作「力」，下同。

夫》

注曰：「使民皆聚於閭胥所治處。」

樾謹按：「令民各守其閭者」，不使出二十五家之外也。閭之下尚有比，不言各守其比者，比止五家，爲數大少。若使此比之民不得至彼比，太近煩苛，故不言比而言閭。使此閭之民不得至彼閭，所以待政令也。謂「皆聚於閭胥所治處」，非是。

使之相保相受，刑罰慶賞，相及相共。《族師》

注曰：「相共，猶相救相賙。」

樾謹按：相受，猶相保也，説見《大司徒職》矣。相共，亦猶相及也。蓋既使之互相保受，故有罪而刑罰，有善而慶賞，亦相及相共也。鄭君誤以相共爲相救相賙，賈疏遂斷「刑罰慶賞相及」爲句，皆非經旨。

教皇舞。《舞師》

注曰：「鄭司農云：皇舞，蒙羽舞。書或爲翌，或爲義。玄謂：皇，析五采羽爲之，亦如帗。」疏曰：「先鄭之意，蓋見《禮記・王制》『有虞氏皇而祭』。皇是冕，爲首服，故以此皇爲鳳皇羽蒙于首，故云蒙羽舞。自古未見蒙羽于首，故後鄭不從之矣。玄謂，皇析五采羽爲之，亦如帗者，鍾氏染鳥羽象翟鳥鳳皇之羽皆五采。此舞者所執，亦以威儀爲飾，言皇是鳳皇之字，明其羽亦五采，其制亦如帗舞。」

樾謹按：「皇」字書或作「義」者，「義」乃「鸃」之叚字，鸃即鵕鸃也。《説文・鳥部》：「駿鸃，鷩也。」「鷩，赤雉也。」古舞者或以雉尾飾冠。《文選・東京賦》曰「冠華秉翟，列舞八佾」，薛綜注曰：「冠華，以鐵作之，上闊下狹，飾以翟雉尾，舞人頭戴。」然則先鄭所謂蒙羽舞者，古有此制。後鄭易之，未爲得也。賈疏因書或作「義」，誤以爲

「威儀」字，遂云以威儀爲飾，失之矣。

凡外祭毁事，用尨可也。《牧人》❶

注曰：「故書毁爲甈。杜子春云：甈當爲毁。毁謂副辜侯禳，毁除殃咎之事。」

樾謹按：副辜侯禳之事謂之毁事，於義未安，杜讀非也。甈當讀爲禬，甈從臬聲，禬從會聲，二聲相近。《周易·困》九五「劓刖」，劓乃⿰臬刂之或體，京房作「劊刖」。然則甈之通作禬，猶⿰臬刂之通作劊也。《女祝職》曰「掌以時招梗禬禳之事」，注曰：「除災害曰禬，禬猶刮去也。」此言甈事，即彼言禬禳之事，字有正叚耳。

碩牲則贊。《充人》

注曰：「贊，助也。君牽牲入，將致之，助持之也。《春秋傳》曰：『故奉牲以告曰，博碩肥特。』」

樾謹按：「博碩肥特」乃封人歌舞之辭。《封人職》曰「歌舞牲」，注曰：「謂君牽牲入時，隨歌舞之，言其肥香以歆神也。鄭司農云：封人主歌舞其牲，云博碩肥腯。」然則「碩牲則贊」者，謂封人歌舞云博碩肥腯，則充人從而和之也。注謂助君持牛，未得其義。

官田。《載師》

注曰：「鄭司農云：官田者，公家之所耕田。玄謂：官田，庶人在官者，其家所受田也。」

樾謹按：「牛人掌養國之公牛」，「巾車掌公車之政令」，注竝曰：「公猶官也。」然則官田猶公田矣，先鄭之説自不可易。《國語·晉語》曰：「吾觀君夫人也若爲亂，其猶隸農也。雖獲沃田而勤易之，將弗克

❶「牧人」，原脱，今據上下文例補。

饗，爲人而已。」所謂隸農者，蓋卽耕官田之農，此亦古有官田之證。

凡宅不毛者有里布，凡田不耕者出屋粟。

注曰：「宅不毛者，罰以一里二十五家之泉。空田者，罰以三家之稅粟。」

樾謹按：如注義，則近於苛政矣，非周公制禮所有也。宅不毛者有里布，田不耕者出屋粟，皆責其所應有，徵其所當出，非爲苛政以病之也。里布屋粟乃當時之名目。里布者，以二十五家爲里，計之一里應有如干布，則知此不毛之宅應有如干布矣。屋粟者，以夫三爲屋，計之一屋應出如干粟，則知此不耕之田應出如干粟矣。孔氏廣森《禮學卮言》云：「里布，直謂治麻所作布。」今知不然者，此里布與《閭師職》之夫布合之，卽《孟子》所謂「夫里之布」。若以里布爲布帛之布，而非泉布之布，則於夫布不可通，卽於夫里之布不可通矣。里布以里計，夫布以夫計。江氏永《群經補義》謂「里布若後世地稅，夫布若後世雇役錢」，斯得之矣。

凡民無職事者，出夫家之征。

注曰：「民雖有閒無職事者，猶出夫稅、家稅也。夫稅者，百畝之稅。家稅者，出士徒車輦給繇役。」

樾謹按：此亦非也。《小司徒職》注曰：「夫家，猶言男女也。」凡經言夫家者，皆言男女。證以《媒氏職》云「司男女之無夫家者而會之」，則夫家之義，自以彼注爲塙。此以爲夫稅、家稅，失之矣。今按：《鄉大夫職》曰「以歲時登其夫家之衆寡，辨其可任者。國中自七尺以及六十，野自六尺以及六十有五，皆征之」，卽此經所謂「夫家之征」也。《閭師職》曰「凡無職者出夫布」，夫布亦即夫家之征。江氏永謂「若後世雇役錢」，斯説得之。「凡民無職事者，出夫家之征」，亦是責以所當出，非爲苛政以病之也。

孝德以知逆惡。《師氏》

疏曰：「以孝德之孝以事父母，則知逆惡不行也。」

樾謹按：逆惡之事，無取乎知之。「知」當讀爲「折」。《荀子・勸學篇》「鍥而舍之，朽木不折」，《大戴記・勸學》篇作「朽木不知」，「知」即「折」之叚字也。知與折古音相近。《禮記・中庸》篇「既明且哲」，《釋文》曰：「哲，徐本作知。」「知」之通作「折」，猶「知」之通作「哲」也。孝德以折逆惡者，言以孝德折其逆惡之心也。折猶制也。《論語・顔淵》篇「片言可以折獄者」，鄭注曰「魯讀折爲制」，是折與制義通。有子曰：「其爲人也，孝弟而好犯上者，鮮矣。不好犯上而好作亂者，未之有也。」是謂孝德以折逆惡。

凡過而殺傷人者，以民成之。《調人》

注曰：「鄭司農云：以民成之，謂立證佐成其罪也。一説以鄉里之民共相解之。」

樾謹按：司農二説均未得「民」字之義。民者對官而言。《史記・孝文紀》「五帝官天下」，《索隱》曰「官猶公也」，然則民猶私也。「以民成之」，謂以私成之，蓋不歸于士，不歸于圜土，而使其自相和解也。古言民者皆對官而言。師古注《漢書・衛青傳》「民母」曰：「言鄭季正妻，本在編户之閒，以別于公主家也。」又注《丙吉傳》「民夫」曰：「謂未爲宮婢時，有舊夫見在俗閒者」，皆可證明此經民字之義。

媒氏掌萬民之判。《媒氏》❶

注曰：「判，半也。得耦爲合，主合其半，成夫婦也。《喪服傳》曰『夫妻判合』，鄭司農云：主萬民之判合。」

樾謹按：主萬民之判合而但曰主萬民之判，於義未安。此判卽判書之判。《朝士職》曰「凡有責者，有判書以治則聽」，注曰「判，半分而合者」，疏曰：「卽質劑傳別分支，合同兩家，各得其一者也。」媒氏所掌萬民之判，亦與此同，蓋卽婚書男女兩家各得其一者也。下文曰「凡娶判妻入子者，皆書之」，此「判」字疑衍文，故先後鄭均不說判妻之義。「凡娶妻入子者」，猶下文言「凡嫁子娶妻」。鄭司農云「入子者，謂嫁女者也」，此卽據下文爲說。後鄭因下言嫁子，此言入子，其文小異，其義亦當有別，故曰「言入子者，容媵姪娣不聘之者」，與先鄭之義相足，本不相違。賈疏所據本已誤衍「判」字，乃謂判妻已是嫁女，後更言入子，明非嫁女。此說大誤，非經意，且非注意也。

禁遷葬者。

注曰：「遷葬，謂生時非夫婦，死既葬，遷之，使相從也。」

樾謹按：禁遷葬與禁嫁殤兩事不同。禁嫁殤者，禁其不當合而合也；禁遷葬者，禁其不當離而離也。合葬之禮始于周公，故《禮記・檀弓》篇曰「周公蓋祔」。然則周初民閒沿襲前代之制，其不合葬者多矣。遷葬者，謂夫婦不合葬，而又遷葬于他處也。《國語・晉語》云「成而不遷」，韋注曰：「遷，離散也。」遷葬則離矣。周公初定

❶「媒氏」，原缺，今據上下文例補。

合葬之禮，故禁民閒之遷葬者，而於媒氏特著其文也。如注所説，似非事之所有矣。

以量度成賈而徵儥。《司市》

注曰：「徵，召也。儥，買也。物有定價，則買者來也。」疏曰：「知儥爲買者，以言徵召買者，故以儥爲買。此字所訓不定。按下文所云『貴儥者』，鄭注『貴賣之』。鄭亦望文爲義，故注不同也。」《釋文》曰：「儥，劉音育，聶氏音笛。」

樾謹按：《説文·人部》「儥，見也，從人𧶠聲」，此儥字之本義，卽今「覿」字，故聶氏音笛。然此經「儥」字實當音育，乃「𧶠」之叚字，《説文·貝部》「𧶠，衒也，讀若育」是也。《行部》「衒，行且賣也」，是此字之義爲賣不爲買，明矣。僖二十七年《左傳》曰「民易資者不求豐焉，明徵其辭」，卽此經「徵」字之義。徵之言明徵也，謂不相欺也。鄭誤以徵召釋之，因并儥字之義而失之矣。

掌其賣儥之事。

注曰：「儥，買也。」

樾謹按：儥者，「𧶠」之叚字，訓賣不訓買，説已見前矣。《説文》云「𧶠讀爲育」，故經傳每以「鬻」爲之。鄭君訓儥爲買，誤也。惟儥既訓賣，則不得復與賣連文。而此云「掌其賣儥之事」，《質人》云凡「賣儥者質劑焉」，《賈師》云「凡國之賣儥，各帥其屬，而嗣掌其月」，皆連言之曰「賣儥」，義似可疑。乃鄭君於《賈師》注云「故書賣爲買」，是知經文本作「買儥」。鄭君既訓儥爲買，因改「買儥」爲「賣儥」耳。此乃鄭之失，不可苟從，仍當以故書爲正。《胥師職》曰「察其詐僞飾行儥慝者而誅罰之」，鄭司農云「僨，賣也。慝，惡也」；後鄭亦以「行賣惡物」解之。《賈師職》曰「凡天患，禁貴僨者」，先鄭無注，後鄭釋爲「貴賣」。夫賣之與買，截然異義。豈有僨之一字，既可訓買，又可訓賣者乎？且《賈師》一職前云「禁貴僨者」，後云「凡國之賣僨」，同在一簡之中，乃「貴僨」之僨則訓爲賣，「賣僨」之僨則訓爲買，此其違失尤爲顯然。今定「僨」爲「𧶠」之叚字，其音爲育，其義爲賣。凡經言「賣僨」者，皆從故書作「買僨」，則字義正而經義亦明矣。

襲其不正者。《胥》

注曰：「故書襲爲習。杜子春云：當爲襲，謂掩捕其不正者。」

樾謹按：讀習爲襲是也，以掩襲釋之非也。襲者，入也。《國語·晉語》曰「使晉襲于爾門」，又云「大國道，小國襲焉曰服。小國傲，大國襲焉曰誅」，韋昭訓襲爲入，蓋古語然也。「襲其不正者」，卽入其不正者，謂不正之物没入之也。《司門職》曰「凡財物犯禁者舉之」，注曰「舉之没入官」，與此同意。

共丘籠及蜃車之役。《遂師》

注曰：「丘籠之役，窆復土也，其器曰籠。」

疏曰：「窆謂穿地；復土謂下棺之後，以壙上土反復而爲丘壟，皆須籠器以盛土也。」

樾謹按：穿地復土之事，雖皆須籠以盛土，然謂之丘籠之役，甚爲不辭。「籠」疑「壠」字之叚借，丘籠卽丘壠也。《禮記·月令》篇曰「營丘壠之大小、高卑、厚薄之數」，此疏亦云「爲丘壠」，是古謂墳冢爲丘壠。遂師共丘壠之役，則窆地復土之事皆包其中矣，因叚籠作壟。而鄭君遂以本字讀之，殊失其義。

旅師掌聚野之耡粟、屋粟、閒粟。《旅師》❶

注曰：「耡粟，民相助作，一井之中所出九夫之税粟也。屋粟，民有田不耕，所罰三夫之税粟。閒粟，閒民無職事者所出一夫之征粟。」

樾謹按：耡粟者，卽殷人七十而助之助，《孟子》所謂「雖周亦助」者也。《説文・耒部》曰「商人七十而耡」，則古字正作耡矣。屋粟者，卽夫三爲屋之屋。《小司徒職》曰「攷夫屋」，注曰「夫三爲屋，屋三爲井，出地貢者，三三相任」是也。至地力不能無厚薄，大司徒造都鄙，其地有不易、一易、再易之分；而遂人治野，亦有上地、中地、下地之别。是有不耕之田，卽有不徵之粟。如中地田百畮，萊百畮，則閒一歲矣；下地田百畮，萊二百畮，則閒二歲矣，是謂閒粟。閒之言閒廁也，非閒民之閒也。蓋周時取民有此三科，鄭君此注似失其義，至閒粟之閒，并失其讀矣。

以溝蕩水。《稻人》

注曰：「杜子春讀蕩爲和蕩，謂以溝行水也。」

樾謹按：「蕩」當讀爲「盪」。《説文・皿部》：「盪，滌器也。」《楚辭・惜賢》篇「盪渨涹之姦咎兮」，王逸注曰：「盪，滌也。」「以溝盪水」，謂盪滌其水，作「蕩」者，叚字耳。《釋名・釋言語》曰：「蕩，盪也，排蕩去穢垢也。」是蕩、盪義通，杜説未得。

以時舍其守。《川衡》

注曰：「舍其守者，時案視守者，於其舍申戒之。」

樾謹按：如注義，則當云「以時戒其守」，不

❶「旅師」，原缺，今據上下文例補。

當云「以時舍其守」，注義非也。舍猶置也。《廣雅·釋詁》：「捨，置也。」舍捨古通用。襄十四年《左傳》曰「秦人竊與鄭盟而舍戍焉」，此經「舍」字與彼同義。「舍戍」卽置戍，「以時舍其守」，猶以時置其守也。

凡受羽，十羽爲審，百羽爲摶，十摶爲縳。《羽人》

注曰：「審、摶、縳，羽數束名也。《爾雅》曰『一羽謂之箴，十羽謂之縳，百羽謂之緷』，其名音相近也。一羽有名，蓋失之矣。」

樾謹按：《爾雅》從一羽起數，《周禮》從十羽起數，古書不同，往往有此，不足異也。惟就本經論之，摶、縳竝從專聲，古音相同，乃以爲百羽千羽之異名，殊不可解，疑《周禮》原文本作「十摶爲揮」。蓋「摶」卽《爾雅》之「縳」，「揮」卽《爾雅》之「緷」，《爾雅》竝從糸，《周禮》竝從手也。鄭公孫揮字子羽，其義卽取諸此。後人因《爾雅》「緷」字從糸，因改此經「揮」字作「緷」，而傳寫又誤爲「縳」耳。《釋文》曰「縳，劉古本反」，疑其所據本正作「緷」，故其音如此也。

群經平議卷十二

群經平議卷十三

德清俞樾

周官二

以禬禮哀圍敗。《大宗伯》

注曰：「同盟者會合財貨以更其所喪。《春秋》襄三十年冬『會于澶淵，宋裁故』是其類。」疏曰：「必知禬是會合財貨，非會諸侯之兵救之者。若會合兵，當在軍禮之中，故知此禬是會合財貨以濟之也。」

樾謹按：《周禮》原文本作「會禮」，故鄭注直以會合財貨釋之。若經文是「禬」字，則爲「禬禳」之「禬」，非「會合」之「會」，鄭君必云禬讀爲會矣。鄭無讀爲會之文，知其所據本正作「會」也。因「會禮」連文，傳寫者涉下「禮」字從示，故亦誤從示耳。《詩·關雎》篇「展轉反側」，「展」字因下「轉」字而誤加車旁；《采薇》篇「玁允之故」，「允」字因上「玁」字而誤加犬旁，古書類此者多矣。《大行人》云「致禬以補諸侯之災」，《小行人》云「若國師役則命犒禬之」，其「禬」字竝從示，皆沿此文之誤。陸氏《釋文》亦作「禬」，則此字之誤久矣。觀賈疏云云，是其所據本不誤。蓋經文是「會」字，故惟有會合財貨及會諸侯之兵二義。若是「禬」字，則尚有禬禳一義，賈氏何不及之乎？

五命賜則。

注曰：「鄭司農云：則者，法也，出爲子男。玄謂：則地未成國之名。王之下大夫，四命出封加一等，五命賜之以方百里二百里之地者，方三百里以上爲成國。王莽時以二十五成爲則，方五十里，合今俗説子男之地。獨劉子駿等識古有此制焉。」

樾謹按：先後鄭説皆本王莽諸公一同，侯伯一國，子男一則之説，然於古實無所據。莽制正因《周禮》此文而竊用之，未必其與古合也。今依《周禮》説之：《太宰職》曰「以八則治都鄙」，鄭君解「都鄙」曰：「公卿大夫之采邑，王子弟所食邑，周召毛聃畢原之屬。」《太史職》亦曰：「掌則以逆都鄙之治。」然則此所賜之則，卽太史所掌之則。蓋與之采邑，卽并其所治之則而亦與之，故曰「賜則」也。《載師職》曰「以家邑之田任稍地，以小都之田任縣地，以大都之田任畺地」，注曰「家邑，大夫之采地。小都，卿之采地。大都，公之采地，王子弟所食邑也」，是采地有三等。此云「五命賜則」，當以大夫而言，賜則自大夫始也。先鄭訓則爲法，正得其義，但謂出爲子男則失之。後鄭解爲地未成國之名，此莽制，非周制也。

及葬，共其裸器，遂貍之。《鬱人》

注曰：「遺奠之彝與瓚也，貍之於祖廟階閒，明奠終於此。」疏曰：「知葬共裸器據遺奠時者，以葬時不見有設奠之事。祖祭已前奠小，不合有彝器。奠之大者唯有遺奠，故知於始祖廟中。厥明將葬之時，設大遺奠有此裸器也。此卽《司尊彝》云『大喪存奠彝』是也。」

樾謹按：遺奠之後貍其裸器，經無明文，疏引《司尊彝》文爲證。鄭彼注曰「奠者，朝夕乃徹也」，疏云：「其大遺亦朝設，至夕乃徹。」然則所謂貍之者，亦無塙證矣。今按：《鬯人職》云「凡祼事用概」，注云「祼當爲埋字之誤也」。鬱人與鬯人兩職相連，疑此文「祼」字本亦作「貍」，貍器卽謂明器也。明器之屬，有宜出鬱人共之者，則鬱人共之而遂貍之也。上文云「大喪之渳，共其肆器」，注曰：「肆器，陳尸之器。」貍器與肆器文義一律，因涉上文「掌祼器」而誤爲「祼」，遂并下文《鬯人職》之「貍事」而亦誤爲「祼事」矣。鄭君於「祼事」既正其誤，而于此文「祼器」未能是正，學者所宜舉一而反三也。

蜼彝。《司尊彝》

注曰：「鄭司農云：蜼讀爲蛇虺之虺，或讀爲公用射隼之隼。玄謂：蜼，禺屬，卬鼻而長尾。」

樾謹按：蛇虺之虺，於義固無所取。至蜼乃獼猴之類，古人亦何取而象之哉？疑此字實當爲「隼」。「翨氏掌攻猛鳥」注曰「猛鳥，鷹隼之屬」，然則虎彝、隼彝皆取其猛。司常掌九旗之物，熊虎爲旗，鳥隼爲旟。彝之有取於虎隼，猶之乎旗旟矣。

季冬，陳玉，以貞來歲之媺惡。《天府》

注曰：「問事之正曰貞。鄭司農云：貞，問也。」

樾謹按：此當從司農説，乃貞字本義也。《説文・卜部》「貞，卜問也，從卜，貝以爲贄。一曰鼎省聲，京房所説」，是「貞」字實無正義。其訓正者，卽讀「貞」爲「正」，乃古文叚字也。相沿既久，而本義爲叚義所奪。鄭君轉疑司農舊説之未安，遂足成其義曰「問事之正曰貞」，失之矣。

繅藉五采五就。《典瑞》

注曰：「就，成也。鄭司農云：五就，五帀也，一帀爲一就。」

樾謹按：此亦當從司農説。「就」讀爲「集」。《詩・小旻》篇「是用不集」，毛傳曰「集，就也」，《韓詩》正作「是用不就」。蓋就與集一聲之轉，故聲近而義通。集之言雜也。《孟子・公孫丑》篇「是集義所生者」，趙注曰：「集，雜也，古謂一匝爲一雜。」《淮南子・詮言》篇「以數雜之壽，憂天下之亂」，高注曰：「雜，帀也，人生子從子至亥爲一帀。」《説苑・脩文》篇「如矩之三雜，規之三雜，周則又始，窮則反本也」，三雜即三帀也。雜從集聲，帀謂之雜，故亦謂之集。司農讀「就」爲「集」，故以帀訓之。後鄭改訓爲成，失之矣。至《弁師職》云「就，皆五采玉十有二」，注曰「就，成也，繩之每一帀而貫五采玉」，則既訓爲成，又依先鄭爲説，初未得其義也。

大喪既有日，請度甫竁，遂爲之尸。《冢人》

注曰：「爲尸者，成葬爲祭墓之尸也。鄭司農云：始竁時，祭以告后土，冢人爲之尸。」疏曰：「不從先鄭者，見《小宗伯》云『卜葬兆甫竁哭之』，又云『既葬，詔相喪祭之禮』，下乃云『成葬而祭墓爲位』。據彼文，則初穿地時無祭墓地之事，葬訖乃有祭墓地，即此遂爲之尸，一也，故後鄭不從先鄭。」

樾謹按：初穿地時無祭墓事，固也。然「遂爲之尸」即承「甫竁」而言，下乃云「及竁」，又云「及葬」，又云「及窆」，其文皆有次弟，不得于甫竁之下即言成葬祭墓之事。且下文言「凡祭墓爲尸」，然則成葬祭墓而冢人爲尸，從可知矣，何必於此豫言之乎？尸因祭而立，此文初不言祭，何以言遂爲之尸乎？ 疑後鄭所説亦未爲得也。今按：《爾雅・釋詁》曰「尸、職，主也」，郭注引《左傳》曰「殺老牛莫之敢尸」，《詩》曰「誰其尸之」，是凡主其事皆得稱尸。「甫竃遂爲之尸」者，遂爲之主也，言家人主其事也。先後鄭誤以爲祭祀之尸，故所解皆失其義耳。

大濩。《大司樂》

注曰：「大濩，湯樂也。湯以寬治民，而除其邪言，其德能使天下得其所也。」疏曰：「言濩者卽救護也，救護使天下得其所也。」

樾謹按：《漢書·禮樂志》及《風俗通·聲音》篇竝曰「濩言救民也」，賈疏卽用其義，然實非鄭意也。鄭蓋讀爲「獲」，故以得所爲說，「得」字正釋「獲」字。

以享先妣。

注曰：「先妣，姜嫄也。姜嫄履大人跡感神靈而生后稷，是周之先母也。周立廟自后稷爲始祖，姜嫄無所妃，是以特立廟而祭之，謂之閟宮。閟，神之。」

樾謹按：周人之祀先妣，自來不得其說。竊疑姜嫄乃帝嚳之妾，非其正妃，而實生后稷，爲周人所自出。以其爲周人所自出，故不可以無廟；以其爲帝嚳妾，故不可以配帝嚳，於是別立廟以祀之，禮以義起也。魏文帝納袁熙妻甄氏，實生明帝。明帝卽位，追尊爲文昭皇后，於是三公奏曰：「周人始祖后稷，又特立廟以祀姜嫄。今文昭皇后之於萬嗣，聖德至化，豈有量哉！稽之古制，宜依周禮，先妣別立寢廟。」夫以魏人之尊甄后以姜嫄爲比，則姜嫄爲帝嚳之妾明矣。當時文帝之廟自有文德皇后郭氏爲之配，故別立廟以祀甄后，正周人祀先妣之義也。魏人去古未遠，疑必有所依據矣。

詔來瞽皋舞。《樂師》

注曰：「鄭司農云：瞽當爲鼓，皋當爲告。呼擊鼓者，又告當舞者持鼓與舞俱來也。玄謂：詔來瞽，詔視瞭扶瞽者來入也。皋之言號，告國子當舞者舞。」

樾謹按：先後鄭之義，皆以詔來瞽爲一事，皋舞爲一事。然據《太祝職》云「來瞽令皋舞」，似皋舞卽屬瞽者。鄭彼注云：「皋，讀爲卒嗥呼之嗥。來嗥者，皆謂呼之入。」若然，但云來瞽皋舞，文義已足，不必言令矣，鄭注殆非也。今按：「舞」當讀爲「武」，古舞、武通用。《鄉大夫職》「以鄉射之禮五物詢衆庶，五曰興舞」，《論語・八佾》篇馬注引作「五曰興武」，卽其例也。武乃步武之武。皋者緩也，哀二十一年《左傳》「魯人之皋」，杜注曰：「皋，緩也。」然則皋武者，猶言緩步也。《禮記・曲禮》篇曰「堂上接武」，瞽人升堂作樂，亦宜接武而行，故詔之使舒緩也。舉步舒緩謂之皋，猶發聲舒緩謂之皋。《儀禮・士喪禮》曰「皋某復」，注曰「皋，長聲也」，是其義也。《太祝職》「來瞽令皋舞」，義與此同，殆亦所謂固相師之道者與！

凡軍大獻，教愷歌，遂倡之。

注曰：「故書倡爲昌。鄭司農云：樂師主倡也。昌當爲倡，書亦或爲倡。」

樾謹按：此當從故書作「昌」，卽「唱」之古文也。《説文・口部》：「唱，導也，從口昌聲。」夫「昌」字籀文作「昌」，其字本從口，小篆變而從曰，卽從口之意也。而「唱」字又從口，重複無理，疑古字止作「昌」。蓋日出而人聲作，故其字從日從口，會意，而其義則爲導也。《廣雅・釋詁》曰「昌，始也」，又曰「昌，盛也」，蓋一聲既作，衆聲從之，故訓始，又訓盛。今經傳「昌盛」字作「昌」，而「昌始」字皆以「倡」爲之。《周禮》故書獨存本字，先鄭反破從「倡」，失之矣。説詳余所著《字義載疑》。

世奠繫。《瞽矇》

注曰：「故書奠或爲帝。杜子春云：帝讀爲定，其字爲奠，書亦或爲奠。世奠繫謂帝繫、諸侯卿大夫世本之屬是也。小史主次序先王之世，昭穆之繫，述其德行。瞽矇主誦詩，并誦世繫，以戒勸人君也。玄謂：世之而定其繫，謂書於世本也。」

樾謹按：《小史職》曰「奠世繫，辨昭穆」，鄭司農云：「世繫謂帝繫、世本之屬是也。小史主定之，瞽矇諷誦之。」此經杜注與彼先鄭不殊，亦以帝繫世本解「世繫」二字，且曰「誦世繫以戒勸人君」，疑經文本當作「奠世繫」，與《小史職》同。因故書叚「帝」爲「奠」，涉杜注「帝繫」之文誤爲「世帝繫」，又依杜義讀之，遂爲「世奠繫」。而後鄭據以作注，乃曰「世之而定其繫」，於文義甚爲不安矣。《荀子・禮論篇》曰「其銘誄繫世，敬傳其名也」，繫世即世繫也。

教縵樂燕樂之鍾磬。《磬師》

注曰：「杜子春讀縵爲怠慢之慢。玄謂：縵讀爲縵錦之縵，謂雜聲之和樂者也。《學記》曰：『不學操縵，不能安弦。』燕樂，房中之樂，所謂陰聲也。」

樾謹按：慢聲者，大司樂之所禁，何得反教之乎？杜子春所讀誠非矣。至後鄭之説，義亦未安。下文云「凡祭祀，奏縵樂」，豈祭祀所奏，專以雜聲爲重乎？「縵」當讀爲「曼而饋」之「曼」。《荀子・正論篇》「曼而饋」，楊倞注曰：「曼當爲萬，饋進食也。列萬舞而進食。」是「曼」者「萬」之叚字。宣八年《公羊傳》曰：「萬者何？干舞也。」何休曰：「干謂楯也，能爲人扞難而不使害人，故聖王貴之，以爲武樂。萬者其篇名。」萬既是篇章之名，故主乎舞而言之謂之萬舞，主乎樂而言之謂之萬樂。凡言萬舞者，謂舞萬樂也。磬師主教萬樂、燕樂之鍾磬。萬樂者，干舞之樂，武樂也；燕樂者，房中之樂，文樂也。古音萬讀如曼。《爾雅·釋草》「蔓青」，《釋文》曰「蔓音万」，卽其例也。《荀子》叚曼爲萬，《周官》叚縵爲萬，竝古書叚借之常，杜、鄭所讀胥失之矣。《鍾師職》曰「掌鼙鼓縵樂」，《詩·那》篇曰「庸鼓有斁，萬舞有奕」，此卽鼓縵樂之證。

其經運十，其別九十。《太卜》

注曰：「運或爲緷，當爲煇，是視祲所掌十煇也。王者於天日也，夜有夢則晝視日旁之氣，以卜其吉凶。凡所占者十煇，每煇九變。此術今亡。」

樾謹按：上文經兆卽以三卜言，經卦卽以三易言，此文經運宜亦以三夢言。乃以視祲之十煇當之，失其義矣。「運」當讀爲「員」，《莊子·天運》篇《釋文》曰「司馬本作天員」，是其證也。古運、員聲近，《說文·見部》：「䚋，從見員聲，讀若運」，然則運之通作員，猶䚋之讀若運矣。《說文·員部》：「員，物數也。」《漢書·高惠高后功臣表》「坐事國人過員」，師古注曰：「員，數也。」其經員十者，其經數有十也。三夢以員言，猶三卜以兆言，三易以卦言也。鄭注失之。

四曰瘖夢。《占夢》

注曰：「覺時道之而夢。」疏曰：「以其字爲覺瘖之字，故知覺瘖時道之睡而夢也。」

樾謹按：上文「三曰思夢」，注曰「覺時所思念之而夢」，若依此注，則思夢亦可謂之寤夢矣。鄭君所説殆未得也。今按：寤夢者，寤而夢也，謂不寐而夢也。僖十年《左傳》「狐突適下國，遇太子，太子使登僕」，杜注曰：「忽如夢而相見」。十五年《傳》「寡人之從君而西也，亦晉之妖夢是踐」，注曰：「狐突不寐而與神言，故謂之妖夢。」然則狐突之夢，豈非所謂寤夢乎？

五曰闇。《眡祲》

注曰：「鄭司農云：闇，日月食也。」

樾謹按：《周禮》所謂闇，卽《春秋》所謂晦也。僖十五年己卯晦，成十六年甲午晦，《公羊傳》竝曰「晦者何？冥也」，是其事也。先鄭竟以日月食釋之，未得其旨。

掌六祈以同鬼神示。《大祝》

注曰：「天神人鬼地示不和，則六癘作見，故以祈禮同之。」

樾謹按：鄭解「同」字非也。同猶通也。《説文・行部》「衕，通街也」，《竹部》：「筒，通簫也。」街之通者謂之衕，簫之通者謂之筒，衕筒竝從同聲，是同有通義也。「以同鬼神示」，猶曰以通鬼神示。下文曰「作六辭以通上下親疏遠近」，彼言通此言同，文異而義不殊也。必曰鬼神示不和，故以祈禮同之，失之迂曲矣。

贊徹，贊奠。《小祝》

注曰：「祭祀奠先徹後，反言之者，明所佐大祝非一。」

樾謹按：古人之文，固有到言之者。《大宗伯職》曰「以肆獻祼享先王」，若以次弟而言，則祼最在先，獻次之，肆又次之也。《大祝職》曰「隋釁，逆牲，逆尸」，若以次弟而言，則逆尸最在先，逆牲次之，隋釁又次之也。此經「贊徹，贊奠」，文與彼同。古人自有此例，無義理也。鄭必曲爲之説，於《大宗伯職》則曰「逆言之者，與下共文明六享俱然」，於《大祝職》則曰「既隋釁後言逆牲，容逆鼎」，於此經則曰「明所佐大祝非一」，皆非經意。此經下文曰「凡事佐大祝」，則所佐非一，自有明文，何必到文以見義。且到言奠徹，又豈足以見義乎？

禂牲禂馬。《甸祝》

注曰：「杜子春云：禂，禱也。爲馬禱無疾，爲田禱多獲禽牲。玄謂：禂讀如伏誅之誅，今侏大字也。爲牲祭求肥充，爲馬祭求肥健。」

樾謹按：「禂」字蓋即「禱」之古文，禂從周聲，故亦從壽聲。《玉篇·巾部》「幬」字下更出「⿰巾周」字，曰同上。禂之爲禱，猶幬之爲⿰巾周也。《説文·示部》分禂禱爲二，「禱」篆曰「告事求福也」，「禂」篆曰「禱牲，馬祭也」，蓋即因此經而誤。又出「⿰馬壽」篆爲「禂」之或體，則孳乳浸多，非古字矣。且其引《詩》「既禡既禂」，今《詩·吉日》篇及《爾雅·釋天》皆作「禱」，足證禂禱之同字。杜子春訓禂爲禱，乃以今字釋古字耳。鄭讀如誅者，周聲與朱聲古亦相近。《集韵》引《廣雅》「祩，詛也」，「祩」字疑亦「禂」字之異文。鄭以禂有朱音，故以誅伐之誅擬其音，而以侏大之侏釋其義。然「侏」字不見于《説文》，侏大之訓亦無所據。惠氏士奇《禮説》引《太玄》「修侏侏」爲證。按：《太玄·童》次七「修侏侏，比於朱儒」，范望注曰：「侏侏，無所知也。朱儒，未成人也。修，長也。七爲無道，雖長大而不學道，侏侏然若未成之人也。」是侏侏爲無知之貌，非長大之貌，惠説失之矣。

漢時侏大之義疑卽姝字之引申義。《詩・静女》篇「静女其姝」，毛傳曰「姝，美色也」，《説文・女部》：「姝，好也。」凡有美好義者皆有大義，美字從大，卽其例也。然此經「裯」字必讀如誅，而訓爲大，義實未安，固不如仍從杜説之爲得矣。

國有大烖，則帥巫而造巫恒。《司巫》

注曰：「杜子春云：司巫帥巫官之屬，會聚常處，以待命也。玄謂：恒，久也。巫久者，先巫之故事，造之當按視所施爲。」

樾謹按：杜義固未得，鄭説亦有未盡。巫恒蓋卽先巫也，造卽類造之造。《大祝》「掌六祈以同鬼神示：一曰類，二曰造」，杜子春曰：「造，祭於祖也。」此云「造巫恒」，蓋用類造之禮祈禱之也。《龜人職》云「祭祀先卜」，注曰：「先卜，始用卜筮者。言祭言祀，尊焉，天地之也。」然則「巫恒」言造者尊之如祖也。鄭以「巫恒」爲先巫之故事，宜不得造字之解矣。

及道布。

注曰：「杜子春云：道布，新布三尺也。或曰，布者以爲席也。玄謂：道布者，爲神所設巾。中霤禮曰：以功布爲道布，屬于几也。」

樾謹按：杜、鄭之義，均于「道」字無所發明。據或説「布者以爲席」，則「道」字當讀爲「簟」。道與簟雙聲字。《儀禮・士虞禮》記「中月而禫」，注曰：「古文禫或爲導。」《禮記・喪大記》「禫而内無哭者」，注曰：「禫或皆作道。」然則道之通作簟，猶道與導之通作禫也。《説文・竹部》：「簟，竹席也。」簟布者，言以布爲席也。以布爲席，故卽叚簟席之名，而名之曰簟布矣。或説蓋禮家舊説，因其字叚「道」爲之，其義遂晦，故後鄭不之從耳。又《既夕禮》「商祝執功布」，❶注曰「執之以接神」，然則此「道」字或當爲「導引」之「導」，蓋亦執以接神者與？

及菹館。

注曰：「杜子春云：菹讀爲鉏。鉏，藉也。館，神所館止也。書或爲菹館，或爲菹飽。或曰：菹飽，茅裹肉也。玄謂：菹之言藉也，祭食有當藉者。館，所以承菹，謂若今筐也。」

樾謹按：杜、鄭之説，義均未安。「館」字實「飽」字之誤，當從或説作「菹飽」。「菹」者「苴」之叚字，「飽」者「苞」之叚字，苴苞卽苞苴也。《禮記·曲禮》篇注曰「苞苴，裹魚肉者也，或以葦，或以茅」，《少儀》篇注曰「苞苴，謂編束萑葦以裹魚肉也」，皆與或説合。苞苴所以饋遺，祭祀之有苞苴，殆所以卑煇胞翟閽者與？

春招弭，以除疾病。《男巫》

注曰：「杜子春讀弭如彌兵之彌。玄謂：弭讀爲敉，字之誤也。敉，安也，安凶禍也。」

樾謹按：經文「弭」字當作「彌」，注文「彌」字當作「弭」。蓋經文作「彌」，而杜子春讀爲「弭兵」之「弭」。《左傳》弭兵字作「弭」，不作「彌」也。因經文誤作「弭」，遂改注文作「彌兵」，而義不可通矣。後鄭不從杜讀，而改讀爲「敉」。《小祝職》云「彌裁兵」，注曰「彌讀曰敉。敉，安也」，正與此同。彼經作「彌」，知此經亦作「彌」也。《儀禮·士喪禮》注曰「巫掌招彌，以除疾病」，卽用此經之文，可據以訂正。

❶「既夕禮」，原作「士喪禮」，今據《儀禮注疏》改。

頒告朔于邦國。《大史》

注曰：「天子頒朔于諸侯，諸侯藏之祖廟，至朔朝于廟，告而受行之。鄭司農云：頒讀爲班，班布也。以十二月朔布告天下諸侯。」

樾謹按：「告」字衍文也。注云「天子頒朔于諸侯」，則經文本無「告」字，明矣。注又云「至朔朝于廟，告而受行之」，此乃因天子頒朔而終言之也。頒之者，天子之事；告而受行之者，諸侯之事。若合言之曰「頒告朔于邦國」，文不成義矣。司農讀頒爲班，訓班爲布，而曰「布告天下諸侯」，此乃以「告」字足成「布」字之義，非因經文有「告」字而以布告釋之也。《大戴禮·小辨》篇盧辯注引此經作「頒朔于邦國」，可據以訂正。經文「告」字，蓋卽涉注文兩「告」字而衍。然注文兩「告」字義實不同，依後鄭，告字之義當以「告朔」連文；依先鄭，告字之義當以「頒告」連文。若使經文本有「告」字，而先後鄭各爲之説，則義旣乖異，讀亦不同，後鄭必有破先鄭之語，何得不置一詞乎？

以五雲之物，辨吉凶水旱，降豐荒之祲象。《保章氏》

注曰：「降，下也，知水旱所下之國。」疏曰：「云水旱降豐荒者，水旱降爲荒，凶也；風雨降爲豐，吉也。」

樾謹按：以「水旱降豐荒」五字連讀，甚爲不辭。疏又增出「風雨」字，更非經文所有矣。此當以「辨吉凶水旱」爲句，「降豐荒之祲象」爲句。蓋旣以雲色辨其吉凶水旱，因卽下其狀於邦國，使知所備也。下文云「以十有二風察天地之和，命乖別之妖祥」，此云「以五雲之物辨吉凶水旱」，猶彼云「以十有二風察天地之和」也；此云「降豐荒之祲象」，猶彼云「命乖别之妖祥」也，可證舊讀之非矣。

然複。《巾車》

注曰：「然，果然也。」疏曰：「果然，獸名，是以賈氏亦云：然，獸名也。」

樾謹按：果然似不得但謂之然，且果然之獸不見於他經，于義亦無所取。賈氏但以爲獸名，蓋不詳其何獸也。今按：「然」當讀作「麑」。然與麑聲相近，《史記·貨殖傳》「計然」，《越絶書》作「計倪」，《吴越春秋》作「計硯」，即其例也。《國語·魯語》「獸長麑䴠」，韋注曰：「鹿子曰麑。」《論語·鄉黨》篇「素衣麑裘」，《釋文》曰：「麑，鹿子也。」上文藻車乃既練所乘，而用鹿淺毛爲複；此駹車爲大祥所乘，故用鹿子之皮爲複，蓋視鹿淺尤細矣。據《説文》，鹿子本當作「麛」，而經典每通作「麑」。此作「然」者，又其叚字也。鄭以果然釋之，非是。

以禬國之凶荒，民之札喪。凡以神仕者

注曰：「杜子春云：禬，除也。玄謂：此禬讀如潰癰之潰。」

樾謹按：《女祝職》云「掌以時招梗禬禳之事」，鄭彼注曰「禬猶刮去也」，此説甚合禬字之義。《説文·刀部》：「劊，斷也。」「禬」即劊字，以神道言之，故不從刀而從示，猶禳即攘字，以神道言之，故不從手而從示也。鄭於《女祝職》注曰「禳，攘也」，然則禬，劊也。讀禬爲潰，雖亦依聲爲訓，而義轉迂矣。

司爟。《夏官·序官》

注曰：「故書爟爲燋。杜子春云：燋當爲爟，書亦或爲爟。爟爲私火。玄謂：爟讀如予若觀火之觀。今燕俗名湯熱爲觀，則爟火謂熱火與。」

樾謹按：此當從故書作「燋」，杜讀非也。「爟」乃「烜」之正字。《説文・火部》：「爟，取火於日，官名。從火雚聲。」重文「烜」，曰：「或從亘。」蓋亘聲與雚聲相近，故正篆從雚，或體從亘也。疑《秋官》「司烜氏」或作「司爟氏」，學者不知烜、爟之同字，轉因爟與燋字形相似，謂彼司烜之作司爟，乃此司燋之異文，遂有改燋爲爟者，而杜子春誤從之耳。司燋自掌行火之政令，與《秋官・司烜氏》掌取明火明水者職本不同。許君所據《周禮・秋官》正作「司爟氏」，淺人因今本《周禮・夏官》作「司爟」，遂于許書從火雚聲之下增益其文曰「舉火曰爟，《周禮》曰：『司爟掌行火之政令。』」夫許君明言「取火于日，官名」，乃不引掌取明火者爲證，而反引掌行火政令者爲證，何也？可知其非《説文》之舊矣。

環人。

注曰：「環，猶却也，以勇力却敵。」

樾謹按：鄭意蓋讀「環」爲「還」，故訓爲却。然以勇力却敵而謂之還，義實未安。據其職曰「掌致師，察軍慝，環四方之故」，是環與察同意，蓋取圍環巡察之義，故與候人之職相連。候者，候望；環者，環行也。使之周行四方，若循環然，四方有變，無不知之，是謂環四方之故。鄭注曰「却其以事謀來侵伐者」，夫環人止下士六人，史二人，徒十二人耳，安能却之乎？至《秋官・環人》取環守之義，雖其職不同，然其取義於環則一也。若從鄭注，不可通於彼矣。

巫馬，下士二人，醫四人。

注曰：「巫馬，知馬祖、先牧、馬社、馬步之神者。馬疾若有犯焉則知之，是以使與醫同職。」

樾謹按：春祭馬祖，夏祭先牧，秋祭馬社，冬祭馬步，皆校人之事。至巫馬之職，但云「掌養馬疾而乘治之，相醫而藥攻馬疾」，無一字及祭，然則巫馬非巫也。巫猶醫也。《楚辭·天問》篇「化爲黄熊，巫何活焉？」王逸注曰：「言鮌死後化爲黄熊，入於羽淵，豈巫醫所能復生活？」是巫醫古得通稱，蓋醫之先亦巫也，《說文·酉部》曰「古者巫彭初作醫」是也，故《廣雅·釋詁》曰「醫，巫也」。其字亦或從巫，《爾雅·釋地》「醫無閭」，《釋文》曰「李本作毉」是也。巫馬卽馬醫，因其所屬有醫四人，故於其長尊之曰巫耳。其職曰「相醫而藥攻馬疾」，蓋巫醫不自醫，使醫四人治之，而自相助之。猶《天官·醫師》「掌醫之政令，聚毒藥以共醫事。凡邦之有疾病者、疕瘍者造焉，則使醫分而治之」，是亦不自醫也。醫師尊，故言使。巫馬卑，故言相也。

土方氏。

注曰：「土方氏主四方邦國之土地。」

樾謹按：「土」當讀爲「度」，此官主相度四方，故曰度方氏。其職云「以土地相宅」，注曰「土地，猶度地」，是鄭意正以土爲相度之度。乃於此注曰「主四方邦國之土地」，又似以本字讀之者，失之矣。土、度古通用，說見《大司徒》「以土圭土其地」。

撢人。

注曰：「撢人主撢序王意以語天下。」

樾謹按：「撢序」之言未知何解。《釋文》云「撢與探同」，鄭意殆未必然也。據其職云

「掌誦王志，道國之政事，以巡天下之邦國而語之」，曰誦、曰道、曰語，皆言說之義，疑「撢」字當讀爲「譚」。《說文・言部》「談，語也」，無「譚」字。蓋古或叚「撢」爲「談」，因又變其字作「譚」耳。《莊子・則陽》篇「夫子何不譚我于王乎？」《釋文》引李注曰：「譚，說也。」《莊子》原文當亦作「撢」，傳寫者因其是談說字，變而從言。此「撢人」之「撢」則以不得其解而轉存其古字也。

暴内陵外，則壇之。《大司馬》

注曰：「壇讀如同墠之墠。《王霸記》曰：置之空墠之地。鄭司農云：壇讀從憚之以威之憚。」

樾謹按：先後鄭說義均未安。《說文・金部》：「⿰金亶，伐擊也。」疑「壇」卽「⿰金亶」之叚字，蓋亦攻伐之名，與上文「賊賢害民則伐之」義相近也。

放弑其君，則殘之。

注曰：「殘，殺也。《王霸記》曰：殘滅其爲惡。」

樾謹按：「殘」當讀爲《秋官》「翦氏」之「翦」，鄭彼注曰：「翦，斷滅之言也。」古或以「踐」爲之，《書序》「遂踐奄」，鄭注曰「踐讀爲翦」是也。又或以「殘」爲之，《史記・周本紀》作「殘奄」是也。翦從前聲，與戔聲相近。《詩・甘棠》篇「勿翦勿伐」，《釋文》引《韓詩》作「勿剗勿伐」，是翦字古或作剗，與殘、踐同聲，故得通用。「成王翦奄」，正用《大司馬》法也。成二年《左傳》曰：「余姑翦滅此而朝食。」《王霸記》所謂「殘滅其爲惡」者，猶云翦滅其爲惡也。依《說文》則字當作「戩」，《戈部》「戩，滅也。《詩》曰『實始戩商』」，今《詩・閟宮》篇作

「翦商」。凡言翦滅者，皆「戩」之叚字。作「踐」，作「殘」，又「翦」之叚字矣。

鼓皆駴。

注曰：「疾雷擊鼓曰駴。」《釋文》曰：「駴，本亦作駭。」

樾謹按：《説文》無「駴」字。《大僕職》曰「始崩，戒鼓」，注曰「戒鼓，擊鼓以警衆也。故書戒爲駭」，是其字本作「戒」。擊鼓所以警戒其衆，故卽名擊鼓爲戒鼓，故書作「駭」乃叚字也。傳寫者因駭字從馬，遂并戒字而亦從馬，因變其字爲駴矣。是故「戒」者本字，「駭」者叚字，「駴」者俗字也。上文曰「鼓戒三闋」，與此「駴」字同義。

凡宰祭，與鬱人受斝歷而皆飲之。《量人》

注曰：「鄭司農云：斝讀如嫁娶之嫁。斝，器名。玄謂：斝讀如嘏尸之嘏。」疏曰：「疏已具於《鬱人職》。但此有歷字者，謂鬱人與量人歷皆飲之也。」

樾謹按：先後鄭均不解「歷」字，賈疏雖有解，然義甚未安。「歷」當讀爲「瀝」。《楚辭·大招》篇曰「吴醴白櫱和楚瀝只」，王逸注曰「瀝，清酒也」，《廣雅·釋器》亦曰「瀝酒也」。受斝瀝而皆飲之者，謂王酳尸，尸嘏王，量人與鬱人受其卒爵之酒，而皆飲之也。因叚歷爲瀝，遂失其義耳。

射人掌國之三公孤卿大夫之位。《射人》❶

注曰：「位，將射，始入見君之位。」

樾謹按：所謂位者，非必因射入見而後有位也。下文曰「若有國事，則掌其戒令，詔相其事，掌其治達」，豈亦因射而有事乎？蓋此職自「掌其治達」以上，皆不專繫於射，其下云「以射灋治射儀」乃始言射耳。

❶「射人」，原脱，今據上下文例補。

所謂「三公孤卿大夫之位」，凡賓客、喪紀、軍旅皆有之，所包者廣。其使射人掌之者，射之言序也。以六書之例言之，射與謝同聲。《詩・崧高》篇「于邑于謝」，《潛夫論・志氏姓》篇引作「于邑于序」，射之通作序，猶謝之通作序，故《孟子・滕文公》篇曰「序者，射也」。射有序義，故使序次公孤卿大夫之位。注家因其官爲射人，乃專以射言之，失之拘矣。此職之末所言，自「會同朝覲，作大夫介」以下，皆與射事無涉，然則職首所言，何必專屬射乎？又曰「大喪，與僕人遷尸，作卿大夫掌事。比其廬不敬者，苛罰之」正與「掌公孤卿大夫之位」其事相同，以射有次序之義，故使比其廬也。

士旁三揖。《司士》

注曰：「群士位東面，王西南鄉而揖之。」

樾謹按：鄭意以西南鄉解旁字，殆非也。《説文・上部》「旁，溥也」，是旁之義爲溥徧。「士旁三揖」者，士賤不得與大夫同。「大夫以其等旅揖」，士則但以「三揖」，示溥及之意不以其等也。《男巫職》曰「旁招以茅」，此「旁」字義與彼同。

毆方良。《方相氏》

注曰：「方良，罔兩也。天子之椁柏，黄腸爲裏，而表以石焉。《國語》曰『木石之怪夔罔兩』。」

樾謹按：鄭君泥木石之文，其説轉近迂曲。據《魯語》曰「木石之怪曰夔蝄蜽，水之怪曰龍罔象」，賈注謂「有夔龍之形而無實體」，然則罔兩、罔象，其義一也。《楚辭・哀命》篇「神罔兩而無舍」，王注曰：「罔兩，無所依據貌也。」《文選・洞簫賦》「罔象相求」，李注曰：「罔象，虚無罔象然也。」蓋皆疊韻連語，爲怳惚窈冥之義。以其似夔非夔而謂之夔罔兩，以其似龍非龍而謂之龍罔象。罔象與罔兩聲近而義通，罔兩非必專屬木石，罔象非必專屬水也。韋昭注《國語》以蛧蜽爲山精，而宣三年《左傳》杜注則曰「罔兩，水神」，許氏《說文・虫部》曰「蛧蜽，山川之精物也」，又兼山川而言之，是固無一定之所在矣。此經曰「及墓，入壙，以戈擊四隅，敺方良」，是其所敺者卽壙中之罔兩，豈必因木石而有乎？

相醫而藥攻馬疾。《巫馬》

疏曰：「疾則以藥治之。」

樾謹按：如疏義，則當云「以藥攻馬疾」，文義方足，不得但云「藥攻馬疾」也。藥當讀爲𤻲，《說文・疒部》：「𤻲，治也，或作療。」古書每以藥爲之，《大雅・板》篇「不可救藥」，《韓詩外傳》作「不可救療」，毛用叚字，韓用正字也。《申鑒・俗嫌》篇曰「藥者，療也」，蓋二字聲近而義通。「藥攻馬疾」者，療攻馬疾也。藥與攻同義，非謂藥物也。

正校人員選。《庾人》

注曰：「正員選者，選擇可備員者平之。」

樾謹按：員選皆數也。《說文・員部》：「員，物數也。」選通作算，《說文・竹部》「算，數也。」「正校人員選」者，正校人之數也。古選、算通用。《詩・柏舟》篇「不可選也」，《後漢書》朱穆《絶交論》作「不可算也」。《論語・子路》篇「何足算也」，《漢書・公孫劉田王楊蔡陳鄭傳贊》作「何足選也」，竝其證也。鄭以本字讀之，而訓爲選擇，失之矣。

其浸潁湛。《職方氏》

注曰：「湛或爲淮。」

樾謹按：湛與淮形聲皆不相近，無由通借，「淮」乃「滛」字之誤，卽古文「湛」字。《説文・水部》：「湛，從水甚聲。」又出重文「滛」，曰古文。疑《周禮》故書本作「潁滛」，許君所載古文卽本之《周禮》，傳寫誤作「淮」耳。

辨其丘陵墳衍邍隰之名物、之可以封邑者。《邍師》

注曰：「物之謂相其土宜可以居民立邑。」樾謹按：鄭君於「名」字斷句，非也。王氏引之從王安石説，以名物連讀，而謂「之可以封邑者」句上有闕文，當云「地之可以封邑者」，説詳《經義述聞》。今按：「名物」連讀是也，謂有闕文非也。「之名物、之可以封邑者」兩「之」字，皆蒙「丘陵墳衍邍隰」而言。蓋既辨其丘陵墳衍邍隰之名物，又辨其丘陵墳衍邍隰之可以封邑者。若分言之，則於文累矣。故總言「辨其丘陵墳衍邍隰」於上，而以「之名物、之可以封邑者」分承於下也。

其能改者反，于中國不齒三年。《大司寇》

注曰：「反于中國，謂舍之還於故鄉里也。」疏曰：「言反于中國者，《虞書》有五宅三居，彼不在中國，此則反還於故鄉里也。」樾謹按：此以圜土聚教罷民，但寘之圜土而未嘗屏之遠方，乃曰「其能改者反于中國」，義不可通矣。疑此文當以「反」字絶句，「其能改者反」與下文「其不能改而出圜土者殺」正相對成文。「于中國不齒三年」七字爲句，中國者，國中也。昭二十五年《公羊傳》曰「非中國之禽也」，哀十四年《傳》曰「非中國之獸也」，《國語・吳語》曰「必不須至之會也，而以中國之師與我戰」，凡言中國者竝猶國中也。「于中國不齒三年」，謂三年不齒于國中也。鄭君既失其讀，宜「中國」二字賈氏不得其解矣。

以兩造禁民訟。

注曰：「訟，謂以財貨相告者。」疏曰：「『訟，謂以財貨相告者』，以對下文『獄是相告以罪名』也。此相對之法，若散文則通。」

樾謹按：鄭君所説獄訟二字之義，未知何據。若以經文言之，殆當兩易其説。此云以「兩造禁民訟」，是以罪名相告者，下云「以兩劑禁民獄」，是以財貨相告者。何以明之？據《小宰職》云「聽賣買以質劑」，《質人職》云「凡賣儥者質劑焉，大市以質，小市以劑」，是質劑乃賣買所執以爲信者，故凡以財貨相告，必使各齎質劑以察其信否。《士師職》云「凡以財獄訟者，正之以傅別約劑」，是其義也。此言「以兩劑禁民獄」，卽《司市職》所謂「以質劑結信而止訟」。彼言訟，此言獄，正所謂「散文則通」耳。凡以罪名相告，則但使訟者皆至，已足斷之矣，故曰「以兩造禁民訟」。若以財貨相告，則雖其人皆在，非有質劑不能決也，故曰「以兩劑禁民獄」。鄭君所説似乎倒置矣。

若邦凶荒，則以荒辯之灋治之。《士師》

注曰：「鄭司農云：辯讀爲風別之別。救荒之政十有二，而士師別受其條教，是爲荒別之灋。玄謂：辯當爲貶，聲之誤也。遭飢荒則刑罰，國事有所貶損，作權時法也。」

樾謹按：先鄭之説，義無所據。後鄭近之，然讀辯爲貶，亦甚未安。辯當讀爲變。《周易・坤・文言傳》「由辯之不早辯也」，《釋文》曰「辯，荀作變」，《廣雅・釋言》曰

「辯，變也」；《莊子·逍遥游》篇「而御六氣之辯」，《釋文》曰「辯，變也」，是辯與變聲近義通。《孟子·告子》篇「萬鍾則不辨禮義而受之」，《音義》引丁音曰「辨本作變」，然則叚辯爲變，猶叚變爲辨矣。荒變之法，謂因凶荒而變改，正所謂權時法也。權猶變也，後鄭得其義，未得其字耳。

凡盜賊軍鄉邑及家人，殺之無罪。《朝士》

注曰：「鄭司農云：謂盜賊群輩若軍，共攻盜鄉邑及家人者，殺之無罪。」

樾謹按：先鄭之意，蓋讀軍字絶句，故言「群輩若軍」。然「盜賊軍」三字甚爲不辭。今按：軍者，圍也。《説文·車部》：「軍，圜圍也。從車，從包省。」《一切經音義》引《字林》曰：「軍，圍也。四千人爲軍，二千五百人爲師。字從勹，音補交反。包車爲軍，市自爲師，皆字意也。」是軍字從勹，本有圍義，故《廣雅·釋言》曰：「軍，圍也。」「凡盜賊軍鄉邑及家人」者，言盜賊倚恃其衆，圍鄉邑及家人也。人字兼蒙鄉邑而言，鄉有鄉之人，邑有邑之人，家有家之人也。

及刑殺，告刑于王，奉而適朝士，加明梏以適市。《掌囚》

注曰：「奉而適朝者，重刑爲王欲有所赦，且當以付士。士，鄉士也。鄉士加明梏者，謂書其姓名及其罪於梏而箸之也。」

樾謹按：下文云「凡有爵者，與王之同族，奉而適甸師氏以待刑殺」，然則親貴之人有罪刑殺猶不適朝，此庶姓無爵者乃必奉而適朝，何也？疑此文當以「奉而適朝士」爲句。蓋既告刑於王，即奉之而適朝士。朝士掌外朝之灋，適朝士者，示刑人殺人之命皆從朝出也。「奉而適朝士」與下文「奉而適甸師氏」文義一律。「加明梏」者，卽朝士加之也。鄭君誤於「朝」字斷句，遂以士爲鄉士，近于臆説矣。

禁殺戮掌司斬殺戮者，凡傷人見血而不以告者，攘獄者，遏訟者，以告而誅之。《禁殺戮》❶

注曰：「司，猶察也。察此四者，告於司寇罪之也。」

樾謹按：經文「凡」字衍文也。此以斬殺戮爲一事，傷人見血而不以告爲一事，攘獄爲一事，遏訟爲一事，皆蒙上「司」字爲文，故注云「察此四者」。若「傷人見血」上有「凡」字，則是總冒下三事，而於「掌司斬殺戮」不相蒙矣。鄭注當言三者，不當言四者也。下文「禁暴氏掌禁庶民之亂暴力正者，撟誣犯禁者，作言語而不信者，以告而誅之」，文法與此正同。注曰：「此三者亦刑所禁也。」彼文疊用三者，字中閒無「凡」字，然則此文亦無「凡」字明矣。

若得其獸，則獻其皮革，齒須備。《冥氏》

注曰：「鄭司農云：須直，謂頤下。須備，謂搔也。」

樾謹按：備之訓搔，于義未聞，疏家亦不得其説。疑此文當于「革」字斷句，「齒須備」三字自爲句，謂齒須之屬亦備獻之也。《掌客職》云「王合諸侯，而饗禮則具十有二牢，庶具百物備」，與此文法正同。

春始生而萌之。《薙氏》

注曰：「故書萌作甍。杜子春云：甍當爲萌，謂耕反其萌牙。玄謂：萌之者，以兹其斫其生者。」

樾謹按：經文若言萌之，則止是萌牙耳，無以見其爲反之，爲斫之也。杜、鄭之説均不

❶「禁殺戮」，原脱，今據上下文例補。

可通。萌當從故書作「甍」。《釋名・釋宮室》曰：「甍，蒙也，在上蒙覆屋也。」然則甍之者，蒙之也，謂耕反其萌牙而以土蒙覆其上也。子春所説正得其旨，而破甍爲萌則反失之矣。甍之爲蒙，猶瞢之爲蒙。《眂祲》注曰：「瞢，日月瞢瞢無光也。」《釋名・釋天》曰：「蒙，日光不明，蒙蒙然也。」知瞢瞢即蒙蒙，則知甍之即蒙之矣。

歸脤以交諸侯之福。《大行人》

注曰：「交，或往或來者也。」

樾謹按：鄭説非也，「交」當爲「效」。襄二十七年《左傳》「使諸侯僞效烏餘之封者」，杜注曰：「效，致也。」又昭二十六年《傳》「宣王有志而後效官」，正義曰：「效者，致與之義。」「歸脤以效諸侯之福」，謂以致諸侯之福也。《大戴記・朝事》篇作「教」，《廣雅・釋詁》、《釋名・釋言語》竝曰「教，效也」，是教與效義通。

殷相聘也。《大行人》

注曰：「殷，中也。久無事，又於殷朝者及，而相聘也。」

樾謹按：《大宗伯職》：「時見曰會，殷見曰同。時聘曰問，殷覜曰視。」鄭君解「殷見」曰「殷，猶衆也。十二歲王如不巡守，則六服盡朝」；解「殷覜」曰「殷覜，謂一服朝之歲，以朝者少，諸侯乃使卿以大禮衆聘焉。一服朝在元年、七年、十一年」，是殷字有此二解。《大行人職》云「殷同以施天下之政」，即「殷見曰同」也；「殷覜以除邦國之慝」，即「殷覜曰視」也。此文「殷相聘也」，鄭又別訓爲中，而所説又不了。今按：注云「又於殷朝者及」，蓋在殷見之前一年也。六服諸侯以明年天子當巡守，或不巡守，則當殷見於王，於是各使其卿聘焉。

以其與殷見之年數相同，故亦以殷言之。賈疏據《聘義》、《王制》皆云三年一大聘，卽用以説此經，非經意，且非注意。夫三年爲時甚近，安得云久無事乎？先鄭又引《春秋傳》「孟僖子如齊殷聘」爲證。按孟僖子如齊在昭公九年，上距襄二十年叔老聘齊二十一年。若依周制，當二十四年而再殷聘。春秋時天子不巡守，諸侯不殷見，又何殷聘之有？因其相距已二十一年，與再殷聘之期相近，故卽叚以爲名耳。

夫人致禮。《掌客》

樾謹按：經文「夫人致禮」，於上公則八壺、八豆、八籩，於侯伯亦八壺、八豆、八籩，於子男則六壺、六豆、六籩，此必誤也。以上文例之，降則公、侯、伯、子、男遞降，如食四十、簠十、豆四十之類皆是也；不降則公、侯、伯、子、男皆不降，如鼎簋十有二是也，未有侯伯不降而子男獨降者。疑致禮侯伯爲六壺、六豆、六籩，子男爲四壺、四豆、四籩。據《聘禮》，夫人致禮，于賓六豆、六籩、六壺，于介則四豆、四籩、四壺，降殺以兩，卽其例也。因侯伯之六壺、六豆、六籩上半闕壞而成「八」字，則與上公同，於是學者疑子男四壺、四豆、四籩大相縣絶，遂臆改爲「六」矣。

妢胡之笴。《考工記》

注曰：「妢胡，胡子之國，在楚旁。杜子春云：妢讀爲焚咸丘之焚，書或爲邠。妢胡，地名也。」

樾謹按：此當從或本作「邠」，乃「汃」之叚字也。《説文・水部》：「汃，西極之水也。從水八聲。《爾雅》曰：『西至汃國謂四極。』」今《爾雅》作「邠」，與此經同。邠胡蓋西戎國名。燕之角，荊之幹，妢胡之笴，吳粵之金錫，經文舉此四者自有條理，燕北、荆南、妢胡西、吳粵東也。後鄭以楚旁之胡國當之，失其義矣。

凡斬轂之道，必矩其陰陽。《輪人》

注曰：「矩，謂刻識之也。故書矩爲距。鄭司農云：當作矩，謂規矩也。」

樾謹按：矩所以爲方，非所以刻物而識之也。先鄭所讀非是，當仍從故書作「距」，而讀爲「舉」。襄二十七年《左傳》「仲尼使舉是禮也」，《釋文》引沈注曰：「舉，謂紀録之也。」然則舉其陰陽，即紀録其陰陽也，作「距」者叚字耳。《爾雅·釋木》「楥柜柳」，《釋文》曰「柜，郭音舉」，然則距之讀爲舉，猶柜之讀如舉矣。

參分其牙圍而漆其二。❶《輪人》

注曰：「不漆其踐地者也。」

樾謹按：記文止言漆其一，所漆者爲踐地一邊，抑爲建輻一邊，記固無文也。所以無文者，以下文見之也。下文「椁其漆内而中詘之，以爲之轂長」。夫曰漆内，則漆必在外，其爲踐地一邊可知也。凡木漆之然後耐久，故《弓人》曰「漆也者，以爲受霜露也」。車牙踐地一邊必漆之者，非以爲觀美也，正以其行泥淖中，恐易朽腐耳。注反謂不漆其踐地者，失之矣。

于上之攡謂之隧。《鳧氏》

注曰：「攡，所擊之處攡弊也。隧在鼓中，窐而有光，有似夫隧。」

樾謹按：注以夫隧釋隧字，非也。「隧」當讀如《匠人》「廣二尺深二尺」之「遂」。下文「爲遂六分其厚，以其一爲之深而圜之」，字正作遂，可證也。《釋文》於《匠人》

❶「二」，原作「一」，今據《周禮注疏》改。

出「隧」字，曰：「隧音遂，本又作遂。」蓋「隧」卽「遂」之俗字，一簡之中正俗錯見，傳寫異耳。爲遂之法「六分其厚，以其一爲深」，注曰「深謂窐之也」，窐故以遂名之。注乃謂「窐而生光，有似夫隧」，失之矣。夫造鍾時但有窐無光也，安得逆計後日之必生光而爲之名乎？

眡其裏而易，則材更也。《函人》

注曰：「鄭司農云：更，善也。」

樾謹按：更之爲善，猶易之爲善也。《周易・繫辭傳》「辭有險易」，《釋文》引京房曰「險，惡也。易，善也」。易與更同義，變謂之更，亦謂之易；善謂之易，亦謂之更，正古訓之展轉相通者，疏家未得其義。

山以章，水以龍。畫繢之事

注曰：「章讀爲獐。獐，山物也，在衣，齊人謂麇爲獐。龍，水物，在衣。」

樾謹按：畫繢之事皆言作畫之法，故有土有天有水，與《虞書》十二章迥殊。説者必以十二章爲説，遂以龍爲山龍之龍，而并破章爲獐以對之，失之甚矣。今按：龍當讀爲尨，《玉人之事》曰「上公用龍」，鄭司農云「龍當爲尨」，卽其例矣。《周易・説卦傳》「震爲龍」，鄭注亦讀爲尨，謂「取日出時色雜然」。則山以章，水以尨，皆以色言也。章之言明也，陽之象也。成五年《公羊傳》何休注曰：「山者陽精，故山以章也。尨之言蒙也，陰之象也。」《淮南子・天文》篇曰：「陰氣爲水，故水以尨也。」此言畫山者以明顯爲貴，畫水者以幽晦爲宜耳。尨與蒙通，《周易・雜卦傳》「蒙雜而著」，「蒙雜」卽尨雜也。尨雜謂之蒙，蒙昧謂之尨，古訓相通，大率如此。山以章，水以尨，正對文成義。鄭君不破龍爲尨，而反破章爲獐。夫山中之物莫尊於虎，故澤國用龍節，山國用虎節。若水必以龍，則山必以虎，何取於獐而畫之乎？

凡畫繢之事，後素功。

注曰：「素，白采也。後布之，爲其易漬汙也。」

樾謹按：鄭解「後」、「功」二字未得其義。《玉人》「璋邸射素功」，司農云：「素功，無瑑飾也。」然則素功不專以畫繢言，凡不畫繢者，不雕琢者，皆謂之素功。「畫繢之事後素功」，言其居素功之後也。《禮記·郊特牲》篇「酒醴之美，玄酒明水之尚，貴五味之本也。黼黻文繡之美，疏布之尚，反女工之始也。莞簟之安，❶而蒲越稾鞂之尚，明之也。大羹不和，貴其質也。大圭不琢，美其質也。丹漆雕幾之美，素車之乘，尊其樸也」，皆足證明「後素功」之義。記人於畫繢一章，特以此言結之，正《賁》上九「飾終反素」之義。孔子言「繪事後素」，義亦如此。近解謂先以粉地爲質，則當云繪事先素矣。

侯用瓚。《玉人》

注曰：「瓚讀爲餐餍之餍。龍、瓚、將，皆雜名也。」

樾謹按：「餍」字《説文》所無，蓋卽「飧」字也。《詩·伐檀》篇正義引《説文》曰「飧，水澆飯也」，今《説文》無此語。然水澆飯爲飧，則古有此義，故《伐檀》篇《釋文》引《字林》曰「飧，水澆飯也」，《玉篇·食部》曰「飧，水和飯也」，《釋名·釋飲食》曰「飧，散也，投水於中解散也」，竝其證也。疑古本《説文》作「飧，餔也，從夕食。一曰

❶「簟」，原作「蕈」，今據阮刻《禮記正義》改。

水澆飯也」。又出重文「湌」，曰「飧或從水」。今本缺「一曰水澆飯也」六字，而重文「湌」又移置「餐」篆之下，皆非許書之舊，説詳余所著《字義載疑》。⿸尸⿱氺食字從尸從氺，尸者，夕之變也；氺者，水之變也。蓋其字從夕從水，合飧湌兩體而一之耳。飧爲水澆飯，故有雜義。《玉篇》以爲水和飯，和與雜義相近也。《玉篇》又有⿸尸食字，亦卽飧字也。篆文飧作⿱夕食，夕在食上，引而長之，則成⿸尸食矣。又加水於其中，則成⿸尸⿱氺食矣。顧野王以⿸尸⿱氺食爲饡古文，蓋因古書或叚飧爲饡，故誤耳。饡之通作飧，猶飧之通作饡也。王氏《經義述聞》不知⿸尸⿱氺食卽飧字，而以爲字當作⿸尸⿱氺食，從食展省聲，近于臆造矣。

參分其羽以設其刃。《矢人》

注曰：「刃二寸。」疏曰：「知刃二寸者，以其言『參分其羽以設其刃』，不可參分取二分作四寸刃，明知參分取一得二寸爲刃，故知刃二寸。」

樾謹按：如疏義，則當云「參分其羽以爲刃長」，不當言「參分其羽以設其刃」也。且羽長六寸，但曰參分其羽，將取二分乎？抑取一分乎？古人之辭不應若是之鶻突也。今按：分字衍文也。記文本云「參其羽以設其刃」，刃者兼鋌而言之也。羽長六寸，三六一尺八寸，加鋌一尺，刃二寸，適合矢長三尺之數，故曰「參其羽以設其刃」，明設鋌刃在一尺八寸之外也。上文云「五分其長而羽其一」，此就全矢計之。若除去鋌刃一尺二寸，則參分其長而羽其一矣，所謂「參其羽以設其刃」也。誤衍分字，義不可通矣。

則雖有疾風，亦弗之能憚矣。《矢人》

注曰：「故書憚或作但。鄭司農云：讀當爲憚之以威之憚，謂風不能驚憚箭也。」

樾謹按：矢無知之物，何驚之有？鄭説非也。但當讀爲顫。《玉篇·頁部》曰：「顫，動也。」弗之能顫者，弗之能動也。《衆經音義》引《通俗文》曰「四體寒動謂之顫㥏」，矢遇風而動，猶人中寒而顫，故言顫也。顫從亶聲，但從旦聲，故聲近而義通。《爾雅·釋訓》曰「戰戰，動也」，「戰」即「顫」之叚字。戰與憚竝從單聲，今書以「憚」爲「顫」，猶《爾雅》以「戰」爲「顫」矣。

摶身而鴻。《梓人》

注曰：「鴻，傭也。」

樾謹按：訓鴻爲傭，未詳其義，疏亦無説。「鴻」當讀爲「鳿」。《説文·隹部》：「唯，鳥肥大唯唯也。或從鳥作鳿。」摶身而鳿者，亦謂其肥大也。作「鴻」者叚字，或學者多見「鴻」，少見「鳿」而臆改之耳。

則於眡必撥爾而怒。苟撥爾而怒，則於任重宜。且其匪色必似鳴矣。

注曰：「匪，采貌也。故書撥作廢，匪作飛。鄭司農云：廢讀爲撥，飛讀爲匪，以似爲發。」

樾謹按：「以似爲發」與上兩句不一律，且經文「必似鳴矣」文義甚明，若破似爲發，而曰「必發鳴矣」，義轉未安。下文云「其匪色必似不鳴矣」，豈可曰必發不鳴乎？然則此注殆必有誤，疑故書「廢」字先鄭讀爲「撥」，後鄭以「撥」字無義，改讀爲「發」。《論語·微子》篇「廢中權」，《釋文》曰「鄭作發」，是鄭君注《論語》亦讀「廢」爲「發」，正可爲證也。傳寫奪誤，遂不可訂正矣。

强飲强食，詒女曾孫諸侯百福。

注曰：「詒，遺也。曾孫諸侯，謂女後世爲

諸侯者。」

樾謹按：「諸侯」當作「侯氏」，此以「詒女曾孫侯氏百福」八字爲句，「曾孫侯氏」四字相連成文，《禮記・射義》篇引《詩》曰「曾孫侯氏」是其證也。鄭注本云「曾孫侯氏，謂女後世爲諸侯者」，經文「侯氏」字涉注文而誤作「諸侯」，遂并改注文以從既誤之經文，而莫之能正矣。《大戴記・投壺》篇載此辭曰「强食食爾，曾孫侯氏百福」，雖文有奪誤，而正作「曾孫侯氏」，可據以訂正。

老牛之角紾而昔。《弓人》❶

注曰：「鄭司農云：昔讀爲交錯之錯，謂牛角觕理錯也。玄謂：昔讀履錯然之錯。」

樾謹按：昔字不必改讀，古昔、腊同字。《說文・日部》：「昔，乾肉也。」然則「紾而昔」者，紾而乾也。上句云「稺牛之角直而澤」，昔與澤義正相對。《廣雅・釋詁》：「焟，乾也。」「焟」即「昔」之俗字。下文「凡相膠，欲朱色而昔」，與此同義。

群經平議卷十三

❶「弓人」，原脱，今據上下文例補。

群經平議卷十四

德清俞樾

考工記世室重屋明堂考

夏后氏世室。

樾謹按：世室即大室也，世大古通用。合五室而名之，故曰大室。

堂脩二七。

樾謹按：「二」字衍文也。《隋書·宇文愷傳》：「愷奏《明堂議》曰：《記》云『堂脩七』，山東《禮》本輒加『二七』之字，何得殷無加尋之文，周闕增筵之義？研覈其趣，或是不然。讐校古書竝無『二』字，此乃桑閒俗儒信情加減。」然則隋時古本竝作「堂脩七」，鄭君所據之本亦當如是。鄭意五室皆在一堂之上，疑堂脩七步不足容之，以爲是記人假設之數，使人以七步推算，非是止脩七步，故下注云「令堂脩十四步」，此乃鄭君以意説之，謂設以二七推算則是十四步也。下注又云「令堂如上制」，可見十四步之數是鄭君假設。若《記》文本作「堂脩二七」，則是實數如此，何言令乎？學者從鄭義作十四步，遂增《記》文作「二七」，改經從注，貽誤千古矣。今以下文證之，殷度以尋，堂脩七尋；周度以筵，堂脩七筵，然則夏度以步，堂脩七步，理無可疑，當據宇文愷議訂正。大室之外四面有堂，其南明堂，其北玄堂，其東青陽之堂，其西總章之堂，凡堂皆脩七步。

廣四脩一。

樾謹按：廣四脩一者，廣二十八步也。堂脩一七，其廣四七，廣之四，脩之一也，是謂廣四脩一。雖然，堂不已廣乎？曰：此兼四旁兩夾而言也。中央爲大室，四面爲堂。東堂之南卽南堂之東，南堂之西卽西堂之南，西堂之北卽北堂之西，北堂之東卽東堂之北，是故東西兩面各廣四七，而南北兩面之各脩一七者卽在其中矣；南北兩面各廣四七，而東西兩面之各脩一七者卽在其中矣。《記》文不曰廣四七，而變其文曰「廣四脩一」，明廣之數兼有脩之數也，於是堂基定而大室之基亦定。堂基方二十八步，大室之基方十四步，爲圖如左：

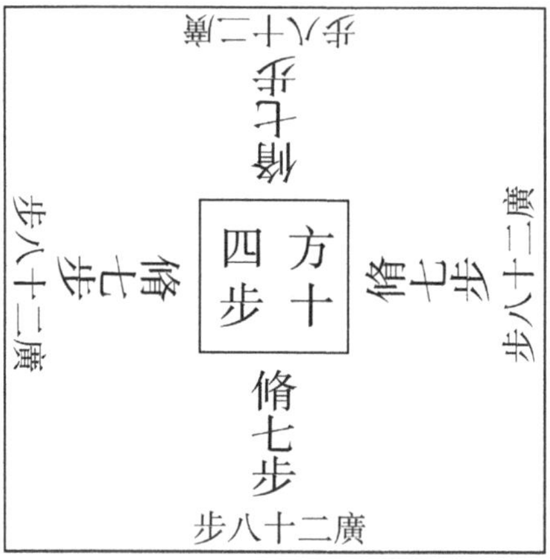

五室，三四步，四三尺。

樾謹按：三四步者，十二步也。不曰十二步而曰三四步，明四步者三也。四三尺者，十二尺也。不曰十二尺而曰四三尺，明三尺者四也。大室方十四步，於其中分爲五室：正中土室，正東木室，正南火室，正西金室，正北水室。室各四步，室之外各有餘地三尺，於是東西度之爲四步者三，爲三尺者四；南北度之亦爲四步者三，爲三尺者四，是爲「三四步四三尺」。古者六尺爲步，四步者三，三尺者四，適合大室方十四步之數，爲圖如左：

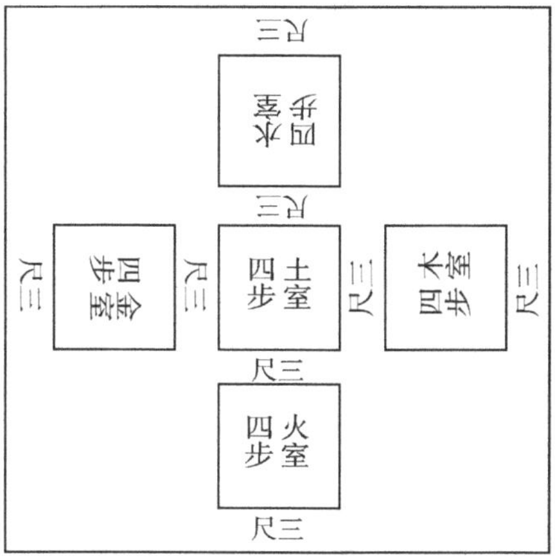

堂室既定，然後其制可得而言焉。堂必有棟，棟必居中。四堂則四棟可知，四棟則內外各四宇可知。青陽與總章爲東西兩下之屋，明堂與玄堂爲南北兩下之屋，蓋亦如門堂之有內外霤矣。爲圖如左：

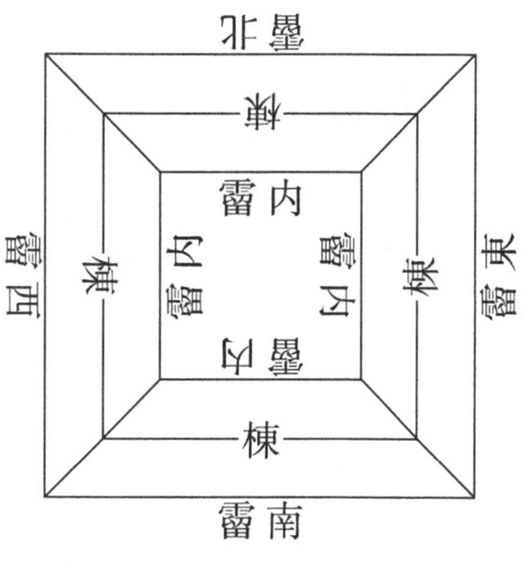

大室四面有墉，墉皆有户有牖，故各就一面觀之，皆前堂後室。有户有牖，猶常制也。其上面無棟宇而四堂之內霤皆注其中，乃古中霤之遺象也。於是其中五室，各有棟宇，以蔽風雨；各有户牖，以受天陽。木室户牖東鄉，金室户牖西鄉，其屋皆東西兩下；火室户牖南鄉，水室户牖北鄉，其屋皆南北兩下，蓋室各視其堂也。土室無堂，而四堂皆其堂，此土寄王四時之義也。其於四堂將奚視？董仲舒曰「土者，火之子也」，《淮南子》曰「土壯於午」，然則土室亦視明堂，户牖宜南鄉，屋宜南北兩下矣。爲圖如左：

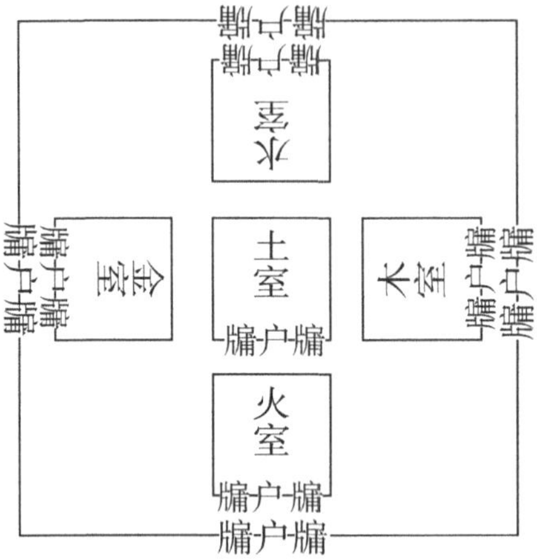

凡廟寢之制，兩牖夾一户，於當户設扆焉。《尚書·顧命》篇「設黼扆綴衣牖閒」，南嚮曰牖閒，則有兩牖明矣。至尋常宫室，皆左户而右牖，制不備也，故設扆即在牖户之閒。自來説宫室者未達斯旨。

九階。

樾謹按：《禮記·明堂位》篇有中階、阼階、西階，則南面三階，禮有明證。鄭注謂南面三，三面各二，其義塙矣。然四堂之制如一，何以南面獨多一階？❶蓋土室户牖南鄉，必由明堂而入，故於南面特設中階，將有事乎土室則由中階升堂焉。秦制增爲十二階，惡知此意哉！

四旁兩夾，窗白盛。

樾謹按：「夾」字絶句。四旁者，堂之四旁也。堂基方二十八步，而中央大室方十四步，則堂之四旁各方七步。此方七步者，在

❶「何」，原脱，今據清經解續編本補。

東堂爲南，在南堂卽爲東；在南堂爲西，在西堂卽爲南；在西堂爲北，在北堂卽爲西；在北堂爲東，在東堂卽爲北，是謂「四旁兩夾」。以其夾於兩堂，不可屬之於堂，故爲窗白盛以隔之。白盛者，以蜃灰堊牆也。《爾雅·釋山》曰「山如防者盛」，白盛之名蓋取此義，卽《周書·作雒》篇所謂「山廧」矣。其上爲窗，其下爲白盛，若今窗上而牆下者然，故曰「窗白盛」。爲圖如左：

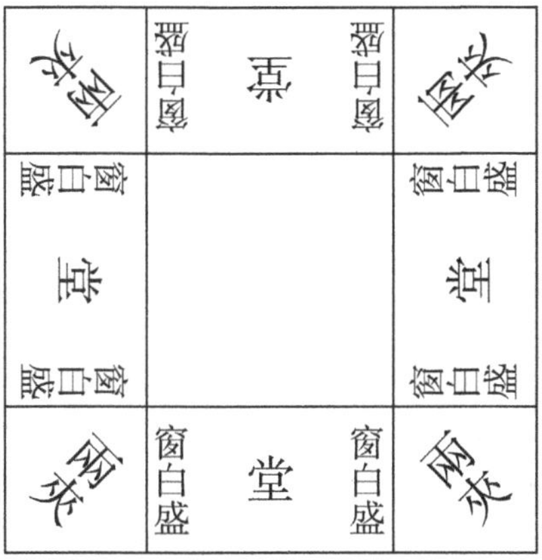

古制堂東西有牆，謂之東序西序；序外有室，謂之夾室，其制皆出於此。此記但言夾不言室者，室必四面有墉，而此惟兩面有窻有白盛，可以謂之堂不可以謂之室也。然《周書·作雒》篇有所謂反坫者，孔晁注曰「外向室也」，疑卽謂此矣。故《廣雅·釋室》曰「反坫謂之垿」，垿卽序也。四旁兩夾之制，序外卽反坫，故得通稱。若以常制論，則序與坫相去絶遠，不可得而通矣。據《月令》，四堂皆有左右个。《説文》無个字，个者介之變體，王氏引之《經義述聞·通説》言之詳矣。左个右个實卽左介右介，而左介右介卽四旁兩夾也。《史記·十二諸侯年表》曰「楚介江淮」，《索隱》曰「介者，夾也」，是介與夾義通矣。此記止言四旁兩夾，而《月令》分之爲八个，亦猶《月令》止言大廟大室，而此記分之爲五室也。《魏書・賈思伯傳》載其議曰：「青陽右个即明堂左个，明堂右个即總章左个，總章右个即玄堂左个，玄堂右个即青陽左个。」是説也，與《月令》之八个雖未必合，而與《考工記》之四旁兩夾則適合矣。夾亦謂之達。《禮記・内則》篇注曰「達，夾室也」，而《後漢書・祭祀志》注引桓譚《新論》有四達八窻之文，四旁兩夾是即四達，其兩面各有窻，非四達而八窻乎！《白虎通・辟雍》篇亦有是文，而「達」字今誤作「闥」，則失之矣。彼以四達八窻與三十六户七十二牖别而言之，非以達爲户，窻爲牖也，安得加門作闥乎？三十六户七十二牖非古制也，四達八窻古制也，是可刺取以爲四旁兩夾之證。堂一面本廣二十八步，除四旁兩夾，則一堂之廣止十四步矣。

門堂三之二。

樾謹按：門堂者，門基也。門居正中，其内其外皆謂之堂。正堂脩七步，廣十四步，門堂三之二，則脩二丈八尺，廣五丈六尺。

室三之一。

樾謹按：門内外各有堂，堂左右各有室。堂取數於正堂，則室亦取數於正室。大室方十四步，三分取一，方二丈八尺。以此方二丈八尺者分而左右之，又分而内外之，於是堂二而室四。爲圖如左：

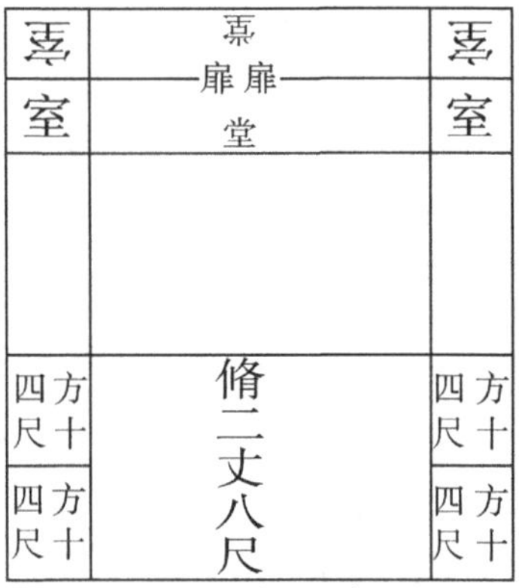

廣五丈六尺

合堂室之廣共八十四尺，以步法六尺收之得十四步，與正堂之廣適合。聖人之制，固無齟齬不齊者也。不然，門堂何以必三之二，門室何以必三之一哉！凡此記所載之數，不可得而損益類如此。世室之制定，而重屋明堂皆可以此而推矣。今爲全圖如左：

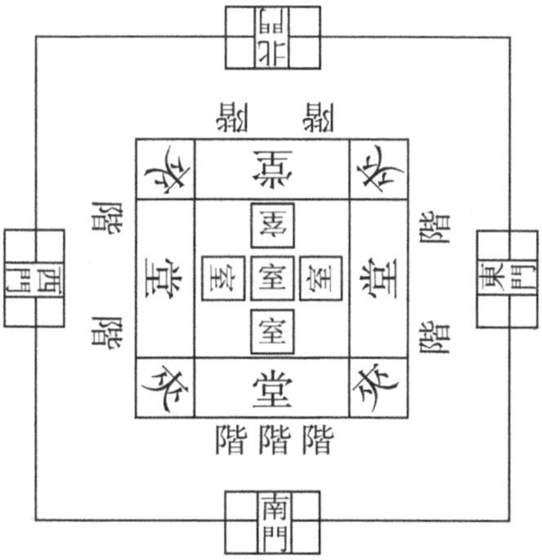

殷人重屋，堂脩七尋。

樾謹按：殷制脩廣一如夏制，但夏度以步，殷度以尋，此爲異耳。故記者止標「堂脩七尋」之句，不箸「廣四脩一」之文，蒙上而省，從可知也。堂脩七尋，廣四脩一，則其廣二十八尋，中央大室方十四尋，五室各方四尋，四旁兩夾各方七尋，其數皆與夏同。惟易六尺之步爲八尺之尋，則五室之外各有餘地四尺，當曰「三四尋，四四尺」矣。門堂門室丈尺亦殊，以可推知，故不具說。

堂崇三尺。

樾謹按：此兼明夏制也。夏、殷之異，惟在變步爲尋，而其數皆同，故記文亦彼此互見矣。

四阿重屋。

樾謹按：下文「門阿之制」注曰「阿，棟也」，然則四阿卽四棟也。四堂各有棟，故曰四阿矣。「四阿重屋」者，於大室之上爲重屋，其四周覆冒乎四堂之棟之上，自四面視之，棟上又有屋，是爲四阿重屋也。夏制無重屋，則以五室言，固成爲室矣；而以大室言，若未成乎室者，何也？室非可以露處也，且四堂内霤皆注，大室雖本古中霤之遺，然自堂入室，亦憂雨水之霑濡。殷人益以重屋，重屋四下之水皆由堂之外霤以注於庭，則大室之中無雨霑服失容之患矣。此殷人之鑒於夏制而益加詳焉者也。大室四隅，設礎立柱以載重屋，當自有制。記人既無明文，故亦不敢輒爲之說。

周人明堂，度九尺之筵，東西九筵，南北七筵，堂崇一筵。五室，凡室二筵。

樾謹按：上文言夏制曰「堂脩七，廣四脩一」，兼四旁兩夾而言也；此曰「東西九筵，南北七筵」，不兼四旁兩夾而言也。於夏制見四堂之全基，於周制見一堂之實數，前後互見，古人之文所以簡而備也。其曰東西，曰南北，蒙明堂爲文耳，在玄堂亦然。若青陽、總章，則東西七而南北九矣。記不言者，既以明堂標題，從可知也。上文言夏制，亦舉一面言之。然上文言脩廣而不言東西南北，則又其屬辭之密也。何也？東西南北固蒙明堂爲文也，記者之文豈有一字苟焉而已哉！世室之制既定，則明堂之制不待更説，但明其數可矣。四堂全基方二十三筵，中央大室方九筵，爲圖如左：

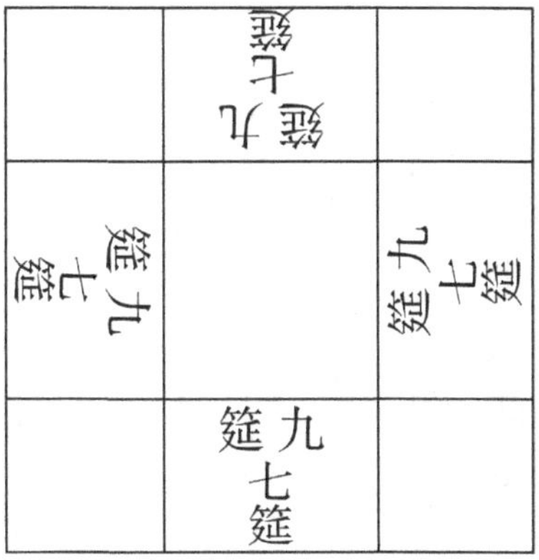

世室、重屋、明堂數各不同，然夏、殷之制竝廣四而脩一，則其數雖殊，其制不異也。周人明堂改而爲東西九筵，南北七筵，以七九爲差，不循廣四脩一之舊，於是門堂門室始有異於二代矣。何以知之？以其數知之也。正堂廣九筵，脩七筵，門堂三之二則廣五丈四尺，脩四丈二尺。大室方九筵，門室三之一則方二丈七尺。分而左右之，又分而內外之，則每室方一丈三尺五寸。置之於堂之兩頭，則其前其後各有餘地一丈二尺五寸，於是有門側之堂焉。周公作《爾雅》曰「門側之堂謂之塾」，此周制然也。爲圖如左：

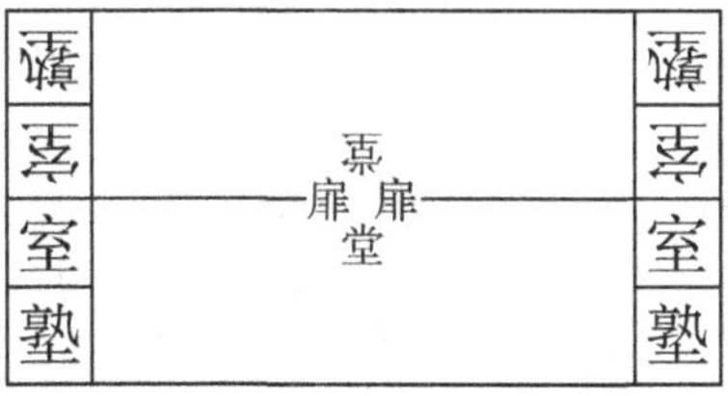

附九室十二堂考

《大戴記》説明堂有九室十二堂，蓋秦、漢之制也。《藝文類聚》三十六引《三禮圖》

曰「秦爲九室」，則九室始於秦明矣。古大室四隅，本有隙地，秦於其地各置一室，卽并五室而九，於是自一面視之，皆中爲室，左右爲房。東南之室，木室之南房，火室之東房也；西南之室，火室之西房，金室之南房也；西北之室，金室之北房，水室之西房也；東北之室，水室之東房，木室之北房也。雖爲九室，而於五室配五行之始意，初不相背。何也？四隅之室，名室而實房也。《説文・户部》「房，室在旁也」，是房者在旁之室。高誘注《淮南子》，王逸注《楚辭》，竝曰「房，室也」。房之與室義得相通，故并五室而稱九室矣。《隋書・禮儀志》載梁武帝制曰：「明堂之義，本是祭五帝。九室之數，未見其理。」《魏書・賈思伯傳》載其議曰：「蔡邕論明堂之制，皆以天地陰陽氣數爲法，而室獨象九州何也？若立五室以象五行，豈不快也！」凡此諸論，皆由聞九室之名而不達九室之義。且秦分天下爲三十六郡，又何取乎古之九州而法之哉？審知四隅之室卽爲左右之房，自無疑乎此矣。若夫十二堂者，通四堂八个計之也。个卽介也，八个者八夾也。於堂之四旁兩夾各置一室，則皆後爲室，前爲堂。以室而言則四，以堂而言則八矣。是故東南夾室，青陽、明堂共之，其東爲青陽右个，其南爲明堂左个；西南夾室，明堂、總章共之，其南爲明堂右个，其西爲總章左个；西北夾室，總章、玄堂共之，其西爲總章右个，其北爲玄堂左个；東北夾室，玄堂、青陽共之，其北爲玄堂右个，其東爲青陽左个。於是青陽、總章有中堂，又有南北堂；明堂、玄堂有中堂，又有東西堂，而十二堂之名從此始矣。《魏書・袁翻傳》引裴頠云「漢氏作四維之个」，或即謂此乎？ 秦人既於大室四隅置室，漢人又於堂之四旁兩夾置室，亦事之相因者矣。 張衡《東京賦》曰「乃營三宫，布教頒常。 複廟重屋，八達九房」，九房即九室也，八達即八个也，房、室、達、个古通稱耳。 準古廟寢之制，室左右必有房，堂左右必有夾室。 明堂既四面周回，是以室分而房合，堂分而夾室合，此其爲制非無思議。 然而三代世室、重屋、明堂之制皆無是焉。《禮》曰：「所以交於神明者，不可同於所安，褻之甚也。」明堂所以事五帝尊嚴之地，宜與常制有殊，是故内之有室而無房，外之有堂而無夾室，固非古制之闊疏矣。 兹故詳考之，俾學者無以秦、漢之制當古制也。 附圖如左：

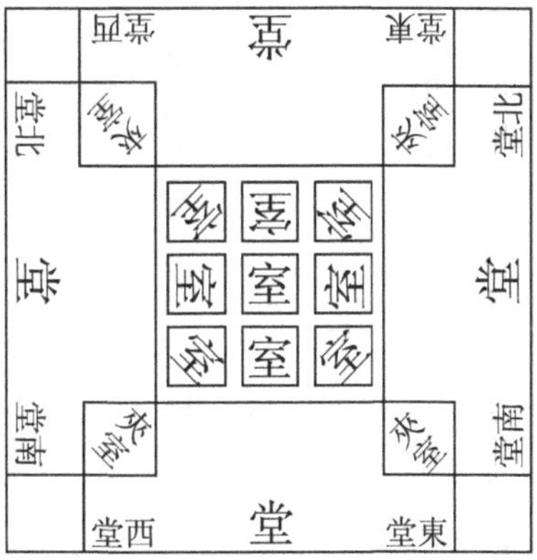

樾既爲《世室重屋明堂考》，乃申論其後曰：粤惟上古，五德代興，徽號器械，莫不視此，故黄帝以來皆嚴事焉，此明堂所自始也。 其制中央爲室，四面爲堂，則其專爲祀五帝而設可知矣。 不然，聖人南面而聽天下，鄉明而治，何取乎四面之堂哉！ 世傳黄帝曰合宫，堯曰衢室。 夫四面四堂環乎大室，非所謂合宫乎？ 中央大室若處乎四達之衢，非所謂衢室乎？ 然則自上古迄周，其制略同矣。明堂既爲祀五帝之地，故每月之朔，天子卽於其地聽朔焉。春三月於青陽，夏三月於明堂，秋三月於總章，冬三月於玄堂，是以《禮》逸篇有「王居明堂禮」之名，鄭康成引以注《月令》，此建立明堂之本意，百王通行之典禮也。周制祀天於南郊，以后稷配；祀五帝於明堂，以文王配，故《孝經》曰「周公郊祀后稷以配天，宗祀文王於明堂以配上帝」，《詩序》曰「我將祀文王於明堂也」，竝其事也。《周書·明堂》篇載周公攝政六年，會方國諸侯於宗周，大朝諸侯於明堂之位，此則禮以義起，乃有周一代之大事，而非有周一代之常法。蓋以成王幼弱，四方未靖，懼天下諸侯或有疑貳，故既定宗祀文王之大典，卽於其地爲位以朝諸侯，欲天下思文王之德而歸心周室也。其曰「天子之位負斧依南面立」，然則所用者止明堂之一面，故曰明堂者，明諸侯之尊卑也。其東青陽，其西總章，其北玄堂，皆無取焉。明年而周公歸政，則此禮亦不復舉矣。然而有周一代以爲美談，周之史臣既備載其位，而魯之儒者又增益爲《明堂位》篇，明堂之名於是特箸。故夏曰世室，舉中以見外；殷曰重屋，舉上以見下；而周曰明堂，則獨舉南之一面以包其三面，其義在此也。明堂之名既箸，故周人於制度之大者皆取法於明堂，而亦皆有明堂之名，於是有宗廟之明堂，有路寢之明堂，有辟雍之明堂，有方岳之明堂，豈其制皆如前所圖歟？曰：非然也。明堂者，其南面一堂之名也。以南面一堂之名名之，則亦南鄉可知也。其取法於明堂者，準其脩廣之數也。賈公彦疏引《書》傳云「周人路寢，南北七雉，東西九雉，室居二雉」，雖變筵爲雉，而其數則同。凡所稱與明堂同制者，胥視此矣。周室既衰，諸侯去籍，明堂之制，言人人殊。大略上圓下方，九室十二堂，室四户八牖，則皆秦、漢法程，難言古典。九室十二堂，其説具前，今且以户牖言之。大室所以四面有户牖者，正以四面皆堂耳。《説文》曰：「室，實也。」二筵之室才一丈八尺，而四面各設一户二牖，麗廔闓明，内外迥達，是爲樓觀之形，非復室實之義，此之虚罔，昭然可知，是故言明堂者，當以《考工記》爲主。古之工師識其遺言，高曾規矩於焉可見，非如禮家掇拾於煨燼之餘也。然其文辭簡古，前後互見，章句之儒莫能通曉。樾據《隋書·宇文愷傳》訂正一字之衍，而三代制度燦然復明，於記文八十一字無一字齟齬，明堂之制定於斯矣。鄭康成注《三禮》最號淹通，而於此記抑何疏闊！其謬誤之處，蓋非一端，輒援鄭駁異義之例，駁而正之。匪曰好辯，亦惟求是。

「廣四脩一」注曰：「令堂脩十四步，其廣益以四分脩之一，則堂廣十七步半。」樾謹按：如鄭義，則當云益以四脩一，其文方明，不得但云廣四脩一也。且其數畸零不齊，於義無取，足知其非。

「五室三四步四三尺」注曰：「堂上爲五室，象五行也。三四步，室方也。四三尺，以益廣也。木室於東北，火室於東南，金室於西南，水室於西北，其方皆三步，其廣益之以三尺。土室於中央，方四步，其廣益之以四尺。此五室居堂，南北六丈，東西七丈。」樾謹按：前堂後室，乃堂室之定制也。而鄭謂堂上爲五室，其謬一矣；《藝文類聚》卷三十八引《三禮圖》曰：「明堂者，周制五室，東爲木室，南火，西金，北水，土在其中。」此五行之正位，三代之所同，未有能易者也。而鄭謂木室東北，火室東南，金室西南，水室西北，其謬二矣；下文言周制曰「凡室二筵」，不言脩廣，是室脩廣如一也。而鄭謂四三尺以益廣，其謬三矣；且如鄭注，則一室四室必當分別言之，不然則與周制之五室如一者，奚別焉？即謂古人語簡，不層層分別，亦當云三四步，三四尺，方見以三尺益三步，四尺益四步之義。乃步言三四，尺言四三，必顛到其文，何義乎？不於此深求其義而臆決焉，其謬四矣。

「四旁兩夾窻」注曰：「窻，助户爲明。每室四户八窻。」樾謹按：古言户牖，不言窻户。窻之與牖，義蓋有別。愚嘗有《窻牖辯》，其略曰：窻與窗同，古文作冏，小篆作囱。觀其形，知其制。蓋以木縱横界之，不可開闔者也。牖字從片，片者，判木也，故版字從片，牖爲木版亦從片，牏爲築牆短版亦從片。然則牖蓋以版爲之，可開可闔者也。鄭君以窻爲牖，無乃疏歟？且四户八牖，非古制也。義已具前，故不復説。

「門堂三之二」注曰：「門堂，門側之堂，取數於正堂。令堂如上制，則門堂南北九步二尺，東西十一步四尺。《爾雅》曰：『門側之堂謂之塾。』」樾謹按：鄭君誤以堂脩七爲假設之數，於是正堂之制失，而門堂之制亦失。今既訂正，可弗論矣。惟以門堂爲門側之堂，則亦非也。若門側有堂，而門中無堂，則《爾雅》直曰「門堂謂之塾」可矣，何必別之曰「門側之堂」哉？且夫門側有堂，周制也，夏、殷所不得而有也。鄭失其數，難與語此。

「室三之一」注曰：「兩室與門各居一分。」樾謹按：兩室各居一分，則於門堂占三分之二，何云三之一乎？且門堂既取數於正堂，則門室亦必取數於正室，安得卽於門堂取之！

「殷人重屋堂脩七尋」注曰：「其脩七尋，五丈六尺，放夏，周則其廣九尋，七丈二尺也。五室各二尋。」樾謹按：殷制一如夏制，鄭不達夏制，因不達殷制。而以周制説之，此大誤也。周制尚在下文，何得逆探爲説乎？

「四阿」注曰：「若今四注屋。」樾謹按：此當連下「重屋」爲文，謂於四棟之上作重屋也。《爾雅》曰：「偏高阿丘。」凡屋上棟下宇，自一面視之，有偏高之形，故棟宇通有阿稱。《儀禮》「當阿」，以宇言也；此記「四阿」，以棟言也，説詳《儀禮》。鄭斷「四阿」二字爲句，而訓爲「四注屋」，夫四阿則四注，可知鄭君此注於義無違。然學者因此便謂四注之屋始自殷人，夏后氏世室尚是兩下屋，則大不然矣。既爲四面之堂，豈得爲兩下之屋？所以有夏屋兩下之説者，蓋後世廟寢皆爲四注屋，夏后以前廟寢之屋惟南北兩下，是以傳於此名也。若夫世室、重屋、明堂，異名同實，其東堂西堂東西兩下，其南堂北堂南北兩下，合而爲四注之屋，是其四注也，實則皆兩下也。古者無可減，後世無可加。

「重屋」注曰：「複笮也。」樾謹按：古有重屋，有複屋。重屋者，此記所説是也；複屋者，於棟之下復爲一棟以列椽，亦稱重橑。徐鍇《説文繫傳》於「橑」篆下引《東方朔傳》「後閣重橑」而釋之曰：「大屋廡下椽自上峻下，則自其中棟假裝其一旁爲椽，使若合掌然，故曰重橑」，此説重屋之制至詳盡矣。《説文·木部》：「樓，重屋。」《林部》：「棼，複屋棟也。」重屋複屋，不可混而一之。《周書·作雒》篇「重亢重廊」，孔晁注曰：「重亢，累棟也。重廊，累屋也。」所謂累棟者，卽複屋矣；所謂累屋者，卽重屋矣。是古制明分爲二，鄭君此注殆誤以複屋説重屋乎？《春秋》文十三年「大室屋壞」，《漢書·五行志》引左氏説曰：「前堂曰大廟，中央曰大室。屋，其上重屋，尊高者也。」《隋書·牛弘傳》引服虔説曰「大廟，大室之上屋也」。此皆經師舊説，足可依據。

「堂崇一筵」注曰：「周堂高九尺，殷三尺，則夏一尺矣。相參之數，禹卑宮室，謂此一尺之堂與？」樾謹按：堂崇三尺，夏、殷同之。《禮》曰「天子之堂九尺，諸侯七尺，大夫五尺，士三尺」。是三尺之堂已爲極卑，一尺之堂，古無有也。《吕氏春秋·召類》篇曰「明堂，茅茨、蒿柱，土階三等」，若有一尺之堂，則當有一等之階。吕氏方極言古制之儉，何不言一等而必言三等乎？

鄭注又以世室爲宗廟，重屋爲王宮正室，明堂爲明政教之堂，不知三者一也，已具論於前，不復説矣。夫世室、重屋、明堂之制，雖大儒如鄭君猶不能曉，然則李謐、牛弘之議，又何譏焉？近代學者覃思古義，多所發明，而於斯制實猶未得，此《世室重屋明堂考》所以作也。雖然，世室、重屋、明堂，三代之制也。吾論三代之制，而下及秦、漢者何也？秦、漢之制亦從三代出也。然則三代其遂無所出乎？蓋必出於唐虞可知矣。唐虞久遠，工師失傳，故《考工記》不載其制。乃文祖之名見於《堯典》，鄭康成謂若周之明堂。《史記·五帝本紀》正義引《尚書帝命驗》曰：「帝者承天立五府。五府者，唐虞謂之天府，夏謂之世室，殷謂之重屋，周謂之明堂，皆祀五帝之所也。赤帝熛怒之府名曰文祖，周曰明堂；黄帝含樞紐之府名曰神斗，周曰大室；白帝招矩之府名曰顯紀，周曰總章；黑帝光紀之府名曰玄矩，周曰玄堂；蒼帝靈威仰之府名曰靈府，周曰青陽。」然則唐虞之制，亦略可見矣。爲圖如左：

	玄矩	
顯紀	神斗	靈府
	文祖	

土居中央，有室無堂，以木、火、金、水四堂爲堂，明土於五行最尊，不自任部職也。木、火、金、水居四方，有堂無室，皆以土室爲室，明土最大，能包含物也。唐虞之制，豈後世所及哉！其脩廣之數雖無得而言，然後世五室如一，則唐虞五府亦必如一矣。夏后氏以五帝宜各有室，乃斥大其中央之室而置五室焉，因改天府之名而曰世室。自夏迄周，五室四堂遂爲定制，莫之易也。秦、漢以降，宏規大起，增五室爲九室，分四堂爲十二堂，其於古制，去之彌遠矣。《月令》所説止有大廟大室，而無五室之別，或猶唐虞之遺制乎？然四堂各有左右个，又近乎十二堂矣。《月令》本出吕不韋。意者吕氏廣集賓客，作爲此書，固欲自成一代之制。童牛角馬，不今不古者歟！《周書·明堂》篇止記周公明堂之

位，而《太平御覽》、《事文類聚》載其逸文曰「明堂方一百一十二尺，室居中方百尺，室中方六十尺。東方曰青陽，南方曰明堂，西方曰總章，北方曰玄堂，中央曰大廟。左爲左个，右爲右个」，其制正與《月令》同。夫有左右个，則必有四維之室矣。所謂「室居中方百尺」者，通堂上四維之室言之也；所謂「室中方六十尺」者，大室也。大室方六十尺，四維之室各方二十尺，爲四十尺，適合方百尺之數。然則大廟脩二十六尺，左右个各脩六尺矣。此制或即呂氏之徒所定，而後人載之《周書·明堂》篇之末，亦若《王會》篇載伊尹朝獻歟？附圖如左：

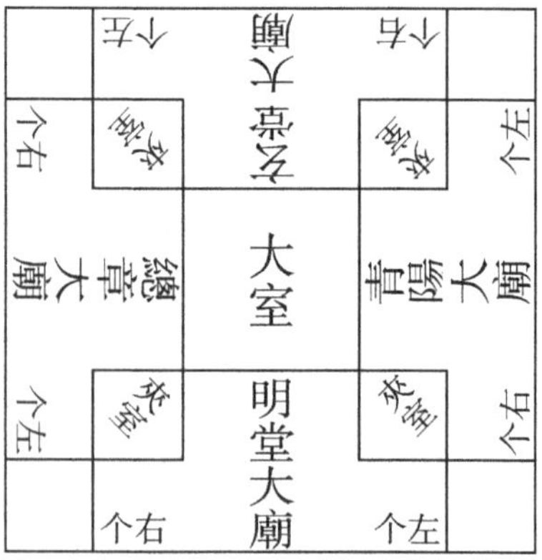

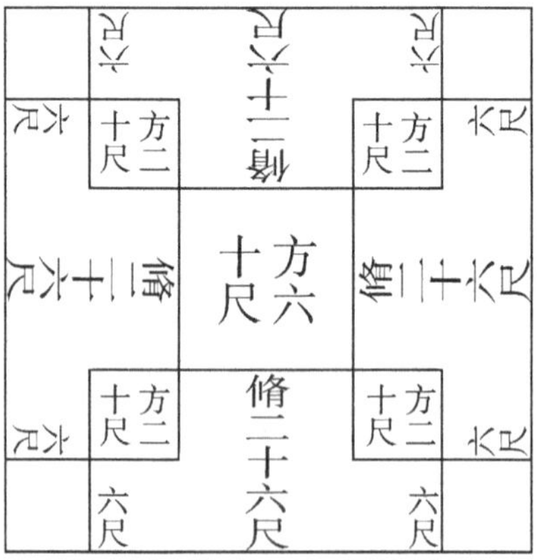

呂氏之説雖不足據，然而五府遺意猶有存焉。其青陽、總章諸名，亦未知所自始。

《帝命驗》謂皆周制，非也。《隋書・牛弘傳》稱「堯曰五府，舜曰總章」，然則四堂之名古矣。堂有四而舉總章者，自大室而言之也。土生金，金生水，水生木，木生火，是故總章者，四堂之首也。虞曰總章，猶周曰明堂。金爲土之子，而火爲土之母，故以總章統四堂可也，以明堂統四堂亦可也。要而論之，一室四堂，唐虞之制；五室四堂，三代之制；九室十二堂，秦、漢之制。孟子言性善必稱堯、舜，夫五性本於五行，然則言明堂者，其可遺唐虞之制乎！愚爲《世室重屋明堂考》，而以五府終焉，觀止矣。

群經平議卷十四

群經平議卷十五

德清俞樾

儀禮一

筮人執筴，抽上韇，兼執之。《士冠禮》

樾謹按：敖繼公《集説》曰：「執筴當作『執筮』。上云『筮與席』，下云『徹筮席』，以上下文徵之，則此『筴』字乃傳寫誤也。」又《特牲》、《少牢禮》皆云『執筮』，益可見矣。」阮氏《校勘記》斥爲臆説。今按：敖説固多不足據，然此文「執筴」之當作「執筮」，則《特牲》、《少牢》兩篇塙有明證。《禮記·月令》篇、《少儀》篇鄭注竝曰：「筴，蓍也。」若此文是「筴」字，則亦必有注，以其無注，知其所據本作「執筮」，不作「執筴」也。筮、筴形似，又涉注文云「韇，藏筴之器」，因而致誤，宜從敖説訂正。至注文「藏筴之器」，乃鄭君自釋「韇」字之義，不必因經文言筮亦順之曰藏筮之器也。朱子《經傳通解》改「筴」爲「筮」，則又非鄭君之舊矣。

主人戒賓。

鄭注曰：「賓，主人之僚友。古者有吉事則樂與賢者歡成之，有凶事則樂與賢者哀戚之。今將冠子，故就告僚友使來。」賈公彦疏曰：「論主人筮日訖三日之前，廣戒僚友使來觀禮之事也。」

王氏引之《經義述聞》曰：「按少牢饋食禮先宿戒尸、後筮尸、筮吉乃宿尸，與此先戒賓、後筮賓、最後宿賓正相似。少牢未筮尸之前，已有將以爲尸之人，則冠禮未筮賓之前，亦有將以爲賓之人，不得以戒賓爲戒衆人也。且鄉飲酒、鄉射之主人戒賓，皆指正賓言之，而冠禮之主人戒賓，則兼指衆賓，無是理也。下文曰冠者，曰主人，曰賓，曰贊冠者，曰主人之贊者，曰擯者，曰兄弟爲類凡七，絶無所謂衆賓者，主人又安得而戒之乎！曰賓已戒矣，筮而不吉則如之何？曰改筮他人爲賓，吉而宿之，而前所戒之賓不宿。少牢先宿戒尸後筮尸，而云『吉則乃遂宿尸』，『若不吉，則遂改筮尸』，冠禮之筮賓當亦如之，經但言其不改者耳。」

樾謹按：王氏之説非也。禮本人情，古今不異。凡所以爲尸者，於祭者子行也，先戒之而後筮之，不吉改筮，於事無嫌。若賓則異姓之人，於主人爲僚友，先已戒之，不吉而又改之，狐埋狐搰，無乃非人情乎！使古禮果如此，無怪乎冠禮之行不非鄭尹而笑孫子矣。❶王氏又引鄉飲酒、鄉射之主人戒賓皆戒正賓爲證，此不然也。鄉飲酒、鄉射皆不筮賓，則戒賓之時賓已定矣，故所戒者專在正賓。冠禮筮賓，則戒賓之時賓猶未定也，故所戒者溥及衆賓，安得掍而一之乎？是故「主人戒賓」當從舊説爲廣戒僚友。至下文「前期三日筮賓」，則卽所戒之人而枚筮之，擇其吉者一人以爲賓也。若亦如筮尸之例，未筮之前先有欲以爲賓之人，然則經文亦當曰「若不吉則改筮賓」矣，何以無文乎？蓋彼之筮尸，就一人而筮之也，故有改筮之文。此之筮賓，卽所戒之衆人而枚筮之

❶「笑」，原作「芺」，今據上下文意改。

也。筮甲不吉則筮乙，筮乙不吉則筮丙，本非一筮，故亦不言改也。觀筮賓、筮尸之不同，知戒賓、戒尸之有異矣。戒賓之時，尚未知誰爲正賓，及筮得其人而遂宿之，則正賓定矣。其餘諸人或不盡來，其來者皆以爲贊。下文曰「贊者皆與」，注曰「贊者，衆賓也」，疏曰「鄭知贊者衆賓者，以其下別言贊冠者，明上文贊者是衆賓也」，此冠禮有衆賓之明證。王氏謂下文絶無言衆賓者，豈以注義爲非乎？然贊者與贊冠者經文固別而言之，將以此贊者爲何許人乎？王氏讀書致爲精審，乃有此千慮之失，故詳辨之，勿使後人因此病古禮之不近人情也。

贊者盥于洗西，升立于房中，西面南上。注曰：「南上，尊於主人之贊者。」疏曰：「知與主人贊竝立者，以贊冠一人而已，而云『南上』，明與主人贊爲序。」

樾謹按：自此文以前所言贊者，皆賓之贊也。下文「主人之贊者筵于東序」，始別言主人之贊者，則此文止言賓贊明矣。鄭以經言「南上」，明非一人，故兼主人贊言之，其實非也。贊冠者雖止一人，而贊者則非止一人。下文「贊者皆與，贊冠者爲介」別而言之，是其證也。西面南上，乃贊冠者與贊者竝立之序，非與主人贊爲序也。蓋贊者執勞役之事，一人或不暇給，故必有餘人助之。如緇布冠缺項以下凡六物，櫛又一物，皆須贊者奠之，一人往反，不太勞乎？故有贊冠者一人，必有贊者一二人也。然則經何以不明言其數也？曰贊者卽衆賓也，其多寡有無不可定也。若竟無之，則亦缺之矣。此經文所以不言其數，而但以南上之文見之也。

賓盥卒，壹揖，壹讓，升。

注曰：「揖、讓皆壹者，降於初。」

樾謹按：上文「三揖至于階，三讓」，注曰「入門，將右曲揖，將北曲揖，當碑揖」，此三揖之節也。此所言者賓盥之事，據上文「設洗直于東榮，南北以堂深」，又據《聘禮》注曰「設碑近如堂深」，是設洗之處正與碑東西相直。盥卒之一揖，卽當碑之一揖也，其餘二揖無所施矣。然則壹揖、壹讓乃是事所宜然，非故爲降殺也。

適子冠於阼，以著代也。醮於客位，加有成也。《記》

注曰：「醮，夏、殷之禮，每加於阼階。醮之於客位，所以尊敬之，成其爲人也。」按：此注今本脱，據阮氏《校勘記》補。

樾謹按：注中「階」字衍文也。上文行三加之禮，皆在東序少北，不在阼階，此所謂阼者卽是東序。蓋阼之言酢也，上文鄭注曰「阼猶酢也，東階所以答酢賓客也」，是「阼階」之「阼」，其字本當爲「酢」，取答酢賓客之義。因而東序與阼階相值，亦得謂之阼，《禮記・内則》篇「夫入門，升自阼階，立於阼」是也。自變其字從自作「阼」，於是阼之義專屬於階，而東序之爲阼不著矣。《禮記・檀弓》篇曰「大斂在阼」，阼亦東序也。《喪大記》曰「君將大斂，子弁絰，卽位于序端」，與《冠禮》「主人升，立於序端」其義一律。子冠于東序而父位于序端，父斂于東序而子位于序端，此古人制禮之意可比例而見者也。後人不知東序之爲阼，而誤以爲阼階，故于此注加入「階」字耳。《禮記・郊特牲》篇「適子冠於阼」，鄭注曰「東序少北，近主位也」，足知此注「階」字之衍矣。上文「庶子冠于房外」，注曰「不於阼階，非代也」，此「階」字亦衍文也。夫庶子之冠尚得在堂上，豈適子之冠反不得在堂上，而在階上乎？適子、庶子之冠，其地雖異，而實不甚相遠，皆在房之外，序之内。《士昏禮》曰「席于阼，舅即席」，此即適子冠處也。又曰「席于房外南面，姑即席」，此即庶子冠處也。上文説孤子冠事曰「禮於阼」，蓋父在則父爲主，故禮之於客位；父不在則冠者即爲主人，不得以客位自處，故禮於東序主人之位。自「阼」字之義不明，而禮意全失矣。疏言「周與夏、殷孤子同冠於阼階，禮之於客位」，夫經明言「禮於阼」，而疏乃言「禮之於客位」，何其踳歟！

主人筵于户西。《士昏禮》

注曰：「户西者，尊處。」疏曰：「以户西是賓客之位，故爲尊處也。必以西爲客位者，以地道尊右故也。」

樾謹按：凡室之制，户左而牖右，户之西即牖之東，所謂户牖之閒也。蓋設筵之地，當堂之正中。疏因經文「西」字而以地道尚右爲説，失之迂曲矣。

賓升西階，當阿，東面致命。

注曰：「阿，棟也，入堂深，示親親，今文阿爲庪。」

樾謹按：鄭訓阿爲棟，甚爲違失。下文云「授于楹閒」，豈有致命之時已深入當棟，而授鴈之時復却行至楹閒者乎，非其理矣。阿者蓋即屋宇也。當阿而拜，示謙也。拜已，少進，授鴈于楹閒，示親親也。今文作「庪」，疏謂「楣前接檐爲庪」，是今古文之義亦不甚相違。若從鄭注訓阿爲棟，棟之於庪則相去絶遠矣。近世學者頗知鄭義之非，惟「阿」字未有塙義。今按：

阿者棟宇之通稱。《考工記・匠人職》曰「四阿重屋」，言於四棟爲重屋也，是棟稱阿也。此經曰「當阿」，言當屋宇之下也，是宇稱阿也。《爾雅・釋丘》曰：「偏高阿丘。」《釋名・釋丘》曰：「阿，何也，如人儋何物一邊高也。」凡屋上棟下宇，自一面視之，有偏高之形，故自棟至宇皆得謂之阿。《爾雅・釋地》「大陵曰阿」，《釋名・釋山》曰「陵，隆也，體隆高也」，以其隆高而得阿名，此棟稱阿之義也。《文選・思玄賦》「流目眺夫衡阿兮」，舊注曰「阿，山下也」，山下曰阿，此宇稱阿之義也。《子虛賦》曰「順阿而下」，是故阿之稱得通乎上下矣。或疑棟之與宇異地異名而同謂之阿，似乎無別。然《說文・瓦部》「甍，屋棟也」，而《廣雅・釋室》又曰「甍謂之𤮐」，𤮐卽霤字，《楚辭・大招》「觀絶霤只」，王逸注曰：「霤，屋宇也。」夫棟與宇竝謂之甍，何不可竝謂之阿乎？以其狀自上而下，則皆曰「阿」可也；以其用在乎蒙覆，則皆曰「甍」可也。襄二十八年《左傳》「猶援廟桷動於甍」，杜注曰：「甍，屋棟。」程氏易疇《通藝録》曰：「大公之廟必非容膝之廬，所援之桷必爲當檐之題。題之去極甚遠，安得援題而動於極也？」此說足正杜注之誤。杜以動甍爲動棟，猶鄭以當阿爲當棟，皆知其一不知又有其一矣。

婦車亦如之有裧。

注曰：「裧，車裳幃。」

樾謹按：裧者，車裳幃之緣也。《禮記・雜記》篇「其輤有裧，緇布裳帷」，注曰「裧，謂鼈甲邊緣。裳帷，圍棺者也」，卽其證矣。古字本當作「𪓰」。《說文・黿部》：「𪓰，黿甲邊也。」衣裳之有緣，猶黿甲之有邊，故卽以⿰冄龜名之。因變其字從衣，下文「純衣纁衻」是也。又變從冄聲者爲從炎聲，此文「有裧」是也。注但以「車裳幃」說之，未得其義。

設黍于腊北。

樾謹按：「腊」字疑「豚」字之誤。婦席之前，菹醢二豆在南，醬一豆在北。菹醢二豆之前設豚魚二俎，醬之前設黍稷兩敦，然則黍正在豚北明矣。腊爲特俎，設于豚魚二俎之南，與黍相隔。言設黍者當據豚言北，不當據腊言北也。又按：上文云「腊特于俎北」者，此俎止謂魚俎，不兼謂豚俎，猶「俎入，設于豆東」止謂菹醢兩豆，不兼謂醬豆，皆據後設者言之也。如此，則稷與魚、腊三者爲一列，腊與稷值，不與黍值，腊北之當爲豚北，更可知矣。

於是與始飯之錯。

注曰：「始飯，謂舅姑。錯者，媵餕舅餘，御餕姑餘。」疏曰：「舅姑爲飯始，不爲餕始。俗本云『與始餕之錯』者，誤也。」

樾謹按：以始飯目舅姑，甚爲不辭。疑「飯」字實當作「餕」，「始餕之」三字連讀。上文曰「婦徹于房中，媵御餕」，此卽所謂「始餕之」也。其時蓋御餕舅餘，媵餕姑餘，及姑酳之後乃終餕之，於是改而爲「媵餕舅餘，御餕姑餘」，是「終餕之」與「始餕之」相錯也，故曰「於是與始餕之錯」。鄭君所據本作「始飯之」，卽從而爲之說，而古本流傳尚有作「餕」者，後人以其與鄭義不合，反斥爲俗本矣。

妥而後傳言。《士相見禮》

注曰：「妥，安坐也。傳言，猶出言也。」

樾謹按：傳言者，相傳而言也。見於君者或非一人，必待前人言訖，後人乃接續而言，不相儳越也。鄭注似未得其義。君爲之興，則曰：君無爲興，臣不敢辭。

樾謹按：「不」字衍文也，當作「君無爲興，臣敢辭」，涉下文「君若降送之，則不敢顧辭」，因而致誤。觀下文鄭注曰「辭君興而不敢辭其降，於己太崇，不敢當也」，明是下句言不敢，上句言敢，當據以訂正。

宅者在邦，則曰市井之臣；在野，則曰艸茅之臣。

注曰：「宅者，謂致仕者，去官而居宅，或在國中，或在野。《周禮》載師之職以宅田任近郊之地。今文宅或爲託。」

樾謹按：仕與不仕皆有所居之宅，但曰宅者，無以見其爲致仕者也，鄭義殊有未安。敖繼公曰「宅者，未仕而家居者也」，然未仕而家居者，其見于君則亦庶人而已矣，安得别之曰宅者乎？王氏引之《經義述聞》謂「當從今文作託，蓋羈旅之人託于此國者」，然經文先言士大夫，次言宅者，次言庶人，次言他國之人，則宅者自是本國之人。若是寄託此國者，其文當次他國之人之下，不當次士大夫之下也。以上諸説，疑皆未得。今按：《尚書·顧命》篇「王三宿，三祭，三咤」，正義引鄭注曰「卻行曰咤。王徐行前三祭，又三卻，復本位」，《釋文》曰「字亦作宅」，是宅有卻義也。此文「宅者」之「宅」亦當訓卻，實則爲「斥」之叚字。宅從乇聲，與斥聲相近。《周易·解·彖傳》「百果草木皆甲坼」，鄭本作「甲宅」，即其例也。《文選·思玄賦》「斥西施而弗御兮」，注曰：「斥，卻也。」宅與斥通，故亦有卻義。宅者蓋舊爲士大夫有過斥退者，不敢自同于士大夫，而亦不得自同于庶人，故即其在邦、在野異爲之稱以别之。經文次士大夫之下、庶人之上，正其所也。宅、託異文，猶宅、咤異文，止取乇聲，故無定字。必泥其字以求之，則失之矣。

主人阼階上，當楣，北面再拜。《鄉飲酒禮》

注曰：「楣，前梁也。」

樾謹按：《說文·木部》：「楣，秦名屋櫋聯也。齊謂之檐，楚謂之梠。」據此則楣卽檐也。《廣雅·釋室》曰：「楣，檐櫺梠也。」《釋名·釋宮室》曰：「楣，眉也，近前若面之有眉也。」其文卽次梠下，竝古人謂檐爲楣之證。《爾雅·釋宮》「楣謂之梁」，據《說文》「⿰木冒，門樞之橫梁」，是《爾雅》「楣」字乃「⿰木冒」字之誤。《釋文》兩存其字，曰「楣，忘悲反。或作⿰木冒，忘報反」，實則「⿰木冒」是而「楣」非也。五架之屋，棟南一架爲前⿰木冒，棟北一架爲後⿰木冒。棟之言中也，謂正中也。⿰木冒之言冒也，謂覆冒也。門樞之有⿰木冒，卽依此而名之。其制大小不同，其爲橫梁一也。自《爾雅》誤「⿰木冒」爲「楣」，而學者遂不知楣、⿰木冒之有辨矣。

右手取肺，却左手執本，坐，弗繚。右絕末以祭，尚左手。

注曰：「繚，猶紾也。大夫以上威儀多紾絕之。尚左手者，明垂紾之，乃絕其末。」疏曰：「云『繚猶紾也』者，弗繚卽弗紾，一也。云『大夫以上威儀多』者，此鄉飲酒大夫禮故云『繚祭』；鄉射士禮云『絕祭』。但云『繚』必兼『絕』，言『絕』不得兼『繚』，是以此經云『繚』，兼言『絕』也。按《周禮·太祝》注曰：『繚祭以手從肺本，循之至于末，乃絕以祭。絕祭不循其本，直絕以祭。本同，禮多者繚之，禮略者絕則祭之。』亦據此與鄉射而言也。」

樾謹按：經文明言「弗繚」，而疏乃以爲繚祭，失之甚矣，由未解注中「垂」字之義故也。「垂紾之」者，言垂欲紾之，是弗紾也。鄉飲酒參用大夫、士禮，故記云「磬階閒縮霤」，注曰「大夫而特縣，方賓鄉人之賢者，從士禮也」，是其證也。大夫禮當繚祭，士禮當絶祭，故却左手執本，示將紾之，而右手卽絶其末也。注義簡古，疏未能達。近人或欲删經文「弗」字，誤矣。

介揖讓升，授主人爵于兩楹之閒。

注曰：「就尊南授之。介不自酌下賓酒者，賓主共之。」

樾謹按：兩楹之閒乃東西正中之地。上文云「尊兩壺于房户閒」，是設尊之處不當正中，與兩楹閒初不相直。鄭以爲就尊南授之，非也。今按：兩楹閒者，賓席之前也。賓席在户牖閒，其前卽兩楹閒矣。酒者賓主共之，介不敢有其酒，故授爵于賓席之前，見因賓而有也。注尚未得其旨。

司正洗觶，升自西階，阼階上，北面受命于主人。

疏曰：「按《鄉射》云司正『升自西階，由楹内適阼階上，北面』，彼此同。此不言『由楹内』者，省文也。」

樾謹按：《鄉射禮》云「豫則鉤楹内，堂則由楹外」，注曰：「鉤楹，繞楹而東也，序無室可以深也。」以是推之，此文不言「由楹内」者，所謂「堂則由楹外」也；彼文言「由楹内」者，所謂「豫則鉤楹内」也。❶其制不同，故行禮之節亦有别。疏説失之。

公如大夫入。

注曰：「如，讀若今之若。」疏曰：「謂大夫

❶「豫」，原作「序」，據上文改。

之於公，更無異禮矣。」

樾謹按：如疏義，則作「公若大夫」可也，作「公如大夫」亦可也，鄭君何爲不以本字讀之，而必讀之爲若乎？然則疏義非注義矣。今按：若猶或也。古人之辭，凡不定者以若言之，《士昏禮》「若衣若笄」是也。急言之則曰某若某，《燕禮》「冪用綌若錫」是也。公若大夫，謂若公若大夫，不定之辭。經文作「如」字者，如與若同義。《論語·先進》篇「方六七十如五六十」，又曰「宗廟之事如會同」，如亦猶或也。鄭必讀如爲若者，取其義益顯耳，不謂疏家之猶未達也。

若有諸公，則大夫於主人之北西面。《記》

注曰：「其西面者，北上統於公。」疏曰：「若無諸公，則大夫南面西上，統於遵也。」阮氏《校勘記》曰：「遵，閩本《通解》俱作賓。」

樾謹按：大夫卽是遵，乃云「統於遵」，義不可通，故後人臆改爲「賓」，其實非也。「遵」乃「尊」字之誤。尊在房户之閒，無諸公則大夫卽席于尊東，南面西上，故曰「統於尊」也。「統於尊」與上文注言「或統於堂」、「或統於門」文義一例。《鄉射禮》「大夫若有遵者，席於尊東」，注曰：「尊東，明與賓夾尊也。不言東上，統於尊也。」然則此疏卽用彼注之文耳。「尊」誤爲「遵」，其義遂失矣。

乏參侯道，居侯黨之一，西五步。《鄉射禮》

注曰：「侯道五十步，此乏去侯北十丈，西三丈。」疏曰：「『乏參侯道』者，謂三分侯道。云『居侯黨之一』者，黨，旁也，謂在侯西北邪向之，故以旁言之。其居旁之一者，謂侯道内三分之，居一分之地十丈也。

云『西五步』者，據侯之正北落西有五步，卽三丈也。」

樾謹按：黨之訓旁，古訓未聞，且注文言「去侯北十丈」，不言去侯旁十丈也，疏説殆非注意矣。今按：黨猶所也。文十三年《公羊傳》「往黨衛侯，會公於沓。反黨鄭伯，會公於斐」，何休注曰「黨，所也」；《越語》「夫上黨之國」，韋昭注曰「黨，所也」，竝古人謂「所」爲「黨」之證。「居侯黨之一」，謂在侯所之一分也。不直曰「乏居侯道參之一」，而必曰「乏參侯道，居侯黨之一」者，蓋但曰「參之一」，則有近侯之一分，又有近堂之一分，將近堂乎？抑近侯乎？於文未明，故必曰「乏參侯道，居侯黨之一」，於是南北之度可得而定矣。然猶未及東西之度，故又曰「西五步」也。經文既委曲詳盡，注文亦簡而明，但以未釋「黨」字之義，疏家遂不達其旨矣。王氏《經義述聞》訓黨爲所，與愚説合。然欲移經文「之一」兩字於「侯道」之下，則又大謬。使經文但曰「乏參侯道之一」，則此乏去侯北爲十丈爲廿丈皆不可知，鄭君何能臆決之曰「去侯北十丈」乎？

大夫若有遵者則入門左。

注曰：「謂此鄉之人爲大夫者也。謂之遵者，方以禮樂化民，欲其遵法之也。其士也，於旅乃入。鄉大夫、士非鄉人禮亦然，主於鄉人耳。」

樾謹按：《鄉飲酒禮》云「賓若有遵者，諸公大夫則既一人舉觶乃入」，先言「賓若有遵者」，乃言「諸公大夫」，明諸公大夫皆遵也。此文云「大夫若有遵者則入門左」，先言大夫，乃言若有遵者，明大夫不皆是遵也。蓋此經大夫有二：其一則鄉之人爲大夫者，來助主人樂賓也；其一則鄉大夫，來臨此射禮也。鄭《目録》云：「州長春秋以禮會民，而射於州序之禮。謂之鄉者，州鄉之屬，鄉大夫或在焉，不改其禮。」又注「主人戒賓」云：「主人，州長也。鄉大夫若在焉，則稱鄉大夫也。」疏曰：「謂大夫來臨禮之時，州長戒賓不自稱，稱鄉大夫以戒賓也。」乃經文竝不言鄉大夫來臨禮，其位在何處，又不言行禮之節，蓋皆於大夫中包之矣。注文所謂「鄉大夫士非鄉人禮亦然」者，「士」字疑衍文，蓋謂大夫爲遵者是鄉人，鄉大夫來臨禮者非鄉人，而其禮皆同也。賈氏作疏時已衍「士」字，❶於是不得其説。

無射，獲。無獵，獲。

注曰：「射獲，謂矢中人也。獵矢從旁。」疏曰：「云『射獲謂矢中人也』者，人謂獲者，亦以事名。云『獵矢從旁』者，謂從乏旁也。」樾謹按：《大射儀》亦有此文，注曰「射獲，矢中乏也。從旁爲獵」，義與此同，實非經旨也。鄭君之意，以獲爲獲者，故戒射者無令矢及之，然則「無獵獲」又何義乎？且乏在侯道西五步，中乏即是從旁，於義似複矣。今按：此二句當讀云「無射，逗。獲。句。無獵，逗。獲，句。」謂無射則獲，無獵則獲也。下文「獲者坐而獲」，注曰：「射者中則大言獲。獲，得也。」此獲字之義也。「無射」之「射」當讀爲「仰者謝」之「謝」，《爾雅·釋魚》曰「龜俯者靈，仰者謝」，《釋文》曰「謝，衆家本作射」，蓋古字通也。無射者，戒其矢從上也；無獵者，戒其矢從旁也。《大射儀》曰：「大射正立于

❶「賈」，原漫漶不清，今據清經解續編本補。

公後，以矢行告于公，下曰留，上曰揚，左右曰方。」揚卽此所謂「射」也，方卽此所謂「獵」也。矢或從上，或從旁，雖中不言獲，故曰「無射，獲。無獵，獲」也。下文言三耦，弟二番射事曰「不貫不釋」，注曰「不中正不釋算也」，言弟三番射事曰「不鼓不釋」，注曰「不與鼓節相應不釋算也」，觀彼文而此文之義益明矣。弟一番不釋獲，故言獲不言釋耳。其不曰「射者不獲，獵者不獲」，而曰「無射，獲。無獵，獲」，以其始射意在誘勸之也。

賓、主人、大夫揖，皆由其階降揖。主人堂東袒決遂，執弓搢三挾一个。賓於堂西亦如之，皆由其階，階下揖，升堂揖，主人爲下，射皆當其物。北面揖，及物揖，乃射。卒，南面揖，皆由其階，階上揖，降階揖。賓序西，主人序東，皆釋弓説決拾，襲，反位。

注曰：「或言堂，或言序，亦爲庠榭互言也。」疏曰：「上云『榭則鉤楹內』，謂射於榭者也；『堂則由楹外』，謂射於庠者也。今『袒決遂』則言堂東西，見在庠也，在榭亦然。『釋弓説決拾』則言序東西，序則榭也，在庠亦然，故曰序東西。周公省文，欲兩見之也。」

樾謹按：榭則鉤楹內，堂則由楹外，以有楹內楹外之分，故必兩見之。若此文，則堂榭一也，又何兩見之有，鄭注非也。今按：《士喪禮》「襲經于序東」注謂「東夾前」，疏曰「經云『主人降自西階』，更無升降之文。而云『序東，東夾前』者，主人卽位踊訖而去，襲經于序東，謂鄉堂東。東西當序牆之東，又當東夾之前。」《禮記·奔喪》篇亦云「襲經于序東」，正義曰「謂在堂下當序牆之東」，然則此經「賓序西，主人序東」，亦謂堂下當序牆之西、當序牆之東耳。上經云「乃納射器，皆在堂西，賓與大夫之弓倚於西序」，又云「主人之弓矢在東序東」，所云西序及東序東，亦謂堂下之地，與序牆相值者，而此文之義益明矣。

獲者薦右東面立飲。

注曰：「立飲薦右近司馬，於是司馬北面。」疏曰：「知於是司馬北面者，此約獻釋獲者司射之位。按下文司射獻釋獲者，釋獲者薦右東面拜受爵，司射北面拜送爵，故知此時司馬亦北面也。」

樾謹按：上文「司馬西面拜送爵」以後更不見「司馬」字，鄭何知此時司馬北面乎？若據下文司射之位爲説，則大不然。下文云「司射北面拜送爵」，是送爵之時司射北面，及釋獲者飲，司射仍北面，是司射不易處也。司射不易處，司馬宜亦不易處，然則此時司馬仍西面可知矣。蓋獲者東面，與司馬西面相對也。釋獲者北面，與司射北面相竝也。一取相對，一取相竝，事各不同。鄭君此説本誤，疏從而爲之辭，胥失之矣。

大夫與，則公士爲賓。《記》

注曰：「不敢使鄉人加尊於大夫也。公士，在官之士。鄉賓主用處士。」疏曰：「鄉飲酒貢士法，賢者爲賓，其次爲介，又其次爲衆賓。有大夫來，不易去之，以其賓擬貢故也。」

樾謹按：疏意以大夫即是來爲遵者，此大謬矣。大夫來爲遵者，其來與否不可知，且必待一人舉觶而後入。自此以前，主人獻賓，賓酢主人，主人又酬賓，賓之尊久定矣，豈有大夫來而更易一賓之理乎！今按：此經大夫有二：其一則鄉之人爲大夫者，來助主人樂賓，所謂遵也；其一則鄉大夫來臨此禮，鄭《目録》所謂「州鄉之屬，鄉大夫或在焉」者也，説詳上文「大夫若有遵者」下。此《記》言「大夫與，則公士爲賓」，謂鄉大夫來臨此禮也。鄉飲酒禮鄉大夫爲主人，故不嫌以處士爲賓，主人不自尊也。鄉射之禮州長爲主人，不敢以無爵命之處士加於鄉大夫之上，故大夫與則必以公士爲賓也。鄉大夫來臨此射禮與否，主人未戒賓之先已定，則賓之或用公士，或用處士，主人戒賓之時已定矣，豈因有無不定之遵者而輒易其至尊之賓乎！

西序之席北上。

疏曰：「謂衆賓有東面者則北上，此東面非常，故記之也。若然，此鄉射上設席，雖不言衆賓之數，上文云『三拜衆賓』，鄭云『三拜示徧也』，則衆賓亦三人矣。而復有東面者，若公卿大夫多尊東，不受則於尊西。賓近於西，則三賓東面北上，統於賓也。」

樾謹按：賓席無可移易之理，疏説非也。西序所以設席者，蓋以有諸公則大夫席於東序，《鄉飲酒・記》曰「若有諸公，則大夫於主人之北西面」是也。於是三賓之席亦移于西序以配之耳。

凡侯，天子熊侯，白質；諸侯麋侯，赤質；大夫布侯，畫以虎、豹；士布侯，畫以鹿、豕。

注曰：「此所謂獸侯也，燕射則張之，鄉射及賓射當張采侯二正。而記此者，天子諸侯之燕射，各以其鄉射之禮而張此侯，由是云焉。白質、赤質，皆謂采其地，其地不采者白布也。熊、麋、虎、豹、鹿、豕皆正面畫其頭象於正鵠之處耳。」

樾謹按：虎、豹、鹿、豕言畫而熊、麋不言畫，則熊侯、麋侯皆皮侯也。《周官・司裘》曰：「王大射，則共虎侯、熊侯、豹侯設其鵠，諸侯則其熊侯、豹侯，卿大夫則其麋侯，皆設其鵠。」鄉射之禮納於大射，故天子降而用諸侯之熊侯，諸侯降而用卿大夫之麋侯，於是大夫不得用皮侯，降而用獸侯矣，其説詳後。鄭君因《燕禮》云「若射，則大射正爲司射，如鄉射之禮」，而《考工記・梓人》云「張獸侯，則王以息燕」，是王燕射用獸侯，故謂天子、諸侯鄉射亦用獸侯。不知所謂如鄉射之禮者，如其禮非必如其侯也。此《記》專言鄉射之事，而云「天子熊侯，諸侯麋侯」，則天子、諸侯鄉射之用皮侯，塙有明證，安得以《周禮》之熊侯、麋侯爲皮侯，而此《記》之熊侯、麋侯爲獸侯乎！

凡畫者丹質。

注曰：「賓射之侯、燕射之侯皆畫雲氣於側以爲飾，必先以丹采其地。丹淺於赤。」

樾謹按：「凡畫者丹質」即承上文「畫以虎豹」，「畫以鹿豕」而言。欲明丹質之義，當先明「質」字之義。質之名因皮侯而起。鄭君注《周禮・司裘》曰「以虎、熊、豹、麋之皮飾其側，又方制之以爲準，著於侯中，所謂皮侯」，是皮侯者以布爲質，以皮爲飾也。所節止在四側，則侯中無飾之處，其質見矣。是故「熊侯白質」者，以熊皮飾侯四側，而侯中不飾之處以白塗其質也；「麋侯赤質」者，以麋皮飾侯四側，而侯中不飾之處以赤塗其質也。此皆周人尚文之意，相沿既久，而侯中遂專有質名。《詩・賓之初筵》篇「發彼有的」，毛傳曰「的，質也」，所謂質者，以侯中言也。至鄭司農注《周禮・司裘》云「方十尺曰侯，四尺曰鵠，二尺曰正，四寸曰質」，則又從侯中而極言之，愈失其初意矣。獸侯不用皮爲飾，則止是白布，故有布侯之名。布侯者，别以皮侯而言之也。然侯中仍以丹塗其質，非特爲觀美而已，所以表其爲侯中也。《考工記》曰「參分其廣而鵠居一焉」，注曰「謂侯中也」，是皮侯棲鵠之處居侯中三分之一，然則獸侯畫獸之處，亦當居侯中三分之一。是故侯中以丹塗其質，所以表其爲侯中，凡畫虎、豹，畫鹿、豕，皆於是取節焉。《記》曰「凡畫者丹質」，明大夫與士同也。鄭君誤謂鄉射當用采侯二正，故所説皆非是。《梓人》文云「張五采之侯則遠國屬」，不云「張五采之侯則以鄉射」也，鄭何據而知鄉射之必用采侯乎？大夫、士之用獸侯者，誤以爲用采侯，於是天子諸侯之用皮侯者，誤以爲用獸侯，而《鄉射·記》之明文轉爲注義所晦矣。

倍中以爲躬。

注曰：「躬，身也，謂中之上下幅也，用布各二丈。」疏曰：「身謂中上中下各横接一幅布，故鄭云『中之上下幅，用布各二丈也』。」

樾謹按：侯以中爲主，故《記》文先言中、後言躬，其實有躬而後有中也。中者躬之中也，中方十尺，則其躬方二十尺，所謂「倍中以爲躬」也。於是其上有左右舌，舌出於躬各十尺，并其屬於躬者而計之則四十尺，所謂「倍躬以爲左右舌」也。其下亦有左右舌，舌出於躬各五尺，所謂「下舌半上舌」也。鄭君未得倍中爲躬之義，故所説侯制非是。若依鄭説，幅廣二尺二寸，兩畔各削一寸爲縫，則每幅止二尺，而其長至二丈，無乃大狹而長乎？中方十尺，而其身狹長如此，不相稱矣。且如此則躬之廣出中外者即可以爲左右舌，何必更倍躬以爲舌乎？今訂定侯制爲圖，明之如左：

舊圖

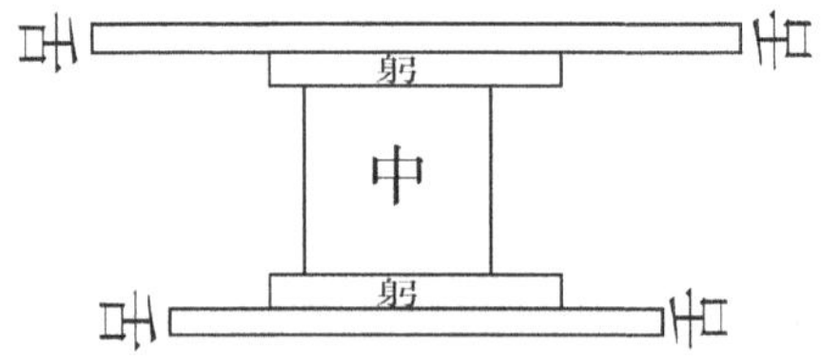

今圖

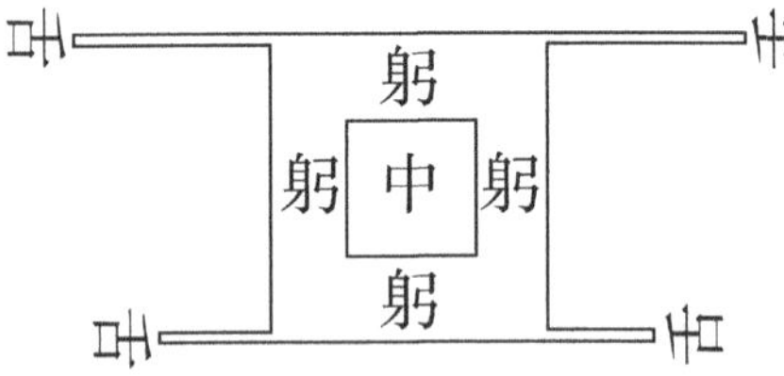

楅髤橫而奉之。

阮氏《校勘記》曰：「奉，《釋文》、唐石經、徐本俱作『拳』，《通解》、楊氏、敖氏俱作『奉』。」

樾謹按：橫而奉之，於文甚明，且與下句「南面坐而奠之」文義相貫。唐石經作「拳」，朱子謂字之誤，是也。陸氏所據亦誤，故音權。《大射儀》「司射適次」，疏引《鄉射·記》曰「設楅橫奉之，南面坐奠之，南北當洗」，是賈公彦所據本正作「奉」，不作「拳」也。「奉」字易曉，故鄭無注，疏亦不及焉。若是「拳」字，則不容無説矣。近世學者好古而不知所裁，輒從誤本作「拳」，恐非經文之舊，當據《大射儀》疏正之。

若命長致。《燕禮》

注曰：「命長致者，公或時未能舉自優

暇也。」

樾謹按：注所説非經意也。蓋脱屨升坐以前，公爲賓、爲卿、爲大夫三舉旅，此一定之節也。三舉旅則止須三觶，而媵爵者皆二大夫，兩次媵爵則有四觶，是多一觶矣。是以周公制禮有皆致，又有長致。皆致者，二大夫序進奠觶；長致者，長者一人升奠觶也。如此則兩次媵爵適得三觶矣。在制禮之意，止欲其適得三觶，初無他義，故或弟一次皆致而弟二次長致，或弟一次長致而弟二次皆致，皆無不可。上文曰「小臣請致者，若君命皆致」，明其可以長致也；此文曰「請致者若命長致」，明其可以皆致也，此經文互見之義也。且上文以皆致言，則有二觶在薦南，已行一觶，尚有一觶，乃小臣必於此時請媵爵者，正以皆致、長致無一定也。禮意以推闡而愈見矣。

樂正由楹内東楹之東告于公。

注曰：「言由楹内者，以其立于堂廉也。」疏曰：「言由楹内者，以其樂正與工俱在堂廉，則楹南無過處，故由楹内適東楹之東告于公。」

樾謹按：鄉飲及鄉射禮，其席工之處，均與此同。彼止云「樂正告于賓」，不言「由楹内」。此所以必由楹内者，以燕禮或有諸公，諸公之席在阼階西北面，樂正若由楹外則必由諸公席前，其地迫促，故由楹内也。疏謂樂正與工俱在堂廉，楹南無過處，此大不然。工止四人耳，何遽無過處乎？鄉飲與鄉射何以又得過乎？

鼗倚於頌磬，西紘。《大射儀》

注曰：「紘，編磬繩也。設鼗於磬西，倚於紘也。」

樾謹按：此當讀云「鼗倚於頌磬，句。西

紘」，句。猶上文云「建鼓在阼階西，句。南鼓」也。鄭解紘爲編磬繩，未得其義。紘者，所以維鼗之兩耳也。《周禮・小師》注曰「鼗如鼓而小，持其柄摇之，旁耳還自擊」，其說鼗之制視此注加詳。鼗有兩耳，必用繩繫之，所謂紘也。「西紘」者，言其倚于頌磬東面也。倚於頌磬東面則紘垂向西，若倚于西面紘必垂向東矣，故經言西紘，所以明其倚在磬東也。鄭誤解「紘」字，故不得其旨。若如鄭義，則當云「鼗設於頌磬西倚于紘」，其文方明，安得但云「鼗倚於頌磬西紘」乎？

司宮掃所畫物自北階下。

注曰：「工人士、梓人、司宮位在北堂下。」

疏曰：「知工人士、梓人、司宮位在北堂下，雖無正文，南方不見有位，其人升降自北階，明位在北堂下。」

樾謹按：此未足據也。《燕禮》「執冪者升自西階」，注云「羞膳者從而東，出堂東，升自北階」，然則此經工人士、梓人、司宮皆升自北階，亦由堂東可知，安見其位必在北堂下乎？疏謂「南方不見有位」，此亦非也。工人士、梓人、司宮三者皆士也，上文云「士西方，東面北上」，則此三者已包其中矣，何言無位乎？至司宮一官，《燕禮》注曰「司宮，天子曰小宰」，此說殊誤。小宰爲卿之貳，豈宜設尊設筵及執燭掃所畫物，爲諸勞辱之事乎？《公食大夫禮》注曰「司宮，太宰之屬，掌宮廟者」，疏以《周禮》宮人當之，可正《燕禮》注之誤。胡氏匡衷《儀禮釋官》已辨之矣。

中離維綱。

注曰：「離，猶過也，獵也。」

樾謹按：「離」讀爲「麗」。宣十二年《左傳》

「射麋麗龜」，杜注曰：「麗，著也。」「中麗維綱」，謂或著維，或著綱也。離、麗古通用字。如鄭注，轉涉迂曲矣。

揚觸梱復。

注曰：「揚觸者，謂矢中他物，揚而觸侯也。梱復，爲矢至侯不著而還復。復，反也。」

樾謹按：注、疏均未説「梱」字之義，「梱」當讀「捆」。《孟子·滕文公》篇「捆屨」，趙注曰：「捆，猶叩椓也。織屨欲使堅，故叩之也。」然則揚觸者，謂矢中他物揚而觸侯；捆復者，謂矢雖中侯，但叩椓之而仍復也。《説文》無「捆」字，蓋古字止作「梱」耳。

司馬升，命去侯如初。還右，乃降。

注曰：「還右，還君之右也，猶出下射之南還其後也。今文曰右還。」

樾謹按：司馬立于物閒而命去侯，則本在下射之右，又出其南而還其後，則從下射東南而至東北，又從其東北而西南適階，明矣。是還下射之左，非還下射之右也。乃云「還君之右」，義不可通，當從今文作「右還」。右還者，不還君也。蓋司馬升自西階，由上射之後東南面立于物閒，命去侯訖，卽右還而西北面，仍從上射之後降階也。經文曰「司馬升，命去侯如初」，升如初則降不如初可知矣。所以然者，以君尊，故變於常人，以示敬也。且上文言上射下射，皆履物合足而俟，然後司馬升堂命去侯。至此文則賓爲上射，先待於物北，司馬卽升堂命去侯，司馬降，釋弓反位之後，始云「公就物」。然則司馬命去侯時，公尚在阼階上，未及物也，司馬豈得還君之右乎？亦可知注義之疏矣。

壹發，中三侯皆獲。

注曰：「矢揚觸，或有參中者。」疏曰：「卿大夫主射參侯，士主射豻侯。其中或揚觸，容中別侯，皆與釋。」

樾謹按：鄭意蓋以經有「壹發」二字，故云「矢揚觸或有參中者」，謂壹發而中三侯也，疏家未得其旨。然壹發中三侯，實非事之所有，疑鄭注亦非經意也。今按：「壹發」二字當自爲句，蓋上文每射必發四矢，至此文公命復射，則日旰君勤矣。雖云欲者射，不欲者止，然制禮者豈能逆料人之不欲而爲之制乎？是故正射發乘矢，復射則止發一矢，所以使人人得射也。又以射止壹發，恐不中者多，故曰「中三侯皆獲」，所以寬假之，使易中也。聖人之禮，委曲詳盡如此，禮本人情，於此見矣。

群經平議卷十五

群經平議卷十六

德清俞樾

儀禮二

上介出，請入告。《聘禮》

注曰：「每所及至，皆有舍。其有來者，與皆出，請入告。于此言之者，賓彌尊事彌録。」《釋文》曰「者與音餘。」

樾謹按：注文「與」字乃「舉」字之誤，謂舉皆出請入告也。《周官·師氏》「王舉則從」，故書「舉」爲「與」，是古字本通用耳。陸氏音餘，未得其旨。朱文公《通解》疑本「介」字，則亦失之。

賓迎再拜。

疏曰：「賓迎再拜者，賓在館如主人，故先拜也。卿不言答拜，答拜可知，但文略耳。」

樾謹按：此文卿以君命致館，故不答拜，非略也。凡爲人使者，皆不答拜，乃禮經之通例也。上文「君使卿朝服，用束帛勞。上介出，請入告。賓禮辭，迎于舍門之外，再拜，勞者不答拜」，注云「凡爲人使，不當其禮」，然則致館者亦不答拜，可知矣。疏說非是。

乃陳幣。

注曰：「有司入于主國廟門外，以布幕陳幣，如展幣焉。圭璋賈人執櫝而俟。」

樾謹按：是時賓尚在次，擯者猶未出請事，有司安得先入，而陳幣於廟門外乎？然則陳幣者，卽於次内陳之也。及擯者出請事，大夫納賓，於是賓入，而上介與衆介俱入，則有司之屬亦隨之而入可知矣。入門之後，公與賓每門每曲揖，介與擯皆在後鴈行，則群有司亦不得淩躐而前，其在後序進又可知。「及廟門，公揖入，立于中庭，賓立接西塾」，此時主國有司在堂上設几筵，則賓之有司亦得於門外陳幣，初無緩不及事之患，又何必先賓而入乎？

三揖。

注曰：「君與賓也，入門，將曲揖。既曲，北面又揖。當碑，揖。」

樾謹按：主君先待于中庭，賓後獨入，乃得如常。三揖者，蓋賓入門北面，主君在中庭南面，相向一揖，此卽所謂「入門將曲揖」也。揖訖，主君東面行，賓西面行，及堂塗則皆北面矣，於是又揖，所謂「既曲北面揖」也。是時主君與賓雖皆北行，然前後不相當，所謂君行一，臣行二者，當在此時。及當碑，則賓東主西，適相當矣，於是又揖，所謂「當碑揖」也。然則三揖之節與平常不異，故鄭無異文。其不同者，將曲一揖，主南面，賓北面。既曲一揖，主在前，賓在後耳。注義未分晰言之，而疏文又譌奪，幾不可讀，故具説之。

公側襲受玉于中堂，與東楹之閒。

注曰：「中堂，南北之中也。入堂深，尊賓事也。」疏曰：「凡廟之室堂皆五架，棟南北皆有兩架，棟北一架下有壁開户。棟南一架謂之楣，則楣北有二架，楣南有一架。今於當楣北面拜訖，乃更前，北侵半架於南北之中，乃受玉。」

樾謹按：古人五架之屋，棟以南爲堂，棟以北爲室，兩楹之閒居堂東西南北之中，卽是中堂。若更前北侵半架，則與東楹不相值矣，安得云中堂與東楹之閒乎？蓋自鄭君誤解《士昏禮》「當阿」爲「當棟」，於是説者遂謂棟後一架始爲室，而堂室之制盡失矣。《鄉射記》曰「序則物當棟，堂則物當楣」，可見無室則以棟爲南北之中，有室則以楣爲南北之中。凡畫物之處，皆居正中也。孔氏廣森《禮學卮言》説堂室之制與愚合，然引《士喪禮》注「中以南謂之堂」爲證，則未足據也。彼注云：「東西牆謂之序，中以南謂之堂。」疏曰：「謂於序中半以南乃得堂稱，以其堂上行事，非專一所。若近户卽言户東户西，若近房卽言房外之東房外之西，若近楹卽言東楹西楹，若近序卽言東序下西序下，若近階卽言東階西階，若自半以南無所繼屬者，卽以堂言之，然則中以南非謂棟以南也。蓋鄭君既以當阿爲當棟，必不以棟之下爲卽是室。孔氏引鄭注爲證，轉滋後學之疑矣。

士介四人，皆奉玉錦束請覿。

注曰：「玉錦，錦之文纖縟者也。」疏曰：「《聘義》孔子論玉，而云縝密以栗知也，是玉有密致。錦之纖縟，似玉之密致者。」

樾謹按：古謂美好者爲玉。《尚書·洪範》篇「惟辟玉食」，《史記集解》引馬注曰：「玉食，美食。」《吕氏春秋·貴直》篇「身好玉女」，高注曰：「玉女，美女也。」然則玉錦猶言美錦矣，疏説尚未得古義。阮氏《揅經室集》謂《説文》「玉」字無點，有點者解云朽玉也，讀如「畜牧」之「畜」。凡爲美好之義者，其字竝當爲有點之「玉」。然金玉之玉，與畜聲亦相近，阮説未必然也。

擯者執上幣，士執衆幣，有司二人舉皮從其幣出請受。

注曰：「此請受，請于上介也。擯者先卽西

面位請之，釋辭之時，衆執幣者隨立門中而俟。」

樾謹按：此文言請受者，明上文執幣舉皮而出，爲將請受于上介之故，實則此時固未請受也。至下文云「委皮南面，執幣者西面北上，擯者請受」，方是請受于上介之實事。鄭君誤以爲兩次請受，乃曰「上言其次，此言其位，互約文也」，失之矣。

賓請有事於大夫。

注曰：「請，問，問卿也。不言問聘，聘亦問也，嫌近君也。」盧氏文弨《詳校》曰：「不言問聘，此聘字疑衍。」

樾謹按：「請問問卿也」，下一「問」字亦爲衍文。「請問卿也」正釋經文「請有事于大夫之義」，請有事卽請問也。然則何以不言「賓請問于大夫？」故又自釋之曰：「不言問，聘亦問也，嫌近君也。」經文止言「請有事」，不言請問，注安得舉請問而釋之乎？足知今本之非矣。

鼎九，設于西階前，陪鼎當内廉。

注曰：「當内廉，辟堂塗也。」

樾謹按：凡側邊皆謂之廉，堂有堂之廉，階有階之廉。此經云「當内廉」，則是階之廉也。階兩邊皆有廉，東階以西邊爲内廉，西階以東邊爲内廉。「當内廉」者，當西階東邊之廉也。學者止知有堂廉，不知有階廉，則内廉之義不可曉矣。《尚書·顧命》篇「夾兩階戺」，程氏瑶田謂：「戺者，階之兩旁，自堂至地斜安一石，搘階齒而輔之，如今樓梯必有兩髀以安步級者。」今按：程説是也，戺卽是廉。枚傳「堂廉曰戺」當作「階廉曰戺」，於義方明。或原文本是「階廉」，淺人以意改之耳。

西夾六豆，設于西墉下北上，韭菹其東醢

醓屈。

疏曰：「六豆者，先設韭菹，其東醓醢，又其東昌本。南麋臡，麋臡西菁菹，又西鹿臡。」

樾謹按：如此説，則兩夾之豆亦如堂上户西所設，南北兩兩陳之矣。然經于堂上曰「兩簠繼之，粱在北」，粱在北，明稻在南也，是南北兩兩陳之者也。於此文曰「兩簠繼之，粱在西」，粱在西，明稻在東也，是東西兩兩陳之者也，安得謂兩夾之豆亦如堂上乎？今按：西夾之豆東面，東夾之豆西面，皆自北墉之下以次而南。豆最北，簋在豆南，鉶在簋南，簠在鉶南，皆兩兩陳之，經文所謂「二以並」也。今爲圖明之如左，至堂上所設，舊説無誤，故不列焉。

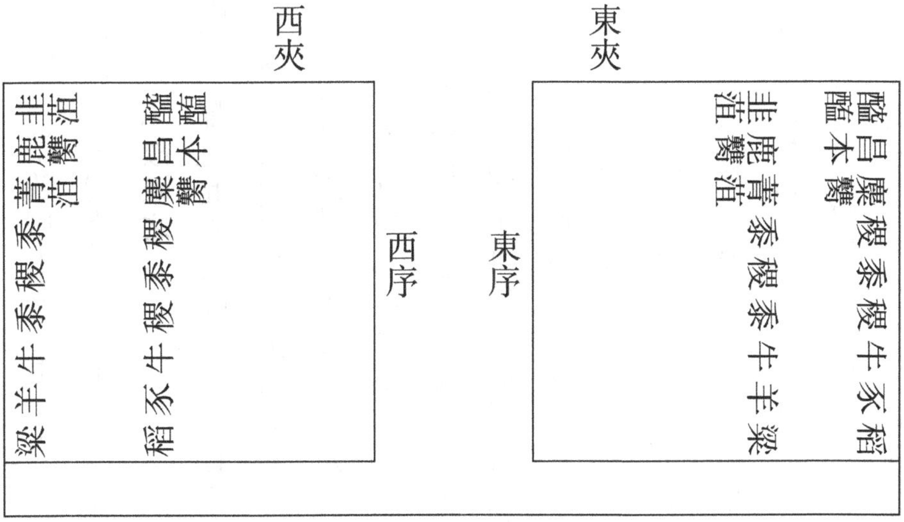

又按：下文「饌于東方亦如之」，賈疏曰「於東壁下南陳西北有韭菹，東有醓醢，次昌本，次南麋臡，次西有菁菹，次北有鹿臡」，則又似不誤者，豈前疏傳寫失之乎？

至于階，讓大夫先升一等。

注曰：「讓不言三，不成三也。凡升者，主人讓于客三，敵者則客三辭，主人乃許升，亦道賓之義也。使者尊主人三讓，則許升矣。今使者三讓，則是主人四讓也。」

樾謹按：注文「今」字乃「令」字之誤。此蓋申說上文「讓不成三」之義。禮有三讓，無四讓。若令使者三讓，則主人必又一讓，然後使者乃升，是主人四讓矣，禮所無有也。鄭君說此，正破古文作三讓之非。自「令」誤爲「今」，其義遂晦。疏謂鄭君兩言之，失其旨矣。

乃入陳幣于朝西上。

注曰：「其禮於君者不陳。」疏曰：「禮於君者不陳者，謂賄用束紡，禮用束帛乘皮。以其禮於君者，是其正，故不陳之；禮於己者，以其榮，故陳之。」

樾謹按：鄭見此經所陳止有上賓之公幣、私幣，及上介之公幣，而無禮於君之幣，故曰「禮於君者不陳」。下文「執賄幣以告」，注云「賄幣在外也」，若然，則當有出取賄幣之文，經何以無之乎？今按：下文「卿進使者，使者執圭垂繅北面，上介執璋屈繅立于其左」。使者反命訖，又受上介璋致命，於是「執賄幣以告曰：『某君使某子賄。』」以上介執璋例之，疑賄幣乃衆介奉之以入，上介授璋後，衆介從而授幣，故使者得執之以告也，經文不具耳。陳于朝者雖有公私之分，實皆使介所自得之幣，其禮于君者固不得與之俱陳。然謂賄禮等幣尚在外不入，則又非也。

辭曰「非禮也敢」，對曰「非禮也敢」。《記》

注曰：「辭，不受也。對，答問也。二者皆卒曰敢，言不敢。」

樾謹按：此記文雖專爲聘禮言之，實爲一經辭對之通例。《士冠禮》「賓降，主人降。賓辭，主人對」，注曰「辭對之辭未聞，不知辭對之辭」，即此是也。凡賓主相敵者，主人爲賓降則賓辭，賓爲主人降則主人辭；主人爲賓洗則賓辭，賓爲主人洗則主人辭，有辭必有對。《鄉飲》、《鄉射》諸篇皆然，即《燕禮》宰夫爲王人亦然。其辭其對皆不載其言，記亦無文焉。而特於此篇箸之，明凡稱辭者皆曰「非禮也敢」，猶言不敢當主人之降，不敢當主人之洗也。凡稱對者皆曰「非禮也敢」，猶言不敢不降，不敢不洗也。鄭君注此時偶有未照，於是凡辭對者皆不得其辭矣。

將授志趨。

注曰：「志猶念也。念趨，謂審行步也。」

樾謹按：鄭義迂曲，殆非也。「趨」當讀爲「促」，古字通用。《禮記·樂記》篇「衛音趨數煩志」，鄭注曰「趨數讀爲促速」，《荀子·哀公篇》「趨駕召顔回」，楊注曰「趨讀爲促」，竝其證也。「將授志趨」者，謂賓將授玉之時，其志彌促也。《士相見禮》「至下容彌蹙」，注曰：「蹙，猶促也。促，恭慤貌也。」此文言趨，彼文言蹙，字異而義同。下文云「下階，發氣怡焉。再三舉足又趨」，注曰：「再三舉足，自安定乃復趨也。至此云舉足則志趨，卷豚而行也。」夫卷豚而行，其可言趨乎？足知不然矣。鄭既誤解上趨字，故於下趨字亦失其義。今按：「又趨」者，又促也。發氣怡焉之後，而云又促者，猶《鄉黨》記孔子「出，降一等，逞顔色，怡怡如也」之後，又云「復其位，踧踖如也」。促與踧踖義同，但言有緩急耳。鄭不知趨之當讀爲促，故但引「逞顔色怡怡如也」爲「發氣怡焉」之證，而不知引「踧踖如也」爲「又趨」之證，斯於經意未得矣。

宰夫自東房薦豆六，設于醬東。《公食大夫禮》

樾謹按：「醬東」疑當作「醬南」，字之誤也。若作「醬東」，是豆與醬竝設，豆西爲醬，而設鉶不得在豆西矣。乃云「宰夫設鉶四于豆西」，可知豆之設必在醬南，故其西尚未有物，可以設鉶也。

簠有蓋冪。《記》

注曰：「稻粱將食乃設，去會於房蓋以冪。冪，巾也。」疏曰：「簠簋相將，簋既有會，明簠亦有會可知。但黍稷先設，故却會于敦南。簠盛稻粱，將食乃設，故鄭云『去會於房蓋以冪。冪，巾也』。至於陳設，冪亦去之。經云『有蓋冪』者，據出房未設而言。」樾謹按：《月令》「食齊視春時，以飯宜温也」，必無去會於房之理。鄭以經文公設粱後其下卽云「左擁簠粱」，不見有却會事，故爲此說。不知六簋乃宰夫所設，故宰夫爲之却會。若粱則公親設之，公尊，故不爲却會也。然則孰却之？賓將食，自却之也。經云「賓卒食會飯」，卒食者，謂卒初時所飯之粱也；會飯者，復加會於簠，明食訖也。以卒食後賓自會之，知將食時賓自却之，經文固前後互見矣。鄭君不達此義，乃云「會飯，謂黍稷也。此食黍稷，則初時食稻粱」，是大不然。《荀子·禮論篇》曰「食先黍稷而飯稻粱」，然則黍稷固不飯也。至此經則豈獨黍稷不飯，雖稻亦不飯也。是故公所親設者，此粱也；

賓擯之以降，又取之而升，反奠于其所者，亦此粱也；卒食之後，取之以降，坐奠于階西者，亦此粱也，而稻皆不與焉。然則賓飯粱，不飯稻，明矣，而謂其食黍稷乎？

重賜無數。《覲禮》

注曰：「重，猶善也。所加賜善物，多少由恩也。」

樾謹按：重之言重累也。《少牢饋食禮》「蓋二以重」，注曰「重累之」，是其義也。「重賜」即加賜耳。鄭訓重爲善，而增成之曰「加賜善物」，於義轉迂矣。

爲宮方三百步，四門，壇十有二尋，深四尺。

樾謹按：「深四尺」疑當作「深三尺」。上文「四享」注曰「四當爲三」。古書作三、四或皆積畫。此篇又多四字，字相似，由此誤也」，即其例矣。楊倞注《荀子·彊國篇》引或説曰：「明堂，壇也，謂巡狩至方岳之下，會諸侯爲宮方三百步，四門，壇十有二尋，深四尺，加方明其上，《左氏傳》『爲王宮於踐上』亦其類也。」據楊氏所説，則此方三百步之宮亦有明堂之名，宜如明堂之制。《考工記》説殷人重屋曰堂，崇三尺，《大戴記·盛德》篇説明堂亦曰堂，高三尺，然則三尺之崇乃古制也。周人增益古制，三三而九，故崇九尺，所謂「堂崇一筵」是也。若合諸侯而爲壇，則仍準古制，此經言「深三尺」是也。鄭君據《周禮·司儀職》「爲壇三成」，知此壇有上中下三等。若然，則所謂深三尺者，蓋每等皆然，自壇上計之，堂高九尺，與堂崇一筵未始不合也。

公、士、大夫之衆臣，爲其君布帶繩屨。《喪服》

注曰：「士，卿士也。公卿大夫厭於天子諸侯，故降其衆臣布帶繩屨，貴臣得伸，不奪其正。」

樾謹按：書傳之文，無稱公卿爲公士者，鄭説非也。公士大夫者，公也，士也，大夫也。公謂諸侯，大夫則兼卿大夫而言，士則直謂士也。傳曰：「公卿大夫室老士貴臣其餘皆衆臣也。」此傳之文自來不得其讀，今正之曰「公，逗。卿；句。大夫，逗。室老；句。士，逗。貴臣，句。其餘皆衆臣也。」句。蓋傳釋經文「衆臣」之義，謂公之臣惟卿不在衆臣之例，大夫之臣惟室老不在衆臣之例，士之臣惟貴臣不在衆臣之例，其餘則皆衆臣也。卿字包大夫在内，猶大夫亦包卿在内，以卿大夫本通稱也。鄭君之意總以士賤無臣，故於此經此傳均失其解。按：《周官·司裘》云：「王大射則共虎侯、熊侯、豹侯，諸侯則共熊侯、豹侯，卿大夫則共麋侯。」注曰：「王將有郊廟之事，以射擇諸侯及群臣與邦國所貢之士可以與祭者。士不大射，士無臣祭，無所擇。」鄭謂士無臣者，蓋據士無大射故也，不知大夫以上其臣衆多，得容選擇，士之臣少，取給而已，若加選擇，恐有不給，此士所以無大射也，非士無臣也。士之貴臣亦即士之室老，以其賤，故不得異爲之名，猶大夫之妻曰孺人，士則直曰婦人也。士之衆臣爲其君布帶繩屨，則士之貴臣爲其君絞帶菅屨可知矣。蓋卽包于上文君字之内，傳曰「君至尊也」。君者，自天子至于士皆得稱之。故繼公謂諸侯及公卿大夫士有臣者皆曰君，可正舊説之誤。

繼母如母。傳曰：繼母何以如母？繼母之配父，與因母同，故孝子不敢殊也。

注曰：「因，猶親也。」

樾謹按：如注義，則但曰與母同足矣，何必

曰「因母」乎？徧考書傳，無謂親母爲因母者，注義非也。因讀如因國之因，有繼母，卽有因母。就前母而言之則後母爲繼，就後母而言之則前母爲因，此因母之義也。

庶人爲國君。

注曰：「不言民而言庶人，庶人或有在官者。」

樾謹按：經言庶人而不言民，則庶人專指在官者言，不兼民言，民於國君蓋無服也。何以知之？下文曰「大夫在外，其妻長子爲舊國君」，若是凡民皆爲國君齊衰三月，則其次子獨非民乎，何獨長子有服乎？傳於寄公及舊君竝云「言與民同也」，則混民與庶人而爲一，其誤自傳始矣。

惡笄有首，以髽。《記》

樾謹按：「惡」字衍文也。記文止曰「笄有首，以髽。卒哭，子折笄首，以笄布總」，不言何者爲惡笄，何者爲吉笄，故傳必申明之曰「笄有首者，惡笄之有首也。惡笄者，櫛笄也。折笄首者，[1]折吉笄之首也。吉笄者，象笄也」。若記文明言「惡笄有首」，則傳可不釋矣。記文「惡」字蓋卽涉傳文而衍。下文「妾爲女君、君之長子，惡笄有首，布總」，又因此文而衍也。

握手用玄纁裏長尺二寸，廣五寸，牢中旁寸。《士喪禮》

注曰：「牢讀爲樓，樓謂削約，握之中央以安手也。」

樾謹按：牢讀爲樓，雖古文聲近叚借之常例，然訓爲削約，于義未安。人之手皆中央大於兩頭，乃反削約，何以安手乎？鄭

[1]「首」，原脱，今據阮刻《儀禮注疏》補。

説此制，疑未得也。今按：握手者，所以韜尸之手，其制似直囊，與下文冒同，但小耳。長尺二寸，廣五寸，以今尺計之，蓋長七寸有奇，廣三寸有奇，適足容一手矣。牢讀爲婁，《説文·女部》「婁，空也」，婁中者，空中也，空其中所以韜手也。旁寸者，言其兩旁深一寸也。此古握手之制，舊説失之矣。

夏葛屨，冬白屨。

注曰：「冬皮屨，變言白者，明夏時用葛亦白也。」

樾謹按：此説非也。變皮言白，不足以見夏屨之亦白，而反無以見冬屨之用皮，古人之文不若是迂拙也。白當讀爲帛。《詩·六月》篇「白旆央央」，孫炎《爾雅注》引作「帛旆」，閔二年《左傳》「大帛之冠」，《禮記·雜記》注引作「大白」，竝古文白帛通用之證。「冬白屨」者，謂冬以帛爲屨也。生則夏葛屨而冬皮屨，死則夏葛屨而冬帛屨，古人制禮具有深意，蓋不欲以獸之皮革與尸體同朽也。是故生人之決以象骨爲之，死則以棘爲之；生人之極以韋爲之，死則以纊爲之，其義竝如此。鄭於上文「纊極二」但曰「明不用也」，猶未得其義矣。

布席如初。

注曰：「亦下莞上簟，鋪於阼階上，於楹閒爲少南。」疏曰：「云『鋪於阼階上』者，按《喪大記》云『小斂於户内，大斂於阼』是也。云『於楹閒爲少南』者，取南北節，以其言阼階上，故知於楹閒爲少南，近阼階也。」

樾謹按：此大斂之席布于東序，東序即阼也。凡經言阼不言階者，竝謂東序也。若如鄭説爲在阼階上，則喪事每加於遠，大斂在阼階上，殯應在堂下。今殯在西階上，則與阼階上但有東西之分，而無遠近之别矣，不可從也。詳見《士冠禮記》「適子冠于阼」。

婦人即位于堂南上哭。

疏曰：「《喪大記》云『祥而外無哭者』，則此外位皆有哭。今直云婦人哭，則丈夫亦哭矣，但文不備也。」

樾謹按：此一經直言婦人、丈夫即位之事。婦人從闈門入，由側階升，自北堂而至房，又出房户而至堂，此所以先丈夫而即位也。既即位于堂見殯，故不容不哭，此所以先丈夫而哭也。及丈夫以次即位于門外而門辟，則婦人之哭亦止矣。下文「婦人拊心不哭」，注云「方有事止讙囂」，此不然也。所以不哭者，以丈夫未哭，故止哭以待之也。蓋此時婦人所即之位已爲哭位，而丈夫所即之位尚是門外之位，不過少立以待門辟，而非哭位，故哭與不哭有異。經文既明箸之，而疏乃混而一之，不亦誤乎！

商祝免袒，執功布入。《既夕》

注曰：「功布，灰治之布也，執之以接神，爲有所拂仿也。」疏曰：「拂仿猶言拂拭。下經云『商祝拂柩，用功布』，是拂拭去塵也。此始告神而用功布拂仿者，謂拂仿去凶邪之氣也。」

樾謹按：「拂仿」即「仿佛」也。《漢書・楊雄傳》「猶仿佛其若夢」，注曰：「仿佛，即髣髴字也。」疑此注本作「仿佛」，涉下文「商祝拂柩」而誤「佛」爲「拂」，又倒作「拂仿」耳。《釋文》出「拂扐」，云「本又作仿佛」，此正字也。因「佛」字誤從手，遂并「仿」字而亦誤從手，知「扐」字之非，則知「拂」字之亦非矣。疏謂拂拭去凶邪之氣，此大不然。夫人君臨臣下之喪，則有桃茢以祓除不祥，安有人子啟父之殯，亦嫌其有凶邪之氣而拂拭之乎？注明言「執之以接神」，則有所仿佛者，正見鬼神於此式憑。若解作拂拭，則與接神之義不屬矣。《周官·司巫職》有「道布」，疑取導引之義，其即執之以接神者歟？

正柩于兩楹閒。

注曰：「兩楹閒，象鄉户牖也。」疏曰：「若言鄉户牖，則在兩楹閒而近西矣。」

樾謹按：賈氏因大夫士無右房，故爲此説，然鄭君士大夫東房西室之言，頗爲後人所譏。愚謂士無右房似尚可信，但其户牖之閒，仍當居堂之正中，必無偏處西北隅之理也。別有圖説詳之。至謂大夫亦無右房，則鄭之疎矣。

乃行禱于五祀。《記》

注曰：「盡孝子之情。五祀博言之，士二祀，曰門，曰行。」疏曰：「今禱五祀，是廣博言之，望助之者衆。」

樾謹按：疏説非注義也。鄭君之意，蓋以所禱止門、行二祀，而曰五祀者，博言之耳。若如疏説爲實禱五祀，則不得曰博言之矣。《荀子·正論篇》「雍而徹乎五祀」，謂雍而徹乎竈也，即《周禮·膳夫職》所謂王「卒食，以樂徹于造」也，説詳劉氏端臨《荀子補注》。夫竈爲五祀之一，而得通言之曰五祀，然則門與行亦得通言之曰五祀矣。

設明衣，婦人則設中帶。

注曰：「中帶，若今之褌襂。」疏曰：「鄭舉目驗而言。但男子明衣之狀鄭不明言，亦當與中帶相類，有不同之處故別。雖名中帶，亦號明衣，取其圭潔也。」

樾謹按：中帶猶言内帶也。蓋男子惟外有緇帶，而内無帶，婦人則親身之明衣亦有帶也。以其在内，故謂之中帶。而鄭注舉襌襂釋之，疑漢時名襌帶爲襌襂矣。明衣者，男子與婦人同有之也。❶中帶者，婦人獨有之也。賈疏謂明衣與中帶相類，❷夫衣是衣，帶是帶，安得而相類乎？蓋由賈氏所據本襌誤作禪，以爲禪襂卽單衫也，故有此誤。按：《釋文》襌音昆，竝無作「禪」之本。今各本皆從《釋文》作「襌」，惟宋單疏本作「禪」，此正其致誤之由。學者習于賈説，或反以「禪」爲是，謬矣。

志矢一乘，軒輖中亦短衛。

注曰：「無鏃短衛，亦示不用生時志矢骨鏃。」

樾謹按：無鏃則不成爲矢，鄭説非也。上文猴矢必言骨鏃者，以生時猴矢金鏃。此變用骨鏃，故特箸之也。至志矢生時骨鏃，此亦用骨鏃，故不必言，但言其異於生時者曰「亦短衛」而已。鄭見經文不言鏃，直以爲無鏃，殊失記人之旨。

泰羹湆自門入，設于鉶南。《士虞禮》

疏曰：「云設于鉶南者，以泰羹湆未設，故繼鉶而言之，其實觶北留空處以待泰羹。」

樾謹按：此疏有奪誤。因上文云「祝奠觶于鉶南」，恐學者疑鉶南有觶，不得復設泰羹，故言此以明之，謂上言「奠觶于鉶南」者，以泰羹湆未設，故繼鉶而言之，其實觶北留空處以待泰羹也。今不舉上文，則文義不見矣，蓋傳寫失之，非賈氏之舊。

❶「子與」，原爲空格，今據清經解續編本補。
❷「明衣」，原爲空格，今據清經解續編本補。

祝出户，西面告利成。

注曰：「不言養禮畢，於尸閒嫌。」疏曰：「若言養禮畢，卽於尸中閒有嫌諷去之。或本閒作閑，音以，養尸事畢，而尸空閑嫌諷去之。」

樾謹按：注文「閒」字疑「聞」字之誤，於尸聞嫌，謂於尸聞之嫌若諷使去也。疏兩説均似未安。又下文「死三日而殯，三月而葬，遂卒哭」，注曰「此記更從死起，異人之閒，其義或殊」，此「閒」字亦「聞」字之誤，謂異人之所聞，故有異義也。鄭君《駁五經異義》輒曰「玄之聞也」可以爲證，聞與閒相似，因而致誤耳。

無尸，則禮及薦饌皆如初。《記》

注曰：「無尸，謂無孫列可使者也。」

樾謹按：《禮記·曾子問》篇「祭成喪者必有尸，尸必以孫。孫幼，使人抱之；無孫，則取於同姓可也」，然則祭男子之成喪者，無無尸之理。此《記》所謂無尸者，專以女尸言也。上文云「男，男尸。女，女尸。必使異姓，不使賤者」，其「必使異姓」二句專以女尸言，然則此文「無尸」句亦專以女尸言矣。蓋死者或未有孫婦，同姓孫列亦或無婦，則竟無尸矣，故禮有此變通之法也。

祝從，啟牖鄉如初。

注曰：「鄉，牖一名也。」疏曰：「按《詩》云『塞鄉墐户』，❶注云『鄉北出牖也』，與此注不同者，語異義同。北牖名鄉，鄉亦是牖，故云牖一名也。」

樾謹按：鄉是牖之一名，則記人止言啟牖足矣，何必言牖又言鄉乎？疑「鄉」字之義當從毛傳作「北出牖」。《説文·宀部》

❶「鄉」，原作「向」，今據阮刻《儀禮注疏》改。

「向，北出牖也」，是許説亦與毛同也。「啟牖鄉」者，啟牖亦啟鄉也。上文「祝闔牖户」，不言鄉者，文不具耳。實則牖鄉竝闔之，故此竝啟之也。有牖有向，蓋士室之制，大夫以上則無向矣。是故陽厭于西北隅，大夫士同之。而少牢饋食禮則南面，以其北墉無向，故即設于北墉下也。此篇及《特牲饋食禮》竝云「几在南」，則東面可知矣。以其北墉有向，故設于西墉下，不設于北墉下，亦猶陰厭于西南隅，以南墉有牖，故設于西墉下，不設于南墉下也。不然均是陽厭，何以大夫必南面，士必東面乎？即此可推見其故矣。別有圖説詳之。

哀顯相。

注曰：「顯相，助祭者也。顯，明也。相，助也。《詩》曰『於穆清廟，肅雍顯相』。」

樾謹按：「哀顯相」即謂主婦也，故繼「哀子某」而言之。《士昏禮·記》載醮辭曰「往迎爾相」，是主婦得稱顯相之證。若是賓客來助祭者，豈得曰「哀顯相」乎？注引《詩》説之，恐未得此經之義。且其文曰「哀子某，哀顯相，夙興夜處不甯，敢用絜牲剛鬣」云云，明是主祭者之辭。施之助祭之賓客，則不稱矣。

三虞卒哭他，用剛日。

注曰：「後虞改用剛日，剛日，陽也，陽取其動也。士則庚日三虞，壬日卒哭。他謂不及時而葬者。《喪服小記》曰『報葬者報虞，三月而後卒哭』，然則虞、卒哭之閒有祭事者亦用剛日，其祭無名，謂之他者，假設言之。今文他爲它。」

樾謹按：鄭説「他」字甚爲不安。「他」疑「也」字之誤，「卒哭也」三字連文。《儀禮》

每有此文法，如《士昏禮》「皆祭舉食舉也」，《特牲饋食禮》「籩巾以綌也」，《少牢饋食禮》「爲之于爨也」，竝用「也」字爲語辭，是其證也。三虞與卒哭，大夫以上則爲兩事，士則爲一事。《禮記・雜記》曰：「上大夫之虞也少牢，卒哭成事，附，皆太牢。下大夫之虞也犆牲，卒哭成事，附，皆少牢。」鄭注曰：「卒哭成事附言皆，則卒哭成事附與虞異矣。」不知此固言大夫之禮也，士禮不與大夫同。《雜記》曰：「士三月而葬，是月也卒哭。大夫三月而葬，五月而卒哭。諸侯五月而葬，七月而卒哭。」此大夫以上與士禮不同之明證。「三虞卒哭也」，謂三虞之日遂以卒哭也，正見與大夫以上不同之意。三虞之日遂以卒哭，故不用柔日而用剛日。如丁日始虞，己日再虞，則當以辛日三虞，乃不用辛日，而用次日壬日卽爲卒哭之日。是故三虞改用剛日者，移後一日以就卒哭耳，非有取乎剛日也。若依鄭義，謂庚日三虞，則無端移前一日，有何義乎？至大夫以上，卒哭與葬相隔一月，則三虞仍用柔日可知矣。敖繼公知三虞與卒哭同日，而不知大夫、士禮之不同，則又失之。

主婦亦拜賓。

注曰：「女賓也，不言出，不言送，拜之於闈門之內。闈門，如今東西掖門。」

樾謹按：《特牲》、《少牢》兩篇皆不言主婦拜送女賓之事，何以此獨有之，疑此賓卽男賓也，承上文「賓出，主人送拜稽顙」而云。主婦亦拜賓，則卽主人所拜之賓明矣。蓋是時主婦之位卽在主人之北，故賓之出也，主人固當拜，而主婦亦不容不拜，所異者主人送而主婦不送耳。主婦亞獻後有獻佐食之禮，佐食即賓中之一人，是主婦與賓固得相拜矣。凡祭畢，賓出，婦人在房中，故無拜賓之事。惟此卒哭餞尸，則婦人亦出寢門外，故賓出必拜之。注家不得此義，謂主婦所拜合是女賓，而又怪其不言送，遂臆決之曰「拜之於闈門之內」，失經旨矣。其下曰「丈夫說經帶于廟門外」，廟門即寢門也，上經云「側亨于廟門外之右」，注謂「尊言之」是也。蓋自主人出即位于門東，以下諸事皆在寢門外，至下云「入徹」，然後丈夫與婦人俱入耳。若主婦所拜爲女賓，其拜爲在闈門之內，則當云「主婦入拜賓」，於義方備，不然主婦本在寢門之外，何時而入至闈門之內乎？禮於出入之節皆詳言之，何得無入字乎？

腊特于俎北。《特牲饋食禮》

注曰：「腊特，饌要方也。」疏曰：「按經豆在神坐之前，豕俎入設於豆東，魚俎又次其東。若腊俎復在東，則饌不得方，故腊俎特于俎北，取其方故也。」

樾謹按：疏但言腊俎復在東，則饌不得方，於義殊未明。此當合下文兩敦言之。蓋俎南設黍稷兩敦，俎有三而敦止兩，齟齬不齊矣，故以腊俎特設于俎北，然後兩俎兩敦適相當也。古人設饌，其前必齊，所謂方也。若左右兩畔，則不必皆齊矣。

酢如主人儀。

注曰：「不易爵，辟內子。」

樾謹按：尸酢，主婦無不易爵者，此但云「如主人儀」而不言易爵，文不具耳，鄭説非也。凡飲酒，男女不相襲爵，乃禮之通例。至夫婦，則夫不襲婦之爵，而婦得襲夫之爵。《禮記·祭統》篇曰「酢必易爵」，特以夫言耳。此篇主婦致爵于主人，受爵酌酢，不言易爵；《有司徹》篇主婦酌致于主人，受爵酌以酢，亦不言易爵，是主婦得襲主人之爵也。鄭不知男女無襲爵之理，而以此文不言易爵爲辟内子，又不知主婦得襲主人之爵，而於《有司徹》篇注曰「自酢不更爵，殺」，似皆失之矣。

嗣舉奠，盥入。

注曰：「嗣，主人將爲後者。舉，猶飲也。」

樾謹按：「嗣舉奠」三字連文，乃以事目其人。上文「三獻作止爵」，注曰「賓也，謂三獻者，以事命之」，是其例也。此「舉」字仍就尸言，蓋嗣子盥入，而尸爲舉鉶南所奠之觶，故即以事命之曰「嗣舉奠」。鄭訓舉爲飲，非也。徧考經文，無以舉爲飲者，何得于此獨生異義乎！

尸謖祝前。

樾謹按：「尸謖」上當有「祝入」二字。《既夕》篇曰「祝入尸謖」，注曰：「祝入而無事，尸則知起矣。」蓋祝出户告利成後，必復入室，以爲尸謖之節。《少牢饋食禮》曰「祝入尸謖」，其下篇曰「祝入，主人降，立于阼階東西面尸謖」，竝其證也。此篇無「祝入」二字，于文爲不備矣。

籑有以也。

注曰：「以，讀如『何其久也，必有以也』之以。祝告籑，釋辭以戒之，言女籑此，當有所以也。以先祖有德而享於此祭，其坐籑其餘，亦當以之也。」疏曰：「云『其坐籑其餘亦當以之也』者，亦謂亦似其先祖。已上皆爲以，爲似者誤也。」

盧氏文弨《詳校》曰：「字作以，其義爲似。陸於經文云以，依注音似。疏釋此句云『謂亦似其先祖』，下注『似先祖之德』皆作似字，乃復云似誤，殊所不解。」阮氏元《校勘記》曰：「『必有以也』，《毛詩》作以，不作似，鄭注禮時未見《毛詩》。此注引《詩》必作似，後人妄據《毛詩》改之。至賈疏當云已上皆爲似，爲以者誤也。今本互易二字，遂不可通矣。」

樾謹按：盧、阮之説皆非也。鄭意謂養有以也，欲其有以養之也，何以養之，蓋以德也，故曰「以先祖有德」云云，明先祖以德享此，女當以德養此也。注中兩「以」字正相應，然則鄭不讀作「似」字可知矣。疏謂「亦似其先祖」，此非鄭意也。然云「已上皆爲以」，是賈氏之意，惟「亦當以之也」一「以」字當作「似」，上「以」字皆如字。而阮氏并謂「賈疏當云已上皆爲似」，則更非賈意也。疏家誤會注意，後人又誤會疏意，於是并欲改《毛詩》「必有以也」爲「必有似也」，而其誤更甚矣。然則下注何以言「似先祖之德」？曰：此「似」字後人據賈疏改之，鄭君原文固作「以」，不作「似」也。按：下經云「酳有與也」，注曰：「『與』讀如『諸侯以禮相與』之『與』。既知似先祖之德，亦當與女兄弟。」鄭意蓋謂兄弟以先祖之德相與，亦猶諸侯以禮相與也。以先祖之德與女兄弟，此「以」字即「以德相與」之「以」，此「與」字即「以德相與」之「與」，然則「似」字當作「以」字明矣。

酳有與也。

注見上。

樾謹按：與、以古通用，「酳有與也」即酳有以也，與上文「養有以也」一律。上作「以」，此作「與」，文異而義同。《史記·貨殖傳》曰「智不足與權變，勇不足以決斷，仁不能以取予」，《漢書·楊雄傳》曰「建道德以爲師，友仁義與爲朋」，以、與互用，即其例也。鄭解與爲相與之與，恐非經旨。

陳鼎于東方，當序南，于洗西。《少牢饋食禮》

注曰：「南于洗西，陳于洗西南。」

樾謹按：如鄭注，則直云于「洗西南」足矣，乃必曰「南于洗西」，何其文之迂曲乎？且上言「當序」，則東西之節已見，而此又云「南于洗西」，則亦是東西之節，而非南北之節，所謂南于洗者，終不知其幾許也，注義殆非經意矣。今按：此以「當序南」爲句，「于洗西」爲句。「當序南」者，當序之南，此東西之節也。「于洗西」者，于洗之西，此南北之節也。鄭失其讀，故失其旨矣。

宰夫以籩受嗇黍，主人嘗之，納諸内。

樾謹按：納諸内者，納諸房也，古謂房室爲内。《漢書・鼂錯傳》「家有一堂二内」，二内者即所謂東房西室也。《特牲饋食禮》「主人出寫嗇于房，祝以籩受」。彼士禮，故主人自入房寫之，此大夫禮，故宰夫受而納諸内。雖禮有不同，然内即房也。注、疏均不説内字，敖繼公因誤以爲籩中，失之矣。

祝拜于席上，坐受。

注曰：「室中迫狹。」疏曰：「言迫狹，大夫、士廟室也，皆兩下五架。正中曰棟，棟南兩架，北亦兩架。棟南一架名曰楣，前承檐以前名曰庪。棟北一架爲室，南壁而開户，即是一架之開廣爲室，故云迫狹也。必知棟北一架後乃爲室者，《昏禮》『主人延賓升自西階，當阿，東面致命』，鄭云『阿，棟也，入堂深』，明不入室，是棟北乃有室也。」

樾謹按：自鄭君誤解阿爲棟，而堂室之制

遂失。又因此經「拜于席上」之文解爲「室中迫狹」，於是棟北後一架爲室遂成定論，莫能破之矣。夫室止一架，則房亦止一架，合房室計之，其廣與堂同，而其修止居堂五分之一，東西太寬，南北太窄，于制不稱矣。且房之制既東西寬而南北窄，則何必又分其半而有北堂之名乎？是故棟後一架爲室，非古人堂室之制也。然則此經「拜于席上」何也？曰：古人行禮，自有拜于席上之例。《有司徹》篇「主婦洗爵於房中，出實爵，尊南西面拜，獻尸。尸拜于筵上受」。彼所説乃堂上儐尸之禮，堂上之地不爲迫狹明矣，而亦拜于筵上。賈疏云「以婦人所獻，故尸不與行賓主之禮」，以是言之，拜于筵上者，禮殺故也。尸尊，以主婦所獻而殺禮，故拜于席上。祝賤，以主人所獻不敢當禮，而自從其殺，故亦拜于席上。禮意不同，其爲殺一也，豈繫乎地之廣狹哉？

司馬朼羊，亦司馬載。載右體，肩臂肫骼臑正脊一，脡脊一，横脊一，短脅一，正脅一，代脅一，腸一，胃一，祭肺一，載于一俎。《有司徹》

注曰：「一俎，謂司士所設羊俎西弟一俎。」疏曰：「此俎在侑俎之南，故下文注侑俎云『羊鼎西之北俎也』。鄭君知尸俎在南，見羊肉湆俎在豕俎之南，羊尊豕卑，明尸俎在侑俎之南。或解云：言弟一者最在北，故侑俎下注云『司士所設羊鼎西之北俎也』，明北俎在俎之南。」

樾謹按：阼階下三鼎皆西面北上，羊鼎最在北，其南豕鼎，其南魚鼎。二俎在羊俎之西，二俎在豕、魚二鼎之西，皆正俎也。鼎以北爲上，則俎亦應以北爲上。尸俎最尊，宜用羊鼎西之北俎；侑俎次之，宜用羊鼎西之南俎；胙俎又次之，宜用豕鼎西之俎；主婦俎又次之，宜用魚鼎西之俎，是其次也。鄭于此云「羊俎西弟一俎」，不言其在南在北，而于「侑俎」云「羊鼎西之北俎」，則此爲南俎矣。疏家因而曲爲之説，其實大不然也。夫羊與豕較則羊尊矣，若羊肉湆與豕較則豕又尊矣，安得因羊肉湆在豕南，而謂尸俎必在侑俎南乎？若尸俎在侑俎南，則胙俎當在主婦之俎南，而何以鄭注「胙俎」曰「豕鼎，西俎」，「主婦俎」曰「在魚鼎西」？以尸俎、侑俎例之，是主婦之俎反居主人之俎之上，豈可通乎？疑下注「侑俎」曰「羊鼎西之北俎」，此北字乃南字之誤，此云「弟一俎」則以北俎言也，疏所引或説正得鄭意。其下疏文蓋有奪誤，不可讀矣。

衆賓長升，拜受爵。

注曰：「言衆賓長拜，則其餘不拜。」

樾謹按：此説似未然也。下文云「若是以辯」，則每一賓升，無不若是可知矣，何有拜與不拜之别乎？賈疏于此無説。然據下疏云：「上賓拜受爵，又拜既爵。衆賓拜受爵，不拜既爵。長兄弟得與衆賓同，衆兄弟又不拜受爵，是其差也。」然則賈所據本疑無此十字。若鄭注明言衆賓長拜，其餘不拜，賈安得謂衆賓拜受爵乎？

辯受爵，其位在洗東西面北上。升受爵，其薦脀設于其位。

注曰：「亦辯獻乃薦。既云辯矣，復言升受爵者，爲衆兄弟言也。衆兄弟升不拜受爵，先著其位于上，乃後云薦脀設於其位，明位初在是也。」

樾謹按：上文云「兄弟之長升拜受爵，主人在其右答拜，坐祭立飲，不拜既爵，皆若是以辯」，若然，則衆兄弟已包其中矣。此文止「升受爵」三字，其上又無衆兄弟之文，安知其爲衆兄弟言乎？鄭説非也。據上文説衆賓受爵云「辯受爵，其薦脯醢與脅，設于其位。其位繼上賓而南，皆東面」，以是例之，則此文亦當云「辯受爵，其薦脅，設于其位。其位在洗東西面北上」，於文方明。傳寫誤倒之，而又衍「升受爵」三字耳。鄭君不能訂正，而輒以意增益其説，謂「衆兄弟升不拜受爵」，此恐不然。下文獻私人時，主人答其長拜，於其群私人不答拜，然則群私人猶必拜受爵，曾謂衆兄弟而不如群私人乎？

附東房西室説

古人宫室之制，自朱子《儀禮釋宫》以後，儒者考訂益詳，至今日已無遺議矣。然尚有爲先儒所疑而未決者，莫如東房西室之説。鄭君注《禮》謂人君左右房，大夫、士東房西室，宋後儒者咸以鄭注爲誤。然《漢書・鼂錯傳》曰「家有一堂二内」，東房西室與二内合，鄭君實目驗而得之，非臆説也。今按：《聘禮》卿館于大夫，而君使卿還玉于館，有「負右房」之文，是大夫有右房明甚。惟士之右房，於經無文。《特牲饋食禮》曰「豆籩鉶在東房」，説者謂有東卽有西。然對西室言之，亦可云東房，不必其有西房也。《士冠禮》言房者七，《士昏禮》言房者五，言房中者各四，《士喪禮》言房者四，《士虞禮》言房者二，言房中者各一，而皆不指目其爲東西左右，然則士固惟一房矣。竊疑古者自天子以至于大夫皆有左右房，自士以至于庶人則皆東房西室。嬴秦以後，大家巨室灰滅無遺，而民間尚沿襲舊制，至漢未改。鄭君據所見推之，疑古者大夫以下皆然，故致此誤耳。士所以無右房者，以其制狹小。若必分而三之，中央爲室，左右爲房，則太逼窄，不足回旋，故自室以西通而爲一，至其室之户牖仍如常制。又嫌其西北隅不當户牖，過于幽闇，故于北墉之下啟牖以助明，謂之北牖，《禮記·喪大記》「寢東首於北牖下」是也。北牖者，士室之制，大夫以上無有也。是故陽厭於西北隅，大夫士同之。面，大夫南面，士則東面，正以北墉有牖，故不得而南面也。或疑東房西室則户牖之間不居正中，無以爲賓位，又疑割截中央以益東西房室，與堂齟齬不合，此皆未明乎古制矣。又按：前堂後室，以棟爲畍，自鄭君誤解《士昏禮》「當阿」爲「當棟」，賈公彦乃謂棟北楣下爲室，而堂室之制全失。《鄉射記》曰「序則物當棟，堂則物當楣」，蓋有室則棟下卽室之南墉，故棟不可得而當也，可據以正舊說之誤。今爲此圖，明士庶人東房西室之制。惟修廣之數，於經無徵，姑依《尚書大傳》說。堂廣九丈，所謂「士三雉」也；東西序相距六丈，所謂「三分廣，以二爲内」也。《隋書·宇文愷傳》明堂議曰「三代堂基竝方」，意此制也通乎上下。士之堂廣九丈，則合堂室之修亦九丈歟？

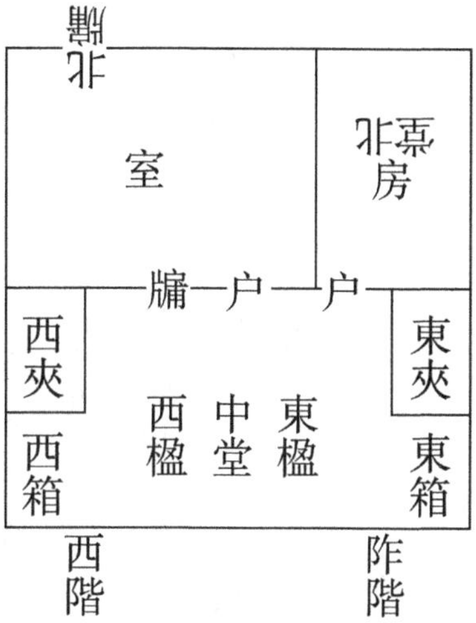

群經平議卷十六

群經平議卷十七

德清俞樾

大戴禮記一

上樂施則下益諒。《王言》

樾謹按：樂施與益諒義不相應，「施」當讀爲「易」。《詩·皇矣》篇「施于孫子」，鄭箋曰「施，猶易也」，《何人斯》篇「我心易也」，《釋文》曰「易，《韓詩》作施」，是施與易古通用，樂施即樂易也。《荀子·榮辱篇》「安利者常樂易」，楊注曰：「樂易，歡樂平易也，《詩》所謂『愷悌』者也。」然則上樂易，猶言上愷悌。《禮記·樂記》以「易直子諒」連言，上樂易則下益諒，義正相應矣。

而民棄惡也如灌。

王氏引之《經義述聞》曰：「灌當爲濯，字之誤也。」

樾謹按：《素問·脈要精微論》「當病灌汗」，王注曰「灌謂灌洗」，然則棄惡如灌，言其如灌洗然。讀如本字，於義自通，不必改讀。

及其明德也。

孔氏廣森補注曰：「明德之所及也。」

樾謹按：經言「及其明德」，不言「明德所及」，孔注非也。「及」乃「𠬝」字之誤，「𠬝」當讀爲「服」。古書每以「𠬝」爲「服」，而學者尟見「𠬝」字，往往臆改爲「及」。僖二十四年《傳》「子臧之服，不稱也夫」，《釋文》「服」作「及」，蓋由古本是「𠬝」字，故誤爲

「及」也。《尚書・吕刑》篇「何敬非刑，何度非及」，「及」亦「㞋」字之誤，言汝何所敬，非五刑乎？汝何所度，非五服乎？《堯典》篇「五刑有服，五服三就」是也。此經「㞋其明德」即「服其明德」，字誤作「及」，而義不可通矣。

故天下之君可得而知也。

樾謹按：知猶交也。《吕氏春秋・明理》篇「弟兄相誣，知交相倒」，是知與交同義。《後漢書・宋弘傳》「貧賤之交不可忘」，《群書治要》交作知。「天下之君可得而知」，言天下之君可得而交也。《墨子・經》篇曰「知，接也」，接與交義亦相近。

明王之所征，必道之所廢者也。彼廢道而不行，然後誅其君，致其征，弔其民而不奪其財也。

樾謹按：「致其征」三字當在「誅其君」之上，其文曰「彼廢道而不行，然後致其征」，此乃申説上文。又曰「誅其君，弔其民而不奪其財也」，則起下文「時雨」之意，文義甚明。自傳寫者誤移「致其征」三字於「誅其君」之下，於是義不可通。王肅作《家語》遂易「致其征」爲「改其政」，而學者又據《家語》以改此經，故《藝文類聚・武部》、《太平御覽・兵部》引此文竝作「改其政」，實非《戴記》之舊。

口不能道善言，而志不邑邑。《哀公問五義》

樾謹按：口不能道善言與志不邑邑自是兩事，不當以「而」字連屬之，合兩事爲一也。疑《戴記》原文「而」字在「志不」兩字之下，「志不而邑邑」即志不能邑邑，古能、而字通。《鹽鐵論・授時》章「忠焉能勿誨乎？愛之而勿勞乎？」崔駰《大理箴》「或有忠能被害，或有孝而見殘」，皆以能、而互用。

此文「口不能道善言，志不而邑邑」，上句用「能」字，下句用「而」字，其義一也。學者不知而之卽爲能，移「而」字於「志」字之上，失之矣。《荀子・哀公篇》作「口不能道善言，心不知色色」，其文雖與此異，然心卽志也，不知卽不能也。下文「不能選賢人善士」，《荀子》亦作「不知」，是其證也。據《荀子》句法以訂正此文，則「而」字當讀作「能」，古本在「志不」二字之下，明矣。

故其事大。配乎天地，參乎日月。

樾謹按：「大」字絶句，「故其事大」乃結上之辭，當連上文讀之曰：「大道者，所以變化而凝成萬物者也；情性者，所以理然不然取舍者也，故其事大。」《禮記・禮運》篇「大順者，所以養生送死，事鬼神之常也，故事大」，與此文法正同。「配乎天地，參乎日月」相對成文，不連「大」字讀。《荀子・哀公篇》作「大道者，所以變化遂成萬物也；情性者，所以理然不取舍也，是故其事大。句。辨乎天地，察乎日月」，與此文小異，而句法正同。今作「明察乎日月」，則由後人不知大字絶句，而誤以「大辨乎天地」連讀，遂於下句增明字以配之耳。《禮運》篇正義引皇氏説亦誤以「故事大積焉而不苑」八字爲句，蓋古書之失其讀久矣。

君何以謂已重焉。《哀公問於孔子》

樾謹按：此文本作「君何謂以重焉」，「以重」卽已重，以、已古字通也。後人據《小戴記》改作「已重」，因移「以」字於「謂」字之上耳。

利省之不卒也。《禮三本》

樾謹按：《荀子・禮論篇》作「利爵之不醮

也」，此文叚「雀」爲「爵」，因誤爲「省」，説詳王氏《經義述聞》。惟「利爵」之義，盧注不傳，楊倞注《荀子》曰：「祭禮必告利成。利成之時，其爵不卒奠于筵前也。」今按：楊氏所説未盡其義，利謂佐食也。《儀禮·特牲饋食禮》「利洗，散獻于尸。酢及祝，如初儀」，鄭注曰：「利，佐食也，言利以今進酒也。更言獻者，以利待尸，禮將終，宜一進酒，嫌於加酒，亦當三也。不致爵，禮又殺也。」然則利爵卽指此而言。惟云「如初儀」，則上文主人、主婦、賓長三獻，及長兄弟、衆賓長加爵，無不卒爵者，此文乃言不卒，於禮經不合。且不卒爵，又何酢焉，於義亦不可通。所謂「利爵之不卒」者，蓋據大夫儐尸之禮。《有司徹》篇「利洗爵獻于尸，尸酢，獻祝，祝受祭酒，啐酒奠之」，然則不卒者，祝不卒爵也。利既獻尸，尸卒爵酢利，利又獻祝，祝受奠之不卒，示祭事畢也。《少牢饋食禮》注曰「啐酒而不卒爵，祭事畢，示醉也」，是其義矣。

大昏之未發齊也。

樾謹按：齊當讀爲醮，《禮記·郊特牲》篇「壹與之齊」，鄭注曰「齊或爲醮」，是其例也。昏禮父親醮子而命之迎，未發醮者，未致醮也。《吕氏春秋·報更》篇「因發酒於宣孟」，高注曰：「發，猶致也。」父致酒以醮其子，是謂發醮。學者不知齊爲醮之叚字，而以齊戒説之，誤矣。

日月以明。

樾謹按：此當在「四時以洽」之上，其文曰「天地以合，日月以明，四時以洽，星辰以行」。兩句一韻，自此至終篇竝同。今本在「四時以洽」之下，則失其韻矣。《荀子・樂論》、《史記・樂書》皆不誤，可據以訂正。

萬物以倡。

孔氏補注曰：「倡，作也。」

樾謹按：「倡」乃「昌」之叚字，言萬物以之昌大也。《荀子》及《史記》均作「萬物以昌」，可證孔注失之。

聘射之禮廢。《禮察》篇

樾謹按：聘謂聘禮，射謂射禮。古者諸侯貢士於天子，天子試之於射宮，進爵絀地，於此乎在，是天子之射禮，亦所以御諸侯也。故「聘射之禮廢，則諸侯之行惡」矣。今《禮記・經解》篇作「聘覲之禮廢」，疑後人不得其旨而臆改之，非《戴記》之舊。《朝事》篇曰「古者天子爲諸侯不行禮義，不脩法度，不附於德，不服於義，故使射人以射禮選其德行，職方氏、大行人以其治國，選其能功」，可證明此篇之義。

禽獸草木廣育，被蠻貉四夷。

樾謹按：上文云「湯武置天下於仁義禮樂而德澤洽」，此文卽承上而言。「禽獸草木廣育」，以德澤育之也；「被蠻貉四夷」，以德澤被之也。「禽獸草木」文在「廣育」之上，「蠻貉四夷」文在「被」下，正古書句法之變。《漢書》於「被」字上又增「德」字，則文複矣。孔氏廣森謂當於「木」字絶句，讀云「德澤洽禽獸草木，句。廣育被蠻貉四夷」，則變參差之文法而爲整齊。且廣育與德澤虛實不倫，而云「廣育被蠻貉四夷」，義尤未安，不可從也。

今子或言禮義之不如法令。

樾謹按：上文曰「我以爲秦王之欲尊宗廟而安子孫與湯武同」，故此文曰「今子或言禮義之不如法令，教化之不如刑罰」，子字與我字前後相對。《漢書》上文無「我以爲」三字，故此文亦無「子」字，乃後人所删也。戴氏震校聚珍本，以「子」爲衍字，非是。

束其耒云爾者，用是見君之亦有耒也。《夏小正》

孔氏補注曰：「傳意以此農爲農官也。將有事于藉田，故偹君耒。」

樾謹按：如孔説，則但曰「君之耒也」，於文已足，何必曰「亦有」乎？傳意蓋以經文不直曰「農緯耒」，而必曰「農緯厥耒」，厥者，其也，其者，其農民也。以此耒專屬農民，知外此者更有君之耒矣。用民之耒，見君之耒，故曰「用是見君之亦有耒也」。孔氏未達此旨，并以經文農爲農官，失之。

寒日滌。

王氏引之曰：「徧考經傳，無以寒日二字連文者，春日之日亦不得謂之寒日。日當爲曰，曰之爲言爰也，於也。『寒曰滌』者，寒氣於是乎變也。」

樾謹按：以「寒日」二字連讀，誠失之矣。謂「日」字當作「曰」，亦非也。此當以「日滌」二字連讀，「寒日滌」者，言寒氣日以滌也。傳曰「滌也者，變也，變而煖也」，蓋今日變而煖，明日又變而煖，日日不同，故不直曰「寒滌」，而必曰「寒日滌」。滌之義爲除，《周官・條狼氏》注曰：「滌，除也。」變與除義固相近，然傳必訓滌爲變者，正見其日日不同耳。改「日」爲「曰」，則全失其義矣。

緹縞。

樾謹按：「緹」字古《夏小正》當作「是」，是與寔通，寔與實通，故傳曰「是也者，其實也。」上文「梅、杏、杝桃則華」，先言梅、杏、杝桃而後言華，此文「實縞」，先言實而後言縞，猶下文「剥棗栗零」，正古人文法之錯綜。傳曰：「先言緹而後言縞何也？緹先見者也。」此曲爲之説，未必經有此意。如《春秋》經書「隕石于宋五，六鷁退飛過宋都」，《穀梁傳》曰「後數，散辭也。先數，聚辭也」，蓋作傳之體例如此，非經意也。「縞」字從糸，遂并「是」字而亦誤從糸，於是莫知其爲「實」之叚字矣。《爾雅》曰「蕩侯莎，其實媞」，此猶下文「貍子肇肆」傳曰「肆，遂也」，而《爾雅》曰「貍子隸」。蓋由夏至周，歷年既久，古語沿襲，遂爲定名。必執以説此經，則不可通矣。

初俊羔助厥母粥。

樾謹按：經文言初者，如「初歲祭耒」，「初服于公田」，皆以人事言。至禽獸之事，自啟蟄至隕麋角，無一言初者，且不曰「俊羔初助厥母粥」，而曰「初俊羔助厥母粥」，即論文義，亦似未安。疑此經「初」字當在上經「禪」字之上。蓋上經云「往耰黍初禪」，此經曰「俊羔助厥母粥」，因「初」「禪」二字傳寫誤倒，遂於「往耰黍禪」爲句，而其義不可通矣。今正「初禪」二字爲句，謂往耰黍者始著單衣，故傳曰「禪，單也」，文義甚明。此文云「俊羔助厥母粥」，傳曰「俊也者，大也。粥也者，養也。言大羔能食草木而不食其母也」云云。傳義竝不及「初」字，可知「初」字當在上文，而不在本文矣。

鳩則鳴。鳩者，百鷯也。鳴者，相命也。其不辜之時也，是善之，故盡其辭也。

孔氏《補注》曰：「辜，略也。不曰鳴鳩而曰鳩則鳴，是不略之也。不略之者，以記夏至之時也。」

樾謹按：如孔説，當曰「其不辜之記時也」，於文方足，今但曰「時也」，文不成義矣。仍當從舊讀，以「其不辜之時也」六字爲句。「辜」讀作「固」。襄二十七年《公羊傳》「女能固納公乎」，《秦策》「王固不能行也」，何休、高誘注竝曰：「固，必也。」古或以「辜」爲之，故《漢書·律曆志》注引孟康曰「辜，必也」。不辜猶言不必。《詩·七月》篇「七月鳴鵙」，是鵙之鳴盛於七月，今方五月，鵙或鳴或不鳴，故曰「其不辜之時也」，猶言其不可必之時也。又曰「是善之，故盡其辭也」，此解經文則字之義。凡言「則」者，急辭也。於不可必之時而卽記之，所謂「是善之，故盡其辭也」。

主夫出火。主夫也者，主以時縱火也。

洪氏震煊《夏小正疏義》曰：「主，古文作丶。《説文》云『有所絶止，丶而識之也』。主夫出火，謂絶止人出火。主以時縱火，謂絶止人以此時縱火焚燒也。」

樾謹按：九月非出火之時，故訓主爲絶止。然古書言主者，皆是主領之義，洪説恐非傳意也。《周禮·司爟》云「季春出火，民咸從之。季秋内火，民咸從之」，此自周制如此。《小正》於三月無出火之文，然則於九月安得有絶止出火之事，未可據周制以説夏制矣。《月令》「季秋之月，草木黄落，乃伐薪爲炭」，疑此傳所謂「以時縱火」者，卽伐薪爲炭之事，是故九月言出火，猶三月言頒冰。頒冰於三月，爲暑備也；出火於九月，爲寒備也。言各有當，執一以求之，轉近於迂曲矣。

黑鳥浴。

樾謹按：傳曰「浴也者，飛乍高乍下也」，飛乍高乍下何以謂之浴，於義殊不可曉。

「浴」疑當作「俗」，字之誤也。《説文・人部》：「俗，習也。」黑鳥俗，猶黑鳥習也。俗、習雙聲，此「俗」字即讀爲「習」，猶集、就雙聲，而「集」字即可讀爲「就」，《詩・小旻》篇集與猶、咎、道爲韻是也；戎、汝雙聲，而「戎」字即可讀爲「汝」，《詩・常武》篇戎與祖、父爲韻是也。古書用字往往有此。《説文・習部》「習，數飛也」，傳所謂「飛乍高乍下」者，正合數飛之義。後人不知「俗」之即爲「習」，而臆改爲「浴」，則不可通矣。

於時月也，萬物不通。

樾謹按：戴氏震謂此八字應爲《小正》元文，孔氏廣森作《補注》即用戴説，升此八字爲經，然與《小正》一經文法實不相似，疑戴説未爲得也。戴氏之意，直以此傳解經「嗇人不從」，而此八字於「嗇人不從」之義絶遠，故決其非傳文。今按：上文云「不從者，弗行」，是「嗇人不從」業已解訖。又云「於時月也，萬物不通」，則又統解上經也。經云「王狩，陳筋革，嗇人不從」，此三經本爲一事，故傳既每句解訖，又申説狩義於後。按：《管子・五行》篇「令民出獵禽獸，不擇巨少而殺之，所以貴天地之所閉藏也」，然則十有一月王狩，正於天地閉藏之時舉行狩禮，故傳曰：「於是月也，萬物不通。」學者不知此八字爲申説狩義，於是異義横生，誤傳爲經矣。桓四年《公羊傳》「春正月，公狩于郎」，何休注曰：「譏不時也。周之正月，夏之十一月，陽氣始施，鳥獸懷任，草木萌芽，非所以養微。」其説與《小正》不同。蓋《小正》以十一月爲萬物不通之月，故可以狩；而公羊家以十一月爲鳥獸懷任，草木萌芽之月，故不可以狩。師説相傳，各執一説。然而此傳之義，則轉可因以見矣。

於是比選天下端士孝悌閑博有道術者。《保傳》

樾謹按：「孝悌」二字平列，「閑博」二字亦平列。其下云「不博古之典傳，不閑於威儀之數」，然則博者博通典傳，閑者閑習威儀，以後證前，可知「閑博」二字之義。《漢書・賈誼傳》、賈子《新書》竝作「博聞」，乃涉下「博聞强記」而誤。王氏《經義述聞》反以「閑博」爲誤，失之。

習與智長，故切而不攘。

盧辯注曰：「量知授業，故雖勞能受也。」

樾謹按：「攘」字《漢書》及《新書》均作「媿」，然此二句以長、攘爲韻，下二句以成、性爲韻，皆有韻之文，若作媿字，失其韻矣。僖四年《公羊傳》「攘夷狄」，何休注曰「攘，却也」，然則不攘者，不却也，故盧以能受解之。至以勞字解切字，未聞其義。疑《大戴記》原文作「勤而不攘」，故注以爲「雖勞能受」。今作「切」者，字之誤也。《後漢書・桓郁傳》引《禮記》曰「習與知長，則切而不勤」，此「勤」字乃《大戴》之原文。後人竄改，失其本真，而其迹幸未盡泯，尚可考見也。

心未疑而先教諭，則化易成也。

盧注曰：「心未疑，謂未有所知時也。」

樾謹按：未有所知之時，不得謂之未疑，盧注非也。心未疑者，心未定也。《詩・桑柔》篇「靡所止疑」，毛傳曰「疑，定也」，是其義。

簡聞小誦。

樾謹按：「小」當作「少」。簡聞者，聞之簡而不詳也。少誦者，誦之少而不多也。古字少、小通用。《儀禮·鄉飲酒禮》「主人少退」，注曰「少退，少避」，《釋文》作「小避」；《特牲饋食禮》「挂於季指」，注曰「季，小也」，《釋文》作「季，少」；定十四年《左傳》「從我而朝少君」，《釋文》曰「本亦作小君」，正義曰「少君，猶小君也」，竝其證。

古者胎教，王后腹之七月，而就宴室。

盧注曰：「宴室，郟室，次宴寢也。」

樾謹按：「宴室」當從《新書》作「蔞室」。《爾雅·釋宮》「陜而脩曲曰樓」，「蔞」即「樓」之叚字，故盧注以郟室解之，郟即陜也。蔞、宴字形相似，又涉注文「宴寢」而誤耳。若經文是「宴室」，則當爲宴寢之室，盧何知其爲郟室乎？

安陵任周瞻，而國人獨立。

盧注曰：「諸記多爲唐雎。又《賈子·胎教》與此同。安或爲隱。或云：秦破韓滅魏，而隱陵君獨以五十里國存者，周瞻、唐雎之力。」孔氏《補注》曰：「周形近唐，瞻形近雎，竝寫傳之誤。《戰國策》曰『韓魏滅亡，而安陵以五十里之地存者，徒以有先生也』，是其事矣。獨上元本有不字。」

樾謹按：《史記·魏世家》：齊、楚攻魏，而秦救不至。魏人有唐雎，年九十餘矣，曰：「老臣請西說秦王，令兵先臣出。」此事在魏安釐王二十年之前，而其人已九十餘歲。至《國策》所載安陵君使唐雎於秦，有「韓、魏滅亡」之語，則在始皇二十二年之後，相距又三十餘年，計其人已一百數十歲矣，必非一人，乃《國策》之誤，當以此記周瞻爲正。又按：「國人獨立」，甚爲無義，疑《大戴》原文作「安陵任周瞻而國以獨立」。國以獨立，猶國以獨存也。「以」字闕壞，止存右畔「人」字，遂作「國人獨立」

矣。學者疑國人獨立似非美談，遂於「獨」上妄增「不」字，與注所謂「獨以五十里國存者」不合，不足據也。

己雖不能，亦不以援人。《曾子立事》

孔氏《補注》曰：「不引人以自解。」

樾謹按：經文止曰「不以援人」，若如孔注，則經文爲不備矣。《方言》曰「爰，恚也」，援與爰通，「不以援人」者，不以恚人也。小人耻己之不能，因而忌人之能。君子不然，故己雖不能，亦不以援人也。援字得有恚義者，蓋援、愠雙聲。《説文·火部》「煖，温也」，愠謂之援，猶温謂之煖矣。

成人之美。

樾謹按：上文曰「君子不先人以過，不疑人以不信，不説人之過」，此云「成人之美」，與上三句不一律。據《群書治要》「成人」上有「而」字，疑《大戴》原文作「不説人之過而成人之惡」。古人之辭，凡兩事連及者每用「而」字，昭二十年《左傳》「齊豹之盜而孟縶之賊」，《韓子·説林》篇「以管子之聖而隰朋之智」，皆是也。今試連上文讀之曰「君子不先人以過，不疑人以不信，不説人之過而成人之惡」，則文法一律矣。又試連下文讀之曰「存往者，在來者。朝有過，夕改則與之。夕有過，朝改則與之」，皆以改過爲言，與成人之美無涉，益知此文之當作「惡」字，不當作「美」字矣。後人不知此句本蒙「不」字爲義，改爲「成人之美」，傳寫者遂并「而」字節去。阮氏元《曾子注釋》據《群書治要》增「而」字，然未知「美」字爲「惡」字之誤，於義猶未得也。

來者不豫，往者不慎也。

盧注曰：「慎，故於物來者不猶豫，往者無

所慎。」

樾謹按：盧説未了，疑有錯誤。孔氏《補注》曰：「豫，謂未來而推度之也。慎古通以爲順字，順猶遂也。事已往者無所繫戀，不必期於遂成之。」此説不豫之義視盧注爲長，至破慎爲順，又訓爲遂，義亦迂曲。今按：《禮記·儒行》篇「往者不悔，來者不豫」，文與此同，此文「慎」字疑卽「悔」字之誤。襄二十九年《公羊傳》「尚速有悔於予身」，何休注曰「悔，咎」，然則往者不悔，言不追咎也。蓋不推度未來，不追咎已往，皆與人相接忠厚之道，故下文曰「亦可謂忠矣」。

衆信弗主。

盧注曰：「不主，謂僉議所同不爲主。」

樾謹按：「信」乃「言」字之誤，「衆言弗主」與上文「亂言而弗殖，神言弗致也」，下文「靈言弗與，人言不信不和」文法一律。盧注「僉議所同」正釋「衆言」之義。今作「信」者，卽涉下文「人言不信不和」句而誤。

多知而無親，博學而無方，好多而無定者，君子弗與也。

樾謹按：下文云「君子多知而擇焉，博學而算焉，多言而慎焉」，據此則本文「好多」二字亦當作「多言」。蓋傳寫奪言字，又誤衍好字耳。

亟達而無守。

盧注曰：「亟，數也，數自達而無所守。」孔氏《補注》曰：「亟，急也，急於求通達。」

樾謹按：盧訓亟爲數，數亦急也。上文云「行無求數有名，事無求數有成」，注曰「數，猶促速」，此古人以數爲急之證。《爾雅·釋詁》「數，疾也」，《禮記·曾子問》篇

「不知其己之遲數」，鄭注曰「數，讀爲速」。孔氏《補注》當申明數字之義，以存古訓，不必改訓爲急。

巧言令色能小行而篤，難於仁矣。

孔氏《補注》曰：「篤難，甚難也。」

樾謹按：「篤難」二字甚爲不辭，孔注非也。「而」字疑不字之誤。隸書不字或作帀，《司農劉夫人碑》「非禮帀行」是也。其形與而字相似，《論語·雍也》篇「而有宋朝之美」，朱子《或問》引侯氏説曰「而字疑爲不字」。此經本作「巧言令色能小行不篤」，能、而古通用，謂巧言令色而小行不篤也，故曰「難於仁矣」。上文諸句竝用「而」字，此句用「能」字，能、而互用，與《哀公問五義》篇「口不能道善言，志不而邑邑」一律。學者不知「能」字之卽爲「而」字，宜皆不得其解矣。

能取朋友者，亦能取所予從政者矣。賜與其宮室，亦猶慶賞於國也。

孔氏《補注》曰：「所予之予當爲與，賜與之與當爲予，寫者互之。」阮氏元《曾子注釋》曰：「二字古人每通，非誤。」

樾謹按：「所與」字實當作「予」，予字篆作「[illegible]」，其上之⑧乃古文「環」字。《韓子·五蠹》篇曰「自環者謂之私」，予字從古文環會意，乃古「黨與」字也。此文言「所予從政」，正其本義也。「賜予」字實當作「與」，與字從舁從与，舁而与之，乃古「取予」字也。此文言「賜與其宮室」，正其本義也。予、與同聲，古每通用，遂各失其本義。説詳余所著《字義載疑》。孔氏以爲誤固非，阮氏以爲通抑猶未得。古字古義幸而僅存，故特表而出之。

庶人之孝也以力惡食。《曾子本孝》

盧注曰：「分地任力致甘美。」

樾謹按：「以力惡食」義不可通，疑本作「以任善食」，言各以力之所任，甘美其食以養父母也。盧注「分地任力致甘美」，正釋「以任善食」之義。今「任善」二字誤在下句之上，其文曰「任善不敢臣三德」，甚爲無義。盧注又無解，可知「任善」二字不當在下句也。蓋由此句本作「以任善食」，傳寫奪之而補於句末，遂誤置下句之首。此文「力惡」二字則後人竄入，非盧所見之舊也。

可人也，吾任其過；不可人也，吾辭其罪。《曾子立孝》

樾謹按：德州盧氏見曾本謂兩「人」字皆「入」字之誤，孔氏《補注》本徑改爲「入」，戴氏震校本又改爲「不可入也，吾任其過；可入也，吾辭其罪」，其實諸説皆非也。上文雖有「致敬而不忠則不入也」，及「敬以入其忠」二語，然是曾子之言，不得與孔子之言并爲一談。此兩「人」字仍當依本字讀之。人與仁通。《釋名·釋言語》曰：「仁，忍也，好生惡殺善含忍也。」然則「可人也」，猶言可含忍也，親之過小者也；「不可人也」，猶言不可含忍也，親之過大者也。親之過小，吾則任其過；親之過大，吾則辭其罪。下文引《詩》云「有子七人，莫慰母心」，此任過之謂也。又引《詩》云「夙興夜寐，無忝爾所生」，此辭罪之謂也。《禮記·表記》篇「故仁者之過易辭也」，鄭注曰「辭，猶解説也」，「吾辭其罪」者，解説其罪也。然非以空言解説而已，必也夙興夜寐，不敢少息，而後可以無忝所生，故曰「言不自舍也。不恥其親，君子之孝也」。不自舍猶不自息，釋「夙興夜寐」之義也，

「不恥其親」釋「無忝所生」之義也。蓋任過易而辭罪難。任過者任之已耳，辭罪者必有以辭之，非進德修業，安能貽父母令名乎？自來説此經者不達可人、不可人之旨，故所説多失其解。

言必齊色。《曾子事父母》

盧注曰：「嚴敬其色。」

樾謹按：「言必齊色」者，言必正色也。《詩·小宛》篇「人之齊聖」，毛傳曰「齊，正」，《周易·繫辭上傳》「齊小大者存乎卦」，王肅注曰「齊，猶正也」，是其義也。盧但訓爲嚴敬，於義未盡。

故士執仁與義而明行之。未篤故也，胡爲其莫之聞也。《曾子制言》

樾謹按：此當於「行之」絶句。《誥志》篇曰「明，孟也」，《禹貢》「孟豬」，《史記·夏本紀》作「明都」，是明與孟聲近而義通。《爾雅·釋詁》「孟，勉也」，故「士執仁與義而明行之」，謂執仁與義而勉行之，此「明」字卽讀如「孟勉」之「孟」。《群書治要》作「執仁與義而不聞此」，由不知「明」字之義而臆改之，不可從也。「未篤故也」二句乃古人文法上下互見之妙，蓋謂其莫之聞也由於未篤之故，篤則胡爲其莫之聞也。猶上文曰：「天下無道故。句。若天下有道，則有司之所求也。」「天下無道」上亦有省文，言所以得免者，天下無道故也。盧氏讀「天下無道故若」爲句，失其義，因失其讀矣。

使之爲夫人則否。

盧注曰：「夫人，行無禮也。」

樾謹按：盧注未明。《淮南子·本經》篇「夫人相樂」，高注曰：「夫人，衆人也。」《漢書·賈誼傳》「夫將爲我危」，師古注曰：「夫，夫人也，亦猶彼人耳。」然則夫人者，外之之辭，蓋言他人也。「爲」字讀如《論語》「爲衛君乎」之「爲」，鄭注曰：「爲，猶助也。」「使之爲夫人則否」，言使之助他人則否也。此節本論君子爲弟之道，此句卽外禦其侮之意。

行無據旅。

盧注曰：「守直道無所私。」

樾謹按：「據旅」猶「旅距」也。《後漢書·馬援傳》「黠羌欲旅距」，李賢注曰：「旅距，不從之貌。」距從巨聲，據從豦聲，兩聲相近。《說文·酉部》「醵或作酟」，是其證也。故「距」字可通作「據」。彼言「旅距」，此言「據旅」，語有到順耳。凡雙聲疊韻之字，往往如此。「行無據旅」卽「行無旅距」，蓋言其行之無所違也。盧注尚未達古語。

苟若此，則夫杖可因篤焉。

盧注曰：「言行如此，則其所杖者皆可因厚焉。」

樾謹按：盧注於義未得。阮氏《曾子注釋》謂此句及上文「使之爲夫人則否」兩「夫」字竝「老」字之譌，尤爲不安。此文曰「近市無賈，在田無野，行無據旅，苟若此，則夫杖可因篤焉」，與上文各自成義，初不相蒙，安得謂皆老字之譌乎？汪氏中《大戴正誤》引朱氏筠說，謂「杖」乃「材」之譌，此說得之。《中庸》曰「故天之生物，必因其材而篤焉」，曾子、子思竝述孔門之緒論，故辭旨相近。上文「近市無賈」三句，盧注均失其解。今按：「近市無賈」，言雖近市而無商賈之心也；「在田無野」，言雖在田而無鄙野之態也；「行無據旅」，說已見前矣。人能如此，其材之美可知，故曰「苟若此，則夫材可因篤焉」，言可因而篤之也。隸書「材」字或作「杙」形，與「杖」似，因譌爲「杖」，而義不可通矣。

其功守之義，有知之，則願也；莫之知，苟吾自知也。吾不仁其人，雖獨也，吾弗親也。

樾謹按：「其功守之義」五字乃盧注之誤入正文者，孔本、阮本已訂正矣。「有知之」至「吾弗親也」二十六字當在下文「故君子無悒悒於貧」之上，其文曰：「有説，我則願也；莫我説，苟吾自説也。有知之，則願也；莫之知，苟吾自知也。吾不仁其人，雖獨也，吾弗親也。故君子無悒悒於貧，無勿勿於賤，無憚憚於不聞。」今誤移在前，則有知、有説兩文不得以類相從矣。蓋因下文「故君子不假貴而取寵」亦有「故君子」三字，致成此誤，先儒未及訂正。

直行而取禮，比説而取友。

樾謹按：「比説」二字義不可曉，疑「比説」乃「宛言」二字之誤，句上又奪不字。「直行而取禮，不宛言而取友」，二句反覆相明。下文曰「是以君子直言直行，不宛言而取富，不屈行而取位」，是其證也。直行而取禮，則直言可知矣；不宛言而取友，則不屈行可知矣，其義蓋互見也。「宛」字下半與「比」相似，又涉上文「不比譽」而誤作「比」。「言」字卽「説」字左旁，又涉下文「有説我」而誤作「説」。學者又不知此兩句反覆相明，遂删去「不」字，非《大戴》之舊矣。

意亦忽不可得見與。《武王踐阼》

盧注曰：「言忽然謂不可得見。」

樾謹按：《爾雅·釋詁》「忽，滅盡也」，是忽與滅同義，故《詩·皇矣》篇「是絶是忽」，毛傳曰「忽，滅也」。「忽不可得見」，言滅沒不可得見，非忽然之謂。

安樂必敬。

樾謹按：此與下文「前右端之銘『無行可悔』，後左端之銘『一反一側，尔不可不志』，後右端之銘『所監不遠，視爾所代』」通爲一韻。「敬」字乃「苟」字之誤。《説文・苟部》：「苟，自急敕也。」安樂必苟，言雖處安樂，而必自急敕也。學者多見敬，尠見苟，因加攴作「敬」耳。《廣雅・釋詁》「亟，敬也」，亟與苟古字通，故《爾雅・釋詁》「亟疾」之亟，《釋文》曰「字又作苟」。然則苟之與敬，義自可通，但作敬則失其韻矣。下文「尔不可不志」，今本誤作「亦不可以忘」，王氏引之已訂正，惟未正「敬」字之誤，故於韻仍未盡得耳。

食自杖，食自杖。

盧注曰：「無求醉飽，自杖而已。」

樾謹按：自杖之義與食不合。下文「無懃弗及，而曰我杖之乎？」孔氏《補注》曰：「杖，朱子謂別本作枝。今以韻讀之，當從枝字。」然則此文兩「杖」字疑亦「枝」字之譌。枝與支通。《保傅》篇「燕支地計衆」，注曰：「支，猶計也。」「食自枝」者，每食必自計度，不過於醉飽也。又按：下文「矛之銘曰：『造矛造矛』」，盧注曰：「重言造矛，見造矛之不易也。」此文亦是重言，而盧不注，疑其所見本作「飲自枝，食自枝」。蓋觴所以飲，豆所以食也。若重言食而不及飲，則與觴無與矣。卽盧注「醉飽」二字，知經文必以飲食竝言，可據以訂正。

戒之憍，憍則逃。

樾謹按：此兩句乃上履屨之銘，誤移在此者也。蓋履屨之銘曰「慎之勞，勞則富。戒之憍，憍則逃」，兩文相對。觴豆之銘曰「飲自枝，食自枝」，以飲食竝言，其義已足。今誤移「戒之憍」兩句於「食自枝」之下，則文義不倫矣。此兩句盧氏無注，疑其所見本無此兩句也。

夫子之門，蓋三就焉。《衛將軍文子》

盧注曰：「大成，次成，小成也。」

樾謹按：《禮記・學記》篇但有大成、小成，而無次成之説，盧氏此注殊爲無稽。「三就」者，三帀也。《周官・典瑞職》「繅藉五采五就」，鄭司農云「五就，五帀也，一帀爲一就」，然則三就是三帀明矣。《説苑・修文》篇「如矩之三雜，規之三雜，周則又始，窮則反本也」，三雜亦即三帀也。《淮南子・詮言》篇「以數雜之壽憂天下之亂」，高注曰「雜，帀也」，是其證也。此經言三就，《説苑》言三雜，其義竝爲三帀，蓋古有此語。夫子之門三就，言其多也。《家語・弟子行》篇作「蓋有三千就焉」，此乃王肅不達古語而臆改。或欲據以增入《戴記》，謬矣。

故國一逢有德之君，世受顯命，不失厥名，以御于天子以申之。

樾謹按：「故國一逢有德之君」至「以御于天子」二十一字當在「孔子説之以《詩》」之上，其文曰：「夙興夜寐，諷誦崇禮，行不貳過，稱言不苟，是顔淵之行也。故國一逢有德之君，世受顯命，不失厥名，以御于天子。孔子説之以《詩》，《詩》云『媚兹一人，應侯順德。永言孝思，孝思惟則』，以申之。」下文説冉雍之行曰：「《詩》云『靡不有初，鮮克有終』，以告之。」彼文「以告之」三字即繫詩詞之後，則此文「以申之」三字亦宜繫詩詞之後。今羼入此數語，則文義不屬矣。

君陳則進，不陳則行而退。

盧注曰：「陳，謂陳其德教。」

樾謹按：「陳」古文作「陣」，與「伸」字相似。此文兩「陳」字皆「伸」字之誤也。伸與信通，師古注《漢書》每云「信讀曰申」，是其證也。「君伸則進，不伸則行而退」，謂君信己則進，君不信己則退也。盧以「陳」字釋之，故義不可通矣。

自設於隱栝之中。

樾謹按：「設」當讀爲「翕」。《尚書・盤庚中》篇「各設中于乃心」，漢石經「設」作「翕」，是設與翕古字通也。《爾雅・釋詁》「翕，合也」。「自翕于隱栝之中」，謂自合於隱栝之中也。《群書治要》引《尸子・勸學》篇作「自娱於檃栝之中」，蓋「設」譌作「誤」，後人因改爲「娱」耳。或反以「娱」字爲是，失之甚矣。

群經平議卷十七

群經平議卷十八

德清俞樾

大戴禮記二

闇昏忽之意。《五帝德》

王氏念孫曰："『闇昏忽之意』不辭，昏字蓋盧注之誤入正文者，《家語》正作『闇忽之意』。"

樾謹按："昏"乃"曶"字之誤，《説文·日部》"曶，尚冥也"，《史記·司馬相如傳》"曶爽闇昧"，此以闇曶連文，義正相近。古字曶忽通用，《漢書·楊雄傳贊》"時人皆曶之"，曶即忽也。《大戴》原文本作"闇曶之意"，《家語》作"闇忽之意"，文異而義同。"曶"誤爲"昏"，學者據《家語》校正作"忽"，而傳寫兩存之，遂爲"闇昏忽"矣。王氏以"昏"字爲盧注之誤入正文者，非是。

東至于蟠木。

孔氏《補注》曰："《海外經》曰：『東海中有山焉，名曰度索。上有大桃樹，屈蟠三千里』，裴駰謂蟠木即此也。"

樾謹按：蟠木即榑木也。《淮南·時則》篇"榑木之地"，高注曰"榑木，榑桑"，《吕氏春秋·求人》篇"禹東至榑木之地"，此云"東至于蟠木"，文與彼同，蟠與榑一聲之轉耳。《荀子·富國篇》"則國安于盤石"，楊注曰："盤石，盤薄大石也。"榑木猶盤石，竝取盤薄之義。《文選·海賦》注引《聲類》曰："磐，大石也。"《説文》無"磐"字，而有"榑"字，實皆後出之字。以其言石，故字從石；以其言木，故字從木耳。此作「蟠」者，「蟠」與「盤」通，「榑木」字通作「蟠」，猶「磐石」字通作「盤」也。東方者春，盛德在木，故有盤薄之大木。必以度索桃樹實之，鑿矣。

其服也士。

孔氏《補注》曰：「服士之服，尚質儉也。」

樾謹按：天子與士不得同服，孔説非也。士當讀爲事。上句云「其動也時」，言順其時也。此句云「其服也事」，言順其事也。祭祀、軍旅、田獵之類各有當服之服，服從其事，是謂「其服也事」。士與事通。《論語》「雖執鞭之士」，《鹽鐵論・貧富》篇作「雖執鞭之事」；《荀子・致仕篇》「然後士其刑賞而還與之」，楊注曰「士當爲事」；《詩・褰裳》篇、《東山》篇、《祈父》篇、《桓》篇毛傳竝曰「士，事也」，是士與事聲近義通之證。

南撫交趾大教。

孔氏《補注》曰：「大，大人，汪芒氏之國也。教，教民也。其爲人黑，《山海經》有焉。」

樾謹按：「大教」卽大交也。《通鑑前編》引《書大傳》「中祀大交」與「秋祀柳谷」、「冬祀幽都」對文，鄭注曰：「南交稱大交，《書》曰『宅南交也』。」然則大交爲南方之地，猶柳谷爲西方之地，幽都爲北方之地也。此作「大教」者，教與交聲近。《孟子・滕文公》篇「校者，教也」。交之爲教，猶校之爲教矣。孔氏以大人教民釋之，非是。

黄帝娶于西陵氏之子，謂之嫘祖氏，産青陽及昌意。《帝繫》

王氏引之曰：「『氏産青陽』之氏讀爲是，古書是字多作氏，説見惠氏《儀禮古義》。後几『氏産』二字相連者放此。又下文『昆吾者，衛氏也』以下六氏字亦放此。」

樾謹按：上文有「是爲帝嚳」、「是爲帝堯」諸「是」字，下文有「是爲昆吾」、「是爲參胡」諸「是」字，本篇「是」字十一見，竝不叚「氏」爲之，何以「是產」之是必叚「氏」爲之乎？王説非也。此仍當以「氏」字上讀，謂之「嫘祖氏」，與下文「謂之昌濮氏」、「謂之女禄氏」、「謂之高緺氏」、「謂之女隤氏」句法一律，蓋古人自有此稱。若從王説，以「氏」字下讀，則下文「帝堯娶于散宜氏之子，謂之女皇氏。帝舜娶于帝堯之子，謂之女匽氏」，皆不言其所産，此二「氏」字將何屬乎？可知其非矣。下文「昆吾者，衛氏也」六「氏」字，戴氏震亦疑其不可通，謂當從《世本》作「是」，孔氏《補注》曰「氏，是也」。今按：此文所稱衛氏、韓氏、彭氏、鄭氏、邾氏、楚氏，猶上文言西陵氏、蜀山氏也。西陵、蜀山皆國名，而以氏稱之，然則衛、韓之屬亦皆國名，豈不可以氏稱乎？《勸學篇》「蘭氏之根，懷氏之苞」，孔注曰「氏，語詞」，誠如此解，則篇中諸「氏」字皆可通矣，不必改讀也。

帝嚳卜其四妃之子，而皆有天下。

樾謹按：此本作「皆而有天下」。而、能古通用，「皆而有天下」者，言皆能有天下也。後人不達「而」字之義，誤移之「皆」字之上，則義不可通。《禮記·檀弓》及《詩·生民》篇正義引此文，竝删去「而」字矣。

失言勿踦。《子張問入官》

盧注曰：「踦，邪也。出言既失，勿爲邪途以成之。」

樾謹按：「失言勿邪」義不可通，盧説非也。「踦」當爲「倚」。僖三十三年《公羊傳》「匹馬隻輪無反者」，何注曰「隻，踦也」，《穀梁傳》作「匹馬倚輪無反者」，是踦與倚古字通。《說文・人部》：「倚，依也。」《老子》「禍兮福所倚」，注曰：「倚，因也。」然則倚有因依之義，謂過失之言勿更因依之以爲說也。

且夫忿數者獄之所由生也。

樾謹按：此數字當讀如「范宣子親數之朝」之「數」。忿怒而數責人過，此獄之所由生也。盧校云「數疑敖字之誤」，孔《補注》云「數音促數之數」，均未得其旨。

量之無狡民之辭。

盧注曰：「狡，害也。恒言無害也。」

樾謹按：「狡」當讀爲「校」，校之言校量也。上文曰「臨之無抗民之志，勝之無犯民之言」，此文曰「量之無校民之辭」，三句文義一律。臨之則似乎抗之矣，而無抗民之志；勝之則似乎犯之矣，而無犯民之言；量之則似乎校之矣，而無校民之辭，所以身安譽至也。盧注未得。

惆悦者情之道也。

盧注曰：「言調悦者治人情之道也。」

樾謹按：如盧注，必增出「治」字，於義方足，殆非也。「道」當爲「首」。上句曰「躬行者政之始也」，此句曰「調悦者情之首也」，兩句一律，言政以躬行爲始，情以調悦爲首也。古字首與道通。《周書・芮良夫》篇「子小臣良夫稽道」，《群書治要》作「稽首」，《史記・秦始皇紀》「追首高明」，《索隱》曰「會稽刻石文首作道」，竝古人叚「道」爲「首」之證。

邇臣便辟不正廉，而群臣服汙矣。

盧注曰：「服，事也。汙，濫也。」

樾謹按：事汙之語不可通，「服」當爲「僕」，聲之誤也。上文曰「邇臣便辟者，群臣僕之倫也」，故此文曰「邇臣便辟不正廉，而群臣僕汙矣」，正承上文而言。盧據誤本作注，失于訂正。

司會均入以爲軜。《盛德》

樾謹按：「均入」二字盧注無解，其義亦不可曉，疑「均入」當作「均人」，字之誤也。天官之司會主天下之大計，地官之均人主平土地之力政，其職竝重，故竝言之。

以之禮則國定。

孔氏《補注》曰：「按下文『貧則飭司空』，此爲對文，似定當作富，字形之誤也。」

樾謹按：定與富雖皆從宀，然字形絶不相似，無緣致誤。「定」疑當爲「足」，此云「以之禮則國足」，故下文云「貧則飭司空」也。必謂貧宜與富對，失之拘矣。

以財投長曰貸。《千乘》❶

樾謹按：「貸」字義不可通，乃「貨」字之誤。《尚書・吕刑》説五過之疵有曰惟貨者，即此是矣。上文曰「利辭以亂屬曰讒」，讒之與貨，古人竝戒之，《中庸》「去讒賤貨」是也。貨、貸形似，因而致誤。或謂貸讀爲慝，古書雖多以讒慝竝言者，然與以財投長之義不合，不可從也。

陳刑制辟，以追國民之不率上教者。

孔氏《補注》曰：「追，窮捕之也。」

樾謹按：《周官・追師職》鄭注曰：「追，猶治也，《詩》云『追琢其璋』。」賈疏云：「引《詩》『追琢其璋』者，證追是治玉石之名。」蓋治玉石謂之追，故追有治義。「追國民之不率上教」，謂治其不率者也。孔以窮捕釋之，非是。

臣願君之立知而以觀聞也。《四代》

❶ 「《千乘》」，原脱，今據上下文例補。

孔氏《補注》曰：「言公不能行，但可守其所知，以觀其所聞。」

樾謹按：知猶見也，《吕氏春秋・自知》篇「文侯不説，知於顔色」，高注曰：「知猶見也。」此文以知與聞對，猶以見與聞對，所知者謂近者也，所聞者謂遠者也。「立知而以觀聞」，猶言立近而以觀遠。孔氏未得其義。

於時鷄三號以興，庶虞庶虞動蜚征作。

樾謹按：「庶虞」二字不當疊，疊者衍文也。「於時鷄三號以興」七字爲句，興卽謂鷄也。鷄夜而伏，晨而興，故曰「三號以興」也。學者誤讀以「興庶虞」爲句，遂重出「庶虞」字耳。楊氏大訓本「庶虞」字不疊，當據以訂正。

願富不久妨於政。

孔氏《補注》曰：「不久，無恒也。」

樾謹按：無恒之義與願富不屬，孔説非也。久當讀爲宊。《説文・宀部》「宊，貧病也」，《廣雅・釋詁》「宊，貧也」，是宊有貧義，故與富爲對文。《詩・召旻》篇「維昔之富不如時，維今之疚不如茲」，《釋文》曰「疚字或作宊」，是其證也。「願富不宊」，謂願常富而不貧也。

昔有虞戴德何以。《虞戴德》

孔氏《補注》曰：「問民戴舜之德何以致之。」

樾謹按：此言有虞之戴德，非言民戴有虞之德也，孔注誤矣。「戴」當讀爲「載」，古字通用。《詩・絲衣》篇「載弁俅俅」，《爾雅・釋言》注引作「戴弁俅俅」，《禮記・郊特牲》篇「載冕璪」，《釋文》曰「載，本亦作戴」，竝其證也。「載德何以」與《四代》篇「載事何以」文法一律。孔氏彼注曰「載，行也」，「載德何以」亦謂行德何以也。下文曰「深慮何及？高舉安取？」竝以舜言，不以民言，可知孔注之非矣。

有臣不事君必刄。

孔氏《補注》曰：「刄，殺也。」

樾謹按：訓刄爲殺，於義未安，刄當爲忍。《詩・將仲子》篇毛傳「彊忍之木」，《抑》篇鄭箋「柔忍之木」，《釋文》竝曰：「忍，本作刄。」蓋忍從刄聲，古文以聲爲主，故或即以刄爲之。「必刄」即「必忍」，所謂人將忍君也。上文云「有子不事父不順」，此云「有臣不事君必忍」，不順與必忍語有輕重，而大意略同。若以本字讀之而訓爲殺，則與上句不倫矣。

堅物。

樾謹按：「堅」乃「畫」字之誤，物者射時所立處也，畫物即《大射儀》所謂「若丹若墨，度物而午」者也。字誤爲「堅」，義不可通。楊氏大訓本又改爲「豎」，物畫于地，非豎立于地也，安得言豎歟？孔氏《補注》從楊氏作「豎」，遂訓物爲獲旌。按：《鄉射記》「旌各以其物」，鄭注曰：「雜帛爲物，大夫士之所建也。」此文言天子射宮之事，不當建物。

以此怨省而亂不作也。《誥志》

樾謹按：「以此」當作「此以」。《千乘》篇曰「此以怨省而亂不作也」，與此篇文同。今作「以此」者，傳寫誤到之耳。楊氏大訓本不誤，可據以訂正。

在國統民如恕，在家撫官而國。

孔氏《補注》曰：「如，而也。而，如也。君統民而能恕，大夫撫私臣如在國。」

樾謹按：孔以下「而」字爲如字，是也；以上「如」字爲「而」字，非也。上「如」字乃本字，下「而」字爲「如」之叚字。《孟子・離婁》篇「文王視民如傷，望道而未之見」，上句用「如」字，下句用「而」字，正與此同。「恕」當爲「帑」，字之誤也。《禮記・中庸》篇「樂爾妻帑」，鄭注曰：「古者謂子孫曰帑。」「統民如帑」猶言愛民如子也。「帑」誤作「恕」，因并「如」字之解而失之，且與下句義不一律矣。

川谷不處。

樾謹按：「處」乃「虚」字之誤。上文云「川澤不竭」，此文云「川谷不虚」，虚與竭同義。《淮南子・説林》篇「川竭而谷虚」，高注曰「虚，無水也」，是其義也。虚、處形近，因而致誤。《荀子・大略篇》「仁非其里而虚之，非禮也」，「虚」乃「處」字之誤，楊注讀爲「居」，非也。此「虚」字誤爲「處」，彼「處」字誤爲「虚」，正可互證。

雒出服。

孔氏《補注》曰：「服，馬也。圖書靈異之物，不必河恒出馬，雒恒出龜，故於雒言服，亦互見之。」

樾謹按：孔注乃曲説也。洪氏頤煊《孔子三朝記注》曰「服讀爲負，謂神龜負文以出」，義亦未安。今按：服從𠬝，𠬝從卩，卩，事之制也，故鄭石制字子服，是服有法制之義。《吕氏春秋・樂成》篇「都鄙有服」，高注曰「服，法也」，今誤於「法」下衍「服」字，義不可通，辩見《諸子平議》。此云「雒出服」，猶云雒出法也。《漢書・五行志》曰「禹治洪水，賜雒書，法而陳之，《洪範》是也」，此即雒出法之義。説者不知服之爲法，故失其解矣。

其老觀其意憲慎。《文王官人》

孔氏《補注》曰：「憲，法也。《學記》曰『發慮憲』。」

樾謹按：《學記》以「發慮憲」、「求善良」爲對文，良猶善也，則憲猶慮也。原憲字子思，是憲有思義，故義與慮同。此云「其意憲慎」者，言其意思慎也。《周書・官人》篇曰「其老者觀其思慎」，可證此文「意憲」之義。若訓憲爲法，則兩字不倫矣。

二曰方與之言以觀其志，志殷如湥。

樾謹按：「方與之言以觀其志」八字當在「此之謂觀誠也」之上，「志殷如湥」句上當有「其」字，説詳《周書》。

喜怒以物而變易知。

樾謹按：「知」字當在「變易」之上，「知」讀爲「志」。《禮記・緇衣》篇「爲上可望而知也，爲下可述而志也」，鄭注曰：「志，猶知也。」此經云「喜怒以物而知變易，煩亂之而志不裕」，知志互用，正與彼同。彼志猶知也，此知猶志也。學者不解「知」字之義，誤移於「變易」之下，則義不可通。《周書・官人》篇作「喜怒以物而心變易」，心亦猶志也。以《周書》句法證之，可見此文之誤。

執之以物而遬決。

樾謹按：「執之以物」義不可通，「執」當爲「慹」。《漢書・陳萬年傳》「豪彊執服」，師古注曰「執，讀曰慹」，是其例也。《説文・心部》「慹，悑也」，「悑」即今「怖」字。「慹之以物」猶怖之以物，與下句「驚之以卒」文義一律。

雖欲故之中，色不聽也。

盧注曰：「言雖欲故隱之於中，而無奈色見於外。」

樾謹按：盧讀「中」字絶句，是也，惟「故」字尚未得其解。故與固通，《史記・魯周公世家》「咨於固實」，徐廣曰「固，一作故」，《儀禮・士昏禮記》「某固敬具以須」，《白虎通・嫁娶》篇作「某故敬具以須」，《論語・子罕》篇「固天縱之將聖」，《論衡・知實》篇作「故天縱之將聖」，竝其證也。《漢書・楊雄傳》師古注曰「固，閉也」，《吕氏春秋・音律》篇「黄鐘之月，土事無作，慎無發，蓋以固天閉地」，是固與閉同義。「雖欲固之中」猶言雖欲閉之中也。《周書・官人》篇「故」作「改」，乃字之誤。朱氏右曾作《周書集訓》，遂讀「雖欲改之」爲句，「中色弗聽」爲句，「中色」二字於義難通矣。

小讓而好大事。

樾謹按：「事」當作「叓」。《玉篇・受部》「爭」下有古文「叓」，「小讓而好大叓」卽小讓而好大爭也，《周書》作「小讓而爭大」是其證。學者尟見「叓」字，因改爲「事」耳。

分白其名以私其身。

樾謹按：此當作「白分其名以私其身」。「白」非「黑白」之「白」，乃「自」字也。《說文・白部》曰「白，此亦自字也」，百字從白，古文作百從自，是白自同字，「白分其名」卽自分其名。學者不識「白」字，而誤移之「分」字之下，失之矣。《周書》作「自以名私其身」，雖字句小異，而正作「自」字，可以爲證。

明知賢可以徵，與左右不同而交，交必重己。

盧注曰：「言知其賢而不與交，交必取其重己者也。」

樾謹按：「而交」當作「不交」。「明知賢可以徵，與左右不同不交」，正注所謂「知其賢而不與交」也。若如今本，則與注義不合矣。而、不形似，往往致誤，說見《曾子立事》篇。

微忽之言。

盧注曰：「謂微細及忽然之語。」

樾謹按：忽亦微也。《孫子算經》曰「蠶所吐絲爲忽，十忽爲秒」，是忽乃一絲之名，物之至微者。字亦作「緫」，《廣雅・釋詁》曰「緫，微也」，曹憲音忽」，是緫即忽也。《漢書・律曆志》曰「無有忽微」，此云「微忽」，猶彼云「忽微」，二字一義，盧注失之。

人有六徵，六徵既成，以觀九用，九用既立。

樾謹按：「以觀九用」之下即當繼以「一曰取平仁而有慮者，二曰取慈惠而有理者」云云，於文方合。如下文「九用有徵，乃任七屬」，即繼以「一曰國則任貴，二曰鄉則任貞」云云，是其例也。「九用既立」四字當在下文「此之謂九用也」之下。傳寫者誤移于此，則文氣隔絶矣。

脯醢陳于房中。《諸侯遷廟》

盧注曰：「房，西房也。諸侯左右房也。」汪氏中《大戴禮記正誤》「房，東房也」。喜孫按：「各本東房作西房。《戴氏文集》曰：『西字别本或作曰，或作由，據禮訂之當作東房。』先君校正此字與戴合。」

樾謹按：盧氏以此經言諸侯之禮，故以房爲西房，又申説之曰「諸侯左右房也」，正見其與他經言士大夫之禮不同。若作東房，則無庸申説矣。《荀子・正論篇》曰：「執薦者百人侍西房。」楊注曰：「薦，謂薦陳之物，籩豆之屬也。」然則脯醢當在西房，古書自有明文，足證戴氏、汪氏改西爲東之謬。

卿大夫有司執事者皆出廟門，告事畢，乃曰擇日而祭焉。

樾謹按：「告事畢」下文有奪誤，當作「君

曰：『諾。』乃擇日而祭焉」。下篇《諸侯釁廟》禮「宗人曰：『釁某廟事畢。』君曰：『諾。』」卽其例也。今本奪「君」字、「諾」字，而「乃」字又誤移「曰」字之上，❶則義不可通矣。

是故昔者先王學齊大道，以觀於政。《小辨》

洪氏頤煊《孔子三朝記注》曰：「齊，同也。」

樾謹按：「齊」當讀爲「濟」。下文曰「如此猶恐不濟，奈何其小辨乎？」洪注曰：「濟，成也。」然則「學濟大道」者，學成大道也，上下文義相應。齊之與濟，古字通耳，不當以齊同釋之。

爾雅以觀於古，足以辨言矣。

盧注曰：「爾，近也，謂依於雅頌。孔子曰：『詩可以言，可以怨。邇之事父，遠之事君，多識鳥獸草木之名也。』」孔氏《補注》曰：「爾雅卽今《爾雅》書也。《釋詁》一篇周公所作。詁者古也，所以詁訓言語，通古今之殊異，故足以辨言。」

樾謹按：上文云：「循弦以觀於樂，足以辨風矣。」循弦者，循乎弦也，則爾雅者，爾乎雅也，不得以爾雅爲書名，孔說非也。盧注謂依乎雅頌，則是觀樂辨風之事，而非觀古辨言之事矣，其說亦未盡得。今按：雅之言故也。《史記·高帝本紀》「雅不欲屬沛公」，《集解》引服虔曰：「雅，故也。」《漢書·張禹傳》「忽忘雅素」，是雅與素同，素亦猶故也。《方言》「舊書雅記」，是雅與舊同，舊亦猶故也。《孟子》曰：「天之高也，星辰之遠也，苟求其故，千歲之日至可坐而致也。」「爾雅以觀於古」蓋卽此義，謂欲觀於古者當依乎故以求之也。若

❶ 上「字」，原作「宇」，今據清經解續編本改。

謂依乎雅頌，失其義矣。至《爾雅》一書，其名義卽取之此，「爾雅」猶言近古也。《釋名·釋典蓺》曰「爾，昵也，昵，近也。雅，義也，義，正也。五方之言不同，皆以近正爲主也」，張晏《漢書注》亦云「爾，近也。雅，正也」，恐非古人命名之旨。

禮樂而力忠信其君其習可乎。

樾謹按：「君其習」三字當在「禮樂」之上，其文曰：「君其習禮樂而力忠信，其可乎？」傳寫者奪「君其習」三字，而誤補之「其」字之下，義不可通。楊氏大訓本遂於「禮樂」上加「行」字以足其句，而孔本從之，誤也。

禮樂不行，而幼風是御。《用兵》

盧注曰：「任童幼之人使專政。」

樾謹按：上文已言「疎遠國老，幼色是與」矣，彼對國老言，此對禮樂言，則兩「幼」字文同義異，且童幼之人亦不得謂之幼風，盧注非也。洪氏《三朝記注》曰：「幼風，謂幼眇之樂。《漢書》曰：『每聞幼眇之聲，不知涕泣之橫集』，卽所謂靡靡之音也。御，陳也。」今按：洪説得之矣，而有未盡者。「幼」當讀爲「幽」，《誥志》篇曰「幽，幼也」，《史記·曆書》亦曰「幽者，幼也」，是幽與幼聲近義通。《禮記·玉藻》篇「再命赤韍幽衡」，鄭注曰「幽讀爲黝」，然則幼之讀爲幽，猶幽之讀爲黝也。是故幼眇卽幽眇也，幽風者幽眇之風也。風者聲也，風之所至必有聲，故曰風聲，文六年《左傳》「樹之風聲」是也。因而古人卽謂聲爲風。《管子·宙合》篇「君失音則風律必流」，風律卽聲律也。《輕重己》篇「吹壎篪之風」，猶言壎篪之聲也。《淮南·原道》篇「結激楚之遺風」，高注曰：「遺風，猶餘聲。」

昔堯取人以狀，舜取人以色，禹取人以言，湯取人以聲，文王取人以度，此四代五王之取人以治天下如此。《少閒》

盧注曰：「四代據文距殷。或曰：文王取人以度四代，謂兼之也。」

樾謹按：據注則四代上無此字。自堯至文謂之四代者，蓋堯、舜合爲一代也。孔子删《書》而《堯典》、《舜典》同謂之《虞書》，是其證矣。盧説不了，所引或説以四代上屬，更失其讀。

作宫室高臺汙池土察以民爲虐。

盧注曰：「汙，窪也。察，深也，言洞地爲池也。」孔氏《補注》曰：「察之字從宀，土察蓋窟室之屬與?」

樾謹按：盧説固非，孔説更爲無據。疑「土察」二字不連上讀，「作宫室高臺汙池」其文已足。「土察」當爲「土蔡」。《説文·丯部》：「丯，艸蔡也，象艸生之散亂也。讀若介。」哀元年《左傳》「以民爲土芥」，「芥」即「丯」字，因「丯」讀如「介」，故即以「介」爲之，而又叚用從艸之「芥」耳。此文言「土察」，猶彼文言「土芥」也。「察」者「蔡」之叚字，猶「芥」者「丯」之叚字也。疑《大戴》原文本作「以民爲土察」，猶云以民爲土芥也。「以民爲」三字傳寫偶奪，而校補者誤著之「土察」二字之下，則文不成義，遂據下文説紂事有「以爲民虐」之文，臆增「虐」字。不知「以爲民虐」文義可通，「以民爲虐」文義不可通，即此知非《大戴記》原文矣。

以客事天子。

盧注曰：「客事天子，謂忍而臣之也。」

樾謹按：據盧注，則「客」乃「容」字之誤，盧注「忍而臣之」，蓋取容忍之義。洪氏頤煊謂「客當作愙，愙，敬也」，於義雖通，然恐非盧氏所見之舊。

水土未絪。

盧注曰：「絪猶亂，《韓詩外傳》『陰陽相勝，氛祲絪氲』也。」

樾謹按：盧説迂曲，殆非也。「絪」當讀爲「垔」。《説文・土部》：「垔，塞也。《尚書》曰『鯀垔洪水』。」字亦作「堙」，襄二十五年《左傳》「井堙木刊」，《國語・周語》「墮高堙卑」，杜、韋注竝曰：「堙，塞也。」此文叚「絪」爲「垔」者，絪從因聲，與垔聲相近。「煙」之或體作「烟」，即其例矣。「水土未垔」，謂水土猶未垔塞也。

糟者猶糟，實者猶實，玉者猶玉，血者猶血，酒者猶酒。

樾謹按：「酒者猶酒」句當在「糟者猶糟」之下，二語相對成文，糟濁而酒清也。「玉者猶玉，血者猶血」二語亦相對成文，玉白而血赤也。《山海經・南山經》「侖者之山有木名白䓘，可以血玉」，然則玉者本色，血者染色，古有此語，故以爲對文耳。「實者猶實」句或別有對文，❶而今闕之，或衍句也。自《千乘》以下七篇爲《孔子三朝記》傳寫奪誤，視餘篇尤甚，故學者多不能讀，往往失其解矣。

與之大射，以考其習禮樂，而觀其德行。《朝事》

樾謹按：「習」字衍文也。「考其禮樂」、「觀其德行」相對成文，不應有「習」字，蓋涉下文而衍。

儐而禮之，三饗、三食、三宴，以與之習立禮樂。

樾謹按：「習立禮樂」當作「習其禮樂」，與

❶「猶」，原作「自」，今據上文改。

上文「考其禮樂」文義一律。其字古文作「亣」，見《玉篇》。後人不識古文，因誤加一畫於下，而成「立」字矣。王氏念孫竟以「立」爲衍文，非是。

禮樂謂之益習，德行謂之益脩。

樾謹按：「謂之」即爲之也。謂爲古通用，説見王氏引之《經傳釋詞》。孔氏從高安本，竟改作「爲」，義則是而古字亡矣。《少閒》篇「何謂其不同也」，「何謂」即何爲也。孔氏亦從俗本作「爲」，失與此同。德州盧氏本尚未誤。

歸脤以教諸侯之福。

樾謹按：「教」當作「效」，字之誤也。襄二十七年《左傳》「使諸侯僞效烏餘之封者」，杜注曰「效，致也」，又昭二十六年《傳》「宣王有志而後效官」，正義曰「效者，致與之義」。歸脤所以致福於諸侯，故曰「以效諸侯之福」也。《周禮·大行人職》作「以交諸侯之福」，「交」亦當爲「效」。

致會以補諸侯之災。

樾謹按：汪氏中《大戴記正誤》作「致禬」，非也。此字實當作「會」。《周禮·大宗伯職》「以禬禮哀圍敗」，鄭注曰：「同盟者會合財貨以更其所喪，《春秋》襄三十年冬『會于澶淵，宋裁故』是其類。」賈疏曰：「必知禬是會合財貨，非會諸侯之兵救之者，若會合兵，當在軍禮之中，故知此禬是會合財貨以濟之也。」合注疏以觀之，則鄭、孔所據經文作「會」不作「禬」可知矣。因「會禮」連文，「禮」字從示，遂并「會」字而亦誤從示，於是《大行人職》之「致會」，《小行人職》之「犒會」，竝誤爲「禬」矣，説詳《周禮》。此記「致會」，正其本字。下文云「師役則令槁禬之」，「會」字從示，後人據《周禮》改之也。汪氏以不誤爲誤，失之矣。

有勝則司射以其算告。《投壺》

戴氏震《東原集》曰：「以其算告，當從袁氏本作奇。」

樾謹按：投壺與射禮同。《儀禮·鄉射禮》曰「釋獲者遂進取賢獲，執以升自西階，盡階不升堂，告于賓」，《大射儀》曰「釋算者遂進取賢獲，執之由阼階下，北面告于公」，鄭注竝曰：「賢獲，勝黨之算也。」此記曰「有勝則司射以其算告」，其字指勝者而言，然則「其算」卽勝黨之算，所謂賢獲是也。《禮記·投壺》篇誤作「遂以奇算告」，此乃《小戴》之誤文，説詳《禮記》。而袁氏本遂據以改《大戴》。夫既以奇算告，何以所告之辭又曰「賢若干純」乎？且使勝黨之算有純而無奇，則將何執乎？可知袁本之非矣。

矢八分。

孔氏《補注》曰：「八分，矢圓徑也。」

樾謹按：下文云「矢以柘若棘，無去其皮，大七分」，與此文義涉兩歧。孔氏云「大七分者，似謂室中五扶之矢」，然室中與堂上庭下矢有長短，而圓徑不異。《禮記·投壺》篇鄭注曰「舊説矢大七分」，而不言有八分者，然則孔説非也。今按：下文言「矢大七分」而此文不云「矢大八分」，則非謂圓徑可知矣。「八分」當作「八勿」，字之誤也。「勿」讀爲「物」，古字通用。《尚書·立政》篇「時則勿有閒之」，《論衡·譴告篇》作「時則物有閒之」，《莊子·天道》篇「中心物愷」，《釋文》曰「物，本亦作勿」，是其證也。「矢八物，堂上七扶，室中五扶，庭下九扶」，猶《周官·槀人》所謂「矢八物，皆三等也」。賈疏曰「蓋據長短爲三等法」，此文七扶、五扶、九扶亦是據長短爲三等。三等之義既同，八物之義亦當不異，卽《司弓矢》之八矢，曰枉矢、絜矢、殺矢、鍭矢、矰矢、茀矢、恒矢、痺矢者是也。蓋投壺本與射同，故矢之制亦如之，而有八物。八物之名，雖不必竟與《司弓矢》之八矢合，要亦略近之矣。古文叚勿爲物，而勿又誤作分，遂使古制不傳，惜哉！

天子擬焉。《公冠》

孔氏《補注》曰：「天，盧本作太，以下注推之，近是。」

樾謹按：下文云「太子與庶子，其冠皆自爲主」，注云「重言太子，誤也」，故盧本改此文天子爲太子，以合盧注重言之說，而孔氏亦以爲然，其實非也。「天子擬焉」謂天子冠禮與公同也。下云「太子與庶子，其冠皆自爲主」，卽蒙天子而言，乃天子之太子與庶子也。自爲主者，天子尊故不爲之主，而冠者自爲主也。盧氏誤以爲諸侯之太子與庶子，故解自爲主曰「主，侯自主之」，此大不然。據上文「公冠自爲主」，自字指冠者而言之，然則此云「自爲主」，文與彼同，亦指冠者而言之明矣。若從盧說，則是冠者之父也。冠者之父爲主，豈可云「自爲主」乎？《說苑·修文》篇所載無此句，而有云「諸侯太子、庶子冠，公爲主」。今按：兩文相輔，其義方足。彼明言「諸侯太子、庶子冠，公爲主」，則知天子之太子、庶子冠，王不爲主矣。疑此文當云「天子擬焉，太子與庶子其冠皆自爲主，諸侯太子、庶子冠公爲主」，如此則於義爲備，而文亦明白矣。傳寫偶闕耳。

嗇於時。

樾謹按：《小辨》篇曰「社稷之主愛日」，嗇時與愛日同義，王肅《家語》注訓嗇爲愛是也。以爲不奪民時，則失其旨矣。

推遠稚免之幼志。

盧注曰：「免，猶弱也。」

樾謹按：「免」當爲「嬬」，蓋壞字也。《爾雅・釋獸》「兔子嬎」，郭注曰「俗呼曰嬬」，《釋文》曰「嬬，《字林》云兔子也，乃俱、乃侯二反」，然則此字從兔需聲。兔之小者謂之嬬，猶人之稚者謂之孺也。此云「推遠稚嬬之幼志」，蓋叚「嬬」爲「孺」耳。劉昭注《續漢志》引《博物志》載此辭云「推遠沖孺之幼志」，字正作「孺」，可證。

合於八十也。《本命》

樾謹按：上文「合於三」也，不言三十；「合於五也」，不言五十，皆因此文有「十」字而省也，古書自有此例。《堯典》「舜生三十，徵庸三十，在位五十載」，因下句有「載」字，而上兩句皆不言「載」。《孟子・滕文公》篇「夏后氏五十而貢，殷人七十而助，周人百畝而徹」，因下句有「畝」字，而上兩句皆不言「畝」，竝其例也。孔氏本作「合於八」也，删去「十」字，蓋未達古書之義例，亦足見古書之難于輕改矣。

機其文之變也？其文變也。

盧注曰：「機，危也。謂一禮動行九事，皆有其文，每變不同也。」

樾謹按：盧訓機爲危，文不成義矣。「機」當作「幾」，古書每以「幾」爲「豈」字。《荀子・榮辱篇》曰「幾直夫芻豢稻粱之縣糟糠爾哉」，❶又曰「幾不甚善矣哉」，《大略篇》曰「幾爲知計哉」，楊倞注曰「幾讀爲豈」，《史記・黥布傳》「人相我當刑而王，

❶「粱」，原作「梁」，今據《荀子》改。

幾是乎」，徐廣曰「幾一作豈」，竝其證也。「幾其文之變也」猶曰豈其文之變邪。古書也、邪字通用，陸德明《經典釋文序》所謂「如而靡異，邪也弗殊」是也。此兩句乃自爲問答之辭，「豈其文之變邪？其文變也」，文義正相應。因叚「幾」爲「豈」，叚「也」爲「邪」，而「幾」字又從木作「機」，於是其義難通，孔氏遂疑「其文變也」四字爲衍文矣。

是故女及日乎閨門之内。

孔氏《補注》曰：「及日，猶終日。」

樾謹按：「及」卽「終」字之誤。《説文》「終」古文作「弃」，隸變作「夂」，與「及」字相似。學者尟見「夂」字，因臆改爲「及」耳。

不順父母去爲其逆德也。

樾謹按：「去」字衍文也。上文説婦有七去，故曰「不順父母去」。此申説七去之義，則但曰「不順父母，爲其逆德也」，不必更有「去」字矣。下文「無子，爲其絶世也；淫，爲其亂族也；妒，爲其亂家也；有惡疾，爲其不可與共粢盛也；口多言，爲其離親也；盜竊，爲其反義也」，竝無「去」字，可證此「去」字之衍。

是故堅土之人肥，虚土之人大，沙土之人細。《易本命》

盧注曰：「肥者象地堅實，大者象地虚縱也。沙土養薄，乃細。」王氏念孫曰：「此當依《淮南子》作『堅土之人剛，弱土之人肥，盧土之人大，沙土之人細』。今本『堅土』之人下脱去『剛弱土之人』五字，『盧』字又譌作『虚』，則義不可通。盧注皆誤。」

樾謹按：王説是矣，而未盡也。堅土、弱土相對，肥與剛則不相對，而轉與「盧土之人大」其義相混矣。疑「肥」字乃「肔」字之誤。《廣雅・釋詁》「脆，弱也」，「脆」即「脃」之俗體。「弱土之人脃」與「堅土之人剛」正相對成文。《家語・執轡》篇作「堅土之人剛，弱土之人柔」，王氏謂「柔」字爲王肅所改。然惟本是「脃」字，故肅改作「柔」。若本是「肥」字，肅何得以「柔」字易之乎？

食桑者有絲而蛾。

樾謹按：「桑」字當從《淮南子》作「葉」。凡食葉之蟲，無不有絲而蛾，非獨蠶也。此句所包者衆，若作食桑者，則專以蠶言矣。

食穀者智惠而巧。

樾謹按：既言「智惠」，不必更言「巧」矣。「巧」當作「夭」，聲之誤也。「食穀者智惠而夭」與下句「食氣者神明而壽」相對。《淮南子》正作夭，當據以訂正。

此乾坤之美，類禽獸萬物之數也。

盧注曰：「三百六十，乾坤之筴。萬一千五百二十，當萬物之數也。」

樾謹按：「美」字乃「筴」字之誤，當讀云「此乾坤之筴，句。類禽獸萬物之數也。」句。筴與美形似，因而致誤，當據盧注訂正。「類禽獸」三字疑亦衍文，故盧注無解也。

群經平議卷十八

群經平議卷十九

德清俞樾

禮記一

禮聞取於人，不聞取人。《曲禮》

鄭注曰：「謂君人者。取於人，謂高尚其道；取人，謂制服其身。」

樾謹按：「取」當讀爲「趣」。《釋名·釋言語》曰「取，趣也」，是「取」與「趣」聲近義通。《莊子·齊物論》篇「趣舍不同」，「趣舍」即取舍也。字亦通作「趨」。《史記·伯夷傳》「趨舍有時」，「趨舍」亦即取舍也。《漢書·藝文志》「苟趨省易」，師古注曰：「『趨』讀曰『趣』，謂趣向之也。」然則取於人者，爲人所趣向也；取人者，趣向人也。此即王前士前之意。《釋文》出「取於」字，曰：「舊七樹反，爲趣就師求道也。」舊讀正得其字，但以「就師求道」爲言，則義轉隘矣。

食饗不爲概。

注曰：「概，量也。不制待賓客饌具之所有。」

樾謹按：「不爲概」與下句「不爲尸」一律，鄭以概量説之，非也。「不爲概」者，不爲主也。《廣雅·釋詁》曰：「摡，主也。」「摡」與「概」古字通用。定四年《左傳》「吴夫概」，《史記·項羽紀》正義作「夫摡」，是其證也。父母在，則食饗賓客，不敢爲主。《廣雅》摡訓爲主，疑本禮家之舊説矣。

孝子不服闇。

注曰：「服，事也。闇，冥也。不於闇冥之中從事，爲卒有非常，且嫌失禮也。男女夜行以燭。」

樾謹按：鄭訓服爲事，雖亦古訓，然「不事闇」之義甚爲迂曲，殆非也。「服」當讀爲「伏」。《周易・繫辭傳》釋文曰：「伏，服也」，是服與伏聲近義通。《文選》陸士衡《吴王郎中時從梁陳詩》「誰謂伏事淺」，注曰：「『服』與『伏』同，古字通。」《檀弓》篇「扶服救之」，昭二十一年《左傳》「扶伏而擊之」，「扶伏」即「扶服」也。又十二年《傳》「奉壺飲冰以蒲伏焉」，《史記・蘇秦傳》「嫂委虵蒲服」，「蒲服」即「蒲伏」也。竝服、伏通用之證。「不服闇」者，不伏闇也，謂不潛伏於闇冥之中也，與下句「不登危」文義一律。危言不登，闇言不伏，正古人用字之審。若以本字讀之，失之矣。

毋剿説。

注曰：「剿猶擥也，謂取人之説以爲己説。」

樾謹按：此「剿」字即《説文》「劋」字。《説文・刀部》曰「劋，絶也。《夏書》曰：『天用劋絶其命』」，今《甘誓》正作「剿絶」。然則「剿」者，古文「劋」者或體也。「毋剿説，毋雷同」，皆承上文「正爾容，聽必恭」而言。長者有言當敬聽之，若不待其言之畢而横發議論以絶斷之，是爲剿説；或從而附和之，是爲雷同，二者均所當戒也。鄭訓爲擥，於義未得。又按：此「剿」字當從刀。曹憲《博雅音》云：「《禮記》『無剿説』，鄭注云：『剿，由擥也，謂取人之説。』」《春秋左傳》『無及於鄭而剿民焉用之』，杜訓爲勞。是則剿從刀，而勦從力，明矣。」其説甚是。錢氏大昕因《説文》有勦無剿，謂曹憲俗儒，未達六書之指。然《説文・力部》「勦，勞也」，施之於此其可通乎？凡經典中字，《説文》所無者多矣。學者當求其字義之通，不當徒取其字形之合也。

遊毋倨。

正義曰：「遊，行也。倨，慢也。身當恭謹，不得倨慢也。」

樾謹按：自此以下所戒各事，皆是爲其不敬也。如立毋跛、坐毋箕、寢毋伏之類，末一字皆與上一字文義相應。此云「毋倨」，則凡事皆不可倨慢，何獨於遊戒之乎？正義所説，殆非經旨也。今按：「倨」當讀爲「踞」，謂雖遊戲之時，不可蹲踞也。昭二十五年《左傳》曰「公徒釋甲執冰而踞」，二十七年《傳》曰「豈其伐人而説甲執冰以游」，同一事而前言踞，後言游，可知游者多蹲踞也，故記人因以爲戒耳。倨、踞古通用。《史記・酈生陸賈傳》曰「方倨牀」，亦是叚「倨」爲「踞」也。

毋放飯，毋流歠。

注曰：「去手餘飯於器中，人所穢。大歠，嫌欲疾。」

樾謹按：「放」與「流」同義。《説文・放部》：❶「敫，光景流也。從白從放。」是放有流義，故「敫」字從之也。《尚書・堯典》篇「流共工于幽州，放驩兜于崇山」，流、放對文，自古然矣。「放飯」、「流歠」蓋是古語，故《孟子・盡心》篇亦有此言。若從鄭注，則兩句意義不倫矣。「放飯」者，放散其所飯也；「流歠」者，流離其所歠也。人或恣情飲食，不知檢制，放散流離，狼戾滿案，其可厭惡莫甚于此，故記人以爲戒耳。

爲大夫累之。

❶「放」，原作「方」，據《説文解字》改。

注曰：「累，倮也，謂不巾覆也。」

樾謹按：不巾覆者，大夫至庶人所同也，何獨于大夫特言累之乎？ 鄭義非矣。「累之」猶解之也。「累」與「解」本疊韵字。《荀子・富國篇》「則和調累解」，「累」「解」二字同義，猶「和」「調」二字亦同義也。楊倞注謂「嬰累解釋」，此未得其義。《儒效篇》「解果其冠」，楊氏引《説苑》「蟹螺者宜禾」爲證，累解與蟹螺一也。古書雙聲疊韵之字，皆兩字一義，且其義存乎聲，亦無一定，讀者當各隨文解之，然後其旨可見。此文云「爲大夫累之」，猶云爲大夫累解之。蓋長言之曰累解，短言之則曰解可也，曰累亦可也。後人不達古語，斯不得其説矣。

言不惰。

注曰：「憂不在私好。」正義曰：「言不惰者，惰訛不正之言。」

樾謹按：「惰」當讀爲「嫷」。《説文・女部》：「南楚之外謂好曰嫷。」《方言》曰「嫷，美也」，郭注曰：「嫷，言婑嫷也。」字亦作「媠」，《列子・楊朱》篇「皆擇稚齒婑媠者以盈之」。據《説文》，「媠」乃「惰」之古文，蓋古字通用也。「言不惰」與「行不翔」一律，皆不求美好之意。正義以「惰訛不正」釋之，於義未得。

生與來日，死與往日。

注曰：「與猶數也。生數來日，謂成服杖以死明日數也。死數往日，謂殯斂以死日數也。」

樾謹按：古無謂數爲與者，「與」當讀爲「舉」。《周官・師氏》「王舉則從」，故書「舉」爲「與」，是舉、與古字通。舉猶用也。《國語・周語》「唯能釐舉嘉義」，韋注曰：

「舉，用也。」《吕氏春秋・遇合》篇「凡舉人之本」，《分職》篇「魯國之匹夫也，而我舉之」，高注曰：「舉，用也。」然則「生舉來日」者，三日成服，生者之事也，用死之明日爲始，是生舉來日也。「死舉往日」者，三日而殯，死者之事也，用死之日爲始，是死舉往日也。

二名不偏諱。

樾謹按：偏者對全而言，言二字爲名，全舉之則不可，偏舉之則可也。夫子之母名徵在，此全舉之也；言在不稱徵，言徵不稱在，此偏舉之也。若謂孔子不當言徵，不當言在，如「足則吾能徵之矣」，及「某在斯某在斯」之類，皆以母名而避之，則不特諱其全，并諱其偏矣。故記人特明之曰「二名不偏諱」。此於文義甚明。自唐石經以下，各本皆同。而宋毛居正作《六經正誤》，乃曰「偏本作徧，與遍同，作偏誤」，此臆説，不足據。唐律奏事犯諱條「二名偏犯不坐」，此律即本于禮經。犯其一字謂之偏犯，則避其一字謂之偏諱矣。偏犯者不坐，是即不偏諱之謂，可證古本《禮記》作「偏」不作「徧」，而毛氏引舊杭本柳文作「二名不遍諱」者，未可據以説經矣。顧氏千里《禮記攷異》已辨正毛氏之誤，而段氏玉裁《經韵樓集》反用毛氏説，謂「徧」是而「偏」非，何哉？今就二字之義論之。徧之言皆也，言不徧諱，則疑若二名止諱一字，其一字可以不諱者。偏之言單也，言不偏諱，則見二名固皆當諱，然語言之閒，必不可避，則或言上一字而不言下一字，或言下一字而不言上一字，可也。此正禮經用字之密。使從毛説改「偏」爲「徧」，則幸有《檀弓》「言徵不稱在，言在不稱徵」之文足以證明其義。不然，鮮不謂二名止當諱一字，臣子於君父二名者，幾不知所當諱之爲何字矣！一字之譌，文義縣絶，段君無乃未之深思乎？

夫人之諱，雖質君之前，臣不諱也。

注曰：「質，猶對也。」

樾謹按：「質」有「致」音。襄三十年《左傳》「用兩珪質于河」，《釋文》「質如字，又音致」；昭十六年《傳》「與蠻子之無質也」，《釋文》「質，之實反，或音致」，竝其證也。故古字質與至通用。《史記·蘇秦傳》「趙得講於魏至公子延」，《索隱》曰「至當爲質，謂以公子延爲質也」，此質、至通用之證。「雖質君之前」者，雖至君之前也。鄭訓爲對，則但云「雖質君」足矣，何必加「之前」二字乎？

效駕。

注曰：「白已駕。」正義曰：「效，白也。僕監視駕竟而入白君，道駕畢，故鄭云『白已駕』也。」

樾謹按：《廣雅·釋言》曰：「效，考也。」「效駕」者，考驗其駕也。此二字題目，下文其下云「奮衣由右上，取貳綏。跪乘，執策分轡，驅之五步而立」，皆效駕之事也。此節所記，自將駕而已駕，而效駕，次弟秩然。鄭君不知「效駕」二字爲記人題目之辭，故失其解矣。

步路馬必中道。

正義曰：「此謂單牽君馬行時，步猶行也。」

樾謹按：襄二十六年《左傳》曰：「左師見夫人之步馬者」，杜注曰：「步馬，習馬。」然則此記言「步路馬」者，亦是調習路馬也。《玉篇·馬部》：「馻，盆故切，習馬。今作步。」正義但以牽行釋之，未盡其義。

大夫不名世臣姪娣。

注曰：「世臣，父時老臣。」

樾謹按：上句「國君不名卿老世婦」，世婦非父時老婦，則世臣亦非父時老臣矣。古字世與大通。桓九年《左傳》正義曰「諸經稱世子及衛世叔申，經作『世』字，傳皆爲『大』」，是其證也。世臣者，大臣也，亦猶世子者，大子也。蓋家臣中之最貴者，非父時老臣之謂。至世婦之稱，義亦猶此。以其卽次夫人之下，故從尊大之名。下文「天子有后，有夫人，有世婦」，正義曰「以其猶貴，故加以世言之，亦廣世胤也」，似非古義。

天子同姓謂之伯父。

《釋文》出「天子謂之伯父」，云：「本或有『同姓』二字，衍文。」

樾謹按：正義本亦無「同姓」二字。今正義云「天子同姓謂之伯父」者，此「同姓」二字後人所加也。何以知之？下文「天子同姓謂之叔父」，正義曰「一本云天子同姓」，則所據本無「同姓」二字明矣。蓋下旣別言異姓，其爲同姓自見，乃古人屬辭之省也。唐石經誤衍「同姓」二字，而各本從之，非鄭、孔所據之舊矣。

使者自稱曰某。

注曰：「使，謂使人於諸侯也。某，名也。」

正義曰：「『使者自稱曰某』者，某，名也。若此卿爲使在他國，與彼君語，則稱名也。若與彼臣民言，則自稱寡君之老也。」

樾謹按：上文「諸侯使人使於諸侯，使者自稱曰寡君之老」，而此又云「使者自稱曰某」，故正義有與彼君語、與彼臣民言之別。然《儀禮·燕禮》篇載公與客燕之禮，有曰「寡君，君之私也。君無所辱賜于使臣，臣敢辭」，又記載「若與四方之賓燕，媵爵曰臣受賜矣，臣諸贊執爵者」，是使者於主國之君亦稱臣，或稱使臣，無稱名之禮，正義所説非也。今按：「使者自稱曰某」與上文本不相蒙，乃通言凡爲人使之禮。上篇「賀娶妻者曰：某子使某，聞子有客，使某羞」，正義曰「使某者，使自稱名也」，此即使者自稱曰某之塙證。《儀禮·昏禮》記昏辭曰：「某有先人之禮，使某也請納采。」注曰：「某也，使名也。」又納吉曰「使某也敢告」，納徵曰「使某也請納徵」，請期曰「使某也請吉日」，是使者自稱曰某乃禮之通例。疏家必合上事爲一，斯失之矣。且如上文曰「子於父母則自名也」，亦於上事不蒙，然則此文何妨自爲一事乎？

幣曰量幣。

樾謹按：注疏均不説「量」字之義。「量」當讀爲「良」。《釋名·釋言語》曰：「良，量也。量力而動，不敢越限也。」是良與量聲近義通，故古得叚用。《山海經·海内北經》犬封國有文馬名曰吉量，注曰「量，一作良」，是其證也。「幣曰良幣」，與「玉曰嘉玉」文義一律。若讀如本字，則不得其解矣。

孔子少孤，不知其墓。《檀弓》

注曰：「孔子之父郰叔梁紇與顔氏之女徵在野合而生孔子，徵在恥焉不告。」

樾謹按：古者墓而不墳，孔子合葬其母之後，然後封之，崇四尺，是叔梁紇之葬本無此四尺之封也，但有兆域而已。孔子少孤，既未能躬親窀穸之事，母亦年少，未必親見。據《歷聘記年》，孔子年二十四歲母顔氏卒，距三歲喪父已二十一年，安能實知其體魄之所在哉？孔子曰「丘也東西南北之人也，不可以弗識也」，蓋亦鑒於父葬時之墓而不墳，不易識別，故不得不爲此也。後世學者不知古今異制，遂以孔子不知父墓爲一大疑，鄭氏乃有徵在野合，恥焉不告之説，誣之甚矣。

殯於五父之衢。

注曰：「欲有所就而問之，孔子亦爲隱焉。殯於家則知之者無由怪己，欲發問端。五父，衢名，蓋郰曼父之鄰。」

樾謹按：此孔子欲訪求父墓，故先淺殯其母，以爲遷葬之地也。士禮三月而葬，孔子既不敢過其期，而父墓未得，又不能合葬，故爲此權宜之計。先擇地於五父之衢，掘肂埋棺，以便訪求父墓也。鄭氏謂欲發問端，此大不然。孔子欲訪求父墓，自可就故老而詢之，何必迂迴如此哉？近世高郵孫邃人濩孫箸《檀弓論文》，讀「不知其墓殯於五父之衢」十字爲句，「謂殯淺而葬深。孔子父墓實淺，葬於五父之衢，因少孤不得其詳，至是母卒，欲從周人合葬之禮，卜兆于防，惟以父墓淺深爲疑。如其殯而淺也，則可啟而遷之；若其葬而深也，則疑體魄已安，不可輕動。其慎也，蓋謂夫子再三審慎，不敢輕啟父墓也。」今按：孫氏之説巧矣，而實於事理未得。古者大斂之後，掘肂埋棺，以木覆棺上而塗之爲火備，所謂殯也。殯與葬自是二事，未聞以深者爲葬，淺者爲殯也。顔氏之卒，孔子必用殷禮殯于兩楹之間。未得父墓，而又不敢久留母殯，故就五父之衢掘肂埋棺，略如殯制，因亦謂之殯，所謂禮以義起也。若叔梁紇之葬，歲月已久，豈可復謂之殯哉？且如孫氏之説，孔子之父墓即在五父之衢，然則孔子奉母合葬，亦于五父之衢可矣，何必卜兆于防哉？江氏永《鄉黨圖考》盛推孫説，❶恐疑誤後學，故附辨之。

人之見之者，皆以爲葬也。其慎也，蓋殯也。

注曰：「慎當爲引，禮家讀然，聲之誤也。殯引飾棺以輤，葬引飾棺以柳翣。孔子是時以殯引，不以葬引，時人見者謂不知禮。」

樾謹按：此見聖人舉事不苟，雖是暫時淺殯而附於棺者，必誠必信，與大葬不殊，故人之見之者皆以爲葬也，以其慎之至也。及徐察之，止是殯而非葬，故又曰「蓋殯也」。鄭破慎爲引，既無依據。且如其説，則殯與葬之別在棺飾而不在引，何不曰「其飾也」而必曰「其引也」，足知鄭讀之非矣。

公曰：末之卜也。

注曰：「末之，猶微哉，言卜國無勇。」

樾謹按：馬驚敗績，是御之罪，非右之罪。公乃舍縣賁父而責卜國，理不可通，鄭注非也。《小爾雅·廣詁》曰「蔑，末也」，是末與蔑義相近，「末之」猶蔑之也。《論語·雍也》篇「亡之命矣夫」，《漢書·宣六王傳》引作「蔑之命矣夫」，蓋皆痛惜之之辭。是時莊公之意，以敗績之罪坐縣賁父，其死其生，皆不足問，而車右無罪，深可痛惜，故既就佐車，而曰「末之卜也」。蓋深惜卜國，正所以深罪縣賁父也。於是縣賁父即以無勇自責，赴敵而死。死者止縣賁父一人，記文甚明，而鄭注乃謂二人赴敵而死，非其實矣。縣賁父雖死於敵，

❶「永」，原作「慎」。《鄉黨圖考》作者江永，字慎修。今據上下文例改。

而實死于公之一言，故公後悔而誄之。鄭解「未之卜也」句不得其旨，故於此事委曲未能明也。

狐死正丘首。

注曰：「正丘首，正首丘也。」

樾謹按：「正」之言「當」也。《廣韵》曰：「正，正當也。」「正丘」者，當丘也。狐之死也首必當丘，於文應云「狐死首正丘」，其義方明，乃云「正丘首」者，古人屬文之曲也。鄭注不云「首正丘」而云「正首丘」，似於正字之義未得矣。

子思之哭嫂也爲位。

正義曰：「皇氏以爲原憲字子思，若然，鄭無容不注。鄭既不注，皇氏非也。」

樾謹按：伯魚不聞更有長子，子思安得有嫂？疑當從皇氏之説。且此節乃曾子之言。下文申詳、言思皆斥其名，而於子思獨稱其字者，曾子與原憲竝事夫子，行輩相同，故字之也。若子思是伯魚之子，下文曾子謂子思曰「伋，吾執親之喪也，水漿不入於口者七日」，未聞稱其字也。即此以論，其爲原憲明矣。

爲爾哭也來者，拜之；知伯高而來者，勿拜也。

正義曰：「若與伯高相知而來哭者，女則勿拜也。」

樾謹按：「知」猶「爲」也。《國語・周語》「若是而知晉國之政，楚、越必朝」，韋注曰：「知政，謂爲政也。」《吕氏春秋・長見》篇「三年而知鄭國之政」，高注曰：「知，猶爲也。」然則知伯高而來即是爲伯高而來，與上句「爲爾哭也來者」文義一律。上句言「爲」，下句言「知」，文異而義同，古書多有此例。正義以「相知」解之，失其旨矣。

使西河之民疑女於夫子。

正義曰：「使西河之民疑女道德與夫子相似。皇氏言疑子夏是夫子之身。然子夏魏人，居在西河之上，姓卜名商，西河之民無容不識。而言是魯國孔丘，不近人情，皇氏非也。」

樾謹按：「疑」乃「擬」之叚字。《漢書・食貨志》「遠方之能疑者」，《何武王嘉師丹傳贊》「疑於親戚」，師古注竝曰「疑讀曰擬」是也。「疑女於夫子」者，擬女於夫子也。皇氏之説固爲不情，正義所解亦於「疑」字未得也。

孔子之喪，公西赤爲志焉。

注曰：「志，謂章識。」

樾謹按：《哀公問》篇「子志之心也」，注曰：「志讀爲識。」此注以「章識」釋「志」字，蓋亦讀爲「識」也。然其下所陳，皆飾棺之事，用三代之禮尊崇夫子，非以爲章識也。「志」當讀爲「職」。職與識竝從戠聲，古字通用，《周官》「職方氏」，《修華嶽碑》作「識方氏」是也。「志」通作「識」，故亦通作「職」，《楚辭・懷沙》篇「章畫志墨」，《史記・屈原賈生傳》「志」作「職」是也。《爾雅・釋詁》：「職，主也。」「公西赤爲職」者，「爲職」猶爲主也，言孔子之喪，公西赤主其事也。下文「子張之喪，公明儀爲志焉」，義與此同。

從母之夫，舅之妻，二夫人相爲服。

注曰：「二夫人，猶言此二人也。」

樾謹按：「夫」字衍文也，「二人」兩字誤合爲「夫」字。學者旁識「二人」兩字以正其誤，而傳寫者誤合之，遂成「二夫人」矣。鄭君作注時已如此，遂因而爲之説。然「二夫人」之文實不成義，故知其非也。

滕伯文爲孟虎齊衰，其叔父也。爲孟皮齊衰，其叔父也。

正義曰：「謂滕國之伯名文，爲叔父孟虎箸齊衰之服，其虎是滕伯文叔父也。『爲孟皮齊衰，其叔父也』，謂滕伯爲兄弟之子孟皮箸齊衰之服，其滕伯是皮之叔父也。言滕伯上爲叔父，下爲兄弟之子，皆箸齊衰，是上不降遠，下不降卑也。」

樾謹按：記文兩言「其叔父也」，竝無異辭，何以見孟虎是滕伯之叔父，滕伯是孟皮之叔父哉？正義之説殊不可通。孟虎、孟皮疑是一人，虎與皮蓋一名一字。鄭罕虎字子皮，卽其例也。縣子本得之傳聞，或故老所説不同，或簡策所載互異，疑以傳疑，故竝存之。疏家必泥上文「上下各以其親」，謂一是叔父，一是兄弟之子，殆不然矣。

所識，其兄弟不同居者皆弔。

正義曰：「此文連上『有殯』之下。皇氏以爲别更起文，不連有殯之事。所識者謂識其死者之兄弟，是小功以下之親。既識兄弟，雖不同居者，皆一一就弔之。」

樾謹按：此當從皇氏之説，不連上「有殯」爲義。惟皇氏謂「識其死者之兄弟」，則是讀「所識其兄弟」五字爲一句，文義未安。今按：所識者，與我相識之人也。其人既與我相識，往來同恩好，則其兄弟之不同居者，雖或未必相識，然亦當引而近之，故聞其死則必往弔也。

君之適長殤，車三乘。公之庶長殤，車一乘。大夫之適長殤，車一乘。

注曰：「庶子，言公卑遠之。」

樾謹按：如鄭義，則君與公一也，特於庶長故作尊稱耳，其説殊爲無理，殆非也。公者，大國之孤也。《儀禮》所説皆侯國之禮而有諸公，鄭注《燕禮》曰：「諸公，謂大國之孤也。孤一人言諸者，容牧有三監。」《檀弓上》篇「國亡大縣邑，公卿大夫士皆厭冠。哭於大廟三日，君不舉。或曰：君舉而哭於后土」，正義引《士喪禮》鄭注曰：「公，大國之孤，四命者也。」此文先言君，後言公，别而言之，明非一人，當從鄭君《儀禮》説解爲大國之孤。君之適長殤，車三乘，則其庶長殤，車當二乘矣。公之庶長殤，車一乘，則其適長殤，車當二乘矣。記文正以君、公互見也。

齊穀王姬之喪。

注曰：「穀，當爲告，聲之誤也。王姬，周女，齊襄公之夫人。」

樾謹按：《檀弓》一篇所記如公儀仲子之喪、司寇惠子之喪、將軍文子之喪、孟獻子之喪、晉獻公之喪、滕成公之喪，此類多矣，齊穀王姬之喪宜亦同此。鄭破「穀」爲「告」，殆非也。據下文「或曰：外祖母也，故爲之服」，此王姬疑是齊僖公之夫人。齊僖公名禄父，穀與禄聲近義通。《爾雅·釋言》曰：「穀，禄也」；《周官·天府》「若祭天之司民司禄」，鄭注曰：「禄之言穀也」；《淮南子·人閒》篇「不穀親傷」，高注曰：「不穀，不禄也」，竝其證也。「齊穀」即齊禄父，亦猶晉重、魯申、衛武、蔡甲午、鄭捷、齊潘、宋王臣、莒期之比。襄十八年《左傳》曰「齊環怙恃其險」，昭二年《傳》曰「莒展之不立」，皆斥其名而繫以國，古人自有此稱。是故「齊穀」猶云齊潘、齊環也。「齊穀王姬」者，以夫名妻，猶昭元年《左傳》所稱「武王邑姜」也。此王姬不見于《春秋》，然《春秋》之爲書，本託事以見義，而非紀事之史，不得因其不見《春秋》而遂謂無此王姬也。且魯莊公爲齊襄女弟文姜之子，其事甚箸。若此王姬是齊襄夫人，則於魯莊爲舅之妻，而非外祖母，誰不知之，何至有或曰外祖母之説？即或有之，記人豈不覺其謬妄，而肯録其説哉？鄭君不知「齊穀王姬」之義，而反以或説爲非，殊非以經治經之意矣。

望反諸幽，求諸鬼神之道也。

樾謹按：「反」字衍文也。據正義曰：「『望諸幽者，求諸鬼神之道也』，言鬼神處在幽闇，故望幽以求之」，然則記文無「反」字明矣。蓋涉上注文「庶幾其精氣之反」，因而誤衍，當删。

有直情而徑行者。

樾謹按：此「有」字涉上二句而衍也。上云「禮有微情者，有以故興物者」，此二者皆禮之所有也。若夫直情徑行者，戎狄之道也，禮道則不然，是非禮之所有，安得言有乎？今云「禮有微情者，有以故興物者，有直情而徑行者」，似乎三者皆禮之所有，與下文不合矣，故知此「有」字爲衍文也。

既葬，慨焉如不及其反而息。

吴氏澄《禮記纂言》曰：「既葬，謂迎精而反，在路之時，其謂已葬之親。如親已還反至家，己尚追逐不及，力已疲憊，行不能前而暫焉休息，言其悵怳不安之甚，故曰慨焉。或曰：其反而息，謂親已還反而休息也。」

樾謹按：正義讀「慨焉如不及」爲句，「其反而息」爲句，所解殊未明了。吴氏以「慨焉如不及其反而息」九字連讀，洵長於舊説矣。但謂暫焉休息，則非也。不及其反正當急行以求及，安得休息乎？又引或説爲親已還反而休息，亦非也。上文「始死，皇皇焉如有求而弗得。及殯，望望焉如有從而弗及」，皆自爲子者言之。此云「而息」，與上文「而弗得」、「而弗及」一律，安得自親言之乎？然則吴氏二解，於「息」字之義均未得也。今按：《説文·心部》：「息，喘也。」《口部》：「喘，疾息也。」凡人行急則喘，「如不及其反而息」者，如不及其反而喘也。孝子之心，若親已還反而追之不及，故慨然爲之喘息也。息之義本爲喘息，引申之則有休息之義。猶勞之義本爲勞苦，而又爲勞來也。相沿既久，學者止知有休息一義，故於此經「息」字莫得其解耳。

脩其班制，以與四鄰交。

注曰：「班制，謂尊卑之差。」

樾謹按：尊卑之差，自有一定，無所用其脩也。「脩」當作「循」。脩與循字形相似，傳寫易誤。《禮器》篇「反本脩古」，正義曰「脩，定本及諸本作循」，是其證也。「循其班制，以與四鄰交」，謂若魯以周班後鄭之類。

般爾以人之母嘗巧，則豈不得以其母以嘗巧者乎？則病者乎？

注曰：「以，已字。言誰有强使女者與僭於禮，有似作機巧，非也。以與已字本同。毋，無也。於女甯有病苦與止之。」

樾謹按：鄭讀「不得以」爲「不得已」，非也。此「以」字即上「爾以」之「以」，亦即下「毋以」之「以」。言爾以人之母嘗巧，豈不得以人之母嘗巧即無以嘗巧者乎？三「以」字一氣相生，見嘗巧之事甚多，不必以人之母也。鄭讀「以」爲「已」，失之矣。至「毋」字，鄭訓爲無，《釋文》音無，其非「母」

字甚明。近或作「母」字解之，立説雖巧，不可從也。

嗟來食。

樾謹按：「來」乃語助之辭。《莊子・大宗師》篇子桑户死，孟子反、子琴張相和而歌曰：「嗟來桑户乎！嗟來桑户乎！」此云「嗟來食」，文法正同。下云「予唯不食嗟來之食」，是「嗟來」二字連文之明證。正義解爲嗟呼來食，誤以「來食」連讀，失之。

曾子聞之曰：「微與？」

注曰：「微，猶無也。無與止其狂狷之辭。」正義曰：「微與者，微無也，與語助，言餓者無得如是與。」

樾謹按：餓者已不食而死，曾子於事後發論，乃復言無得如是以止之，殊於語意不合。下文「雖微晉而已」，注曰「微猶非也」，此「微」字亦當訓爲非，「微與」猶言非與。曾子聞其事而非之，特以不食而死，亦人所難，故不敢質言，而言與以疑之也。

執女手之卷然。

注曰：「説人辭也。」正義曰：「言孔子手執斤斧，如女人之手卷卷然而柔弱，以此歡説仲尼，故注云『説人辭也』。」

樾謹按：以女人之手比人之手，謂以此歡説仲尼，殊爲不情。《釋文》云「女如字，徐音汝」，當從徐讀爲長。「執汝手」者，猶《詩・遵大路》篇所謂「摻執子之手」也。「卷然」猶云拳拳然。《廣雅・釋訓》：「拳拳，愛也。」王氏念孫《疏證》曰：「《漢書・劉向傳》云『念忠臣雖在畎畝，猶不忘君惓惓之義也』，《賈捐之傳》云『敢昧死竭卷卷』，《貢禹傳》云『臣禹不勝拳拳』，竝字異而義同。」此「卷然」字據《釋文》亦有作「拳」者。「執女手之卷然」，謂執汝之手，而拳拳然相親愛也，故鄭以爲説人之辭。正義所説，非經意，亦非注意。

所舉於晉國管庫之士。

注曰：「管，鍵也。庫，物所藏。」

樾謹按：管鍵所以啟閉之物，然不謂之啟庫閉庫而謂之管庫，文不成義矣。「管」當讀爲「館」。館，館人也。庫，庫人也。管與館古通用。《儀禮・士喪禮》「管人汲」注曰：「管人，有司主館舍者」，是其證也。《儀禮釋文》曰：「管如字，劉又音官。」蓋「官」爲「館舍」之本字，作「館」者後出字，作「管」者叚借字也，説詳余所箸《字義載疑》。《曲禮》篇「在官言官，在府言府，在庫言庫」，鄭注曰「官謂版圖文書之處」，然則官即館也。《曲禮》之「官庫」，此文之「管庫」，文異而義同。訓管爲鍵，失之矣。

蠶則績而蟹有匡，范則冠而蟬有緌，兄則死而子皋爲之衰。

注曰：「蚩兄死者，言其衰之不爲兄死，如蟹有匡、蟬有緌，不爲蠶之績、范之冠也。」

樾謹按：下云「兄則死而子皋爲之衰」，上當云「蠶則績而蟹爲之匡，范則冠而蟬爲之緌」，文義始一律，注義殆非也。蟹有匡者，蟹爲匡也。蟬有緌者，蟬爲緌也。《孟子・滕文公》篇：「夫滕壤地褊小，將爲君子焉？將爲野人焉？」趙注曰：「爲，有也。」爲與有一聲之轉，故爲可訓有，有亦可訓爲。《國語・周語》「胡有孑然其效戎狄也」，「胡有」即胡爲也；《晉語》「其有吉孰大焉」，「有吉」即爲吉也，説詳王氏引之《經傳釋詞》。《莊子・大宗師》篇「莫然有閒」，《釋文》曰「本亦作爲閒」，是有與爲古字通矣。此文本云「蠶則績而蟹爲匡，范則冠而蟬爲緌，兄則死而子皋爲之衰」，上二句用「有」字者，文異而義同。古人疊句成文而虛字不同，往往有之。《文王世子》篇「文王九十七乃終，武王九十三而終」，卽其例也。《鹽鐵論》「忠焉能勿誨乎，愛之而勿勞乎」，一句用「能」字，一句用「而」字。《史記・貨殖傳》「智不足與權變，勇不足以決斷，仁不能以取予」，一句用「與」字，兩句用「以」字。如此之類，不可勝舉。

三十國以爲卒。《王制》

注曰：「屬、連、卒、州，猶聚也。」正義曰：「屬是繫屬，連是連接，卒是卒伍，州是聚居，故云『屬連卒州猶聚也』。」

樾謹按：「卒」當讀爲「萃」。《周易・序卦傳》曰：「萃者，聚也。」萃從卒聲，故卽以「卒」爲之耳。正義謂取卒伍之意，失之。

不及以政。

注曰：「役賦不與。」正義曰：「既是罪人被放，不干及以政教之事，謂不以王政賦役驅使。」

樾謹按：鄭蓋讀「政」爲「征」。凡力役謂之征。《周禮・地官・均人》「均人民牛馬車輦之力政」，鄭注曰「政讀爲征。力征人民，則治城郭、涂巷、溝渠。牛馬、車輦則轉委積之屬」，是其義也。凡賦稅亦謂之征。《天官・小宰》「聽政役以比居」，注曰：「政謂賦也。」凡其字或作正，或作征。以多言之宜從征，如《孟子》「交征利」云是其義也。「不及以征」卽是不及以力役賦稅之事，故注云「役賦不與」。正義以本字讀之，非是。

天子賜諸侯樂則，以柷將之；賜伯子男樂則，以鼗將之。

樾謹按：自來讀者於「樂」字斷句，非也。

此當於「則」字斷句：「天子賜諸侯樂則，句。以柷將之；賜伯子男樂則，句。以鼗將之。」樂則者，九賜之一也。《曲禮》篇「三賜不及車馬」，正義引《含文嘉》云：「九賜一曰車馬，二曰衣服，三曰樂則，四曰朱户，五曰納陛，六曰虎賁，七曰斧鉞，八曰弓矢，九曰秬鬯。」又引《公羊》説：「一曰加服，二曰朱户，三曰納陛，四曰輿馬，五曰樂則，六曰虎賁，七曰斧鉞，八曰弓矢，九曰秬鬯。異人之説，故文有參差，大略同也。」此記言賜樂則、賜弓矢、賜鈇鉞、錫圭瓚，皆九賜中事。正義誤以「則」字屬下讀，又云「非九賜之樂」，失之矣。

用地小大，視年之豐秏。

注曰：「小國、大國，豐凶之年各以歲之收入制其用多少，多不過禮，少有所殺。」正義曰：「用，謂制國之用。凡制國用多少，必計地小大，又視年之豐秏。」

樾謹按：如此則「用」字爲句，「地小大」爲句，文不成義矣。「用」當讀爲「以」。《明堂位》篇「加以璧散璧角」，《周官・司尊彝》注引作「加用璧散璧角」；《雜記》「枇以桑」，《儀禮・特牲饋食禮》引作「枇用桑」，是用與以古通也。「用地小大」即以地小大。此當連上文爲義，其文曰：「冢宰制國用，必於歲之杪，五穀皆入，然後制國用，用地小大」，言制國用必以地之小大也。「視年之豐秏」則當連下文爲義，其文曰：「視年之豐秏，以三十年之通制國用，量入以爲出」，言必視年之豐秏，合三十年而通計之，以制國用也。鄭誤合二句爲一義，則當云「用視地小大與年之豐秏」，文義方明，不當云「用地小大視年之豐秏」也，可知其非矣。

喪祭用不足曰暴。

注曰：「暴，猶秏也。」正義曰：「暴是殘暴。物被殘暴則虚秏，故云『暴猶秏也』。」

樾謹按：正義所説，望文生訓，非塙義也。「暴」當讀爲「薄」。《漢書・宣帝紀》注曰「薄亦暴也」，今俗語亦云「薄曬」，是暴與薄古通用。《方言》曰：「膊，暴也。」「暴」之通作「薄」，猶「膊」之通作「暴」也。「用不足曰暴」，猶用不足曰薄。以殘暴解之，失其義矣。

夫圭田無征。

注曰：「夫，猶治也。征，税也。《孟子》曰『卿以下必有圭田』，治圭田者不税，所以厚賢也。」

樾謹按：夫之訓治，他無所徵，殆曲説也。此「夫」字疑當讀爲「大夫」二字。古人書大夫字，或止於夫下積二畫，如《嶧山碑》「御史夫二臣德」是也。故或譌作「夫夫」，《莊子・田子方》篇「于是旦而屬之夫夫」，《釋文》曰「夫夫，古讀爲大夫」是也。又或傳寫奪去二畫而僅存一夫字，《晏子春秋・問》篇「晏子聘於魯，魯昭公問曰『夫儼然辱臨』」是也。「夫圭田無征」即大夫圭田無征。圭田，卿、大夫、士皆有之，獨言大夫者，舉中以包上下耳。

史以獄成告於正。

注曰：「史，司寇吏也。正，於周鄉師之屬，今漢有正平，承秦所置。」正義曰：「按《周禮》鄉師屬地官，不掌獄訟，而云『鄉師』者，鄉謂鄉士也，師謂士師也，云『之屬』者，謂遂士、縣士、方士之等。云『今漢有正平，承秦所置』者，按《漢書・百官公卿表》廷尉，秦官，掌刑辟，有正、左右監。宣帝地節三年初置左右平。鄭見古有正，連言平耳。此《王制》多是殷法，秦則放殷置之。」

樾謹按：鄉士、士師并言之曰鄉師，甚爲不辭，疑鄭注本作「鄉士之屬」，傳寫誤耳。正義承誤本而曲爲之説，非也。至鄭以漢制説「正」字，亦爲失之。《爾雅・釋詁》：「正，長也。」古謂官長曰正，《周禮・天官・序官》注曰「酒正，酒官之長」是也。史卽府史胥徒之史。《秋官・序官》鄉士、遂士、縣士、方士之下各有史如干人。史掌文書，故成獄辭則史各以告之其正。縣之史卽以縣士爲正，遂之史卽以遂士爲正，鄉之史卽以鄉士爲正。鄭君誤釋「正」字，未得古義。而孔穎達遂據此文，定《王制》之作爲在秦、漢之際，恐未必然也。《尚書・立政》篇曰「其勿誤于庶獄庶慎，惟正是乂之」，蔡沈《集傳》曰：「『正』，猶《康誥》所謂『正人』與『宮正』、『酒正』之『正』，指當職者爲言」，此説轉得之矣。

執左道以亂政。

注曰：「左道，若巫蠱及俗禁。」

樾謹按：如注義，則當與下文「假於鬼神、時日、卜筮以疑衆」者同科，乃與「析言破律，亂名改作」者相次，殊爲不類矣。蓋左道非必巫蠱之流，凡不便於民者皆是。人有左右，右便而左不便，故凡不便者曰左。昭四年《左傳》「不亦左乎」，杜注曰「左，不便」是也。古之君子禮從宜，使從俗，是故修其教不易其俗，齊其政不易其宜。若乃生今之世，反古之道，又或作聰明以亂舊章，皆謂之左道可矣。

六十宿肉。

正義曰：「六十宿肉者，轉老故恒宿肉在帳下，不使求而不得也。」

樾謹按：如正義所説，則與「九十飲食不離寢」無異矣，疑非經旨。宿者，進也。《儀禮・少牢饋食禮》鄭注曰：「宿讀爲肅。肅，進也。」古文「宿」皆作「羞」，然則「宿肉」猶羞肉。《爾雅・釋詁》：「羞，進也。」五十之年但異其粻而未有肉，至六十則每食必進肉矣，故曰「宿肉」。

八十月告存。

正義曰：「告，謂問也。君每月使人致膳告問存否。」

樾謹按：存者，問也。《説文・子部》「存，恤問也」；《國策・秦策》「無一介之使以存之」，高誘注曰「存，勞問也」；《漢書・嚴助傳》「使重臣臨存」，師古注曰「存，謂省問之」，竝古人謂問爲存之證。「八十月告存」者，每月使人以存問之辭致告也。正義不知存之訓問，而反訓告爲問，古訓無徵，不可從也。且人君優禮老臣，而每月以存否爲問，亦非所以安老臣之心。《周禮・大行人》「歲徧存，三歲徧頫，五歲徧省」，所謂「存」者，豈亦問其存否乎？足知其非矣。

瘖聾、跛躃、斷者、侏儒，百工各以其器食之。

正義曰：「百工，謂有雜技藝。」

樾謹按：國有六職，百工與居一焉，乃與瘖聾、跛躃之類一律視之，殊爲不合。「百工」字疑當屬下讀，「百工」即百官也。《尚書・堯典》篇「允釐百工」，《史記・五帝紀》作「信飭百官」是也。瘖聾、跛躃、斷者、侏儒皆有疾病，所宜矜恤，故使百官各隨其器以食之。《晉語》文公問於胥臣曰：「柰夫八疾何！」對曰：「官師之所材也，戚施直鎛，蘧蒢蒙璆，侏儒扶盧，矇瞍修聲，聾聵司火。童昏、嚚瘖、僬僥，官師之所不材也，以實裔土。」此言「百工以其器食之」，即彼言「官師之所材」，可知其義矣。

群經平議卷十九

群經平議卷二十

德清俞樾

禮記二

其神句芒。《月令》

注曰：「此蒼精之君，木官之臣，自古以來箸德立功者也。」正義曰：「此之言據死後享祭之時，不論生存之日，故云『其神句芒』。句芒言其神，則太皞亦神也。太皞言帝，則句芒當云臣，互而相通。」

樾謹按：正義所説，非古義也。《國語·魯語》：「昔禹致群神於會稽之山。」又曰：「山川之靈，足以紀綱天下者，其守爲神，社稷之守者爲公侯，皆屬於王者。」然則神之名不必據死後而稱之也。太皞言其帝，句芒言其神，皆是生存之號。鄭注謂是蒼精之君，木官之臣，以君釋帝，以臣釋神，正得古義。《詩·皇矣》篇毛傳「致其社稷群神」，《釋文》曰「本或作群臣」，是「神」猶「臣」也。正義層層分別，反失之矣。

其器疏以達。

注曰：「器疏者，刻鏤之象。物當貫土而出也。」正義曰：「刻鏤爲文，使文理麤疏，直而通達也。」

樾謹按：注中「刻鏤」字即釋經文「疏」字。《明堂位》篇「殷以疏勺」，注曰：「疏，通刻其頭。」《儀禮·有司徹》篇「覆二疏匕于其上」，注曰：「疏匕，匕柄有刻飾者。」竝其證也。正義不知刻鏤即爲疏，而又以文理麤疏增成之，殊失注意。

祀，不用犧牲用圭璧。更，皮幣。

注曰：「更，猶易也。」正義曰：「非但用圭璧更易，又用皮幣以更之，故在圭璧皮幣之中，上下有也。」

樾謹按：如此則文不成義甚矣，殆非也。「更皮幣」三字當自爲句。《周官・女御》「掌以時招梗襘禳之事」，注曰：「杜子春讀梗爲更。玄謂：梗，御未至也。」此文「更」字卽「招梗襘禳」之「梗」，與杜讀合。正義引蔡氏云：「此祀不用犧牲者，祈不用犧牲，謂祈禱小祀也。」然則祀謂祈禱，更謂梗御，其事相近。凡有祈禱之事，不用犧牲而用圭璧；若梗御之事，則止用皮幣而已，以其事尤輕也。當讀云「祀，句。不用犧牲用圭璧。更，句。皮幣」，則得其義矣。

天子乃薦鞠衣于先帝。

注曰：「鞠衣，黄桑之服。」正義曰：「鄭注《内司服》云：『鞠衣，黄桑服也，色如鞠塵，象桑葉始生。』菊者草名，花色黄，故季秋之月云菊有黄華，是鞠衣黄也。」

樾謹按：《周官・内司服》賈公彦疏云「鞠塵不爲麴字者，古通用」，是「鞠塵」之「鞠」當讀爲「麴」。《齊民要術》説作女麴如作麥麴法，「以青蒿上下奄之，置牀上三七二十一日，開看徧有黄衣則止。三七日無衣乃停，要須衣徧乃止」。然則麴塵者，卽謂麴上黄衣也。《吕氏春秋・季春紀》高注曰「衣黄如菊花，故謂之菊衣」，此别是一説，與鄭義異。《釋文》曰「鞠，居六反，如菊華也。又去六反，如麴塵」，分晰甚明。而正義乃合而一之，既用鄭君「鞠塵」之義，又引「鞠有黄華」爲説，違失甚矣。

角齒羽箭幹。

正義曰：「熊氏云：各以類相從，金鐵爲一

庫，皮革筋爲一庫，角齒爲一庫，羽箭榦爲一庫，脂膠丹漆爲一庫。義或然。」

樾謹按：羽與箭榦非同類之物也。《周禮・地官》「角人掌以時徵齒角凡骨物于山澤之農」，「羽人掌以時徵羽翮之政于山澤之農」，二職相連，則角、齒、羽三者自當共爲一庫。賈公彦疏曰：「此羽人所徵羽者，當入於鍾氏，染以爲后之車飾及旌旗之屬也。」是羽之爲用甚廣，非獨供矢人之用，何見其必與箭榦同庫乎？

命國難，九門磔攘，以畢春氣。

注曰：「此難，難陰氣也。」

樾謹按：《月令》三難，惟季冬之難爲難陰氣。若季春及仲秋，則皆難陽氣也。此在記者自有明文，不容臆説。仲秋曰「天子乃難以達秋氣」，秋氣者，陰氣也，以達秋氣，則其所難者爲陽氣可知矣。此云「以畢春氣」，春氣者，陽氣也，以畢春氣則其所難者爲陽氣，亦可知矣。夫季春之難以畢春氣，猶季冬之難以送寒氣也。送之、畢之，皆欲其氣之去也。鄭以季春之難爲難陰氣，則當如仲秋之例曰「以達春氣」，於義方合，不當言畢也。若畢春氣爲難陰氣，豈送寒氣爲難陽氣乎？鄭又引《王居明堂禮》曰「季春出疫于郊，以攘春氣」，是則因春氣太盛，攘而去之。禮文甚明，而鄭顧以爲難陰氣，直誤以春氣爲陰氣矣。

贊傑俊。

注曰：「贊，猶出也。」正義曰：「贊是贊佐之義，故云『出』。」

樾謹按：贊佐之義與出絶遠，古書訓贊爲出者他無所見，鄭義非也。贊從兟爲意，《説文・先部》「兟，進也」，故贊亦有進義。師古注《漢書・東方朔傳》、《孔光傳》竝曰：「贊，進也。」「贊傑俊」之「贊」當訓爲進。下句「遂賢良」注曰「遂，猶進也」，贊與遂文異義同。

調竽笙箛簧。

正義曰：「簧者，竽笙之名也。」阮氏《校勘記》曰：「段玉裁云：名當作舌。」

樾謹按：簧是竽笙之舌，則已包於竽笙中矣，何必言竽笙又言簧乎？簧蓋自成一樂器。竽笙不能無簧，而簧不必定施於竽笙。《一切經音義》卷八引《古史考》曰「女媧作簧，其後隨作竽三十六管」，是簧固先竽而有矣。《釋名·釋樂器》曰「簧，横也，於管頭横施於中也」，此言竽笙之簧也。又曰「以竹鐵作，於口横鼓之，亦是也」，此則自成樂器，不施於竽笙矣。《詩·鹿鳴》篇「吹笙鼓簧」即所謂「於口横鼓之」者，故吹笙與鼓簧各爲一事，猶鼓瑟與吹笙各爲一事也。此文「調竽笙箛簧」，《吕氏春秋·仲夏紀》作「調竽笙壎篪」，蓋由學者不知簧之自爲一器，疑言竽笙不當復言簧，又習見壎篪之文，故妄改之耳，非吕氏之舊也。

仲夏行冬令，則雹涷傷穀。

注曰：「陽爲雨，陰起脅之凝爲雹。」

樾謹按：鄭注未釋「涷」字，「涷」當讀爲「涷」。《爾雅·釋天》「暴雨謂之涷」，郭注曰：「今江東呼夏月暴雨爲涷雨。《離騷》云『令飄風兮先驅，使涷雨兮灑塵』是也。『涷』音『東西』之『東』。」然則「雹涷」者，雹與暴雨也。夏日暴雨往往與雹俱至，故竝言之。字不作「涷」而作「涷」者，古字通也。《隸釋·張納功德碑》「卹澹涷餒」，此叚「涷」爲「涷」也。《文選·思玄賦》「涷雨沛其灑塗」，此叚「涷」爲「涷」也。古文聲同之字例得叚借，字可爲「湅」，讀當從「湅」。《釋文》音丁貢反，失之矣。

土潤溽暑大雨時行。

注曰：「潤溽，謂塗溼也。」正義曰：「土既潤溽，又大雨應時行也。」

樾謹按：鄭所據本疑無「暑」字，故但釋「潤溽」之義而不及「暑」字。下文注曰「土潤溽膏，澤易行也」，是鄭本無「暑」字之明證也。正義言「土既潤溽，又大雨應時行」，是孔氏所據本亦無「暑」字矣。《周書·時訓》篇有「暑」字，且曰「土潤不溽暑，罰不應物」，則「潤溽」二字不連讀，與鄭義異。然「土潤不溽暑」文義殊爲不安，疑《周書》原文亦作「土潤溽」，其下則云「土不潤溽，罰不應物」。今本乃傳寫之誤，不足據也。

其日戊己。

樾謹按：《月令》於四時各舉其日。夫木、火、金、水，各王一時，豈繫乎其日哉？蓋因中央土而設也。土無定位，寄王四時。凡一歲之中，所有戊日、己日，皆土所寄王之日。天子居太廟太室以應之，四時皆然。記人因文無可繫，故特繫之夏秋之交，以其爲四時之中也。合四時計之，孟、仲、季三月以九十日爲率，則戊日九，己日九，其大較也，總計得七十二日，爲土所寄王之日，而五行之氣無偏勝矣。此所以於中央土特箸「其日戊己」之文也。中央土既特箸「其日戊己」之文，故於四時亦各舉其日以配之。學者不知「其日戊己」爲土所寄王之日，記有明文，而但見其文次季夏之月之後，因推之於春、於秋、於冬，謂土之寄王皆在四季之末，謬矣。余有説存集中，撮其大略如此。

文繡有恒。

樾謹按：「恒」當作「常」。此由學者不知「常」是本字，誤以爲漢人避文帝諱所改，如「恒山」作「常山」之例，遂改正之，而轉失其本字矣。「文繡有常」與上文「裳」字、下文「長」字、「量」字、「常」字爲韵。今「常」誤作「恒」，而下文「度有短長」句又誤作「長短」，則皆失其韵矣。《吕氏春秋・仲秋紀》皆不誤，可據以訂正。

量小大。

阮氏《校勘記》曰：「惠棟校宋本同。宋監本、岳本、嘉靖本同。石經同。閩、監、毛本『小大』二字倒，衛氏《集説》同。」

樾謹按：衛湜本是也。上文云「制有小大，度有短長」，則「小」字當在「大」字之前，以下句「短」字在「長」字之前，小大短長各相當也。此文云「量大小，視長短」，則「大」字當在「小」字之前，以下句「長」字在「短」字之前，大小長短亦各相當也。乃自唐石經以下，各本皆作「小大」，則涉上文「制有小大」而誤，猶上文「度有短長」涉此文「視長短」而誤作「長短」也。「度有短長」句有《吕氏春秋》可據以訂正。至此文，則《吕氏春秋》亦作「量小大」矣。然孔氏正義曰：「量小大者，大謂牛羊豕成牲者，小謂羔豚之屬也。」先釋「大」字，後釋「小」字，是孔所據本正作「大小」不作「小大」。而所述經文云「量小大」，此必後人據已誤之經文改之也。閩、監、毛本固不可據，然此句實當從之。阮氏反以爲倒，誤矣。

易關市。

注曰：「易關市，謂輕其税使民利之。」正義曰：「關市之處輕其賦税，不爲節礙，是易關市也。」

樾謹按：孔氏蓋讀「易」爲「平易」之「易」，

然非輕稅之意也。「易」當讀爲「弛」。《爾雅・釋詁》「弛，易也」，是易與弛聲近義通。《管子・大匡》篇「桓公乃輕稅，弛關市之征」，此言「易關市」，猶彼言「弛關市」，故鄭以輕稅說之也。

是察阿黨則罪無有掩蔽。

注曰：「阿黨，謂治獄吏以私恩曲撓相爲也。」正義曰：「是察阿黨者，謂當是正審察獄吏阿黨之事，則在下犯罪之人獄吏不能掩蔽，故云無有掩蔽。」

樾謹按：決獄訟必端平，見于孟秋之月；斬殺必當，毋或枉橈，見于仲秋之月，已不啻三令五申矣。至季秋之月云「乃趣獄刑，毋留有罪」，然則凡獄事皆決矣，何待孟冬之月始察獄吏之阿黨乎？注義非也。今按：此文本連上文爲一節，鄭失其讀，故失其義。今正其讀曰：「命太史釁龜筴，句。占兆審卦，句。吉凶是察，句。阿黨則罪，句。無有掩蔽。句。」蓋此一節皆命太史之辭也。兆卽大卜所掌三兆之法，其經兆之體皆百有二十，其頌皆千有二百者也。卦卽大卜所掌三易之法，其經卦皆八，其別皆六十有四者也。占之、審之，皆所以求吉凶也，故繼之曰「吉凶是察」也。「阿黨則罪」者，古卜筮之法，必用三人，若雷同附和，則罪之也。「無有掩蔽」者，懼其有所隱諱，不以實告，故又以此戒之也。《呂氏春秋》作「於是察阿上亂法者則罪之」，此必經後人增益，非呂氏之舊。然云「阿上亂法者則罪之」，可見古讀固於「罪」字絕句矣。

以固而閉地氣沮泄。

注曰：「而，猶女也。」

樾謹按：此本作「以固天閉地，句。陽氣且

泄。句。」《吕氏春秋・音律》篇曰「黄鍾之月，土事無作，慎無發，蓋以固天閉地，陽氣且泄」，是其證也。師古注《漢書・楊雄傳》曰：「固，閉也。」然則「固天閉地」文義正一律。因「天」字「而」字篆文相似，故「天」誤作「而」，傳寫又奪「陽」字，遂以「地」字屬下讀，而文義不可通矣。《吕氏春秋・仲冬紀》作「無發蓋藏，無起大衆，以固而閉。發蓋藏、起大衆，地氣且泄」，此必後人據已誤之《月令》改之也。《吕氏》原文當作「無發蓋藏，無起大衆，以固天閉地。發蓋藏、起大衆，陽氣且泄」，如此乃與《音律》篇合。幸後人所改者止《仲冬》篇，而於《音律》篇固未及改，尚得考見其舊耳。至「沮泄」之爲「且泄」，則古本《月令》皆然。《釋文》不爲「沮」字作音，可見矣。

祝聲三。《曾子問》

注曰：「聲，噫歆，警神也。」正義曰：「直云祝聲，不知作何聲。按《論語》云：『顔淵死，子曰：「噫！天喪予！」』《檀弓》云：『公肩假曰：「噫！」』是古人發聲多云『噫』，故知此聲亦謂噫也。凡祭祀神之所享謂之歆，今作聲欲令神歆享，故云『歆警神』也。」

樾謹按：《儀禮・既夕》篇「聲三」鄭注曰：「聲三，三有聲，存神也。舊説以爲聲噫興也。」又《士虞禮記》「聲三」注曰：「聲者，噫歆也。」歆與興字異而聲同。賈疏于《既夕》篇曰：「按《曾子問》亦云『祝聲三』，鄭云『警神也』，即此『存神也』。云『舊説以爲聲噫興』者，鄭注《曾子問》云『聲噫歆』，亦是舊説也。」然則此注當以「噫歆」爲句，「警神也」爲句。孔氏不得其讀，而以「歆警」連文，殊非鄭義矣。又按：孔氏既以「歆警」連文，乃其釋經文則標「祝聲至敢告」五字，而曰「聲謂噫歆之聲三」，又似不誤者，蓋正義非一人之書。孔穎達序云：「恐獨見膚淺，不敢自專，謹與中散大夫守國子司業臣朱子奢、國子助教臣李善信、守大學博士臣賈公彦、行太常博士臣柳士宣、魏王東閤祭酒臣范義頵、魏王參軍事臣張權等共量定。」然則此以「噫歆」連讀者，與《儀禮》疏合，必賈公彦所量定者矣。

壻弗取而后嫁之，禮也。

樾謹按：此句之義在「而后」兩字。壻弗取而后嫁之，可知壻取則即歸是壻矣。下文曰「女之父母死，壻亦如之」，蓋亦女弗許而後娶，非謂三年喪畢女必別嫁，壻必別娶也。男女妃匹之際，情事萬變，聖人緣情制禮，不敢繩以一律。況三年之久，或昔富而今貧，或昔貴而今賤，久要不忘之義，豈可概責之中人以下者哉？與其强合於始而不能善保其終，固不如各從其便也。此節兩曰「禮也」，自有精義。其上文曰「女氏許諾而不敢嫁，禮也」，蓋論禮之正也。若論其變，則固有女氏許諾而即嫁之者矣，聖人所不禁也。此文曰「壻弗取而后嫁之，禮也」，蓋論禮之變也。若論其正，則壻當仍娶此女，女當仍嫁此壻。而聖人不敢質言也，何也？古人自納采、問名以至于請期而成昏禮，相距初不甚遠，非如今人議昏於襁緥之中，受幣於髫齔之歲也。故因遭喪而待至三年，已爲曠日持久，情隨事遷，不可概論矣。聖人制禮，所以委曲如此。儒者不達古今之變，故不得制禮之意。正義於「壻弗取而后嫁之」不置一詞，蓋疑之也。至陳澔《集説》竟云

「壻祥禫之後，女之父母使人請壻成昏，壻終守前説而不取，而後此女嫁於他族，禮也」，則大謬矣。夫女既未嫁，女之父母又使人來請，壻何必固執前説而不取乎？誠如是也，遭喪之後，此女萬無復歸是壻之理，則當壻家致命之後便可别嫁，必待壻免喪而請之，轉爲多事矣。此鄉曲無識者所不爲，曾謂聖人制禮而有是乎！

曾子問曰：「父母之喪弗除，可乎？」

注曰：「以其有終身之憂。」正義曰：「曾子又疑云聖人制變受之期，情禮之殺，使送死有已，復生有節，是不許人子有不除之喪。若適子，除君服後乃有殷祭之事，如喪久不葬者，此則可解。若庶子，除君服後無復殷祭之事，便是其爲父母之服一生不有除説之事，此於禮許得可乎？」

樾謹按：此節之義，鄭、孔各殊。鄭意此節不與上文相屬，推曾子之意以爲人子有終身之憂，卽當有終身之服，故發此問，乃賢者過之之事也。孔穎達則與上文合爲一節，勿除可乎，疑其不可也。此與鄭注迥異，故止釋經文，而於鄭注不釋一字也。據下文孔子曰：「先王制禮，過時弗舉，禮也。非弗能勿除也，患其過於制也，故君子過時不祭，禮也。」然則此節之義，自當從鄭注爲得。何也？如正義所説，則曾子之意主乎除者也，孔子當曰「非弗能除也，患其過於制也」，方與問意相對。今乃曰「非弗能勿除也，思其過於制也」，則可見曾子之意主乎勿除矣。鄭注曰：「言制禮以爲民中，過其時則不成禮」，此卽賢者俯而就之之意。正義標「非弗至制也」五字而釋之，曰：「勿，猶不也。言今日不追除服者，非是不能除改也，爲此不除，正是患其過於先王之禮制也。」❶夫經文明言「非弗能勿除」，而正義乃云「非是不能除改」，則易經文爲「非弗能除」矣，其爲違錯，顯然可見。孔氏誤解此經，蓋由「過時不祭」一語。不知此篇之例，每以輕重相形。上文「曾子問曰：『除喪則不復昏禮乎？』孔子曰：『祭過時不祭，禮也，又何反於初。』」鄭注曰：「重，喻輕也。」正義曰：「據重者尚廢，以明輕者廢可知也，故云『重喻輕也』。」此云「過時不祭禮也」，兩文正同。彼是重喻輕，此乃輕喻重，蓋以君子無過時之祭，明君子無過時之服也。文義易曉，故鄭無注。孔氏牽合上文爲説，反糾繚而難明矣。且上文曰「君之喪服除而后殷祭，禮也」，是適子於除君服後未嘗不補行祥祭也，不得云過時不祭也。若支子不得追祭，則自因適子已行祥祭之故，而非以過時之故也。過時不祭之言與曾子問意全不相當，可知孔解之謬矣。

既明反，而后行。

正義曰：「既待日食光明反迴，而後引柩行。」

樾謹按：「既」當讀爲「暨」。《小爾雅・廣言》曰：「暨，及也。」「暨明反而后行」者，及明反而后行也。《周官・間胥》「既比則讀灋」，注曰「故書既爲暨，杜子春讀暨爲既」，是既與暨古字通用。

其有不安節。《文王世子》

注曰：「節，謂居處故事。」

樾謹按：鄭注未得「節」字之義。節之言適也。《管子・禁藏》篇「故聖人之制事也，能節宮室，適車輿，以實藏」，是節與適同

❶「先王」，《禮記注疏》作「聖人」。

義。《吕氏春秋・重己》篇「故聖人必先適欲」，高注曰「適，猶節也」，然則節亦猶適也。「其有不安節」者，其有不安適也。訓爲「居處故事」，於義轉迂矣。

然而衆箸於君臣之義也。

正義曰：「俗本皆云『箸於君臣之義』，而定本無『箸』字，義亦通。」

樾謹按：無「箸」字義不可通矣。疑本云「定本無於字」，傳寫誤耳。

一有元良。

注曰：「元，大也。良，善也。」

樾謹按：《詩・桑柔》篇鄭箋云「善，猶大也」，是大與善義通。元訓大，故亦訓善。《王制》篇「天子之元士」，鄭注曰：「元，善也。」然則元、良一也。注分爲二義，似轉失之。

其登餕獻受爵則以上嗣。

正義曰：「以特牲言之，則先受爵而後獻，獻而後餕。今此經先云餕者，以餕爲重。舉重者從後以嚮先逆言之，故云『其登餕獻受爵』也。」

樾謹按：鄭注《儀禮・特牲饋食》篇曰：「使嗣子飲奠者，將傳重累之。」是受爵之事亦非所輕。且據《特牲》篇嗣子與長兄弟爲上下兩蕢，是餕不止嗣子一人，而受爵則止嗣子一人，受爵視餕蓋尤重矣，安得反云以餕爲重乎？此經先言餕者，蓋古人自有倒言之例。《周官・大宗伯職》曰「以肆獻祼享先王」，若以次弟而言，則祼最在先，獻次之，肆又次之也；《大祝職》曰「隋釁逆牲逆尸」，若以次弟而言，則逆尸最在先，逆牲次之，隋釁又次之也，此皆倒言之也。「餕獻受爵」義亦猶此。正義曲爲之說，反失之矣。

其刑罪則纖剸亦告於甸人。

注曰：「告讀爲鞫，讀書用法曰鞫。」

樾謹按：「告」當讀爲「造」，古字通用。《列子·楊朱》篇「密造鄧析而謀之」，《釋文》曰「造，本作告」，是其例也。《小爾雅·廣詁》曰：「造，適也。」「造于甸人」者，適于甸人也。《周官·掌囚》曰「凡有爵者與王之同族奉而適甸師氏，以待刑殺」，可證此文「造」字之義。因叚「告」爲「造」，其義不顯。鄭知「告」之爲叚字，而不能得其本字，乃讀爲「鞫」，是時已將用法矣，豈尚待讀書乎？

退脩之，以孝養也。

注曰：「退脩之，謂既迎而入，獻之以醴，獻畢而樂闋。」正義曰：「謂三老五更入而即位於西階下，天子乃退，酌醴獻之，以脩行孝養之道。」

樾謹按：「脩」當讀爲「羞」。《説文·丑部》：「羞，進獻也。」鄭以「獻之」解「脩之」，可知「脩之」猶「羞之」矣。上文曰：「適饌省醴養老之珍具。」正義曰：「天子親適陳饌之處，省視醴酒，并省視養老之珍具。」至此則遂奉而進之，以明孝養之道，故曰「退脩之以孝養也」。「退脩之」三字爲句，謂退至陳饌之處，「脩之」即羞此醴與珍具也。據《儀禮》，凡獻賓，必薦脯醢。此既獻醴，則珍具亦當竝薦。鄭但云「獻之以醴」者，以醴爲主，故文不具耳。孔氏不知「脩」爲「羞」之叚字，而解爲「脩行」，與鄭義不合。若從孔解，則鄭君不當於「脩之」斷句矣。

是故聖人之記事也。

正義曰：「記事，謂聖人親行養老之禮，記序前代之事也。」

樾謹按：此言聖人自行之事，非言其記序前代之事也。「記」當讀爲「紀」。《釋名・釋典藝》曰「記，紀也」；《釋言語》曰「紀，記也」，是二字義通。《國語・周語》「紀農協功」，韋注曰：「紀，猶綜理也。」「聖人之紀事」，猶言聖人之理事。下文「慮之以大，愛之以敬」數語，正見其綜理之微密也。

如有不由此者，在埶者去，衆以爲殃。《禮運》

注曰：「埶，埶位也。去，罪退之也。殃，猶禍惡也。」正義曰：「若爲君而不用上謹於禮以下五事者，雖在富貴埶位，而衆人必以爲禍惡，共以罪黜退之。」

樾謹按：如正義之説，則當云「衆以爲殃而去之」，於文方明，不當既云「在埶者去」，乃始云「衆以爲殃」也。正義所説殆失之矣。蓋「如有不由此者」所包甚廣，在埶位者而不由此，固當黜去之；若衆人不在埶位者而不由此，則無位可去矣。然人有禮則安，無禮則危，未有不裁及其身者也，故曰「衆以爲殃」，言不在埶位之衆人，亦以此爲禍惡也。

其燔黍捭豚。

樾謹按：「捭」者，「髀」之叚字。《説文・冎部》：「髀，别也。從冎卑聲，讀若罷。」其字亦或作「擺」。《文選・西京賦》「置互擺牲」，薛綜注曰：「互，所以挂肉。擺，謂破磔縣之。」此可證「捭豚」之義。《鹽鐵論・散不足》篇曰「古者燔黍食稗，而焷豚以相饗」，即用《禮記》之文。而其字作「焷」者，蓋因「燔」字從火，遂并「焷」字而亦誤從火。古書中往往有此。《尚書・堯典》篇「在璿機玉衡」，「機」字本從木，因「璿」字從玉，而亦誤從玉；《爾雅・釋詁》「簡、菿，大也」，「菿」字本從艸，因「簡」字從竹，而亦誤從竹，即其例也。《玉篇·火部》：「焷，缹也。」《廣雅·釋器》曰：「焷謂之缹。」則因字形之誤而遂滋異說，未可據以說經也。

是天子之事守也。

注曰：「先祖法度，子孫所當守。」正義曰：「杞郊禹，宋郊契，蓋是夏、殷天子之事，杞、宋是其子孫，所當保守，勿使有失。」樾謹按：正義以「是天子之事」爲句，「守也」爲句，文不成義矣。此當以「事守」二字連文。《說文·史部》：「事，職也。」「事守」猶言職守，謂是天子之職守也。

處其所存，禮之序也。

注曰：「存，察也。」正義曰：「言聖王能處其人所觀察之事以爲政，則禮得次序也。」樾謹按：古人之辭，凡審度其事謂之處。文十八年《左傳》曰「德以處事，事以度功」，《呂氏春秋·有始覽》曰「察其情，處其形」，《淮南子·兵略》篇曰「相地形，處次舍」，竝其證也。「處其所存」，謂審度其所存者。鄭不知處有審度之義，而反訓存爲察，于是文義之平易者變而迂曲矣。

非意之也。

注曰：「意，心所無慮也。」正義曰：「謂於無形之處用心思慮。無慮卽慮無也。宣十二年《左傳》云『前茅慮無』，是備慮無形之處。一云：心所無慮，謂心無所思慮。」樾謹按：正義解「無慮」二字甚爲迂曲。孔氏亦有所未安，故又出一說。然注云「心所無慮」，不云「心無所慮」，是後說亦非也。注文「無」字疑「譕」字之誤。「譕」即「謨」之異文，《集韵》曰「謨，古文譕」是也。「心所譕慮」猶云心所謀慮。《儀禮·大射儀》注曰「志，意所擬度也」，與此句法正同。正義曲爲之説，非是。

故龍以爲畜，故魚鮪不淰。

注曰：「淰之言閃也。」正義曰：「讀淰爲閃者，淰是水中之形狀，故字從水；閃是忽有忽無，故字從門中人也。人在門，或見或不見。」

樾謹按：鄭讀「淰」爲「閃」，是未得其本字也。《説文・走部》：「趛，低頭疾行也。」字或變作「趝」，《玉篇・走部》：「趝，疾行也。」「趝」與「趛」實一字，蓋金與念竝從今得聲，故從金者或變而從念耳。「趝」卽「魚鮪不淰」之本字，因其字從走，與魚鮪不合，故變用從水之「淰」耳。

鳳以爲畜，故鳥不獝；麟以爲畜，故獸不狘。

注曰：「獝、狘，飛走之貌也。」

錢氏大昕《經史答問》曰：「獝爲鳥飛，不應從犬旁。《釋文》『獝』本作『矞』，《周禮・大司樂》注引此文亦作『矞』。俗本從犬者誤也。《説文・走部》有『𧼴』字，訓狂走，卽『鳥不矞』之『矞』。」

樾謹按：《玉篇・羽部》「䎗，音聿，飛貌」，此「鳥不矞」之本字也。蓋「𧼴」訓狂走，故字從走；此爲鳥飛，則不得從走，因變而從羽。文字所以孳乳寖多也。《玉篇・羽部》又有「𦑊」字，許出切；「𦑊」字，許月切，竝曰「飛走貌」，卽用鄭君注義。疑下句「狘」字有作「𦑊」者，并有誤作羽旁戉者。《文選・江賦》曰「濯翮疏風，鼓翅䎗𦑊」，以「䎗𦑊」連文，蓋卽本之《禮記》。然則今本兩字竝從犬，古本兩字或竝從羽矣。鄭君所謂傳書世異，於此益信。學者通其意，正不必泥其文也。

其降曰命，其官於天也。

樾謹按：曰猶於也。《爾雅・釋詁》「粵、

于、爰，曰也」，而爰、粤、于三字又訓於，是曰、於義同。「其降曰命」即其降於命，言其降於教命者，皆其法於天者也。上句用「曰」字，下句用「於」字，古人每有此文法。《尚書·洪範》篇「水曰潤下，火曰炎上，木曰曲直，金曰從革，土爰稼穡」，曰、爰互用，即其例也。

故事大積焉而不苑。

正義曰：「皇氏云：『事大積焉而不苑』者，既用順爲常，事無苑滯。事大者，天子事也。雖復萬機輻湊，而應之有次序，不使苑積也。」

樾謹按：如正義所説，則當云「大事」，不當云「事大」也。「故事大」三字當連上文讀，其文曰「大順者，所以養生送死，事鬼神之常也，故事大」，乃申説是謂大順之義，言其爲養生送死事鬼神之常，故其事至大也。

細行而不失。

正義曰：「『細行而不失』者，謂大夫士出聘者也。天子不遺小國之臣，是不失也。」

樾謹按：「行」字衍文也。本作「細而不失」，涉上句「竝行而不繆」誤衍「行」字，則文不可通矣。正義以「不遺小國之臣」解之，是其所據本正作「細而不失」，故以「小國之臣」解「細」字也。乃其述經文亦作「細行而不失」，疑後人據已誤之經文增益之，非其舊矣。

故聖王所以順山者，不使居川，不使渚者居中原，而弗敝也。

注曰：「小洲曰渚，廣平曰原。山者利其禽獸，渚者利其魚鹽，中原利其五穀。使各居其所安，不易其利，勞敝之也。」

樾謹按：「故聖王所以順」句於文似未足

者，「而弗敝也」句於上句亦似不相屬，疑此經傳寫錯誤。本云：「故聖王所以順而弗敝也。山者不使居川，不使渚者居中原。」因鄭注先解「山者」二句，乃曰「使各居其所安，不易其利，勞敝之也」，於是學者移「而弗敝也」四字置「山者」二句之下，以合于鄭注，不知鄭注統解經文，非必順其前後也。至鄭訓敝爲勞敝，於義未合。「敝」當讀爲「彆」。《詩·采薇》篇《釋文》引《埤蒼》曰：「彆，弓末反戾也。」反戾謂之彆，正與順字之義相反。「順而弗彆」者，順而弗戾也。古無「彆」字，故卽以「敝」爲之。字亦作「㢼」。《玉篇·弓部》：「㢼，卑結、卑計二切，弓戾也。」「㢼」有卑計切一音，卽與「敝」音同矣。

社稷山川之事，鬼神之祭，體也。《禮器》

注曰：「天地人之別，體也。」正義曰：「社稷山川爲天地之別體，鬼神是人之別體，各有軀體也。」

樾謹按：正義所説，非鄭意也。鄭注當以「天地人之別」爲句，「體也」爲句。社稷山川，地也；鬼則人鬼也；神則天神也。社稷山川之事，鬼神之祭，其禮不同，是乃天地人之別，卽所謂體也。孔氏誤以「別體」二字連讀，故其説不可通矣。

曾子曰：「周禮其猶醵與！」

注曰：「合錢飲酒爲醵，旅酬相酌似之也。」正義曰：「王肅《禮》作遽，注云：曾子以爲使六尸旅酬，不三獻，猶遽而略。」

樾謹按：王説是也。蓋夏立尸最質，殷坐尸則轉文矣，周旅酬六尸則文彌甚。曾子此言，正見三代之禮日趨于文，繼周而王者必有加而無已，故曰「周禮其猶遽與」。作「醵」者，叚字耳。鄭卽以本義説之，失曾子之旨矣。

是故君子之於禮也，非作而致其情也。

注曰：「作，起也。敬非己情也，所以下彼。」

樾謹按：鄭解「作」字非也，「作」當讀爲「迮」。《文選・歎逝賦》「塗薄莫而意迮」，注引《聲類》曰：「迮，迫也。」「非迮而致其情」，謂非迫而致其情也。襄二十九年《公羊傳》「今若迮而與季子國，季子猶不受也」，與此義同。「迮」正字，「作」叚字也。故下文曰「七介以相見也，不然則已慤；三辭三讓而至，不然則已蹙」，正見君子不迮而致其情也。

必先有事於頖宮。

注曰：「頖宮，郊之學也，《詩》所謂『頖宮』也。字或爲郊宮。」

樾謹按：注文「《詩》所謂『頖宮』也」，此「頖」字當作「泮」。蓋諸經用字不同，《詩》作「泮宮」，《禮》皆作「頖宮」。《王制》「諸侯曰頖宮」，《明堂位》「頖宮周學也」，字皆作「頖」，不作「泮」。鄭謂《禮》之「頖宮」卽《詩》之「泮宮」，故釋之曰「《詩》所謂『泮宮』也」。若如今本，則以「頖宮」釋「頖宮」，重複而不可通矣。

大明生於東，月生於西。

注曰：「大明，日也。」

樾謹按：日生於東，人所共見；月生於西，其理難言。正義於此無說。上文「爲朝夕必放於日月」，注曰：「日出東方，月生西方」，正義曰：「日旦出自東方，故於東方而朝之。月初生出自西方，故於西方而祀之。」此說殊有未安。月初生之夕見于西方，是其將入，非其始出也，豈得因此而謂月生西方乎？月生西方，蓋古渾天家說。

渾天家謂地在其中，天包其外，猶如鷄卵白之繞黄。近來西人之説，謂水地合一圓球，四面居人，其地度經緯正對者，兩處之人以足版相抵而立。梅氏文鼎《天學疑問》極言其可信。然則日月出入，本無一定，在此處爲入者，在彼處正爲出矣。日東月西，聖人據理以斷之，以爲日生於東，從地上西行而入於地下；月生於西，從地下東行而出於地上，此陰陽之正位，亦升沈之定理。吾所立之處如是，卽與吾上下相對之處亦如是。學者不明乎此，則「月生於西」之説終莫能明矣。下文「君西酌犧象，夫人東酌罍尊」，鄭注曰：「象日出東方而西行也，月出西方而東行也。」下「出」字於理未圓。蓋日出東方，吾之所見也，月出西方，吾之所不見也。吾所不見不可以爲説，當依經文作「生」字，斯無語病矣。據上注云「日出東方，月生西方」，疑此注亦然，傳寫者誤耳。《祭義》篇亦曰「日出於東，月生於西」，不言「月出於西」也。張氏敦仁作《鄭注考異》，據山井鼎説，反欲改上注「月生西方」爲「月出西方」，謬也。

觀其發而知其人之知。

正義曰：「觀其人之發動所爲，而知其人之有知。若發而皆中，則知有知；若發而不中，則知無知。」

樾謹按：正義説非也。「知其人之知」者，知其人之志也。「知」與「志」通。《緇衣》篇曰：「爲上可望而知也，爲下可述而志也」，注曰：「志，猶知也。」然則知亦猶志也，言觀其人之發動，卽知其志意所在也。《大戴記・子張問入官》篇曰：「貫乎心，藏乎志。」《荀子・解蔽篇》曰「志也者，臧也」，「臧」卽古「藏」字。觀其發而知其志者，以其所發知其所藏也。孔氏讀爲「智」，失其旨矣。

五獻察。

注曰：「察，明也。」

樾謹按：察當訓至。《書大傳》云「祭之爲言察也。察者，至也，人事至然後祭」，是察有至義。《淮南子·原道》篇「高不可際」，高注曰「際，至也」，察與際通。上文云「一獻質，三獻文」，蓋三獻已爲文矣，五獻則文之至也，故曰「察」也。下文曰「七獻神」，言七獻則又加重也。《爾雅·釋詁》曰「神，重也」，是其義也。鄭訓「察」爲明，而於「神」字無注，其意以爲曰察、曰神，猶云神明之也，然則何以爲五獻、七獻之別乎？

繡黼丹朱中衣。《郊特牲》

注曰：「繡黼丹朱以爲中衣領緣也。繡讀爲綃，綃，繒名也。」正義曰：「五色備曰繡，白與黑曰黼。繡黼不得共爲一物，故以繡爲綃也。」

樾謹按：繡黼二物，丹朱亦二物，言中衣之領或以繡爲之，或以黼爲之；中衣之緣或以丹爲之，或以朱爲之，是爲「繡黼丹朱中衣」，非必一時竝用也。或繡或黼而謂之「繡黼」，或丹或朱而謂之「丹朱」，禮經自有此例。《儀禮·士喪禮》「魚鱄鮒九」，言或鱄或鮒，其數則九也。若必鱄鮒竝用而欲合其數爲九，則孰四孰五，何以無文乎？《少牢饋食禮》「日用丁己」，言或丁或己也。《士虞禮》「冪用絺布」，言或絺或布也。「繡黼丹朱」義亦猶是。鄭必破「繡」爲「綃」，殆猶未達乎此矣。

鄉人禓。

注曰：「禓，强鬼也。謂時儺索室歐疫，逐

强鬼也。裼或爲獻，或爲儺。」

樾謹按：如鄭注，則「裼」上必加「逐」字，於文方明。且他本有作獻者、作儺者，豈亦可訓爲强鬼乎？是不可通矣。「裼」者「禳」之叚字。《説文・示部》：「禳，磔禳祀除癘殃也，古者燧人氏禜子所造。從示襄聲。」然則「鄉人禳」猶鄉人儺也。「禳」者正字，「裼」者叚字，猶「儺」者正字，「獻」者叚字也。裼、禳聲近。隱三年《穀梁傳》「吐者外壤，食者内壤，闕然不見其壤有食之者也」，疏曰：「壤字，爲《穀梁》音者皆爲傷，徐邈亦作傷。」「禳」與「壤」竝從襄聲，「壤」可讀爲「傷」，故「禳」可通作「裼」矣。下文「汁獻涚于醆酒」，注曰「獻讀當爲莎」，是獻與儺聲亦相近。

而君親誓社以習軍旅。

注曰：「君親誓社，誓吏士以習軍旅，既而遂田以祭社也。」

樾謹按：「誓社」二字文不成義，疑本作「誓士」，故鄭注曰「誓吏士以習軍旅」也。隸書士、土二字無別，「士」誤爲「土」，學者見鄭注有「祭社」之文，疑爲「社」之壞字，❶因加示旁作「社」矣。不知鄭注所謂「遂田以祭社」者，以連前經祭社之事故云爾，非必本經有「社」字也。又鄭君此注疑亦未得經意。此經自「季春出火」至「祭則受福」，本自爲一節，與上經初不相蒙。上經自言祭社之事，此經自言春蒐之事。鄭必合而一之，乃謂祭社是仲春之禮，而以季春出火爲記者之誤，記者所不受也。據《周官・大司馬職》，蒐田亦在仲春，而此云季春者，説禮之家容有異聞，四時之田所傳

❶「壞」，原漫漶不清，今據文意補。

不一。《爾雅·釋天》「春獵爲蒐，夏獵爲苗，秋獵爲獮，冬獵爲狩」，惟《大司馬職》及隱五年《左傳》文與此同。桓四年《穀梁傳》「春曰田，夏曰苗，秋曰蒐，冬曰狩」，四時雖具而其名不同。至《公羊傳》云「春曰苗，秋曰蒐，冬曰狩」，則無獮名。《周語》云「蒐於農隙，獮於既烝，狩於畢時」，又無苗名。名且無定，安見四仲之月不可移至四季之月乎？《春秋》書蒐狩初無常時，此經云「季春出火爲焚也」，是亦一説也，何必彼是而此非乎？

掃地而祭，於其質也。

樾謹按：鄭注不釋「質」字，蓋卽以爲「文質」之「質」。若然，當云「貴其質也」，文義方明，乃曰「於其質也」，義不可通矣。《廣雅·釋言》曰：「質，地也。」《儀禮·鄉射禮記》鄭注曰：「白質、赤質，皆謂采其地。」是古謂地爲質。郊本祭天，乃掃地而祭者，以天體空虚而地則實有形質，故就其有形質之處而祭之，所謂「於其質也」。下文曰「器用陶匏，以象天地之性也」，蓋於其質而祭之，故既取象于天，亦兼取象于地矣。

八蜡以記四方。

注曰：「蜡有八者，先嗇一也，司嗇二也，農三也，郵表畷四也，貓虎五也，坊六也，水庸七也，昆蟲八也。」

樾謹按：八蜡之神諸説不同，當從陳祥道説，去昆蟲而增百種。江氏永《鄉黨圖考》謂經文明言祭百種，❶何得遺之？其説是也。惟舊説皆數貓虎，則恐不然。貓虎者，就禽獸之中偶舉其二，以明蜡祭

❶「永」，原作「愼」。《鄉黨圖考》作者江永，字愼修。今據上下文例改。

所以必及禽獸之故，非所祭專在貓虎也。《周官・大司樂》：「凡六樂者，一變而致羽物，再變而致贏物，三變而致鱗物，四變而致毛物，五變而致介物，六變而致象物。」注云：「此謂大蜡，索鬼神而致百物。」然則禽獸之所包者廣矣，豈獨貓虎乎？經文云「饗農及郵表畷、禽獸，仁之至義之盡也」，明以禽獸與農及郵表畷竝列，然則禽獸爲八蜡之一明矣，當去貓虎而數禽獸，庶爲得之。貓虎者，特獸中之二物耳。王肅又分貓、虎爲二，何其所見之陋乎？

割刀之用而鸞刀之貴，貴其義也。

正義曰：「貴其聲和之義。」

樾謹按：經文先云「貴其義也」，乃申説之曰「聲和而後斷也」。若如正義之説，則但云「貴其聲和而後斷」足矣，何必先有此句乎？「義」當爲「善」，聲和而後斷，正直指其善之所在也。《緇衣》篇「章義癉惡」，《釋文》曰「《尚書》作善」。皇云：義，善也」，是義與善同意。今各本皆作「章善癉惡」，乃後人以意改之。唐石經初刻作「善」，後改作「義」，蓋知「義」是而「善」非也。此經「義」字，則因後人不得其解，而轉存其舊耳。

器用陶匏，尚禮然也。

注曰：「此謂太古之禮器也。」正義曰：「共牢之時，俎以外，其器但用陶匏而已，此乃貴尚古之禮自然也。」

樾謹按：正義以「尚」爲「貴尚」，「然」爲「自然」，則文不成義矣。「尚」當讀爲「上」，古字通用。《老子》曰「上禮爲之而莫之應」，河上公注曰「其禮無上，故言上禮」，是上禮與上德、上仁、上義一律，皆無上之美名也。太古之禮無以尚之，是謂上禮。「上禮然也」，言太古之禮則然也。鄭注「太古」字正解「尚」字，正義未達其旨。

群經平議卷二十

群經平議卷二十一

德清俞樾

禮記三

不嘯不指。《内則》

注曰：「嘯讀爲叱。叱，嫌有隱使也。」

樾謹按：鄭意蓋以此二事皆爲嫌有隱使。嘯者以聲使人也，指者以手使人也，皆口不明言而微示以意，是爲隱使。嘯猶嗾也。《説文・口部》：「嗾，使犬聲。從口族聲。《春秋傳》曰：『公嗾夫獒。』」嘯與嗾古音相近，「不嘯」猶言不嗾矣。鄭不讀爲「嗾」而讀爲「叱」，其聲既遠，義又非也，於是并「嫌有隱使」之旨而亦晦矣。

由衣服飲食、由執事，毋敢視父母所愛。

注曰：「由，自也。」

樾謹按：《爾雅・釋詁》：「繇，於也。」「繇」即「由」字，《釋水》篇《釋文》曰「繇，古由字」是也。故《詩・抑》篇「無易由言」鄭箋曰「由，於也」，即本《釋詁》文。此經兩「由」字亦當訓於，蓋於衣服飲食、於執事，皆毋敢視父母所愛也。注訓爲自，失之。

不友無禮於介婦。

注曰：「衆婦無禮，冢婦不友之也。善兄弟曰友，娣姒猶兄弟也。」

樾謹按：如注義，則當云「不友無禮之介婦」，於文方明。今云「不友無禮於介婦」，則注義不可通矣。「友」當讀爲「有」。《論語・學而》篇「有朋自遠方來」，《釋文》曰：「有，本作友。」蓋友、有同聲，義亦相通。

《荀子・大略篇》「友者，所以相友也」，楊注曰「友與有同義」是也。「不友」即不有，乃戒之之辭，猶云無有也。不曰「無有無禮」而曰「不有無禮」者，避不辭也。使今人爲之，必曰「無有不禮於介婦」，而其旨顯然矣。古人詞拙，學者不能盡通，又不知「友」之當讀爲「有」，於是經意益晦矣。下文於介婦曰「毋敢敵耦於冢婦」，此於冢婦曰「不有無禮於介婦」，意既相當，詞亦相儷，可以悟其旨矣。

鶉羹鷄羹鴽。

注曰：「鴽在羹下，烝之不羹也。」《釋文》出「鶉鷄羹」，云：「本又作『鶉羹雞羹』。」樾謹按：此當從《釋文》作「鶉雞羹」。蓋經文止一「羹」字，「鶉雞」二字在「羹」字之上，「鴽」一字在「羹」字之下，故鄭云「鴽在羹下」也。若如今本，「鶉」下「雞」下竝有「羹」字，惟「鴽」下無有，則鄭當云「鴽不言羹者，烝之不羹也」，不當云「鴽在羹下」矣。正義曰「鶉羹雞羹者，謂用鶉用雞爲羹」，「鶉」下「羹」字亦是衍文。蓋孔氏所據本作「鶉雞羹」，恐人疑二物合而爲羹，故必釋之曰「鶉雞羹者，用鶉用雞爲羹也」。若作「鶉羹雞羹」，則其義已了，不煩更釋矣。故知正義所據本與陸氏同，古本固如此也。自唐石經誤從或本作「鶉羹」，而各本從之，當訂正。下文云「魴鱮烝雛燒雉」，正義曰：「魴鱮烝者，魴鱮二魚皆烝孰之。雛燒者，雛是鳥之小者，火中燒之，然後調和，若今之臛也。雉者文在烝燒之下，或燒，或烝，或可爲羹，其用無定，故直云雉。」然則此文并言「鶉雞羹」者，猶下文并言「魴鱮烝」也；此文單言「鴽」者，猶下文單言「雉」也。益知上一「羹」字之爲衍文矣。

夫不在斂枕篋簟席。

樾謹按：此當作「篋枕斂簟席」，傳寫誤倒其文也。上文言事父母舅姑之禮云：「斂席與簟，縣衾，篋枕。」正義曰：「斂席與簟者，斂此所卧在下大席與上襯身之簟，又縣其所卧之衾，以篋貯所卧之枕也。」據此，則簟席當言斂，枕當言篋，此誤明矣。

國君世子生，告于君，接以太牢。

注曰：「接讀爲捷。捷，勝也，謂食其母使補虚强氣也。」

正義曰：「王肅、杜預竝以爲接待夫人以太牢。鄭必讀爲捷、爲補虚强氣者，以婦人初産，必困病虚羸，❶當産三日之内，必未能以禮相接，應待負子之後。今在前爲之，故知補虚强氣宜速故也。」

樾謹按：此即所謂接子也。下文云「凡接子擇日，冢子則太牢，庶人特豚，士特豕，國君世子太牢」，然則此云「接以太牢」，正謂此矣。子初生未能食，食而以太牢之禮接待之者，重其事也。説者必就夫人爲解，誤矣。

宰辯告諸男名。

正義曰：「此舉諸男，舉其卑者。卑者尚告，則告諸父可知。」

樾謹按：上云「辯告諸婦諸母名」，則此當云「辯告諸子諸父名」。乃曰「辯告諸男名」者，諸男之中固包諸子諸父而言。諸子諸父皆男子也，故曰「諸男」也。正義誤以諸男爲諸子，因謂「舉其卑者」，失之甚也。

四十始仕方物。

❶「羸」，原作「羸」，今據清經解續編本改。

注曰：「方，猶常也。物，猶事也。」正義曰：「言年壯仕宦，行其常事。」

樾謹按：以「方物」爲「常事」，則必從正義之説增出「行」字，於義始明，殆非經旨矣。《國語·楚語》「不可方物」，韋昭注曰：「方，別也。」然則「方物」者，辯別其事也。惟能辯別其事，故能出謀發慮也。《周易·同人·象傳》曰「君子以類族辨物」，「方物」與「辨物」義同。

大夫齊車。鹿幦豹犆，朝車。士齊車鹿幦豹犆。《玉藻》

注曰：「臣之朝車與齊車同飾。」

樾謹按：如注義，則但曰「大夫、士齊車、朝車，鹿幦豹犆」，豈不簡而易明，乃必分別言之，而其義轉因之不顯，古人無此文法也。疑「大夫齊車」四字當連上爲義，其文曰：「君羔幦虎犆，句。大夫齊車。句。」言人君羔幦虎犆之車，大夫以爲齊車也。又曰：「鹿幦豹犆，句。朝車。句。」言人君鹿幦豹犆之車，大夫以爲朝車也。「鹿幦」上亦當有「君」字，「朝車」上亦當有「大夫」字，蒙上文而省耳。「士齊車鹿幦豹犆」則自爲句，明士之齊車，得與大夫朝車同也。但士之朝車禮文不具，無以言之耳。

連用湯。

注曰：「連，猶釋也。」

樾謹按：連之訓釋，未聞其義。「連」當讀爲「⿱䜌斗」。《説文·斗部》：「⿱䜌斗，抒滿也。」《手部》：「抒，挹也。」抒之義爲挹，⿱䜌斗之義亦爲挹。「⿱䜌斗用湯」者，謂履蒯席之上，更挹之以湯而去足垢也。「攣」從䜌聲，與「連」聲相近。《周易·小畜》九五「有孚攣如」，《釋文》引馬注曰：「攣，連也。」《方言》：「凡人嘼乳而雙産，秦、晉之間謂之健子，自關而東趙、魏之閒謂之孿生。」然則「⿱䜌乎」之爲「連」，猶「孿」之爲「連」，「孿」之爲「健」矣。

史進象笏。

正義曰：「熊氏云：按下大夫不得有象笏，有象字者誤也。熊氏又解與明山賓同，云：有地大夫故用象。」

樾謹按：此蓋謂守外邑之大夫也。《吕氏春秋·離俗》篇「遇高唐之孤叔無孫」，注曰：「高唐，齊邑也。孤，孤特位尊。叔姓，無孫名，守高唐之大夫也。」是古者守外邑大夫得有孤稱，其尊可知矣。《儀禮》言侯國之禮而有諸公，鄭注以大國之孤釋之，又以孤止一人，不得言諸，乃爲之説曰「容牧有三監」。不知守外邑大夫亦有孤稱，卽亦有公稱，《儀禮》所謂諸公或包此而言歟？笏之用象，正以遠君而得申。若從熊氏以爲有地大夫，則大夫之有采地者多矣，豈得皆用象笏乎？上文云「將適公所，宿齊戒，居外寢」，此正守邑大夫有事於國，自其館舍而適公朝，故敬慎如此。若是在廷之臣，則朝夕趨公，自其常事。使必行此禮，則是無日不齊戒，無夕不居外寢矣，有是理乎？

揖私朝，煇如也，登車則有光矣。

正義曰：「煇，光儀也。」

樾謹按：以「煇如」爲形容君子之光儀，意尚可通。然下文又曰「登車則有光矣」，何其詞之複乎？煇如者，以其時而言，煇之言光也。人臣辨色而入，其出而揖私朝，天尚未明，若有光若無光，故曰「煇如也」。至登車則已辨色矣，故曰「則有光矣」，言東方既明也。蓋適公所者以此爲節。自來不得其解，遂謂此二句皆美其有光儀，記人何爲而作此諛詞乎？

縫齊倍要。

注曰：「縫，紩也。紩下齊倍要中，齊丈四尺四寸。縫或爲逢，或爲豐。」

樾謹按：「豐」本字，「逢」與「縫」均叚字也。《淮南子·天文》篇「五穀豐昌」，《史記·天官書》「豐」作「逢」，是豐、逢古通用。豐，大也，故逢亦大也。《儒行》篇「衣逢掖之衣」，鄭注曰：「逢，猶大也。」《荀子·非十二子篇》「其衣逢」，楊倞注曰：「逢，大也。」凡訓逢爲大者，卽讀「逢」爲「豐」也。「逢」者「豐」之叚字，「縫」者又「逢」之叚字。「縫齊倍要」，謂大其下齊，使倍要中也。《深衣》篇「要縫半下」，謂要之大半其下齊也。鄭氏以本字讀之，而訓爲紩，未得其旨。

大夫玄華。

注曰：「華，黃色也。」

樾謹按：華之訓黃，未詳其義。晉羊舌赤字伯華，孔子弟子公西赤字子華，古人名字相配，然則華非黃色，乃赤色也。郭璞注《穆天子傳》曰「華騮，色如華而赤。今名馬標赤者爲棗騮」，此古人謂赤爲華之證。鄭因其與「玄」對文定爲黃色，殆失之矣。

君命屈狄。

注曰：「君，女君也。」正義曰：「以禮，君命其夫，后命其婦，則子男之妻不得受天子之命，故以爲君謂女君，是子男之妻受后之命或可。女君謂后也，命子男妻，故云君命。」

樾謹按：正義前一說謂女君受命，後一說謂受女君之命，皆曲說也。由鄭注誤以此爲子男之夫人，故失其解耳。「君命屈狄」

當承上文「王后褘衣，夫人揄狄」而言，蓋謂世婦也。下文云「唯世婦命於奠繭」，此經不直云「世婦屈狄」而云「君命屈狄」者，若言「世婦屈狄」，則是世婦皆得服之矣，故必曰「君命屈狄」，乃見因奠繭而君命之始得服也。又據下文鄭注曰：「凡世婦已下，蠶事畢獻繭，乃命之以其服」，正義曰：「言以下則女御亦然。經唯云世婦，舉其貴者。」若然，因獻繭而命者不止世婦，經不言「世婦」而言「君命」，見惟王后夫人自有命服，此外自世婦以下，君有所命則皆屈狄也。「君命屈狄」本與上文「王后褘衣，夫人揄狄」相承，傳寫錯亂，其義遂不顯。鄭雖訂正其文，未能悉得其義也。

食棗、桃、李，弗致于核。

注曰：「恭也。」正義曰：「謂其懷核不置於地也。」

樾謹按：經言「弗致于核」，非言核不可置於地也。致之言極也。食棗、桃、李必極於核而後已，則近於貪味矣，故弗致也。下文曰「瓜祭上環，食中，棄所操」，正義曰「謂手所持者棄之不食」，是亦不貪味之意。

君與尸行接武，大夫繼武，士中武，徐趨皆用是。

注曰：「君、大夫、士之徐行也，皆如與尸之行迹也。」

樾謹按：尸在廟中則全乎君，是尸之尊與君同。君行接武，尸行亦接武，故曰「君與尸行接武」，非謂君與尸行之時如此也。「大夫繼武」直以大夫言，「士中武」直以士言，亦非謂大夫、士與尸行之時如此也。鄭説未得。

立容德。

注曰：「如有予也。」正義曰：「德，得也。」

立則磬折如人授物與己，己受得之形也。賀云：德，有所施與之名也。立時身形小俯嚮前，如授物與人時也。」

樾謹按：鄭注本非經旨，正義二説皆曲説也。「德」當讀爲「植」。植從直聲，古「德」字作「悳」，則亦從直聲，故字得通用。「立容德」者，立容植也。定十年《左傳》曰「步左右皆至而立如植」，是其義也。《説文》「植」或作「𣝤」，故古音卽讀如「置」。《釋文》曰「德，徐音置」，斯或近之矣。

五狄之國，北門之外南面東上。《明堂位》

正義曰：「皇氏云：在北門外之東。今按：經云東上，則宜在北門外之西，故東上。」

樾謹按：「東上」乃「西上」之誤。上文云「八蠻之國，南門之外北面東上」，下文云「九采之國，應門之外北面東上」。夫北面者東上，則南面者西上可知矣。今作「東上」者，卽涉下句「應門之外北面東上」而誤也。正義於九夷、八蠻、六戎引皇氏云「在東門外之南故北上」，「在南門外之西故東上」，「在西門外之北故南上」，然則皇氏於此必曰「在北門外之東故西上」，與上三句一律。乃經文誤作「東上」，則學者必改皇疏以從之，於是其説不可通，孔氏遂抄易其辭，而「西上」之文不可復見，無從據以訂正矣。然使經文果如今本作「北面東上」，則皇氏必當别爲之説，安得與上文一律而論，煩孔氏之訂正乎？卽此言之，經文之誤自見，不必更求左證矣。

九采之國，應門之外北面東上，四塞世告至。

注曰：「九采，九州之牧，典貢職者也。正門謂之應門。二伯帥諸侯而入，牧居外而糾察之也。四塞謂夷服、鎮服、蕃服在四方爲蔽塞者，新君卽位則乃朝。《周禮》侯服歲一見，甸服二歲一見，男服三歲一見，采服四歲一見，衛服五歲一見，要服六歲一見，九州之外謂之蕃國，世一見。」

樾謹按：此文當從《周書・明堂》篇作「四塞九采之國世告至者，應門之外北面東上」。傳寫錯亂，而「四塞世告至」五字誤奪在「北面東上」之下，則如此等國，其位安在乎？鄭氏不能訂正，而從爲之辭，疏矣。又按：此「采」字乃「釆」之誤字。《説文・釆部》：「釆，辨別也。象獸指爪分別也。」又曰：「番，獸足謂之番。從釆，田象其掌。」《艸部》：「蕃，艸茂也。從艸番聲。」又曰：「藩，屏也。從艸潘聲。」是「蕃國」之「蕃」本當作「藩」，其作「蕃」者叚字也。此經作「釆」者，「蕃」省作「番」，又省作「釆」也。是故「九釆」即「九蕃」也，即所云「九州之外謂之蕃國」也。字誤作「采」，失其義矣。

是故天下資禮樂焉。

注曰：「資或爲飲。」

樾謹按：《莊子・則陽》篇「或不言而飲人以和」，郭注曰：「飲，被也。」天下飲禮樂焉，言其禮樂被於天下也。鄭云「資或爲飲」而不言其誤，蓋義固可通。考文引古本作「資」，或爲「諮」，此乃以意改之。阮氏《校勘記》知古本不可信，而謂「飲」必誤字，則非也。凡「或作」之字，自有聲義俱遠者，何妨「資」或爲「飲」乎？

生不及祖父母諸父昆弟，而父稅喪，己則否。

《喪服小記》

注曰：「謂子生於外者也。父以他故居異邦而生己，己不及此親存時歸見之，今其死，於喪服年月已過乃聞之，父爲之服，己則否者，不責非時之恩於人所不能也。當其時則服。稅讀如無禮則稅之稅，稅喪者，喪與服不相當也。」正義曰：「王云以爲計己之生不及此親之存，則不稅；若此親未亡之前而已生，則稅之也。又謂諸父爲諸父之昆弟也。劉知、蔡謨等解『生』義與王同，而以『弟』爲衍字。庾氏以爲己謂死者爲昆，則謂己爲弟。己不能稅昆，則昆亦不能稅己。昆弟尚不能相稅，則餘疏者不稅可知也。此等竝非鄭義。」

樾謹按：經文云「生不及」不云「生不見」，則鄭義非而王義是也。且以理言之，父在他邦娶妻生子，而其祖尚在，則不可謂無孫，卽不可以無服。徒以他邦閒隔，凶問不通，歲月雖久，名義故在，若孫可以不稅祖，則子亦可以不稅父矣，此鄭義之未盡善也。若祖没之時己尚未生，則本無所謂孫，安有所謂服？故父稅服而已不稅，推之諸父諸昆亦然，此情理之允協者也。王說洵長於鄭矣。惟經文有「弟」字，義似可疑。己生之年所不及者，何得有弟？王氏以爲諸父之昆弟，則「諸父」二字足以包之，何必曰「諸父昆弟」乎？劉、蔡以「弟」爲衍字，庾氏又曲爲之說，義皆未安。今按：昆弟者，連類而及之也。昆弟竝稱，人所恒言，故因昆而并及弟，猶《雜記》「爲妻父母在不杖不稽顙」，正義謂「因父而連言母」也。古書如此者往往有之。《文王世子》篇「養老幼於東序」，因老而并及幼，非謂養老兼養幼也。《玉藻》篇「大夫不得造車馬」，因車而并及馬，非謂造車兼造馬也。此經「昆弟」亦若是矣。

又按：鄭解「稅」字之義亦非也。稅之言遂也。《詩·碩人》篇「說于農郊」，箋曰「說當作襚」，卽其例也。遂之言終也，成也。

言始時不服，故終成之也。《檀弓》篇「小功不稅」，注但曰「日月已過乃聞喪而服曰稅」，疑此注云云乃爲鄭學者增入之，不然，何不解於前而解於後乎？

陳器之道，多陳之而省納之，可也；省陳之而盡納之，可也。

注曰：「多陳之，謂賓客之就器也，以多爲榮。省陳之，謂主人之明器也，以節爲禮。」

樾謹按：經但言陳器之道，不別言其爲賓客爲主人，然則鄭義非也。此蓋明兩可之道。孔子之論明器也，曰：「之死而致死之，不仁而不可爲也；之死而致生之，不知而不可爲也。」蓋死生之際，有難言者，明器之作，其意微矣，是故陳器之道亦視乎此。多陳之而省納之，此其爲道近乎知；省陳之而盡納之，此其爲道近乎仁。兩曰「可也」，見其無不可也。若從鄭注，必別而言之，於文方明。且如下文曰「奔兄弟之喪，先之墓而後之家，爲位而哭。所知之喪，則哭於宮而後之墓」，兩事相反，必別而言之。使但謂奔喪之道如是可也，如彼可也，則安知上句爲兄弟之喪，下句爲所知之喪乎？

其妻爲大夫而卒，而后其夫不爲大夫，而祔於其妻，則不易牲。妻卒，而后夫爲大夫，而祔於其妻，則以大夫牲。

注曰：「妻爲大夫、夫爲大夫時卒不易牲，以士牲也。此謂始來仕無廟者。」正義曰：「若其有廟，則死者當祔於祖，不得祔於其妻。今夫死祔於其妻，故知是無廟者。」

樾謹按：祔必以其昭穆，夫死無祔於其妻之理，注義非也。祔於其妻者，謂行祔祭之禮於其妻也。自妻始死以至于祔，容有士爲大夫、大夫爲士之事，故禮家紀其變如此。不易牲者，仍以大夫牲也。蓋自小斂大斂之奠，本用大夫牲，至此仍不易之，則其爲大夫牲可知矣。若是改用士牲，則當言易牲，不當言不易牲也。且如鄭義，則下文所謂「以大夫牲」者亦是不易牲耳，何必變其文乎？蓋妻卒而夫升爲大夫，則以大夫牲祔祭其妻，固其宜也。若妻卒而夫黜爲士，是宜以士牲祔祭其妻，乃不易之者，以其既死，優假之也。鄭不解「祔於其妻」之義，故并「不易牲」之義而失之。

所且先者五。《大傳》

注曰：「且先，言未遑餘事。」正義曰：「謂聖人卽位，未遑餘事，所且欲先行者而有五種之事也。」

樾謹按：「且」疑「宐」字之誤。「宐」俗作「宜」，因誤爲「且」。《詩·假樂》篇「宜君宜王」，《釋文》曰「且，本作宜」，卽其例也。「所宜先者」文義甚明，若云「所且先者」，則迂曲甚矣。

五曰存愛。

注曰：「存，察也。察有仁愛者。」

樾謹按：有仁愛者不得但謂之愛，且察有仁愛者，上文「三曰舉賢」已足包之矣，豈賢者無仁愛之心乎？鄭注非也。「愛」當讀爲「䈇」。《說文·竹部》：「䈇，蔽不見也。」字亦作「薆」，《爾雅·釋言》：「薆，隱也。」又或卽以「愛」爲之，《詩·烝民》篇「愛莫助之」，毛傳曰：「愛，隱也。」「存愛」謂存察隱逸之士。蓋賢者宜舉，能者宜使，隱逸之士則宜存察。若果是賢者、能者，亦宜舉而使之也，故文次「舉賢」、「使能」之後也。

財用足故百志成。

注曰：「百志，人之志意所欲也。」

樾謹按：「志」當讀爲「職」，「百志」卽「百職」也。財用足則百事皆舉，故百職成也。訓爲人之志意，失之矣。志與職古通用，説詳《檀弓》「公西赤爲志焉」下。

親者兄弟不，以襚進。《少儀》

注曰：「不執將命也，以卽陳而已。」正義曰：「此明親者相襚之法。進謂執之將命也。若非親者相襚，則擯者傳辭將進以爲禮節。若有親者相襚，但直將進卽陳之，不須執以將命也。」

樾謹按：親疏相襚，但有傳辭不傳辭之别，其必將之以進則一也。乃經云「不以襚進」，是直不以進矣，而於傳辭不傳辭仍無文以見之。記者之文，何其拙乎？蓋由學者失其讀也。此當於「不」字斷句。「不」讀爲「否」，鄭注曰「不執將命也」，此解「否」字也；又曰「以卽陳而已」，此解「以襚進」三字也。蓋此文承上文爲義。「臣致襚於君，則曰致廢衣於賈人，敵者曰襚。」至親者兄弟則不然，直以襚進而已，故曰「親者兄弟不，句。以襚進。句。」正義讀「不以襚進」爲句，失之矣。

性之直者則有之矣。

注曰：「有之，有跪者也，謂受授於尊者，而尊者短則跪，不敢以長臨之。」正義曰：「性謂天性。言尊者天性直自如此短小。」

樾謹按：直無短義，正義以爲直自如此短小，然則直自如此長大義亦可通，安見其必爲短小乎？以此説經，宜後儒之不信矣。今按：「性之直者」當就授受者言，不就尊者言，方與「則有之矣」文義相貫。直訓爲長，凡物曲則必短，直則必長，故直有長義。性與生古通用，《樂記》篇「方以類聚，物以群分，則性命不同矣」，注曰「性之言生也」，是其證也。「性之直者」猶言生之長者，鄭謂「不敢以長臨之」正得其義，但於「性之直者」未得其解耳。昭元年《左傳》「其生不殖」，❶杜注曰：「殖，長也。」殖從直聲，直爲長大之長，故殖爲滋長之長，其聲義竝通也。

不擢馬。

注曰：「擢，去也，謂徹也。已徹馬嫌勝故專之。」正義曰：「凡投壺，每一勝輒立一馬，至三馬而成勝。但頻勝三馬難得，若一朋得二馬，一朋得一馬，於是二馬之朋徹取一馬者，足以爲三馬以成勝也。今若卑者朋雖得二馬，亦不敢徹尊者馬足成己勝也。」

樾謹按：正義所説非注意也。鄭所謂徹者，謂徹去之；孔所謂徹者，謂徹取之，去取二義縣絶矣。詳鄭君之意，蓋謂投壺禮畢，當請命於尊者，然後撤馬，不得自己擅撤，嫌若已勝故得專其事也。而正義乃以一馬從二馬説之，非注意矣。然注意亦非經意。今按：「不擢馬」者，不立馬也。投壺之禮，卒投，司射執算請數，命酌曰請行觴。正爵既行，請立馬，一馬從二馬以慶，此賓主投壺之常禮。若侍投於長者而卑幼者勝，則雖亦洗而以請，然不敢因長者受罰而謂己當受慶，故無慶多馬之禮，則亦無庸立馬矣，所以不擢馬也。《文選·西京賦》「徑百常而莖擢」，薛綜注曰「擢，獨出貌」；《吴都賦》「擢本千尋」，劉淵林注曰「擢本，高聳貌」，其義皆與立相近，故立馬謂之擢馬矣。

❶「殖」，原作「植」，今據阮刻《左傳正義》改。

有貳車者之乘馬服車不齒。

注曰：「服車，所乘車也。車有新舊。」

王氏引之《經義述聞》曰：「齒者，年數也。車之新舊本無年數之可分，無由而齒之。『服車』當在下文『乘馬』之下，『弗賈』之上。」

樾謹按：王説非也。車固不當以齒言，因馬而并稱之，則亦得言齒。襄二年《左傳》「以索馬牛皆百匹」，正義曰「《司馬法》丘出馬一匹，牛三頭」，則牛當稱頭而亦云匹者，因馬而名牛曰匹，并言之耳。經傳之文，此類多矣。《易・繫辭》云「潤之以風雨」，《論語》云「沽酒市脯不食」，《玉藻》云「大夫不得造車馬」，皆從一而省文也。然則此文亦是從一而省，不得因此而疑其有誤也。

筴籥。

注曰：「筴，蓍也。籥，如笛三孔。」

樾謹按：龜筴之筴與羽籥之籥二者不倫，何得竝舉？疑注義非也。「筴」乃「簡策」之「策」。《顔氏家訓・書證篇》曰：「簡策字，竹下施朿。末代隸書似杞宋之宋，亦有竹下遂爲夾者。」《曲禮》「先生書策，琴瑟在前」，《釋文》作「筴」，曰「本又作策」，是《禮記》「策」字固有作「筴」者矣。籥者，《説文・竹部》曰：「書僮竹笘也。」《一切經音義》卷二引《纂文》曰：「關西以書篇爲書籥。」然則筴與籥正同類之物矣。若謂上文已有書，此不當復有筴籥，則枕之與穎亦同物也，有枕復有穎，何妨有書復有筴籥乎？就其已書者言之則爲書，就其未書者言之則爲筴、爲籥，固不嫌於竝列矣。

凡膳告於君子。

樾謹按：「子」字衍文也，涉上文「致膳於君子」而衍，當作「凡膳告於君」，故下文云「主人展之以授使者于阼階之南，南面再拜稽首，送反命主人，又再拜稽首」。《周官·大祝》疏曰：「稽首，拜中最重，臣拜君之拜。」然則非膳告於君，無所用其稽首也。《郊特牲》篇：「大夫之臣不稽首，非尊家臣，以辟君也。」家臣且然，則士于大夫更可知矣。故知此爲膳告於君之禮。

發慮憲。《學記》

注曰：「憲，法也。言發計慮當擬度於法式也。」

樾謹按：「發慮憲」與「求善良」一律，善良二字同義，慮憲二字亦同義。《爾雅·釋詁》「慮，思也」，而原憲字子思，則憲亦思也。學者止知憲之爲法，莫知憲之爲思，故不得其解矣。

不學襍服，不能安禮。

注曰：「襍服，冕服、皮弁之屬。襍或作雅。」

樾謹按：冕服皮弁之屬不可謂之襍服，故有作「雅」之本，然鄭君但云「或作」，則非古本也。且冕服皮弁之屬，在今人視爲絶學，誠費講求，在古人則所習見習聞也，有何可學乎？此「服」字止當從《爾雅·釋詁》「服，事也」之訓。襍服者，襍事也。洒掃應對，無一非禮，故必學襍事然後能安禮，馴而至於動容周旋中禮不難矣。《曲禮》、《少儀》諸篇所載，皆其事也。

或失則易。

注曰：「失於易，謂好問不識者。」正義曰：「至道深遠，非凡淺所識。而人不之思求，唯好汎濫外問，是失在輕易於妙道。」

樾謹按：或失則多，或失則寡，相對成義；或失則易，或失則止，亦必相對成義。讀爲「輕易」之「易」，則與「止」字不對矣。「易」當讀爲「變易」之「易」。「或失則易」者，謂見異而遷，此事未竟，又爲彼事也。「或失則止」者，謂畫地自限，但知其一，不知其二也。此兩者之失，事正相反。鄭注未得其解，故正義遂失其讀矣。

有遺音者矣。《樂記》

注曰：「遺猶餘也。」正義曰：「樂聲雖質，人貴之不忘矣，食味雖惡，人念之不息矣，是有遺音遺味矣。熊氏云：聲有五聲，但有三人歎之，餘兩聲未歎，是有遺音，非其辭也。」

樾謹按：皇氏之説雖拘，然其解「遺」字則實得鄭意。蓋注所謂「遺猶餘也」者，非美其音之有餘、味之有餘也，天下之音不盡於此，是謂有餘音；天下之味不盡於此，是謂有餘味。上文曰「樂之隆，非極音也；食饗之禮，非致味也」，兩言「有遺」，正見不極音、不致味之義。《史記·樂書》集解引王肅注曰「未盡音之極」，正與皇氏之説同，蓋古説固如此也。孔氏誤會「餘」字之義，而鄭義晦矣。

人生而靜，天之性也。感於物而動，性之欲也。

樾謹按：《説文·心部》：「情，人之陰氣，有欲者」，「性，人之陽氣，性善者也。」然則欲屬情不屬性，古言情欲不言性欲，「性之欲也」義不可通。據《史記·樂書》作「性之頌也」，疑古本《禮記》如此。徐廣曰「頌，音容」，當從之。「頌」卽「容」之叚字。《月令》篇「有不戒其容止者」，注曰「容止猶動靜」也，以動訓容，以靜訓止，是容有動義。《孟子·盡心》篇「動容周旋中禮者」，「動容」連文，其義一也。《説文·手部》「搈，動搈也」，《韓子・揚搉》篇曰「動之溶之」，容與搈、溶竝通。「感於物而動，性之容也」，上句言動，下句言容，文義相應。蓋「動容」本古人常語耳。且此兩句以動、容爲韻，上兩句以静、性爲韻，皆有韻之文。「容」作「頌」者，古字通也，《周官・鄉大夫職》「四曰和容」，司農注曰「容與頌同」，是其證也。學者不得其義而改「頌」爲「欲」，失其義兼失其韻矣。下文曰「人化物也者，滅天理而窮人欲者也」，夫性者天之性也，若欲爲性之欲，則是天欲而非人欲矣，安得云「窮人欲」乎？

樂著太始，而禮居成物。

注曰：「著之言處也。」正義曰：「著與居相對，故注以著爲處也。」

樾謹按：下文「著不息者天也，著不動者地也」即承此文而言。鄭解兩「著」字曰「著猶明白也」，然則「樂著太始」亦當爲著明之義。鄭必别爲之解者，由未解下句「居」字故也。古人之辭，凡辨别其事謂之處，文十八年《左傳》「德以處事，事以度功」；《吕氏春秋・有始覽》篇「察其情，處其形」，《淮南子・兵略》篇「相地形，處次舍」，皆其證也。因而亦謂之居。《周易・未濟・象傳》曰「君子以慎辨物居方」，「居方」與「辨物」相對，居猶辨也。樂著大始，禮居成物，謂樂所以著明太始，禮所以辨别成物。鄭未得「居」字之義，故并「著」字之義而失之矣。

感條暢之氣而滅平和之德。

注曰：「感，動也。動人條暢之善氣，使失其所。」

樾謹按：鄭訓感爲動，而加「使失其所」四字增成其義，失之迂矣。「感」當爲「伐」。

《説文・戈部》「伐，絶也。讀若咸」，古書即以「咸」爲之。《尚書・君奭》篇「咸劉厥敵」，《周書・世俘》篇、《漢書・律曆志》引《武成》篇竝云「咸劉商王紂」，「咸」皆「伐」之叚字也。「感」與「咸」通，昭二十一年《左傳》「窕則不咸」，《釋文》曰「咸，本又作感」是也。此文叚「感」爲「伐」，亦猶他書叚「咸」爲「伐」。「伐條暢之氣」者，絶條暢之氣也，正與「滅平和之德」文義一律。説者不達叚借之旨，遇「咸」字則訓爲皆，遇「感」字則訓爲動，而其義不可通矣。

六成復綴以崇。

注曰：「崇，充也。凡六奏以充武樂也。」

樾謹按：《毛詩・蝃蝀》篇「崇朝其雨」，傳曰「崇，終也」，是崇與終聲近義通，故古字通用。《尚書・君奭》篇「其終出于不祥」，《釋文》曰「終，馬本作崇」，是其證也。「以崇」猶言以終。上文曰「且夫武始而北出」，此云「六成復綴以崇」，正以始終對言。鄭訓爲充，未得其義。

釋箕子之囚，使之行商容而復其位。

注曰：「行猶視也。使箕子視商禮樂之官，賢者所處，皆令反其居也。」

樾謹按：武王左右自不乏人，何必箕子之是使？脱故主之幽囚而効新君之奔走，稍有人心者所不爲，而謂箕子爲之乎？鄭注非也。「使之行商容而復其位」即就箕子言，蓋釋其囚而使之復位也。「商容」猶言商禮。禮以容儀爲主，故行禮之臺謂之容臺，至漢世而徐氏之容與制氏之聲竝傳，然則以容言禮，猶以聲言樂也。武王優崇箕子，不奪其志，俾得仍用殷禮，故曰「釋箕子之囚，使之行商容而復其位」。自鄭失其解，而陸德明復引孔安國説以商容爲殷之賢人，於是異説滋多，而經義益晦矣。

使其文足論而不息。

注曰：「文，篇辭也。息，猶銷也。」

樾謹按：此「息」字乃「孳息」之「息」，非「滅息」之「息」。《荀子・大略篇》「有國之君不息牛羊」，楊倞注曰：「息，繁育也」，《漢書・五行志》「不能則災息而禍生」，師古注「息，謂蕃滋也」，是其義也。「使其文足論而不息」者，謂足可談論義理而不至於太繁，方與上句「使其聲足樂而不流」兩句一律。樂則易至於放蕩，故以不流爲貴；論則易至于蕃滋，故以不息爲貴。正義解上句曰「使人愛樂，不至流逸放蕩也」，解此句曰「足可談論義理，而不息止也」，兩句意義不一律，足知鄭注之非矣。

有勇有義，非歌孰能保此。

注曰：「保，猶安也，知也。」正義曰：「故有勇有義之人，不是歌聲辨之，誰能知其有勇有義？言觀其所宜之歌：宜歌商者知其有勇，宜歌齊者知其有義。」

樾謹按：「保」字無訓知者，鄭注「知」字必「和」字之誤。和猶合也，言有勇者非歌商不足以合之，有義者非歌齊不足以合之也。保之訓安，本屬恒訓，而施之于此，義尚未足，故鄭加「和」字以明之。孔氏所據本「和」誤作「知」，因曲爲之説，失之矣。

纍纍乎端如貫珠。

正義曰：「言聲之狀纍纍乎感動人心，端正其狀如貫於珠。」

樾謹按：正義以「端」爲「端正」之「端」，則與纍纍如貫珠之義不合矣。「端」當讀爲「轉」，言其旋轉如貫珠。端從耑聲，轉從專聲，兩音相近。《説文・言部》「諯，從言耑聲，讀若專」，卽其例也。又《卮部》有「䏝」、「腨」二篆，竝訓小卮，疑亦一字。或從專聲，或從耑聲，許君誤分之耳。《襍記》篇「載以輲車」，注曰「輲或爲槫」，然則「轉」之通作「端」，亦猶是矣。

使某實。《襍記》

注曰：「實當爲至，此讀周、秦之人聲之誤也。」

樾謹按：「實」當爲「致」，「使某實」者猶云使某致也。昭七年《左傳》曰「不敢以聞於君私致諸子」，是其例矣。又宣二年《傳》「致果爲毅」，杜注曰「致謂達之于敵」，是致有達義，故《史記索隱》曰「叔齊名致，字公達」。然則「使某致」卽使某達也。致、至同聲，古亦通用。然讀「實」爲「至」，其義不顯，不如改讀爲「致」矣。

大夫次於公館以終喪，士練而歸。士次於公館。

注曰：「公館，公宮之舍也。練而歸之士，謂邑宰也。練而猶處公館，朝廷之士也。唯大夫三年無歸也。」

樾謹按：經文止曰「士練而歸」，鄭何知此士爲邑宰而非朝廷之士乎？誠如鄭意，朝廷之士次於公館者，何時得歸其終喪乎？抑不終喪乎？經亦宜有明文，何以但曰「士次於公館」乎？反覆求之，義不可通。疑下「士」字爲衍文。「大夫次於公館以終喪，士練而歸」，此以久暫言也。大夫恩重，故久；士恩輕，故暫也。又出「次於公館」四字者，蓋與下經爲目，當連下文讀之，其文曰：「次於公館，大夫居廬，士居堊室。」蓋同在公館而有廬與堊室之別，大夫恩重故居廬，士恩輕故居堊室，此又以精粗言也。鄭注云「士居堊室，亦謂邑宰也。朝廷之士亦居廬」，是則增益經文，尤爲臆説。其注《周官・宮正》云「親者貴者居廬，疏者賤者居堊室」，卽引此經爲説，而不云朝廷之士亦居廬。然則此注之未安，鄭固知之矣。徒以經文衍一「士」字，鄭不能訂正，故有此曲説耳。庾氏、熊氏又從而爲之辭，徒滋紛紜，今皆不取。

爲妻，父母在不杖不稽顙。

注曰：「尊者在，不敢盡禮於私喪也。」正義曰：「案《喪服》云大夫爲適婦爲喪主，父爲己婦之主，故父在不敢爲婦杖。若父沒母在，不爲適婦之主。所以母在不杖者，以父母尊同，因父而連言母。父沒母存，爲妻雖得杖而不得稽顙。以杖與稽顙文連，不杖屬於父在，不稽顙文屬母在，故云『父母在不杖不稽顙』。」

樾謹按：經言「父母在」，則自爲父母俱在者而言，所以不杖者，雖因父爲喪主之故，然父母尊同，故亦得竝言之。若母沒而父在，其禮亦然。經無文者，從可知也。至父沒母在，則己爲喪主，與父在不同，故下文曰「母在不稽顙」，明父沒母在得爲妻杖也。夫父沒母在，既於下文別而言之，則此文專爲父母俱在者而言明矣。學者必推論及于父沒母存，於是其説始不可通。正義所載范宣子之説，以父在爲存在之在，母在爲在側之在，豈非治絲而棼之乎？

夫人至，入自闈門，升自側階，君在阼。

正義曰：「君在阼者，謂主國之君，待之在阼階之上，不降階而迎也。」

樾謹按：夫人自側階升堂，而君顧於阼階之上待之，不相值矣。蓋所謂阼者，非阼階也。《内則》篇「夫入門升自阼階，立於阼」，阼非阼階，於斯可見。《郊特牲》篇

「適子冠於阼」，注曰：「東序少北，近主位也。」然則「君在阼」者，謂君在東序也。蓋主位在是，故主國之君於此待之也。《喪大記》篇「祝先升阼階，負墉南面立，君卽位于阼」，夫曰祝先升，則君亦升明矣。既升自阼階，又卽位于阼，則阼之非阼階又明矣。所謂阼者，蓋亦謂東序。而正義云「卽位于阼階」，由不知阼與阼階之别，故於經文所謂「阼」者往往失之。《冠義》篇鄭注曰「阼謂主人之北也」，蓋冠時主人位於序端，而冠者在東序少北，故曰在主人之北。正義謂「適子冠於阼階」，則是在主人之南矣，不且與注文大相剌謬乎？說詳見《士冠禮》。

百日之蜡，一日之澤，非爾所知也。

注曰：「言民皆勤稼穡，有百日之勞，喻久也。今一日使之飲酒燕樂，是君之恩澤。非女所知，言其義大。」正義曰：「『言民皆勤稼穡，有百日之勞，喻久也』者，解經『百日之蜡』，言百日勞苦而有此蜡。其實一年而云百日，舉其成數以喻其久也。云『今一日使之飲酒燕樂，是君之恩澤』者，解經『一日之澤』，言一日之中由人君之恩澤。」

樾謹按：鄭注說「百日之蜡」其義未明。若如正義所解，則經文當言「百日而有此蜡」，不得但曰「百日之蜡」也。且百日、一日相對，之蜡、之澤亦宜相對，所謂恩澤者卽在蜡祭之時，安得以蜡與澤爲對文乎？今按：「蜡」當作「昔」。據《說文》，昔與腊同字。《周官·腊人》注曰：「腊，小物全乾。」《釋名·釋飲食》曰：「腊，乾昔也。」是昔有乾義，故與澤爲對文。昔之言乾昔也，澤之言潤澤也。《考工記·弓人》曰「稺牛之角直而澤，老牛之角紾而昔」，亦以昔對澤言，是其證也。「百日之昔，一日之澤」，言以百日之乾昔而始獲一日之潤澤也。僖二十六年《左傳》「公使展喜犒師」，正義引服虔曰「以師枯槁，故饋之飲食」，其義與此相近。後人不達「昔」字之義，又因此節是論蜡事，而加虫旁作「蜡」，於是其義遂晦矣。

其所與遊辟也，可人也。

注曰：「言此人可也。但居惡人之中使之犯法。」

樾謹按：經言「可人也」，而注以爲「此人可也」，非經旨矣。《方言》曰：「凡相憐哀，九疑湘潭之閒謂之人兮。」然則可人者，可憐哀也。言其居惡人之中使之犯法，甚可憐哀也。字亦通作「仁」。成十六年《公羊傳》：「此其言舍之何？仁之也。曰在招丘，悕矣。」何休注曰：「悕，悲也。仁之者若曰在招丘，可悲矣。閔録之辭。」《表記》注引《公羊傳》「仁之」作「人之」，是可證明此經「人」字之義。

士之妻皆死于寢。《喪大記》

正義曰：「士之妻皆死于寢者，亦各死其正室也。夫妻俱然，故云皆也。」阮氏《校勘記》曰：「『士之妻』，閩、監、毛本同，岳本同，嘉靖本同，衛氏《集說》同。石經作『士士之妻』。段玉裁校本曰：唐石經是也，各本脱一『士』字。」

樾謹按：「士士之妻」甚爲不辭。若云士與妻皆死于寢，豈不簡而易明，乃必複沓其文曰「士士之妻」乎？且經文所謂「皆死于寢」者，非夫妻俱然之謂也。上文曰「君夫人卒於路寢，大夫世婦卒於適寢」，亦是夫妻俱然而不言皆，然則此言皆者，非謂夫妻俱然矣。士之妻皆死于寢，别于內子之有死于寢，有不死于寢也。上文曰「內子未命則死於下室，遷尸于寢」，是卿之妻未命者不得死于寢，而士之妻則無論命與未命皆死於寢。所以然者，大夫尊，故宜辨別之；士卑，故從同也。禮固有益之而損者，此類是也。説者誤以「皆死于寢」謂夫妻俱然，遂有於「士之妻」上更加「士」字者，而唐石經從之，實於經義不合，不足據也。

君設大盤，造冰焉。

注曰：「造，猶內也。」正義曰：「造是造詣。凡造詣者必入於內，故云『造猶內也』。」

樾謹按：鄭意蓋讀「造」爲「窖」。《説文·穴部》：「窖，地藏也。」窖之義爲藏，故鄭云「猶內也」，「內」即「納」字。而正義謂「造詣者必入於內」，鑿矣。

君之喪，大胥是斂。

注曰：「胥，樂官也，不掌喪事。『胥』當爲『祝』，字之誤也。」

樾謹按：「胥」與「祝」字形絶遠，無由致誤，乃聲之誤也。祝聲轉而爲詛，義亦相通。《後漢書·賈逵傳》注曰「祝，詛也」，是其證也。詛與胥則聲近而易溷矣，此「大祝」所以誤爲「大胥」也。注但言字誤，學者莫得其致誤之由，則或且議鄭君之輕于改字矣。

君大夫鬊爪，實于綠中，士埋之。

注曰：「綠當爲角，聲之誤也。角中，謂棺內四隅也。」

樾謹按：棺內四隅直謂之角可矣，不必言角中也。「角中」之文甚爲不辭，鄭讀非也。此「綠」字當從段氏玉裁説讀爲「䋎」。《説文·糸部》：「䋎，棺中縑裏也。」上文曰「君裏棺用朱綠，大夫裏棺用玄綠，士不緑」，段氏《説文解字注》謂三「緑」字皆「褖」字之誤。今按：此「緑」字與上文三「緑」字文義相應。君大夫皆有緑，故得實於緑中；士不緑，卽無緑中，故埋之也。然則此「緑」字亦當讀爲「褖」矣，「緑中」者，「褖中」也。據《説文》褖讀若雕，雕從周聲，而此「緑」字鄭云「或爲蔞」，疑古本《禮記》四「緑」字皆作「蔞」。褖之與蔞猶雕之與鏤，皆一聲之轉也。因上文與「朱」、「玄」連文，故聲譌爲「緑」。惟此經尚有作「蔞」者，而鄭又不之從，於是其義益晦矣。段君因治《説文》，遂克訂正其誤，惜未能推及此「緑」字，且未明其致誤之由。恐學者疑惑，故具説之如此。

振容。

《正義》曰：「振，動也。容，飾也。」

樾謹按：容之言容隱也。《爾雅·釋宮》「容謂之防」，郭注曰：「形如今牀頭小曲屏風，唱射者所以自防隱。」《荀子·正論篇》曰：「居則設張容，負依而坐。」楊倞引《爾雅》及郭注而申之曰：「言施此容於户牖閒，負之而坐也。」是容與依同類。人君所居必設之，故飾棺亦有容也。正義但以容飾説之，未得其義。

君裹椁虞筐，大夫不裹椁，士不虞筐。

注曰：「裹椁之物，虞筐之文未聞也。」

孔氏廣森《禮學卮言》曰：「《周官·司巫》祭祀則共匰，主匰筐也。禮，喪主於虞，吉主於練。大夫以上，虞而作主，於是有筐以盛之。士無主，故不虞筐矣。」

樾謹按：「虞筐」與「裹椁」連文，孔氏乃以爲是虞主之筐，事不類矣。「筐」當爲「匡」，古字同也。匡之言匡當也。鄭注解上文「黼翣黻翣畫翣」曰：「漢禮翣以木爲筐。」正義曰：「謂以木爲翣之筐，若門户四面筐也。」然則裏椁虞筐亦謂椁四面之筐矣。虞之言安也。據上文「棺椁之間，君容柷，大夫容壺，士容甒」，是君大夫棺椁之間相距甚寬，故君裏椁虞筐，言既爲之裏，而其四面匡當，又必有以承藉之，使棺在椁中得安也。學者不知筐、匡之同字，故莫得其解耳。

群經平議卷二十一

群經平議卷二十二

德清俞樾

禮記四

瘞埋於泰折。《祭法》

注曰：「折，昭晢也。」

樾謹按：鄭意蓋讀「折」爲「晢」，然瘞埋祭地無取昭晢之義，鄭義非也。泰壇祭天，泰折祭地，文本相對，「折」疑「坎」字之誤。下文「相近於坎壇，祭寒暑也」，注曰「寒於坎，暑於壇」；又曰「四坎壇祭四方也」，注曰「祭山林丘陵於壇，川谷於坎」，是壇必與坎相對。祭天於泰壇，則祭地宜於泰坎矣。「坎」與「折」字形相似，因而致誤。鄭所見已然，則其誤久矣。

埋少牢於泰昭。

注曰：「昭，明也，亦謂壇也。」

樾謹按：埋牲不當於壇，鄭説非也。「昭」當讀爲「陘」。《説文·𠂤部》：「陘，耕以臿浚出下壚土也。」埋牲者亦必以臿出土，故亦謂之陘。其曰「泰陘」者，尊之也。陘從召聲，昭亦從召聲，故得通用矣。

七代之所更立者。

注曰：「七代，通數顓頊及嚳也。所不變者，則數其所法而已。變之則通數所不法，爲記者之微意也。」

樾謹按：上文曰「此五代之所不變也」，注曰：「五代，謂黄帝、堯、舜、禹、湯。」然則此承上文而言，亦當言五代，不當言七代，乃變五言七，義不可通。「七」疑「五」字之誤。古文「五」字作「×」，與「七」相似，往往致誤。《郊特牲》篇「次路五就」，注曰：「《禮器》言『次路七就』，與此乖，字之誤也。」《考工記・玉人》「命圭七寸謂之躬圭」，注云：「故書或云『命圭五寸謂之躬圭』，杜子春云當爲七寸。」《詩・豳風・七月》篇「七月鳴鵙」，正義曰：「王肅云：蟬及鵙皆以五月始鳴，今云七月，其義不通也。古五字如七。」肅之此説理亦可通，但不知經文實誤否耳，是皆「五」、「七」兩字傳寫溷淆之證。「五代」之爲「七代」，亦猶是矣。鄭必曲爲之説，非是。

其薦之也敬以欲。《祭義》

注曰：「欲，婉順貌。」正義曰：「言孝子薦熟之時，容貌恭敬，顏色婉順，如欲得物然。」

樾謹按：欲猶好也。欲惡謂之好惡，嗜欲謂之嗜好，皆其證也。今讀美好之好上聲，喜好之好去聲，古人初無此分別。欲字之義通於喜好之好，即通於美好之好，故鄭以婉順釋之。如正義所解，則恭敬是一義，婉順是一義，如欲得物然總承二義而言，其於經意、注意胥失之也。

致和用也。

注曰：「至於和用，謂治民之事以足用也。」正義曰：「和謂百姓和諧，用謂財用豐足。」

樾謹按：「和」疑「利」字之誤。《易》稱「利用安身，以崇德也」，傳稱「正德、利用、厚生謂之三事」，竝可證「利用」二字之義。「利」與「和」字形相似。《荀子・正名篇》「利而不流」，楊倞注曰「利或爲和」；又《臣道篇》「故君子安禮和樂」，今本作「安禮樂利」，與上文不合，蓋亦字之誤也，説詳《諸子平議》。此經「利用」誤爲「和用」，鄭君不能是正，而孔氏又曲爲之説，分和用爲二義，益非經旨。下文曰「致物用以立民紀也」，「物」亦「利」之誤字。古文「利」作「𥝢」，與「物」相似，因誤爲「物」耳。鄭云「變和言物，互之也」，夫和之與物，其義絶遠，安得互見乎？

見以蕭光。

注曰：「見及見閒，皆當爲覸字之誤也。」

樾謹按：「見以蕭光」卽閒以蕭光也。見、閒聲近，因而致誤耳。下文「見閒以俠甒」當亦作「見以俠甒」，經師相傳以此經兩「見」字皆當讀爲「閒」，故於下「見」字旁注「閒」字，以明「見」之爲「閒」，而傳寫誤入正文，遂成「見閒」矣，鄭又合「見閒」爲「覸」。夫閒字自有閒雜之義，何必作覸乎？「覸」字不見於《説文》，鄭讀恐未足據。

築宮仞有三尺。

樾謹按：此本作「築官仞有三尺」。「官」與「館」古同字，説詳《尚書·堯典》篇「鞭作官刑」。「築官」者，築館也。毛傳《瞻卬》篇引此文亦作「宮」，蓋由學者不知「官」字之義而誤改也。正義引《尚書》夏傳云「築官有三尺」，其字不誤，但脱「仞」字耳。鄭彼注反曰「官當爲宮」，信考古之難矣。

風戾以食之。

注曰：「風戾之使露氣燥。」正義曰：「戾，乾也。」

樾謹按：鄭意謂戾之使燥，非以燥字釋戾字也。戾之言反也。《太玄·玄錯》篇曰「戾相反」，《玄衝》篇曰「戾内反」，是戾有反義。《淮南·覽冥》篇「舉事戾蒼天」，高注曰：「戾，反也。」此經「戾」字亦當訓反，言就風前反覆之，使露氣乾燥也。戾字絶無乾燥之義。乃《釋文》曰「戾，燥也」，正義曰「戾，乾也」，誤會注意，妄爲之説。唐以後訓詁，此類多矣。

古之獻繭者，其率用此與。

注曰：「問者之辭。」正義曰：「夫人曰：獻繭之法，自古如此邪？重事之義，故問之也。」

樾謹按：「與」字通作「邪」。陸德明《經典釋文序》曰「邪、也弗殊」，故「與」字亦通作「也」。「古之獻繭者，其率用此與」，言古之獻繭者，其法用此也。此記人之辭以結上文，非發問也。鄭不解「與」字之義，誤以爲問者之辭，正義并以爲夫人所問，其失經意更甚矣。上文「夫人曰：此所以爲君服與」，「與」字亦即「也」字。世婦獻繭，本所以爲君服，初無可疑，何待致問乎？王氏引之《經傳釋詞》謂「與」字與「也」字同，然所引止《論語》「於予與何誅」、「於予與改是」二語，不知此經兩「與」字皆卽「也」字，可補《釋詞》之闕。

國人稱願然，曰：幸哉有子如此。

注曰：「然，猶而也。」

樾謹按：此當於「然」字斷句。「然」猶「焉」也。《大戴記·曾子大孝》篇正作「國人皆稱願焉」可證。《檀弓》篇「穆公召縣子而問然」，注曰：「然之言焉也。」此「然」字亦與彼同。鄭訓爲而，失之。

如語焉而未之然。

注曰：「如有所以語親而未見答。」

樾謹按：《廣雅·釋詁》「然，譍也」，鄭意以「未之然」爲「未之譍」，故其解如此。但此經自「如懼不及愛然」至「如將復入然」，凡四句一律，句末皆用「然」字，安得以「未之然」連讀乎？鄭注誤矣。《説文·之部》：

「之，出也。」凡「之」字語詞居多，此「之」字乃其本義。「未之」者，未出也；「如語焉而未之」者，如語焉而未出也。奠酒之時，如父母之在其前，故孝子常若有所告語而未出諸其口者。鄭不解「之」字之義，因失其解耳。

宿者皆出，其立卑静以正，如將弗見然。

注曰：「宿者皆出，謂賓助祭者，事畢出去也。如將弗見然，祭事畢而不知親所在，思念之深，如不見出也。」

樾謹按：「如不見出」者，謂賓出而孝子如不見之，蓋孝子思念之深，不知祭事之已畢也。此「出」字卽「宿者皆出」之「出」，注義甚明。正義謂「如將不復見顔色出然」，則不知何語矣。

不求其爲。《祭統》

注曰：「爲，謂福祐爲己之報。」

樾謹按：《詩・鳧鷖》篇「福禄來爲」，箋曰：「爲，猶助也。」然則「不求其爲」者，不求其祐助也。此「爲」字當從彼箋義。若依此注，則經文爲不備矣。

執醴授之執鐙。

注曰：「執醴授醴之人，授夫人以豆則執鐙。」正義曰：「謂夫人獻尸以醴齊之時，此人酌醴以授夫人；至夫人薦豆之時，此人又執豆以授夫人，是獻之與薦皆此人所掌，故云『執醴授醴之人』。」

樾謹按：薦豆之時，不得復名此人爲執醴矣。且禮有五齊，卽以用二齊之法而言，朝踐酌醴齊，饋食酌盎齊，安得專以執醴爲名乎？「醴」當讀爲「禮」。《内則》篇「宰醴負之」，注曰：「醴當爲禮，聲之誤也。」《儀禮・士冠禮》、《士昏禮》諸篇鄭注竝有此文，是醴、禮二字禮經通用，「執醴」

即「執禮」也。《文王世子》篇「秋學禮，執禮者詔之」，《雜記》篇「女雖未許嫁，年二十而笄禮之，婦人執其禮」，皆「執禮」二字之證。夫人薦豆，由執禮者授之，故曰「執禮授之執鐙」也。

仁足以與之。

注曰：「仁足以與之，與其先祖之銘也。非有仁恩，君不使與之也。」

樾謹按：「與」猶「爲」也，「仁足以與之」，言仁足以爲之。注云「與其先祖之銘」，言爲其先祖之銘；又云「君不使與之」，言君不使爲之，此經及注三「與」字皆當讀作「爲」。《管子·戒》篇「自妄之身之不爲人持接也」，尹知章注曰：「爲猶與也。」然則「與」亦猶「爲」矣。古與、爲二字通用。《孟子·公孫丑》篇「得之爲有財」，此「爲」字當讀作「與」；《離婁》篇「所欲與之聚之」，此「與」字當讀作「爲」。

其在朝廷，則道仁聖禮義之序。《經解》

樾謹按：《大戴記·四代》篇曰「聖知之華也」，故聖與知古得通稱，「仁聖禮義」即仁知禮義也。《鄉飲酒義》曰：「仁義接，賓主有事，俎豆有數曰聖，聖立而將之以敬曰禮。」又《大戴記·盛德》篇曰：「宗伯之官以成仁，司馬之官以成聖，司寇之官以成義，司空之官以成禮。」凡以聖與仁義禮竝言者，聖即知也。鄭於《鄉飲酒義》注曰「聖，通也，所以通賓主之意也」，殆猶未達古義矣。

昏姻之禮。

注曰：「壻曰昏，妻曰姻。」

樾謹按：《爾雅·釋親》曰：「壻之父爲姻，婦之父爲婚。」又曰：「婦之黨爲婚兄弟，壻之黨爲姻兄弟。」《白虎通·嫁娶》篇曰：「婚姻者何謂也？婚者昏時行禮，故曰婚；姻者婦人因夫而成，故曰姻。《詩》云『不惟舊姻』，謂夫也；又曰『燕爾新婚』，謂婦也。」《説文・女部》：「婚，婦家也。禮娶婦以昏時，婦人陰也，故曰婚」；「姻，壻家也。女之所因，故曰姻。」《廣雅・釋親》曰：❶「婦之父曰婚，言壻親迎用昏，又恒以昏夜成禮也。壻之父曰姻。姻，因也，女往因媒也。」博考古書，無以昏屬壻，姻屬婦者。鄭君注《昏禮》亦曰「女氏稱昏，壻氏稱姻」是也。此注獨言「壻曰昏，妻曰姻」，孤文無證，恐不足據。正義謂《爾雅》據男女父母，此據男女之身，斯亦曲説矣。

故昏姻之禮廢則夫婦之道苦。

注曰：「苦，謂不至不答之屬。」

樾謹按：《詩・四牡》篇「王事靡盬」，傳曰：「盬，不堅固也，字亦作楛。」《荀子・議兵篇》「械用兵革窳楛」，楊倞注曰：「楛，不堅固也，字又作苦。」《周官・典婦功》「辨其苦良」，鄭司農讀「苦」爲「盬」。《吕氏春秋・誣徒》篇「從師苦而欲學之功也」，高誘注曰「苦讀爲盬會之盬」是也。「夫婦之道苦」，謂夫婦之道不堅固也。鄭注但釋其大意，而不及「苦」字之義，學者遂以爲即「甘苦」之「苦」，非古訓矣。

即安其居，節醜其衣服，卑其宫室。《哀公問》

注曰：「即，就也。醜，類也。就安其居處，正其衣服，教之節儉，與之同利者，上下俱足也。」正義曰：「節醜其衣服者，節，正也；醜，類也。又正其民衣服，使得其類也。」

樾謹按：鄭君作注時蓋作「即安其居，即醜

❶ 下引文出自《釋名・釋親屬》。

其衣服」，故曰「卽，就也」，又曰「就安其居處正其衣服」，一「就」字總釋兩「卽」字，「安其居處」釋「安其居」，「正其衣服」釋「醜其衣服」。「醜」字鄭訓爲類，而因其義未顯，故又轉訓爲正。《周官・小宗伯職》「類社稷宗廟」，鄭注曰「類者，依其正禮而爲之」，是其義也。至「教之節儉」四字，自釋「卑其宮室」以下四句之義，與此無涉。自經文「卽」字涉注文而誤作「節」，正義遂謂鄭注「正」字是釋「節」字，臆爲之説曰「節，正也」，而經文之誤不可復正矣。然鄭解此經，亦有違失。按兩「卽」字皆當讀爲「則」。《大戴禮・哀公問於孔子》篇作「則安其居處，醜其衣服」可證也。卽與則古同聲而通用。《王制》篇「必卽天倫」，注曰「卽或爲則」是也。「卽安其居」者，則安其居也；「卽醜其衣服，卑其宮室」者，則醜其衣服，卑其宮室也。兩「卽」字皆承上之詞。《射義》篇「則燕則譽」疊用兩「則」字，與此正同，但句有長短耳。「醜其衣服」謂惡其衣服。文十八年《左傳》「醜類惡物」，杜注曰：「醜亦惡也。」鄭不解「卽」字之義，故并「醜」字之義而失之。

物恥足以振之。

注曰：「振，猶救也。」

樾謹按：《儀禮・士喪禮》「挋用巾」，古文「挋」作「振」，是振與挋通。「物恥足以振之」者，「振」乃「挋」之叚字。《爾雅・釋詁》：「挋，拭刷清也。」然則挋與拭刷同義，言足以拭刷之也。鄭訓爲救，未得其旨。

大王之道也。

樾謹按：上文言三代明王之政，此乃獨舉一周之大王，於義可疑。卽謂就周而言，豈文王不行此道乎？「大」疑當讀如本字。「大王之道也」，言此是王之道也。王言大王，猶邑言大邑，邦言大邦，尊稱之耳。《周易・臨》六五曰「大君之宜」，文法正與此同。上文言「三代明王」，《祭義》篇又言「天下之盛王」。明之言盛也，《淮南子・説林》篇「長而愈明」，高注曰：「明，猶盛也。」盛之言大也，《國語・越語》「盛而不驕」，韋注曰：「盛，元氣廣大時也。」然則或言明王，或言盛王，或言大王，其實一也。《詩・文王有聲》篇「皇王維辟」，傳曰「皇，大也」，是皇王即大王也。《春秋》經書「天王」，《廣雅・釋詁》曰「天，大也」，是天王亦即大王也。鄭不知古有大王之稱，而以周之大王當之，《釋文》遂音大爲泰，恐非經旨。《大戴記・哀公問於孔子》篇文與此同，而《永樂大典》本作「先王之道也」，或疑《大典》本誤，非也。《小戴記》作「大王」，《大戴記》作「先王」，文各不同，正以孔子所言本無專指之人，故學者傳述不妨異詞，曰「大王之道」可也，曰「先王之道」可也。自鄭注誤解以爲周之大王，於是并改《大戴記》之「先王」爲「大王」矣。《大典》本幸存其舊。若以爲誤，則此文載於《小戴記》，學者童而習之，鄭注、陸音犂然俱在，安得誤「大」爲「先」乎？以是言之，《大典》本「先」字正《大戴記》之本文，而《小戴記》之「大王」泛指先王，明矣。《墨子・非命下》篇曰「考先聖大王之事」，是其義也。又《孔子閒居》篇：「三代之王也，必先其令聞。《詩》云『明明天子，令聞不已』，三代之德也。『弛其文德，協此四國』，大王之德也。」此「大」字亦當讀如本字，「大王之德」猶云王之德也。蓋上文云「三代之王也，必先其令聞」，兩引《詩》皆所以明三代之王之德。乃一則曰「三代之德也」，一則曰「大王之德也」，言三代卽不言王，言王卽不言三代，正古人文法錯綜之妙。後世不達古人文法，無以得其義矣。

客出以《雍》，徹以《振羽》。《仲尼燕居》

注曰：「采齊、雍、振羽，皆樂章也。」

樾謹按：《論語·八佾》篇「三家者以《雍》徹」，《荀子·正論篇》「《雍》而徹乎五祀」，《淮南·主術》篇「奏《雍》而徹」，是徹宜歌《雍》，不歌《振羽》也。疑此經本作「客出以《振羽》，徹以《雍》」，傳寫互易之耳。鄭作注時必猶未誤，故《周官·樂師職》「及徹，帥學士而歌徹」，注云：「徹者歌《雍》，《雍》在《周頌·臣工之什》」；又《小師職》「徹歌」注云：「於有司徹而歌《雍》。」蓋鄭見諸書皆言歌《雍》以徹，故雖經文不言所歌何詩，而可以決其爲《雍》也。若此經別言徹以《振羽》，則鄭何得決其必爲《雍》乎？且此經所論是大饗之事，而《小師職》於徹歌之下卽繼之曰「大饗亦如之」，使此經論大饗有「徹以《振羽》」之文，鄭必不容無説矣。乃鄭不置一語，及賈公彦作疏始爲之説曰：「其大饗，饗諸侯之來朝者，徹器亦歌《雍》。若諸侯自相饗，徹器卽歌《振鷺》，故《仲尼燕居》云『大饗有四焉』，云『徹以振羽』。『振羽』當爲『振鷺』，是其事也。」夫賈氏有此分別之論，何以鄭無一語，可知賈所見《禮記》作「徹以《振羽》」，鄭所見《禮記》作「徹以《雍》」也。鄭注云「采齊、雍、振羽，皆樂章也」，先雍而後振羽，蓋亦後人所改，非鄭君之舊矣。

目巧之室則有奧阼。

注曰：「目巧，謂但用巧目善意作室，不由

法度，猶有奧阼賓主之處也。」正義曰：「『奧阼賓主之處也』者，《爾雅》云西南隅謂之奧，奧之外則有賓位所在，東階謂之阼，故曰『賓主之處』。」

樾謹按：凡經單言「阼」不言「阼階」者，皆謂東序。《郊特牲》篇「適子冠於阼」，注曰「東序少北，近主位也」，是其地也。室中以奧爲尊，尊者居之；堂上以阼爲主，主人位焉。故無奧阼則亂於堂室，雖目巧之室，而必有之也。鄭注「賓主之處」四字，義本未安。何也？阼但是主之處，而非賓之處，至奧在室中，則更與賓無涉。正義曲成鄭意，謂奧之外則有賓位所在，失之迂矣。經言奧而不言奧外，且賓位在户牖之閒，亦不正當奧外也。

耆欲將至。《孔子閒居》

注曰：「耆欲將至，謂其王天下之期將至也。」

樾謹按：《中庸》篇云「禍福將至」，此云「耆欲將至」，耆欲卽福也。以人而言則耆之欲之謂之耆欲；以事物而言，則凡可耆可欲者亦謂之耆欲，猶「好之」謂之「好」，經典中「喜好」字是也；「可好」者亦謂之「好」，經典中「美好」字是也；「樂之」謂之「樂」，經典中「哀樂」字是也；「可樂」者亦謂之「樂」，經典中「禮樂」字是也。後人不通古訓，妄分音讀。今按：上文云「禮之所至，樂亦至焉；樂之所至，哀亦至焉，哀樂相生」，此五句一氣貫注，「哀」卽上文「哀」字，無異讀也，然則「樂」亦上文「樂」字，有何異讀乎？明乎此，則知此篇之「耆欲」卽《中庸》篇之「福」矣。凡美惡不嫌同辭，《月令》篇之「節耆欲」、「禁耆欲」，以耆欲之不善者言也；《祭統》篇之「興舊耆欲」及此篇之「耆欲將至」，以耆欲之善者言也，猶好德、好色同謂之好也。王肅作《家語》，乃改爲「有物將至」，足徵其不達古義矣。

民猶得同姓以弑其君。《坊記》

樾謹按：「得」當讀爲「王德狄人」之「德」，古字通也。「德同姓以弑其君」，若宋公子鮑禮於國人，國人奉之以弑昭公是也。鄭不釋「得」字，蓋誤以本字讀之。

惟朕文考無罪。

注曰：「文考，文王也。」

王氏引之《經義述聞》曰：「稱祖稱考，無冠以謚者。文考乃贊美之稱，謂有文德之考耳，非謚也。」

樾謹按：王説非也，古人稱祖稱考，未嘗不冠以謚。《周書·成開》篇「余小子思繼厥常，以昭文祖之守，定武考之烈」，是成王稱文王爲文祖，武王爲武考也。《本典》篇王在東宮告周公曰，嗚呼朕聞武考云云，周公拜手稽首曰，臣聞之文考云云，是成王稱武王爲武考，周公稱文王爲文考也。《祭公》篇以予小子揚文、武大勳，宏成、康、昭考之烈，是穆王稱昭王爲昭考也。安得謂稱祖稱考無冠以謚者乎？

《易》曰：「不耕穫，不菑畬，凶。」

注曰：「田一歲曰菑，二歲曰畬，三歲曰新田。」正義曰：「案《爾雅·釋地》云田一歲曰菑，二歲曰新田，此云三歲曰新田者，誤也。」

樾謹按：此鄭所據《爾雅》與今本不同，非誤也。《爾雅·釋天》曰「春爲蒼天，夏爲昊天」，《尚書·堯典》正義曰「鄭玄讀《爾雅》曰：春爲昊天，夏爲蒼天」，即其例矣。《周易·无妄》虞注亦云二歲曰畬，可知鄭說之有據。又《爾雅・釋山》曰「多草木岵，無草木峐，石戴土謂之崔嵬，土戴石爲砠」，而毛公《陟岵》篇傳、❶《卷耳》篇傳其義皆正與《爾雅》反。凡此之類，當由所見本不同，非盡傳寫之誤。

橫從其畝。

注曰：「橫從，橫行治其田也。」《釋文》曰：「『橫行治其田』，本亦作『遊行治其田』。」樾謹按：《毛詩》作「衡從其畝」，故傳曰「衡獵之，從獵之」。《釋文》引《韓詩》作橫由其畝，東西耕曰橫，南北耕曰由，其說亦與毛同。此經引《詩》，上字既同《韓詩》作「橫」，疑下字亦同《韓詩》作「由」。「由」卽「從」也，《曲禮》篇「由客之左」，注曰「由，從也」是也。鄭君注《禮》時未見《毛詩》，故不悟「由」之卽爲「從」，而疑東西耕可謂之橫，南北耕不可謂之由，於是不用《韓詩》說，而自爲之說曰「橫由，橫行治其田也」。蓋由字本有行義，《廣雅・釋詁》曰「由，行也」，鄭訓「橫由」爲「橫行」，其意如此。若使經文本作「橫從」，則鄭豈不知其爲一從一橫之義，而必別爲之說乎？自《毛詩》出而學者遂改《禮記》以就《毛詩》，於是鄭君之意晦矣。其一本作「遊行治其田」者，遊與由通，《左傳》「養由基」，《後漢・班彪傳》作「遊基」，是其證也。疑此經「由」字有作「遊」者，鄭注曰「橫遊，橫行治其田也」，傳寫奪下一「橫」字，遂作「遊行治其田」矣。卽此可爲經文作「橫由其畝」之證。

君子之中庸也，君子而時中；小人之中庸也，小人而無忌憚也。《中庸》

❶「陟」，原作「涉」，今據清經解續編本改。

注曰：「君子而時中者，其容貌君子，而又時節其中也。小人而無忌憚，其容貌小人，又以無畏難爲常行，是其反中庸也。」

樾謹按：鄭以容貌爲説，其義甚淺，蓋因句中有「而」字，當有兩義，故不得已爲此解耳。今按：兩「而」字皆當讀作「能」，古書「能」字作「耐」，又或省作「而」。《周易・屯・彖傳》「宜建侯而不甯」，鄭讀「而」曰「能」；《履》六三「眇能視，跛能履」，虞翻本「能」作「而」。周、秦閒書以「而」爲「能」者不可勝數，故《吕氏春秋・士容論》篇「柔而堅，虚而實」，《淮南子・原道》篇「行柔而剛，用弱而强」，高誘注竝曰「而，能也」。「君子而時中」者，君子能時中也；「小人而無忌憚」者，小人能無忌憚也。下文曰「中庸其至矣乎，民鮮能久矣」，又曰「中庸不可能也」，皆與君子能時中文義相應。小人不能時中而能無忌憚，無忌憚者，鄭注所謂不畏難也。惟不畏難，故能爲人所不能爲，以求合乎中庸，而不知正與中庸之道相反，是謂小人之中庸矣。小人之中庸，卽其反中庸也。鄭不知兩「而」字當讀爲「能」，故此經之義不顯。而王肅本於「小人之中庸」句又妄增「反」字，大非經旨矣。

夫政也者，蒲盧也。

注曰：「蒲盧，蜾蠃，謂土蜂也。蒲盧取桑蟲之子，去而變化之以成爲己子，政之於百姓，若蒲盧之於桑蟲然。」

樾謹按：此承「人存政舉」而言，下文卽繼之曰「故爲政在人」。若從鄭注，則於下意不貫矣。孔子以蒲盧喻政，蓋以文、武之政不能自舉，而必待其人，猶蒲盧不能自生，而必待桑蟲之子也。鄭解未得經旨。

近解皆從沈括《夢溪筆談》蒲葦之説，則更非矣。《家語》作「夫政者猶蒲盧也，待化而成」，此王肅所增益，固不足據。然「待化而成」頗合待人而舉之意，轉視鄭義爲長矣。

言前定則不跲。

注曰：「跲，躓也。」正義曰：「將欲發言，能豫前思定，然後出口，則言得流行，不有躓蹶也。」

樾謹按：言出於口，無躓蹶之慮。張參《五經文字》曰「㱯，其劫反，《禮》作『跲』」，然則「跲」當讀爲「㱯」。《老子》「將欲歙之」，《釋文》引顧注曰：「歙，閉塞也。」「歙」即「㱯」字，㱯本從合聲，故或從翕聲耳。「言前定則不㱯」，謂言得流行，不有閉塞也，非躓蹶之謂。

生乎今之世，反古之道。

注曰：「反古之道，謂曉一孔之人，不知今王之新政可從。」

樾謹按：古之道即先王之道。《孟子》曰：「遵先王之法而過者，未之有也。」乃以反古之道而烖及其身，義殊可疑。《大戴記·哀公問五義》篇孔子對哀公曰：「生乎今之世，志古之道，居今之俗，服古之服，舍此而爲非者，不亦鮮乎？」即此而言，足知鄭義之非矣。反猶變也。《詩·猗嗟》篇「四矢反兮」，《韓詩》作「四矢變兮」，是反與變義通。故《列子·仲尼》篇「回能仁而不能反」，張湛注曰：「反，變也。」反古之道即變古之道，蓋既愚而好自用，賤而好自專，勢必生今之世而變改先王之道，宜乎烖及其身矣。

小德川流。

注曰：「小德川流，浸潤萌芽，喻諸侯也。」

正義曰：「若以諸侯小德言之，如川水之流，浸潤萌芽。」

樾謹按：「小德川流」、「大德敦化」相對爲文，若解作如川水之流，則與「敦化」不對矣。「川」當讀爲「順」，順從川聲，古文以聲爲主，故卽以「川」爲「順」。《周易・坤卦》釋文曰：「坤，本又作巛。」「巛」乃隸書「川」字，以「川」爲「坤」者，讀「川」爲「順」也。《乾・象傳》曰「天行健」，「健」卽是「乾」，則「順」卽是「坤」矣，説詳《周易》。「小德順流」，言小德順承而流行也。自叚借之義不明，而經文之平易者變爲艱深矣。

《詩》曰「衣錦尚絅」，惡其文之箸也。

注曰：「錦衣之美而君子以絅表之，爲其文章露見，似小人也。」正義曰：「《詩》本文云『衣錦褧衣』，此云『尚絅』者，斷絶詩文也。又俗本云『衣錦褧裳』，又與定本不同。」

樾謹按：作「衣錦褧裳」者是也。古本《禮記》蓋作「衣錦絅尚」，「絅」乃「褧」之異文，「尚」乃「裳」之叚字。古文以聲爲主，裳從尚聲，故卽以「尚」爲「裳」也。《詩・鄭風・丰》篇曰「衣錦褧衣，裳錦褧裳」，記人撮舉其辭曰「衣錦絅尚」，猶《雞鳴》篇「東方明矣，朝既昌矣」，《説文・日部》引作「東方昌矣」；《綿》篇「混夷駾矣，維其喙矣」，《説文・口部》「呬」下引作「犬夷呬矣」，竝合兩句爲一句也。經師相傳以此「絅尚」卽《詩》之「褧裳」，遂有改其字以從《毛詩》者，正義所謂俗本是也。雖非《戴記》之舊，然其文固未誤。自叚借之義不明，學者見古本作「衣錦絅尚」，而不知「尚」爲「裳」之叚字，則疑其義之不可通，遂移「尚」字於「絅」字之上而作「衣錦尚絅」，於是唐人作定本從之，相沿至今，莫能是正矣。

仁者人也，道者義也。《表記》

注曰：「人也，謂施以人恩也。義也，謂斷以事宜也。」

樾謹按：下文「至道以王，義道以霸，考道以爲無失」，是道之所包者廣，義字不足以盡之。正義於下文曲爲之説曰：「『道有至、有義、有考』，是一道之内兼有三種，與前經不同者，隨大小異言。」今按：此經云「仁者右也，道者左也；仁者人也，道者義也」，自是統論大體，豈反舉其小者而言乎？「義」疑「我」字之誤，左、右、人、我相對成文，「道者我也」即上文所謂「君子議道自己」也。「我」與「義」字形相似，又涉下文諸「義」字而誤。《孟子·公孫丑》篇「非義襲而取之也」，王氏引之謂「義」字乃「我」字之誤，説詳《經義述聞·通説》，正與此同。

又按：下文云「是故君子以義度人，則難爲人；以人望人，則賢者可知已矣」，此「義」字亦「我」字之誤。君子議道自己，而置法以民，故不以我度人而以人望人，所謂「責己重以周，待人輕以約」也。鄭注曰「以先王成法儗度人則難中也，當以時人相比方耳」，其説殊爲未安，由不知「義」字爲「我」字之誤耳。下文曰「是故君子不以其所能者病人」，又曰「是故聖人之制行也，不制以己」，此即不以我度人之意。

恥費輕實。

注曰：「恥費，不爲辭費，出空言也。」

樾謹按：不爲辭費而但曰「恥費」，安知所費之爲辭乎？注義非也。「費」當讀爲「拂」。《中庸》篇「君子之道費而隱」，《釋文》曰：「費，本又作拂。」鄭彼注曰「費猶佹也」，正義以「違費」解之。此「費」字與《中庸》篇同，「恥費」者，恥其違費也。蓋承「尊仁畏義」而言，惟恐有所違費乎仁義，以爲深恥，而財貨在所不重，是謂「恥費輕實」。

事君遠而諫則讇也。

正義曰：「若與君疏遠，强欲諫諍，則是讇佞之人望欲自達也。」

樾謹按：諫之與讇相去絶遠，且讇之術亦多矣，豈必藉諫以行其讇乎？ 卽謂事所或有，然聖人立言，不當設或有之事以爲説，使後之爲君者得借此以拒遠臣之諫也。「讇」當讀爲「陷」，遠而諫則陷也，卽古所謂陷諫也。《白虎通·諫諍》篇：「人懷五常，故知諫有五：其一曰諷諫，二曰順諫，三曰闚諫，四曰指諫，五曰陷諫。陷諫者，義也，惻隱發於中，直言國之害，勵志忘生，爲君不避喪身，此義之性也。」事君遠而諫，正所謂爲君不避喪身者，故謂之陷，言其將陷於罪也。孔子論諫曰「吾從於諷」，是陷諫本非聖人所貴。未信而諫，以爲謗己，古人所戒也。此經以「遠而諫則陷」，「近而不諫則尸利」相對爲文，皆非事君之正道。然以遠而諫爲讇，則又太過矣。「讇」或作「諂」，與「陷」竝從臽聲，故得通用。乃鄭君無注，則已不知「讇」爲「陷」之叚字，正義曲爲之説，固無怪矣。

臣儀行。《緇衣》

注曰：「儀當爲義，聲之誤也。言臣義事則行也。」正義曰：「謂臣有義事則奉行之。」

樾謹按：鄭破「儀」爲「義」，非也，當仍讀如本字。儀之言儀度也。《説文·人部》：「儀，度也。」《國語·周語》曰「儀之于民而度之于群生」，又曰「不度民神之義，不儀生物之則」，是儀與度同也。「臣儀行」謂當儀度而行，下文「不援其所不及，不煩其所不知」皆是。

毋以嬖御士，疾莊士大夫卿士。

注曰：「莊士，亦謂士之齊莊得禮者，今爲大夫卿士。」正義曰：「大夫卿士覆説，言莊士卽大夫卿之典事者。士，事也。」

樾謹按：《禮記》原文當作「毋以嬖御士疾莊士」，與上文「毋以嬖御人疾莊后」兩句一律。鄭注「今爲大夫卿士」當作「或爲大夫卿士」，蓋鄭所據本作「莊士」，而别本有作「大夫卿士」者，故鄭記其異如此。《周書·祭公》篇作「汝無以嬖御士，疾大夫卿士」，無「莊士」二字，鄭所見别本蓋亦如此矣。乃注中「大夫卿士」四字傳寫誤入正文，又改注文「或爲」作「今爲」，正義乃從而曲爲之説，其義殊不可通，當訂正。

心莊則體舒。

注曰：「莊，齊莊也。」

樾謹按：下句「心肅則容敬」，肅與敬義相近，莊與舒則義不相近矣，鄭注非也。「莊」當讀爲「壯」。《檀弓》篇「柳莊」，《漢書·古今人表》作「柳壯」，是莊、壯古通用。《詩·君子偕老》篇鄭箋「顔色之莊與」，《釋文》曰「莊，本又作壯」；《莊子·天下》篇「不可與莊語」，《釋文》曰「莊，一本作壯」，竝其證也。《説文·士部》：「壯，大也。」心壯則體舒，言心廣大則體安舒也。《大學》篇「心廣體胖」義與此近。

大功貌若止。《閒傳》

注曰：「止，謂不動於喜樂之事。」

樾謹按：不動於喜樂之事，則是實言其情，何若之有。上云「斬衰貌若苴，齊衰貌若枲」，皆見其貌與服相稱。此言「若止」，義亦宜然。「止」當讀爲「芓」。《説文・艸部》：「芓，麻也。一曰芓即枲也。」是枲與芓同類。齊衰與大功竝牡麻絰，於齊衰曰若枲，於大功曰若芓，義蓋相近。作「止」者，音近而通用也。《廣雅・釋室》：「芓，隄也。」芓之訓隄，疑即讀爲止，止爲下基，故爲隄耳。「芓」可通作「止」，「止」亦可通作「芓」。以本字讀之，非是。鄭注曰「枲或爲似，似者枲之叚字」，則「止」亦「芓」之叚字可知矣。

苄蒻不納。

注曰：「苄，今之蒲苹也。」

樾謹按：經文當作「平蒻不納」，注文當作「平，今之蒲平也」，皆傳寫之誤。《釋名・釋牀帳》曰：「蒲平，以蒲作之，其體平也。」然則漢時自有蒲平之名，故鄭據以爲説。平乃席名，《説文・草部》「蒻蒲子可以爲平席」是也。初非「苹蓱」之「苹」，安得從艸？因「蒲」字從艸，而「平」字亦誤從艸，猶《月令》篇「地氣且泄」，因「泄」字從水而「且」字亦誤從水；《樂記》篇「及優朱儒」，因「儒」字從人而「朱」字亦誤從人。古書如此者多矣。「平」誤作「苹」，而上「苹」字又誤作「苄」，於是并改經文爲「苄蒻不納」。《釋文》遂音户嫁反，知此字之誤由來已久。夫蒲與苹本非同類之物，安得竝言之曰「蒲苹」？而苄者地黄也，非蒲亦非苹也，安得以苄爲今之蒲苹？即此可決其誤矣。《釋名》「蒲平」一條俗本誤作「蒲草」，畢氏沅據《太平御覽》所引訂正，今從之。

因以飾群別親疏貴賤之節。《三年問》

樾謹按：此當以十一字爲句。《荀子・禮

論篇》文與此同，楊倞注曰「群別，謂群而有別也」，是古人以「群別」連讀。然楊氏解「群別」之義尚未盡得。群與別爲對文，群之與別猶親之與疏，貴之與賤也。親疏貴賤至今猶爲恒言，而群別之語後世罕聞之。正義讀「因以飾群」四字爲句，失其旨，并失其讀矣。

然而從之。

樾謹按：「從」字注及正義皆無解，《釋文》無音，則當讀如本字。從與由同義。上云「將由夫患邪淫之人與」，此云「然而從之」，從即由也。《漢書・張騫傳》注曰「從，由也」，是其證也。下文曰「然而遂之」，遂即從也。《文選》嵇叔夜《與山巨源絶交書》注引《國語》賈注曰「遂，從也」，是其證也。《荀子・禮論篇》作「然而縱之」，蓋後人不得其旨而加糸旁耳。王氏《經義述聞》謂當從《荀》作「縱」，非是。

袂之長短，反詘之及肘。《深衣》

注曰：「袂屬幅於衣詘而至肘，當臂中爲節，臂骨上下各尺二寸，則袂肘以前尺二寸。肘或爲腕。」正義曰：「袂長二尺二寸，并緣寸半，爲二尺三寸半。除去其縫之所殺各一寸，餘有二尺一寸半在，從肩至手二尺四寸。今二尺一寸半之袂得反詘及肘者，以袂屬於衣幅闊二尺二寸，身脊至肩但尺一寸也。從肩覆臂又尺一寸，是衣幅之畔覆臂將盡，今又屬袂於衣又二尺一寸半，故反詘其袂，得及於肘也。」

樾謹按：袂長二尺一寸半，加衣幅之畔一尺一寸，則爲三尺二寸半，除從肩至手二尺四寸，僅餘八寸半，安得反詘之及肘乎？「肘」當從或本作「腕」，於義方安，否則必不能及。且使袂果及肘，亦嫌太長，不便于事也。

遂以奇算告。《投壺》

注曰：「畢則司射執奇算以告於賓與主人也。」正義曰：「奇，餘也，謂左右數鈞等之餘算。」

樾謹按：左右數鈞等之餘算有純有奇，下文曰「某賢於某若干純，奇則曰奇」，然則餘算不得概謂之奇也。且投壺與射禮同。《儀禮·鄉射禮》曰：「釋獲者遂進取賢獲，執以升自西階，盡階不升堂，告于賓。」《大射儀》曰：「釋算者遂進取賢獲，執之由阼階下，北面告于公。」鄭注竝曰：「賢獲，勝黨之算也。」若然，則所執以告者止是勝黨之算，非兼執左右之餘算以告也。此云「遂以奇算告」，義不可通，當作「遂以其算告」。《大戴記·投壺》篇曰「有勝則司射以其算告」，是其證也。據《釋文》云：「一本此句上更有『有勝者司射』五字，誤。」今按：有此五字者是也。《禮記》原文正作「有勝者司射遂以其算告」，與《大戴記》同。「其算」謂勝者之算，卽《儀禮》所謂「賢獲」也。「其算」誤爲「奇算」，蓋以兩聲相近，又涉上下文皆有「奇」字而誤。學者謂「遂以奇算告」卽承一算爲奇而言，乃刪去「有勝者司射」五字，其幸而存者反以爲誤，而此經之義不可通矣。注中「奇算」亦當作「其算」，乃後人所改，非鄭君之舊。若如今本，則上下文「奇」字皆謂一算爲奇，獨此「奇」字謂左右數鈞等之餘算，鄭安得無說乎？

不習其謀。《儒行》

注曰：「不習其謀，口及則言不豫其說而順也。」正義曰：「逢事則謀，不豫習也。」

樾謹按：注意甚晦，正義所解疑亦非經旨。

習之言重也,《周易・坎・象傳》曰「習坎,重險也」是也。「不習其謀」猶不重其謀,言謀定則行不重習也,故爲特立之儒。

其飲食不溽。

注曰:「恣滋味爲溽,溽之言欲也。」正義曰:「溽之言欲也,卽濃厚也。」

樾謹按:《方言》:「蓐,厚也。」「溽」與「蓐」通,不溽卽不厚。鄭訓爲欲,其説轉迂。

靜而正之。

正義曰:「靜而正之者,謂靜退自居,而尋常守正不傾躁也。」

樾謹按:「之」字疑衍文也。經文本作「靜而正」,正義述經本作「靜而正」者,故曰「謂靜退自居,而尋常守正」。若作「靜而正之」,則「之」字必有所指,正之者正何事乎,不得但以守正爲解矣。蓋「陳言而伏」,「靜而正」兩句一律。下文曰「上弗知也,麤而翹之,又不急爲也」,鄭注曰:「君不知已有善言正行,則觀色緣事而微翹發其意使知之,又必舒而脱脱焉。」所謂「善言」者,卽「陳言而伏」之「言」;所謂「正行」者,卽「靜而正」之「正」,注意甚明。後人誤謂「靜而正」句與「麤而翹之」相對,遂于「正」下增「之」字使成偶句耳。

博學以知服。

注曰:「博學以知服,不用已之知勝於先世賢知之所言也。」正義曰:「謂廣博學問,猶知畏服先代賢人,言不以己之博學淩夸前賢也。」

樾謹按:「服」非畏服之謂,「服」當讀爲「𠬝」。《説文・又部》:「𠬝,治也。從又從卩。卩,事之制也。」經典無「𠬝」字,皆以「服」爲之。鄭石制字子服,此卽叚「服」爲「𠬝」之證。𠬝從卩,故有制義。《尚書・盤庚》篇「先王有服」，言先王舊有制度也。襄三十年《左傳》「上下有服」，言上下皆有節制也。其説各見本經。博學而知服者，謂博學而知節制也，不然，則泛濫而無歸矣。

儒有不隕穫於貧賤，不充詘於富貴，不慁君王，不累長上，不閔有司，故曰儒。

樾謹按：上文所陳十五儒皆以「儒有」起，「有如此者」結。此文亦以「儒有」起，而以「故曰儒」結之，既不與上文一律，且義亦未足，豈所謂儒者止以其不慁君王、不累長上、不閔有司乎？疑傳寫錯誤。「儒有不隕穫」至「不閔有司」當在上文「其尊讓有如此者」之前，❶與前所列十五儒一律。孔子説儒者之行，蓋十有六也。不煩慁其君王，不負累其長上，不憂閔其有司，故謂之尊讓矣。上文「温良者仁之本也」至「猶且不敢言仁也」當在此文「故曰儒」之上，乃孔子總論儒行也。自傳寫錯誤，而十六儒止存十五儒。鄭君説「温良者」一節爲聖人之儒行，説「儒有不隕穫於貧賤」一節爲孔子自謂，異義横生，大非經旨矣。今訂正如左：

「儒有不隕穫於貧賤，不充詘於富貴，不慁君王，不累長上，不閔有司，其尊讓有如此者。温良者仁之本也，敬慎者仁之地也，寬裕者仁之作也，孫接者仁之能也，禮節者仁之貌也，言談者仁之文也，歌樂者仁之和也，分散者仁之施也。儒皆兼此而有之，猶且不敢言仁也，故曰儒。」

舉而不能先。《大學》

注曰：「舉賢而不能使君以先己。」

❶「穫」，原作「獲」，今據清經解續編本改。

樾謹按：如注義，則當曰「不能使之先己」，於文方足，不當但曰「不能先」也。「先」蓋「近」字之誤。「見善而不能舉，舉而不能近」，與「見不善而不能退，退而不能遠」正相對成文。「近」字古文作「岕」，篆書作「㞷」；「先」字篆書作「𠂒」，兩形相似，因而致誤耳。

必自小人矣。

正義曰：「言爲人君長於國家，而務積聚財以爲己用者，必自爲小人之行也。」

樾謹按：必自小人者，必用小人也。《詩・緜》篇「自土沮漆」，《江漢》篇「自召祖命」，毛傳、鄭箋竝曰：「自，用也。」《大傳》篇「自仁率親」，鄭注亦曰：「自，用也。」正義所解未得其旨。

彼爲善之。

注曰：「彼，君也。君將欲以仁義善其政。」

樾謹按：鄭注以彼屬君言，其義始不可通，❶或疑其有闕文矣。彼當以小人言。此句申説上文「必自小人」之義，言長國家而務財用，所以必用小人者，以務財用之事，惟彼爲善之也。善與能同義。《荀子・勸學篇》「非能水也」，楊注曰：「能，善也。」「彼爲善之」，猶云彼爲能之耳。

母拜之。《冠義》

正義曰：「今唐禮母見子但起立，不拜也。案《儀禮》，廟中冠子，以酒脯奠廟訖，子持所奠酒脯以見於母，母拜其酒脯，重從奠者處來，故拜之，非拜子也。」

樾謹按：經明言「母拜之」，「之」字卽指冠者，與下文「兄弟拜之」一律，安得謂拜酒脯乎？疏義非也。古人行禮，雖尊者亦

❶「始」，清經解續編本作「殆」。

拜。《儀禮・燕禮》篇「公立卒爵，坐奠爵，拜，執爵興，主人答拜」，是君拜臣也。《特牲饋食禮》：「上籑洗爵，升酌，酢主人，主人拜受爵」，按上籑即主人之嗣子，是父拜子也。然則母之拜子，本無可疑。必執唐禮以繩之，宜其不通矣。

敬慎重正而後親之，禮之大體而所以成男女之別，而立夫婦之義也。《昏義》

樾謹按：「禮之大體而」五字衍文也，此經本云：「敬慎重正而後親之，所以成男女之別，而立夫婦之義也。」正義釋此經曰：「敬慎重正者，言行昏禮之時，必須恭敬謹慎，尊重正禮，而後男女相親」，此釋「敬慎重正而後親之」一句也，其下竝不及大體之義，是其所據本無此五字明矣。下經曰：「夫禮，始於冠，本於昏，重於喪祭，尊於朝聘，和於射鄉，此禮之大體也。」正義曰：「此經因昏禮爲諸禮之本，遂廣明禮之始終。始則在於冠昏，終則重於喪祭，其閒有朝聘、鄉射，是禮之大體之事也。」然則禮之大禮所包者廣，若敬慎重正而後親之即爲禮之大體，則與正義所說不合矣。故知此五字當爲衍文，不獨於義不當有，且以文法論，「所以」上亦不當有「而」字也。

教成祭之。

注曰：「祭之，祭其所出之祖也。」正義曰：「教成祭之者，謂三月教之，其教已成，祭女所出祖廟，告以教成也。」

樾謹按：「教成祭之」當作「教成之祭」，傳寫誤倒之，説詳王氏引之《經義述聞》。惟「教成」二字尚未得其義。今按：上文鄭注曰：「嫁女者，必就尊者教成之。教成之者，女師也。」然則「教成」二字當連讀，教成者，教而成之也。蓋先嫁三月，或於公宫，或於宗室，受婦德、婦言、婦容、婦功之教，謂之教成。是日也卽祭其所出之祖，謂之教成之祭。夫自十年受姆教以來，此四德者亦既備聞之矣，然不敢自以爲有成也，故必就尊者教成之。教成乃禮之名目，於先嫁三月舉行此禮，一日而畢矣。禮畢卽歸其家矣。若從正義説，以爲三月教之，豈必待成昏之前一日而始歸乎？且成與不成，以何者爲效驗乎？自教成之義不明，而「教成之祭」遂誤作「教成祭之」，經文之誤由於經義之晦也。

又按：鄭注曰：「教成之者，女師也。」阮氏《校勘記》曰：「惠棟校宋本無『成』字，岳本『教成之』作『其教之』。」今按：此皆後人以意删改也。上句云「必就尊者教成之」，此句云「教成之者女師也」，兩句相承，不容有異。

民知尊長養老，而后乃能入孝弟。民入孝弟，出尊長養老，而後成教。《鄉飲酒義》

正義曰：「而后乃能入孝弟者，人若知尊長養老，則能入孝弟之行也。民入孝弟，謂入門而能行孝弟。出尊長養老者，謂出門而能尊長養老也。」

樾謹按：上「入」字衍文也。經文本云「民知尊長養老，而后乃能孝弟」。今衍「入」字者，卽涉下句而誤耳。如正義所説，則兩「入」字文同而義異，鄭何得無説乎？

愁之以時察。

注曰：「察，猶察察，嚴殺之貌。察或爲殺。」

樾謹按：「殺」本字也，「察」叚字也。「殺」之通作「察」，猶「𥻦」之通作「蔡」。《説文・米部》「𥻦」篆下，徐鍇引《左傳》「殺管叔而𥻦蔡叔」，今定四年《傳》作「蔡蔡叔」，是其例也。鄭訓嚴殺，正得其義。乃不知「察」之卽爲「殺」，而必以「察察」釋之，於義轉迂矣。

與爲人後者。《射義》

注曰：「與，猶奇也。後人者一人而已，既有爲者而往奇之，是貪財也。」

樾謹按：與之訓奇，未聞其義。且奇爲人後，義亦未明。鄭君徒以爲人後者禮所不禁，乃與賁軍之將、亡國之大夫竝論，故不得已從「與」字生義，曲爲之説，恐不然也。「後」疑「役」字之誤。《孟子·公孫丑》篇「不仁不智，無禮無義，人役也。人役而恥爲役，由弓人而恥爲弓，矢人而恥爲矢也」，是古有爲人役之説。《王制》曰：「凡執技以事上者，祝史射御醫卜及百工。凡執技以事上者，不貳事，不移官，出鄉不與士齒。」此經爲人役者卽其人矣。其人本賤，出鄉卽爲士所不齒，故曰「賁軍之將、亡國之大夫與爲人役者不入，其餘皆入」。「役」與「後」字形相似，又經中多言爲人後，罕言爲人役，因而致誤耳。

有庶子官。《燕義》

注曰：「庶子，猶諸子也，《周禮》諸子之官，司馬之屬也。」正義曰：「天子謂之諸子，諸侯謂之庶子，其所職掌，諸子、庶子同也。故此記雖明諸侯庶子職掌，其所載之事，皆諸子職文也。」

樾謹按：「庶」與「諸」乃疊韻字。《周官·庶氏》注曰：「庶，讀如藥煮之煮。」煮從者聲，諸亦從者聲，庶可讀如煮，故亦可讀如諸。《周官》作「諸子」，《儀禮》《禮記》作「庶子」，乃各經用字之不同。鄭明言「庶子猶諸子」，而正義必强爲區別，轉失之矣。

始死，三日不怠，三月不解，期悲哀，三年憂。注曰：「不怠，哭不絕聲也。不解，不解衣而居不倦息也。」《喪服四制》

樾謹按：《雜記》篇「少連大連善居喪，三日不怠，三月不解，期悲哀，三年憂」，文與此同。鄭彼注曰：「怠，惰也。解，倦也。」然則此經「不怠」、「不解」義亦當如彼注。乃訓爲不解衣，則前後異義矣。疑鄭注原文本曰「不解，不倦息也」，「不解衣而居」五字爲後人竄入，蓋本盧辯注《大戴記·本命》篇所謂不脱經帶者，非鄭義也。《釋文》曰：「解，佳買反。」又出「解衣」曰：「古買反。」卽此兩字之異讀，可知其義之不同，不當混而一之。爲鄭學者所宜訂正矣。

群經平議卷二十二

群經平議卷二十三

德清俞樾

春秋公羊傳

曷爲襃之？爲其與公盟也。與公盟者衆矣，曷爲獨襃乎此？因其可襃而襃之。此其爲可襃柰何？漸進也。隱元年

何氏《解詁》曰：「漸者，物事之端，先見之辭。去惡就善曰進。譬若隱公受命而王，諸侯有倡始先歸之者，當進而封之，以率其後。不言先者，亦爲所襃者法，明當積漸，深知聖德灼然之後乃往，不可造次，陷於不義。」

樾謹按：如何說以「漸進」爲倡始先歸，則止是襃其始與公盟耳。凡始與公盟者皆得襃之，非所謂因其可襃而襃之也。又曰「明當積漸深知聖德」，則并與前說歧矣。今按：公羊家有七等之說：州不若國，國不若氏，氏不若人，人不若名，名不若字，字不若子。邾婁儀父本當在書名之等，進而書字，所謂漸進也。若邾婁本當書字，進而書子，則其進也太驟矣，非漸進之義矣。故與公盟者雖衆，而獨襃邾婁儀父者，取其適在書名之等也，斯謂「因其可襃而襃之」矣。

曷爲大鄭伯之惡？母欲立之，己殺之，如勿與而已矣。

《解詁》曰：「如即不如，齊人語也。加克者，有嫌也。段無弟，又稱君甚之不明。❶

❶ 「又」，何氏《解詁》作「文」。

又段當國，嫌鄭伯殺之無惡，故變殺言克，明鄭伯爲人君，當如傳辭，不當自己行誅殺，使執政大夫當誅之。克者詁爲殺，亦爲能，惡其能忍戾母而親殺之。」疏曰：「鄭伯爲人君之法，當如傳辭不與其國而已，不宜忍戾其母而親殺之。」

樾謹按：疏義未得注意也。傳所謂「勿與」者，即不親殺之謂也，蓋使執政大夫秉國法以誅之，而己不與焉，斯合親親之道矣。何休又引「禮，公族有罪，有司讞于公，公曰宥之；及三宥，不對，走出，公又使人赦之，以不及反命」，蓋正所以證明「勿與」之義，非如疏所云也。

始滅昉於此乎？二年

《解詁》曰：「昉，適也，齊人語。」疏曰：「胡毋生齊人，故知之。若鄭《譜》云『然則詩之道放于此乎』之類。」

樾謹按：「昉」乃俗字，當從漢石經作「放」，説詳阮氏《校勘記》。惟何休訓昉爲適，以爲齊人語，其實未然。今按：放之言極也。《禮記·祭義》曰：「推而放諸東海而準，推而放諸西海而準，推而放諸南海而準，推而放諸北海而準。」「推而放諸」猶言推而極諸也。鄭注曰：「放猶至也。」至即極也。《儀禮·聘禮記》「義之至也」，鄭注曰：「至，極也。」是至與極義同也。僖二十八年《傳》曰：「文公逐衛侯而立叔武，使人兄弟相疑，放乎殺母弟者，文公爲之也。」放亦極也，「放乎殺母弟」乃推極其後而言之也。「始滅放於此乎」乃推極其前而言之也。若前此無滅國者，則推求滅國之事，極於此而止矣，故曰「始滅放於此乎」。何解未得其義。宣六年《傳》「仡然從乎趙盾而入，放乎堂下而立」，十二年《傳》「勝乎皇門」，放乎路衢」，凡言「放乎」者，竝至極之義也。若訓爲適，則不可以爲達詁矣。

百金之魚公張之。五年

《解詁》曰：「張，謂張罔罟障谷之屬也。」

樾謹按：《傳》文但言「張」，不言「張罔罟」，何解非也。《詩·韓奕》篇「孔脩且張」，毛傳曰：「張，大也。」桓六年《左傳》「隨張必棄小國」，杜注曰：「張，自侈大也。」「百金之魚公張之」，蓋言棠有百金之魚，故公侈大之也。上文曰：「公曷爲遠而觀魚？登來之也。」下文曰：「登來之者何？美大之之辭也。」然則此文言「公張之」，正所謂美大之也。若以爲張罔罟，則與上下文不屬矣。

器之與人，非有卽爾。桓二年

《解詁》曰：「卽，就也，若曰取彼器與此人異國物。凡人取異國物，非就有取之者，皆持以歸爲有，爲後不可分明，故正其本名。」

樾謹按：何氏之意，蓋謂人之於器不能就而有之，必持歸爲己有，恐後不可分別，故以其名識之。然如此則當云「非卽有爾」，不當云「非有卽爾」也。今按：《爾雅·釋詁》：「卽，尼也。」《釋文》曰：「尼，本亦作昵。」昵與暱同字，古又通作「䵒」。隱元年《左傳》「不義不暱」，《說文·黍部》引作「不義不䵒」，䵒，黏也。「器之與人，非有卽爾」，言器與人不相黏箸，今日爲此人之器，明日可爲彼人之器，非如地有常所，雖數易主不可遷移，故器必從其本名以識別之也。

貴者無後，待之如初也。七年

《解詁》曰：「無後者，施於所奔國也。獨妻得配夫，託衣食於公家，子孫當受田而耕，故云爾。」

樾謹按：何氏此解雖本《郊特牲》「寓公不繼世」之義，然與下句「待之如初」義不相承，殆非也。今按：無後謂失其國阼也。《説文・后部》：「后，繼體君也。」后與後古通用，故繼體之君謂之后，亦謂之後，《尚書・洛誥》「王命周公後」是也。無後者，其子孫不復繼體爲君也。然以其嘗託在侯伯之位，故雖其子孫不復繼體爲君，而仍宜以侯伯之禮待之，是謂「貴者無後，待之如初也」。《國語・晉語》曰：「鄢之役，親射楚王而敗楚師，以定晉國，而無後。」韋注曰：「無後，子孫無在顯位者。」是卿大夫之子孫不能嗣守先人禄位亦爲無後，蓋古語如此矣。

近乎圍也。十年

《解詁》曰：「地而言來者，明近都城，幾與圍無異。」疏曰：「近讀如附近之近，國讀如圍。」

樾謹按：疏所據本蓋作「國」字，故云然，其實當從何邵公本作「圍」。隱五年《傳》曰：「邑不言圍，此其言圍何？彊也。」然則「近乎圍」者，亦言其彊甚也。若作「近乎國」，則上文曰「郎者何？吾近邑也」一言足以明之矣，乃又曰「吾近邑，則其言來戰于郎何？近也。惡乎近？近乎國也」，其辭不幾複乎？蓋吾近邑也之近，以地之相去而言；近也之近，以事之相似而言，兩「近」字文同而義異。學者混而一之，遂至譌「圍」字爲「國」字矣。孔氏廣森作《通義》反從疏本作「國」，恐後學疑誤，故詳辨之。

夫人固在齊矣，其言孫于齊何？念母也。正月以存君，念母以首事。莊元年

《解詁》曰：「禮，練祭取法存君，夫人當首祭事。時莊公練祭，念母而迎之，當書迎，反書孫者，明不宜也。」

樾謹按：何氏此解甚爲違失：《傳》言「正月以存君」，不言「練祭以存君」，乃曰「練祭取法存君」，一失也。練祭莊公主之，非夫人主之，乃曰「夫人當首祭事」，二失也。經明書「孫于齊」，《傳》亦但言「念母」，不言「迎母」，乃曰「念母而迎之」，三失也。然則此《傳》當作何解？曰：接練時録母之變，此《穀梁傳》之説，《公羊》無此説也。莊公一篇先書「元年春，王正月」，繼書「三月夫人孫于齊」。其書「元年春王正月」者，明國有君也，所謂「正月以存君」也；其書「三月夫人孫于齊」者，明君有母也。《春秋》記載莊公三十二年之事，以此爲首，蓋推莊公之心，無有更先于此者也，所謂「念母以首事」也。是時夫人固在齊，而曰「孫于齊」者，猶曰夫人在齊云爾，亦猶「公在乾侯」之比，紀其實也。《春秋》雖託文見義，然先世事實，豈容以意變亂？若使夫人實於此時迎歸，而反書曰「孫于齊」，是則記載失實甚矣，何以爲《春秋》乎？必於三月書之者，是年三月以前無事，其下始書「夏單伯逆王姬」，故欲書單伯逆王姬，而先書夫人孫于齊，正所謂「念母以首事」矣。

此未有言崩者，何以書葬？蓋改葬也。三年

樾謹按：「言」字衍文也，當作「此未有崩者」，蓋謂此年未有天王崩之事，非謂經文未有言崩者也。僖十九年《傳》「此未有伐者」，三十一年《傳》「此未有伐曹者」，皆其例也。莊十八年《傳》「此未有言伐者」，唐石經無「言」字，以彼例此，可知「言」字之衍矣。

曷爲畏齊也？ 辭殺子糾也。 九年

《解詁》曰：「時魯新見脅，畏齊，浚之，微弱恥甚，故諱使若辭不肯殺子糾也，齊自取殺之，畏齊怒，爲備。」

樾謹按：宣四年《傳》：「其言不肯何？ 辭取向也。」《解詁》曰：「爲公取向作辭也。恥行義爲利，故諱使若莒不肯聽公平，伐取其邑，以弱之者，愈也。」然則此《傳》「辭殺子糾也」文法與彼同，亦當解云爲殺子糾作辭也。 恥行義不終，故託爲畏齊之甚，不得已而殺之也。 蓋魯之納子糾，義也；其卒爲齊殺子糾，不義也。《穀梁傳》曰：「以千乘之魯而不能存子糾，以公爲病矣。」疑當時諸侯必有以此病魯者，故魯人浚洙以自解耳。 此「辭」字乃「從而爲之辭」之「辭」，非「固辭不獲命」之「辭」。 何氏以爲辭不肯殺子糾，失之矣。

爾虜焉故，魯侯之美惡乎至。 十二年

《解詁》曰：「爾，女也，謂萬也。 更向萬曰女嘗執虜於魯侯，故稱譽爾。 惡乎至猶何所至。」

樾謹按：《韓詩外傳》、董仲舒《春秋繁露》引此文竝作「爾虜焉知魯侯之美惡乎」，是此傳「故」字古本作「知」，何邵公所據本誤也。 惟於「乎」字絕句，「至」字作「致」，屬下讀，甚爲不詞。 今按：「爾虜焉知」四字爲句，言爾虜何所知也。「魯侯之美惡乎至」七字爲句。 至猶甚也。《孟子·萬章》篇「充類至義之盡也」，趙注曰：「至，甚也。」「惡乎至」即惡乎甚。 因宋萬曰「甚矣魯侯之淑，魯侯之美也」，故折之曰「魯侯之美惡乎甚」也。 若解作何所至，於義轉迂矣。

何危爾？我貳也。二十三年

《解詁》曰：「莊公有淫泆汚貳之行。」疏曰：「謂莊公之行既不清潔，又不專一。」

樾謹按：《傳》文止言「貳」不言「汚」，而何解以爲汚貳，蓋以汚釋貳也。若如疏義分汚貳爲二，則「汚」字增出矣。今按：「貳」當讀爲「膩」。《玉篇・肉部》：「膩，垢膩也。」垢膩則有汚義，古字卽以「貳」爲之。《廣雅・釋言》：「貳，汚也。」王氏念孫《疏證》曰：「貳當作膩。」

夫人不僂，不可使入。二十四年

《解詁》曰：「僂，疾也，齊人語。夫人稽留，不肯疾順公，不可使卽入。」

樾謹按：夫人不肯疾順公，則當云「夫人不順，不可使入」，不當云「夫人不疾，不可使入」，然則何解「僂」字非也。「僂」當讀爲「摟」。《説文・手部》：「摟，曳聚也。」古或以「婁」爲之。《詩・山有樞》篇「弗曳弗婁」，毛傳曰「婁，猶曳也」，《釋文》引馬注曰「婁，牽也」，是摟有牽曳之義。公入而夫人亦入，是相牽曳而入也。不摟者，言不可牽曳也。摟、僂同聲，故得通用。人相牽曳謂之僂，猶絲相牽曳謂之縷也。《説文・辵部》：「遱，連遱也。」《言部》：「謱，謰謱也。」行步相連謂之遱，言語相連謂之謱，其義竝通矣。

何以不稱使？以爲臧孫辰之私行也。二十八年

樾謹按：「爲」字衍文也。以臧孫辰之私行者，言以私事行，不以國事行也。今衍「爲」字，失其義矣。下文曰：「曷爲以臧孫辰之私行？」可證此文「爲」字之衍。

徒葬乎叔爾。三十年

疏曰：「謂不得與夫合葬，故言徒。徒者，

空也。」

樾謹按：四年《傳》曰：「徒葬於齊爾。」《解詁》曰：「徒者，無臣子辭也。國滅無臣子，徒爲齊侯所葬。」然則此云「徒葬乎叔爾」，亦是無臣子之辭，非謂不得與夫合葬也。十二年《傳》曰「徒歸于叔爾也」，豈謂不得與夫同歸乎？可知疏義之謬。

蓋以操之爲已蹙矣。三十年

《解詁》曰：「操，迫也。已，甚也。蹙，痛也。迫殺之甚痛。」

樾謹按：《詩·江漢》篇正義引此文作「蓋以躁之爲已蹙矣」，「操」與「躁」竝叚字，其正字當作「剿」。《說文·刀部》：「剿，絶也。《周書》曰：『天用剿絶其命。』」然則「剿之爲已蹙」者，言齊桓之伐山戎，剿絶之太痛也，故何解爲迫殺之。若操爲操持，躁爲躁疾，竝非其義。

旗獲而過我也。三十一年

《解詁》曰：「旗獲，建旗縣所獲得以過我也。」

樾謹按：閔二年《左傳》「佩衷之旗也」，杜注曰：「旗，表也。」然則「旗獲而過我」，謂表陳其所獲之物而過我也。《素問·四氣調神大論篇》王注曰「表謂表陳其狀也」，是其義也。蓋旌旗之屬本所以表示行列。《國語·晉語》「車無退表」，韋注曰「表，旌旗也」，故旌與旗竝有表義。僖二十四年《左傳》「且旌善人」，哀十六年傳「猶將旌君以徇於國」，杜注竝曰：「旌，表也。」旗之爲表，猶旌之爲表也。若旗獲而過我爲縣所獲於旗，豈旌君以徇於國，亦將縣之於旌乎？又旌旗謂之章，《晉語》「變非聲章，弗能移也」，注曰：「章，旌旗也。」而章亦有表義，《詩·抑》篇「維民之章」，毛傳曰：「章，表也。」學者習知旌表、章表，而尟知旗之爲表，故於此《傳》「旗獲」之文失其解矣。

孰滅之？　蓋徐、莒脅之。僖十四年❶

《解詁》曰：「言脅者，杞，王者之後，尤微，是見恐曷而亡。」

樾謹按：國雖微弱，無因恐曷而亡者，何解非也。「脅」當讀爲「協幹而殺之」之「協」，字亦作「擠」。《廣雅・釋詁》：「擠，折也。」凡物折之則分，故折有分義。《楚辭・惜誦》篇「令五帝以折中兮」，王注曰：「折，分也。」「徐、莒擠之」者，謂徐、莒擠而分之也。元年《傳》曰：「孰亡之？　蓋狄滅之。」二年《傳》曰：「孰滅之？　蓋狄滅之。」彼惟狄一國，故直曰滅之；此則徐、莒二國，故不直曰滅之而曰擠之，正古人屬辭之密矣。

此邑也，其言崩何？　襲邑也。十四年

《解詁》曰：「襲者，嘿陷入于地中。」

樾謹按：嘿陷入于地中而謂之襲，未聞其義。且如其説，則但曰「襲也」足矣，不必曰「襲邑也」，然則何解非也。今按：襲者，重襲也。《廣雅・釋詁》曰：「襲，重也。」《漢書・外戚傳》「災變相襲」，師古注曰：「襲，重累也。」沙鹿爲河上之邑，河岸有高下，沙鹿在其最高之處，故謂之襲邑，明其重累在上，異乎平地之邑也。凡邑不言崩，惟襲邑言崩，正解所以言崩之故。上句發問，不曰「崩者何」，而曰「此邑也，其言崩何」，可知何解之非矣。

夷伯者，曷爲者也？　季氏之孚也。十五年

《解詁》曰：「孚，信也。季氏所信任臣。」

❶「四」，原作「三」，今據《春秋公羊傳》改。

樾謹按：季氏所信任之臣而但曰「季氏之孚」，文不成義，殆非也。「孚」當讀爲「保」。據《説文》，「孚」古文作「采」，從爪從禾，「禾」即「保」古文，而「保」又從采省，是其字轉展相從，故聲近而義亦通也。《國語·晉語》曰「失趙氏之典刑而去其師保」，又曰「擇師保以相子」，是古大夫之家亦有師保。季子親爲桓公之子，其有師保明矣，故曰：「夷伯者，曷爲者也？季氏之保也。」因其字叚「孚」爲之，而説者望文生訓，遂失其解矣。

邑不言圍，此其言圍何？疾重故也。二十三年

《解詁》曰：「疾，痛也。重故，喻若重故創矣。襄公欲行霸，守正履信，屬爲楚所敗，諸夏之君宜雜然助之，反因其困而伐之，痛與重故創無異。」

樾謹按：重故創而但曰「重故」，於文不明，何解非也。「故」當讀爲「固」，古字通也。《國語·周語》「咨於故實」，《史記·魯世家》「故」作「固」；《論語·子罕》篇「固天縱之將聖」，《論衡·知實篇》「固」作「故」，竝其證也。閔元年《左傳》「親有禮因重固」，杜注曰「能重能固，則當成就之」，此重固二字之證。隱五年《傳》曰：「邑不言圍，此其言圍何？彊也。」《解詁》曰：「必欲爲得邑，故如其意言圍也。」然則此《傳》曰「疾重固也」，義與彼同，疾其必欲得之也。《左傳》之「重固」以善者言也，此《傳》之「重固」以不善者言也，蓋均是重且固也。以自守則善，以謀人則不善，善惡不嫌同辭矣。

其言來逆婦何？兄弟辭也。二十五年

《解詁》曰：「宋、魯之閒，名結婚姻爲兄弟。」

樾謹按：二十年「郜子來朝」，《傳》曰：「何

以不名？兄弟辭也。」《解詁》曰：「郜，魯之同姓。」文十二年「盛伯來奔」，《傳》曰：「何以不名？兄弟辭也。」《解詁》曰：「與郜子同義。」以彼例此，則兄弟非謂昏姻也，何氏此解殆失之矣。今按：隱二年「紀履緰來逆女」，《傳》曰：「然則紀有母乎？曰有。有則何以不稱母？母不通也。」可知婦人無外事，不得通於它國。蕩伯姬乃蕩氏之母，而得言「來逆婦」者，以其本魯女也，故曰「兄弟辭也」。與郜、盛一律，不得輒爲異説。又三十一年「杞伯姬來求婦」，《傳》文與此同，杞伯姬亦魯女也。

子揖師而行。三十二年

《解詁》曰：「揖其父於師中。」

樾謹按：揖其父於師中而但曰「子揖師」，文不成義，殆非也。「揖」當讀爲「輯」。《尚書・堯典》篇「輯五瑞」，《史記・五帝紀》、《漢書・郊祀志》竝作「揖五瑞」，是揖與輯古字通。輯猶集也。《王莽傳》「大衆方輯」，師古注曰：「輯與集字同，字又作『楫』。」《兒寬傳》「統楫群元」，注曰：「輯、楫與集三字竝同。」蓋古文聲近者義卽相通，輯、楫竝與集同，故揖亦與集同。「子揖師而行」，謂其子會集師徒而行也。若解作揖其父，義不可通矣。

以人心爲皆有之。文二年

《解詁》曰：「以人心爲皆有，疾痛不忍娶。」

樾謹按：此解上文「不於祭譏」之義。蓋吉禘于莊公譏，而此年大事于大廟不譏者，正以三年之喪疾痛至深，乃人心所皆有，非如它事微婉難明，故吉禘一譏，已足見義，其餘不悉譏也。若如何解，上下文皆不貫矣。

非王者，則曷爲謂之王者王者無求？九年

樾謹按：「王者」字不當疊。蓋因上文云「王者無求」，故此發問云：既非王者，何以言王者無求也？誤疊「王者」字，義不可通。

河曲疏矣，河千里而一曲也。十二年

樾謹按：《爾雅·釋水》注引此文作「河曲流，河千里一曲一直」也，阮氏《校勘記》因謂「疏」字誤，其實非也。此二句正答上文「曷爲以水地」之問。蓋惟河曲疏闊，千里而始一曲，非十里百里閒所在皆有者，故得舉以目其地也。若作「流」字，於義全失矣。郭璞《爾雅注》所引以意增改，非《公羊》原文。何氏《解詁》曰：「河曲疏，句。以据地明，句。故可以曲地。句。」其説甚爲明了。而「疏」字各本均誤作「流」，於是傳義愈晦矣。《校勘記》曰：「鄂本『流』作『疏』，當據以訂正。」郝氏懿行《爾雅義疏》謂郭注兼引《解詁》文，則亦爲誤本所惑耳。

周公盛，魯公燾，群公廩。十三年

《解詁》曰：「盛者，新穀。燾者，冒也，故上以新也。廩者，連新於陳上，財令半相連爾。」

樾謹按：宗廟粢盛必無新故雜糅之理，何解疑非也。曰盛、曰燾、曰廩，蓋別異其在器之多寡耳。盛者，滿也。《素問·脈要精微論》「上盛則氣高，下盛則氣服」，王注曰：「盛謂盛滿。」然則「周公盛」者，謂滿其器也。燾者，冒也，覆也。何氏訓燾爲冒，疏謂燾詁爲覆，若《周書》「燾以黄土」之類，正得其義。「魯公燾」者，謂雖不滿其器，然足覆冒之，不見底也。廩者，少也。《爾雅·釋言》：「廩，廯也。」「廯」字《説文》所無，古本止作「鮮」，故《釋文》引舍人曰「廩，少鮮也」，是廩有少義，此疏亦曰「廩者，希少之名」是也。「群公㢘」者，謂不能滿其器，并不能覆冒之，故在器中見其少也。「㢘」古作「溓」。《周易·文言傳》鄭注曰：「慊讀如群公溓之溓。古書傳作立心，與水相近。」然則群公溓猶群公慊也。《孟子·公孫丑》篇「吾何慊乎哉」，趙注曰「慊，少也」；《禮記·大學》篇正義曰「慊，不滿之貌」，是可得其義矣。

筍將而來也。十五年

《解詁》曰：「筍者，竹箯，一名編輿，齊、魯以北名之曰筍。將，送也。爲叔姬淫，惡魯類，故取其尸置編輿中，傳送而來，脅魯令受之。」

樾謹按：公孫敖之死，至此已閱八月，豈其尸猶可置編輿中？何解非也。今按：筍者，以横木縣其棺，使人舁之也。其名蓋起於筍虡之筍。《攷工記》「梓人爲筍虡」，鄭注曰：「樂器所縣横曰筍，從曰虡。」凡事理之相近者名即相通，横木以縣鐘鼓謂之筍，故横木以縣棺亦謂之筍。試比類以求之：牀前横木謂之杠，《説文·木部》：「杠，牀前横木也。」而横木以渡水亦謂之杠，《孟子·離婁》篇「十一月徒杠成」是也。車前横木謂之扃，宣十二年《左傳》服注「扃，車前横木也」；而横木以舉鼎亦謂之扃，《儀禮·士冠禮》「設扃鼏」是也。皆其例矣。《釋文》曰：「筍，音峻。」《史記·張陳列傳》「上使泄公持節問貫高箯輿前」，服虔曰：「箯音編，編竹木，如今峻可以糞除也。」陸氏音筍爲峻，蓋本服氏之説。夫箯輿不妨亦有筍名。然敖死已久，而猶得於箯輿中傳致其尸，萬無是理。《釋名·釋樂器》曰：「筍，峻也。」是筍虡之筍亦可讀如峻也。

不與晉而與楚子爲禮也。宣十二年

《解詁》曰：「不與晉而反與楚子爲君臣之禮，以惡晉。」

樾謹按：「爲禮」二字疑衍文也，其原文當云：「此其稱名氏以敵楚子何？不與晉而與楚子也。曷爲不與晉而與楚子？句。爲禮也。」蓋晉人不度德量力，以臣敵君，故斥言荀林父名氏以敵楚子者，正《春秋》之不與晉而與楚子也。其所以不與晉而與楚子，則以楚子有禮故也，故曰「爲禮也」，猶文三年《傳》曰「爲諼也」。今上句因下句而誤衍「爲禮」二字，遂作一句連讀之，義不可通矣。

君之不令臣交易爲言。

《解詁》曰：「交易，猶往來也。言君之不善臣，屢往來爲惡言。」

樾謹按：如何解，則必增入「惡」字，於文方備，殆非也。「爲」當讀爲「譌」。《說文·言部》：「譌，譌言也。從言爲聲。《詩》曰：『民之譌言。』」今《詩·沔水》篇、《正月》篇並作「民之訛言」，《沔水》箋曰：訛，僞也，言小人好詐僞，爲交易之言，即此《傳》所云「交易爲言」也。爲、僞、譌、訛四字古人通用。《堯典》「平秩南訛」，《史記·五帝紀》作「南譌」，小司馬本作「南爲」，《漢書·王莽傳》作「南僞」，是其證矣。

大其平乎己也。十五年

《解詁》❶曰：「己，二大夫。」

樾謹按：二大夫而但謂之己，於文甚爲不明，殆非也。蓋平有因人而平者，如宣四年「公及齊侯平莒及郯」是也。平乎己對

❶ 「詁」，原脱，今據上下文例補。

平乎人而言，不待人之爲平而自爲平，斯謂之平乎己矣。是年「春，公孫歸父會楚子于宋」，何氏《解詁》曰：「地以宋者，善内爲救宋行，雖不能解，猶爲見人之戹則矜之。」然則魯固欲平楚、宋，因楚不可而止，是楚子初心必欲得宋明矣；乃能聽子反之言引師而去，可謂能自克矣，故《春秋》大其平乎己也。

莊王曰：「諾。舍而止。」

《解詁》曰：「先以諾受，絶子反語。更命築舍而止，示無去計。」

樾謹按：下文曰「雖然，吾猶取此然後歸爾」，若如何解，則不必有「雖然」二字矣。何氏知其不可通，因曲爲之説曰「雖宋已知我糧短，欲徼糧待勝也」，其於文義終有未安。今按：此即《左傳》所謂「退三十里，宋及楚平也」。軍行三十里爲一舍，僖二十八年《左傳》「退三舍避之」，杜注曰「一舍三十里」是也。「莊王曰：『諾。舍而止。』」諾者，受子反之言；舍而止者，命引軍而去之三十里，然後止也。莊王此時已欲去宋，而又曰「雖然，吾猶取此」，則又其轉念也。《傳》言「此」者，正見自克之難也。

使耕者東畝，是則土齊也。成二年

《解詁》曰：「則晋悉以齊爲土地，是不可行。」

樾謹按：使耕者東畝，晋非能遂得齊之土地也。且得齊之土地而謂之土齊，亦近不辭，何解殆失之矣。惠氏棟《九經古義》曰：「土讀曰杜。《周禮》及《司馬法》曰：『犯令陵政則杜之』，注云：『《王霸記》曰：杜之者，杜塞使不得與鄰國交通。』」然耕者東畝，往來仍自可通，交鄰之路豈由此而杜塞乎？惠説亦未爲得也。今按：「土」當讀爲「度」，土與度聲相近。《尚書・粊誓》篇「杜乃擭」，《周官・雍氏》注引作「敜乃擭」。土之爲度，猶杜之爲敜也。《大司徒職》曰「以土圭土其地」，鄭注曰「土其地，猶言度其地」；又《典瑞職》曰「封國則以土地」，注曰「土地，猶度地也」，竝古文叚「土」爲「度」之證。故《土方氏職》曰「以土地相宅」，即度地相宅也。晉人使齊之封内盡東其畝，是有意規度齊國之土地，故曰「是則度齊也」。度與規同義。襄二十五年《左傳》曰「度山林」，又曰「規偃豬」，是規、度一也。《國語・楚語》曰：「實讒敗楚國，使不規東夏。」韋注曰：「規，猶有也。」其實規亦言規度也。此云度齊，猶彼云規東夏矣。因叚「土」爲「度」，學者遂失其義。僖四年《穀梁傳》曰：「不土其地，不分其民，明正也。」不土其地，亦即不度其地也。

或曰用然後郊。十七年

《解詁》曰：「或曰用者，先有事，存后稷神名也。晉人將有事於河，必先有事於惡池。齊人將有事於泰山，必先有事於蜚林。魯人將有事於天，必先有事於泮宮。九月郊尤悖禮，故言用，小大盡譏之。」

樾謹按：如此説，則分用與郊爲二事，義不可通。且有事泮宮，豈可但謂之用乎？何氏殆未得其解也。此承上文「郊用正月上辛」而言，蓋郊之必用正月上辛，固其正也。然哀元年《穀梁傳》曰：「郊，三卜，禮也。」又曰：「郊自正月至于三月，郊之時也。我以十二月下辛卜正月上辛；如不從，則以正月下辛卜二月上辛；如不從，則以二月下辛卜三月上辛；如不從，則不郊矣。」此《傳》所載或説，蓋卽穀梁子之説，「用而後郊」謂卜中而後郊也。《説文·用部》：「用，可施行也。從卜中。」是用字本從卜中，會意，故其義卽爲卜中。卜中而後郊，是不必正月上辛矣，故附載其説以廣異義也。此年書「九月辛丑用郊」者，疑魯人於春三月卜之不吉，又改於秋三月卜之，至九月上辛而吉，遂用以郊，故《春秋》卽如其實書之，以示譏耳。定十五年「夏五月辛亥郊」，《傳》曰：「曷爲以夏五月郊？三卜之運也。」《解詁》曰：「運，轉也。已卜春三正不吉，復轉卜夏三月，周五月，得二吉，故五月郊也。」此年以九月郊，與彼年以五月郊其事正同。此書「用」而彼不書「用」者，於此一譏已足見義，其餘不悉譏也。莊四年《傳》曰：「不可勝譏，故將壹譏而已，其餘從同同。」

莒女有爲鄫夫人者，蓋欲立其出也。襄五年

《解詁》曰：「時莒女嫁爲鄫後夫人，夫人無男有女，還嫁之于莒，有外孫。鄫子愛後夫人而無子，欲立其外孫。」

樾謹按：《傳》文但曰「莒女有爲鄫夫人者」，不言夫人有女還嫁莒也。且古謂姊妹之子爲出，不謂外孫爲出，鄫子欲立外孫而曰欲立其出，更爲失之。今按：《爾雅·釋親》「男子謂姊妹之子爲出」，而《釋名·釋親屬》但曰「姊妹之子曰出」，是男女得通稱之，凡女子謂姊妹之子亦曰出矣。莒女爲鄫夫人，而欲立其出，蓋莒女無子，而其姊妹適莒大夫者有子，因欲立爲鄫子之後也。《傳》不曰「鄫子欲立其出」，則所謂「其出」者，從夫人而言之明矣。

剽之立於是，未有説也。二十六年

《解詁》曰：「剽以公孫立於是位，尤非其次，故衛人未有説喜。」

樾謹按：「未」當作「末」，隸書未、末二字相溷。《蒼頡廟碑》「以化未造」，「未造」即「末造」也，是其證矣。「説」當讀如本字，乃「言説」之「説」，非「喜説」之「説」也。末，無也，「末有説也」，謂無説也。蓋使剽以次當立，則其立於是也猶爲有説；乃剽則公孫也，於昭穆遠矣，故曰「剽之立於是，末有説也」。何氏以爲衛人未有説喜，失之矣。

刑人則曷爲謂之閽？刑人非其人也。二十九年

《解詁》曰：「以刑人爲閽，非其人，故變盜言閽。」

樾謹按：弟子問曷爲謂之閽，則當曉以書閽之故，方合問意。乃但言刑人之不合爲閽，則所以書閽之故仍不可得而明，何解殆失之矣。今按：二十三年「晉人殺欒盈」，《傳》曰：「曷爲不言殺其大夫？非其大夫也。」「非其人」與「非其大夫」文法一律，義亦當同。文十六年《傳》「大夫弑君稱名氏，賤者窮諸人」，則此刑人正宜書人。乃不書人而書閽者，以非其人也。非其人者，謂非吳人也。《左傳》曰：「吳人伐越，獲俘焉以爲閽，使守舟。吳子餘祭觀舟，閽以刀弑之。」然則此刑人乃是越人，若書曰吳人弑其君，失其實矣。而又見在吳國，非自外來，不得從邾婁人戕鄫子之例，故如其實而書之曰「閽」，且因以爲人主近刑人之戒。《傳》意本極分明，何氏誤據哀四年「盜殺蔡侯申」《傳》文，謂此閽亦當書盜，遂以變盜書閽爲説，而於「非其人」句不得其解矣。

何以不名？秦者，夷也。匿嫡之名也。其名何？嫡得之也。昭五年

《解詁》曰：「嫡子生，不以名令于四境，擇勇猛者而立之。」又曰：「獨嬰、稻以嫡得立之。」

樾謹按：此《傳》之義，甚不可曉。秦既匿嫡子之名矣，何以嫡子得立，其名又得書於《春秋》乎？今按：《説文・女部》「嫡，孎也」，「孎，謹也」，是嫡本非嫡庶字。凡嫡庶字古作「適」，隱元年《傳》「立適以長不以賢」，其字作「適」不作「嫡」可證也。此《傳》「嫡」字疑古本皆作「適」。兩「適」字異義。「匿適之名也」，此適庶之適，言秦人於適子之名皆隱匿之，其所以隱匿之者，正以欲立爲君之故，不使人指斥之，非如何氏所謂擇勇猛者而立之也。「適得之也」，此適然之適，言秦人於適子之名皆隱匿之，故秦諸君名竝不箸，惟文十八年秦伯罃卒、宣四年秦伯稻卒兩君獨名者，乃適得之也，猶云偶然得之也。襄八年《傳》「侵而言獲者，適得之也」，與此《傳》文正同。因字誤作「嫡」，遂不可解矣。

其序則齊桓、晉文，其會則主會者爲之也。十二年❶

《解詁》曰：「唯齊桓、晉文會能以德優劣、國大小相次序。非齊桓、晉文，則如主會者爲之，雖優劣大小相越，不改更信史也。」

樾謹按：其序、其會兩文對舉，何氏所解非《傳》意也。此蓋言諸侯之序皆伯主所定，諸侯之會皆主會者所爲，以見《春秋》所載二百四十年之事，悉據當時之實耳。其以諸侯之序爲桓、文所定者，蓋晉文踵事齊

❶「二」，原作「一」，今據《春秋公羊傳》改。

桓，無大變更，而其後又晉人世主夏盟，一循文、襄之舊，故推而上之，以爲皆桓、文所定也。此兩句皆證明《春秋》信史之義。若如何解，則齊桓、晉文句與上下文皆不屬矣。

復加一飯，則脱然愈；復損一飯，則脱然愈；復加一衣，則脱然愈；復損一衣，則脱然愈。十九年

樾謹按：何氏不解「復」字。復者，告也，請也。《管子·小問》篇「以復管仲」，尹注曰：「復猶告也。」《周官·宰夫職》「諸臣之復」，鄭注曰：「復，請也。」復加、復損，竝謂請於父母而加之、損之。

宋南里者何？若曰因諸者然。二十一年

《解詁》曰：「因諸者，齊放刑人之地。公羊子齊人，故以齊喻也。」疏曰：「舊説云：卽《博物志》云『周曰囹圄，齊曰因諸』是也。」

樾謹按：南里者，《穀梁傳》曰「宋之南鄙也」，是南里爲宋南鄙地名。宋有南里，猶鄭有東里也。南里既爲宋地名，則因諸亦當爲齊地名，以其同爲放逐刑人之地，故公羊子舉以爲比。而《博物志》乃有「周曰囹圄，齊曰因諸」之説，則失之甚矣。《禮記·月令》正義引《鄭志》：「崇精問曰：獄，周曰圜土，殷曰羑里，夏曰均臺，囹圄何代之獄？焦氏答曰：《月令》秦書，則秦獄名也。漢曰若盧，魏曰司空。」蔡邕《獨斷》曰：「夏曰均臺，殷曰牖里，周曰囹圄，漢曰獄。」《初學記》引《風俗通義》曰：「夏曰夏臺，殷曰羑里，周曰囹圄。」諸書所記，竝無齊曰因諸之文，《博物志》謂周曰囹圄，齊曰因諸，蓋誤解《公羊傳》文而爲此説，不足據也。如其説，亦將云宋曰南里乎？孔氏《通義》曰：「宋公之弟辰自曹入

于蕭，蕭不繫宋，而此繫宋者，正以南里非地名也。宋南里者，猶曰宋獄也。」此説大謬。華氏自此年夏入于宋南里以畔，至次年春始自宋南里出奔楚，豈有伏處陛牢，❶自同幽繫，從夏至春，歷時數月者乎？誠如是也，又何謂之畔矣？考之《左傳》，鄭亦有南里，襄二十六年楚子伐鄭入南里是也，豈亦入于鄭獄乎？《解詁》謂「因諸者，齊放刑人之地」，既謂之放，明非拘繫，卽此一字可知非獄，不得以囹圄爲比。而「放」字各本皆誤作「故」，賴阮氏《校勘記》據鄂本訂正。孔氏所見亦是誤本，宜不得其解耳。

邑不言潰，此其言潰何？郛之也。曷爲郛之？君存焉爾。二十九年

《解詁》曰：「郛，郭。」疏曰：「郛，郭者，郭之猶曰國之，但古今異語也。」

樾謹按：郭不訓國，疏謂「郭之猶曰國之」，失何氏之旨矣。何氏訓郛爲郭，郭，大也。《玉篇·邑部》曰：「郭，大也。」郭爲大，故郛亦爲大。《初學記》引《風俗通義》曰「郭亦謂之郛，郛者，亦大也」，是其義也。郛之猶曰大之。邑不言潰而此言潰，乃張而大之之意。所以張而大之者，正以君存焉爾。古人之文，亦或避習用之字而代以它字。文八年《左傳》曰「珍之也」，杜注曰：「珍，貴也。」此《傳》不曰「大之」而曰「郛之」，猶彼傳不曰「貴之」而曰「珍之」矣。《莊子·秋水》篇曰：「垺大之殷也」，「垺」卽「郛」之異文也。

顔夫人者，嫗盈女也。三十一年

疏曰：「謂此老嫗是盈姓之女。」

❶「陛」，原作「陞」，今據清經解續編本改。

樾謹按：既云夫人，不得又謂之嫗，疏義非也。嫗盈疑是顔夫人之母，以其老，故尊之曰嫗耳。古婦人或繫於母而稱之，襄十九年《左傳》「齊侯娶於魯曰顔懿姬，無子，其姪鬷聲姬生光」，杜注曰：「顔、鬷皆二姬母姓。」然則盈亦夫人母姓也。

子沈子曰：「定君乎國，然後卽位。」定元年

《解詁》曰：「定昭公之喪禮於國。」

樾謹按：「定」當讀爲「正」，古字通用。《尚書・堯典》「以閏月定四時」，《史記・五帝紀》「定」作「正」；《國語・齊語》「正卒伍」，《漢書・刑法志》「正」作「定」，竝其證也。「正君乎國」卽所謂正棺於兩楹之閒。上文云「正棺於兩楹之閒，然後卽位」，説其事也。此引「子沈子曰：『定君乎國，然後卽位』」，説其理也。《穀梁傳》曰：「何爲戊辰之日然後卽位也？正君乎國，然後卽位也。」沈子曰：『正棺乎兩楹之閒，然後卽位也。』」與此《傳》文雖互異，而義實相同。蓋惟正君乎國卽是正棺於兩楹之閒，故以「正君乎國」爲沈子之言可也，以「正棺於兩楹之閒」爲沈子之言亦可也。古經師口授，但求大旨之無乖，不斤斤於字句閒也。孔氏《通義》不據《穀梁傳》讀「定」爲「正」，而自爲之説曰：季氏立定公之謀至戊辰然後定，❶因謂《穀梁傳》與此相反，弟子乖其師説如此，失之甚矣。

此災菽也，曷爲以異書？

《解詁》曰：「據無麥苗以災書。」

樾謹按：「菽」字衍文也。蓋無麥苗以災書，則此經隕霜殺菽亦當以災書。而《傳》乃曰「記異也」，故弟子問曰：「此災也，曷

❶「定」，原作「昭」，今據孔廣森《公羊春秋經傳通義》改。

爲以異書？」今衍「蔽」字，於義不可通矣。

闔廬曰：「士之甚。」四年

《解詁》曰：「言其以賢士之甚。」

樾謹按：「士」當作「大」，《穀梁傳》正作「大之甚」，可據以訂正。「大」字隸書每變作「土」，如赤、幸、壺、壹等字，其上皆從大，而今皆作土，是其證也。「大之甚」譌作「士之甚」，何氏因曲爲之説，於義終不安也。

以季氏之世世有子。八年

《解詁》曰：「言我季氏累世有女以爲臣。」

樾謹按：何解未得「有」字之意。有者，相親有之謂也。昭二十年《左傳》「是不有寡君也」，杜注曰：「有，相親有也。」宣十五年《公羊傳》「潞子離於狄，而未能合於中國，晉師伐之，中國不救，狄人不有」，不有亦言不相親有也。「以季氏之世世有子」，謂季氏累世親厚於子，異於它人。若如何解，則爲不辭矣。

郤反舍于郊，皆説然息。

《解詁》曰：「説，解舍。然，猶如。」

樾謹按：何氏此解殊未明了。説猶脱也。《詩·野有死麕》篇「舒而脱脱兮」，毛傳曰：「脱脱，舒遲也。」重言之爲脱脱，單言之卽爲脱。《淮南子·精神》篇「則脱然而喜矣」，高注曰：「脱，舒也。」此《傳》云「説然」，猶彼云「脱然」，乃舒遲之意。蓋陽虎意中無所畏憚，故與其徒脱然止息耳。脱與説古字通用。《荀子·正名篇》楊倞注曰：「説讀爲脱。」

曷爲不言其所食？漫也。十五年

《解詁》曰：「漫者，徧食其身。」

樾謹按：「漫」卽「曼」字，《校勘記》曰「唐石經元本作曼」是也。《説文·又部》：「曼，引也。」《漢書·禮樂志》「世曼壽」，師古注曰：「曼，延也。」是曼有延及之義，故曰曼衍，《莊子・齊物論》篇「因之以曼衍」是也。亦曰曼羨，《文選・封禪文》「沕潏曼羨」是也。古字本止作「曼」，以水言之則從水作「漫」，猶以艸言之則從艸作「蔓」也。《詩・野有蔓艸》篇毛傳曰：「蔓，延也。」此經不言所食者，蓋初食雖止一處，而其傷曼延，不能知其初食之處，故曰曼也。何氏謂徧食其身，於義尚未盡得。《漢書・揚雄傳》曰「爲其泰曼漶而不可知」，即此「曼」字之義。

父有子，子不得有父也。哀二年

《解詁》曰：「明父得有子而廢之，子不得有父之所有。」

樾謹按：何氏所解未得《傳》意。父有子者，謂靈公已有輒爲子也。輒於靈公，孫也，非子也，而得爲子者，成十五年《傳》曰「爲人後者爲之子也」。彼嬰齊於歸父以弟爲兄後，而有子道，然則輒於靈公以孫爲王父後，其有子道明矣。靈公既不以蒯聵爲子，而別以輒爲子，則蒯聵亦不得以靈公爲父。《國語・晉語》秦穆公使公子縶弔公子重耳於翟，重耳再拜不稽首，此即不得有父之義也。「穆公曰：『吾與公子重耳。』重耳仁，再拜，不稽首，不没爲後也」，韋注曰：「没，貪也。」靈公逐蒯聵而立輒，蒯聵乃於父死之後介大國以求入，是父已有子，而必爭之曰此吾父也，是貪爲後也，故《春秋》不與也。

群經平議卷二十三

群經平議卷二十四

德清俞樾

春秋穀梁傳

仲子者何？惠公之母，孝公之妾也。禮，賵人之母則可，賵人之妾則不可，君子以其可辭受之。隱元年

樾謹按：范氏無解。王氏引之《經義述聞》曰：「君子以其歸賵非禮，魯人可以辭矣。今乃不辭而受之，故志以示譏。」此説未得《傳》意，如其説，當云「君子以其可辭而受之」，於文方明，不當但云「以其可辭受之」也。蓋可者，卽所謂賵人之母則可也。禮可賵人之母，不可賵人之妾。周人之來歸賵也，以其爲惠公之母而歸之，此辭之可者也；以其爲孝公之妾而歸之，此辭之不可者也。《春秋》書曰「惠公仲子」，繫仲子於惠公，明周之歸賵，以其爲惠公之母也，此所謂「以其可辭受之」也。下句曰：「其志不及事也」，王氏曰：「『其志』二字與上句文義不屬，『其』疑當爲『且』，形相似而誤也。」今按：此句與上句本不相屬，「其志，句。不及事也」，句。言歸賵常事，本不必記，其所以記者，以其不及事也。莊十一年《傳》「其志過我也」，二十年《傳》「其志以甚也」，文元年《傳》「其志重天子之禮也」，昭十八年《傳》「其志以同日也」，文與此同，可證「其」字之非誤。王氏誤解上句，故於此句亦失之矣。

聘弓鍭矢，不出竟場。

疏曰：「聘弓鍭矢者，麋信云：聘，問也。

古者以弓矢相聘問，故《左傳》云：『楚子問郤至以弓。』❶《爾雅·釋器》云：『金鏃翦羽謂之鍭』，郭璞云：『今之錍箭是也。』」

樾謹按：鍭矢之名雖本《釋器》文，然以之説此《傳》，則聘弓與鍭矢不倫矣。「鍭」當讀爲「候」，候與聘義同。候之言視也，望也，故迎送賓客之官謂之候，襄二十一年《左傳》「使候出諸轘轅」是也。使人於它國有所覗察亦謂之候，《吕氏春秋·貴因》篇「武王使人候周」是也。「聘弓候矢」謂以弓聘問，以矢候視也。疑《穀梁》原文本作「侯矢」，蓋古字侯與候通，故《白虎通·爵篇》曰：「侯者，候也。」後人不知「侯」之爲「候」，而以爲即《爾雅》之鍭矢，因加金旁耳。下句曰：「束脩之肉，不行竟中。」按：脩者，脯也。既曰脩，又曰肉，甚爲不辭。「肉」疑「問」字之誤，《禮記·檀弓》篇曰「古之大夫束脩之問不出竟」，是其證也。莊二十七年范氏《集解》又引董仲舒「大夫無束脩之餽」，餽與問同。蓋聘弓、候矢與束脩之問，竝謂以物與人也。弓也、矢也、束脩也，其物也；聘也、候也、問也，其事也。以弓相聘，以矢相候，以束脩相問，皆事之至微者，猶且不敢焉，此人臣之義也。「候」誤作「鍭」，「問」誤作「肉」，而《傳》義不見矣。

或曰：紀子伯、莒子而與之盟。或曰：年同爵同，故紀子以伯先也。二年

《集解》曰：「紀子以莒子爲伯而與之盟。伯，長也。」又曰：「年爵雖同，紀子自以爲伯而先。」

樾謹按：《傳》列二説，其讀「伯」字不同。

❶「郤」，原作「卻」，今據清經解續編本改。

「紀子以伯先」則以本字讀之，伯者，長也。「伯莒子而與之盟」則當讀爲「敀」。《説文・攴部》：「敀，迮也。從攴白聲。《周書》曰：『常敀常任。』」今《尚書・立政》篇作「常伯」，是伯、敀古字通。「敀莒子而與之盟」者，迮莒子而與之盟也。襄二十九年《公羊傳》「今若是迮而與季子國」，是其義也。哀十五年《左傳》「迫孔悝於厠，强盟之」，敀與迫同。兩説之中，前説爲長。范氏曰「紀子以莒子爲伯」，失其義矣。

日葬，故也，危不得葬也。三年

《集解》曰：「《傳》例曰：諸侯時葬，正也。月葬，故也。日者憂危最甚，不得備禮葬也。」疏曰：「時葬，正也。襄七年《傳》文『月葬，故也』，隱五年《傳》文『日者憂危最甚』，此《傳》云『日葬，故也，危不得葬也』是也。」樾謹按：《集解》與疏均不説「故」字之義。文十八年《傳》「子卒不日，故也」，《集解》曰：「故，殺也。」然施之此《傳》，則義不可通，殆未可爲達詁矣。今按：莊二十三年《傳》「往時，正也；致月，故也」，三十二年《傳》「子卒日，正也；不日，故也」，並以故與正爲對文。然則故者變也。《荀子・王霸篇》「不敬舊法而好詐故」，楊倞注曰「故，事變也」，是其證也。《穀梁傳》每有「故也」之文。隱十一年《傳》「公薨，不地，故也」；莊三年《傳》「志葬，故也」；僖元年《傳》「夫人薨不地，地，故也」；昭三十年《傳》「中國不存公，存公，故也」；其義並同。桓元年《傳》「繼故不言卽位，正也」；文元年《傳》「繼正卽位，正也」，繼故與繼正對文。繼故猶言繼變，謂先君遇弒，國之大變也。《集解》曰：「故謂弒也。」此爲目言其事則可，若以古訓求之，則故可訓變，不可訓弑，范氏殆失之矣。

始厲樂矣。五年

《集解》曰：「言時諸侯僭侈，皆用八佾。魯於是能自減厲，而始用六。穀梁子言其始僭，尸子言其始降。」

樾謹按：穀梁子謂諸侯當用四佾，故以初獻六羽爲僭樂。尸子謂自天子至諸侯通用八佾，故以初獻六羽爲厲樂。厲與僭竝言其失，非謂其能自減厲也。「厲樂」與《孟子》「厲陶冶」、「厲農夫」同。厲者，病也。始厲樂者，始病樂也，言自是之後樂日以壞，故爲始病也。厲字竝無減義，范氏以減厲説之，非是。

城爲保民爲之也。七年

《集解》曰：「建國立城邑，有定所，高下大小存乎王制。刺公不修勤德政，更造城以安民。」

樾謹按：范氏訓保爲安，則造城以安民，於事未爲甚失，《春秋》何以譏之乎？其説非也。保者，小城也，古字作「堢」。《説文・土部》：「堢，高土也。」俗字作「堡」。《一切經音義》引《聲類》曰：「堡，高土也。」經傳通以「保」爲之，《禮記・月令》篇「四鄙入保」，《檀弓》篇「遇負杖入保者息」，《國語・晉語》「抑爲保鄣乎」。鄭、韋注竝訓爲「小城」是也。此《傳》曰「城爲保民爲之也」，蓋言爲保中之民更作城也。民本有保，乃更爲作城，故《春秋》書以示譏。下文曰「民衆城小則益城，益城無極」，可知其爲城小之故而益城，初非無城也。然則「保」字當訓爲小城明矣。

郜鼎者，郜之所爲也。曰宋，取之宋也，以是爲討之鼎也。孔子曰：名從主人，物從中國，故曰郜大鼎也。桓二年樾謹按：以是爲討之鼎也，文義未安。范氏《集解》曰：「討宋亂而更受其賂鼎。」❶則當云「賂之鼎」，不當云「討之鼎」。且稷之會，經明書以成宋亂，又何討之有乎？今按：「討」乃「糾」字之誤。《釋文》曰：「麇氏云：討或作糾。」蓋其所見尚有作「糾」之本。後人不知「糾」字之義，因臆改爲「討」耳。糾字從糸從ㄐ，《説文・ㄐ部》：「ㄐ，相糾繚也」；又曰：「𦫳，艸之相ㄐ者」；又曰：「糾，繩三合也。」蓋𦫳、糾二字竝從ㄐ爲意，艸相ㄐ謂之𦫳，絲相ㄐ謂之糾，其義一也。此鼎本郜所爲，則爲郜鼎；而取之於宋，則又爲宋鼎，一鼎而郜、宋共之，故曰以是爲糾之鼎也，言其糾繚而難明也。乃孔子則以爲名從主人，物從中國，於是書之曰「郜大鼎」，而其名自此定矣。今「糾」誤爲「討」，則《傳》義全失，宜從麇氏訂正。下文「紀侯來朝」，《傳》曰：「於是爲齊侯、陳侯、鄭伯討數日以賂。」「討」亦誤字，唐石經作「計」是也。觀彼「討」字之誤，則此「討」字之誤更無疑矣。

謹言而退。三年

樾謹按：「謹」當爲「結」，《公羊傳》正作「結言而退」，是其證也。結與謹一聲之轉，長言之則結音如謹，古經師多口授，因誤爲謹耳。《廣雅・釋詁》曰：「劼，勤也。」結之與謹，猶劼之與勤，竝雙聲字。

四時之田用三焉，唯其所先得，一爲乾豆，二爲賓客，三爲充君之庖。四年

《集解》曰：「上殺中心，死速，乾之以爲豆實，可以祭祀。次殺射髀骼，死差遲。下

❶「鼎」，原作「器」，今據阮刻《穀梁傳注疏》改。

殺中腸汙泡，❶死最遲。」

樾謹按：范氏所解與何邵公注《公羊》雖其説不同，大旨一也，然非《傳》意也。《傳》曰「唯其所先得」，則自以所得先後爲次，最先得者以供祭祀，次以供賓客，次以供庖廚耳。上殺、次殺、下殺雖經師相承有此説，然自《禮記·王制》及《公》、《穀》兩傳説此事者竝以一、二、三爲次，不以上、中、下爲次，則疑其不足據矣。設也所獲之獸無可當上殺者，將遂無以供祭祀之用乎？不如據《穀梁》，此《傳》謂以所得先後爲次，其説簡而當也。又按：此《傳》「一」字衍文也，《傳》文本曰：「唯其所先得爲乾豆，二爲賓客，三爲充君之庖。」言二、言三不言一者，唯其所先得卽是一也。後人因《公羊傳》「一曰乾豆」之文而於此《傳》亦加「一」字，則「唯其所先得」五字不可通矣。夫《公》、《穀》兩傳文自不同，彼用「曰」字而此用「爲」字，則此《傳》弟一句蒙上五字爲文可知；知其蒙上爲文，而「一」字之爲衍文可知；知「一」字之衍，而其以所得先後爲次又可知矣。

六年春正月，寔來。

《集解》曰：「來朝例時。月者，謹其無禮。」疏曰：「州公不以禮朝，又至魯不反，是無禮之事。」

樾謹按：至魯不反乃《左氏傳》之説，而《公》、《穀》絶無此文。至「寔來」之義，《公羊傳》曰：「曷爲謂之寔來？慢之也。曷爲慢之？化我也。」此《傳》曰：「其謂之是來何也？以其畫我，故簡言之也。」簡、慢義同，畫、化聲近，兩傳大旨略同。惟《公

❶「汙」，原作「汗」，今據阮刻《穀梁傳注疏》改。

羊》於化我下不置一詞，此《傳》又申明之曰「諸侯不以過相朝也」，於是其義明矣。蓋諸侯惟過天子之國必行朝禮，成十三年《公羊傳》所謂「不敢過天子也」是也。若諸侯之於諸侯，本非臣屬，但須假道，不必相朝。而州公乃以如曹之故，道出魯境，遂行朝禮，朝不以禮與無禮同，故謂之化我。何休曰：「行過無禮謂之化，齊人語也。」此其説必有師承。又曰：「諸侯相過，至竟必假塗，入都必朝，所以崇禮讓，絶慢易，戒不虞也。」則大非《傳》義矣。

時曰，同乎人也。

《集解》曰：「時人僉曰，齊侯之子，同於它人。」

樾謹按：《左傳》載桓公之言曰：「是其生也，與我同物，名之曰同。」然則同之命名，桓公以爲同乎己也，故時人卽反其言以譏之，曰同乎人也。范氏所解尚未盡得其旨。

故略之也。八年

樾謹按：「故」字衍文也。上文曰「不正其以宗廟之大事卽謀於我，故弗與使也」，則當有「故」字。此文曰「遂，繼事之辭也。其曰遂逆王后，略之也」，則不當有「故」字。蓋卽涉上文「故弗與使」而誤衍耳。

内失正，曹伯失正，世子可以已矣。則是故命也。九年

樾謹按：「故」字唐石經作「放」，《御覽》百四十七引庾信注曰「放，違也」，當從之。放命卽方命。《尚書·堯典》篇「方命圮族」，《漢書·傅喜傳》、《王商傳》竝作「放命圮族」，正義引鄭注曰：「方讀爲放，謂放棄教命」，是「方」者借字，「放」者正字也。此《傳》言曹伯使世子來朝，則曹伯爲失

正，魯以待人父之道待人子，則内爲失正，故曰「内失正，曹伯失正，世子可以已矣」，明世子可以止而不行也。然止而不行，疑若放棄父命者，故又發難曰「則是放命也」。下乃引尸子之言以斷之曰「夫已，多乎道」，明雖放命不足爲罪也。

尸子曰：夫已，多乎道。

《集解》曰：「邵曰：已，止也。止曹伯使朝之命，則曹伯不陷非禮之愆，世子無苟從之咎，魯無失正之譏。三者正，則合道多矣。」

樾謹按：《論衡·本性篇》引陸賈曰「人能察己所以受命則順，順之謂道」，是道有順義。《國語·楚語》以「違而道」、「從而逆」相對，然則道即順也。多者，賢也。《小爾雅·廣詁》曰：「賢，多也。凡相較而勝謂之賢，亦謂之多。」《論語·陽貨》篇「爲之猶賢乎已」，皇侃義疏曰：「賢，猶勝也。」《禮記·檀弓》篇「多矣乎予出祖者」，正義曰：「多，猶勝也。」是多與賢義同。「尸子曰：夫已，多乎道」，言此事之已，雖若放棄父命，而實勝乎從順也。范氏不知「道」之爲順，乃解爲合道多。夫合道多而但曰「多乎道」，近於不辭矣。

再稱日，決日義也。十二年

《集解》曰：「明二事皆當日也。」疏曰：「決日者，謂二事決宜書日，故經兩舉日文也。」

樾謹按：決者，明也。《儀禮·大射儀》、《鄉射禮》、《士喪禮》注竝曰：「決，猶闓也。」《廣雅·釋詁》曰：「闓，明也。」然則決亦爲明矣。范氏正以「明」字釋「決」字，而楊疏乃謂決宜書日，非其旨也。

國非無良農工女也，以爲人之所盡事其祖

禰，不若以己所自親者也。十四年

樾謹按：「盡」當讀爲「進」。以農女所爲者事祖禰，是以人之所進者事祖禰也，豈若己所自親者乎？進、盡聲近，故得通用。《漢書·高帝紀》「主進」，師古曰：「進，字本作賮，又作贐，音皆同耳。古字叚借，故轉而爲進。」然則進之爲盡，猶賮之爲進矣。《爾雅·釋詁》：「藎，進也。」藎與盡古亦通用。

以夫人之伉，弗稱數也。十八年

《集解》曰：「濼之會，夫人驕伉，不可言及，故舍而弗數。」

樾謹按：范氏但曰「舍而弗數」，未及「數」字之義。數者，説也。《詩·擊鼓》篇「與子成説」，毛傳曰：「説，數也。」説爲數，故數亦爲説。《禮記·儒行》篇「遽數之不能終其物」，正義曰：「數，説也。」蓋稱説者必一一數之，故數與説其義得通。「弗稱數也」，猶曰弗稱説也。《穀梁傳》每用「數」字。隱十一年《傳》曰：「犆言同時也，累數皆至也。」范解曰：「累數，總言之也。」文十八年《傳》曰：「不正其同倫而相介，故列而數之也。」范解曰：「是以同倫爲副使，故兩言之。」竝得其義矣。昭三年《左傳》曰：「善哉，吾得聞此數也。」「聞此數」卽「聞此説」也。

築之外變之爲正，何也？莊元年

樾謹按：「變之爲正」當作「爲變之正」。蓋上文曰「築之外，變之正也」，故此發問曰「築之外爲變之正，何也」？今作「變之爲正」，義不可通矣。

使之如下齊而來我然。六年

《集解》曰：「若衛自歸寶於齊，過齊然後與我。」

樾謹按：下者，後也。《詩・下武》篇「下武維周」，鄭箋曰：「下，猶後也。」蓋古人謂前爲上，謂後爲下。《吕氏春秋・安死》篇曰：「自此以上者，亡國不可勝數。」高注曰：「上，猶前也。」然則下猶後矣。「使之如下齊而來我」，謂若後齊而至我也。范解未甚明了，故具説之。定元年《傳》曰「以其下成、康爲未久也」，下亦後也。

疑戰而曰敗勝内也。十年

《集解》曰：「勝内，謂勝在内。」

樾謹按：經書「公敗齊師」，則勝在内自不待言，又何必舉以爲説乎？且勝在内而曰勝内，亦近不辭，范氏此解殆未得《傳》意也。勝與甚同義。《論語・衛靈公》篇「甚於水火」，皇氏義疏曰：「甚，猶勝也。」然則勝亦猶甚也，勝内也猶曰甚内也。隱元年《傳》曰：「賤段而甚鄭伯也。何甚乎鄭伯？甚鄭伯之處心積慮成於殺也。」彼言「甚」，此言「勝」，文異而義同。蓋公以詐勝，故書敗以甚之耳。

中國不言敗，此其言敗，何也？中國不言敗，蔡侯其見獲乎？其言敗何也，釋蔡侯之獲也。十年

樾謹按：此《傳》有衍文，當云：「中國不言敗，此其言敗，何也？中國不敗，蔡侯其見獲乎？其言敗，釋蔡侯之獲也。」《傳》意謂中國不敗，則蔡侯無由見獲，故言敗以釋蔡侯之獲也。「中國不敗」句涉上文而衍「言」字，則義不可通；「其言敗」句涉上文而衍「何也」字，則辭複矣。昭二十三年《傳》曰：「中國不敗，胡子髡、沈子盈其滅乎？其言敗，釋其滅也。」正與此同，可據以訂正。

不言公，外内寮一疑之也。十六年

《集解》曰：「十三年春，會于北杏，諸侯俱疑齊桓非受命之伯，欲共以事推之，可乎？今于此年，諸侯同共推桓，而魯與齊讎，外內同一疑公可事齊不。會不書公，以著疑焉。同官爲寮，謂諸侯也。」

樾謹按：此《傳》當從舊解之説，疏引舊解謂「會于北杏不言諸侯，是外疑也；今此會不言公，是内疑也。自此以後外内不復疑之，故曰一疑也」。其説最爲明了。成十一年「周公出奔晉」，《傳》曰：「其曰出，上下一見之也。」《集解》引鄭嗣曰：「上謂僖二十四年天王出居于鄭，下謂今周公出奔，上下皆一見之。」然則此《傳》與彼文法相同，彼謂上下各一見，此謂内外各一疑，舊解之説正得之矣。楊氏乃曲徇范注，謂外内諸侯同一疑公，又云外内者諸侯之國，或遠或近，故以外内總之也。夫《傳》文言内外者，皆以魯爲内，它國爲外，豈有總言它國而以遠近分内外者乎？足知其説之非矣。

失故也。二十二年

《集解》曰：「今失之者，以文姜之故。」

樾謹按：以文姜之故而但曰「故也」，不辭甚矣。「故」疑當作「放」。唐石經桓九年《傳》「則是放命也」，今各本皆作「故」，其誤正與此同矣。上文曰「肆，失也」，乃釋經文「肆」字。此曰「失，放也」，則又自解「失」字，謂失者放縱之也。范氏作解時已誤作「故」，乃曲爲之説，而文不可通矣。

以是爲尸女也。二十三年

《集解》曰：「尸，主也。主爲女往爾以觀社爲辭。」

樾謹按：如范解，則當云「以是爲尸乎女也」，於文方明，不得但曰「尸女」，范解非也。《爾雅·釋詁》「尸，主也」，又曰「尸，寀也」，是尸訓主，亦訓寀。郭注曰「謂寀地」，其實古無「寀」字。襄十五年《公羊傳》何休注曰：「所謂采者，不得有其土地人民，采取其租稅耳。」是「寀地」之「寀」本亦作「采」。尸訓寀，即訓采矣。二十二年《傳》曰：「禮有納采。」《集解》曰：「采擇女之德性也。」此《傳》「尸女」即采女也。蓋公以觀社爲名，實則自往擇女，故曰「以是爲尸女也」。學者但知尸之訓主，不知尸之訓采，因失其義矣。

既戒鼓而駭衆。二十五年

疏曰：「既戒鼓駭衆者，謂既警戒擊鼓，而駭動衆人。」

樾謹按：楊氏以戒鼓爲警戒擊鼓，非也。戒即擊鼓之名，字亦作「駴」。《周官·大司馬職》「鼓皆駴」，鄭注曰「疾雷擊鼓曰駴」，是其義也。《文選·西京賦》「駴雷鼓」，《七啟》「駴鐘鳴鼓」，是凡擊鐘、擊鼓皆謂之駴矣。《説文》無「駴」字，古字蓋止作「戒」。《周官·大僕職》曰「始崩戒鼓」，正與此《傳》同。

大者，有顧之辭也。二十八年

疏曰：「顧，猶待也。徐邈云：至冬無禾，於是顧録無麥，其意亦謂待無禾然後顧録無麥，故云大也。」

樾謹按：《説文·頁部》：「顧，還視也。」《詩·蓼莪》篇「顧我復我」，鄭箋曰：「顧，旋視也。」旋視與還視同，有顧謂有所還視也。蓋至冬無禾，乃還顧秋之無麥而并録之，徐邈所説正得其旨。楊氏謂顧猶待也，則失之矣。方無麥之時，豈逆知其并將無禾而待之乎？訓顧爲待，義不可通。《傳》曰「於無禾及無麥也」，是可知顧之爲還視矣。

古之君人者，必時視民之所勤：民勤於力則功築罕，民勤於財則貢賦少，民勤於食則百事廢矣。二十九年

樾謹按：「勤」字范氏無解。僖二年「冬十月，不雨」，《傳》曰：「不雨者，勤雨也。」《釋文》：「勤，如字，糜氏音覲。」《集韻·去聲二十二稕》：「勤，渠吝切，憂也。《春秋傳》『勤雨』糜氏説。」然則此「勤」字亦當與彼同。「民之所勤」即民之所憂也。勤於力、勤於財、勤於食，皆謂憂其不足也。蓋勤與勞同義。《淮南子·精神》篇「竭力而勞萬民」，《氾論》篇「以勞天下之民」，高誘注竝曰：「勞，憂也。」勤之爲憂，猶勞之爲憂也。范氏解「勤雨」曰「是欲得雨之心勤也」，仍以本字讀之。此《傳》無解，則亦讀如本字，胥失之矣。

男子不絶于婦人之手，以齊終也。三十二年

《集解》曰：「齊，絜。」疏曰：「齊者，齊絜之名，故《記》稱『齋之爲言齊也』，是齊、齋意同，故范訓爲絜。」

樾謹按：范解非也。《詩·小宛》篇「人之齊聖」，毛傳曰：「齊，正。」《周易·繫辭上傳》「齊小大者存乎卦」，王肅注曰：「齊，猶正也。」是齊之義爲正，「以齊終也」猶曰以正終也。上文曰：「寢疾居正寢，正也。」若訓齊爲絜，則與上義不蒙矣。《釋文》曰「齊，本亦作齋」，蓋即因范説而誤。

諱莫如深，深則隱。

《集解》曰：「深，謂君弑賊奔。隱，痛之至也。」

樾謹按：此謂避諱之道，莫如深没其文，深没其文然後其迹隱矣。如子般卒書日，若以正終者；公子慶父如齊，若以使事往者，此皆諱之深而隱者也。下文曰：「苟有所

見，莫如深也。」蓋閔公不書卽位，則子般之弑自見；而子般卒之下卽書公子慶父如齊，則慶父之與於弑亦見。既已有見於後，又何必以内之大惡而詳箸之哉？故莫如深諱之也。《傳》文本明，范氏所解未得其指。楊疏從而衍之，宜更糾繚矣。

于召陵，得志乎桓公也。得志者，不得志也。僖四年

《集解》曰：「屈完來盟，桓公退于召陵，是屈完得其本志。屈完得志，則桓公不得志。」

樾謹按：「得志乎桓公」者，謂以得志之辭加之乎桓公也。蓋召陵乃楚地，故特箸之，明桓公之得志也。然合諸侯以伐楚，僅得盟其大夫，實不足爲得志，故又曰：「得志者，不得志也。」范氏以得志屬屈完，不得志屬桓公，失其解矣。下文曰：「以桓公得志爲僅矣。」若從范解，則桓公此役直謂之不得志已耳，又何譏其得志之僅乎？

執不言所於地，緼於晉也。五年

樾謹按：「執不言所於地」六字古本止作「不地」二字，疏引舊解曰「此云『不地，緼於晉也』者」，是其證也。又曰「或以爲執不言所於地」，蓋是别本如此，楊氏以爲理亦通耳，則其所據本必止作「不地」二字也。其標起訖當曰「『不地』至『晉也』」，今乃曰「『執不』至『晉也』」，非楊氏之舊矣。

如加力役焉，湎不足道也。十九年

《集解》曰：「如使伐之而滅亡，則淫湎不足記也。使其自亡，然後其惡明。」

樾謹按：《傳》言「如加力役焉」，非伐之之謂也，范氏所解由未解「如」字之義故耳。「如」當讀爲「而」。古書如、而通用，不可勝舉。上文歷言梁之湎於酒，淫於色，以見梁

之所以自亡；此又云「而加力役焉，湎不足道也」，則又舉其甚者言之也。《左傳》曰「梁伯好土功，亟城而弗處，民罷而弗堪」，是梁之亡正以民罷於力役之故。淫湎之罪，尚其小者也，故曰「湎不足道也」。

梁亡，出惡正也。

《集解》曰：「正，謂政教。」

樾謹按：「正」即「政」之叚字，范氏以政教解之，是矣。「出」當讀爲「黜」，古字通用。襄二十七年《公羊傳》曰「黜公者非吾意也」，何休注曰：「黜，猶出，逐。」然則此《傳》叚「出」爲「黜」，猶彼《傳》叚「黜」爲「出」矣。「梁亡黜惡政也」，謂梁不行善政，故黜之也。「黜」亦通作「絀」。《禮記・王制》篇「簡不肖以絀惡」，「黜惡政」與「絀惡」義同，此「惡」字乃「罪惡」之「惡」。下文曰「鄭棄其師，惡其長也」，則「怨惡」之「惡」，文同而義異。范氏所解未明，故具説之。

雖失天下，莫敢有也。二十四年

《集解》曰：「邵曰：雖實出奔，而王者無外，王之所居則成王畿，鄭不敢有之以爲國。」

樾謹按：「莫敢有」者，謂莫敢有天下也。凡物，此失之則彼有之矣。天下不然，天子雖失之，諸侯莫敢有之也，故曰「雖失天下，莫敢有也」。何解謂鄭不敢有之以爲國，非是。

會于温言，小諸侯。二十八年

樾謹按：「于」字乃「以」字之誤。「會以温言」四字爲句，蓋温與河陽本是一地，諸侯之會以温言之者，小之也；天子之守以河陽言之者，大之也。下文曰：「以河陽言之，大天子也。」然則此文作「會以温言，句。

小諸侯句。」明矣。

古者君之使臣也，使仁者佐賢者，不使賢者佐仁者。今趙盾賢，夜姑仁，其不可乎？文六年

《集解》曰：「邵曰：賢者多才也。戰主于攻伐，仁者有惻隱之恩，不如多才者有權略。」

樾謹按：范解非也。《傳》本泛言君使臣之道，不專主攻伐，豈得謂仁者有惻隱之恩，不如多才者有權略乎？今按：「仁」當讀爲「佞」。《説文・女部》「佞」篆大徐本作從女信省，小徐本作從女仁聲，段氏玉裁曰晉語佞與田韵，則仁聲是也。佞字本從仁得聲，故古或即以「仁」爲之。《尚書・金縢》篇「予仁若考」，「仁」即「佞」之叚字，「考」即「巧」之叚字。「予仁若考」猶言予佞而巧也，説詳《尚書》。此《傳》三「仁」字皆當讀爲「佞」。「使佞者佐賢者，不使賢者佐佞者」，猶言使不肖者佐賢者，不使賢者佐不肖者也。「趙盾賢，夜姑佞」，謂趙盾賢，夜姑不肖也。何氏以本字讀之，遂不得其解，而曲爲之説，於義不可通矣。

日之，甚矣，其不葬之辭也。九年

樾謹按：「其」乃「是」字之誤。疏云：「天子志崩，不志葬，而又書日，是不葬之辭。」然則楊氏所據本尚未誤也，當據以訂正。

弟兄三人，佚宕中國。十一年

《集解》曰：「佚，猶更也。」《釋文》出「佚害」，云：「害，本又作宕。」

樾謹按：范氏所據本疑亦作「佚害」，故訓佚爲更，言其更相爲害於中國也。其實字當作「宕」，宕與害相似，又涉下文「瓦石不能害」而誤耳。「佚宕」乃雙聲字，本作「趺踼」，《説文・足部》：「踼，跌踼也。」又作

「泆蕩」，《説文・水部》：「泆，水所蕩泆也。」此作「佚宕」者，佚與跌、泆竝從失聲；宕字《説文》云從碭省聲，則與踼、蕩竝從昜得聲，故其義通也。亦作「跌宕」，《文選・恨賦》「跌宕文史」，李善注引楊雄《自敘》曰「雄爲人跌宕」是也。「佚宕中國」言肆行乎中國。「宕」誤作「害」，范氏遂訓佚爲更，失其旨矣。

一曰就賢也。十八年

《集解》曰：「若竝有子，則就其賢，謂年同也。」

樾謹按：此《傳》非明立子之義，不得謂年同則就其賢也，范解失之矣。上文曰：「姪娣者，不孤子之意也。一人有子，三人緌帶。」此云「一曰就賢也」，則又承上文而別爲一説，言姪娣之從夫人，以其賢而就之也。成十年《公羊傳》何休注曰「伯姬以至賢，爲三國所争媵」，是其義也。今宣公不使其母頃熊奉養姜氏，而使之大歸于齊，既違一人有子三人緌帶之情，又失就賢之義，故《傳》竝列二説，所以深譏之也。

言盡其衆以救其將也。宣二年

《集解》曰：「先言敗績而後言獲，知華元得衆心，軍敗而後見獲。晉與秦戰于韓，未言敗績，而君已獲，知晉侯不得衆明矣。」

樾謹按：《傳》言「救其將」，而范氏此解無一救字，疑《傳》文「救」字乃「獲」字之誤。「盡其衆以獲其將」，謂先盡其衆，而後得獲其將也，即所謂先言敗績而後言獲也。試連上文讀之曰：「獲者，不與之辭也。言盡其衆以獲其將也。」若作「救」字，則與上文不相蒙矣。又試連下文讀之曰：「言盡其衆以獲其將也。以三軍敵華元，華元雖獲不病矣。」蓋宋衆既盡，則華元止是一人，而鄭以三軍敵之，是謂以三軍敵華元，故雖見獲而不病。若作「盡其衆以救其將」，則宋衆具在，何得謂之以三軍敵華元乎？以上下文義求之，此「救」字當作「獲」字無疑。今誤作「救」者，因下文范注引鄭君説有「宋師懼華元見獲，皆竭力以救之」之文，故改《傳》文以合之。不知鄭君云云，特以明先書敗績之故耳，非説此句之義也。

何用弗受也？不使夷狄爲中國也。十一年

《集解》曰：「楚子入陳，納淫亂之人，執國威柄，制其君臣，傎倒上下，錯亂邪正，是以夷狄爲中國。」

樾謹按：爲者，治也。襄三十年《左傳》「不可爲也」，杜注曰：「爲，猶治也。」《周語》「是故爲川決之使導」，韋注曰：「爲，治也。」經傳中爲訓治者，不可勝舉。《春秋》之義，以中國治夷狄，不以夷狄治中國。上文「楚人殺陳夏徵舒」，《傳》曰：「其外徵舒於陳，何也？明楚之討有罪也。」此文「楚子入陳」，《傳》曰：「何用弗受也？不使夷狄爲中國也。」其義若相反，而實則一也。蓋陳夏徵舒有可討之罪，而楚子非討罪之人，故書「楚人殺陳夏徵舒」以正弑君之罪，而又書「楚子入陳」以嚴中外之防。《傳》曰「不使夷狄爲中國也」，猶曰不使夷狄治中國也。范解未得其義。

丘甲國之事也。丘作甲，非正也。成元年

樾謹按：此《傳》文有誤，當云「作甲，國之事也。丘作甲，非正也」，蓋言作甲乃國之事，而非丘之事耳。下文曰：「古者立國家，百官具，農工皆有職以事上。」此言國之可使作甲也。又曰：「古者有四民，有士民，有商民，有農民，有工民。夫甲，非人人之所能爲也。」此言丘之不可使作甲也。蓋以國中農工皆集，而丘則四民分處故也。若曰「丘甲國之事」，則義不可通矣。

曰天子何也？曰見一稱也。八年

《集解》曰：「天王、天子，王者之通稱。自此以上，未有言天子者。今言天子，是更見一稱。」

樾謹按：如范解，則《傳》文當曰「更見一稱」，於文方備。今但曰「見一稱也」，范解非也。《國語·晉語》「勠力一心」，《戰國策·秦策》「諸侯不可一」，韋昭、高誘注竝曰：「一，同也。」昭十年《左傳》「佻之謂甚矣而壹用之」，杜注曰「壹，同也」，壹與一古通用。「見一稱也」猶曰見同稱也。蓋不書天王而書天子者，見天子與天王同爲王者之稱也。《公羊傳》曰：「其稱天子何？元年春王正月，正也，其餘皆通矣。」彼言「通」，此言「一」，文異而義不殊也。

傳曰：夫無逆出妻之喪而爲之也。九年

疏曰：「言其不合爲而爲之也。徐邈云：爲猶葬也，言夫無逆出妻之喪而葬，理亦通矣。但范不訓爲爲葬也。」

樾謹按：徐云「爲猶葬也」，乃目言其事耳，訓詁家自有此例，非訓爲爲葬也。爲當訓治，經傳中爲訓治者不可勝舉。宣十一年《傳》「不使夷狄爲中國也」，爲亦治也，説已見前矣。既出之妻義與夫絶，不當更治其喪，故曰「夫無逆出妻之喪而爲之也」，「爲之」即「治之」也。

言其上下之道無以存也。十二年

樾謹按：此十字爲一句。道，猶通也。襄三十一年《左傳》「不如小決使道」，杜注曰：「道，通也。」《法言·問道》篇亦曰：「道也者，通也。」蓋道與通一聲之轉，故聲近而義同。「道無以存」猶通無以存。通之言同也，蓋謂其上下之同，無以自存也。《漢書・夏侯勝傳》「先生通正言，無懲前事」，師古注曰：「通，謂陳道之也。」然則通同之通以道爲之，猶陳道之道以通爲之。若於「道」字絶句，則失之矣。

公不周乎伐鄭也。十七年

《集解》曰：「周，信也。公逼諸侯爲此盟爾，意不欲更伐鄭。」

樾謹按：公不欲伐鄭不可謂之不信乎伐鄭，范解非也。《離騷》經曰「雖不周於今之人兮」，王注曰：「周，合也。」此《傳》「周」字亦當訓合，言伐鄭之役，與公意不合也。

及以及，與之也。襄三年

樾謹按：此當曰「及又及，句。與之也」，與十年《傳》曰「會又會，外之也」文法一例。蓋此經書叔孫豹及諸侯之大夫，及陳袁僑盟，凡再言及，故曰「及又及」。猶彼經書「公會晉侯、宋公、衛侯、曹伯、莒子、邾子、滕子、薛伯、杞伯、小邾子、齊世子光，會吳于柤」，凡再言會，故曰「會又會」也。《集解》曰：「通言叔孫豹及諸侯之大夫，則無以表袁僑之得禮，故再言及，明獨與袁僑，不與諸侯之大夫。」疑范氏所據本正作「及又及」，故以再言及釋之。疏標「及以至之也」五字而釋之，曰：「《傳》解經所以再言及者，以及與之也，謂與袁僑，故言及以殊之」，則其所據本已與今同矣。

家有既亡，國有既滅。襄六年

《集解》曰：「滅猶亡，亡猶滅。家立異姓爲後則亡，國立異姓爲嗣則滅。既，盡也。」

樾謹按：既固訓盡，而此「既」字則非盡之謂也。既亡、既滅猶言已亡、已滅也。家立異姓爲後，其家固未亡也，而實則已亡矣，是謂「家有既亡」。國立異姓爲嗣，其國固未滅也，而實則已滅矣，是謂「國有既滅」。下文曰：「滅而不自知，由別之而不別也。」正見繒之既滅，而不自知其滅也。昭四年「九月取繒」，自繒人言之，以爲至是始爲魯所滅耳，不知其於襄六年已爲莒所滅矣。然則自襄六年至昭四年，繒國乃既滅之國也，此「國有既滅」之義也。

稱盜以殺大夫，弗以上下道，惡上也。十年

樾謹按：《傳》文本曰「稱盜以殺大夫，弗以上下道道，句。惡上也」，傳寫奪一「道」字耳。「弗以上下道道」者，弗以上下之道言也。哀四年《傳》稱「盜以弑君，不以上下道道也」，正與此《傳》文同，可據以訂正。

行人者，挈國之辭也。十一年

《集解》曰：「行人，是傳國之辭命者。」

樾謹按：凡言「之辭」者，皆釋經意如此。上文「公至自鄭」，《傳》曰「不以伐鄭致得鄭伯之辭也」，即其例也。而此《傳》「挈國之辭」，范乃以爲傳國之辭命，失之矣。今按：《説文・手部》：「挈，縣持也。」使臣出竟，與國一體，榮則俱榮，辱則俱辱，國之榮辱縣于一人，故曰「行人者，挈國之辭也」。襄十八年、昭八年《傳》竝曰：「稱行人，怨接於上也。」范氏於襄十八年《傳》解曰：「怨其君而執其使。稱行人，明使人爾罪在上也。」然則此云挈國者，或罪在使臣歟？

莊公失言，淫于崔氏。二十五年

《集解》曰：「放言將淫崔氏，爲此見弑也。邵曰：淫，過也。言莊公言語失漏，有過於崔子，而崔子弑之。」

樾謹按：此二解皆未明「失言」之義。失言猶失道也。《詩・東門之池》篇「可以晤言」，毛傳曰：「言，道也。」言爲道説之道，亦卽爲道德之道。《法言・問道》篇曰：「道也者，通也。」道德之道與道説之道皆取通達之義，無二義也。後人歧而二之，而古訓遂不可通矣。莊元年《傳》曰：「人之於天也以道受命，於人也以言受命。不若於道者，天絶之也；不若於言者，人絶之也。」此以道與言分屬天與人，蓋以天不言之故，其實對文則別，散文則通，不若於言卽不若於道也。此《傳》曰「莊公失言，淫于崔氏」，猶曰莊公失道，淫于崔氏，《左傳》所載東郭姜之事是也。范氏兩説皆未得其義。《禮記・禮器》篇「苟無忠信之人則禮不虛道」，鄭注曰：「道，猶從也。」《廣雅・釋詁》曰：「言，從也。」言之訓從，猶道之訓從。然則失言之卽失道明矣。

以伐楚之事，門于巢卒也。

《集解》曰：「所以攻巢之門者，爲其伐楚之事故也。」

樾謹按：以「門于巢」爲攻巢之門，此《左傳》説也，《公》、《穀》則皆不然。《公羊傳》曰：「門于巢卒者何？入門乎巢而卒也。入門乎巢而卒者何？入巢之門而卒也。」此《傳》曰：「吳子謁伐楚，至巢，入其門。門人射，吳子有矢創，反舍而卒。」是皆以「門于巢」爲入巢之門，與《左傳》異。范以《左傳》説此《傳》，失之矣。若從范解，則吳方攻巢，又何以責巢之不飾城請罪乎？

一事注乎志。昭十一年❶

《集解》曰：「一事輒注而志之也。」

樾謹按：范解非也。《傳》文曰：「此子也，其曰世子何也？不與楚殺也。一事注乎志，所以惡楚子也。」推尋《傳》意，蓋謂此

❶「昭」，原脱，今據上下文例補。

本二事，而以一事書之也。蓋夏四月丁巳，楚子虔誘蔡侯般殺之于申，此一事也；冬十有一月丁酉，楚師滅蔡，執蔡世子友以歸用之，此又一事也。若分而書之，則蔡侯般已于夏四月爲楚誘殺，其子嗣立，至是又爲楚執，當從諸侯在喪稱子之例，書曰「蔡子」，不當曰「蔡世子」矣。今乃仍書「蔡世子」，是以一事書之，見楚子既誘殺其父，又執用其子，爲暴虐之甚也。故曰「一事注乎志」，所以惡楚子也。《廣雅・釋詁》曰：「注，識也。」《周官》「外史掌四方之志」，鄭注曰：「志，記也，謂若魯之《春秋》、晉之《乘》、楚之《檮杌》。」然則「注乎志」者，謂識之於史策也，非謂輒注而志之也。注而志之，不得曰注乎志矣。乃自何邵公讀此《傳》已不得其義，故有反貶蔡稱世子之疑。而鄭君解之，謂變子言世子，使若不得其君，則仍未得《傳》義也。蓋由讀者於「一事」兩字未遑深求，故經意《傳》意胥失之矣。

因是以見雖有文事必有武備，孔子於頰谷之會見之矣。定十年

樾謹按：上既云「因是以見」，則下不必又云「見之」。「見之」疑當作「㝵之」，㝵，古得字也。頰谷之會，正所謂有文事必有武備者，故曰「孔子於頰谷之會㝵之矣」。《史記・趙世家》「踰年歷歲未得一城」，《趙策》「得」作「見」，「見」亦當作「㝵」，誤與此同。

嘗置之上帝矣。哀元年

《集解》曰：「嘗置之滌宮，名之曰上帝牲矣。」

樾謹按：《荀子・大略篇》楊注曰：「置質，猶言委質也。」《呂氏春秋・執一》篇「今日

置贊爲臣」，高注亦曰：「置，猶委也。」「嘗置之上帝矣」猶曰嘗委之上帝矣。成二年《左傳》「王使委于三吏」，杜注曰「委，屬也」，是其義也。范解增字太多，未得其旨。

欲因魯之禮，因晉之權，而請冠端，而襲。十三年

《集解》曰：「襲，衣冠。端，玄端。」疏曰：「云請冠端而襲者，請著玄冠玄端而相襲。」

樾謹按：此當於「端」字絶句，「而襲」二字合下文「其藉于成周」五字爲句。《傳》文本曰：「欲因魯之禮，因晉之權，而請冠端，句。而襲其藉于成周。句。」藉者，貢獻也，范解曰「藉謂貢獻」是也。襲之言入也。《國語・晉語》曰「使晉襲於爾門」，韋注曰：「襲，入也。」其下云「大國道小國襲焉曰服，小國敖大國襲焉曰誅」，韋氏竝訓爲入，蓋古語如此也。「襲其藉于成周」者，入其貢獻于成周也。蓋吴之意，欲因魯之禮而請冠端，因晉之權而襲其藉於成周。范氏誤於「襲」字絶句，則下文「其藉于成周」五字不成句矣。

群經平議卷二十四

群經平議卷二十五

德清俞樾

春秋左傳一

有文在其手曰爲魯夫人。

孔氏正義曰：「成季、唐叔亦有文在其手，曰友、曰虞、曰下，不言爲。此《傳》言『爲魯夫人』者，以宋女而作它國之妻，故《傳》加『爲』以示異耳，非爲手文有『爲』字，故魯夫人之上有『爲』字也。」

樾謹按：《傳》文「曰」字衍文也。閔二年《傳》「有文在其手曰友」，昭元年《傳》「有文在其手曰虞」，彼《傳》無「爲」字，故有「曰」字，此《傳》有「爲」字，則不必有「曰」字。猶桓四年《公羊傳》「一曰乾豆，二曰賓客，三曰充君之庖」，《穀梁傳》作「一爲乾豆，二爲賓客，三爲充君之庖」，有「爲」字則無「曰」字，亦其例也。僖二十八年《傳》「聽與人之謀曰稱舍於墓」，「曰」字亦衍文，既有「稱」字，則不必有「曰」字矣。哀十六年《傳》「曰請三之後有罪殺之」，「曰」字亦衍文，既有「請」字，則不必有「曰」字矣。凡此之類，皆後人所加，《太平御覽・兵部》引僖二十八年《傳》文正無「曰」字，可證也。

不如早爲之所。隱元年

杜氏《集解》曰：「使得其所宜。」

樾謹按：杜未解「所」字之義，故增「宜」字以足成之。《尚書・無逸》篇「君子所其無逸」，《詩・殷武》篇「有截其所」，鄭注、鄭箋竝曰：「所，猶處也。」然則「早爲之所」猶云早爲之處矣。《國語・晉語》「蚤處之」，與此《傳》文異而義同。

大叔完聚。

《集解》曰：「完城郭，聚人民。」正義曰：「服虔以聚爲聚禾黍也。段欲輕行襲鄭，不作固守之資，故知聚爲聚人，非聚糧也。完城者，謂聚人而完之，非欲守城也。」

樾謹按：段既不作固守之資，又何必完其城郭？若謂借此爲聚人之計，則《傳》文必當詳述其事，不得但曰「完聚」也。今按：完、聚二字同義。「完」當讀爲「捖」，捖之言摶也。《淮南子・俶真》篇「嫥捖剛柔」，「嫥」卽「摶」字。《玉篇・手部》：「捖，摶圓也。」「捖聚」猶言摶聚。大叔將欲襲鄭，故先摶聚其民也。《商子・農戰》篇「凡治國者，患民之散不可摶也，是以聖人作壹摶之」，又曰「摶民力以待外事」，卽此《傳》「捖聚」之義。杜以本字讀之，而分完、聚爲二義，殆失之矣。

君義臣行。三年

《集解》曰：「臣行君之義。」

樾謹按：杜氏所解，似尚未得「義」字之旨也。「義」當讀爲「儀」。《周官・肆師》「治其禮儀」，鄭注曰「故書儀爲義。鄭司農云：義讀爲儀。古者書儀但爲義，今時所謂義爲誼」，是義者古儀字也。《說文・人部》：「儀，度也。」《國語・周語》曰「儀之于民而度之于群生」，又曰「不度民神之義，不儀生物之則」，是儀與度同也。鄭注《尚書大傳》曰：「射，王極之度也。射人將發矢，必先于此儀之，發矢則必中于彼矣。君將出政，亦先于朝廷度之，出則應于民心」，此正君義臣行之謂也。「君義臣行」言君儀度於上，臣奉行於下也。若如杜解，則君義與臣行不一律矣。

陳魚而觀之。五年

《集解》曰：「陳，張設也。公大設捕魚之備而觀之。」

樾謹按：上文云「公將如棠觀魚者」，正義曰：「魚者，猶言獵者也。」《釋文》曰：「魚者，本亦作漁者。」此文云「陳魚而觀之」，卽承上文而言，謂陳列漁者而觀之也。凡陳列其物謂之陳，陳列其人亦謂之陳。定四年《穀梁傳》「徙陳器」，此以物言也。《詩·采芑》篇「陳師鞠旅」，此以人言也。然則陳魚爲陳列漁者明矣。僖四年《傳》「齊侯陳諸侯之師，與屈完乘而觀之」，與此《傳》「陳魚而觀之」文義正同。杜解謂大設捕魚之備，未得其旨。

鄭人侵衛牧，以報東門之役。

《集解》曰：「牧，衛邑。」

樾謹按：牧若是邑名，則當云「鄭人侵衛及牧」，如莊十四年《傳》「鄭厲公自櫟侵鄭及大陵」，成十五年《傳》「楚子侵鄭及暴隧」，皆其例也。今乃連言之曰「衛牧」，疑牧非地名矣。《爾雅·釋地》：「邑外謂之郊，郊外謂之牧，牧外謂之野。」此《傳》「牧」字卽郊外之牧也。四年宋、陳、蔡、衛伐鄭，圍其東門，五日而還，是迫近之至，故此亦侵及衛牧，所以報也。杜以邑名釋之，誤矣。江氏永《春秋地理考實》曰：「牧卽牧野也。」今按：牧野之牧，亦卽郊外之牧也。《尚書·牧誓》篇曰：「王朝，至于商郊牧野。」此當以「郊牧野」連文，卽《爾雅》所謂邑外郊、郊外牧、牧外野也，說詳《尚書》。《國語·周語》曰：「庶民弗忍，欣戴武王，以致戎於商牧。」彼云「商牧」，此云「衛牧」，其義正同，皆非地名也。

周之宗盟，異姓爲後。十一年

正義曰：「賈逵以宗爲尊；服虔以宗盟爲同宗之盟；孫毓以爲宗伯屬官，掌作盟詛之載辭，故曰宗盟；杜無明解。盟之尊卑，自有定法，不得言尊盟也。《周禮》司盟之官乃是司寇之屬，非宗伯也。唯服之言得其旨矣。」

樾謹按：同宗之盟則無與異姓，何論先後？孫毓所難，服氏殆無以解也。而孔氏曲引公與族燕，異姓爲賓之文，謂宗盟無與異姓，則族燕不得有異姓也，此説雖似有理，其實不然。夫族燕者，公與族人燕也。燕之本意主乎族人，特以族人皆父子兄弟，以賓禮待之反若疎外，故立異姓者爲賓也。若天子之盟諸侯，使之共獎王室，則於同姓、異姓無所偏主，安得執族燕爲比乎？是服氏之説亦未爲得也。今按：宗者，主也。《一切經音義》九引《字林》曰：「宗，尊也，亦主也。」昭二年《傳》「禮之宗也」，杜曰：「宗，猶主也。」此《傳》「宗盟」之宗亦當訓主。「周之宗盟異姓爲後」，謂以王官主諸侯之盟，則先同姓也。正義引《釋例》曰「斥周而言，指謂王官之宰臨盟者也」，斯或得其義矣。

君謂許不共。

《集解》曰：「不共職貢。」

樾謹按：不共職貢而但曰「不共」，則所不共者何事邪？杜解非也。《詩·長發》篇「受小共大共」，毛傳曰：「共，法也。」《書序》「《九共》九篇」，馬融注曰：「共，法也。」然則「君謂許不共」者，君謂許不法也。下文曰「許無刑而伐之」，杜注曰「刑，法也」，「許不共」與「許無刑」其義正同矣。

序民人。

樾謹按：「序」當讀爲「豫」。《爾雅・釋地》《釋文》引《春秋元命苞》曰：「豫之言序也」；《禮記・射義》篇「卿大夫序從」鄭注曰：「序或爲豫。」是序與豫古通用。《爾雅・釋詁》曰：「豫，安也。」豫民人猶言安民人。正義以爲次序民人，非其義矣。

大羹不致。桓二年

《集解》曰：「大羹肉汁不致五味。」

樾謹按：不致五味而但曰「不致」，於文未明，杜解非也。「致」當讀爲「緻」。《詩・鴇羽》篇傳曰：「盬不攻緻也。」《説文》無「緻」字，新附始有之。古字止作「致」，《詩正義》曰「緻，定本皆作致」是也。又或作「至」。《吕氏春秋・誣徒》篇「從師苦而欲學之功也」，高誘注曰：「苦讀如盬會之盬，不精至也。」不精至與不攻緻義同。《考工記・弓人》「覆之而角至」，鄭注曰：「至，猶善也。」至之訓善，蓋即精至之義。「大羹不致」，謂其不精至也。下文「粢食不鑿」，杜注曰：「不精鑿。」然則不致謂不精至，不鑿謂不精鑿，文義正同。

我張吾三軍，而被吾甲兵。六年

樾謹按：甲可言被，兵不可言被。《釋文》曰「被，皮寄反。下注被甲同」，失之矣。「被」當讀爲「披」。《廣雅・釋詁》曰：「披，張也。」披吾甲兵與張吾三軍同義，披亦張也，竝謂張設之也，作「被」者叚字耳。《莊子・知北遊》篇「齧缺問道于被衣」，《釋文》曰「被，本作披」，是被、披古字通。

嘉栗旨酒。

《集解》曰：「嘉，善也。栗，謹敬也。」正義曰：「杜訓栗爲謹敬，言善敬爲酒。劉炫以栗爲穗貌，而規杜過於理，恐非。」

樾謹按：善敬兩意不倫，若以爲穗貌，則於説酒更遠，疑皆非也。「栗」當讀爲「洌」，洌從列聲，與栗相近。《詩・四月》篇「冬日烈烈」，鄭箋曰：「烈烈，猶栗栗也。」《考工記・弓人》「菑栗不迆」，鄭注曰：「栗讀爲裂繻之裂。」然則以栗爲洌，猶以栗爲裂矣。《説文・水部》：「洌，水清也。」《周易・井》九五「井洌寒泉食」，王弼注曰：「洌，潔也。」「嘉洌旨酒」，言其既嘉善而又清潔也。

鄭伯因櫟人殺檀伯，而遂居櫟。十五年

《集解》曰：「檀伯，鄭守櫟大夫。」

樾謹按：昭十一年《傳》曰：「鄭京櫟實殺曼伯。」蓋曼與檀本疊韵字，《莊子・至樂》篇「澶漫爲樂」，《史記・司馬相如傳》「案衍壇曼」是也。檀伯之爲曼伯，前後異文，亦猶薳氏之爲蔿氏，鍼尹之爲箴尹矣。隱五年《傳》：「鄭祭足、原繁、洩駕以三軍軍其前，使曼伯與子元潛軍軍其後」；又曰「鄭二公子以制人敗燕師于北制」，杜注曰「二公子，曼伯、子元」，是曼伯者莊公之子也。而於此《傳》乃止云守櫟大夫，何邪？昭十一年《傳》「鄭莊公城櫟，而寘子元焉，使昭公不立」，杜注曰：「子元，鄭公子。莊公寘子元於櫟。桓十五年，厲公因之以殺櫟大夫檀伯，遂居櫟，卒使昭公不安位而見殺。」正義述杜意，以爲莊公城櫟而寘子元，又使檀伯爲櫟邑大夫，故厲公得因子元而殺檀伯。夫櫟既爲子元之邑，何以又使檀伯爲櫟邑大夫？正義引晉封桓叔于曲沃，而以欒賓傅之；鄭使許叔居許，而以公孫獲爲佐；楚使太子建居城父，而以奮揚佐之，證一邑之内得有二人。此不然也。夫子元與曼伯，所謂二公子也，非如桓叔之於欒賓、許叔之於公孫獲、太子建之於奮揚也。❶ 二公子竝居一邑，勢均力敵，孰爲之主，孰爲之佐乎？ 是可決其不然矣。 今按：顧氏炎武《左傳補注》謂子元卽厲公之字，其説是也。 莊公時厲公居櫟，故《傳》云「城櫟而寘子元」。 莊公卒，厲公立，又爲祭仲所不容，出之，而立昭公。 昭公既立，以櫟爲厲公舊邑，不可無親公子以鎮撫之，因使曼伯居櫟。 乃厲公因櫟之舊人殺曼伯而居其地，卽此《傳》所載是也。 説經者不知子元之卽厲公，而又不知曼伯之亦爲公子，於是事之本末不可見矣。 昭十一年《傳》曰：「鄭京櫟實殺曼伯，宋蕭亳實殺子游，齊渠丘實殺無知，衛蒲戚實出獻公。」獻公乃衛君，卽子游與無知亦嘗居君位。 若曼伯止是櫟邑大夫，而非親公子，安足與之竝論邪？ 顧氏以子元爲厲公字，於《傳》雖無所證，惟古人名字必相應。《漢書・刑法志》曰：「是猶以鞿而禦馯突」，師古注引如淳曰：「突，惡馬也。」鄭厲公名突而字子元者，「元」或「軏」字之省邪？ 附著之以證成顧氏之説。

高伯其爲戮乎？ 復惡已甚矣。 十七年

《集解》曰：「復，重也。 本爲昭公所惡，而復弒君，重爲惡也。」

樾謹按：昭公既已見弒矣，重爲惡之説義不可通。 復者，報也。《漢書・谷永傳》「報德復怨」，師古注曰：「復，亦報也。」復惡之義與復怨同，言高渠彌因爲昭公所惡而遂弒之，則其報復爲已甚矣，故將爲戮也。

築王姬之館于外，爲外禮也。 莊元年

❶ 「揚」，原作「楊」，今據上文及阮刻《左傳正義》改。

樾謹按：爲猶于也，古于、爲二字通用。《儀禮·士冠禮》曰「宜之于假」，鄭注曰「于猶爲也」，然則爲亦猶于也。又《聘禮記》曰「賄在聘于賄」，注曰「于讀曰爲」，然則爲亦可讀曰于也。「爲外禮也」猶曰「于外，句。禮也」。蓋上句「築王姬之館于外」乃是經文，《傳》舉經文而釋之。若但曰「禮也」，則疑若通言築之爲得禮，而無以明築于外之爲得禮，故疊「于外」二字而曰「于外，禮也」，爲外卽于外也。莊二十二年《傳》「竝于正卿」，《釋文》曰「竝于，本或作竝爲」，此爲、于通用見於本書者也。正義曰：「正爲築之于外，是應變之禮。」又曰：「爲之於外，是其得禮之變也。」雖於《傳》義未失，然不知「爲外」之卽「于外」，則古訓湮矣。

夫能固位者，必度於本末而後立衷焉。六年

《集解》曰：「本末，終始也。衷，節適也。」

樾謹按：衷與中古通用。《國語·楚語》「又能齊肅衷正」，《周禮·春官·序官》注引作「中正」，是其證也。《傳》文「衷」字杜訓中者多矣。閔二年《傳》「用其衷」，僖二十八年《傳》「天誘其衷」，《集解》竝曰：「衷，中也。」然則此《傳》「衷」字亦當訓中。「度於本末而後立衷」，猶言執其兩端用其中也。哀二十七年《傳》曰：「君子之謀也，始衷終皆舉之，而後入焉。」亦是叚「衷」爲「中」，正與此《傳》之義相近。

衣食所安。十年

正義曰：「公意衣食二者，雖所以安身，然亦不敢專己有之，必以之分人。」

樾謹按：《傳》文但言「所安」，不言「所以安」，孔義非也。《國語·晉語》曰：「孝敬忠貞，君父之所安也。」韋注曰：「安，猶善也。」然則「衣食所安」亦謂所善也，言雖己之所善，而必以分人也。《説文·人部》「便，安也」，是安與便同義，猶言己之所便安耳。

桀、紂罪人，其亡也忽焉。十一年

《集解》曰：「忽，速貌。」

樾謹按：上文「禹、湯罪己，其興也悖焉」，杜解曰「悖，盛貌」，是悖與興義相應也。忽訓速，則與亡字義不相應，豈亡可言速，而興不可言速乎？《爾雅·釋詁》：「忽，盡也。」《詩·皇矣》篇「是絶是忽」，毛傳曰：「忽，滅也。」忽訓盡，又訓滅。「其亡也忽焉」，言其盡滅而無遺也。文五年《傳》：「皋陶庭堅不祀忽諸」，亦盡滅之意。

且寡人出，伯父無裏言。十四年

《集解》曰：「無納我之言。」

樾謹按：納我之言不可但謂之「裏言」，杜解非也。「裏」當讀爲「理」。《荀子·解蔽篇》「制割大理而宇宙裏矣」，楊倞注曰「裏當爲理」，是裏、理古字通用。理之言治也，「伯父無理言」，謂無訟治之言也。僖二十八年《公羊傳》「然後爲踐土之會，治反衛侯」，何休注曰「叔武訟治于晉文公，令白王者，反衛侯使還國也」，訟治卽所謂理矣。古聽訟之官曰理，蓋訟于人謂之理，故聽人之訟亦謂之理，其義正相因耳。今俗語凡争辯曲直曰理論，乃古之遺語也，可證明理言之義。

莫之與京。二十二年

《集解》曰：「京，大也。」

樾謹按：「莫之與京」猶云莫之與競也。「京」當讀爲「勍」。《説文·力部》：「勍，彊也。」凡彊者謂之勍，相與争彊亦謂之勍。僖二十二年《傳》「勍敵之人」，杜解曰：

「勍，彊也。」下文曰「今之勍者」，杜解曰：「今之勍者，謂與吾競者。」同一「勍」字而前後異訓，蓋兩義正相因耳。勍從京聲，故此《傳》卽以京爲之。杜讀如本字，而訓爲大，然莫之與大不辭甚矣。

儉，德之共也。二十四年

樾謹按：杜氏不釋「共」字。「共」當讀爲「洪」。《爾雅・釋詁》：「洪，大也。」「德之洪也」猶曰德之大也。下文曰「侈，惡之大也」，洪與大文異而義同。下文又曰「先君有共德而君納諸大惡」，猶云有大德也，杜解曰「以不丹楹刻桷爲共」，似未得其旨。洪從共聲，故卽叚「共」爲之。《尚書大傳》「維時供祀六沴」，鄭注曰「供，謂大也」，「供」亦「洪」之叚字也。

女贄不過榛栗。

正義曰：「先儒以爲栗取其戰栗也，棗取其早起也，脩取其自脩也。唯榛無説，蓋以榛聲近虔，取其虔於事也。」

樾謹按：「榛」古作「亲」。《説文・木部》：「亲，果實如小栗。從木辛聲。《春秋傳》曰：『女摯不過亲栗』」，是亲字本從辛得聲。《禮記・郊特牲》篇「郊之用辛也」，《南齊書》卷九引盧植注曰：「辛之爲言自新潔也。」然則女摯用亲，亦取自新潔之義。孔氏謂取其虔于事，非也。

屯固。閔元年

《集解》曰：「屯，險難所以爲堅固。」

樾謹按：屯固猶純固也。《國語・周語》曰「守終純固」，又曰「敦庬純固」，又曰「思慮純固」，竝其證也。純從屯聲，故屯卽與純通。説經者不通古訓，而但執《易》義求之，乃曲爲之説曰「險難所以爲堅固」，失之迂矣。且《屯》卦彖辭、爻辭皆不言難，孔子作傳始曰「剛柔始交而難生」，然則辛廖占《易》時恐未必有險難之説。

今命以時卒，閟其事也。二年

《集解》曰：「冬十二月，閟盡之時。」

樾謹按：「閟」當讀爲「畢」，閟從必聲，與畢聲相近。《考工記·弓人》「天子圭中必」，鄭注曰「必讀如鹿車縪之縪」，即其例也。《爾雅·釋詁》：「畢，盡也。」杜讀閟爲畢，故以閟盡釋之，正義未能申明其義。

授方任能。

《集解》曰：「方，百事之宜也。」正義曰：「授方，授民以事，皆有方法也。任能，其所委任信用能人也。」

樾謹按：孔氏以方爲方法，是也；謂授民以事皆有方法，非也。成十八年《傳》及襄九年《傳》竝曰「官不易方」，昭二十九年《傳》又曰「官脩其方」，《國語·周語》亦曰「官不易方」，《晉語》又曰「官方定物」，凡言方者，竝以官言，不以民言也。此《傳》言「務材訓農，通商惠工，敬教勸學」，則四民已皆包之矣；又言「授方任能」，則由民而臣，言其能官人也。授方者，授之以百官之常法也；任能者，任用其才能之人也。不授以方則無治法，不任其能則無治人。授方任能，衛之所以興也。正義謂授民以事，失其旨矣。

五侯九伯。僖四年

《集解》曰：「五等諸侯九州之伯。」正義曰：「鄭玄以爲周之制，每州以一侯爲牧，二伯佐之，九州有九侯十八伯。❶大公爲東西大伯中分天下者，當各統四侯半，一侯不可分，故言五侯，其伯則各有九耳。侯爲牧，

❶「侯」，原作「牧」，今據阮刻《左傳正義》改。

伯佐之，言是周制，其事無所出也。校數煩碎，非復人情，故先儒無同之者。」

樾謹按：鄭義煩碎，且每州一侯二伯，亦無塙證，其説固不可從矣。《詩・旄邱》篇正義引服注曰「五侯，公、侯、伯、子、男。九伯，九州之長」，與杜義同。然《禮記・王制》篇曰「八州八伯」，正義引《鄭志》曰「畿内之州不置伯」，是古有八伯，無九伯也。以九伯爲九州之長，亦臆説耳。今按：五侯九伯統言天下諸侯也。周制有公、侯、伯、子、男五等，而止言侯伯者，舉中以包上下也。僖二十九年《傳》曰：「在禮，卿不會公侯，會伯子男可也。」是公侯爲一等，伯子男爲一等，故舉侯以包公，舉伯以包子、男也。侯言五，伯言九者，數始於一而終於九，至十則復爲一矣。《素問・三部九侯論》曰「天地之至數始於一終於九焉」，是其義也。自一至九，五爲中數，故古人之言，凡至少者以一言之，如《孟子》「一杯水」、「一鈎金」之類是也；至多者以九言之，如《公羊傳》「叛者九國」是也；舉其中數則以五言之，如《左傳》「不可以五稔」是也。五侯舉中數，九伯舉終數。後人不達古語，而曲爲之説，宜皆不可通矣。宣十二年《傳》「夷於九縣」，昭十二年《傳》「五大不在邊，五細不在庭」，凡言五、言九者皆此類也。

取虢之旂。五年

正義曰：「旂者，晉軍旂也。而往取虢，故云取虢之旂。」

樾謹按：此直言戰勝而取虢之旂耳。哀二年《傳》：「鄭人擊簡子中肩，斃于車中，獲其蠭旗。」又十三年《傳》「彌庸見姑蔑之旗，曰，吾父之旗也」，杜解曰：「彌庸父爲越所獲，故姑蔑人得其旌旗。」然則勝敵而獲其旂，古所恒有，正義之説失之迂曲矣。

其在亂乎。君務靖亂，無勤於行。九年

《集解》曰：「在，存也。微戒獻公，言晉將有亂。」

樾謹按：上文「齊侯不務德而勤遠略」云云，無一字及晉，此忽云晉將有亂，義不可通。蓋宰孔之意，謂齊將有亂，非謂晉將有亂也。《爾雅·釋詁》曰：「在，終也。」「其在亂乎」乃逆料之辭，言齊之將終於亂也。「君務靖亂」言君務靖齊國之亂，蓋以代興諷晉也。首止之盟，「王使周公召鄭伯曰：『吾撫女以從楚，輔之以晉，可以少安』」，周公卽宰孔。然則此數語卽勸晉叛齊之意，杜氏未得其旨。

余嘉乃勳，應乃懿德，謂督不忘。十二年

《集解》曰：「功勳美德，可謂正而不可忘者。」正義曰：「應，當也。懿，美也。督，正也。言我善女功勳，當女美德，謂女功德正而不可忘，宜受此禮。」

樾謹按：應猶報也。《周易·文言傳》正義曰：「應者，報也。」「督」當讀爲「篤」，僞《古文尚書·微子之命》篇用此文作「曰篤不忘」是也。《爾雅·釋詁》曰：「篤，厚也。」「應乃懿德」，謂篤不忘言以上卿之禮報女之美德，且示相厚而不忘也。杜解未了，正義所説亦近迂曲矣。

先君之敗德及，可數乎？十五年

正義曰：「韓簡之意，以爲惠公及禍，自由先君獻公廢嫡立庶之敗德，不由卜筮，故云先君之敗德既定，致公今及此禍，可由筮數始生之乎？」

樾謹按：正義所説甚爲迂曲，非《傳》義也。此句《釋文》有兩讀。今按：當以「先君之敗德及」絶句。「及」讀爲「急」。《説文・心部》「急，從心及聲」；《釋名・釋言語》曰「急，及也，操切之使相逮及也」，是及與急聲近義通。「急」又通作「亟」，《爾雅・釋詁》「亟，疾也」，《釋文》曰「亟本亦作急」是也。《穀梁》文十二年傳「秦晉之戰已亟」，范注曰：「亟，數也」，與此《傳》文法相似。韓簡之意，謂先君之敗德亟矣，不可勝數也，故曰「先君之敗德及，句。可數乎」？「及」乃「急」之叚字，「急」又「亟」之叚字。學者不知轉展相叚之旨，宜其不可通矣。

是崇皞濟而修祀紓禍也。二十一年

樾謹按：「祀」當作「禮」。上文曰：「崇明祀，保小寡，周禮也。蠻夷猾夏，周禍也。」修禮承周禮而言，紓禍承周禍而言。因「禮」字古文作「礼」，與「祀」相似，又涉上「崇明祀」之文，故誤爲「祀」耳。《國語・周語》「宗祝執祀」，韋注曰：「賓將有事於廟，則宗祝執祭祀之禮。」夫賓至不行祭禮，安得云執祀？「祀」亦「禮」字之誤也，説詳《國語》。此《傳》「修禮」之誤爲「修祀」，猶《外傳》「執禮」之誤爲「執祀」矣。

弗可赦也已二十二年

《集解》曰：「言君興天所棄，必不可，不如赦楚勿與戰。」

樾謹按：如杜解，當於「弗可」絶句，「赦也已」三字文不成義矣。此五字宜連讀，蓋即違天必有大咎之意。天固棄之，君必興之，是得罪於天也，故曰「弗可赦也已」。

不以阻隘也。

《集解》曰：「不因阻隘以求勝。」

樾謹按：《傳》文曰：「古之爲軍也，不以阻隘也。寡人雖亡國之餘，不鼓不成列。」下文子魚曰：「隘而不列，天贊我也。阻而鼓之，不亦可乎？」是阻與鼓對，隘與不成列對，故又曰：「利而用之，阻隘可也。聲盛致志，鼓儳可也。」鼓、儳二字不平列，則阻、隘二字亦不平列。阻者，扼也。《尚書·堯典》篇「黎民阻飢」，正義引鄭注曰：「阻，扼也。」方楚人之未既濟，即扼而擊之，是謂阻其隘。杜解未得其旨。

金鼓以聲氣也。

《集解》曰：「鼓以佐士衆之聲氣。」

樾謹按：《傳》文止言「以聲氣」，不言「以佐聲氣」，杜解非也。顧氏炎武《補正》曰：「聲如『金聲而玉振之』之聲。劉用熙曰：聲，宣也，宣倡士卒之勇氣。」今按：《孟子》言「金聲而玉振之」，又曰「金聲也者」，「金聲」下皆無「之」字，與「玉振之」不同。金聲而玉振之謂金聲始洪終殺，必以玉聲振起之也，說詳《孟子》。顧氏習于時解，遂若金聲與玉振一律，因取以解此《傳》「聲」字，失之矣。且如其解，謂宣倡士卒之氣，則此句當以「氣」字爲主。下文曰「聲盛致志」，乃言聲不言氣，何也？然則顧解亦非也。今以文義求之，「金鼓以聲氣也」與上句「三軍以利用也」一律。「氣」當讀爲「鎎」，鎎者，怒也。《說文·金部》「鎎，怒戰也」，引《春秋傳》曰：「諸侯敵王所鎎。」今文四年《左傳》作「愾」，杜解曰：「愾，恨怒也。」蓋愾、鎎義通，凡怒謂之愾，戰而怒謂之鎎，雖有從心從金之别，實一字耳。三軍之用在利，不利則不可以用，故曰「三軍以利用」。金鼓之鎎在聲，非聲則不見其鎎，故曰「金鼓以聲鎎」。

蒲人、狄人，余何有焉？二十四年

《集解》曰：「當二君世，君爲蒲、狄之人，於我有何義。」

樾謹按：「余何有焉」猶云余何愛焉。昭二十年《傳》「是不有寡君也」，杜解曰：「有，相親有也。」此「有」字義與彼同。乃云「於我有何義」，失之。又襄二十九年《傳》「以杞封魯猶可，而何有焉」，有亦親有之有，言何愛於杞也。杜云何有盡歸之，則亦未得其義。

況貪天之功以爲己力乎？

樾謹按：杜氏不解「貪」字，蓋即以本字讀之，然非也。「貪」當讀爲「探」。《釋名·釋言語》曰：「貪，探也，探取入它分也。」《後漢書·郭躬傳》「捨狀以貪情」，李賢注曰「貪與探同」，是貪、探聲近而義通。《爾雅·釋詁》：「探，取也。」「探天之功」者，取天之功也。《國語·周語》曰：「而郤至佻天以爲己力，❶不亦難乎？」韋注曰：「佻，偷也。」偷亦取也。《淮南子·說林》篇「偷肥其體」，高注曰：「偷，取也。」此《傳》「探天之功以爲己力」與《外傳》「佻天以爲己力」，文異而義同。

鄭伯與孔將鉏、石甲父、侯宣多省視官具于氾，而後聽其私政。

《集解》曰：「三子，鄭大夫。省官司，具器用。」正義曰：「鄭伯與三大夫每日省視當國官司，令具其器用，送之於氾，而後聽其私政也。」

樾謹按：省視官司令具器用，而但曰「省視官具」，則《傳》文爲不備矣。顧氏《補正》引傅氏曰「官，官司。具，器具」，於文較明，然亦未得「官」字之義。《史記·孝文紀》「五帝官天下」，《索隱》曰：「官，猶公也。」然則「官具」與「私政」相對成義。《周

❶「郤」，原作「卻」，今據清經解續編本改。

官・載師》注司農曰：「官田者，公家之所耕田。」官具猶官田也。公家之田謂之官田，故公家之具謂之官具矣。鄭伯以己之政爲私政，因以天子之具爲官具。先省視官具，而後聽私政，明先公而後私也。官、私對文，今時語猶然，蓋古之遺言矣。襄四年《傳》「無失官命」，官亦公也。蓋魯尊事晉國，故以晉命爲公家之命令也。二年《傳》鄭子駟曰「官命未改」，《補正》引陸氏曰「官命猶言公命」，其説是也。以臣子言之，則君命爲公命；以小國言之，則伯主之命爲官命，兩「官命」義同。卽彼《傳》「官命」可證此《傳》「官具」之義。杜解兩「官命」異義，正義曲爲之説，皆非也。

王章也。二十五年

《集解》曰：「章，顯王者與諸侯異。」

樾謹按：《廣雅・釋器》曰：「章，程也。」《素問・氣交變大論》篇「政令者氣之章」，王注曰：「章，程也，式也。」然則「王章」者，猶言王者之程式也。如杜解，則當云「所以章王也」文義方明，而《傳》文爲不備矣。

昔趙衰以壺飧從徑，餒而弗食。

《集解》曰：「徑，猶行也。」正義曰：「杜以徑猶行者，以《傳》文爲『徑』，故釋爲行，上讀爲義。劉炫改『徑』爲『經』，謂經歷饑餒，下屬爲句，輒改其字以規杜氏，非也。」

樾謹按：杜、劉二説雖有上讀下讀之不同，然實則此字皆贅設也。如杜説，則但曰「以壺飧從」足矣，何必曰「從徑」乎？如劉説，則但曰「餒而弗食」足矣，何必曰「經餒」乎？且以情事言之，重耳與趙衰同行，餒則俱餒，重耳不食，衰自無獨食之理，此亦何足爲異乎？焦氏循《左傳補疏》曰：「徑，小道也。蓋衰本以壺飧從重耳，有時重耳行大道，衰由小道，亦餒而不食，謂不以相違而自私也。『從』字絶句，『徑』一字句，『餒而不食』四字句。」按此説於情事爲合，惟句讀似尚未得。「徑」字仍當上屬。「趙衰以壺飧從徑」者，謂以壺飧從小道也，猶《史記・欒布傳》所云「從閒道」也。重耳行大道，衰由小道，故謂之「從徑」。師古注《漢書・張騫傳》曰：「從，由也。」是從徑卽由徑也。《韓子・外儲説左》篇以此爲箕鄭事，其曰「迷而失道，與公相失，飢而道泣，寢餓而不敢食」，雖與《左傳》紀載不同，然可證其與重耳分道而行。舊説均未得其義也。

公使展喜犒師。二十六年

正義曰：「犒者，以酒食餉饋軍師之名也。服虔云：以師枯槁，故饋之飲食。」

樾謹按：《説文》無「犒」字。《漢斥彰長田君碑》作「勞⿰酉高」，「⿰酉高」亦《説文》所無。蓋以犒師者必以牛酒，故從牛，又或從酉，竝俗字耳。《周禮・小行人》云：「若國師役則令槁禬之」，注云「故書槁爲稾。鄭司農曰：稾當爲槁」，惠氏棟《左傳補注》謂與服子慎枯槁之説合。然師枯槁而饋之飲食，則不枯槁矣，乃反謂之槁師，義實未安。今以服氏枯槁之説推之，其字實當作「膏」，蓋因其枯槁而以酒食膏澤之也。《魯語》曰「使展喜以膏沐犒師」，疑古本《國語》作「以膏沐膏師」，上「膏」字如字，下「膏」字古報反。襄十九年《傳》「如百穀之仰膏雨焉，若常膏之」，《釋文》曰「膏雨，如字。膏之，古報反」，是其例也。此《傳》「犒」字，《釋文》曰「苦報反」，與「膏之」之「膏」音正相近，疑古本《左傳》亦作「膏師」，故服氏以枯槁爲説耳。《玉篇・食部》又有「鎬」字，曰「勞也」，蓋古義亡而俗字滋多矣。

説禮、樂而敦《詩》、《書》。二十七年

正義曰：「敦，謂厚重之。」

樾謹按：敦，治也，猶言治《詩》、《書》也。《詩·閟宫》篇「敦商之旅」，鄭箋曰「敦，治也」，是其義。

民懷生矣。

正義曰：「劉炫云：生既厚，民皆懷戀居處。」

樾謹按：懷，安也，言民安其生也。《論語·里仁》篇「君子懷德」，《公冶長》篇「少者懷之」，孔注竝曰「懷，安也」，是其義。

楚子伏己而盬其腦。二十八年

《集解》曰：「盬，啑也。」正義曰：「盬之爲啑，未見正訓，蓋相傳爲然。服虔云：如俗語相罵云啑女腦矣。」

樾謹按：服氏蓋讀「盬」爲「餬」。餬從胡聲，胡從古聲，盬亦從古聲，故得通用。餬之義爲食。《説文·食部》：「餬，寄食也。」蓋以隱十一年《傳》言「餬口四方」，故以寄食言之，實非達詁。昭七年《傳》正考父《鼎銘》亦言餬口，豈亦寄食之謂乎？據《爾雅·釋言》云「餬，饘也」。隱十一年正義曰：「餬是饘鬻别名。今人以薄鬻塗物謂之餬紙、餬帛，則餬者以鬻食口之名，故云餬其口也」，此説得之。鬻謂之餬，而食鬻亦謂之餬，古義引申，往往有此。如飯字有符萬、扶晚二切，卽其例也。得此説，則《雅》訓與《傳》義均可貫通矣。此《傳》言「餬其腦」者，腦亦柔物，嘬之與饘鬻同，故亦言餬也。因叚「盬」爲之，而其義遂晦矣。

天禍衛國，君臣不協，以及此憂也。

《集解》曰：「衛侯欲與楚，國人不欲，故不和也。」

樾謹按：《白虎通·號》篇曰「君之爲言群也」，是君與群聲近義通。《管子·大匡》篇「桓公使鮑叔識君臣之有善者」，《問》篇「君臣有位而未有田者幾何人」，王氏念孫謂君臣卽群臣，説見《讀書雜志》。此《傳》「君臣不協」，君臣亦卽群臣也。故下文曰：「今天誘其衷，使皆降心以相從也。不有居者，誰守社稷？不有行者，誰扞牧圉？」又曰：「自今日以往，既盟之後，行者無保其力，居者無懼其罪。」皆以居者、行者爲言，居者、行者卽所謂群臣也。若以本字讀之，而曰君臣不協，與下文不貫矣。

獻俘授馘。

《集解》曰：「授，數也。」

樾謹按：授不訓數，當讀爲「受」。《周官·典婦功》「凡授嬪婦功」，《司儀》「登，再拜授幣」，❶鄭注竝曰「授當爲受」，是其例也。「獻俘受馘」文異而實同。自下言之謂之獻，自上言之謂之受矣。

刖鍼莊子。

樾謹按：「刖」當作「刵」，字之誤也。《尚書·康誥》、《吕刑》竝有「劓刵」之文。《康誥》篇正義引鄭康成説，以刵爲臣從君坐之刑。所謂臣從君坐者，卽據此《傳》爲説。因鍼莊子爲坐而得刵刑，故云然，是鄭所見《左傳》作「刵」也。若如今本作「刖」，則《左傳》言刖者多矣，莊十六年「刖强鉏」，成十七年「刖鮑牽」，豈得概謂之臣從君坐乎？乃因此《傳》「刵」誤作「刖」，或并疑《尚書》「刵」字亦當作「刖」，誤矣。

❶「幣」，原作「弊」，今據阮刻《周禮注疏》改。

踐修舊好。文元年

《集解》曰：「踐，猶履行也。」

樾謹按：履行而修舊好，甚爲不辭。「踐」當讀爲「纘」。《詩·崧高》篇「王纘之事」，《釋文》引《韓詩》作「王踐之事」，是踐與纘古字通用。「踐修舊好」即纘修舊好。《説文·糸部》：「纘，繼也。」經典通作「纂」，《爾雅·釋詁》「纂，繼也」，《國語·周語》「纂修其緒」，「纂」與「踐」竝「纘」之叚字。

子雖齊聖。二年

《集解》曰：「齊，肅也。」

樾謹按：齊猶明也。《禮記·祭統》篇曰：「齊者，精明之至也。」《北堂書鈔》卷九十引《白虎通》曰：「齊者，言己之意念專一精明也。」是齊有精明之義，故古人每以「齊明」竝言。《禮記·中庸》篇「齊明盛服」，《國語·周語》「其君齊明衷正」，《荀子·脩身篇》「齊明而不竭」，皆其證也。「齊聖」猶言明聖耳。《詩·小宛》篇「人之齊聖」，毛公訓齊爲正，則古義之湮久矣。

晉侯伐秦，圍邧新城。四年

《集解》曰：「邧、新城，秦邑也。」

樾謹按：新城疑即邧，非二邑也。蓋秦人新於邧邑築城，故謂之新城。晉人用《司馬法》攻其所産，故《傳》稱「圍邧新城」也。僖六年經書「伐鄭，圍新城」，《傳》曰：「圍新密，鄭所以不時城也。」杜解曰：「實新密而經言新城者，鄭以非時興土功，齊桓聲其罪以告諸侯。」正義引劉炫云：「先王之制，諸侯無故不造城，造城則攻其所造。《司馬法》曰『産城攻其所産』是也。」然則秦之新城，亦猶鄭之新城矣。又按：僖四年《傳》「太子奔新城」，杜解曰：「新城，曲沃。」曲沃之爲新城，疑亦以新築城得名。

雖曲沃爲晉宗邑，故宜有城，然《傳》稱晉侯使士蔿爲二公子築蒲與屈，則太子之居曲沃，亦必因其舊城而新之可知也。文十四年「同盟于新城」，杜云「宋地」，宋之新城疑亦此類。僖十八年《傳》「梁伯益其國而不能實也，命曰新里」，新里、新城義正同耳。

則天子當陽，諸侯用命也。

正義曰：「《湛露》詩云：『湛湛露斯，匪陽不晞。』陽謂日也。言天子當日，諸侯當露也。」

樾謹按：當猶對也。南方爲陽，天子南面而立，故當陽也。《禮記·郊特牲》篇曰「君之南鄉答陽也」，鄭注曰「答，對也」，是其義矣。正義失之。

陳之藝極。六年

《集解》曰：「藝，準也。極，中也。貢獻多少之法。《傳》曰：『貢之無藝。』又曰：『貢獻無極。』」

樾謹按：藝、極一也。《國語·魯語》曰「貪無藝也」，《晉語》曰「貪欲無藝」，韋注竝曰：「藝，極也。」是極與藝同義。藝準也，極亦準也。故《詩·殷武》篇「四方之極」，《後漢書·樊準傳》引作「四方是則」，李賢注曰：「《韓詩》之文也。」《毛詩》作「極」，《韓詩》作「則」，是極字卽有準則之義。杜分藝、極爲二義，失之。

事長則順。

樾謹按：事猶立也，《禮記·郊特牲》篇「信事人也」，鄭注曰：「事猶立也。」字亦作「倳」，《周官·太宰職》「以任百官」，鄭注：「任猶倳也。」《釋文》曰：「倳，側吏反，猶立也。」賈疏曰：「東齊人物立地中爲倳。」蓋「倳」卽「事」之變體，古字止作「事」。「事長則順」言立長則順也。昭二十六年《傳》「立長則順」與此《傳》文異而義同。

且復致公壻池之封。八年

《集解》曰：「公壻池，晉君女壻，又取衛地以封之，今并還衛也。」

樾謹按：公壻池乃晉大夫，不過采地而已，非建國爲附庸，不得言封也。成十四年《傳》「許人平以叔申之封」，杜解曰：「四年，鄭公孫申疆許田，許人敗之，不得定其封疆。今許以是所封田求和於鄭。」然則此《傳》「公壻池之封」與彼《傳》「叔申之封」文義一律。蓋晉侯曾使公壻池定其封疆，故卽謂之公壻池之封耳。

乃皆出戰交綏。十二年

《集解》曰：「《司馬法》曰：『逐奔不遠，從綏不及。逐奔不遠則難誘，從綏不及則難陷。』然則古名退軍爲綏。」正義曰：「綏訓爲安。蓋兵書務在進取，恥言其退，以安行卽爲大罪，故以綏爲名焉。」

樾謹按：綏與退古同聲。《禮記·檀弓》篇「文子其中退然如不勝衣」，鄭注曰：「退或爲妥。」《玉篇·肉部》：「腿，他偎切，腿脛也。本作骽。」竝其證也。「交綏」卽是「交退」，乃古文同聲叚借之常例。正義引舊説訓綏爲卻，得其旨矣。乃又以綏之訓安附會其義，反失之也。

能賤而有恥。十三年

正義曰：「服虔云謂能處賤，且又知恥。」

樾謹按：能與耐古字通。《詩·漸漸之石》篇鄭箋曰「豕之性能水」，《釋文》曰：「能，本又作耐。」《漢書·食貨志》「能風與旱」，《鼂錯傳》「其性能寒」，師古注竝曰「能讀曰耐」是也。「能賤」猶曰耐賤。《一切經音義》引《蒼頡》曰：「耐，忍也。」

莒紀公生太子僕。十八年

《集解》曰：「紀，號也。莒夷無謚，故有別號。」

樾謹按：紀乃莒邑名，昭十九年《傳》「莒子奔紀鄣」，杜解曰「東海贛榆縣東北有紀城」是也。紀公蓋以邑爲號者。成八年《傳》「與渠丘公立于城上」，杜曰：「渠丘公，莒子朱也。渠丘，邑名。莒縣有蘧里。」然則莒子庶其號紀公，亦猶莒子朱號渠丘公矣。

德以處事。

《集解》曰：「處，猶制也。」

樾謹按：物居其所謂之處，使物各得其處亦謂之處。《魯語》曰：「夫仁者講功，而知者處物」，是其義也。故處卽有審度之義。《呂氏春秋·有始覽》曰：「察其情，處其形」，處猶察也。《淮南子·兵略》篇曰：「相地形，處次舍」，處猶相也。此《傳》曰：「則以觀德，德以處事，事以度功」，處亦猶觀也，度也。《漢書·谷永傳》曰：「臣愚不能處也」，《淮南子·主術》篇曰：「援白黑而示之則不處焉」，其義竝同。《史記·扁鵲倉公傳》「醫之所病」，「所病」猶處病也，處與所同義。

其器則姦兆也。

《集解》曰：「兆，域也。」

樾謹按：兆雖訓域，然「姦兆」二字文義未安。「兆」當讀爲「佻」。《國語·周語》曰：「姦仁爲佻」，此姦佻之義也。其下文曰：「畔國卽讎佻也。」莒僕弑君父而奔魯，乃正畔國卽讎者，故謂之佻矣。

謂之八愷。

《集解》曰：「愷，和也。」

樾謹按：下文「謂之八元」，杜解曰：「元，善也。」八元、八愷名異而實同，愷亦善也。

《詩・桑柔》篇鄭箋曰：「善，猶大也。」故凡有大義者即有善義。《六月》篇、《采芑》篇毛傳曰：「元，大也。」《吕氏春秋・不屈》篇高注曰：「愷者，大也。」元、愷同爲大，即同爲善矣。《廣雅・釋詁》凱與賢竝訓大，凱即愷字也。賢爲善亦爲大，愷爲大亦爲善，其義正可互明。上文曰「不度於善，而皆在於凶德」，以善與凶對言。元、愷皆訓善，方與下文四凶相對。杜訓愷爲和，未得其義。

掩義隱賊。

正義曰：「掩蓋義事而不行，隱蔽其外而陰爲賊害也。」

樾謹按：「掩義」與「隱賊」一律。掩猶隱也，義猶賊也。《大戴禮・千乘》篇曰：「作於財賄、六畜、五穀曰盜；誘居室家有君子曰義；子女專曰媟；飭五兵及木石曰賊；以中情出，小曰閒，大曰諜；利辭以亂屬曰讒；以財投長曰貸。」此《傳》「義」字正與彼同。義也，賊也，皆不善之事，故掩蓋之、隱蔽之也。學者但知義爲仁義之義，而不知古書義字有作姦邪解者。《管子・明法解》篇曰：「姦邪之人用國事，則姦人爲之視聽者多矣，雖有大義，主無從知之，故《明法》曰：『佼衆譽多，外内朋黨，雖有大姦，其蔽主者多矣。』」是大義即大姦也。王氏念孫曰，義與俄通，俄，衺也，得其旨矣。

群經平議卷二十五

群經平議卷二十六

德清俞樾

春秋左傳二

又會諸侯于扈，將爲魯討齊，皆取賂而還。宣元年

《集解》曰：「文十五年、十七年，二扈之盟皆受賂。」正義曰：「劉炫云：案《傳》數晉罪，近發宋弑昭公前扈之盟，文所不及，何當虛指其事？言皆取賂，炫謂宋及晉平，取宋賂；爲魯討齊，取齊賂也。」

樾謹按：二説皆非也。以文義求之，皆者，皆魯、齊也。蓋先受魯賂，許爲討齊；又受齊賂，而不討，故曰「皆取賂」。

華元爲植。二年

《集解》曰：「植，將主也。」

樾謹按：「植」當讀爲「職」。職，主也。爲職即爲主，故杜以將主釋之。職從戠聲，與直聲相近，凡從戠、從直之字古每相通。宣十五年《傳》「羊舌職」，《説苑·善説》篇作「羊舌殖」；《儀禮·鄉射禮記》「薦脯用籩五職」鄭注曰「今文職或作植」；《考工記·弓人》注曰「樴，脂膏膱敗之膱」，竝其證也。

于思于思。

《集解》曰：「于思，多鬚之貌。」正義曰：「賈逵以爲白頭貌。」

樾謹按：二説皆以意言之，無他證也。「思」字疑助語辭。《禮記·中庸》篇「神之格思，不可度思，矧可射思」，鄭注曰「思，

皆聲之助」是也。「于思于思，棄甲復來」，猶韓退之文所謂于于然來耳。語助之詞卽以爲韵，三百篇中亦往往有之，《關雎》篇正義所謂「卽將助句之字以當聲韵之體」也。莊二十八年《傳》：「狄之廣莫，於晉爲都。晉之啓土，不亦宜乎？」「乎」與「都」蓋亦韵也。

乃宦卿之適子而爲之田，以爲公族。

《集解》曰：「爲置田邑以爲公族大夫。」

樾謹按：杜不解「爲」字之義，因加「置」字以足成之，非也。爲猶與也，爲之田言與之田也。《管子·戒》篇曰「自妾之身之不爲人持接也」，尹知章注曰「爲猶與也」，是其證也。襄二十三年《傳》「齊侯將爲臧紇田」，義與此同。

使疾其民。六年

《集解》曰：「驕則數戰，爲民所疾。」

樾謹按：爲民所疾不得言「疾其民」。疾猶病也，「疾其民」猶言病其民也。疾病連文，則義有別，《論語》「子疾病」是也。散文則亦可通。《國語·晉語》「吾不幸有疾」，韋昭注曰：「疾，病也。」《易·彖上傳》「出入无疾」，王弼注曰：「疾，猶病也。」

鄭公子曼滿與王子伯廖語，欲爲卿。

《集解》曰：「二子，鄭大夫。」惠氏棟《補注》曰：「王子疑非鄭大夫。」

樾謹按：襄八年鄭有王子伯駢見于《傳》，則惠氏所疑偶不照耳。惟以本《傳》而言，則此王子伯廖實爲楚大夫。蓋此《傳》本與上文「楚人伐鄭，取成而還」連屬爲一。楚與鄭成，故其大夫交相見，因而鄭公子曼滿得與楚王子伯廖語也。王子伯廖不繫於楚者，蒙上「楚人伐鄭」而省耳。不然，曼滿見殺不在是年，左氏何爲橫發此

《傳》乎？

晉胥克有蠱疾。八年

《集解》曰：「惑以喪志。」

樾謹按：此與昭元年《傳》所謂「疾如蠱」者不同。「蠱」當讀爲「痼」，痼，❶久病也。《説文》作「𤸷」，從疒古聲，與蠱同音，故得通用。𤸷疾之爲蠱疾，猶故事之爲蠱事。《尚書大傳》曰：「乃命五史以書五帝之蠱事。」蠱事即故事也。襄七年《傳》「公族穆子有癈疾」，與此《傳》「胥克有𤸷疾」文正相同。因叚「蠱」爲之，而杜遂以蠱惑説之，誤矣。《漢書·賈誼傳》曰「必爲錮疾」，❷字又作「錮」。古書多叚借，不必本字也。

卜臨於大宫。十二年

《集解》曰：「臨，哭也。」

樾謹按：「臨」即「弔臨」之「臨」。《周官·鬯人》「凡王弔臨」，鄭注曰：「以尊適卑曰臨。」其實臨亦上下通稱，隱元年《傳》「改葬惠公，公弗臨」，是非必以尊臨卑乃爲臨也。襄十二年《傳》：「凡諸侯之喪，異姓臨於外，同姓於宗廟，同宗於祖廟，同族於禰廟。是故魯爲諸姬，臨於周廟。爲邢、凡、蔣、茅、胙、祭，臨於周公之廟。」此蓋因道遠不能親臨其喪，故或於城外，或於廟中代之。其後相承，凡哭於廟者皆謂之臨矣，此《傳》「卜臨於大宫」是也。然其下曰「國人大臨，守陴者皆哭」，蓋國人皆至大宫而哭則謂之臨，守陴者因各有所守，不得至大宫，則但謂之哭。是哭與臨未始無别。使到其文曰「國人大哭，守陴者皆臨」，即于義不通矣。

❶ 下「痼」字，原脱，今據清經解續編本補。

❷「曰」下原衍「曰」字，今據清經解續編本删。

耆昧也。

《集解》曰：「耆，致也。致討于昧。」

樾謹按：致討于昧不可但曰「致昧」。《釋文》：「耆，音旨。徐其宜反。」今以義求之，當從徐音讀爲「耆老」之「耆」。耆者，養也。此引《詩》「遵養時晦」而釋之，「昧」字釋詩「晦」字，則「耆」字釋詩「養」字可知矣。耆得訓養者，耆猶艾也。《爾雅·釋詁》曰：「耆艾，長也。」是耆與艾同義。又曰：「艾，養也。」艾爲養，則耆亦得爲養矣。雖經典無徵，然此《傳》以「耆昧」釋詩「養」、「晦」，卽其塙證也。

御下㒳馬。

《集解》曰：「㒳，飾也。」

樾謹按：㒳之訓飾，未聞其義。《釋文》曰「徐云或作㮜」，於義更遠。阮氏《校勘記》曰「北宋本、葉抄本、盧文弨本作𢬵」，𢬵字從手，雖若近之，然其字實非古所有。若《左傳》有「𢬵」字，《説文》不應遺之。《玉篇》所收廣矣，而尚無「𢬵」字，則其字後出可知也。《左傳》原文止作「㒳馬」，㒳者，兩兩排比之也。一車有四馬，㒳馬在中曰服，㒳馬在邊曰驂。《詩》曰「㒳服齊首，㒳驂如手」，皆言其整齊也。是時車右入壘而車在壘外留待之，故御者下車排比其馬，使㒳驂、㒳服不至儳互不齊，亦示閒暇之意也。《周官·太宰》「以九㒳繫邦國之民」，鄭注曰：「㒳，猶耦也。」然則㒳馬者，使服與服耦、驂與驂耦也。因服、杜竝訓爲飾，遂變其字從手。又因古無「𢬵」字，而以「㮜」字爲之。《玉篇》㮜訓松脂，於馬無涉也。惠氏《補正》反以「㮜」字爲正，失之矣。

知莊子以其族反之。

《集解》曰：「族，家兵。」

樾謹按：族者，部屬也。其字從㫃從矢，㫃所以指麾也，❶矢所以自衛也。《國語・楚語》曰「在中軍王族而已」，韋昭注曰：「族，部屬也。」此説得之。文二年《傳》「以其屬馳秦師」，宣十七年《傳》「請以其私屬」，「屬」皆「族」之叚字。族、屬聲近，古每通用。《後漢書・靈帝紀》注曰：「五屬，五服内親也。」凡親屬字皆當作「屬」，而今相承作「族」。部族字皆當作「族」，而今相承作「屬」。説經者不達字之本義，因失其解。成十六年「欒范以其族夾公行」，杜解云「二族强，故在公左右」，明是誤解「族」字，劉光伯規之是也。正義曲爲杜諱，豈其然乎？

有麥麴乎？曰：無。有山鞠窮乎？曰：無。

《集解》曰：「麥麴、鞠窮，所以禦溼，欲使無社逃泥水中。無社不解，故曰無。」正義曰：「麥麴、鞠窮所以禦溼，賈逵有此言，則相傳爲此説也。」

樾謹按：此二物實非所以治溼，正義云云，蓋已疑之。梁簡文《勸醫論》曰「麥麴、芎藭，反止河魚之疾。」亦以杜氏所説，出乎藥性之外也。然則叔展隱語，杜氏殆未之喻乎？夫楚師是時始傅于蕭，尚未知必克與否，何以即教以逃死之策？揆之情理，殊不可通。叔展此問，蓋先探其國中之虛實也。《神農本草》載：「芎藭，味辛，温，主中風氣入腦、頭痛、寒痺、筋攣。」麥麴不載於《本草》，《名醫别録》小麥下言「作麴，温，消穀止利」，然則麥麴之功，主於消食；芎藭之用，主於去風。食自内積，

❶「麾」，原作「摩」，今據上下文意改。

喻内亂也；風自外受，喻外患也。問有麥麴者，問消弭内亂之方也；問有山鞠藭者，問祛除外患之術也。乃二者俱無，則蕭之君臣束手無策。外之强寇壓境，内之姦民生心，雖楚或未能卽克，而蕭亦必將自潰矣，故又問曰「河魚腹疾柰何」。杜氏誤解上文，謂欲使逃泥水中，故解「河魚腹疾」曰：「無禦溼藥將病。」夫逃死之法亦多矣，無社之逃于眢井，亦偶然事，叔展何爲必使之逃泥水中，因其不解，又再三言之也哉？今按：僖十九年《公羊傳》曰：「其自亡柰何？魚爛而亡也。」何休《解詁》曰：「百姓一旦相率俱去，狀若魚爛。」然則河魚腹疾，亦是此義。叔展既知蕭之將潰，因問蕭潰之後將何以自免，故曰「河魚腹疾柰何」？無社因曰「目於眢井而拯之」，乃始告以逃匿之處，令其拯救也。三問三答，杜氏全未喻其旨，反謂無社不解，古人有知，必將笑之矣。

吾若善逆彼以懷來者。十七年

樾謹按：若猶當也，言吾當善逆彼以懷來者也。若與如同義。《戰國策·宋策》曰：「夫宋之不足如梁也，寡人知之矣。」高注曰：「如，當也。」《左傳》每以「如」字爲當然之「當」。昭二十一年《傳》曰：「君若愛司馬，則如亡。」杜解曰：「言若愛司馬，則當亡走失國。」定五年《傳》曰：「不能如辭。」杜解曰：「言自知不能，當辭勿行。」竝以「如」爲「當」之證。此《傳》又以「若」爲之者，如、若一也。不達古語，卽不得其解矣。

楚莊王卒，楚師不出。既而用晉師，楚於是乎有蜀之役。十八年

樾謹按：此二十一字乃錯簡也，本在上文

「夏，公使如楚乞師，欲以伐齊」之下。編次者因經書「甲戌楚子旅卒」在「邾人戕鄫子于鄫」之後，遂割《傳》文而綴諸此，使經事相次耳，非左氏之舊。

石成子曰：師敗矣。子不少須，衆懼盡。成二年

《集解》曰：「衛師已敗，而孫良夫復欲戰，故成子欲使須救。」

樾謹按：須之言待也。《詩·匏有苦葉》篇「卬須我友」，《儀禮·士昏禮記》「某敢不敬須」，鄭君箋、注竝曰：「須，待也。」「子不少須」者，子不少待也。詳其文義，蓋未戰之前，孫良夫欲戰；既敗之後，又懼而欲先歸，故石成子以此言止之。邲之戰，隨武子殿其卒而退，故不敗。杜解曰：「以其所將卒爲軍後殿。」石子初意，亦欲孫子以所將之卒爲殿，故曰「子不少須，衆懼盡。子喪師徒，何以覆命」？及三子皆不對，則知其莫肯爲殿矣，故又曰「子以衆退」也。讀前後文，文義自明，杜解失之。

卿不書，匱盟也。於是乎畏晉而竊與楚盟，故曰匱盟。

《集解》曰：「匱，乏也。」

樾謹按：匱固訓乏，然與畏晉竊盟之義不合。《廣雅·釋訓》「謉，欺也」，疑即「匱盟」之「匱」。畏晉而竊與楚盟，故爲欺也。《國語·晉語》曰「其言匱」，義與此同，説詳《國語》。

其惡易覯。六年

《集解》曰：「惡，疾疢。覯，成也。」

樾謹按：杜蓋讀「覯」爲「構」，《詩·四月》篇「我日構禍」，毛傳曰「構，成也」，杜卽用其義耳。鄭箋曰「構，猶合集也」，又《青蠅》篇「構我二人」箋曰「構，合也」，此《傳》

「覯」字當從鄭義爲長。又按：杜解「惡」字爲疾疢，於義未得。下文曰「有汾澮以流其惡」，杜曰：「惡，垢穢。」然則此所謂惡，亦垢穢也。蓋謂郇瑕氏土薄水淺，故其垢穢不流，易於積聚，不如新田土厚水深，有汾澮以流之也。下文「流其惡」與此文「其惡易覯」正相對成義。

民受天地之中以生，所謂命也。十三年

正義曰：「天地之中，謂中和之氣也。」

樾謹按：此方論成子之不敬，無取言中和之氣。中者，正也。《淮南子·主術》篇「是以中立」，高誘注曰：「中，正也。」《儀禮·聘禮》篇鄭注曰：「門中，門之正也。」是古謂正爲中。「民受天地之中以生」，言受天地之正以生也。《論衡·命義篇》曰「正者，稟五常之性也」，《管子·法法》篇曰「正也者，所以正定萬物之命也」，竝與此《傳》之義相近。下文曰：「是以有動作禮義威儀之則，以定命也。」定猶正也。《爾雅·釋天》「營室謂之定」，孫炎、郭璞注竝曰：「定，正也。」民之生本無不正，所謂人生而靜也；及感於物而動，則不定矣。不定卽不正矣，故必有動作禮義威儀之則以定之也。若訓中爲中和之氣，則全失其義矣。

穆爲不弔。

《集解》曰：「不見弔傷。」

樾謹按：不弔猶不祥也。下文曰「君又不祥」，杜解曰：「祥，善也。」此曰「穆爲不弔」，弔亦善也。《書·粊誓》篇「無敢不弔」，《詩·節南山》篇「不弔昊天」，鄭注、鄭箋竝曰：「弔，至也。」至猶善也。《家語·終記》篇「昊天不弔」，王肅注曰：「弔，善也。」王氏引之《經義述聞·通說》說

「弔」字甚詳而未及此，故具說之。

我僞逃楚，可以紓憂。十六年

樾謹按：范文子欲反，則真逃楚矣，何僞之有？「僞」當作「爲」，古僞、爲二字通用。成九年《傳》「爲將改立君者」，定十二年《傳》「子爲不知」，《釋文》竝曰「僞，本作爲」，是其證矣。爲猶如也。《呂氏春秋·長見》篇曰「臣之御庶子鞅，願王以國聽之也。爲不能聽，勿使出境」，猶言如不能聽也。《韓子·内儲說》篇曰「王甚喜人之掩口也。爲見王，必掩口」，猶言如見王也。古書以「爲」字代「如」字者甚多，王氏引之《經傳釋詞》所引凡十數事可證。「我爲逃楚，可以紓憂」，言我如逃楚，可以紓憂也。疑古本作「爲」，後人不達「爲」字之義，又增人旁耳。

邲之師，荀伯不復從。

《集解》曰：「荀林父奔走，不復故道。」《釋文》曰：「從，徐子容反。或如字。」

樾謹按：杜言不復故道，故徐讀爲「蹤跡」之「蹤」，不復蹤之語殊爲不辭。若讀如字，則「不復從」之下須加「故道」二字，其義始明。且林父兵敗而歸，何必不由故道歸乎？王氏念孫曰❶：「從」蓋「徒」字之誤。邲之敗，徒衆之不反者多，故云不復徒，說見《經義述聞》。然不復徒之語亦爲不辭。「從」疑「役」字之誤。復者，反也。《周易·雜卦傳》曰：「復，反也。」復、反義通，故亦得通用。《儀禮·特牲饋食禮》「皆復外位」，鄭注曰「今文復爲反」是也。「不復役」即不反役。襄三年《傳》曰：「反役，與之禮食，使佐新軍。」定十年《傳》曰：

❶ 「念孫」，當作「引之」。

「反役，晉人討衛之叛故，曰：由涉佗、成何。」是古人謂師還爲反役。此云「復役」，義亦同耳。邲之戰，師徒撓敗，故謂之不復役，猶上文言不振旅也。役、從相似，因而致誤耳。

請攝飲焉。

《集解》曰：「攝，持也。持飲往飲子重。」

樾謹按：攝之言代也。《周官・大宗伯職》「若王不與祭則攝位」，鄭注曰：「代行其祭祀。」又《禮記・明堂位》注「周公攝王位」，正義曰：「攝，代也。」「請攝飲」者，請使人代己往飲子重也。下文曰「寡君乏使，使鍼御持矛，是以不得犒從者，使某攝飲」，則因不得親往而使人代往，其義甚明。杜訓攝爲持，未得其義。

宋、齊、衛皆失軍。

《集解》曰：「將主與軍相失。」正義曰：「服虔以失軍爲失其軍糧。」

樾謹按：如杜解，則直曰「師潰」可矣，何以謂之「失軍」乎？如服解，則又增出「糧」字，疑皆非《傳》義也。軍者，謂營壘也。《説文・車部》：「軍，圜圍也。從車從包省。」《一切經音義》卷十八引《字林》曰：「軍，圜也。包車爲軍。」是軍字本義車在其中而包裹其外，正爲營壘之象。《傳》文「軍」字，如「晉軍函陵」、「秦軍氾南」之類，其本義也。如「郤縠將中軍」、❶「狐偃將上軍」之類，其引申義也。桓六年《傳》「王毁軍而納少師」，毁軍者，毁其營壘也。若是三軍之人，豈可言毁乎？此《傳》言失軍者，亦謂失其營壘也。服、杜二解皆失之。宣十二年《傳》曰「君盍築武軍」，杜解曰

❶「縠」，原作「穀」，今據阮刻《左傳正義》改。

「築軍營以章武功」，襄二十三年《傳》「張武軍於熒庭」，解曰「張武軍，謂築壘壁」，斯得之矣。襄二十七年《傳》「以藩爲軍」，昭十三年《傳》「乃藩爲軍」，可見「軍」字之義。

公薨于路寢，言道也。十八年

《集解》曰：「在路寢得君薨之道。」

樾謹按：下文曰「葬我君成公，書順也」，道與順同義，《論衡·本性篇》引陸賈曰「順之爲道」是也。《國語·楚語》以「違而道」、「從而逆」相對，道卽順也。此《傳》曰「言道也」，猶曰言順也。杜解未得其旨。

使臣斯司馬。襄三年

《集解》曰：「斯，此也。」

樾謹按：使臣此司馬，甚爲不辭。「斯」疑「廁」字之誤。《文選·秋興賦》曰「攝官承乏，猥廁朝列」，李善注引《蒼頡注》曰「廁，次也」，是其義也。哀二年杜解「去斯役」，《釋文》曰：「斯本作廝。」廝與廁相似，「廁」誤作「廝」，因改爲「斯」矣。《國語·晉語》曰「使臣狃中軍之司馬」，狃亦廁也。《廣雅·釋詁》曰：「粈，廁也。」粈、狃義通，說詳《國語》。

子爲正卿，而小君之喪不成，不終君也。四年

《集解》曰：「慢其母，是不終事君之道。」

樾謹按：人子事親，以送死爲終事。君母之喪不成，則君於事親之道不終，故曰不終君，謂不終君之事也。杜解爲不終事君之道，則是不終臣之事矣。君喪不成，方可以此責之；君母之喪不成，不得以此責之也。

我心扃扃。五年

《集解》曰：「扃扃，明察貌。」

樾謹按：杜蓋讀「扃」爲「炯」。《文選·幽

通賦》「又申之以炯戒」，曹注曰：「炯，明也。」然以扃扃爲明察，則與下文「講事不令，集人來定」義不相蒙，殆非也。扃扃猶耿耿也。《詩・柏舟》篇「耿耿不寐」，傳曰：「耿耿，猶儆儆也。」《廣雅・釋訓》：「耿耿，警警，不安也。」此詩之旨，言我心耿耿然不敢自安，故思聚致賢人以定之也。作「扃」者，叚字耳。《說文・耳部》「耿，從耳炯省聲」，故耿與炯古通用。《文選》顔延年《登巴陵城樓詩》「炯介在明淑」，李善注引《楚辭》「彼堯、舜之耿介」，而曰「耿與炯同」是也。杜知「扃」可通作「炯」，而不知「炯」可通作「耿」，故未得其解矣。

子駟使賊夜弑僖公，而以瘧疾赴于諸侯。七年

樾謹按：瘧疾無致死之理，以是赴于諸侯，不且欲蓋而彌彰乎？疑古本止作「虐疾」。《尚書・金縢》篇「遘厲虐疾」，枚氏傳曰：「虐，暴也。」虐疾猶言暴疾。弑之而以暴疾赴，於情事爲近。

職競作羅。八年

《集解》曰：「言既卜且謀多，則競作羅網之難，無成功。」

樾謹按：杜解「羅」字文義迂迴，殆非也。「羅」當讀爲「罹」。《爾雅・釋詁》：「罹，憂也。」《詩・兔爰》篇「逢此百罹」，《斯干》篇「無父母詒罹」，《小弁》篇「我獨于罹」，傳、箋竝曰：「罹，憂也。」「職競作罹」者，職競作憂也。《說文》無「罹」字，蓋古字止以「羅」爲之。今《毛詩》皆作「罹」，而此《傳》引逸《詩》作「羅」。班孟堅謂《左傳》多古字古言，於此可見。

鄬我是欲。

《集解》曰：「楚欲以鄭爲鄬邑而反欲

與成。」

樾謹按：《傳》言「是欲」，不言「欲與成」，杜解非也。欲猶好也，凡可欲者即可好，故曰耆好，亦曰耆欲；曰好惡，亦曰欲惡。《孟子・告子》篇「所欲有甚於生者」，《中論・夭壽》篇作「所好」；《荀子・不苟篇》「欲利而不爲所非」，《韓詩外傳》作「好利」，是欲與好義通。「鄙我是欲」猶言鄙我是好，蓋謂晉親我而我不與之成，楚鄙我而我反與之好也。

悉索敝賦。

《集解》曰：「索，盡也。」

樾謹按：悉盡敝賦甚爲不辭，杜解非也。二年《傳》「以索馬牛皆百匹」，杜曰「索，簡擇好者」，是索有簡擇之義。「悉索敝賦」謂盡國中之車徒而簡擇之也。蓋索之言蒐索也。《白虎通・田獵》篇曰：「秋謂之蒐何？蒐索肥者也。」《漢書・百官公卿表》注引服虔曰：「蒐，索也。」然則索亦猶蒐也。昭十一年《公羊傳》曰：「大蒐者何？簡車徒也。」此即「悉索敝賦」之謂矣。

巡丈城。九年

《集解》曰：「巡，行也。丈，度也。」正義曰：「十尺爲丈。巡行其城以丈度之，故云丈城。」

樾謹按：國有大災，巡視城垣，固其所也，然豈必丈而度之乎？方倉卒之時，又豈暇執尺以度城之高卑乎？且上文曰「陳畚挶，具綆缶，備水器，量輕重，蓄水潦，積土塗」，下文曰「繕守備，表火道」，諸句皆以下二字相連爲義，而此句「巡丈城」乃以上二字相連爲義，與上下文不一律矣。竊疑「丈」爲誤字。據阮氏《校勘記》，「丈」字有作「文」者，然「文」字亦無義。今按：

「丈」當作「女」。「巡女城」者，巡視城堞也。《説文・土部》：「堞，城上女垣也。」《𨸏部》：「陴，城上女牆俾倪也。」《釋名・釋宫室》曰：「城上垣曰睥睨，言於其孔中睥睨非常也。亦曰女牆，言其卑小，比之於城，若女子之於丈夫也。」然則此《傳》言女城，卽女牆、女垣之異名，本所以睥睨非常，故使人巡視之也。

宋災，於是乎知有天道，何故？

《集解》曰：「問宋何故自知天道將災。」

樾謹按：《傳》言「宋災，於是乎知有天道，」是因災而知天道，非因天道而逆知將災也。古書言天道者，皆主吉凶禍福而言。孟子言聖人之於天道也，猶言聖人之於吉凶禍福。蓋雖聖人不可如何，故曰命也。晉侯所謂「宋災，於是乎知有天道」者，疑宋國相傳謂國有火災，必主禍敗，故士弱對曰「商人閲其禍敗之釁，必始於火」。觀「始」之一字，則因災而知天道明矣。下文「公曰：『可必乎？』對曰：『在道。國亂無象，不可知也。』」自此年宋災之後，宋國無大禍敗，則在道之言信矣。杜氏誤解此句，故於上文「樂喜爲司城以爲政」卽云「知將有火災，素戒爲備火之政」，殊非《傳》意。所謂「爲司城以爲政」者，言以司城之官而執國政也。宋六卿之次，右師、左師、司馬、司徒、司城、司寇，是司城班在弟五。宋以子罕之賢，特使爲政，故《傳》言「爲司城以爲政」，豈徒爲備火之政乎？哀七年《傳》曰「使爲司城以聽政」，與此《傳》同義，足徵杜注之非矣。

棄位而姣。

《集解》曰：「姣，淫之别名。」正義曰：「服虔讀『姣』爲『放效』之『效』，言效小人爲淫。淫自出於心，非效人也。今時俗語謂淫爲姣，故以姣爲淫之別名。」

樾謹按：《說文・女部》：「姣，好也。」《孟子・告子》篇曰：「至於子都，天下莫不知其姣也。」《荀子・非相篇》曰：「古者桀、紂長巨姣美，天下之傑也。」《韓詩外傳》曰：「以爲姣好邪？ 則太公年七十二，齳然而齒墮矣。」《鹽鐵論・殊路》篇曰：「毛嬙，天下之姣人也。」《史記・司馬相如傳》曰：「姣冶嫺都。」《漢書・東方朔傳》曰：「左右言其姣好。」古書「姣」字竝美好之義。而杜乃以爲淫之別名，正義又以俗語證之，陋矣。然如服子慎之說，實亦未安。「姣」當讀爲「恔」。《方言》曰：「逞、曉、恔、苦，快也。自關而東或曰曉，或曰逞；江淮陳楚之閒曰逞；宋、鄭、周、洛、韓、魏之閒曰苦；東齊海岱之閒曰恔；自關而西曰快。」然則恔與逞同義。「棄位而恔」與僖二十三年《傳》「淫刑以逞」、成十六年《傳》「疲民以逞」文義相近，言棄位而自快其意也。穆姜齊女，習於齊之方言，故曰恔耳。

而以偪陽光啟寡君。十年

正義曰：「光昭宋國，開其疆竟，以賜寡君。」

樾謹按：昭二十八年《傳》曰「光有天下」，杜解曰：「光，大也。」然則「光啟」者，猶言大啟也。《國語・鄭語》「必光啟土」，韋昭注曰「光，大也」，得其義矣。正義失之。

先王先公。十一年

《集解》曰：「先王，諸侯之大祖，宋祖帝乙、鄭祖厲王之比也。先公，始封君。」

樾謹按：下文更言「七姓十二國之祖」，則此當泛言周之先王先公，杜解非是。

七姓十二國之祖。

《集解》曰：「實十三國，言十二，誤也。」正義曰：「服虔云：晉主盟，不自數。」

樾謹按：《傳》言「十二國」，知鄭猶未與盟也。是時鄭雖行成，而猶未受盟，故范宣子曰「諸侯道敝而無成」。若鄭亦同盟，則不應爲是言矣。至九月，諸侯復伐鄭，鄭人使王子伯駢行成，於是晉趙武入盟鄭伯，鄭子展出盟晉侯，正以鄭未與盟，故特與之盟也。《傳》文本不誤，亦不必曲爲之說。據二十二年《傳》「寡君盡其土實，重之以宗器，以受齊盟」，然則此時歌鐘鎛磬之屬尚未入晉，其尚未受盟可知。說者泥「同盟」之文，謂鄭亦與焉，未必然也。

衛北宮括不書於向，書於伐秦，攝也。十四年

《集解》曰：「能自攝整，從鄭子蟜俱濟涇。」

樾謹按：攝非攝整之謂。攝之言佐也，助也，言北宮括於此役有佐助之功也。《詩·既醉》篇「朋友攸攝，攝以威儀」，毛傳曰：「言相攝佐者以威儀也。」襄三十一年《傳》引此詩，杜解曰「攝，佐也」，卽用毛義。《白帖》三十四引此詩，而曰「攝，助也」。助與佐義同，是攝有佐助之義，古訓然也。昭二十六年《傳》曰：「晉爲無道，是攝是贊。」與此《傳》「攝」字義可互明。杜於彼《傳》訓攝爲持，亦未得也。

寡君不以卽刑而悼棄之。

樾謹按：杜氏不解「悼」字，則讀如本字矣。然「悼棄」連文，甚爲無義。「悼」當讀爲「卓」。《史記·魯周公世家》「里克殺其君奚齊卓子」，《集解》引徐廣曰「卓，一作悼」，是悼與卓古字通也。卓之本義爲高，《說文·匕部》：「卓，高也。」高則必遠，故或訓爲高遠，《漢書·劉輔傳》「必有卓詭切至」，師古注曰：「卓，高遠也。」亦或徑訓

爲遠，《楚辭·逢尤》篇「世既卓兮遠眇眇」，王逸注曰：「卓，遠也。」《説文·走部》：「趠，遠也。」《辵部》：「逴，遠也。」趠、逴皆卓之後出字，遠卽高之引申義耳。「卓棄之」者，遠棄之也。上文曰「聞君不撫社稷而越在它竟」，杜解曰：「越，遠也。」故此答之曰「寡君不以卽刑而卓棄之」，卓亦遠也。

王室之不壞，緊伯舅是賴。十四年

正義曰：「服虔本『壞』作『懷』，解云：懷，柔也。緊，蒙也。賴，恃也。王室之不懷柔諸侯，恃蒙齊桓之匡正也。」

樾謹按：《傳》文若是「王室之不壞」，則下句當云「緊伯舅之功」。今乃云「緊伯舅是賴」，疑當從服本作「懷」。然子愼訓懷爲柔，而云不懷柔諸侯，於義未得。《詩·雄雉》篇「我之懷矣」，《揚之水》篇「懷哉懷哉」，❶鄭箋竝曰：「懷，安也。」「王室之不懷」猶云王室之不安也。王室不安，惟伯舅能安之，故曰「緊伯舅是賴」也。

改服修官。十六年

《集解》曰：「既葬，改喪服。修官，選賢能。」

樾謹按：上文已歷敘羊舌肸爲傅云云，此何以又云修官？且修官與改服事亦不倫，杜解殆非也。官與館古字通。《周易·隨》初九「官有渝」，《釋文》曰：「官，蜀才本作館。」蓋「官」字從宀，實爲館舍之本字，從食作「館」，乃後出字也，説詳余所箸《字義載疑》。「修官」卽修館也。晉侯將烝于曲沃，又順河東下，會于溴梁，故所在館舍先爲修理也。

❶「揚」，原作「楊」，今據阮刻《毛詩正義》改。

晉人使司馬斥山澤之險。十八年

《集解》曰：「斥，候也。」

樾謹按：《小爾雅・廣詁》曰：「斥，開也。」《漢書・司馬相如傳》「除邊關益斥」，師古注曰：「斥，開廣也。」《禮記・王制》正義曰：「斥大，謂開斥廣大。」此《傳》「斥山澤之險」正斥大之義，言凡山澤險阻之地，皆開斥之，使容車徒也。杜訓爲候，未得其旨。

齊侯見之，畏其衆也，乃脱歸。

《集解》曰：「脱，不張旗幟。」

樾謹按：不張旗幟謂之脱，近於臆説矣。脱之言突也。《詩・緜》篇「混夷駾矣」，毛公訓駾爲突。駾從兑聲，故或卽以「兑」爲之，《孟子・梁惠王》篇注引《詩》作「昆夷兑矣」是也。脱亦從兑得聲，故得與駾通。「乃脱歸」者，乃突歸也。《廣雅・釋詁》曰：「突，猝也。」猝然而歸則有輕速之意，故太子曰：「社稷之主，不可以輕也。」《國語・晉語》「脱會秦伯於王城」，義亦與此同。

先吴壽夢之鼎。十九年

《集解》曰：「古之獻物必有以先，今以璧馬爲鼎之先。」

樾謹按：惠氏《補注》曰：「馬爲庭實，未聞以馬爲先。且馬不上堂，安得先之？」其説是也。至以先吴爲先秦、先漢之比，則亦未得。夫郜鼎不稱先郜，紀甗不稱先紀，吴鼎何必言先吴邪？「先」疑「旡」字之誤。「旡」讀爲「暨」。暨，及也，猶言賄荀偃束錦、加璧、乘馬及吴壽夢之鼎也。暨從既聲，既從旡聲，古文以聲爲主，故卽以「旡」爲之。所謂《左傳》多古字、古言者，此也。旡、先形似，學者多見「先」，鮮見

「旡」,因誤爲「先」矣。

圭嬀之班亞宋子,而相親也;士子孔亦相親也。十九年

樾謹按:「士子孔亦相親」者,謂因其母之故,而亦親於宋子也。既親於宋子,則其親於子然,子孔不待言矣。此所以三室如一也。唐石經作「二子孔亦相親也」,則但是士子孔與司徒孔相親,而子然不與矣,何以云「三室如一」乎?「二」字乃「士」字之誤。阮氏《校勘記》反謂作「二」者不誤,恐後學疑惑,故詳辨之。

軌度其信。二十一年

正義曰:「謂使其臣信有軌則法度,可明以爲徵驗也。劉炫曰:軌,法也。行依法度而言有信也。」

樾謹按:正義所説迂迴難明,且不成義,殆非也。「軌」當讀爲「究」。軌字從九得聲,古音卽如九;究亦從九得聲,故軌、究音同,得相叚借。《詩·皇矣》篇「爰究爰度」,此以「究度」連文,卽其義也。「究度其信」者,言必究度之,使信而合義也。上云「洗濯其心」,此云「究度其信」,洗、濯二字同義,究、度二字亦同義。學者不知「軌」爲「究」之叚字,因失其解矣。二十五年《傳》「度山林,鳩藪澤」,「鳩」亦「究」之叚字,説見王氏引之《經義述聞》。此叚「軌」爲「究」,猶彼叚「鳩」爲「究」也。

生在敬戒。二十二年

樾謹按:此「敬」字與上文「敬共事君」「敬」字不同。「敬共」之「敬」乃本字也,「敬戒」之「敬」當讀爲「儆」。《説文·人部》:「儆,戒也。」儆、戒一義,故下文君子但曰知戒。

君子謂慶氏不義,不可肆也。二十三年

《集解》曰:「肆,放也。」正義曰:「君子自

論慶氏之罪，所爲不義，不可放肆，以爲宜其誅滅。」

樾謹按：杜訓肆爲放，未詳其義。若從正義之説，則當爲「肆眚」之「肆」。然襄九年「肆眚圍鄭」，杜解曰：「肆，緩也。」此《傳》訓放，與彼義殊，正義所説未必有當杜意也。今按：肆者，長也。《詩·崧高》篇「其風肆好」，毛傳曰：「肆，長也。」「不可肆」卽不可長。言慶氏不義，不可長也，故下文卽引《書》「惟命不于常」以證之。「肆」字古作「𨽿」，在《説文·長部》。然則訓肆爲長，正合字之本義。杜解既不了，正義以「宜其誅滅」足成之，殆非《傳》意。

趙勝帥東陽之師以追之，獲晏氂。

《集解》曰：「東陽，晉之山東，魏郡廣平以北。」正義曰：「昭二十二年《傳》曰：『荀吴略東陽，遂襲鼓，滅之。』鼓在鉅鹿，居山之東。山東曰朝陽，知東陽是寬大之語，總謂晉之山東，故爲魏郡廣平以北。服虔以東陽爲魯邑，謬之甚矣。東陽之師，謂下文叔孫豹所帥者也。」

樾謹按：《魯語》曰：「昔欒氏之亂，齊人閒晉之禍，伐取朝歌。我先君襄公不敢甯處，使叔孫豹悉帥敝賦，踦跂畢行，無有處人，以從軍吏，次於雝俞，與邯鄲勝擊齊之左，掎止晏萊焉。」服氏以東陽爲魯邑，蓋據此。正義既斥其謬，而又曰「東陽之師，謂下文叔孫豹所帥者也」，則仍無以易服氏之舊説矣。今按：晉東陽之地雖或遼闊，然所謂「東陽之師」者，必非盡大行山以東之師而悉起之也。趙勝卽邯鄲午之父，見定十三年正義。《外傳》謂之邯鄲勝，蓋父子世守邯鄲者。邯鄲今屬廣平府，東陽必與邯鄲相近。顧氏棟高《春秋大事表》謂今冀州爲晉之東陽地是也。至叔孫豹之師尚在雍榆，杜謂汲郡朝歌縣東有雍城，其地在今衛輝府濬縣，相去甚遠，安得謂東陽之師即叔孫豹所帥者乎？正義此説仍未免爲服氏所惑也。然則《外傳》所載子服惠伯之言，豈其飾無爲有，以欺大國邪？曰雍榆，去朝歌甚近。是役也，齊取朝歌而不能守，未必非叔孫一軍之力，於是趙勝得以追擊之，而獲晏氂。其後魯人居以爲功，晉亦不能斥爲誣也。若必執《國語》以説《左傳》，失之矣。

若能孝敬，富倍季氏可也。

《集解》曰：「父寵之則可富。」

樾謹按：富與福古通用。《周易·謙·彖傳》「鬼神害盈而福謙」，《釋文》曰「福，京作富」，是其證也。「富倍季氏」即福倍季氏，與下句「禍倍下民」相對，正承上文「禍福無門，惟人所召」而言。杜以本字讀之，失其旨矣。其下云「故公鉏氏富」，此則當讀如本字。閔子馬所謂福者，非止以富言也，富固福也，得爲公右宰亦福也。悼子雖得立，而竟早死，雖謂之無福可矣。

公曰不。爲崔子，其無冠乎？二十五年

《集解》曰：「言雖不爲崔子，猶自應有冠。」

樾謹按：杜説不了，由未得其句讀故也，此當以「公曰不」絶句。「公曰不」猶「孟子曰否」，乃甚不然之辭。不與否古字通也。「爲崔子，句。其無冠乎？」言既爲崔子，豈患無冠？吾以其冠賜人，於崔子無損也。《説文·丶部》：「咅，相與語唾而不受也。從丶、否聲。」「孟子曰否」及此《傳》「公曰不」疑皆「否」之叚字，今世俗猶有此言。

公踰牆，又射之。

正義曰：「上未有射公之文，而云又射之

者，以公未踰牆，必已射公，但射公不中，《傳》文不載。以踰牆射之中股，故《傳》言其事，而云又也。」

樾謹按：上無射公之文，則此不得言「又」。「又」當讀爲「有」。《石鼓文》「澫又小魚」，《詛楚文》「又秦嗣王」，竝以「又」爲「有」，古字通也。因不知射者主名，故但曰「有射之」。定八年《傳》「有自門閒射陽越殺之」，卽其例也。有與或聲近而義通。《考工記・梓人》曰「毋或若女不寧侯」，《禮記・祭義》篇曰「庶或饗之」，《孟子・公孫丑》篇曰「夫既或治之」，鄭注、趙注竝曰：「或，有也。」故「又」字亦與「或」通。《禮記・檀弓》篇曰「或敢有他志」，《國語・晉語》作「又何敢有他志」；哀元年《左傳》曰「或將豐之」，《史記・吴世家》作「又將寬之」，竝其證也。然則「又射之」猶云或射之。不通古人之言而泥乎其文，斯難得其解矣。

會于夷儀之歲，齊人城郟。其五月，秦、晉爲成。晉韓起如秦涖盟，秦伯車如晉涖盟，成而不結。二十六年

《集解》曰：「《傳》爲後年修成起本，當繼前年之末，而特跳此者，傳寫失之。」

樾謹按：杜謂此《傳》當繼前年之末，非也。此《傳》實當在下文「二十六年春」之上。蓋左氏作《傳》，本未嘗分每年爲一篇，故文十年《傳》云「厥貉之會，麇子逃歸」，十一年《傳》卽云「楚子伐麇」；宣十一年《傳》云「厲之役，鄭伯逃歸」，十二年《傳》卽云「楚子伐鄭」。如此之類，竝當合下文爲一，不當綴諸前年之末。莊十九年《傳》曰「十九年春，楚子禦之」，僖二十四年《傳》曰「二十四年春，王正月，秦伯納之」，但言

禦之、納之，不言所禦何師，所納何人。蓋左氏原文自「初楚武王克權」至「巴人因之以伐楚」此數十字皆在「十九年春」之上，自「晉公子重耳之及於難也」至「重耳敢不拜」此數百字皆在「二十四年春」之上。後之編次者因每年必欲以年冠首，年上不容更著一字，於是割置前年之末，而文義之不安者多矣。「惠公元妃孟子」至「是以隱公立而奉之」此五十八字本在「元年春王周正月」之上，若非杜氏合傳於經，即無經文横隔其閒，豈不連屬爲一？即此可見左氏之舊。此《傳》與彼不殊，杜氏以經文隔之，遂若孤縣卷首，無所繫屬，因以爲傳寫跳此，而左氏之舊不可復矣。

欒、范易行以誘之。

《集解》曰：「易行，謂簡易兵備。欲令楚貪己，不復顧二穆之兵。」正義曰：「賈逵、鄭衆皆讀『易』爲『變易』之『易』。《楚語》説此事云：『若易中下，楚必歆之。』韋昭云：『簡易欒、范之行，示之弱以誑楚也。』是韋昭已讀爲『簡易』之『易』，故杜從之也。」樾謹按：《傳》言「誘之」，則韋氏示弱之説信矣。惟簡易之義，終有未安。「易」當讀爲「阤」。《方言》及《廣雅·釋詁》竝曰：「阤，壞也。」字亦作「弛」。《國語·魯語》曰：「文公欲弛孟文子之宅。」韋注曰：「弛，毁也。」然則「弛行以誘之」者，毁行以誘之也，猶桓六年《傳》曰「王毁軍而納少師」也。《詩·何人斯》篇「我心易也」，《韓詩》作「我心施也」。「易」之通作「阤」，猶「易」之通作「施」也。王氏引之謂《魯語》「弛孟文子之宅」與「景公欲更晏子之宅」同，弛者，易也，説見《經義述聞》。然則《外傳》「弛宅」當爲「易宅」，此《傳》「易行」

當爲「弛行」，竝古文叚字。而學者泥本字以求之，則胥失之矣。

晉人將與之縣，以比叔向。

《集解》曰：「以舉材能比叔向。」

樾謹按：《周易・比・象傳》曰：「比，輔也。」《詩・杕杜》篇「胡不比焉」，《國語・齊語》「足以比成事」，鄭箋、韋注竝曰：「比，輔也。」《爾雅・釋詁》曰「比，俌也」，俌與輔同。然則「以比叔向」者，以輔叔向也。杜解失之。

能歆神人。二十七年

《集解》曰：「歆，享也。使神享其祭，人懷其德。」

樾謹按：《國語・周語》曰「民歆而德之」，韋注曰：「歆猶欣。欣，喜服也。」然則「能歆神人」謂神人皆喜之也。《周語》曰「事神保民，莫不欣喜」，是其義也。一「歆」字兼神人而言，杜解未得其旨。

季蘭尸之，敬也。二十八年

《集解》曰：「使服蘭之女而爲之主。」正義曰：「《詩》言季女，而此言季蘭，謂季女服蘭草也。案宣三年《傳》曰：『蘭有國香，人服媚之。』知是女之服蘭也。」

樾謹按：蘭雖人所服媚，然女不必皆服蘭。且服蘭之女，豈可卽謂之蘭乎？杜解非也。「蘭」疑「孌」之叚字。孌從䜌聲，蘭從闌聲，二聲相近。《説文・門部》：「𨵽，妄入宫掖也。從門䜌聲，讀若蘭。」《漢書・成帝紀》「闌入尚方掖門」卽以「闌」爲之。然則「蘭」之通作「孌」，猶「闌」之通作「𨵽」也。《詩・車舝》篇「思孌季女逝兮」，傳曰：「孌，美貌。」此《傳》所謂「季孌」，卽《詩》所謂「思孌季女」，言年少而美好也。

請觀於周樂。二十九年

樾謹按：《儀禮・聘禮記》「歸大禮之日，既受饔餼，請觀」，鄭注曰：「聘於是國，欲見其宗廟之好，百官之富，若尤尊大之焉。」然則古禮於所聘之國本有請觀之事，故季札因而請觀周樂耳。

美哉其細。已甚，民弗堪也。

《集解》曰：「美其有治政之音，譏其煩碎，知不能久。」

樾謹按：「美哉」之下不箸一字，而遽云「其細已甚，民弗堪也」，文義不屬。疑「其細」二字當爲一句，「美哉其細」，蓋美其細也。《説文・糸部》：「細，微也。」《荀子・解蔽篇》楊注曰：「微者，精妙之謂也。」是細亦未始非美，但過甚則涉于煩碎矣，故又曰「已甚，民弗堪也」。杜解未得其旨。《詩》正義引服虔曰「其風細弱已甚」，亦失之。

用而不匱，廣而不宣。

樾謹按：此文自「直而不倨，曲而不屈」以下共十四句，每二句相對成義。直與曲對，邇與遠對，遷與復對，哀與樂對，施與取對，處與行對，獨此二句用與廣不對。「用」疑「困」字之誤。「困而不匱，廣而不宣」，語意一律。困者窮乏之名，廣者博大之號，正相對也。

辯而不德。

《集解》曰：「辯，猶争也。」

樾謹按：杜氏不解「德」字。《史記》注引服虔曰「夫以辯争，不以德居之，必加於刑戮也」，其説非是。苟能以德居之，又何争乎？「德」當讀爲「直」。「德」字古文作「悳」，本從直聲，故卽與「直」通。《周易・繫辭傳》「有功而不德」，蜀才本作「置」。「德」之通作「直」，猶「置」之通作「德」也。争辯而不直，故宜加於刑戮矣。

其君弱植。三十年

正義曰：「《周禮》謂草木爲植物，植爲樹立。君志弱，不樹立也。」

樾謹按：如正義所説，當云「其君弱不植」，於文方明，不得云「其君弱植」。蓋「弱植」連文，乃古語也。「植」當讀爲「脂膏膱敗」之「膱」，《考工記・弓人》注曰「樴，脂膏膱敗之膱」是也。字本作「殖」，《説文・歺部》：「殖，脂膏久殖也。」亦或作「膱」，《釋名・釋地》曰：「土黄而細密曰埴。埴，膱也，黏胒如脂之膱也。」然則人之弱者謂之膱，猶土之黏者謂之埴矣。《考工記》「摶埴之工二」，❶司農曰：「埴，書或作植。」此叚「植」爲「膱」，與彼叚「植」爲「埴」同。若以本字讀之，而訓爲樹立，則「弱植」二字義不相屬矣。

上下有服。

《集解》曰：「公卿大夫服不相踰。」

樾謹按：經傳「服」字半皆「𠬝」字之叚借。《説文・又部》：「𠬝，治也。從又從卩。卩，事之制也。」凡服事字、降服字竝當作「𠬝」，而經、傳皆以「服」爲之，「服」行而「𠬝」廢矣。鄭石制字子服，見宣十二年《傳》，此卽叚「服」爲「𠬝」之明證。𠬝從卩，故亦有節制之義。名制字𠬝，正相應也。「上下有𠬝」猶云上下有制，與上句「都鄙有章」一律。杜不知「服」爲「𠬝」之叚字，而以本字讀之，失其旨矣。《吕氏春秋・樂成》篇曰「都鄙有服」，高注曰：「服，法服也。」疑高氏原文本曰「服，法也」，蓋服爲

❶「摶」，原作「搏」，今據阮刻《周禮注疏》改。

制，故亦爲法。後人不知其義，妄增「服」字耳，説詳《吕氏春秋》。

寇盜充斥。三十一年

《集解》曰：「充，滿。斥，見。言其多。」

樾謹按：「充斥」連文，其義一也。《淮南子・説山》篇「近之則鐘音充」，高誘注曰「充，大也」；《吕氏春秋・必己》篇「禍充天地」，高注亦曰「充猶大」，是充之義爲大也。《文選・魏都賦》「墳衍斥斥」，李善引《蒼頡》曰：「斥，大也。」《史記・司馬相如傳》「除邊關益斥」，《索隱》引張揖曰：「斥，廣也。」廣與大同，是斥之義亦爲大也。凡有大義者，皆有衆多之義，如殷訓大亦訓盛，豐訓大亦訓滿，皆其例也。《説文・多部》「⿰多圣，大也。從多圣聲。」其義爲大，而其字從多，可知其義之通矣。《玉篇・多部》「㚇，多也，大也」；《大部》「奝，大也，多也」，皆多、大義通之證。充、斥竝訓大，故亦竝訓多。「寇盜充斥」言寇盜之多也。杜訓斥爲見，義反不倫矣。

令尹似君矣。

正義曰：「言令尹威儀，已是國君之容矣。服虔云：言令尹動作以君儀，故云以君矣。服言以君儀者，明年《傳》云『二執戈者前矣』，是用君儀也。俗本作『似君』。若云『似君』，不須言矣。今定本亦作『似君』，恐非。」

樾謹按：其字當從古本作「以」，其義當從定本作「似」。《周易・明夷》彖辭「文王以之」、「箕子以之」，荀向本作「似」，即其例也。就字義而言，「以」即「似」字。古「似」字作「侣」，亦或移人旁於右作「⿰㠯人」，真書變作「以」，而借爲「㠯」字。行之既久，莫知其卽「侣」字也，於是又加人旁於左作「似」字，此尤俚俗之甚者。服氏所據本作「令尹以君矣」，正左氏之舊。乃不知「以」字之卽「似」字，蓋六書之學，自漢已失之矣。

群經平議卷二十六

群經平議卷二十七

德清俞樾

春秋左傳三

帶其褊矣？ 昭元年

《集解》曰：「言帶褊盡，故裂裳，示不相逆。」

樾謹按：「褊」字不訓盡，即以叚借之例求之，亦不得其説。杜云褊盡，殆失之矣。《説文・衣部》：「褊，衣小也。」「帶其褊矣」猶曰以是爲帶，不其褊小乎？ 蓋旣以與之，又爲謙辭謝之也。古書或以「矣」字代「乎」字，如隱三年《公羊傳》曰「盍終爲君矣」，《禮記・文王世子》篇曰「女何夢矣」，皆是也。杜氏不達古語，故失其解。

處不辟污。

《集解》曰：「污，勞事。」正義曰：「處國之所辟者，惟有辟勞事耳，故以污爲勞事也。言事之勞身，若穢之污物也。」

樾謹按：《廣雅・釋詁》曰：「辱，污也。」汙爲辱，故亦爲勞。《禮記・檀弓》篇鄭注曰「勤，勞辱之事也」，是勞、辱同義。成九年《傳》「大夫勤辱」，「勤辱」猶勤勞也。汙者辱事，即爲勞事。正義所説未達古訓。

弗去懼選。

《集解》曰：「選，數也。恐景公數其罪而加戮。」

樾謹按：懼數其罪則曰「懼罪」足矣，乃曰「懼選」，於文不明，杜解殆非也。「選」當讀爲「篡」。《説文・厶部》：「屰而奪取曰篹。」古人之言，上下不嫌同辭，以臣奪取於君謂之篹，以君奪取於臣亦謂之篹。鍼之適晉，其車千乘，對司馬侯曰，若能少此，吾何以得見？是鍼以車多故出奔。其母所謂「弗去懼選」者，言弗去則必爲景公所篹取，故欲使適它國，以保其所有也。《方言》曰：「秦、晉之閒凡取物而逆謂之篹。」鍼母此言，正秦之方言也。作「選」者叚字耳。選從巽聲，篹從算聲，二聲相近，故得通用。《詩・柏舟》篇「不可選也」，《後漢書》朱穆《絶交論》作「不可算也」。《論語・子路》篇「何足算也」，《漢書・公孫劉田王楊蔡陳鄭傳贊》作「何足選也」。然則「選」之通作「篹」，猶「選」之通作「算」矣。《國語・魯語》「君不命吾子，吾子請之，其爲選事乎」？「選」亦「篹」之叚字，謂其自篹取之也，説詳《國語》。

臺駘能業其官。

《集解》曰：「纂昧之業。」

樾謹按：杜未解「業」字也。「業」讀爲「𠞊」。《方言》曰：「𠞊，續也。秦、晉繩索謂之𠞊。」《廣雅・釋詁》亦曰：「𠞊，續也。」「能𠞊其官」者，能繼續其官守也。《説文》無「𠞊」字，蓋古字止作「業」耳。

四姬有省猶可。

《集解》曰：「據異姓，去同姓，故言省。」

樾謹按：「省」當讀爲「眚」。莊二十二年經文「肆大眚」，《公羊》作「肆大省」，是省與眚通。上文曰：「美先盡矣，則相生疾。」相之云者，兼男女而言，明男娶同姓之女固當生疾，女嫁同姓之男亦當生疾也，故此云「四姬有眚猶可」。眚之言疾眚也，《楚語》曰「夫誰無疾眚」是也。四姬有疾眚，則四姬當之矣，故曰「猶可」也。杜解未得其旨，正義申説之，徒爲辭費耳。

女陽物。

《集解》曰：「女常隨男，故言陽物。」

樾謹按：以《易》義言之，坎爲中男，爲月；離爲中女，爲日，此所以女爲陽物也。後世言丹術者，有取坎填離之説，實本於此。杜以女常隨男爲説，失之矣。

十二月，晉既烝，趙孟適南陽，將會孟子餘。甲辰朔，烝于温。

《集解》曰：「烝，冬祭也。孟子餘，趙衰、趙武之曾祖。其廟在晉之南陽温縣。往會祭之。趙氏烝祭。甲辰，十二月朔。晉既烝，趙孟乃烝其家廟，則晉烝當在甲辰之前。《傳》言十二月，誤。」

樾謹按：《左傳》以周正紀事，十二月者，建亥之月也。桓五年《傳》「閉蟄而烝」，杜解曰：「建亥之月，昆蟲閉户，萬物皆成，可薦者衆，故烝祭宗廟。」然則烝祭當在建亥之月，此《傳》十二月不誤也。疑「甲辰朔」三字當在《傳》首「十二月」之下，左氏原文蓋云「十二月甲辰朔，晉既烝」。傳寫者誤移「甲辰朔」三字置「烝于温」之上，而文不可通矣。又按：「將會孟子餘」句義亦難明。趙衰字子餘，不字孟，會祭孟子餘不得但曰「將會」，然則此文亦必有誤。今按：孟者，地名。《尚書·泰誓》篇《序》正義曰：「孟者，河北地名，《春秋》所謂向、盟是也。」據隱十一年《傳》「王取鄔、劉、蔿、邘之田于鄭，而與鄭人蘇忿生之田温、原、絺、樊、隰城、欑茅、向、盟、州、陘、隤、懷」，杜曰：「凡十二邑，皆蘇忿生之田。」而成十一年《傳》曰「蘇忿生以温爲司寇」，止言温不言餘邑，則知餘邑皆附屬於温者也。是時温屬趙氏，則孟亦必屬趙氏矣。且温與州同在蘇忿生十二邑中，是時州亦屬趙氏，昭三年《傳》可證，然則孟屬趙氏從可知矣。「子餘」當作「餘子」，左氏原文蓋曰：「趙孟適南陽，將會孟餘子，烝于温。」餘子者，卽宣二年《傳》所謂「又宦其餘子，亦爲餘子」者也。趙孟蓋將會餘子之在孟者，至温烝祭，故曰「將會孟餘子，烝于温」。因「甲辰朔」三字誤移在「烝于温」之上，而「餘子」二字又誤作「子餘」，其事遂晦，雖服子慎不得其解矣。

不敢擇位，而數於守適。三年

《集解》曰：「不敢以其位卑，而令禮數如守適夫人。」

樾謹按：《傳》言「數於守適」，不言「數如守適」，杜解非也。文十六年《傳》曰：「無日不數於六卿之門。」杜曰：「數，不疏也。」不疏則有煩密之意。蓋數從婁聲。考《説文》從婁得聲之字，《辵部》「遱，連遱也」；《言部》「謱，謰謱也」；《水部》「漊，雨漊漊也」，竝有煩密之意。然則「數於守適」者，言視適夫人之喪更爲煩密也。杜解爲禮數之數，失之。

道殣相望，而女富溢尤。

阮《校勘記》曰：「湻熙本『溢』誤『益』。」

樾謹按：作「益」者是也。上文曰「庶民罷敝，而宮室滋侈」，杜曰「滋，益也」，然則滋與益同義。上言滋侈，此言益尤，文義一律。襄二十六年《傳》「而視之尤」，服注曰：「尤，甚也。」「益尤」猶言滋甚耳。當從湻熙本作「益」爲正。

二惠競爽。

《集解》曰：「競，彊也。爽，明也。」

樾謹按：此對下文「又弱一个」而言。競猶争也，《莊子·齊物論》篇「有競有争」，郭注曰「竝逐曰競」，是其義也。爽之義爲明，《淮南・説林》篇「長而愈明」，高注曰「明，猶盛也」，然則爽亦猶盛也。競爽猶爭盛也。《廣雅・釋詁》曰：「爽，猛也。」猛與盛義相近。杜解以「競爽」二字平列，未得其義。哀十六年《傳》曰：「與不仁人爭明，句。無不勝。」此言「競爽」，彼言「爭明」，文異而義同。杜讀彼《傳》誤於「爭」字絶句，失之，辨見王氏《經義述聞》。

毁中軍于施氏，成諸臧氏。五年

正義曰：「劉炫以爲施者，舍也；臧者，善也。成諸臧氏，取其令名也。」

樾謹按：「臧」之爲善是矣，其説「施」字於義未盡。「施」猶「阤」也。《方言》及《廣雅・釋詁》竝曰：「阤，壞也。」字亦通作「弛」。《國語・魯語》曰「文公欲弛孟文子之宅」，韋注曰：「弛，毁也。」「毁中軍于施氏」正取弛毁之義。施、弛古字通，《周官・遂人》「與其施舍者」，鄭注曰：「施，讀爲弛。」

葬鮮者自西門。

《集解》曰：「不以壽終爲鮮。西門，非魯朝正門。」

樾謹按：《御覽・時序部》引《書大傳》曰：「西方者何也？鮮方也。」《白虎通・五行》篇曰：「西方者，遷方也，萬物遷落也。」然則鮮方與遷方同，亦言萬物鮮落也。《禮記・月令》篇「季夏行春令則穀實鮮落」，《周書・時訓》篇「腐草不化爲螢，穀實鮮落」，是其義也。人死謂之鮮，正取鮮落之義。葬死者自西門，正取西爲鮮方之義。叔仲帶謂此言受之叔孫，疑叔孫生時因論喪禮曾有此言，然未嘗行之魯國，使爲常法也。叔仲帶追述之，蓋欲貶損叔孫不依舊典，故借此爲由耳。杜謂不以壽終爲鮮，夫帶乃豎牛之黨，豈肯發其餓死叔孫之罪？又謂西門非正門，然則東亦非正，何必西乎？

南遺使國人助豎牛，以攻諸大庫之庭。

《集解》曰：「魯城内有大庭氏之虛，於其上作庫。」

樾謹按：《傳》言「大庫之庭」，不言「大庭氏之庫」，與十八年《傳》不同。疑魯國别有大庫。庫曰大庫，猶府曰長府，長、大竝美名也。杜據十八年《傳》爲説，失之。

誰其重此？

《集解》曰：「言怨重。」

樾謹按：重猶任也。《詩・大明》篇箋曰：「重，懷孕也。」《説文・女部》：「妊，任身懷孕也。」懷孕謂之任，亦謂之重。蓋重與任義本相因，故亦得相通。「誰其重此」卽誰其任此，言誰任其咎也。下文曰「若有其人，恥之可也；若其未有，君亦圖之」，有與未有，正承「誰其重此」而言。若從杜解以重爲怨重，則與下文不貫矣。

皆成縣也。

《集解》曰：「成縣，賦百乘也。」

樾謹按：襄十四年《傳》「成國不過半天子之軍」，杜曰：「成國，大國也。」然則成縣亦猶大縣也。《釋名・釋言語》曰：「成，盛也。」盛與大義相近。《禮記・檀弓》篇鄭注曰：「成，猶善也。」善與大義亦相近，《詩・桑柔》篇鄭箋曰：「善，猶大也。」

羊舌四族，皆彊家也。

《集解》曰：「四族，銅鞮伯華、叔向、叔魚、叔虎兄弟四人。」

正義曰：「按《世本》叔向兄弟有季夙，疑季夙卽是虎也。故服氏數伯華、叔向、叔魚、季夙。劉炫以爲叔虎於時已死，别有季夙，而規杜氏，非也。」

樾謹按：季夙不見於《左傳》。《唐書・宰相世系表》曰：「羊舌職五子，赤、肸、鮒、虎、季夙。赤字伯華，肸字叔向，鮒字叔魚，虎字叔羆，號羊舌四族。」是季夙不在四族之内，且又不傳其名，然則其人有無不可知也。孔氏謂季夙卽是叔虎，未可深非。惠氏棟《補注》因叔季是兄弟之次，故從劉氏以爲别有季夙。然魯之仲孫卽爲孟孫，何必晉之叔虎不爲季夙乎？今以《左傳》爲定。是時叔虎已死，羊舌氏兄弟見于傳者止伯華、叔向、叔魚三人，疑《左傳》原文本云「羊舌三族，皆彊家也」。韓氏七，羊舌氏三，其數正十，故下文曰「因其十家九縣」也。古書「三」字每誤作「四」。《儀禮・覲禮》「四享」，鄭注曰「四當爲三。古書作三、四或皆積畫，字相似，由此誤也」；《周官・内宰》疏引《鄭志》曰「純四⿰犭只。四當爲三。古三、四積畫，是以三誤爲四」；《大戴記・公冠》篇「公冠四加玄冕」，盧注曰「四當爲三字之誤」；定十五年《穀梁》傳疏曰「范云四，四當爲三。古者四、三皆積畫，字有誤耳」，竝其證也。昭十二年《傳》曰：「是四國者，專足畏也。」據《楚語》曰：「是三城者，豈不使諸侯之惕焉。」然則《傳》文「四」字亦「三」字之誤。此《傳》「三族」誤爲「四族」，彼《傳》「三國」誤爲「四國」，其誤正同。杜於彼《傳》分不、羹爲二以當之，至此《傳》「三」誤爲「四」，則下文十家之數不合，乃云「言十家，舉大數也」，皆曲説也。劉光伯不知考定《傳》文，而漫欲規正杜失，謂韓須是起之門子，不必更稱家，去韓須之外，韓氏唯有六家，并羊舌四族，故爲十家。夫韓須之於韓起，猶楊石之於叔向也。晉人既亡韓起、叔向，必以韓須、楊石代之，安得不數？若不數韓須，則亦當不數楊石矣。劉氏所規，豈可通乎？今正羊舌四族爲三族，則十家之數固無不合，無待辭費。

日我先君共王，引領北望，日月以冀。七年

正義曰：「日，謂往日也。」

樾謹按：上文曰「昔先君成公」，既言昔，不必又言往日矣。「日」疑「自」字之誤。「自我先君共王，引領北望，日月以冀。傳序相授，於今四王矣」，文義甚明，故杜無解。正義承誤本而爲之説，不足據也。文七年《傳》「日衛不睦」，襄二十六年《傳》「日其過此也」，昭七年《傳》「日君以夫公孫段爲能任其事」，❶昭十六年《傳》「日起請夫環」，凡以日言者，皆謂其事相距未久。此言「傳序相授，於今四王矣」，則當極言其久，不得以日言也。阮氏《校勘記》曰「淳熙本、纂圖本作『曰』」，則又「日」之誤字。

孟縶之足不良能行。七年

《集解》曰：「跛也。」

樾謹按：「良能」二字相連成義。《孟子・盡心》篇「人之所不學而能者，其良能也」，趙岐注曰「良，甚也」，即可説此《傳》「良能」之義，蓋古語也。二十年《傳》杜解曰「縶足不良」，是誤於「良」字絶句，監本、毛本遂改「能行」爲「弱行」矣。

子大叔曰：「若何弔也。其非惟我賀，將天下實賀。」八年

《釋文》曰：「若何弔也，本或作若可弔也。」

樾謹按：可與何古本通用。至此《傳》之

---

❶「段」，原作「叚」，今據清經解續編本改。

義，實當從或本作「可」。因史趙曰「可弔也」，故子太叔曰「若可弔也」，卽承史趙之語而言也。太叔此言極爲微婉。蓋平公承悼公之後，席全盛之勢，諸侯賓服，秦、楚無釁，安坐西陲，偷焉自樂。銅鞮始作，虒祁繼成，而文、襄之業隳，三家之勢張矣，晉之式微，實基于此。倘平公早世，晉人更立賢君得如悼公者，起而振之，或尚可爲乎？故曰「若可弔也，其非惟我賀，將天下實賀」。弔者，弔晉之喪；賀者，賀晉之不失諸侯也。上文叔向曰「是宮也成，諸侯必叛，君必有咎」，史趙所謂可弔者，其意殆亦同此。大叔之意則以爲君苟有咎，諸侯轉可不叛也，所謂微辭也。倘如今本作「若何弔也」，則了無意義，人人能言之，左氏又何必録此諛辭以污簡牘乎？且「其」字、「將」字皆與「若」字相應，今作「若何弔也」，則但曰「非惟我賀，天下實賀」足矣。是時魯使已在晉廷，其餘諸侯亦必麕至，何必爲擬議之辭曰其、曰將乎？

王使詹桓伯辭於晉。九年

《集解》曰：「辭，責讓之。」

樾謹按：辭猶訟也。古謂訟爲辭訟，《周官・小司徒職》曰「聽其辭訟」是也。亦作治訟，《小宰職》曰「聽其治訟」是也。僖二十八年《公羊傳》「治反衛侯」，何休曰：「叔武訟治於晉文公，令白王者，反衛侯使還國也。」此《傳》言「辭於晉」，猶言訟治於晉。成十一年《傳》：「晉郤至與周爭鄇田，王命劉康公、單襄公訟諸晉。」彼因鄇田故而訟諸晉，此因閻田故而辭於晉，兩事正同。杜訓爲責讓，非古義矣。

火，水妃也，而楚所相也。

《集解》曰：「相，治也。楚之先祝融，爲高辛氏火正，主治火事。」

樾謹按：祝融治火，楚不治火也，乃以火爲楚所相，何也？「相」疑當作「祖」，字相似而誤。昭三年《傳》曰「其相胡公大姬已在齊矣」，正義曰「定本作其祖」，是其例也。上文曰：「陳，水屬也。」據八年《傳》曰：「陳，顓頊之族也。」族與屬聲近而義通，陳爲顓頊之後，故爲水之屬；楚爲祝融之後，故以火爲祖矣。

桓子授甲而如鮑氏，遭子良醉而騁。十年

《集解》曰：「欲及子良醉，驅告鮑文子。」

樾謹按：「醉而騁」者，子良醉而騁也。桓子遭之，但見其騁，不知其醉，則愈疑其將攻己矣。及見文子之後，使視二子皆將飲酒，然後知其不然。而因授甲之故，勢不容已，乃有及其飲酒先伐諸之謀。若遭子良時已知其醉，又何必使視二子乎？杜解於當日情事未得。

忠爲令德，其子弗能任，罪猶及之，難不慎也。

正義曰：「言人居身難可不謹慎。」

樾謹按：正義説此殊未明了，疑《傳》文「難」字乃衍文也。上文曰「爲人子不可不慎也」，此文曰「忠爲令德，其子弗能任，罪猶及之，不慎也」，義正相應，而文亦甚明，故杜無解。若是「難不慎也」，則文義不可曉，杜不得無説矣。唐石經每行十字，而此行自「子」字起，「慎」字止，十一字，疑石經本無「難」字也。惜「之」字以下刓缺，不能據以訂正。

有酒如淮，有肉如坻。十二年

《集解》曰：「淮，水名。坻，山名。」正義曰：「劉炫以爲淮、坻非韵，淮當作濰。又以坻爲水中之地，以規杜氏。今知不然者，以古之爲韵，不甚要切。此若齊侯之語，容可舉齊地濰水。此是穆子在晉，何意舉齊地水乎？又酒肉相對，多少相似。《爾雅》：『小洲曰陼，小陼曰沚，小沚曰坻。』何得以坻之小地對淮之大水？故杜以坻爲山名。劉炫又以山無名坻者，按楚子觀兵於坻箕之山，坻非山乎？」

樾謹按：淮、泜是韵，無煩改讀爲濰，誠如孔氏之説矣。至坻爲山名，古籍無徵。孔氏舉坻箕之山爲證，穆子晉人，何意舉楚山乎？然從劉光伯之説以坻爲水中地，則以小地對大水，誠若不倫。今按：「坻」乃「阺」之叚字也。《説文・𠂤部》：「阺，秦謂陵阪曰阺。」「有酒如淮，有肉如阺」與下文「有酒如澠，有肉如陵」文義一例。淮與澠皆以水言，阺與陵皆以土阜言。杜於下句「陵」字止曰「大阜也」，不以爲山名，然則以坻爲山名，固杜之失矣。劉氏規正杜失，而不知「坻」爲「阺」之叚字，則亦未爲得也。

殺獻太子之傅庾皮之子過。

樾謹按：左氏原文當作「庾皮之過」。成十六年《傳》「潘尫之黨」，杜解曰：「黨，潘尫之子。」襄二十三年《傳》「申鮮虞之傅摯」，杜解曰：「傅摯，申鮮虞之子。」蓋古人以父名子，自有此例，庾皮之過亦猶是也。不然，庾過自因爲獻太子傅而見殺，不因其父而起，何必曰庾皮之子乎？《釋文》于成十六年曰「一本作潘尫之子黨」，于襄二十三年曰「本或作申鮮虞之子傅摯」，蓋皆後人所加。而杜氏所據本尚未衍「子」字，故各爲之解。至此《傳》杜無解，則已衍「子」字矣。

湫乎，攸乎。

《集解》曰：「湫，愁隘。攸，縣危之貌。」正義曰：「湫是湫隘，故以湫爲愁隘之意也。《詩》云『攸攸旆旌』，故以攸爲縣之貌也。」

樾謹按：「湫」即「愁」之叚字。《春秋繁露·陽尊陰卑》篇曰「湫者，悲憂之狀也」，是湫與愁同義。杜訓湫爲愁，已得其解。乃因其字是「湫隘」之「湫」，又加「隘」字以足之，則反失之矣。至以攸爲縣危之貌，此臆説也。「攸」即「悠」之叚字，古書「悠」字或省作「攸」，蓋亦聲近而義通。正義引《詩》「攸攸旆旌」，今《詩·車攻》篇作「悠悠旆旌」，卽其證也。《説文·心部》：「恤，憂也」；「愁，憂也」；「悠，憂也」。「恤恤乎，愁乎，悠乎」三句一意，深憂之故重言之也。

南蒯枚筮之。

《集解》曰：「不指其事，汎卜吉凶。」正義曰：「今人數物云一枚、兩枚，是籌之名也。《尚書·大禹謨》『枚卜功臣』，孔安國云：『枚謂歷卜之，而從其吉。』彼謂人下一籌，使歷卜之也。此則不告筮者以所筮之事，空下一籌，而使之筮。或以爲杜云『汎卜吉凶』，謂枚雷總卜。」

樾謹按：古卜筮不下籌，謂空下一籌而使筮，臆説也。枚雷之語，于古未聞。乃據唐時俗語以説經，更爲失之。今按：「枚」當讀爲「微」。《詩·東山》篇「勿士行枚」，毛傳曰「枚，微也」，是其證也。襄十九年《傳》「崔杼微逆光」，服虔曰：「微，隱匿也。」哀十六年《傳》「其徒微之」，杜曰：「微，匿也。」匿其事而使之筮，故爲微筮。哀十六年《傳》「王與葉公枚卜子良以爲令尹」，義亦同此。東晉《古文尚書》竊取其語，而僞傳以爲「歷卜」，然則楚所卜者止子良一人，何歷卜之有乎？

秦復陶。

《集解》曰：「秦所遺羽衣也。」正義曰：「文在冠下爲上，知是衣也。目之以秦，明是秦所遺也。冒雪服之，知是毛羽之衣，可以禦雨雪也。」

樾謹按：此皆臆説，不可以説經。「秦復陶」者，蓋即所謂紕也。《説文・糸部》：「紕，氐人罽也。」紕謂之復陶，猶蚍謂之復陶。《説文・虫部》：「蝝，復陶也。」劉歆説蝝，蚍蜉子也。古人之語，凡聲同者名義即相通。紕與蚍聲同。《廣雅・釋詁》曰：「紕，緣也。」緣與蝝亦聲同，此復陶之名所以得通于紕也。《周書・王會》篇載伊尹爲四方獻，令正西以紕罽爲獻。《後漢・西南夷傳》冄駹夷能作毞毲，毞即紕也。秦近西戎，故宜有此。襄三十年《傳》「使爲君復陶」，或亦主爲罽歟？

唯是桃弧棘矢，以共禦王事。

《集解》曰：「桃弧棘矢，以禦不祥。」

樾謹按：古字共與供通，禦與御通。隱九年《傳》「不共王事」，僖四年《傳》「王祭不共」，《釋文》竝曰：「共，本作供。」文七年《傳》「華禦事爲司寇」，《釋文》曰「禦，本作御」，是其證也。「以共禦王事」者，以供御王事也。《廣雅・釋詁》：「供、奉、獻、御，進也。」供御與奉獻同。如杜解，則當云「以共王禦事」，不當云「以共禦王事」矣。

形民之力。

《集解》曰：「言國之用民，當隨其力任，如金冶之器，隨器而制形，故云形民之力。」

樾謹按：杜釋「形」字迂迴難通。《後漢書・陳蕃傳》注引此作「刑民之力」，則古本不皆作「形」。必以隨器制形解之，不可通矣。今按：形猶容也。形與容一聲之轉，故古語以形容連文。《爾雅·釋詁》：「刑，法也。」《廣雅·釋詁》：「容，法也。」刑與容同義，猶形與容同義也。《説文·土部》：「型，鑄器之法也。」《金部》：「鎔，治器法也。」型與鎔同義，亦猶形與容同義也。「容」字古通作「庸」，《莊子·胠篋》篇「容成氏」，《六韜·大明》篇作「庸成氏」，是其證也。《爾雅·釋詁》刑、庸竝訓爲常。刑與庸同義，亦猶形與容同義也。故以聲求之，「形民之力」猶「容民之力」，「容民之力」猶「庸民之力」。《傳》意止言用民力者不可有醉飽過盈之心耳。不以聲求之，而泥字義以求之，則古書之難解者多矣。

楚公子比、公子黑肱、公子棄疾、蔓成然、蔡朝吴帥陳、蔡、不羹、許、葉之師，因四族之徒以入楚。十三年

樾謹按：「蔓成然」三字當作「觀從」，於事方合。此《傳》敘楚亂凡有二：薳氏之族及薳居、許圍、蔡洧、蔓成然因群喪職之族，啟越大夫常壽過作亂，圍固城，克息舟，城而居之，此其一也；觀從、朝吴在蔡，以蔡公之命召子干、子晳而盟于鄧，依陳、蔡人以國，又其一也。此當云：「楚公子比、公子黑肱、公子棄疾、觀從、蔡朝吴帥陳、蔡、不羹、許、葉之師，因四族之徒以入楚。」公子比即子干也，公子黑肱即子晳也，公子棄疾即蔡公也。觀從與朝吴同謀起事，必不當漏。至蔓成然自在息舟，竝不在蔡，安得與朝吴同帥師乎？且下云「因四族之徒」，杜解曰：「四族，薳氏、許圍、蔡洧、蔓成然。」然則蔓成然正四族之一。若既

列名於上，而又云因四族之徒，義不可通矣。故知此文「蔓成然」三字乃「觀從」之誤，所宜訂正也。

先歸復所，後者劓。

《集解》曰：「劓，截鼻。」

樾謹按：杜解非也。刑有五，豈必專截其鼻乎？「劓」當讀爲「劊」。《説文・刀部》：「劊，斷也。」經傳無「劊」字，皆以「劓」字爲之。《周易・困》九五「劓刖」，京房作「劊刖」，是劓與劊古通用。《尚書・多方》篇「劓割夏邑」，「劓割」卽「劊割」也。《盤庚》篇「我乃劓殄滅之無遺育」，枚傳曰：「劓，割也。」哀十一年《傳》「則劓殄無遺育」，杜解亦曰：「劓，割也。」凡訓割之「劓」，皆「劊」之叚字。此《傳》曰「先歸復所，後者劓」，言後者則劓殄滅之也。棄疾欲散乾谿之衆，必爲危言以恐愒之，豈徒曰吾將截其鼻而已乎？

王虐而不忌。

《集解》曰：「靈王暴虐，無所畏忌，將自亡。」

樾謹按：以不忌爲無所畏忌，則與下文意不相屬，故杜加「將自亡」三字以聯貫之，然非《傳》文所有也。今按：「虐而不忌」者，謂靈王雖暴虐，而尚不忌克也。觀其赦芋尹無宇及使穿封戌爲陳公二事，殊有君人之度，異乎晉夷吾之必殺慶鄭者矣，故曰「虐而不忌」。而子干涉五難以弑之，宜其不濟也。

司徒老、祁慮癸僞廢疾。十四年

樾謹按：「廢」當讀爲「發」。「僞發疾」者，言僞爲疾發也，猶二十年《傳》曰「華亥僞有疾也」。下文曰「臣願受盟而疾興」，興卽發也。若廢疾，則是痼病矣，豈能卽愈，乃曰請待閒而盟乎？廢與發古字通用。《莊子·列禦寇》篇「曾不發藥乎」，《釋文》曰「發，司馬本作廢」，《論語·微子》篇「廢中權」，《釋文》曰「廢，鄭作發」，竝其證也。

任良物官。

《集解》曰：「物，事也。」

樾謹按：物謂物色之也。《周官·載師職》曰「以物土事」，鄭注曰：「物，物色之以知其所宜之事。」然則物官者，亦謂物色之使各當其官也。成二年《傳》「物土之宜」，顧氏《補正》曰：「如昭三十二年《傳》『物土方』之『物』。」此《傳》「物」字與彼相近，杜解非也。

庸次比耦以艾殺此地。十六年

《集解》曰：「庸，用也。用次更相從耦耕。」

樾謹按：杜讀「庸次比耦」四字爲句，非也。此當以「庸次比耦以艾殺此地」九字爲句。「庸次比」三字一義。《方言》曰：「庸、恣、比、侹、更、佚，代也。」「庸次比」即庸恣比，言更代相耦以艾殺此地也。古人之文不避煩複。如襄三十一年《傳》「繕完葺牆以待賓客」，亦當以八字爲句，質言之則但當云「葺牆以待賓客」耳。乃以「葺」上更加「繕完」二字，猶此文於「比」上更加「庸次」二字也。後人不達文義，因并失其句讀，而異説滋多矣。

今兹火出而章。十七年

樾謹按：經書「冬有星孛于大辰」，冬則非火出時也。乃云「今兹火出而章」者，蓋彗星始見實在此年之夏，史官恐其逐日遷移，不能定其所在，待其既伏而後書之，故書於冬也。此蓋史之舊例。莊七年《公羊傳》：「列星不見，何以知夜之中星反也？」何休曰：「反者，星復其位也。」然則待彗星之既伏而始書「有星孛于大辰」，亦猶待列星之既反而始書「恒星不見」矣。

鄅人藉稻。十八年

樾謹按：左氏原文當作「鄅子藉稻」，故杜解曰「其君自出藉稻」，正義曰：「其君自出觀行之。」若《傳》文止曰「鄅人」，而杜氏解爲其君，則正義必當有説矣。今作「鄅人藉稻」者，蓋涉下文「鄅人將閉門」而誤。

郲人羊羅攝其首焉。

《集解》曰：「斬得閉門者頭。」正義曰：「攝訓爲持也。斬得閉門者首而持其頭。」

樾謹按：此蓋以手相搏而攝持其頭，非斬之也。閉門者既爲所持，不能自脱，郲衆遂乘閒而入耳。正義訓攝爲持，是矣。又云「斬得閉門者首而持其頭」，則徇杜説而誤。

振除火災。

《集解》曰：「振，棄也。」

樾謹按：「振」當讀爲「挋」。《儀禮・士喪禮》「挋用巾」，古文「挋」作「振」，是振與挋古字通也。《禮記・喪大記》鄭注曰：「挋，拭也。」《爾雅・釋詁》曰：「挋，拭刷清也。」是挋與拭刷同義，「挋除」猶刷除也。杜解未得其義。

莒子奔紀鄣。十九年

《集解》曰：「紀鄣，莒邑也。東海贛榆縣東北有紀城。」

樾謹按：《傳》末言「七月丙子，齊師入紀」，不言「入紀鄣」，疑「鄣」乃衍文。《左傳》原文蓋作「莒子奔紀」，紀者，莒邑名也。今作「奔紀鄣」者，涉下「託於紀鄣」而衍也。下文曰「初，莒有婦人。莒子殺其夫，己爲嫠婦。及老，託於紀鄣。紡焉，以度而去之」，此「鄣」字乃「障」之叚字。《文選・北征賦》注引《蒼頡篇》曰：「障，小城也。」然則「紀障」猶言紀城。蓋此婦人所居附近紀之城下，故曰「託於紀障」。紀障者，紀之障，猶十三年《傳》曰「遇諸棘闈」，棘闈者，棘之闈也。下文「以度而去之」，解曰「因紡纑連所紡，以度城而藏之」，是《傳》文「度」字本謂度城，而《傳》無「城」字者，蒙上文「障」字而言也。今以紀障爲邑名，則所謂以度而去之者果何所度乎？其下云「及師至則投諸外」，不言「城外」；又曰「子占使師夜縋而登」，不言「登城」，皆蒙上文「障」字而言也。障、鄣同聲，古得通用。又從邑從𨸏之字隸變皆作阝，但以在左在右爲別。而漢隸又往往亂之，如《敦煌長史武斑碑》「領校秘鄓」，「鄓」卽「隩」字也；《李翕析里橋郙閣頌》，「郙」卽「陠」字也。然則「障」之爲「鄣」，亦猶是矣。阮氏《校勘記》所據本正作「紀障」，乃云「石經、宋本、宋殘本、淳熙本、岳本『障』作『鄣』，是也」，則誤以叚字爲正字。又曰：「按《説文》，鄣，紀邑也。」夫紀邑則明非莒邑，安得并而一之乎？

城上之人亦譟。

《釋文》無「城」字，曰：「一本作『城上之人亦譟』。」

樾謹按：此當以無「城」字者爲正。上文云「託於紀鄣」，「鄣」者「障」之叚字，小城也，説見前矣。其下諸句皆蒙此「障」字爲文，曰「以度而去之」者，以度障而去之也；曰「及師至則投諸外」者，投諸障外也；曰「子占使師夜縋而登」者，縋而登障也。此曰「上之人亦譟」者，障上之人亦譟也。上卽障上，猶外卽障外，皆蒙「障」字爲文，正左氏文法之變也。今增「城」字，失左氏雅意矣。

以周事子，而歸死於公孟，其可也。二十年

《集解》曰：「周猶終竟也。」

樾謹按：《説文·口部》：「周，密也。」「以周事子」者，以密事子也。蓋宗魯知齊豹欲殺公孟，而不泄其言，所謂周也。宗魯之意，蓋以不泄報齊豹，而又以一死謝公孟，爲兩盡之道矣。杜解非是。下文「不蓋不義」，解曰「以周事豹，是蓋不義」，則得之矣。

是以鬼神不饗，其國以禍，之祝史與焉。

樾謹按：「之」字衍文也。此當以「鬼神不饗」爲句，「其國以禍」爲句，言其國以之而受禍也。上文曰「是以鬼神用饗，國受其福，祝史與焉」，與此文正相對。彼云「鬼神用饗」，故此云「鬼神不饗」；彼云「國受其福」，故此云「其國以禍」。後人誤讀「鬼神不饗其國」爲句，因于「禍」下妄增「之」字耳。

翟僂新居于新里，既戰，説甲于公而歸。華姓居于公里，亦如之。二十一年

樾謹按：翟僂新既居新里，安得脱甲于公？可疑一也。新里者，華氏所居之邑名，安得因此而遂以公所居爲公里？可疑二也。疑此《傳》必有錯誤。左氏原文當云：「翟僂新居于新里，既戰，説甲而歸。于公華姓居于公，亦如之。」上句「而歸于公」傳寫誤到其文，下句「居于公」誤增「里」字，皆非左氏之舊。但自唐石經以下，各本皆同，無可訂正耳。

若華氏知困而致死，楚恥無功而疾戰，非吾利也。二十二年[1]

[1]「二十二年」，原脱，今依上下文例補。

正義曰：「華氏知困而致死戰，或敗諸侯之師。楚恥無功而疾戰，戰勝則楚獨有功。二者均非吾諸侯之利。」

樾謹按：是時楚薳越帥師逆華氏，非與華氏戰者也。「楚恥無功」者，謂不得逆華氏也。楚不得逆華氏，則華氏困而楚師爲無功，於是華氏與楚師勢不容已，在華氏必致死，在楚師必疾戰，并力與諸侯爲難，大非諸侯之利矣。如正義之説，若楚恥無功而與華氏疾戰者，於情事未得也。

王子朝因舊官百工之喪職秩者，與靈、景之族以作亂。

《集解》曰：「百工，百官也。」

樾謹按：百工若是百官，則百工之喪職秩者卽舊官耳，於文不幾複乎？且下文云「百工叛」，豈百官皆叛乎？疑百工之工乃工匠之工。古者國有六職，百工與居一焉，是亦可謂之職秩也。哀十七年《傳》：「石圃因匠氏攻公。」二十五年《傳》：「褚師比、公孫彌牟、公文要、司寇亥、司徒期因三匠與拳彌以作亂，皆執利兵，無者執斤。」杜解曰：「斤，工匠所執。」蓋百工居肆，其勢常聚，故四民之中工匠獨强。王子朝因百工作亂，與衛事正相類。百工非百官也。

士伯御叔孫，從者四人，過邾館以如吏。二十三年

正義曰：「御，謂進引也。引叔孫詣於獄也。」

樾謹按：「御」當讀爲「圉」。《詩・召旻》篇「我居圉卒荒」，《韓詩外傳》作「我居御卒荒」，是其例也。古御、禦通用。《烝民》篇「不畏彊禦」，《漢書・王莽傳》作「不畏彊圉」。《蕩》篇「曾是彊禦」，《漢書・敘傳》作

「曾是彊圉」。然則「御」之通作「圉」，猶「禦」之通作「圉」矣。圉叔孫以如吏者，囚叔孫以如吏也。宣四年《傳》「圄伯嬴於轑陽而殺之」，杜解曰「圄，囚也」，與此《傳》「御叔孫」同義，「圄」亦「圉」之叚字也。凡囹圄字，依《說文》當作「圉」，而經、傳多以「圄」爲之。《釋名·釋宮室》曰：「圄，禦也。」蓋御、禦、圉、圄皆聲近而義通。孔氏不達叚借之旨，而以進引說之，非也。

取其冠法，而與之兩冠，曰，盡矣。

《集解》曰：「既送作冠模法，又進二冠以與之。」

樾謹按：如杜解，則冠法與冠皆叔孫與獻子者，乃一謂之取，一謂之與，何也？且叔孫如晉，亦未必以作冠模法自隨，杜氏所解殆非《傳》意。蓋「取其冠法」者，叔孫就獻子取之也。既取得其冠法，乃以兩冠與之，而告之曰「盡矣」，言如此模法者，止有兩冠也。

同德度義。二十四年

《集解》曰：「度，謀也。言唯同心同德，則能謀義。」正義曰：「同德度義，《尚書·大誓》文也。劉炫云：『案孔安國云：「德鈞則秉義者彊。」杜爲不見古文，故致有此謬。』」

樾謹按：劉氏爲僞《古文尚書》所誤，妄規杜失，固不足論矣。惟杜解亦未得《傳》義。今按：度猶在也。文十八年《傳》曰：「不度於善，而皆在於凶德。」度與在互言之耳，其實一也，不度於善卽不在於善。杜解曰：「度，居也。」《廣雅·釋詁》曰：「在，居也。」是度與在義同也。「同德度義」猶曰同德在義，言所謂同德者，惟在於義耳。子朝躳爲不義，雖甘氏又往，不足爲同德也。下文引《大誓》曰「紂有億兆夷人，亦有離德。余有亂臣十人，同心同德」，正證明「同德在義」之旨。

陽不克莫，將積聚也。

《集解》曰：「陽氣莫然不動，乃將積聚。」

樾謹按：莫然不動而但謂之莫，甚爲不辭。《漢書・五行志》引此《傳》文蘇林注曰「莫，莫爾不勝，爲積聚也」，義亦與杜近，殆皆非也。今按：古日暮字止作「莫」。《詩・東方未明》篇「不夙則莫」，毛傳曰「夙，早也。莫，晚也」，是夙與莫對文。未及其時則爲夙，已過其時則爲莫。日過分而陽猶不克，是陽之不克爲已莫矣，必將積聚而爲旱也，故曰「陽不克莫，將積聚也」。舊解失之。

王子朝用成周之寶珪于河。

《釋文》曰：「于河，本或作沈于河。」

樾謹按：「用成周之寶珪于河」文義已足，不必更言沈。僖十九年《傳》曰「宋公使邾文公用鄫子于次睢之社」，昭十一年《傳》曰「楚子滅蔡用隱太子于岡山」，竝與此《傳》「用寶珪于河」文法一律。蓋皆本於莊二十五年經文「用牲于社」，而經文又本於《尚書・召誥》「用牲于郊」也。《史記・周本紀》引《傳》作「子朝用成周之寶珪沈於河」，疑史公以意加之。《漢書・五行志》作「王子鼂㠯成周之寶圭湛于河」，即因《史記》之文。《釋文》所載或作之本，蓋後人據《史》、《漢》以改《左傳》也。王氏《經義述聞》反以有「沈」字者爲是，故詳辨之。

生其六氣，用其五行。二十五年

正義曰：「因上則天，之下更復本之於天。《傳》稱天有六氣，此言生其六氣，謂天生之也。用其五行，謂天用之也。」

樾謹按：上文曰：「天地之經，而民實則之。則天之明，因地之性。」此承上文而言，若復本之於天，則文義不屬矣。且「其」之云者，指天地也，曰「其六氣」、「其五行」，則生之、用之者明屬人矣。襄二十七年《傳》曰「天生五材，民竝用之」，此即「用其五行」之義。惟六氣乃天之所生，非人之所生，而云「生其六氣」，義不可解，故孔氏有此說。今按：生者，養也。《周官・大宰》「生以馭其福」，鄭注曰：「生，猶養也。」「生其六氣」猶曰養其六氣。《國語・周語》曰「所以宣養六氣九德也」，是其義。

氣爲五味。

正義曰：「五行之氣，入人之口爲五味。」又曰：「味之爲異，入口乃知。言氣爲五味，謂氣入口，與下章也、發也者據人知爲文。」❶

樾謹按：上文言「生其六氣，用其五行」，此即云「氣爲五味」，明即上文之六氣，不得以爲五行之氣也。元年《傳》曰「天有六氣，降生五味」，與此《傳》文義正同。蓋五味雖生於五行，然五行亦六氣所生，故言五味者必推本於六氣也。彼《傳》於「天有六氣，降生五味」之下曰「發爲五色，徵爲五聲，淫生六疾」，此《傳》於「氣爲五味」之下曰「發爲五色，章爲五聲，淫則昏亂，民失其性」，義皆相近。然則「氣爲五味」與下二句自不一律，必以爲皆據人知而言，亦曲說也。

徵褰與襦。

《集解》曰：「褰，袴。」正義曰：「以可褰行，

❶「者」，原作「皆」，據阮刻《左傳正義》改。

故以褰爲袴。」

樾謹按：《説文・衣部》：「褰，袴也。從衣寒省聲。」《手部》：「攐，摳衣也。從手褰聲。」是二字義别。經典皆叚「褰」爲「攐」，正義因以叚義爲本義，失之矣。

進胙者莫不謗令尹。二十七年

《集解》曰：「進胙，國中祭祀也。謗，詛也。」

樾謹按：《吕氏春秋・慎行》篇載此事曰「動作者莫不非令尹」，疑《傳》文「進胙」乃「動作」之誤。「動」字古文作「⿺辶重」，「⿺辶重作」與「進胙」相佀，因而致誤耳。凡國人有所動作者，莫不誹謗令尹，非必祭祀也。杜因《傳》是「進胙」，因以祭祀釋之，而又訓謗爲詛以成其義，失之矣。當據《吕氏春秋》訂正。成十三年《傳》「是以有動作禮義威儀之則」，襄三十一年《傳》曰「動作有文」，皆「動作」二字之證。

忿纇無期。昭二十八年

正義曰：「賈逵云：忿怒狠戾，無有期度。」

樾謹按：《荀子》書每用「綦」字爲窮極之義。《王霸篇》「目欲綦色，耳欲綦聲」，楊倞注曰：「綦，極也。」《宥坐篇》曰「綦三年而百姓往矣」，《議兵篇》曰「已朞三年，然後民可信也」，是期與綦義同。「忿纇無期」者，忿纇無極也。賈説未得。

擇善而從之曰比。

樾謹按：「之」字衍文也。「心能制義曰度」以下九句一律，此作「擇善而從之」則不一律矣。《詩・皇矣》篇傳曰「擇善而從曰比」，是毛公所見本無「之」字。《周書・謚法》篇亦無「之」字，當據以訂正。

豈將軍食之而有不足。

樾謹按：此本作「豈將軍之食而有不足」，

言將軍之食自必豐腆，無慮不足也。《晉語》載其言曰「豈主之食而有不足」，正作「之食」，不作「食之」，可據以訂正。

屬厭而已。

《集解》曰「屬，足也。言小人之腹飽猶知厭足，君子之心亦宜然。」

樾謹按：屬之訓足，非古訓也。厭之訓足，則經傳屢見，疑杜氏原文曰「厭，足也」，故卽繼之曰「言小人之腹飽猶知厭足」。傳寫者誤「厭」爲「屬」，而義不可通矣。《晉語》亦載此語，韋注曰：「屬，適也。厭，飽也。已，止也。適小飽足則自節止。」杜義蓋亦與韋同。

官宿其業。二十九年

《集解》曰：「宿，猶安也。」正義曰：「夜宿所以安身，故云宿猶安也。服虔云：宿，思也。今日當預思明日之事，如家人宿火矣。」

樾謹按：服、杜二説義皆迂曲，疑皆非也。《小爾雅·廣詁》曰：「宿，久也。」「官宿其業」，言官久於其職業也。下文曰「世不失職」，卽「官宿其業」之義。

又加范氏焉，易之亡也。

正義曰：「宣子刑書久已廢矣，今復變易興之，以成其滅亡也。劉炫云：范氏取蒐之法以爲國制，雖則爲非，書已廢矣，縱應有禍，亡釁已歇。今荀寅更述其事，又加增范氏之惡焉。范氏已欲免禍，今復改易之而使亡。」

樾謹按：杜氏不解「易」字，正義所説迂曲甚矣。近世學者各爲之説：孔氏廣森讀「易」爲「難易」之「易」，謂易之亡猶云亡之易，乃到句也，説詳《經學卮言》；王氏念孫謂易有疾速之義，❶易之亡猶云速之亡，說詳《經義述聞》，視舊說似皆勝之。然加之范氏，何爲而易且速，其義終不可得而通。今按：易者，延也。《詩・皇矣》篇「施于孫子」，鄭箋曰：「施，猶易也，延也。」是易與延同義，故有延易之語。《爾雅・釋詁》「弛，易也」，郭注曰「相延易」是也。《國語・魯語》曰：「譬之如疾，余恐易焉。」言恐如疫癘之相延易也。此《傳》「易」字即「余恐易焉」之「易」，言中行寅擅作刑器，宜其亡矣。而所刻者爲范宣子之刑書，是又加范氏焉，必延及范氏，而使之俱亡也，故曰「易之亡也」。下文曰「其及趙氏」，則又不止延及范氏，而并及趙氏矣。說者未得「易」字之義，故失其解耳。

敝邑之少卿也。三十年

《集解》曰：「少，年少也。」

樾謹按：年少之卿謂之少卿，甚爲不辭，杜解非也。古字少與小通。定十四年《傳》「從我而朝少君」，《釋文》曰：「本亦作小君。」正義曰：「少君，猶小君也。」然則少卿亦猶小卿也。靈王之喪，鄭上卿有事，而使印段往，印段非上卿，故曰小卿。《禮記・燕義》篇「席，小卿次上卿，大夫次小卿」，是其證。

徐子章禹斷其髮。

《集解》曰：「斷髮，自刑示懼。」

樾謹按：斷髮，從吳俗示服也。哀十三年《穀梁傳》曰：「吳，夷狄之國也，祝髮文身。」

子必來，我受其無咎。三十一年

《集解》曰：「言我爲子受無咎之任。」

❶「念孫」，當作「引之」。

樾謹按：「受其無咎」猶保其無咎也。《尚書·召誥》曰「保受王威命明德」，《儀禮·士冠禮》「字辭曰永受保之」，是受與保義相近。

寡君其罪之恐，敢與知魯國之難。

《集解》曰：「言恐獲不納君之罪。今納而不入，何敢復知邪？」

樾謹按：如杜解，必加「今納而不入」一句於義方明，不然兩句不屬矣，杜解非也。「寡君其罪之恐，敢與知魯國之難」，猶昭元年《傳》曰「老夫罪戾是懼，焉能恤遠也」，蓋託言晉君，惟恐自蹈罪戾，非恐獲不納君之罪也。又二十四年《傳》曰「老夫其國家不能恤，敢及王室」，文義亦與此同，足徵杜解之非。

不爲義疢。

《集解》曰：「疢，病也。見義則爲之。」

樾謹按：「不爲義疢」，其說迂曲。且上文曰「君子動則思禮，行則思義」，此句不應獨承義說。「義」字疑「威」字之誤。此《傳》曰「不爲利回，不爲威疢」，猶哀十六年《傳》曰「不爲利諂，不爲威惕」也。《晉語》曰「其勇不疢於刑」，即「不爲威疢」之義。《中論·考僞》篇引此《傳》文亦作「不爲義疢」，則此字之譌久矣。

乃執仲幾以歸，三月，歸諸京師。定元年

《集解》曰：「知以歸不可，故復歸之京師。」

樾謹按：「執仲幾以歸」者，歸之晉侯也。是時晉侯不在會，故先歸諸晉，而後以晉侯之命歸諸京師，正見大夫執人必歸于諸侯，諸侯執人必歸于天子也。杜解非是。

明日或旆以會。四年

《集解》曰：「或，賤者也。繼旐曰旆。令賤人施其旆，執以從會，示卑鄭。」

樾謹按：襄十四年《傳》曰：「范宣子假羽毛於齊而弗歸，齊人始貳。」此《傳》之事與彼相同。上文「晉人假羽毛於鄭」，杜謂借觀之，然則非借用之也。至明日而或旆以會矣，是卽假而弗歸，諸侯所以貳也。或之言有也。作《傳》者就鄭人言之，但見昨日所假之羽毛已有人建之，一時莫得其主名，故言或也。或之爲言，非必賤者。謂晉人故使賤人服用之，示卑侮鄭，失其義矣。

所謂臣義而行，不待命者。

正義曰：「臣見義則行，不待君命。」

樾謹按：「義」當讀爲「儀」，儀之言儀度也。《少牢下》篇「其脊體儀也」，鄭注曰：「儀者，儀度餘骨，可用者而用之。」然則「臣儀而行」，謂臣自儀度而行也。古人書「儀」字止作「義」，見《周官・肆師》鄭司農注。《左傳》多古字，故亦作「義」也，說互詳隱三年《傳》「君義臣行」。

楚人爲食，吴人及之。奔，食而從之，敗諸雍澨。

《集解》曰：「奔食，食者走。」

樾謹按：食者走而謂之「奔食」，不辭甚矣。此當以「奔」字爲句，言楚人奔也。「食而從之」爲句，言吴人食楚人之食，食畢而遂從之也。於文當云「楚人奔，吴人食而從之」，蒙上文而省「楚人」、「吴人」四字耳。

王使執燧象以奔吴師。

《集解》曰：「燒火燧繫象尾，使赴吴師驚卻之。」正義曰：「執燧象者，既繫火於尾，執而牽向吴師乃放之。」

樾謹按：繫火於尾，象必驚逸，豈復人力所能執？「執」疑「爇」之壞字。《說文・火部》：「爇，燒也。」《傳》云「爇燧象」，故杜解云「燒火燧繫象尾」，「燒」字正解「爇」字，是杜所據本未誤也。

我必復楚國。

《集解》曰：「復，報也。」

樾謹按：此「復」字當讀爲「傾覆」之「覆」。《國語・魯語》「夕而習復」，韋注曰：「復，覆也。」《論語・學而》篇「言可復也」，孔注曰：「復，猶覆也。」是復、覆聲近義通。《周易・乾》傳「反復道也」，《釋文》曰「本亦作反覆」，是其證也。「我必復楚國」，言我必傾覆楚國也。哀八年《傳》曰：「今子以小惡而欲覆宗國。」彼作「覆」者正字，此作「復」者叚字耳。故申包胥荅之曰：「子能復之，我必能興之。」若訓復爲報，則復之與興之意不相對矣。

季平子行東野。五年

《集解》曰：「東野，季氏邑。」

樾謹按：「東野」猶言東鄙也。野與鄙同義，桓十一年《公羊傳》「遷鄭焉而野留」，《周官・大司徒》注引作「鄙留」是也。《孟子・萬章》篇曰：「齊東野人之語也」，是齊亦有東野之名，魯之東野猶是矣。東野之名所包者廣，下文曰「既葬，桓子行東野及費」，蓋費亦東野之一邑也。《傳》稱「平子行東野，還，未至，卒于房」，疑是巡行未竟，遇疾而還，故既葬之後，桓子復行之。若從杜解，以東野爲季氏之一邑，則平子既行之，桓子何必復行之乎？

魯人聞余出，喜于徵死。八年

《集解》曰：「徵，召也。陽虎召季氏于蒲圃，將殺之。今得脱，必喜，故言喜于召死。」❶

❶「故言喜」，原脱，今據阮刻《左傳正義》補。

樾謹按：「喜于徵死」文不成義。「徵」疑「救」字之誤。襄十九年《傳》「今將借人之力以救其死」，昭十七年《傳》「請藉取之以救死」，皆其證也。「喜于救死」者，喜于免死也。救與徵字形微侶，又涉上文「違之徵死」而誤耳。杜據誤本而爲解，失之迂曲矣。

東郭書讓登。九年❶

《集解》曰：「登城非人所樂，故讓衆使後，而已先登。」

樾謹按：己先乎人，非遜讓之道，杜解非也。《説文・言部》：「讓，相責讓也。」《廣雅・釋詁》：「讓，責也。」然則「讓登」者，責衆人使登城也。隱十一年《傳》「瑕叔盈又以螌弧登，周麾而呼曰：『君登矣』」，此即讓登之類也。犂彌從之，曰「子讓而左，我讓而右」，蓋二人分行城上督率之。又曰「使登者絶而後下」，則其使衆人畢登明矣。下文曰「書左，彌先下」，蓋犂彌欲以先人爲己功，故以此語欺書。合觀前後文，竝無遜讓之道。杜云「彌遂自先下，亦讓也」，皆謬説也。古推讓字作「攘」，《説文・手部》：「攘，推也。」而經傳每叚責讓之「讓」爲推攘之「攘」，杜因失其義耳。《傳》於此事後又載東郭書與王猛語，至歛甲欲擊猛，故衛褚師圃謂齊師克城而驕。而杜反謂齊師和所以能克，誤解一字，而《傳》義盡失矣。

吾從子，如驂之靳。

《集解》曰：「靳，車中馬也。猛不敢與書爭，言己從書，如驂馬之隨靳也。」正義曰：「《説文》云：『靳，當膺也。』」則靳是當胸之皮也。驂馬之首當服馬之胸，胸上有靳，

❶「九年」，原脱，今依上下文例補。

故云我之從子，如驂馬當服馬之靳。杜言『靳，車中馬也』，言靳是中馬之駕具，故以靳表中馬。」

樾謹按：「如驂之靳」猶云如驂與靳也。文十一年《傳》「皇父之二子死焉」，賈注曰「皇父與穀甥、牛父三子皆死」，杜義亦同。然則之猶與也。此《傳》之義，杜與正義不同，不得牽合爲一。如杜説，則靳卽服馬也，謂如驂馬與服馬也。如孔説，則靳是當胸之皮也，謂如驂馬之首與服馬之胸也。義皆可通。至《詩·小戎》篇《釋文》引沈重《音義》云：「靳者，言無常處，游在驂馬背上，以驂馬外轡貫之，以止驂之出。」引《左傳》云「如驂之有靳」，此乃別是一説，陸氏蓋不之從，故於此《傳》云「本或作『如驂之有靳』，非也」。王氏《經義述聞》謂三説不同，「靳」上皆當有「有」字，失之甚矣。

使死士再禽焉，不動。十四年

《集解》曰：「使敢死之士往，輒爲吴所禽。欲使吴師亂取之，而吴不動。」

樾謹按：如杜解，則當云「使死士再爲之禽」，文義方明。且吴人既不動矣，又何以云輒爲吴所禽乎？然則杜解非也。禽謂禽吴之士卒也。蓋句踐使敢死之士再犯吴陳，禽其前列者以歸，欲使吴師驚亂，而吴竟不動，是其整也。顧氏《補正》引傅氏曰「禽如鷙鳥之發，急持以衡其陳」，蓋亦知杜解之未安。然既以爲禽鳥字，又以爲搶持字，其説仍未明也。

八人衰絰，僞自衛逆者。哀二年

《集解》曰：「欲爲衛人逆，故衰絰成服。」

樾謹按：此《傳》古本當作「爲自衛逆者」，故杜解如此。然其義非也。《史記》注引服虔曰「衰經，爲若從衛來迎太子也」，則服本亦作「爲」，而讀作「僞」。爲、僞古通用，其字作「爲」，其義作「僞」，斯兩得矣。

庶人工商遂。

《集解》曰：「得遂進仕。」

樾謹按：遂卽進也。《周易・大壯》上六曰「不能退，不能遂」，《老子》曰「功遂身退」，竝以退與遂爲對文。虞翻注《周易》曰：「遂，進也。」「庶人工商遂」者，言能克敵則進之於朝也。杜不知遂卽爲進，而曰「得遂進仕」，則於「遂」下又增出「進」字矣。

羅無勇麇之。

《集解》曰：「麇，束縛也。」

樾謹按：八年《傳》曰「麇之以入」，杜解曰：「麇，亦束縛。」此兩「麇」字實皆「困」之叚字也。困爲圜廩，其字從禾在囗中，故《釋名・釋宮室》曰「困，綣也，藏物繾綣束縛之也」，是困有束縛之義。《説文・禾部》有「稛」篆曰「絭束也」，實則絭束者「困」之引申義，而「稛」者「困」之變體也。困既從禾，稛又從禾，重複無理，其爲後出字明矣。古無「稛」字，故或叚「麇」爲之。麇從鹿從困省聲，籀文作「麕」，其聲同，故其義通也。《廣雅・釋詁》「稛」與「⿴囗麇」竝訓束，⿴囗麇卽麕也。《廣韵・十八吻》「⿸鹿糸，丘粉切」，引《左傳》「無勇⿸鹿糸之」，此乃後人不明叚借之例，妄造此從糸之字。惠氏棟《補注》反疑麇、⿸鹿糸字通，失之甚矣。

官人肅給。三年

樾謹按：「官人」當爲「館人」。《儀禮・士喪禮》「管人汲」，鄭注曰：「管人，有司主館舍者。」《釋文》曰：「管，如字。劉又音官。」然則「官人」之卽「館人」，此可證矣。古官、館同字，説互詳襄十六年「改物修官」。

蔡昭侯將如吳，諸大夫恐其又遷也。承。四年❶

《集解》曰：「承，音懲，蓋楚言也。」

樾謹按：「承」當爲「乘」，聲之誤也。《顏氏家訓・音辭篇》引劉昌宗《周官音》讀乘若承是也。上言「蔡昭侯將如吳，諸大夫恐其又遷也」，下言「公孫翩逐而射之，入于家人而卒」。夫昭侯不出，公孫翩何從逐而射之？故知此「承」字當讀爲「乘」，乘謂乘車也。昭侯乘車，卽將如吳，公孫翩因於其啟行之時作亂耳。自「乘」字誤爲「承」，而當日情事不見，下句「逐」字亦無因矣。

辟君之執事。七年

《集解》曰：「辟，陋。」

樾謹按：辟者，遠也。《呂氏春秋・慎行論》曰：「晉之霸也，近於諸夏。而荆僻也，故不能與爭。」高注曰：「僻，遠也。」僻、辟古通用。「辟君之執事」者，遠君之執事也，言以君之執事爲遠，而無所畏忌也。上文曰「魯弱晉而遠吳」是也。杜訓辟爲陋，未得其義。

若夏盟於鄗衍。

《集解》曰：「鄗衍，卽鄗也。」

樾謹按：襄二十五年《傳》「井衍沃」，《釋文》引賈逵曰：「下平曰衍。」《釋名・釋地》曰：「廣平曰原，高平曰陸，下平曰衍。」然則鄗衍者，以其地下平故名之也。鄗衍之卽爲鄗，猶清原之卽爲清。僖三十一年《傳》「晉蒐于清原」，宣十三年《傳》「赤狄伐晉及清」，杜解曰：「清，一名清原。」蓋鄗也，清也，乃其本名也。因其爲廣平之原，而謂之清原；因其爲下平之衍，而謂之鄗

❶「四年」，原脱，今依上下文例補。

衍，其義一也。僖二十九年《傳》「舍于昌衍之上」，杜解曰：「魯縣東南有昌平城。」昌衍之衍蓋亦以下平得名，故又謂之昌平矣。

從之固矣。十二年

樾謹按：固猶必也。襄二十七年《公羊傳》「我卽死，女能固納公乎」，《戰國策・秦策》「王固不能行也」，何休、高誘注竝曰：「固，必也。」「從之固矣」猶曰從之必矣。襄三十一年《傳》「公作楚宫，穆叔曰，《大誓》云：『民之所欲，天必從之』」，與此《傳》義正相近，言衛侯效夷言，終必死于夷也。顧氏《補正》曰「固，如與人而不固之固」，非是。

叔孫氏之車子鉏商獲麟。十四年

《集解》曰：「車子，微者。鉏商，名。」正義曰：「杜以車子連文爲將車之子，故爲微者，鉏商是其名也。《家語》說此事云：『叔孫氏之車士曰子鉏商。』王肅云：車士，將車者也。子，姓；鉏商，名。今《傳》無『士』字。服虔云：車，車士，微者也。子，姓；鉏商，名。以子爲姓，與杜異。」

樾謹按：《漢書・古今人表》有子鉏商，杜以車子連讀，誠非古義矣。服虔以車爲車士，而後出之《家語》從之，王肅遂以將車者釋之，則未得服意也。今按：魯自作中軍以來，國之車乘皆歸三家。襄十一年《傳》正義曰：「往前民皆屬公，國家自有二軍，若非征伐，不屬三子，故三子自以采邑之民爲己私乘，如子產出兵車十七乘之類。今既三分公室，所分得者卽是己有，不須更立私乘」云云，是其事也。至昭五年毁中軍，四分公室，季氏擇二，二子各一，皆盡征之，則車乘之悉屬私家，更不待言矣。定八年《傳》「戒都車曰癸巳至」，此卽季孫氏之車也。西狩之時，三家之車咸在，而子鉏商則屬叔孫氏者也，故以「叔孫氏之車」冠之。服虔釋爲車士，車士卽謂之車，猶甲士卽謂之甲。《公羊》閔二年《傳》「桓公使高子將南陽之甲」，是其例也。王肅以爲將車者，失其義矣。至「子鉏商」三字，服虔以子爲其姓，則亦非是。古婦人稱姓，男子稱氏族，未有男子而稱姓者也。《傳》文所稱如子儀克、子越椒之類，上二字皆其字；如子人九、子服何之類，上二字皆其氏。此《傳》以「子鉏商」連文，「子鉏」二字或字或氏，未可知也。

子我夕。

《集解》曰：「夕，視事。」

樾謹按：人臣見於君，朝見謂之朝，莫見謂之夕。昭十二年《傳》「子革夕」，杜曰「夕，莫見」是也。此《傳》「子我夕」亦當與彼同。蓋子我將夕見公，適遇陳逆殺人，遂執之以入也。《史記》注引服虔曰：「子我將往，夕有事於君，而逢逆之殺人也。」夕有事於君卽是夕見君，杜改爲夕視事，失之矣。

所難子者。

《集解》曰：「言雖誅魋，要不負言，使禍難及子。」

樾謹按：《傳》言「難子」，不言「使難及子」，杜解非也。《周官·典瑞》「穀圭以和難」，鄭注曰：「難，仇讎。」又「調人掌司萬民之難而諧和之」，注曰：「難，相與爲仇讎。」然則「難子」猶讎子也，言與子爲讎，則上有天，下有先君也。《戰國策·中山策》「陰簡難之」，注曰「難，惡也」，亦與仇讎義相近。

迫孔悝於廁，强盟之。十五年

樾謹按：「廁」當讀爲「側」。《漢書·張釋之傳》「上居外臨廁」，師古曰：「廁，岸之邊側也。」《汲長孺傳》「大將軍青侍中，上踞廁視之」，孟康曰：「廁，牀邊側也。」疑皆古文叚「廁」爲「側」。師古于《汲長孺傳》必從如湻之説，以「廁」爲「溷」，非其理也。此《傳》曰「迫孔悝於廁，强盟之」，蓋亦邊側之義。孔悝見衆至，必走避之，故迫之至邊側之處，使無可走避，乃得與之盟也。

《釋文》「廁」音初吏反，未得其旨。

欒寍將飲酒，炙未熟，聞亂，使告季子。召獲駕乘車。行爵食炙，奉衛侯輒來奔。

《集解》曰：「季子，子路也，爲孔氏邑宰。召獲，衛大夫。駕乘車者不欲戰。」正義曰：「丘明爲傳，雖詳於當時，而此太煩碎。計欒寍飲酒無可記録。又此句顛到，辭義不允。若倒此一句，則上下各自相連，當是後來誤耳。」

樾謹按：杜以「召獲」二字連讀爲人名，而解爲衛大夫，則是召獲自駕車奉衛侯出奔，而「行爵食炙」四字遂無著矣，正義所謂辭氣顛倒也。然如正義之説，移此於「召獲駕乘車」之上，則是欒寍告季子之後，遂自行爵食炙，而此後更無一事，然則欒寍之飲食何必屑屑及之乎？今按：獲者人名，而非衛大夫，蓋與季子同仕於孔氏者也。召者，欒寍召之也。欒寍將飲酒，炙未熟而聞亂，于是使告季子，又召獲使駕乘車。其告季子也，蓋將使之救孔悝，而其召獲駕車，則將奉輒出奔也。部署既定，而炙亦熟，遂飲食之，而奉衛侯來奔。非獨獲奉之，乃欒寍奉之也。其後敘季子入事，止有公孫敢而欒寍不見，則其與輒俱出可知矣。

方天之休。十六年

《集解》曰：「言天方授爾以休。」

樾謹按：《詩・鵲巢》篇「維鳩方之」，毛傳曰：「方，有之也。」然則「方天之休」者，欲其保有天之休命也。杜解非是。

晉人使諜於子木，請行而期焉。

樾謹按：「而」字衍文也，左氏原文本作「請行期焉」。昭七年《傳》曰「君若不來，使臣請問行期」，與此《傳》文義相似。今衍「而」字，則文不成義矣。杜解曰「請行襲鄭之期」，是其所據本未衍「而」字。

復言非信也，期死非勇也。

《集解》曰：「期，必也。」

樾謹按：上文曰「吾聞勝也，好復言而求死士」，此云復言非信，期死非勇，皆承上文而言。復言謂好復言也，期死謂求死士也。期與求古音相近。《禮記・學記》篇「良冶之子必學爲裘，良弓之子必學爲箕」，以裘與箕爲韵，是其例也。據《說文》，求、裘同字。而《詩・終南》篇裘與梅、哉韵，《七月》篇裘與貍韵，《大東》篇裘與來、服、試韵，言古韵者遂以求、裘爲異字異音，則大不然。《周書・酆保》篇「令之有求，遂以生尤」，考尤字《詩・載馳》篇與思、之爲韵，然則求字古音未始不與裘同也。此《傳》前云「求死士」，後云「期死」，文異而義同。求字古音，因可考見矣。

六卿三族降聽政。二十六年

《集解》曰：「降，和同也。」

樾謹按：杜以「降聽政」有降以相從之義，故以和同釋之，其實非也。「降聽政」即共聽政。《尚書・禹貢》篇「北過降水，至于大陸」，《水經注》引鄭注曰：「今河内北共山，淇水、共水出焉，東至魏郡黎陽入河，近所謂降水也。降讀當如郕降於齊師之降。蓋周時國於地者惡言降，故云共耳」，此降與共聲近之證。《離騷》曰「五子用失乎家巷」，楊雄《宗正箴》曰「五子家降」。「降」之通作「共」，猶「降」之通作「巷」，巷字從共得聲也。下文曰：「三族共政，無相害也。」「降聽政」卽是「共政」，前用叚字，後用正字耳。

奉喪殯于大宫。

樾謹按：大宫者，宋之祖廟也。宣十二年《傳》「卜臨于大宫」，杜解曰：「大宫，鄭祖廟。」宋之大宫，猶鄭之大宫也。「殯于大宫」者，宋人用殷禮也。《禮記·檀弓》篇曰「殷朝而殯于祖」，是其事矣。僖八年及襄四年《傳》竝曰「不殯于廟」，疑傳家據殷禮言之。

群經平議卷二十七

群經平議卷二十八

德清俞樾

春秋外傳國語一

商王帝辛大惡於民。《周語》

韋解曰：「大惡，大爲民所惡。」

樾謹按：下句「庶民弗忍」始以民言，若此句已言大爲民所惡，則不必更言庶民弗忍矣。「大惡於民」猶云大虐於民也。《廣雅·釋詁》曰「虐，惡也」，是惡與虐同義。

其無乃廢先王之訓，而王幾頓乎？

解曰：「幾，危也。頓，敗也。」

樾謹按：幾乃語詞。《易·小畜》上九「月幾望」，虞注曰：「幾，其也。」「王幾頓乎」猶言王其頓乎。頓者勞罷之意。《戰國策·秦策》「吾甲兵頓」，高誘注曰：「頓，罷也。」穆王廢先王之典，而勤兵以遠，故言王其頓乎。下云「得四白狼四白鹿以歸」，是穆王此行未嘗危敗。若從韋解，則祭公所言爲已甚矣。

近臣盡規。

解曰：「盡規，盡其規計以告王也。」❶

樾謹按：韋解「盡」字未得其義。盡者，進也。《爾雅·釋詁》：「藎，進也。」藎、盡義通。《漢書·高帝紀》「主進」，師古注曰：「進，字本作賮，又作贐，音皆同耳。古字叚借，故轉而爲進。」然則「進規」之爲「盡規」，猶「主賮」之爲「主進」也。韋氏以本

❶「計」，原脱，今據《國語集解》補。

字讀之，失其義矣。

而後王斟酌也。

解曰：「斟，取也。酌，行也。」

樾謹按：韋以斟酌爲取而行之，此非古義也。《白虎通·禮樂》篇：「周公曰酌，言周公輔成王，能斟酌文、武之道而成之也。」《說文·女部》：「妁，酌也，斟酌二姓者也。」然則斟酌乃古時常語。蓋斟酌本雙聲字，《廣雅·釋詁》曰「斟，酌也」，是二字同義。凡酌酒不可太過，亦不可不及，貴適其中。孔明《出師表》曰「斟酌損益」，以斟酌與損益竝言，最得古人語意。此傳所謂「斟酌」者，蓋合公卿以下諸人之言而可否之，去取之也。今俗語凡度量事物皆曰斟酌，乃古語之存者。

夫王人者，將導利而布之上下者也。

解曰：「導，開也。」

樾謹按：導與道同。《法言·問道》篇曰「道也者，通也」，故導亦爲通。上文「是故爲川者決之使導」，注曰：「導，通也。」下文「川氣之導也」，注曰「導，達也」，達亦通也。然則「導利而布之」者，通利而布之也。韋訓爲開，於義稍迂。

夫事君者，險而不懟。

解曰：「在危險之中不當懟。」

樾謹按：如韋義，則與下句「怨而不怒」不一律矣。「險而不懟」疑當作「慊而不懟」。《淮南子·齊俗》篇「衣若縣衰而意不慊」，高注曰：「慊，恨也。」「慊而不懟」言雖恨而不懟，正與下句「怨而不怒」同義。古字險與隒通。《爾雅·釋山》篇《釋文》引《字林》曰「隒，山形似重甑」；《集韵》引《字林》曰「險，山形如重甑」，是其證也。險與隒通，故亦與慊通矣。

廩於藉東南，鍾而藏之，而時布之於農。

解曰：「廩，御廩，一名神倉。東南，生長之處。鍾，聚也。謂爲廩以藏王所藉田，以奉齍盛。布，賦也。」

樾謹按：上文曰「是日也，瞽帥音官以省風土」，是日卽耕藉之日也。此承上文而言，則亦與同日可知。是時甫耕，未及收也，何遽及此？且王所藉田以奉齍盛，何以布之於農乎？竊疑「廩於藉東南鍾而藏之而時布之」此十三字爲錯簡，當在下文「耨穫亦如之」之下。「於農」二字爲衍文，涉下句「民用莫不震動，恪恭於農」而衍也。當云「耨穫亦如之。廩於藉東南，鍾而藏之，而時布之。民用莫不震動，恪恭於農。」如此，則文義自順矣。簡策錯亂，誤入上文。幸衍「於農」二字，轉可因以訂正耳。

司商協民姓。❶

解曰：「司商，掌賜族受姓之官。商，金聲，清。謂人始生，吹律合之，定其姓名。」

樾謹按：聲有五，不當獨舉商之一聲以名官也。「商」當讀爲「章」，古音相近。《尚書·粊誓》「我商賚女」，《釋文》曰：「商，徐邈音章。」又《水經·漯水注》：「商、漳聲相近。」竝其證也。《漢書·律曆志》曰：「商之言章也。」是二字聲近義通。《呂氏春秋·勿躬》篇「臣不如弦章」，《韓子·外儲説》篇作「弦商」；僖二十五年《左傳》杜注曰「商密，今南陽丹水縣」，《續漢書·郡國志》南陽郡丹水有章密鄉，竝古字通用之證。《説文·音部》：「章，樂竟爲一章。從音、十。十，數之終也。」然則司樂者謂之

❶「民」，原作「名」，今據《國語集解》改。

司章，正取樂竟爲一章之義。因叚「商」爲之，學者遂不得其解矣。

陽失而在陰。

解曰：「在陰，在陰下也。」

樾謹按：在陰下而但曰「在陰」，文義未了。「在」當讀爲「載」。載從𢦏聲，在從才聲，亦或從𢦏聲。《州輔碑》「𢦏貴不濡」，「在」作「𢦏」，是其證也。故在、載古得通用。「陽失而載陰」，謂陽在陰下，以陽載陰也。

淫而得神，是謂貪禍。

解曰：「以貪取禍。」

樾謹按：如韋義，則與上文「道而得神，是謂逢福」不一律矣。「貪」當讀爲「探」。《釋名·釋言語》曰：「貪，探也。」是貪與探聲近而義通。《後漢書·郭躬傳》「捨狀以貪情」，章懷注曰「貪，與探同」，是其證也。《爾雅·釋詁》曰：「探，取也。」探禍猶言取禍也。韋不知「貪」爲「探」之叚字，其義卽爲取，乃曰「以貪取禍」，失之矣。

拜不稽首，誣其王也。

解曰：「誣，罔也。」

樾謹按：拜不稽首乃不敬，非誣罔也。「誣」蓋「輕」字之誤。古書從巫、從巠之字往往相溷，《顏氏家訓·書證篇》所謂「巫混經旁」是也。《大戴記·曾子立事》篇「喜之，而觀其不誣也」，《周書·文王官人》篇作「喜之以物，以觀其不輕」。《戰國策·韓策》「輕强秦之禍」，《韓子·十過》篇作「輕誣强秦之禍」，蓋「誣」卽「輕」字之誤而衍者，竝其證也。拜不稽首，故爲輕其王。下文云「誣王無民」，又云「故晉侯誣王，人亦將誣之」，諸「誣」字皆當作「輕」。韋據誤本作注，失其義矣。

樹於有禮，艾人必豐。

解曰：「樹，種也。艾，報也。豐，厚也。」

樾謹按：艾之訓報，其義未聞。《詩・鴛鴦》篇「福禄艾之」，《南山有臺》篇「保艾爾後」，毛傳竝曰：「艾，養也。」此「艾」字亦當訓養，蓋從上句「樹」字生義。凡樹蓺五穀及蔬果之類，皆所以養人，故曰「樹於有禮，艾人必豐」。又《晉語》曰「樹於有禮，必有艾」，義亦同此，言必得其養也。韋訓爲報，雖於語意未失，恐非古訓。

且夫兄弟之怨，不徵於他。

解曰：「徵，召也。他，謂狄人。」

樾謹按：徵猶證也。《禮記・中庸》篇「雖善無徵」，又曰「徵諸庶民」，鄭注曰「徵，或爲證」，是徵、證義通。「不徵於他」言兄弟雖有怨，不就他人而證驗其是非也。韋注失之。

王而蔑之，是不明賢也。

解曰：「蔑，小也。」

樾謹按：《詩・桑柔》篇「國步蔑資」，鄭箋曰：「蔑，猶輕也。」《周易・剥》六二「蔑貞凶」，《釋文》引鄭注曰：「蔑，輕慢。」然則蔑之猶輕之也。《説文・心部》：「懱，輕傷也。」蔑即懱之叚字。韋訓爲小，失其旨矣。下文「單襄公聘于宋」章曰「是蔑先王之官」也，蔑亦輕慢之意。韋訓爲欺，亦非是。

叔父若能光裕大德，更姓改物，以創制天下，自顯庸也。

解曰：「創，造也。庸，用也。謂爲天子創造制度，自顯用於天下。」❶

樾謹按：韋解「創制」、「顯庸」竝未得其旨。創制二字同義。創，造也。《孟子・梁惠

❶「創」，原脱，今據《國語》集解補。

王》篇「可使制梃」，趙注曰：「制，作也。」作亦造也。故《論語・憲問》篇「裨諶草創之」，《釋文》曰：「創，制也。」然則創、制一也。「創制天下」猶言創造天下耳。顯、庸二字亦同義。顯，明也。庸讀爲融。《鄭語》「命之曰祝融」，韋解曰：「融，明也。」下文「穀洛鬭」章「顯融昭明」，彼作「融」者正字，此作「庸」者叚字。然則顯、庸亦一也。「自顯庸」猶言自顯明耳。韋氏解「顯融」曰「融，長也」，亦失其旨。顯融與昭明止是一義。

余敢以私勞變前之大章。

解曰：「章，表也，所以表明天子與諸侯異物也。」

樾謹按：《廣雅・釋器》曰：「章，程也。」下文「隨會聘於周」章曰「將以講事成章」，韋注亦曰「章，章程也」。是章與程同義。《詩・小旻》篇「匪先民是程」，毛傳曰：「程，法也。」然則大章猶大法也，謂以私勞變前人之大法也。韋注非是。

五色精心。

解曰：「五色之章，所以異賢不肖，精其心也。」

樾謹按：「精」當讀爲「旌」。精從青聲，青從生聲，旌亦從生聲，故聲近而義通。《釋名・釋兵》曰：「旌，精也，有精光也。」《列子・説符》篇「東方有人焉，曰爰旌目」，《後漢書・張衡傳》注引作「爰精目」，是二字相通之證。「五色旌心」與下句「五聲昭德」一律，言五色所以旌表其心，五聲所以昭明其德也。上文「賜晉惠公命」章曰「故爲車服旗章以旌之」，韋注曰「旌，表也」，正得其義。此文作「精」者，叚字耳。

宗祝執祀。

解曰：「宗，宗伯。祝，大祝也。執祀，賓將有事於廟，則宗祝執祭祀之禮。」

樾謹按：賓雖有事於廟，然非祭祀也，何以執祭祀之禮乎？「執祀」疑當作「執禮」。《禮記·文王世子》篇「秋學禮，執禮者詔之」；《雜記》篇「女雖未許嫁，年二十而笄，禮之婦人執其禮」；《論語·述而》篇「子所雅言，《詩》、《書》執禮，皆雅言也」，竝「執禮」二字之證。「宗祝執禮」，言賓至則宗祝執其禮也。古文「禮」字作「礼」，與「祀」字相似，因誤爲「執祀」矣。

棄衮冕而南冠以出，不亦簡彝乎？

解曰：「簡，略也。彝，常也。言其棄禮，簡略常服也。」

樾謹按：以簡彝爲簡略常服，文義未安。《爾雅·釋詁》曰：「夷，易也。」彝與夷古通用，簡彝卽簡易。棄衮冕而南冠以出，是簡易也，故曰「不亦簡彝乎？」

寬肅宣惠，君也。

解曰：「宣，徧也。」

樾謹按：《説文·心部》：「愃，寬閒心腹貌。從心宣聲。《詩》曰：『赫兮愃兮。』」今《毛詩》作「咺」，《釋文》引《韓詩》作「宣」。蓋愃、咺、宣三字聲近而義通，是宣有寬義也。又《長發》篇「玄王桓撥」，毛傳曰：「桓，大也。」宣與桓亦聲近而義通。《易林·需之萃》曰「大口宣舌」，《大有之蠱》曰「大口宣脣」，皆其證也。文十八年《左傳》曰：「宣慈惠和。」宣惠與宣慈義正相近。蓋宣有寬大之義，故配慈、惠言之。韋訓宣爲徧，雖本《爾雅》，然下文曰「教施而宣則徧」，若從韋解，是「教施而徧則徧」矣，豈可通乎？

魯執政唯强，故不歡焉而後遣之。

解曰：「魯執政之人唯畏其强禦，難距其欲，故不歡説而後遣之」。

樾謹按：如韋義，則當云「唯畏其强」，不得但云「唯强」，注義非也。「魯執政唯强」即指叔孫僑如而言。僑如於魯亦卿也，故以執政言之。王孫説之意，蓋謂魯執政之臣皆强，故君雖不歡，而不得不從其請耳。

且夫戰也微謀，吾有三伐。

解曰：「微，無也。言軍無計謀。」

樾謹按：韋解「微謀」二字未得其旨。謀即上文「五勝」、「五敗」之説，乃郤至之謀也。郤至蓋謂是戰也，吾固有謀矣，即無此謀，吾尚有三伐。二句承上以起下。「微」字、「有」字相應，正見郤至自伐其功，有悉數難終之意。

夫仁、禮、勇，皆民之爲也。

解曰：「民力所爲。」

樾謹按：仁、禮、勇三者非民力所爲也。「民」疑「義」字之誤。下文曰「以義死用謂之勇，奉義順則謂之禮，畜義豐功謂之仁」，是三者皆以義爲本，故曰「夫仁、禮、勇，皆義之爲也」。「義」字缺壞，但存其下「我」字，因誤爲「民」耳。

制朝以序成。

解曰：「序，次也。朝不越爵，則政成。」

樾謹按：上句曰「制戎以果毅」，「果毅」二字平列，則「序成」二字亦平列，不當如韋氏所解也。蓋序、成二字同義。序，次也；成，亦次也。言制朝廷之位則以次弟也。《儀禮・覲禮》篇鄭注曰：「成，猶重也。」《爾雅・釋丘》曰「丘一成爲敦丘」，《吕氏春秋・音初》篇曰「九成之臺」，郭璞、高誘注竝與鄭同。《廣雅・釋詁》亦曰：「成，重也。」凡相重者即有相次之義。成之義爲重，故亦爲次，猶序之義爲次，而亦爲重也。《史記・趙世家》「序往古之勳」，正義曰：「序，重也。」足證其義之通矣。又上文「穆王將征犬戎」章曰：「有不祭則修意，有不祀則修言，有不享則修文，有不貢則修名，有不王則修德，序成而有不至則修刑。」「序成」二字義亦當與此同，言依此次弟而有不至也。「序成」蓋古語，後人不得其解耳。

步言視聽必皆無謫。

解曰：「謫，譴也。」

樾謹按：無謫猶無咎也。上文「秦師將襲鄭」章曰「秦師必有讁」，韋注曰：「讁，猶咎也。」讁卽謫之異文。《漢書・五行志》引此文亦作「讁」。

視遠日絶其義。

解曰：「言日日絶其宜也。」

樾謹按：「視遠日絶其義，足高日棄其德，言爽日反其信，聽淫日離其名」，四「日」字均當作「曰」，猶云是謂絶其義，是謂棄其德，是謂反其信，是謂離其名也。日、曰二字形似易混，故陸氏《釋文》遇此二字每加音以別之。《周易・大畜》九三「曰閑輿衛」，《釋文》云：「曰音越，鄭人實反。」《詩・七月》篇「曰爲改歲」，《釋文》云：「曰，音越，一讀人實反。」如此之類，并兩存其讀矣。

厚味實腊毒。

解曰：「腊，亟也，讀若廟。昔酒焉味厚者，其毒亟也。」

樾謹按：《文選・七命》注引賈逵曰：「腊，久也，言味厚者其毒久也。」此説視韋解爲長。古昔、腊同字。《詩・墓門》篇「誰昔然矣」，毛傳曰：「昔，久也。」故腊亦久也。《鄭語》曰「毒之酋腊者，其殺也滋速」，此

「腊」字亦當訓久。《周禮・酒正》「二曰昔酒」，鄭注曰：「昔酒，今之酋久、白酒。」酋腊卽酋久也。久則有積滯之義，故久與積義相通。《漢書・嚴助傳》注曰：「積，久也。」「厚味實腊毒」言味厚則毒積也。《説文・水部》：「湝，所以攤水也。」毒積謂之腊，猶水積謂之湝矣。

吾聞之《大誓故》曰：「朕夢協于朕卜，襲于休祥，戎商必克。以三襲也。」

解曰：「故，故事也。」

樾謹按：既云「大誓」，而又云「故」者，「故」卽「詁」字。《爾雅・釋詁》《釋文》引樊光、李巡本作「釋故」是也。毛公釋《詩》謂之《故訓傳》，蓋周公所作《爾雅》有《釋故》、《釋言》、《釋訓》諸篇，皆是解釋《詩》義，毛公承之而作傳，故謂之《故訓傳》也。以《詩》例《書》，疑當時亦必有《故訓》，單襄公所引《大誓故》卽是矣。其曰「朕夢協于朕卜，襲于休祥，戎商必克」，乃《大誓》之正文，其曰「以三襲也」，則《故訓》之辭也。襄公特引之以自證其三襲之語耳。《爾雅》每舉《詩》句而釋之，與此體例正同，可見自古説經之例。韋以故事解之，未得也。

決汩九川。

解曰：「汩，通也。」

樾謹按：下文「汩越九原」，注曰「越，揚也」，而不釋「汩」字，蓋韋氏之意，謂兩「汩」字義同。王氏念孫解「汩越九原」句曰：❶汩、越，皆治也。《説文》「汩，治水也。」《廣雅》：「越，治也。」汩與越聲相近，故義相通。説詳《經義述聞》。今按：王説下句是矣，而於「決汩九川」句不置一詞，

❶ 「念孫」，當作「引之」。

則亦未得其義。蓋兩「汩」字義各不同。「汩越」之「汩」，其本字也；「決汩」之「汩」，則當爲「抇」，乃「搰」之或體也。《玉篇·手部》：「搰，胡没切。掘也。」又曰：「抇，亦搰字，穿也。」《説文》有「搰」無「抇」。然《荀子·堯問篇》曰「深抇之而得甘泉焉」，《正論篇》曰「亂今厚葬，故抇也」，《列子·説符》篇曰「俄而抇其谷」，則不得謂古無「抇」字矣。決、抇義相近，抇亦決也。《尚書·益稷》篇「予決九川」，即其義矣。

宅居九隩。

解曰：「隩，内也。九州之内皆可宅居。」

樾謹按：「九隩」疑當作「四隩」，即《禹貢》所謂「四隩既宅」也。涉上文「九山」、「九川」、「九澤」、「九藪」、「九原」而亦誤作「九隩」耳。不知上五句自作「九」，此句自作「四」，正與下句「合通四海」以類相從。《説文·土部》：「墺，四方土可居也。」「隩」即「墺」之叚字，可知古有四墺之説，無九墺之説也。

賜姓曰姜，氏曰有吕，謂其能爲禹股肱心膂，以養物豐民人也。

解曰：「氏曰有吕者，以四岳能輔成禹功，比於股肱心膂。吕之爲言膂也。」

樾謹按：上文「賜姓曰姒，氏曰有夏，謂其能以嘉祉殷富生物也」，注曰：「姒，猶祉也。夏，大也。以善福殷富天下爲大也。」然則此文亦當兼「賜姓曰姜」言之，不得專以「氏曰有吕」爲説也。姜從羊聲，養亦從羊聲，疑「養物」即説「姜」字之義。依聲爲訓，古書類然。以養訓姜，猶以祉訓姒也。韋氏未見及此，當補注曰「姜，猶養也」，於義方備。

使至於争明以妨王宫。

解曰：「明，精氣也。」

樾謹按：《爾雅・釋詁》曰：「明，成也。」古成、盛二字通用，明訓成，故亦訓盛。《淮南・説林》篇「長而愈明」，高注曰：「明，猶盛也。」《禮記・明堂位》正義曰：「明堂，盛貌。」然則「争明」猶争盛也。《吕氏春秋・悔過》篇曰「此其備必已盛矣」，高誘訓盛爲彊。然則争盛猶争彊也。韋氏以精氣釋之，義轉迂矣。哀十六年《左傳》：「與不仁人争明無不勝。」「争明」蓋古人常語，後人不達古語，故失其解。杜預以「明無不勝」爲句，則并失其讀矣。昭三年《傳》曰「二惠競爽」，競猶争也，爽猶明也，亦卽争明之意，説詳《左傳》。

若能類善物以混厚民人者。

解曰：「混，同也。」

樾謹按：混、厚二字同義，混亦厚也。「混」當讀爲「惲」。《説文・心部》：「惲，重厚也。」今惲厚字皆以「渾」爲之，而混與渾又通用，故「混厚」卽「渾厚」，實則「惲」之叚字也。注訓爲同，失之。

是去其藏而翳其人也。

解曰：「翳，猶屏也。人，民也。奪其資，民離叛，是遠屏其民也。一曰，翳，滅也。」

樾謹按：此當從一曰滅也之訓。韋疑翳無滅義，故先以屏釋之，不知「翳」通作「殪」。《詩・皇矣》篇「其菑其翳」，毛傳曰：「自斃爲翳。」《釋文》曰：「《韓詩》作『殪』。」是翳與殪聲近義通。《釋名・釋喪制》曰：「殪，翳也。」然則翳亦猶殪也，「翳其民」卽殪其民，故其義爲滅。若訓爲屏，則義轉迂矣。

三曰姑洗，所以脩潔百物，考神納賓也。

解曰：「姑，潔也。洗，濯也。言陽氣養生，洗濯枯穢，改柯易葉也。」

樾謹按：「姑」字無訓潔者，韋注原文當作「姑，枯也」，故其下云「洗濯枯穢」。今作「潔」者，蓋其字偶缺，淺人妄以意補之耳。高誘注《淮南子·天文》篇、《時則》篇竝曰「姑，故也。洗，新也」，韋義正與高同。姑之爲枯，猶姑之爲故，竝以聲爲訓。

四閒林鍾，和展百事，俾莫不任肅純恪也。

解曰：「展，審也。」

樾謹按：展與布同義，故《小爾雅·廣言》曰：「布，展也。」然則展亦猶布也。「和」當讀爲「宣」。《尚書·禹貢》篇「和夷厎績」，《水經·桓水》篇注引鄭注「和」讀曰「桓」。桓與宣竝從亘聲，和之讀爲宣，猶和之讀爲桓也。「和展百事」者，宣布百事也。《周官·小司寇職》曰「正歲帥其屬而觀刑象，乃宣布于四方」，《布憲職》曰「執旌節以宣布于四方」，是其義也。韋讀和如本字，而訓展爲審，則和與展義不相屬矣。

故謂之《嬴亂》，所以優柔容民也。

解曰：「亂，治也。柔，安也。」

樾謹按：下文「齊閭丘來盟」章曰「其輯之亂」，韋注曰：「凡作篇章，義既成，撮其大要以爲亂辭。詩者，歌也，所以節舞者也。如今三節舞矣，曲終乃更，變章亂節，故謂之亂也。」然則「嬴亂」之「亂」當與彼同。上文曰「故長夷則之上宮，名之曰羽」，注曰：「長謂先用之也。」是此樂以羽爲始，以嬴爲亂，故曰《嬴亂》。其命名之意在「嬴」，不在「亂」。「優柔容民」乃釋「嬴」字之義。嬴之言贏也。《爾雅·釋天》夏爲長嬴，《釋文》曰「嬴，本或作贏」，是嬴、贏古通用。襄三十一年《左傳》「以贏諸侯」，杜注曰：「贏，受也。」《荀子·解蔽篇》「故曰心容」，楊注曰：「容，受也。」贏、容義既相近，以容訓贏，正古義矣。亂乃樂終之名，非義所在，故無説也。韋注未得其義。

昭明大節而已，少曲與焉。

解曰：「曲，章曲也。與，類也。言飫禮所以教民敬戒，昭明大體而已，故其詩樂少，章曲威儀少，比類也。」

樾謹按：韋説「曲與」二字，其義甚迂，殆非也。與，古通作「舉」。《周官・師氏》「王舉則從」，故書「舉」爲「與」；《史記・吕后紀》「蒼天舉直」，徐廣曰「舉，一作與」，竝其證也。「少曲舉焉」謂無委曲之舉動也。「曲舉」與「大節」正相對成義。明道本「曲」作「典」，疑誤。

夫惠本而後民歸之志，民和而後神降之福。

《魯語》

樾謹按：「本」乃「大」字之誤。下文曰「今將惠以小賜，祀以獨恭。小賜不咸，獨恭不優」，即承此文而言。惠不大爲小賜，民不和爲獨恭也。又曰「夫民求不匱於財，而神求優裕於享者也，故不可以不本」，「本」亦「大」字之誤。民求不匱而神求優裕，故不可以不大也。若作「本」字，於義皆失矣。大與本上半相似，因而致誤。《漢書・董仲舒傳》曰「元者，辭之所謂大也」，《漢紀・武帝紀》作「元者，辭之所謂本也」，是其證。

今齊社而往觀旅非先王之訓也。

解曰：「旅，衆也。」

樾謹按：此當作「齊社而旅往觀」。《説文・㫃部》曰：「㫊，古文旅，古文以爲魯、衛之魯。」然則「齊社而旅往觀」即齊社而魯往觀也。上文曰：「夫齊棄太公之法而觀民於社，君爲是舉而往觀之。」彼文「君」字即此文「魯」字，異名而同實。若「往觀」

上無「魯」字，則於文爲不備。且不曰「觀社」，而曰「觀旅」，於義又爲不通。蓋由淺人不知「旅往觀」卽「魯往觀」，因誤到其文耳。

臣聞聖王公之先封者，遺後之人法，使無陷於惡。其爲後世，昭前之令聞也，使長監於世。

解曰：「爲，猶使也。」

樾謹按：既云「使無陷於惡」，又云「其使後世昭前之令聞」，則於義複矣。下又云「使長監於世」，殆無此文理也。今按：此六句當分兩意，上三句以先祖言，謂王公之先封者宜遺法後人，使無陷於惡也；下三句以子孫言，謂爲後世子孫者當昭前之令聞，使長監於世也。「其爲後世」四字爲句，韋誤連下六字讀之，遂失其義。

君不命吾子，吾子請之，其爲選事乎？

解曰：「選事，自選擇其職事也。」

樾謹按：「選」當讀爲「篡」。《爾雅·釋詁》曰：「篡，取也。」《一切經音義》引《爾雅》舊注曰：「盜位曰篡。」其實古語凡逆而取之皆謂之篡。《説文·厶部》曰：「屰而奪取曰篡。」《方言》曰：「秦、晉之閒，凡取物而逆謂之篡。」《後漢書·逸民傳序》「鴻飛冥冥，弋者何篡焉」，❶李賢注引宋衷曰：「篡，取也。」君不命而請之，是自取也，故曰「其爲篡事乎」？古巽聲、算聲字往往通用，《説文·食部》「籑」或作「饌」，是其證也。《詩·柏舟》篇「不可選也」，《後漢書》朱穆《絶交論》作「不可算也」。《論語·子路》篇「何足算也」，《漢書·公孫劉田王楊蔡陳鄭傳贊》作「何足選也」。然則

❶「弋」，原作「戈」，今據《後漢書》改。

「選」之通作「籑」，猶「選」之通作「算」耳。韋以本字讀之，而訓爲選擇，義轉迂矣。

大懼殄周公、太公之命祀。

解曰：「賈、唐二君云：周公爲太宰，太公爲太師，皆掌命諸侯之國所當祀也。或云：命祀謂命祀二公也。昭謂：《傳》曰：『衛成公祀夏后相，甯武子曰：「不可以閒成王、周公之命祀。」』如此，賈、唐得之。」

樾謹按：神不歆非類，民不祀非族，太公乃齊之先君，魯人豈得祭之？下文云：「豈惟寡君與二三臣實受君賜，其周公、太公及百辟神祇實永饗而賴之。」以此告齊，尤近不情，或說非也。賈、唐之說亦無確據，韋氏舉甯武子之言爲證，則亦非也。武王崩，周公攝政，康叔之封，周公主之，故甯武子舉成王必兼及周公，乃據實而言。若伯禽受封，與太公無與，何必并舉之乎？若謂二公竝掌諸侯命祀，則甯武子之言，又何以不及太公乎？是二說胥失之矣。

今按：此太公非齊之太公，乃魯之太公也。周初諸侯猶沿殷制，往往無謚，衛之始封曰康叔，曰康伯；晉之始封曰唐叔虞，曰晉侯燮；蔡之始封曰蔡仲胡，曰蔡伯荒；曹之始封曰曹叔振鐸，曰太伯脾，曰仲君平；杞之始封曰東樓公，曰西樓公，曰題公，曰謀娶公；宋之始封曰微子，曰微仲，曰宋公稽，皆無謚也。齊之有謚自哀侯始，哀侯以前曰丁公伋，曰乙公得，曰癸公慈母，凡三君無謚。而太公者，始封之君，又有大功，故尊之曰太公。猶周之王業始于古公亶父，而尊之曰太王也。非獨齊國如此，吴自太伯適吴，遂以有國，至武王追封爲吴伯，謂之太伯，義猶是也。《左傳》曰「武王邑姜方震太叔」，則唐叔虞亦有太叔之稱，義亦猶是也。魯之受封，實始于伯禽，伯禽無謚，在他人稱之曰魯公可也，在魯之臣民稱之曰魯公不可也，則其尊之曰太公，固其宜矣。齊有太公，魯亦有太公，猶吴有太伯，曹亦有太伯，各尊其祖，不嫌同名。後人但知齊有太公，而不知魯亦有太公，始失其解矣。昭三年《左傳》曰「豈惟寡君，舉群臣實受其賜。其自唐叔以下，實寵嘉之」，與此文法相似。彼云「唐叔以下」，舉晉先君而言，則此「周公、太公」舉魯之先君而言無疑矣。下文「齊孝公來伐」章曰：「昔者成王命我先君周文公及齊先君太公曰：『女股肱周室，以夾輔先王。』」其曰「齊先君太公」者，別于魯先君太公也。可見當日屬辭之慎。至《左傳》易之曰「昔周公、太公股肱周室，夾輔成王」，則失之矣。蓋《國語》乃國史原文，《左傳》則已經左氏刪改也。

臧文仲欲以辭告病焉。

解曰：「欲以文辭告謝齊也。病不能爲辭也。」

樾謹按：此當以九字爲句。臧文仲欲以辭告病焉，謂欲以魯之病告齊也。宣十五年《左傳》曰「寡君使元以病告」，義與此同。韋氏因下文「問於展禽」，遂讀「病焉」二字爲句，以「病不能爲辭」釋之，失其義矣。

展禽使乙喜以膏沐犒師。

樾謹按：《國語》原文疑當作「以膏沐膏師」，上「膏」字如字，下「膏」字古報反。襄十九年《左傳》「如百穀之仰膏雨焉，若常膏之」，《釋文》曰「膏雨，如字。膏之，古報反」，卽其例也。「犒」字《説文》所無，《漢斥彰長田君碑》作「⿰酉高」，亦《説文》所無，蓋皆俗字。《周禮》故書作「槀」，乃叚借字，司農讀爲「槁」，似亦未得也。僖二十六年「公使展喜犒師」，正義引服虔曰「以師枯槁，故饋之飲食」，疑《左傳》原文亦作「膏」矣，説詳《左傳》。

爵同則厚其好貨。

解曰：「爵與魯同者，特厚其好貨。」

樾謹按：當云「爵與晉同者」，於義方合。蓋晉人感魯、衛同班相恤之故，因自加厚於同爵之國也。晉、魯皆侯爵，則與晉同爵者亦卽與魯同爵。然在晉人之意，因其與己同而厚之，非因其與魯同而厚之也。韋注非是。

文王以文昭，武王去民之穢。

樾謹按：《禮記·祭法》篇曰：「文王以文治，武王以武功，去民之菑。」「武王」下有闕文。據《周語》曰「成王能明文昭，能定武烈者也」，文昭與武烈相對。此文疑亦與彼同，當作「文王以文昭，武王以武烈，去民之穢」。

既其葬也，焚，煙徹於上。

解曰：「已葬而火焚其棺槨也。」

樾謹按：韋以「已葬」二字解「既其葬也」四字，於義未安。王氏《經義述聞》曰：「既，猶既而也。言既而夏父弗忌之葬也，火焚其棺槨，煙達於上也。」是讀「既」字爲一句，義亦未得。今按：「既其葬也」四字仍當連讀。既猶暨也。《禮記·喪大記》篇「塗不暨于棺」，鄭注曰：「暨，及也。」《史記·秦始皇本紀》「東至海暨朝鮮」，正義曰：「暨，及也。」「暨其葬也」猶曰及其葬也。既與暨古字通。《周官·閭胥》「既比則讀法」，注曰：「故書既爲暨，杜子春讀暨爲既。」

若爲元侯之所，以怒大國，無乃不可乎？

解曰：「之所，謂作三軍元侯所爲。」

樾謹按：《禮記・哀公問》篇「求德當欲不以其所」，鄭注曰：「所，猶道也。」「若爲元侯之所」者，若爲元侯之道也。蓋作師以承天子，乃元侯之道也。若如韋解，則所下更當有「爲」字矣。

事其君而任其政，其誰由己貳？

解曰：「言楚臣方事其君而當其政，其誰肯從己時而使諸侯有攜貳者乎？」

樾謹按：「由」當作「曰」，「己」當作「已而已而」之「已」，皆字之誤也。「其誰曰已貳」與上文「其誰曰不如先君」、「其誰曰非侮也」文法一律。言楚臣方事其君而當其政，誰謂其已有二心也？下文「執政不貳」即承此句而言，韋注曰「其執政之臣無二心」，則不貳屬執政言，不屬諸侯言明甚。因此句誤作「由己」，韋乃曲爲之説，則與下意不貫矣。「平丘之會」章曰「其執政貳也」，貳字亦就晉執政言，可證此文韋解之非。

今大夫而設諸侯之服，有其心矣。若無其心，而敢設服以見諸侯之大夫乎？將不入矣。

解曰：「若不見討，必爲篡，不復入爲大夫也。」

樾謹按：此言楚圍以大夫設諸侯之服，必有異心。若無異心而敢於爲此，則是狂易失心，不久將死，故曰「將不入矣」，言不復能入國也。下文曰「若楚公子不爲君，必死」，正其義也。韋謂不復入爲大夫，失之。

季桓子穿井獲如土缶，其中有羊焉。

解曰：「或云：得土如瓦缶狀，中有土羊。」

樾謹按：如此説，則當云「獲土如缶」，不當云「獲如土缶」。韋氏託之或説，蓋亦有所未安耳。疑《國語》原文本作「如獲土缶」。如、而古通用，《日知録》卷三十二所引凡二十餘事可證。「季桓子穿井如獲土缶」者，季桓子穿井而獲土缶也。下文曰「吾穿井而獲狗」，此「如」字即下「而」字。後人不知如、而古通用，而誤到其文，遂不可解矣。

與太史、司載糾虔天刑。

解曰：「載，天文也。司天文謂馮相氏、保章氏，與太史相儷偶也。」

樾謹按：載之爲天文，於義無取，殆非也。「載」當爲「烖」，即災字篆文也。載、烖竝從𢦏聲，古音相同，故《周易·剥·象傳》災、載爲韵。又《詩·大田》篇「俶載南畝」，鄭箋曰：「載讀如菑栗之菑。」菑與災古亦通用，《生民》篇「無菑無害」是也。菑栗之「菑」可以「載」爲之，則菑害之「菑」亦可以「載」爲之矣。司載即司災也。《漢書·天文志》文昌六星，五曰司禄，六曰司災，是司災乃星名。《周官》有司禄，以星名官，司災亦其例也。司災所掌必天文災異之事，故與之糾虔天刑也。

周恭王能庇昭穆之闕而爲恭。

解曰：「庇，覆也。」

樾謹按：「庇」當讀爲「裨」。比聲與卑聲相近。《詩·皇矣》篇「克順克比」，《禮記·樂記》篇引作「克順克俾」；《節南山》篇「天子是毗」，《荀子·宥坐篇》引作「天子是庳」，竝其證也。《晉語》：「子若能以忠信贊君而裨諸侯之闕。」注曰：「裨，補也。」此云「能庇昭穆之闕」，庇與裨字異而義同。韋以本字讀之，而訓爲覆，於義轉迂矣。

修舊法，擇其善者而業用之。《齊語》

解曰：「業，猶創也。」

樾謹按：既云舊法，不得謂之創用，韋注非也。《爾雅・釋詁》：「業，敘也。」又曰：「業，緒也。」緒與敘同義。《説文・攴部》：「敘，次弟也。」是業有次弟之義。《孟子・盡心》篇「有業屨於牖上」，趙注曰「業，織之有次業而未成也」，蓋亦謂織之已有次弟也。《晉語》「信於事則民從事有業」，韋彼解曰：「業，猶次也。」然則「擇其善者而業用之」，言擇其善者而次弟用之耳，非創用之謂。

政不旅舊，則民不偷。

解曰：「舊，君之故舊也。偷，苟且也。不以故人爲師旅則民相與不苟且也。」

樾謹按：韋訓此句其義迂曲，殆非也。旅之言拒也。《御覽》二十七引《風俗通》曰：「旅，拒也。言陽氣欲出，陰不許也。」字亦通作吕。《白虎通・五行》篇曰：「吕者，拒也。言陽氣欲出，陰不許也。」又曰：「吕之言拒者，旅抑拒難之也。」蓋旅與拒本疊韵字，故聲近而義通。又或連言之曰「旅距」。《後漢書・馬援傳》「黠羌欲旅距」，注曰「旅距，不從之貌」，距即拒也。「政不旅舊」者，言爲政不拒絶故舊之人也。韋以師旅解之，失其義矣。

反胙於絳。

解曰：「説云：胙，賜也。謂天子致祭胙，賞以大路、龍旂。桓公於絳辭之，天子復使宰孔致之。賈侍中云：反，復也。胙，位也。絳，晉國都也。晉獻公卒，奚齊、卓子死，國絶無嗣，晉侯失其胙位。桓公以諸侯討晉，至高粱，使隰朋帥師立公子夷吾，復之於絳，是爲惠公，事在魯僖九年。昭謂：人君卽位謂之踐胙。此言桓公城周，尊事天子，又討晉亂，復其胙位，善之也。按《內傳》宰孔於葵丘致胙肉賜命，無辭讓反覆之文，賈君得之。唐從賈也。」

樾謹按：葵丘之會，宰孔致胙，不特無辭讓反復之事，且桓公是時亦不至絳，舊説固失之矣。至人君即位謂之踐阼，不謂之踐胙。即使古字通用，然不曰「立晉侯於絳」，而曰「復胙於絳」，義甚不安。且惠公之立，雖自外入，實則父死子繼，非鄭厲自櫟、衛獻自夷儀，失國復歸者可比，安得謂之復胙乎？是賈侍中説亦非也。今按：反者，歸也。《孟子・盡心》篇「君子反經而已矣」，❶趙岐注曰：「反，歸也。」《廣雅・釋詁》亦曰：「反，歸也。」「反胙」猶言歸胙。「歸胙於絳」承上句「南城周」而言。《周書・作雒》篇載周公既城成周，乃設丘兆于南郊，以祀上帝，配以后稷，日月星辰先王皆與食。然則齊桓城周之後，因祭而歸胙諸侯，亦事所宜有也。其獨舉絳言之者，是時諸侯莫不事齊，惟晉獻恃强不服，故齊桓藉寵王室，因城周而歸胙，以風示之耳。

嶽濱諸侯莫不來服。

解曰：「嶽，北嶽常山也。」

樾謹按：《傳》言「嶽」，不言「北嶽」，注義非也。《爾雅・釋山》曰「河西嶽」，郭璞注曰：「嶽，吳嶽也。」《周官・職方氏》、《周書・職方》篇「正西曰雍州，其山鎮曰嶽山」，鄭注及孔晁注竝同。此《傳》所謂「嶽濱諸侯」，即吳嶽也。上文「西服流沙、西吳」，注曰「雍州之地」，故此即舉雍州之鎮言之。韋氏以爲北嶽常山，失之遠矣。

❶「盡」，原作「養」，今據《孟子》改。

隱武事。

樾謹按：此「隱」字韋氏無注。下文「定三革，隱五刃」，注曰「隱，藏也」，則未得其義也。「隱」當讀爲「偃」。《漢書・古今人表》「徐隱王」，師古注曰「卽偃王也」，是隱、偃古通用字。《荀子・儒效篇》「偃五兵」，楊倞注曰：「偃，仆也。」《莊子・徐无鬼》篇「偃兵其可乎」，《吕氏春秋・蕩兵》篇「古聖王有義兵而無有偃兵」，《應言》篇「公孫龍説燕昭王以偃兵」，凡言「偃兵」者其義竝同。此作「隱」者，叚字耳。韋卽以隱藏釋之，非是。

群經平議卷二十八

群經平議卷二十九

德清俞樾

春秋外傳國語二

今晉國之方。《晉語》

解曰：「方，大也。」

樾謹按：訓方爲大，則與下文「其土又小」義不相屬矣。古建國者，如方百里、方七十里之類，皆以開方法計之，故四竟謂之四方，竟内謂之方内，《史記・孝文紀》「方内安寧」是也。「晉國之方」蓋舉晉之四境言之。

非禮不終年。

解曰：「非有禮法，不能終十年，齊懿公商人是也。賈、虞云十年而數終。唐云不能終其年，與下不盡齒同。非也。」

樾謹按：不終年者，謂不終一年也。上文「非謀不卒時」，注曰：「三月一時，非有善謀，不能盡一時。」然則不終年爲不終一年明矣。昭元年《左傳》「趙孟不復年矣」，杜注曰：「言將死不復見明年。」此卽不終年之義也。唐云不能終其年，固非。韋謂不能終十年，則亦與正文不合，胥失之矣。

驪姬請使申生處曲沃以速縣。

解曰：「虞御史云：速，疾也。縣，縊也。」

樾謹按：此説最爲無理。方驪姬請于公而使太子居曲沃，必言其當居曲沃之故，豈宜曰如此則太子可速縊乎？「速」當讀爲「束」，「以速縣」者，以束縣也，使太子約束其所屬之縣大夫也。晉之大邑必有屬縣。

昭三年《左傳》曰：「晉之別縣不惟州。」蓋以州縣舊屬於温，故云然。然則曲沃爲晉宗邑，亦必有所屬之縣。太子居曲沃，則諸縣皆受其約束，故曰「以束縣」也。下文曰「宗邑無主，則民不威」，正其義矣。

夫人知極，鮮有慢心。

解曰：「鮮，寡也。言人自知其極，則戒懼不敢違慢覬欲也。」

樾謹按：韋注非也。「鮮」當讀爲「斯」。此言人知其位已極，斯有怠慢之心也。鮮與斯古音相近。《説文·雨部》：「⿱雨鮮，從雨鮮聲，讀若斯。」《詩·瓠葉》篇鄭箋曰：「今俗語斯白之字作鮮，齊、魯之閒聲近斯。」竝其證也。下文曰：「雖其慢乃易殘也。」「雖」當讀爲「唯」，言唯其怠慢，乃易於殘毀也，説見王氏引之《經義述聞》。乃王氏知「雖」之爲「唯」，而不悟「鮮」之爲「斯」，因欲於「鮮」下增「不」字，失之矣。

苟衆利而百姓和，豈能憚君？

解曰：「豈憚殺君也。」

樾謹按：《傳》言「豈能憚君」，不得增益其文而曰「豈憚殺君」，注義非也。「憚」當讀爲「怛」。《考工記·矢人》「雖有疾風，亦弗之能憚矣」，鄭注曰：「故書憚或作但。」惠氏士奇《禮説》謂當作怛，是其證也。怛之言痛也，傷也。《方言》曰：「怛，痛也。」《詩·匪風》篇「中心怛兮」，毛傳曰：「怛，傷也。」豈能怛君言豈能痛傷君也。因公言夫豈惠其民而不惠其父，故云苟衆利而百姓和，豈復能痛傷君乎？下文曰「以衆故不敢愛親」，正承此句而言，則「憚」爲「怛」之叚字益明矣。

里克辟奠，不飧而寢。

解曰：「熟食曰飧。」

樾謹按：飧者，夕食也。《孟子・滕文公》篇「饔飧而治」，趙注曰：「饔飧，熟食也，朝曰饔，夕曰飧。」「不飧而寢」謂不夕食而寢也。韋注但以熟食釋之，於義未盡。

殺君以爲廉。

解曰：「賈侍中云：廉，猶利也，以太子故殺君以自利。唐尚書云：爲太子殺奚齊，不有其國以爲廉也。昭謂是時太子未廢，獻公在位，而以君爲奚齊，非也。君，獻公也。虞御史云：廉，直也，讀若鬪廉之廉。此説近之。」

樾謹按：奚齊未立，固不可謂之君。至以君爲獻公，義亦未安。里克豈欲爲太子殺獻公乎？苟殺獻公，則犯大不韙之名，又何廉直之有乎？故此文「殺」字苟以本字讀之，則皆不可通。「殺」當讀爲「咈」。《考工記・矢人》「茀矢參分」，鄭注曰：「茀，當爲殺。」然則「殺」之通作「咈」，猶「茀」之通作「殺」也。《説文・口部》：「咈，違也。」咈君以爲廉者，違君所欲，而自以爲廉直也。下文曰「抑撓志以從君」，「從君」與「咈君」正相對成義。

棄寵，求廣土而竄伏焉。

解曰：「棄寵，令太子棄位也。求廣土，奔他國也。」

樾謹按：廣與曠古通用。《荀子・王霸篇》「人主胡不廣焉」，楊注曰：「廣，或讀爲曠。」又《解蔽篇》「則廣焉能弃之矣」，注曰：「廣讀爲曠。」然則廣土猶曠野也。「求廣土而竄伏」謂若吳公子札之棄其室而耕也，非奔他國之謂。

以吾存也。

解曰：「以吾存者，以吾在梁依秦也。」

樾謹按：「以吾存也」四字當連下「且必告

悔」爲義。以猶及也。《周易・小畜》九五「富以其鄰」，虞翻曰：「以，及也。」此言子若往梁，驪姬懼吾至秦乞援，必及吾在梁之時而先告悔也。韋不知「以」字之義，故説此不了。

宗國既卑。

解曰：「宗國，公族也。」

樾謹按：公族不得謂之宗國，注義非也。哀八年《左傳》曰「今子以小惡而欲覆宗國」，杜注曰：「輒，魯公族，故謂之宗國。」又十五年《傳》子贛謂公孫成曰：「子，周公之孫也，多饗大利，猶思不義。利不可得而喪宗國。」是古者公族之人謂其國爲宗國也。舟之僑疑亦虢之公族，故稱虢爲宗國歟？

夫二國士之所圖，無不遂也。

解曰：「二國士，里克、荀息也。」

樾謹按：上文里克將殺奚齊，荀息曰：「死吾君而殺其孤，吾有死而已，吾蔑從之矣。」是里克、荀息初不同謀，乃曰「二國士之所圖」，何哉？二國士者，其一謂里克，其一丕鄭自謂也。故下文曰：「我爲子行之。子帥七輿大夫以待我，我使翟以動之，援秦以摇之。立其薄者可以得重賂，厚者可使無入。國，誰之國也。」此正與里克共圖之事。蓋里克之意，止欲殺奚齊、卓子，而於重耳、夷吾二公子中擇立一人。丕鄭則并不欲立二公子，而别立疏屬以專晉國，故曰「立其薄者可以得重賂，厚者可使無入」。厚薄喻親疏也，言欲立疏遠者以要重賂，而重耳、夷吾可使無入也。及里克不可，而丕鄭亦許諾，于是仍從里克之始謀，殺奚齊、卓子而請君于秦矣。韋氏不知丕鄭之意，故誤解二國士爲里克、荀息，而説「立其薄者」二句亦不了也。

吾誰使先若夫二公子而立之。

解曰：「當先立誰。」又曰：「若，之也，使之二公子擇所立也。」

樾謹按：韋氏讀「吾誰使先」四字爲句，非也。此當以十二字共爲一句。若者，擇也。《説文·艸部》：「若，擇菜也。從艸右。右，手也。」是若字本有擇義。秦穆之意，欲擇立二公子，而未知誰可使者，故曰「吾誰使先若夫二公子而立之」。下文「大夫子明曰：『君使縶也』」，正與問意相對。若從韋注，則穆公但謀所立，不謀所使，何爲以使縶對乎？

魄，意之術也。

解曰：「術，道也。」

樾謹按：「術」當讀爲「述」。下文「述意以導之」即承此文而言，可知「術」爲「述」之叚字矣。魄所以傳述其意，故曰「意之述也」。韋訓爲道，失之。

若無天乎，云若有天吾必勝之。

解曰：「云，言也。晉所行，若言無有天也。」

樾謹按：韋讀「若無天乎云」五字爲句，文不成義。王氏念孫曰：「『云』字當在『若』字下，而以『若無天乎』爲句，『若云有天』爲句。《魏志·公孫淵傳》：『若無天乎，臣一郡吉凶尚未可知；若云有天，亦何懼焉。』『若無天乎』、『若云有天』皆用《晉語》文。蓋所見本『云』字在『若』字下也。」説詳《經義述聞》。今按：王説是矣，而未盡也。古本蓋止作「若無天乎？若云天，吾必勝之」。云即有也。《廣雅·釋詁》曰：「云，有也。」文二年《公羊傳》曰：「大旱之日短而云災，故以災書。此不雨之日長而無災，故以異書也。」云災、無災相對成文，云災卽有災也。說亦見《經義述聞》。此《傳》以若無天、若云天相對成文，正與彼同。其作「若云有天」者，因「云」或作「有」，而傳寫誤合之也。今本作「云若有天」，則又傳寫誤到之也。古本亡而古義遂不可見矣。

臣怨君。始入而報德不降，降而聽諫不戰，戰而用良不敗。

解曰：「不自降下而背秦也。」又曰：「慶鄭諫公，使與秦羅。若公降心聽之，可以不戰。」

樾謹按：此文當以「臣怨君」三字斷句，「始入而報德不降」三句文法相承，皆慶鄭所怨者也。韋解「降」字非是，「降」當讀爲「鬨」。古降、共聲同。《尚書・禹貢》篇「北過降水」。《水經注》引鄭注曰：「河內北共山，淇水、共水出焉，東至魏郡黎陽入河，近所謂降水也。」「降」讀當如「郕降於齊師」之「降」。蓋周時國於地者惡言降，故云共耳。此古人降、共同聲之證。鬨字從共得聲，故可叚「降」爲之。《呂氏春秋・察微》篇「吴、楚以此大隆」，「隆」乃「鬨」之叚字，大隆卽大鬨也。隆字從降得聲，然則降之爲鬨，猶隆之爲鬨矣。《孟子・梁惠王》篇「鄒與魯鬨」，《音義》引劉熙注曰：「鬨，構也，構兵以鬭也。」鬨、構雙聲，蓋以聲相訓。此文言鬨，又言戰，則鬨止謂彼此構釁也。慶鄭之意，蓋言始入而報德，則不至于鬨；鬨而能聽諫，則不至于戰；戰而能用良，則不至于敗也。韋不明叚借之旨，故失其解耳。

不可以封國。

解曰：「不可以守封國也。」

樾謹按：「國」字衍文也。不可以封卽不可以國。《楚語》曰「其生不殖，不可以封」，韋彼注曰「封，國也」，得其義矣。此作「不可以封國」者，蓋一本作「封」，一本作「國」，而傳寫誤合之也。古書往往有此。韋據誤本作注，失之矣。下文「文公在翟」章亦曰「恥門不閉，不可以封」，可證此「國」字之爲衍文。《楚語》「叔段以京患莊公，❶鄭幾不封」，猶言幾不國也。又曰「民多闕則有離畔之心，將何以封矣」，猶言將何以國也。竝可爲證。

吾觀晉公子，賢人也。其從者皆國相也，以相一人，必得晉國。

樾謹按：僖二十三年《左傳》曰：「吾觀晉公子之從者，皆足以相國，若以相，夫子必反其國。」疑此文「一人」二字乃「夫」字之誤。「以相」絶句，卽《左傳》所謂「若以相」也。「夫必得晉國」絶句，卽《左傳》所謂「夫子必反其國」也。夫者，指目其人之辭。桓十三年《左傳》「夫固謂君」、「夫豈不知」，服虔云：「夫，謂鬬伯比也。」二十六年《傳》「夫不惡女乎」，服、杜竝云：「夫，謂大子也。」其年又曰「夫獨無族姻乎」，杜云：「夫，謂晉也。」三十一年《傳》「夫亦愈知治矣」，杜云：「夫，謂尹何。」竝見襄二十三年《左傳》正義。《漢書·賈誼傳》注曰「夫，夫人也，亦猶彼人耳」，是其義也。古書多有一字誤爲二字者。《禮記·祭義》篇「見閒以俠甒」，鄭注曰：「見閒，當爲覵。」《史記·蔡澤傳》「吾持粱刺齒肥」，《索隱》曰「刺齒肥，當爲齧肥」，皆其例矣。

楚成王以周禮享之。

❶「莊」，原作「嚴」，今據《國語集解》改。

樾謹按：「周」字當作「君」，古文相似而誤也。「以君禮享之」謂以國君之禮享之。其下所云九獻、庭實旅百，皆君禮也，故子犯曰「亡人而國薦之，非敵而君設之」，君設謂設君禮也。下文秦穆饗公子如饗國君之禮，正與此同。

唯青陽與倉林氏同於黄帝，故皆爲姬姓。

樾謹按：上文曰：「黄帝之子二十五人，其同姓者二人而已，唯青陽與夷鼓皆爲己姓。」黄帝之子不應有兩青陽，疑此文當云「唯倉林氏同於黄帝，故皆爲姬姓」。蓋黄帝姬姓，倉林亦姬姓，故云「皆」焉。上云「其得姓者十四人，爲十二姓」，「四」字乃「三」字之誤，司馬貞《史記索隱》引此文謂「舊解破四爲三」是也。因其下增出青陽，於是十二姓中己姓者二，姬姓者二，而十三人誤爲十四人矣。不知上文明云其同姓者二人而已，若己姓者二，姬姓者二，則當云同姓者四人，於事方合，安得云二人乎？

保其土房。

解曰：「房，居也。」

樾謹按：「房」當讀爲「方」。《詩・大田》篇「既方既阜」，鄭箋曰「方，房也」，是方與房義通。「保其土房」即保其土方也。《書序》「禹敷下土方」，《釋文》云：「『下土』絶句。一讀至『方』字絶句。」又《詩・長發》篇「禹敷下土方，外大國是疆」，朱文公《集傳》亦以「方」字絶句。《楚辭・天問》篇：「禹降省下土方。」蓋「土方」二字連文，乃古語也。此作「土房」者，「房」即「方」之叚字耳。

又爲惠公從予於渭濱。

解曰：「重耳在翟，從翟君獵於渭濱。勃鞮

爲惠公就殺之。」

樾謹按：韋氏訓從爲就，則必增出「殺」字，於文方明，殆非也。「從」當讀爲「蹤」，蹤猶迹也。《漢書・季布傳》「迹且至臣家」，師古注曰：「迹，謂尋其蹤迹也。」「蹤予於渭濱」猶迹予於渭濱，正尋其蹤迹之意。古「蹤迹」字止作「從迹」，《詩・羔羊》篇毛傳曰「行可從迹也」，是其證。

若干二命以求殺予。

解曰：「干，犯也。二命，獻、惠之命。」

樾謹按：勃鞮奉獻、惠之命而殺文公，何干犯之有？「二命」當作「上命」，專指渭濱一事而言。蓋惠公命三日至，而勃鞮一宿卽至，是所謂干上命以求殺予也。《左傳》曰：「雖有君命，何其速也。」此云「上命」，卽彼云「君命」矣。《説文・上部》「帝」篆下説解曰：「古文諸上字皆從一，篆文皆從二。二，古文上。」然則此「上命」作「二命」者，「二」乃古文「上」字也。讀者不識，而仞爲「一二」之「二」，於是其義不可通矣。

陽有夏、商之嗣典，有周室之師旅。

解曰：「典，法也。旅，衆也。言有夏、商之後嗣及其遺法，與周室之師衆。」

樾謹按：嗣典與師旅對文，若以嗣爲後嗣，典爲遺法，則分爲二義，與師旅不對矣。且因文公將殘其民，故倉葛爲此言，則言有夏、商之後嗣可也，何必言有夏、商之遺法乎？韋説非也。「嗣」當讀爲「司」，古字通用。《書・高宗肜日》篇「王司敬民」，《史記・殷本紀》作「王嗣敬民」，是其證也。《詩・鄭風・羔裘》篇「邦之司直」，《禮記・文王世子》篇「樂正司業」，毛傳、鄭注竝曰：「司，主也。」《周禮・天官・典婦功》鄭注曰：「典，主也。」是司與典同義，故《禮記・曲禮》篇曰「典司六典」、「典司五衆」、「典司六職」，莊十四年《左傳》曰「典司宗祏」，竝以「典司」連文。司典卽典司，語有到順耳。「有夏、商之司典」，猶云有夏、商之典司。古者官有世職，雖易代而不廢，故夏、商之典司至周猶存也。《周官・宰夫》掌百官府之徵令，辨其八職，二曰師，掌官成以治凡；三曰司，掌官灋以治目；四曰旅，掌官常以治數，此文「有夏、商之司典」卽所謂司也，「有周室之師旅」卽所謂師也、旅也。韋氏所説，胥失之矣。

今陽子之貌濟，其言匱，非其實也。

解曰：「濟，成也。言不副貌爲匱，匱，乏也。」

樾謹按：此「濟」字以貌言，不當訓成。「濟」當讀爲「齊」。《詩・采蘋》篇「有齊季女」，傳曰：「齊，敬也。」《思齊》篇「思齊太任」，傳曰：「齊，莊也。」是齊有莊敬之義。《廣雅・釋訓》曰：「濟濟，敬也。」蓋濟與齊義通。「陽子之貌濟，其言匱」，謂陽子之貌雖若莊敬，而其言則匱也。下文曰「今陽子之情譓矣，以濟蓋也」，解曰「譓，辨察也」，義亦未合。《説文》無「譓」字。《心部》：「慧，儇也。」譓字蓋與慧同，謂陽子之情儇利，而故爲莊敬之貌以揜蓋之也。至匱之訓乏，固爲恒訓，然言不副貌何以謂之乏，韋説亦未了。蓋匱乏卽有空虛之義，實者誠也，則虛者不誠也，故言而不實謂之匱，盟而不實亦謂之匱。成二年《左傳》「卿不書匱盟也」是也。因而其字又變作「讃」，《廣雅・釋訓》曰：「讃，欺也」，「讃」卽「其言匱」之「匱」矣。

襲侵之事，陵也。

注曰：「陵，以大陵小也。」

樾謹按：襲侵之事非必皆以大陵小，韋説非也。《説文・夂部》：「夌，越也。」陵與夌通。《禮記・樂記》篇「迭相陵謂之慢」，正義曰：「陵，越也。」然則陵有超越之義。「襲侵之事陵也」，謂乘其不備，超越而至也。《漢書・天文志》「陵歷鬬食」，師古注曰「突掩爲陵」，是其義矣。

獻子曰：「戒之，此謂成人。成人在始。與善。」

樾謹按：「與善」二字衍文也。「成人在始」包下「始與善、始與不善」兩意而言。《文選》張茂先《勵志詩》曰「川廣自源，成人在始」，正用《國語》文可證。

吾聞君人者，刑其民成而後振武於外，是以内龢而外威。

樾謹按：「刑其民」當作「刑其内」，刑其内而振武於外，所以内龢外威也。下文曰：「内猶有不刑，而況外乎？」」正承此文「刑其内」而言，可知「民」字之誤。韋解曰「以刑正其民」，則所據本已誤。按下文曰「今吾司寇之刀鋸日弊，而斧鉞不行」，注曰：「刀鋸，小人之刑也。弊，敗也。日敗，用之數也。斧鉞，大刑也。不行，不行於大臣。」然則文子之意欲以刑正其臣，非欲以刑正其民，豈反以刑其民爲勸乎？

夫戰刑也，刑之過也。

樾謹按：之猶其也。《吕氏春秋・音初》篇「之子是必大吉」，高誘訓「之」爲「其」。成十五年《公羊傳》「爲人後者爲之子也」，又曰「爲人後者爲其子」，是之與其同義。故《孟子・公孫丑》篇「天下之民皆悦而願爲之氓矣」，《周官・載師》注引作「皆悦而願爲其氓」矣。此云「刑之過也」，猶云刑其過也。韋云刑殺有過者，正得其義，但未解「之」字耳。王氏《經義述聞》謂下句「過由大而怨由細」,「過」字乃衍文,當以「刑之過也由大」爲句,與文義不合,不可從也。

今吾刑外乎大人,而忍於小民。

樾謹按:「外」當作「惠」,聲之誤也。上文曰:「過由大而怨由細,故以惠誅怨,以忍去過。」韋訓「誅」爲「除」,蓋謂欲除小民之怨當用惠,欲去大人之過當用忍也,是惠與忍正相對。此文云「今吾刑惠乎大人而忍於小民」,則用惠與用忍皆失其所矣,此所以刀鋸日弊而斧鉞不行也。若作「刑外乎大人」,非特文義迂迴,且與上文不合矣。

鄢陵之役,荆壓晉軍,軍吏患之,將謀。范匄自公族趨過之,曰:「夷竈堙井,非退而何?」解曰:「夷,平也。堙,塞也。使晉軍平塞井竈,示必死,不復飲食。非退而何,言楚必退。」

樾謹按:韋氏所説非范匄之意也。夷竈堙井,乃因楚壓晉軍而陳,地勢迫狹,故平塞井竈以爲戰道,《左傳》所謂「將塞井夷竈而爲行也」,非示必死不復飲食也。其解「非退而何」更爲不了。夫晉人平塞井竈,楚人何以必退? 卽謂畏其致死,不敢與戰,亦當云「楚師必退」文義方明,安得云「非退而何」也? 然則「非退而何」當作何解? 曰:楚壓晉而陳,地勢迫狹,無以爲戰道,軍吏患之。將謀者,蓋將謀退也,非畏楚而欲逃,乃欲少退,使有戰地耳。然軍勢一動,不可復止,必有潰敗之憂,故范匄爲夷竈堙井之策,如此則不必退而自有戰地,乃不退之退也,故曰「非退而何」。《傳》文不敘軍吏之謀,而但載范匄之策,於是讀者不得其解矣。所宜以意逆志而善會之也。

夫利君之富富以聚黨，利黨以危君。

解曰：「利君寵禄以爲富，得富故有徒黨。」

樾謹按：下「富」字衍文也，當作「利君之富以聚黨，利黨以危君」。利者，「賴」之叚字，利、賴聲近而義通。《周語》「先王豈有賴焉」，解曰：「賴，利也。」然則利亦猶賴也。《廣雅・釋詁》：「賴，恃也。」恃君之富以聚徒黨，又恃徒黨以危君，不義甚矣，故曰「君之殺我也後矣」。衍一「富」字，文義反隔。然觀韋注，是其所據本已衍也。

夫以果戾順行，民不犯也。

解曰：「戾，帥也。以果敢帥順道而行之，故民不犯。」

樾謹按：韋解「戾」字未合。《爾雅・釋詁》曰：「戾，止也。」止與行正相對。「以果戾順行」謂以果戾，以順行也，非謂以果帥順而行也。止所當止，其止也果矣，是謂果戾。行所當行，其行也順矣，是謂順行。上文曰「其身果而辭順，順無不行，果無不徹，犯順不祥，伐果不克」，並以果、順二字平列，此亦當同之。韋説非也。

年過七十者，公親見之，稱曰王父、王父，不敢不承。

解曰：「稱曰王父，尊而親之，所以盡其心也。故王父不敢不承命。」

樾謹按：韋讀「稱曰王父」四字爲句，非也，當連下「王父」讀之。「稱曰王父王父」者，蓋所見不一人，故不一稱也。猶《孟子・盡心》篇曰「古之人，古之人」，亦不一稱之辭也。「不敢不承」乃公自謙之辭，謂不敢不承教耳。注以爲王父不敢不承命，失之矣。

日君乏使，使臣狃中軍之司馬。

解曰：「狃，正也。」

樾謹按：狃之訓正，未聞其義。「狃」當讀爲「粈」。《廣雅·釋詁》曰：「粈，廁也。」猶曰使臣廁中軍之司馬也。《文選·秋興賦》曰「攝官承乏，猥廁朝列」，注引《蒼頡篇》曰「廁，次也」，是其義也。《左傳》作「使臣斯司馬」，疑「斯」即「廁」字之誤。古「斯」或作「廝」，「廁」誤爲「廝」，因改爲「斯」矣，説詳《左傳》。

非上不舉。

注曰：「舉，動也，放上而動。」

樾謹按：放上而動而但曰「非上不舉」，甚爲不辭。《周語》「賓之禮事放上而動」，豈可曰「賓之禮事非上不舉」乎？「上」疑「止」字之誤。《詩·小旻》篇「國雖靡止」，鄭箋曰：「止，禮也。」《荀子·不苟篇》「見由則恭而止」，《大略篇》「盈其欲而不愆其止」，楊注竝曰：「止，禮也。」非止不舉即「非禮不舉」，與上句「非義不變」一律。今誤爲「上」，則義不可通矣。

其仁可以利公室不忘。

解曰：「不忘利公室也。」

樾謹按：如韋義，則當云「其仁不忘利公室」，於文方明，乃曰「可以利公室不忘」，不可通矣。「忘」當讀爲「亡」。《漢書·武五子傳》「臣聞子胥盡忠而忘其號」，師古注曰「忘，亡也」，是忘與亡義通。《莊子·刻意》篇：「無不忘也，無不有也。」忘與有對文，忘即亡也。《周語》曰「故能光有天下而龢甯百姓，令聞不忘」，又曰「萬年也者，令聞不忘之謂也」，令聞不忘即令聞不亡，猶《漢書·賈山傳》曰「功德立於後世，而令聞不亡也」。是可證忘爲亡之叚字矣。《大玄·交》次四曰：「往來熏熏，得亡之門」，范望注曰：「亡，猶絶也。」然則「利公室不亡」言利公室不絶也，「令聞不亡」言令聞不絶也。《詩·有女同車》篇「德音不忘」，《蓼蕭》篇「壽考不忘」，凡言「不忘」者其義竝同。若以本字讀之，則胥失之矣。

公室之不回。

解曰：「回，邪也。」

樾謹按：「不」字衍文也。「公室之回」與下句「內事之邪，大夫之貪」文義一律。今涉上句「公族之不恭」而誤衍「不」字，則義不可通矣。明道本作「公室之有回」，雖勝今本，然恐亦後人所改也。

輯訓典。

解曰：「輯，和也。」

樾謹按：輯之義固爲和，然訓典不可言和，韋注非也。輯與集古字通。襄十九年《左傳》「其天下輯睦」，《釋文》曰：「輯，本作集。」《詩·板》篇「辭之輯矣」，《新序·雜事》篇引作「辭之集矣」。師古注《漢書》，每曰輯與集同。「輯訓典」謂集合先代之訓辭及其典禮也。《周語》言隨武子講聚三代之典禮，修執秩以爲晉法，即其事矣。

夫楚令尹有欲於楚，少懦於諸侯。

解曰：「欲，欲得楚國也。懦，弱也，以諸侯爲弱。」

樾謹按：韋注未得《傳》意。此言令尹之志專在于楚，而於諸侯之事少偷懦也。襄二十五年《左傳》齊崔杼帥師伐我北鄙，公患之，孟公綽曰：「崔子將有大志，不在病我，必速歸，何患焉？其來也不寇，使民不嚴，異於他日。」正與此文大旨相同。有欲於楚，少懦於諸侯，即所謂將有大志，不在病我也。下文曰：「諸侯之故，求治之，不求致也。」解曰：「故，事也。必欲治之，非但求致之而已。」此亦未得《傳》意。致之言至也，極也，言求治之而已不深求也，故又曰：「其爲人也，剛而尚寵，若及，必弗避也。子盍逃之？」蓋不逃則彼及治之，故弗可避；逃則彼不及治之，即可免矣。此正求治不求致之明驗也。

昔先主文子少釁於難。

解曰：「釁，猶離也。」

樾謹按：釁之訓離，未聞其義。「釁」當讀爲「興」。《禮記·文王世子》篇「既興器用幣」，鄭注曰：「興，當爲釁字之誤也。」其實興與釁亦聲近而通用。襄二十六年《左傳》「釁於勇」，杜注曰：「釁，動也。」訓釁爲動，即讀釁爲興矣。「釁於難」謂興起於患難之中也。

以其五賢陵人，而以不仁行之，其誰能待之。

解曰：「待，猶假也。」

樾謹按：待猶忍也。《周語》「有是寵也，而益之以三怨，其誰能忍之」，與此文詞異義同。蓋留待則有忍耐之意，故待猶忍也。上文「長魚矯既殺三郤」章曰：「臣脆弱弗能忍俟也。」俟與忍同義，則待與忍亦同義矣。

沈竈産鼃，民無畔意。

解曰：「沈竈，縣釜而炊也。産鼃，鼃生於竈也。」

樾謹按：縣釜而炊謂之沈竈，於義未安。「沈」當讀爲「煁」。沈從冘聲，煁從甚聲，兩聲相近。《詩·蕩》篇「其命匪諶」，《説文·心部》引作「天命匪忱」。《常棣》篇「和樂且湛」，《禮記·中庸》篇引作「和樂且耽」，竝其證也。「煁」之通作「沈」，猶

「諶」之通作「忱」、「湛」之通作「耽」矣。《詩・白華》篇「卬烘于煁」，毛傳曰：「煁，烓竈也。」《爾雅・釋言》：「煁，烓也。」郭注曰：「今之三隅竈。」沈竈生鼁，謂城中煁竈皆生蝦蟆也。因叚「沈」爲之，讀者遂失其義矣。鄭禆諶字竈，「諶」即「煁」之叚字。《漢書・古今人表》作「禆湛」，「湛」亦「煁」之叚字。《漢書》每以「湛」爲「沈」字，師古注輒曰「湛讀曰沈」。李善注《文選》鄒陽《上吴王書》曰：「湛，今沈字也。」又注《答賓戲》曰：「湛，古沈字。」是沈、湛古同字，以沈爲煁，猶以湛爲煁矣。

收經入。《鄭語》

解曰：「經，常也。」

樾謹按：此文云「合十數以訓百體，出千品，具萬方，計億事，材兆物，收經入，行姟極」，自十至姟皆數名也。韋訓經爲常，失之矣。《御覽》卷七百五十引《風俗通》曰「十十謂之百，十百謂之千，十千謂之萬，十萬謂之億，十億謂之兆，十兆謂之經，十經謂之垓」，正與《國語》文合。又《楚語》曰「百姓、千品、萬官、億醜、兆民、經入、畡數以奉之」，義亦同此。

故王者居九畡之田收經入以食兆民。

解曰：「九畡，九州之極數也。《楚語》曰：『天子之田九畡，以食兆民，王取經入焉，以食萬官。』」

樾謹按：此文有闕誤，當云「故王者居九畡之田，以食兆民，收經入，以食萬官」，故韋氏引《楚語》以解之。若如今本，則與《楚語》不合，韋不當無説矣。且民之數曰兆，而田之數曰畡，正一夫百畝之制；田之數曰畡，而王所取之數曰經，正什而取一之制，可知此文之誤矣。

味一無果。

解曰：「果，美也。」

樾謹按：果之訓美，未聞其義。「果」當訓爲「成」。《論語·子路》篇「行必果」，皇侃義疏引繆協曰：「果，成也。」又《文選》謝宣遠《於安城答靈運詩》注引許慎《淮南子注》曰：「果，成也。」五味合然後可食，若止此一味，則不成味矣，故曰「味一無果」。

物一不講。

解曰：「講，論校也。」

樾謹按：物一不講，甚爲無義。「講」當讀爲「構」，講與構竝從冓聲，古音相同，故得通用。僖十五年《左傳》注「則講虛而不經」，《釋文》曰「講，本又作構」，是其證也。《詩·四月》篇「我日構禍」，鄭箋曰：「構，猶合集也。」又《青蠅》篇「構我二人」，箋曰：「構，合也。」是構有合集之義。「物一不構」謂物一則不合集也。

明招利以道之文。❶《楚語》

解曰：「昭，明也。」

樾謹按：昭訓爲明，則明昭利爲明明利矣，殆非也。「昭」當讀爲「招」。《左傳》「楚康王昭」，《史記·楚世家》作「招」，又《管蔡世家》「陳司徒招」，《索隱》曰「或作昭」，是昭、招古通用也。「明招利以道之文」與下句「明除害以道之武」正相對成義。《廣雅·釋詁》曰：「除，去也。」《釋言》曰：「招，來也。」招利謂招而來之，除害謂除而去之。若以本字讀之，失其旨矣。

舉國留之。

解曰：「留治之。」

樾謹按：「留」當讀爲「搯」。《詩·斯干》

❶「招」，《國語·楚語》作「昭」。

篇「椓之橐橐」，鄭箋曰：「椓，謂㨨土也。」正義曰：「㨨者，以手平物之名。」靈王爲章華之臺，國人皆爲之㨨土，故曰「舉國㨨之」。作「留」者，省偏旁耳。

是知天咫，安知民則。

解曰：「咫，言少也。言少知天道耳，何知治民之法。」

樾謹按：咫與則竝語辭，王氏引之《經傳釋詞》曰「咫與只同」是也。然王氏知咫爲語辭，而不知則爲語辭，故其説猶未盡。今按：則亦與只同。「是知天咫，安知民則」，猶言是知天只，安知民只。《楚辭・大招》篇每句末皆用「只」字，蓋楚語然也。咫與則古通用。《賈子・連語》篇「牆薄咫亟壞，繒薄咫亟裂，器薄咫亟毀，酒薄咫亟酸」，《新序・雜事》篇「咫」竝作「則」，是其證也。咫可讀爲只，故則亦可讀爲只矣。其下曰「民天之生也，知天必知民矣」，但言「知民」，不言「知民則」，可見則爲語辭矣。下文「昭王問於觀射父」章「神狎民則」，「則」亦與只同，「神狎民只」謂神與民狎也。注曰「則，法也」，亦失之。

史不失書，矇不失誦，以訓御之。

解曰：「御，進也。」

樾謹按：如韋解，則訓與御異義矣。「御」當讀爲「語」，語從吾聲，與御聲相近。《説文・金部》「𨰲」或作「鋙」，是其例也。《釋名・釋言語》曰：「御，語也。尊者將有所欲，先語之也。」是御與語聲近義通。「訓御」卽訓語。「史不失書，矇不失誦，以訓御之」，猶上文曰「必誦志而納之以訓道我也」。《春秋》桓十四年經文「鄭伯使其弟語來盟」，《穀梁》作「禦」。「語」之通作「御」，猶「語」之通作「禦」矣。

接誠拔取以獻具。

解曰：「接誠於神也。拔毛取血，獻其備物也。」

樾謹按：「接誠」上有闕文。「接誠」與「獻具」相對，疑當作「□□以接誠」。注曰「接誠於神也」與「獻其備物也」相對，句上亦有闕文，其闕幾字不可知矣。

道其順辭。

樾謹按：順與訓古字通，「道其順辭」即道其訓辭。下文「王孫圉聘於晉」章曰「若諸侯之好幣具而道之以訓辭」，正與此同義。

妎其讒慝。

解曰：「妎，覆也。」

樾謹按：妎之訓覆，其義未聞。「妎」當讀爲「扴」。《説文・手部》：「扴，刮也。」字又作「砎」。《周易・豫》六二《釋文》引鄭注：「砎，謂磨砎也。」「扴其讒慝」正取磨刮之義，作「妎」者叚字耳。

夫民心之慍也，若防大川焉，潰而所犯必大矣。

解曰：「慍，怒也。」

樾謹按：「慍」當讀爲「藴」。「民心之藴」承上文「蓄怨滋厚」而言。昭二十五年《左傳》曰：「衆怒不可蓄也，蓄而弗治將藴。」杜注曰：「藴，積也。」與此文語意相近。下云「若防大川，潰而所犯必多」，惟其藴積於心，故以防川爲喻也。慍、藴同聲，古字通用。《禮記・檀弓》篇《釋文》引庾皇曰：❶「慍，積也。」慍之訓積，即讀爲藴矣。

吾聞君子唯獨居思念前世之崇替。

解曰：「崇，終也。替，廢也。」

樾謹按：韋解「崇」字未得其旨。《文選・東京賦》「進明德而崇業」，薛綜注曰：「崇，

❶ 「庾」，原作「庚」，今據《經典釋文》改。

猶興也。」然則崇替猶言興廢耳。

龜足以憲臧否則寶之。

解曰：「憲，法也。取善惡之法。」

樾謹按：龜所以示人吉凶，不當言取法，注義非也。「憲」當讀爲「顯」。《詩・假樂》篇「顯顯令德」，《禮記・中庸》篇作「憲憲令德」，是顯、憲古通用。《爾雅・釋詁》：「顯，見也。」《廣雅・釋詁》：「顯，明也。」龜足以明見善惡，故曰「顯臧否」。

夫盈而不偪，憾而不貳者，臣能自壽也。

解曰：「壽，保也。」

樾謹按：「壽」當讀爲「壔」。《説文・土部》：「壔，保也。」經傳卽以「保」爲之。《禮記・檀弓》篇「遇負杖入保者」，《月令》篇「四鄙入保」皆是也。然則以壔爲保，猶以保爲壔矣。《國語》原文本作「臣能自壔也」，隸變作「壔」，又省作「壽」。古字亡而古義亦晦矣。

思舊怨以脩其心。

解曰：「脩其報讎之心。」

樾謹按：脩者，勉也。《淮南子・脩務》篇高注訓脩爲勉是也。「思舊怨以脩其心」，言思舊怨以勉勵其心也。《魯語》「吾冀而朝夕脩我」，《楚語》「必交脩余」，竝與此「脩」字同義。

昔者越國見禍，得罪於天王。《吳語》

解曰：「言天王，尊之以名。」

樾謹按：天王猶大王也。《廣雅・釋詁》：「天，大也。」《尚書・多士》篇曰「肆予敢求爾于天邑商」，《孟子・滕文公下》篇云「惟臣附于大邑周」，天邑與大邑文異而義同。此《傳》越人稱吳爲天王，至戰國時無不稱大王者，天王與大王亦文異而義同。然則《春秋》書「天王」，其義亦如此而已。

天王親趨玉趾，以心孤句踐而又宥赦之。

解曰：「孤，棄也。」

樾謹按：心棄句踐與下句不屬，即連上文讀之，義亦未安，韋解非也。孤之言顧也。《釋名·釋親屬》曰：「孤，顧也。」是孤有顧義。《詩·那》篇「顧予烝嘗」，鄭箋曰：「顧，念也。」「以心孤句踐而又宥赦之」，言天王親趨玉趾，本將治越之罪，因顧念句踐，而又宥赦之也。

使寇令焉。

解曰：「若禦寇之號令。」

樾謹按：韋未解「使」字，則此句文義未明。《爾雅·釋詁》曰：「使，從也。」《廣雅·釋詁》曰：「從，使也。」是從與使義通。「使寇令焉」即從寇令焉，謂從禦寇之令也。《史記·龜策傳》「大將不彊，卒不使令」，使令即從令，正可證明此文之義。

吾將許越成，而無拂吾慮。

解曰：「拂，絶也。」

樾謹按：《説文·口部》：「咈，違也。」字通作「拂」。《周易·頤》六二「顛頤拂經于丘頤」，《釋文》曰：「拂，違也。」《詩·皇矣》篇「四方以無拂」，《禮記·大學》篇「是謂拂人之性」，其義竝同。「而無拂吾慮」者，「而」即「爾」字，蓋吳王欲許越成，而懼大夫之不從，故先戒之曰爾無拂吾之計慮也。韋解失之。

遵汶之上，不敢左右，唯好之故。

解曰：「不敢左右暴掠齊民，唯有恩好之故也。」

樾謹按：韋解似未得「左右」二字之義。此「左右」二字即承上句「遵」字而言，謂遵循汶水而行，不敢左右迆衺，以犯獵齊地也。

挾經秉枹。

解曰：「在掖曰挾。經，兵書也。」

樾謹按：世無臨陣而讀兵書者，「經」當讀爲「莖」，謂劍莖也。《考工記・桃氏》曰「以其臘廣爲之莖圍」。注曰：「鄭司農云：莖，謂劍夾，人所握鐔以上也。玄謂：莖在夾中者，莖長五寸。」此云挾莖，正謂此矣，作「經」者叚字耳。韋不達叚借之旨，望文生訓，失之。

伯父多歷年以没元身。

解曰：「元，善也。」

樾謹按：以没元身，甚爲無義。「元」疑「亓」字之誤。亓，古文其字，蓋言伯父多歷年以没其身也。《集韵》曰：「其，古作亓。」亓與元相似，因而致誤。

若事幸而從我，我遂踐其地。

解曰：「言從我而戰。」

樾謹按：上文曰：「吴王將恥不戰，必不須至之會也，而以中國之師與我戰。」然則吴從我戰乃意中之事，何以云若事幸而從我乎？吴從我戰，我又安能遂踐其地乎？韋注非也。今按：上「我」字乃衍文，《國語》原文本云：「若事幸而從，句。我遂踐其地。」《廣雅・釋詁》曰：「從，就也。」「事幸而從」者，事幸而就也。《晉語》曰「今日之事幸而集」，韋注曰：「集，成也。」幸而從與幸而集義同。此言吴王不待遠兵之至，而以國中之兵與我戰，我若幸而戰勝，則我可遂踐其地也。因涉下句而衍「我」字，韋以「從我而戰」釋之，失其旨矣。

夫吴，良國也。

解曰：「良，善也。」

樾謹按：良國者，大國也。凡有善義者，即有大義。《詩・桑柔》篇鄭箋曰：「善，猶大也。」故《爾雅・釋詁》介訓大，亦訓善；《廣雅・釋詁》佳訓善，亦訓大。然則良之本義爲善，其引申義爲大矣。《禮記・文王世子》篇「一有元良」，鄭注曰：「元，大也。良，善也。」不知元爲大亦爲善，良爲善亦爲大，其義互通。

王曰：「無，是貳言也。」《越語》

解曰：「貳，二也。二言，陰謀淫佚也。」

樾謹按：韋讀「無是貳言也」五字爲句，猶言無此二語也，殊非古人語意。此當以「無」字爲句，「王曰無」乃不然之辭。襄九年《左傳》「姜曰亡」，杜注曰「亡，猶無也」，與此正同。「是貳言也」謂是乃疑貳之言也。王欲伐吳，而范蠡力言不可，故以爲疑貳之言。其下曰「吾已斷之矣」，正明已之不疑也。

卑辭尊禮。

解曰：「言當卑約其辭，尊重其禮。」

樾謹按：此「尊」字與下文「尊之以名」之「尊」兩字異義。下「尊」字讀如本字，此「尊」字當讀如《曲禮》「恭敬撙節」之「撙」。《後漢書・光武十王傳贊》「沛獻尊節」，章懷注曰：「尊，音祖本反。《禮記》曰：『恭敬尊節。』」此「尊」讀如「撙」之明證也。《説文》無「撙」字，《刀部》「𠟃，減也」，疑卽其本字。古多以「尊」爲之，又或以「繜」與「僔」爲之。《荀子・不苟篇》「不能則恭敬繜絀以畏事人」，楊注曰：「繜與撙同，絀與黜同，謂自撙節貶損。」又《仲尼篇》「恭敬而僔」，注曰：「僔與撙同，卑退也。」「卑辭尊禮」謂卑約其辭，撙節其禮也。卑與撙同義，而非對文。辭也，禮也，皆在己者，故曰卑、曰撙；名則在人者，故曰尊。不達叚借之旨而混同之，失其解矣。

雜受其刑。

解曰：「雜，猶俱也。」

樾謹按：雜訓爲俱，於義迂曲。雜者，帀也。《呂氏春秋・圜道》篇「圜周復雜」，高注曰：「雜，猶帀也。」《淮南子・詮言》篇「以數雜之壽憂天下之亂」，高注曰：「雜，帀也。」《説苑・脩文》篇「如矩之三雜，規之三雜，周則又始，窮則反本也」，亦以雜爲帀。《説文・帀部》：「帀，周也。」周帀則有反復之義。《大玄》有周首以象復卦，范望注曰：「周，復也。」然則帀亦復也。「帀受其刑」者，復受其刑也，猶上文言「反受其殃」也。

天有還形。

解曰：「還，反也。形，體也。」

樾謹按：「形」當讀爲「刑」，言天必反而刑之也。上文曰「得時不成，反受其殃」，此文曰「得時弗成，天有還刑」，其義正同。還猶反也，刑猶殃也。作「形」者叚字耳。古形、刑通用，不可勝舉。

皇天后土四鄉地主正之。

解曰：「天神地祇四方神主當征討之，正其封疆也。」

樾謹按：封疆非鬼神所能正，韋注非是。正猶聽也。《周官・夏官・序官》曰「家司馬各使其臣以正於公司馬」，鄭注曰：「正，猶聽也。」「皇天后土四鄉地主正之」，猶言鬼神與聞此誓也。

群經平議卷二十九

群經平議卷三十

論語一

德清俞樾

有朋自遠方來。《學而》

何晏《集解》引包曰：「同門曰朋。」

樾謹按：《釋文》曰：「有，或作友。」阮氏《校勘記》據《白虎通·辟雍》篇引此文作「朋友自遠方來」。洪氏頤煊《讀書叢録》又引《文選》陸機《輓歌》「友朋自遠來」證舊本是「友」字。今按：《説文·方部》：「方，併船也，象兩舟省，總頭形。」故方卽有竝義。《淮南·氾論》篇曰「乃爲窬木方版」，高誘注曰：「方，竝也。」《尚書·微子》篇曰「小民方興」，《史記·宋世家》作「竝興」，是方、竝同義。「友朋自遠方來」猶云友朋自遠竝來。曰友、曰朋，明非一人，故曰竝來。然則「有」之當作「友」，尋繹本文卽可見矣。今學者誤以「遠方」二字連文，非是。凡經言「方來」者，如《周易》「不甯方來」，《尚書》「作兄弟方來」，義皆同此，其説各具本經。

孝弟也者，其爲仁之本與？

樾謹按：「爲」字乃語詞。阮氏《校勘記》曰：「足利本無『爲』字。」蓋語詞無實義，故省之也。「其爲仁之本與」猶云其仁之本與。《子路》篇曰「如有王者，必世而後仁」，此所謂仁正與彼同。此章之旨，卽孟子所謂人人親其親，長其長，而天下平者。其爲人也孝弟，則自不至於犯上而作亂，故以爲仁之本。《禮記・經解》篇曰「上下相親謂之仁」，即此「仁」字之義也。《緇衣》篇曰：「禹立三年，百姓以仁遂焉。」所謂仁者，無他，人人親其親，長其長而已。有子之言本自平實。後人恥事功而虚談心性，於是其説始多矣。

主忠信，無友不如己者。

樾謹按：主與友對。《大戴記・曾子制言》篇曰：「曾子門弟子或將之晉，曰：『吾無知焉。』曾子曰：『何必然，往矣！有知焉，謂之友；無知焉，謂之主。』」此文「主」字義與彼同，言所主者必忠信之人，所友者無不若己之人。孔子主顔讎由，主司城貞子，卽是主忠信之謂。

禮之用和爲貴。

樾謹按：古以、用二字通。《周易・井》九三「可用汲」，《史記・屈原傳》引作「可以汲」；《尚書・吕刑》篇「報虐以威」，《論衡・譴告》篇引作「報虐用威」；《詩・板》篇曰「勿以爲笑」，《荀子・大略篇》引作「勿用爲笑」，竝其證也。「禮之用和爲貴」與《禮記・儒行》篇曰「禮之以和爲貴」文義正同。此「用」字止作「以」字解，當以六字爲句。近解多以體用爲言，失之矣。

先王之道斯爲美，小大由之，有所不行。

邢昺正義曰：「斯，此也。言先王治民之道以此禮貴和美。禮節民心，樂和民聲，禮至則無怨，樂至則不争，揖讓而治天下者，禮樂之謂也，是先王之美道也。」

樾謹按：此「斯」字專指禮而言，蓋謂先王之道禮爲最美。小大由之而有所不行者，不和故也。但言有所不行，而不言其不行之故，則因禮之用和爲貴，已見上文。且下文曰「知和而和，不以禮節之，亦不行也」，「亦」之一字彼此貫通，義見於下，故文省於上，古人之辭往往如此也。正義誤解「斯爲美」句，而此章文義扞格不通矣。

亦不可行也。

樾謹按：《隸釋》載漢石經作「亦不行也」，無「可」字，當從之。上云「有所不行」，此云「亦不行也」，兩不行之義彼此貫通。亦者，亦上文而言。上無「可」字，則此亦無「可」字。蓋涉馬注而衍。馬注云「不以禮爲節，亦不可行」，此自用以足句，非其所據經文有「可」字也。

七十而從心，所欲不踰矩。《爲政》

馬曰：「矩，法也。從心所欲無非法。」

樾謹按：此當於「心」字絕句。《禮記·樂記》篇「率神而從天」，鄭注曰：「從，順也。」六十而耳順，七十而從心，耳順、從心錯綜成文，亦猶迅雷風烈之比。從與順同義，耳順卽耳從也，從心卽順心也。所欲不踰矩乃自説從心之義。惟其所欲不踰矩，故能從心也。《柳宗元集·與楊誨之書》曰「孔子七十而縱心」，正於「心」字絕句，較馬讀爲長。「從」作「縱」則失之。皇侃義疏曰：「從，放也。雖復放縱心意，而不踰越于法度也。」是六朝人讀「從」字爲放縱之「縱」，故唐、宋人引此文多作「縱心」，實非經旨，説詳翟氏灝《論語考異》。

子曰：「由，誨女知之乎。」

正義曰：「孔子以子路性剛，好以不知爲知，故此抑之。呼其名曰由，我今教誨女爲知之乎，此皆語辭。」

樾謹按：此「知」字與下五「知」字不同。下五「知」字皆如字，此「知」字當讀爲「志」。《禮記·緇衣》篇「爲上可望而知也，爲下可述而志也」，鄭注曰：「志，猶知也。」然則知與志義通。「誨女知之乎」卽誨女志之乎，言我今誨女，女其謹志之也。《荀子·子道篇》：「子路趨而出，改服而入，蓋猶若也。孔子曰：『志之，吾語女，奮於言者華，奮於行者伐，色知而有能者，小人也。故君子知之曰知之，不知曰不知，言之要也。能之曰能之，不能曰不能，行之至也。』」《韓詩外傳》亦載其事云：「孔子曰：『由，志之！君子知之爲知之，不知爲不知，言之要也。能之爲能之，不能爲不能，行之要也。』」竝與此章文義相同，而皆以「志之」發端，然則此文「知之」卽「志之」無疑矣。

子張學干祿。

正義曰：「弟子子張師事孔子，學求祿位之法。」

樾謹按：子張學干祿猶南容三復白圭。白圭見《詩·抑》篇，干祿見《詩·旱麓》篇。曰學、曰三復，皆於學詩時孯求其義，非學求祿位之法也。《史記·弟子傳》改作「問干祿」，則史公已不得其旨矣。

喪，與其易也甯戚。《八佾》

包曰：「易，和易也。言禮之本意失於奢不如儉，喪失於和易不如哀戚。」

樾謹按：包氏說「戚」字未得其義。蓋禮則奢儉俱失，失於奢不如失於儉，故有「甯儉」之言。若居喪哀戚，固其所也，乃云「與其易也甯戚」，恐不然矣。「戚」當讀爲「蹙」。《禮記·禮器》篇「三辭三讓而至，不然則已蹙」，此蹙之義也。《說文》新附《足部》有「蹙」字，曰「迫也」。古無「蹙」字，故叚「戚」爲之。言居喪者或失於和易，或失於迫蹙，然與其和易，無甯迫蹙爲得禮之本意耳。《南史·顧憲之傳》「喪易𥧌𪓰」，是知「戚」字固有作「𪓰」者，其義視包注爲長。

繪事後素。

鄭曰：「繪，畫文也。凡繪畫先布衆色，然後以素分布其閒，以成其文。喻美女雖有倩盼美質，亦須禮以成之。」

樾謹按：《考工記》「凡畫繢之事後素功」，鄭注即引《論語》文爲證。據《玉人》云「瑑邸射素功」。司農云：「素功，無瑑飾也。」然則素功不專以畫繢言，凡不畫繢者、不雕鏤者，皆素功也。畫繢之事居素功之後，猶《禮記》所謂「黼黻文繡之美，疏布之尚」，「丹漆雕幾之美，素車之乘」也。說詳《周禮》。此云繢事後素，義與彼同。上云「素以爲絢」，明是先有素而後可以爲絢，故孔子以繪事後素曉之。而子貢因有禮後之問，所謂忠信之人，可以學禮也。

與其媚於奥，甯媚於竈。

孔曰：「奥，内也，以喻近臣。竈以喻執政。」

樾謹按：媚奥、媚竈皆媚人，非媚神也。古以奥爲尊者所居，故《曲禮》曰「爲人子者，居不主奥」，而春秋時有奥主之稱，昭十三年《左傳》「國有奥主」是也。竈則執爨者居之，所謂厮養卒也。當時之人以爲居奥者雖尊，不如竈下執爨之人實主飲食之事，故媚奥不如媚竈。《國語·周語》載人之言曰「佐饔者嘗焉」，即此意也。王孫賈引之，蓋以奥喻君，以竈自喻。孔注未得其旨。

是禮也？

樾謹按：古字也、邪通用，陸氏《經典釋文序》所謂「如、而不分，也、邪無别」者是也。《論語》「子張問十世可知也」，「井有人焉其從之也」，「豈若匹夫匹婦之爲諒也」，諸「也」字竝當讀作「邪」。又如「事君盡禮人以爲諂也」，「子曰其事也」，此兩「也」字尋繹文義，亦「邪」字也。魯僭王禮，大廟之中犧牲服器之等必有不循舊典者，子入大廟，每事問，所以諷也。或人不諭其旨，反有孰爲知禮之譏，故子曰「是禮也」，猶云「是禮邪」，乃反詰之辭，正見其非禮矣。

管氏有三歸。

包曰：「三歸，娶三姓女。婦人謂嫁曰歸。」正義曰：「禮，大夫雖有妾媵，嫡妻惟娶一姓。今管仲娶三姓之女，故曰有三歸。」

樾謹按：就婦人言之謂之歸，自管仲言之當謂之娶，乃諸書多言三歸，無言三娶者。且如其說，亦是不知禮之事，而非不儉之事，則其說非也。朱注據《說苑》「管仲築三歸之臺，以自傷於民」，故以三歸爲臺名。然管仲築臺之事不見于他書，《戰國策·周策》曰：「宋君奪民時以爲臺，而民非之，無忠臣以掩蓋之也。子罕釋相爲司空，民非子罕而善其君。齊桓公宮中七市，女閭七百，國人非之。管仲故爲三歸之家，以掩桓公非，自傷于民也。」《說苑》所謂「自傷於民」者，疑卽本此，涉上文子罕事而誤爲築臺耳。古事若此者往往有之，未足據也。然則三歸當作何解？《韓非子·外儲說》篇曰：「管仲相齊，曰：『臣貴矣，然而臣貧。』桓公曰：『使子有三歸之家。』」一曰：管仲父出，朱蓋青衣，置鼓而歸，庭有陳鼎，家有三歸。」《韓非子》先秦古書，足可依據。先云「置鼓而歸」，後云「家有三歸」，是所謂歸者，卽以管仲言，謂管仲自朝而歸，其家有三處也。家有三處，則鐘鼓帷帳不移而具，從可知矣，故足見其奢；且美女之充下陳者亦必三處如一，故足爲女閭七百分謗。而娶三姓之説，亦或從此出也。《晏子春秋·雜》篇曰「昔吾先君桓公，有管仲恤勞齊國，身老，賞之以三歸，澤及子孫」，是又以三歸爲桓公所賜，蓋猶漢世賜甲第一區之比。賞之以三歸，猶云賞之以甲第三區耳。故因晏子辭邑，而景公舉此事以止之也。其賞之在身老之後，則取三姓女之説可知其非矣。近人或因此謂三歸是邑名，則又不然。若是邑名，不得云「使子有三歸之家」，亦不得云「家有三歸」也。合諸書參之，三歸之義可見。下云「官事不攝」，亦卽承此而言。管仲家有三處，一處有一處之官，不相兼攝，是謂「官事不攝」。但謂家臣具官，猶未見其奢矣。

子謂《韶》，盡美矣，又盡善也。謂《武》，盡美矣，未盡善也。

孔曰：「韶，舜樂名，謂以聖德受禪，故盡善。武，武王樂也，以征伐取天下，故未盡善。」正義曰：「言韶樂其聲及舞極盡其美，揖讓受禪，其聖德又盡善也。言武樂音曲及舞容則極盡美矣，然以征伐取天下，不若揖讓而得，故其德未盡善。」

樾謹按：美、善義同，此章乃別而言之，邢氏因據孔注以美屬樂，善屬德。然孔子止是論樂，論樂而德自在其中。以美、善分屬之，失經旨矣。《周易略例》曰「故有善邇而遠至」，邢璹注曰：「善，脩治也。」《釋文》曰：「善，本作繕。」《廣雅·釋詁》曰：「繕，治也。」然則盡美又盡善者，言既美而又盡其脩治之功也；盡美未盡善者，言雖美而未盡其脩治之功也。武王未受命，所以未盡修治耳。

子曰：「苟志於仁矣，無惡也。」《里仁》

孔曰：「苟，誠也。言誠能志於仁，則其餘終無惡。」

樾謹按：上章云「惟仁者能好人，能惡人」，此章云「苟志於仁矣，無惡也」，兩章文義相承，此「惡」字卽上「能惡人」之「惡」。蓋仁者之於人，好所當好，惡所當惡，所謂能好人，能惡人也。然此以其行事言也，若論其居心，則好固是好，惡亦是好，所謂舉直錯諸枉，能使枉者直是也。故又言此以申明上意，見不特仁者如是，人苟志在於仁則亦必無惡人之念矣。《韓非子·解老》篇曰：「仁者，謂其中心欣然愛人也。」《賈子·道術》篇曰：「心兼愛人謂之仁。」然則仁主於愛，古之通論。使其中有惡人之一念，卽不得謂之志於仁矣。此與上章或一時之語，或非一時語，而記者牽連記之，以發明夫子之微言。自孔注誤解「惡」字，而此章之義晦矣。《釋文》曰「惡，如字。又烏路反」，當以後一音爲正。

無適也，無莫也。

正義曰：「適，厚也。莫，薄也。言君子於天下之人，無擇於富厚與窮薄者。」

樾謹按：以適莫爲富厚窮薄，其義至陋。《釋文》曰：「適，鄭本作敵。莫，鄭音慕，無所貪慕也。」此章大旨，鄭讀得之。敵之言相當也，相當則有相觸迕之義，故《方言》曰「適，牾也」，郭璞注曰：「相觸迕也。」「無適」之「適」當從此義，言君子之於天下，無所適牾，無所貪慕，惟義是親而已。

君子懷德，小人懷土。君子懷刑，小人懷惠。

孔曰：「懷，安也。」正義曰：「此章言君子小人所安不同也。」

樾謹按：此章之義，自來失之。君子謂在上者，小人謂民也。懷者，歸也。《詩·匪風》篇「懷之好音」，《皇矣》篇「予懷明德」，毛傳竝曰：「懷，歸也。」《泮水》篇「懷我好音」，鄭箋曰：「懷，歸也。」韋昭注《國語》，杜預注《左傳》竝有此文，是懷之訓歸，固經傳之達詁。《禮記·緇衣》篇「私惠不歸德」，鄭注曰：「歸，或爲懷。」《文選·上林賦》「悠遠長懷」，郭璞曰：「懷亦歸，變文耳。」皆古人以懷爲歸之證。《公冶長》篇「少者懷之」，孔曰：「懷，歸也。」然則此「懷」字亦可訓歸矣。「君子懷德，小人懷土」者，言君子歸於德，則小人各歸其鄉土。《老子》曰「甘其食，美其服，安其居，樂其俗，鄰國相望，鷄狗之聲相聞，民至老死不相往來」是也。「君子懷刑，小人懷惠」者，言君子歸於刑，則小人歸於他國慈惠之君。《孟子》曰「民之歸仁也，猶水之就下，獸之走壙也。故爲淵敺魚者獺也，爲叢敺爵者鸇也，爲湯、武敺民者桀與紂也」是也。此章之義，以懷德、懷刑對舉相形，欲在位之君子不任刑而任德也。夫安土重遷，人之常情，小民於其鄉土，豈無桑梓之念？故泰山之婦因無苛政而不去，此即所謂小人懷土也。惟上之人荼毒其民，使之重足而立，而忽聞鄰國之君有行仁政者，則舊都舊國之思不敵其樂國樂郊之慕，而懷土者變而懷惠矣。説此章者，皆不得其義。若從舊説，則何不曰「君子懷德懷刑，小人懷土懷惠」，亦足見君子小人所安之不同，而何必錯綜其文乎？

君子喻於義，小人喻於利。

樾謹按：古書言君子小人，大都以位而言。上文「君子之於天下也，無適也，無莫也，義之與比」,《白虎通・號》篇曰「君之與臣,無適無莫,義之與比」,是漢世師説如此。後儒專以人品言君子小人,非古義矣。《漢書・楊惲傳》引董生之言曰:「明明求仁義,常恐不能化民者,卿大夫之意也。明明求財利,常恐困乏者,庶人之事也。」數語乃此章之塙解。《爾雅・釋訓》:「明明,察也。」明明求仁義,卽所謂喻於義也;明明求財利,卽所謂喻於利也。此殆七十子相傳之緒論,而董子述之耳。《董仲舒傳》「明明」作「皇皇」,蓋聲近而義通。《國語・越語》「天道皇皇」,韋注曰「皇皇,著明也」,是皇皇卽明明也。

事君數斯辱矣,朋友數斯疏矣。

何晏《集解》曰:「數,謂速數之數。」

樾謹按:此「數」字卽《儒行》所謂「其過失可微辨而不可面數」之「數」。數者,面數其過也。《漢書・高帝紀》「漢王數羽」,師古注曰「數,責其罪也」,是此「數」字之義也。《禮記・曲禮》曰:「爲人臣之禮,不顯諫。」故諫有五,而孔子從其諷。其於朋友,則曰忠告而善道之。事君而數則失不顯諫之義,朋友而數則非所謂善道之矣。取辱取疏,職此之故。唐、宋以來,以犯顔極諫爲人臣之盛節,至有明諸臣,遂有聚哭於君之門者。蓋自古義湮,而君臣朋友之閒所傷多矣。

敏,而好學不恥下問。《公冶長》

樾謹按:此當以「敏」字爲句,「而好學不恥下問」皆承「敏」字而言,謂其知識敏疾,而又好學不恥下問也。敏者天資,學問者人功。天資美而人功又盡,文子之所以爲文也。學者誤讀「敏而好學」爲句,於是近解乃增出「位高」字,使與質美相配。若然,則經文當云「敏而好學，貴而不恥下問」矣。且所謂下問者，非必以貴下賤之謂，凡以能問於不能，以多問於寡，皆是。

臧文仲居蔡。

包曰：「蔡，國君之守龜，出蔡地，因以爲名焉。」

樾謹按：龜之名蔡，未知何義，包氏此解亦臆説耳。竊疑「蔡」當讀爲「𠭪」。《説文·又部》：「𠭪，楚人謂卜問吉凶曰𠭪。讀若贅。」龜者所以卜問吉凶也，因卽以其用而名之曰𠭪，蓋楚語也。龜本荆州所貢，故沿襲其語耳。𠭪與蔡音相近。孔氏廣森《經學卮言》謂：「蔡，蔡叔之蔡，卽𡨥三苗之𡨥。」然則以「蔡」爲「𠭪」，猶以「蔡」爲「𡨥」矣。

崔子弑齊君。

樾謹按：《釋文》出「高子」二字曰：「鄭注云：魯讀崔爲高，今從古。」又出「弑」字曰：「本又作殺。」夫崔子弑君，何得改讀爲高子？《釋文》此條必有踳誤。所謂讀崔爲高者，下文兩崔子也。陳文子因崔杼弑君，惡而逃之，豈得稱之曰吾大夫崔子？且當時列國大夫雖未必賢，亦豈人人皆崔子歟？魯讀爲高，甚有義理。高子謂高厚也。襄十九年《左傳》：「秋八月，齊崔杼殺高厚於灑藍而兼其室。書曰：『齊殺其大夫。』從君於昏也。」惟高子從君於昏，故不能制崔杼，而反爲崔杼所殺，於是崔杼始專國政，卒成弑君之禍。文子推原禍本，於高子有深憾焉。每至一國，見其執政之世臣庸庸尸位，無有深識遠慮，故輒發猶吾大夫之歎。《魯論》所讀，必是師説如此。陸德明誤謂經文「崔子」魯皆讀爲「高子」，遂於首句出之，則失之甚矣。

必有忠信如丘者焉。

樾謹按：「如丘者焉」乃聖人之謙詞，言十室小邑之中，他不敢望，至如丘者，必有之矣。《集注》曰「忠信如聖人，生質之美者也」，失孔子語意。

今也則亡未聞好學者也。《雍也》

樾謹按：「亡」字衍文也。此與《先進》篇語有詳略。此云「今也則未聞好學者也」，彼云「今也則亡」，皆此詳而彼略。因涉彼文而誤衍「亡」字，則既云「亡」，又云「未聞好學」，於辭複矣。《釋文》曰「本或無亡字」，當據以訂正。

騂且角。

《集解》曰：「角者，角周正。」

樾謹按：角周正而但謂之角，則不詞矣。但謂之角，無以知其周正與否，猶但謂之毛，無以知其爲雜文爲純色也。然則角者何？曰：角者，別於童牛而言之也。《禮記・王制》曰「祭天地之牛角繭栗，宗廟之牛角握」，是角以小爲貴，乃用犢貴誠之義也。然童牛無角，猶未可用。此云犂牛之子，疑若童牛然，故必言角以明可用。曰「騂」則有其材矣，曰「且角」則及其時矣，故曰「雖欲勿用，山川其舍諸」？

女爲君子儒，無爲小人儒。

孔曰：「君子爲儒，將以明道。小人爲儒，則矜其名。」

樾謹按：以人品分君子小人，則君子有儒，小人無儒矣，非古義也。君子儒，小人儒，疑當時有此名目。所謂小人儒者，猶云先進於禮樂，野人也。所謂君子儒者，猶云後進於禮樂，君子也。古人之辭，凡都邑之士謂之君子。昭二十七年《左傳》「左司馬沈尹戌帥都君子」，杜注曰「都君子，在都邑之士」，是其證也。《詩·都人士》篇曰：「彼都人士，臺笠緇撮。彼君子女，綢直如髮。」士曰都人，女曰君子，互言之耳，其義一也。都人謂之君子，故野人謂之小人。孔子責子路曰「野哉由也」，責樊遲曰「小人哉樊須也」，一責其野，一責其小人，語異而意同。《禮記·檀弓》曰：「騷騷爾則野，鼎鼎爾則小人，君子蓋猶猶爾。」此孔子所以欲子夏爲君子儒，而無爲小人儒也。然則孔子論禮樂，何以又從先進之野人，而不從後進之君子？蓋此就一時言，彼就先後輩言也。先輩之中，亦自有君子、野人。孔子從先進，仍是從先輩中之君子，豈舍其時公卿大夫俯仰揖讓之容，而反從田夫野老箕踞叫呼之習乎？故以先進、後進分君子、野人，則自可舍君子而從野人。若以同時論，則野人之不如君子，固不待言矣。兩章之意，豈相妨乎？

井有仁焉，其從之也？

孔曰：「宰我以仁者必濟人於患難，故問有仁人墮井，將自投下，從而出之否乎？」

樾謹按：宰我之意，蓋謂仁者勇於爲仁，設也於井之中而有仁焉，其亦從之否乎？孔注仁人墮井之説，殊有未安。「出」字經文所無，且投下從之，又安能出之？宰我居言語之科，不應失言如是。皇侃因孔云「仁人墜井」，遂於經文「仁」下增「者」字，未足據也。

君子可逝也。

孔曰：「逝，往也。言君子可使往視之耳。」

樾謹按：孔以「可逝」爲可使往視，其義迂曲。「逝」當讀爲「折」。《周易·大有》《釋文》曰：「哲，陸本作逝，虞作折。」是逝與折古通用。君子殺身成仁則有之矣，故可得而摧折。然不可以非理陷害之，故可折不可陷。

亦可以弗畔矣夫？

鄭曰：「弗畔，不違道。」

樾謹按：畔者，言畔喭也。博學於文，約之以禮，則自無畔喭之患矣。《先進》篇「由也喭」，鄭注曰「子路之行失於畔喭」，正義曰：「舊注作『㖃喭』。《字書》：㖃喭，失容也，言子路性剛，常㖃喭失於禮容也。今本『㖃』作『畔』。王弼云：剛猛也。」據此，則畔喭爲剛猛而無禮容，合言之曰畔喭，分言之則或曰畔，或曰喭矣。

好謀而成者也。《述而》

正義曰：「好謀而有成功者。」

樾謹按：「成」當讀爲「誠」。《詩・我行其野》篇「成不以富」，《論語・顔淵》篇引作「誠不以富」，是成與誠古通用也。行軍之事固不可無謀，然陰謀詭計又非聖人所與也，故曰好謀而誠。懼與誠，行軍之要矣。

五十以學《易》。

樾謹按：《集注》曰「『五十』當作『卒』」，然於古無所徵。「五十」疑「吾」字之誤。蓋「吾」字漫漶，僅存其上半，則成「五」字，後人乃又加「十」字以補之耳。「加我數年，吾以學《易》」，上言我，下言吾，乃互辭也。隱元年《穀梁傳》曰：「言君之不取，爲公也。」范甯曰：「上言君，下言公，互辭。」古人之文如此者甚多。《史記・世家》作「假我數年，若是我於《易》則彬彬矣」，下「我」字卽此「吾」字也。

伯夷、叔齊何人也？

樾謹按：是時蒯聵父子争國，時人疑夫子必有所右助，故冉有問夫子爲衛君乎？衛君兼謂蒯聵父子，非獨指輒也。子貢以夷、齊問，伯夷賢則蒯聵不賢矣。何也？伯夷知有父命，蒯聵不知有父命也。叔齊賢則輒不賢矣。何也？叔齊知有兄弟，輒并不知有父子也。故曰「夫子不爲也」，明皆不爲也。使其時上有天子，下有方伯，則必更立賢君，以伯夷處蒯聵，以叔齊處輒，而人倫正，衛事定矣。子貢引夷、齊事，正與衛事塙切。後人未達其旨。

子所雅言，《詩》、《書》。執禮，皆雅言也。

樾謹按：《論語》文法簡質，此章既云「子所雅言」，又云「皆雅言也」，於文似複，蓋由經師失其讀矣。此當以「《詩》《書》」斷句，言孔子誦《詩》、讀《書》，無不正言其音也。「執禮」二字自爲句，屬下讀。執禮謂執禮事也。《周官·大史》曰：「凡射事，執其禮事。」《禮記·雜記》曰：「女雖未許嫁，年二十而笄禮之，婦人執其禮。」皆執禮之證也。孔子執禮之時，苟有所言，如《鄉黨》所記「賓不顧矣」之類，皆正言其音，不雜以方言俗語，故曰「執禮，皆雅言也」。《詩》、《書》或誦讀，或教授弟子。若執禮，自爲一事，故别言之耳。

吾無行而不與二三子者是丘也。

包曰：「我所爲無不與爾共之者，是丘之心。」

樾謹按：包注於「丘」下增「心」字，非經旨也。「吾無行而不與二三子者是丘也」十三字作一句讀。「是」當爲「視」，《釋名·釋姿容》曰：「視，是也。」視與是義本相通，故古書或叚「是」爲「視」。《荀子·解蔽篇》「是其庭可以搏鼠」，楊倞注曰「是，蓋當爲視」，此其證也。孔子言吾無行而不與二三子者視丘也，正申明吾無隱乎爾之意。

若聖與仁，則吾豈敢。

樾謹按：聖與仁猶言智與仁也。子貢曰「學不厭知也，教不倦仁也」，蓋諸弟子之稱夫子如此。孔子聞之而不敢居仁智之名，故曰：「若聖與仁，則吾豈敢。抑爲之不厭，誨人不倦，則可謂云爾已矣。」聖與智古通稱，故臧武仲多智，時人謂之聖人。《禮記・鄉飲酒義》曰：「仁義接，賓主有事，俎豆有數曰聖；聖立而將之以敬曰禮。」《大戴記・盛德》篇曰：「宗伯之官以成仁，司馬之官以成聖，司寇之官以成義，司空之官以成禮。」其所謂聖卽智也，故與仁義禮竝列，猶言仁義禮智也。後世但知大而化之之謂聖，而古義湮矣。

君子坦蕩蕩，小人長戚戚。

鄭注曰：「蕩蕩，寬廣貌。戚戚，多憂懼。」

樾謹按：「戚戚」卽「蹙蹙」也。古無「蹙」字，故以「戚」字爲之，與《八佾》篇「甯戚」同。《詩・節南山》篇曰「蹙蹙靡所騁」，毛傳曰：「蹙蹙，縮小之貌。」然則「小人長戚戚」爲縮小貌，與「君子坦蕩蕩」爲寬廣貌正相對。鄭注失之。

正顏色。《泰伯》

樾謹按：「正」當訓爲「振」。《管子・小問》篇「以振其淫」，尹知章注曰「振，正也」，是正與振義通。「動容貌，振顏色」，振亦動也。容貌言動，顏色言振，辭氣言出，三句文義一律。若依「正」字本義解之，則與上下文均不類矣。隱五年《左傳》「入而振旅」，莊八年《穀梁傳》「入曰整旅」，整旅卽振旅，故正顏色卽振顏色。正之爲振，猶整之爲振也。

守死善道。

正義曰：「守死善道者，守節至死，不離善

道也。」

樾謹按：善道與好學對文，善亦好也。《呂氏春秋・長攻》篇曰「所以善代者乃萬故」，高誘注曰：「善，好也。」然則「守死善道」言守之至死，而好道不厭也。正義以「善道」連文，增「不離」二字以成其義，非經旨矣。

巍巍乎！唯天爲大，唯堯則之。

樾謹按：此美堯之大，非美堯之能法天也。《説文・刀部》：「則，等畫物也。」是則有等義。《管子・七法》篇：「物雖不甚多，皆均有焉，而未嘗變也，謂之則。」是則有均義。蓋則爲等，故亦爲均。《呂氏春秋・功名》篇「取則行鈞」，則與鈞竝猶等也。昭七年《左傳》：「六物不同，民心不壹，事序不類，官職不則。」不則與不同、不壹、不類竝猶不等也。此云「唯天爲大，唯堯則之」，蓋謂天之大無與等者，唯堯能與之等耳。鄭君解《尚書》「稽古」爲「同天」，則天即同天也。孔訓則爲法，未得其義。

予有亂臣十人。

馬曰：「謂周公旦、召公奭、太公望、畢公、榮公、太顛、閎夭、散宜生、南宫适，其一人謂文母。」

樾謹按：劉原父《七經小傳》以子無臣母之理，改爲邑姜。王氏《困學紀聞》據《釋文》「予有亂十人」，本無「臣」字，謂舊説不必改。竊謂武王誓師，數其佐治之人，而并及其母，稱爲「予有」，縱無「臣」字，於義亦不可通。疑舊説所謂文母者，亦即邑姜也。文母之稱，見於《詩・周頌・雝》篇，曰：「既右烈考，亦右文母。」毛傳曰：「烈考，武王也。文母，大姒也。」以子先母，義殊未安，鄭箋易之曰：「乃以見右助於光明之考，與文德之母。」夫曰文德之母，則是贊美之辭，非從其夫之謚而稱文矣，是鄭意不以文母爲大姒也。馬融《毛詩》注不傳，疑其解烈考文母正爲武王、邑姜。鄭所謂光明之考、文德之母，卽本其說，鄭固嘗從馬學也。後人習于《毛詩》之説，但知文母之爲大姒，故於此注文母亦以大姒當之，不知馬融於《詩》自有注，未必其同於毛傳也。

毋固。《子罕》

《集解》曰：「無可無不可，故無固行。」

樾謹按：上文毋必，言無專必也。此文毋固，又言無固行。然則必之與固，其義無別矣。「固」當讀爲「故」。《詩・昊天有成命》篇鄭箋云：「固，當作故。」《史記・魯周公世家》「咨於固實」，徐廣曰：「固，一作故。」是固與故通。毋故者，不泥其故也。用之則行，舍之則藏，是謂毋必。彼一時此一時，是謂毋故。

子畏於匡。

正義曰：「記者以衆情言之，故云子畏於匡。其實孔子無所畏也。」

樾謹按：《荀子・賦篇》：「比干見刳，孔子拘匡。」《史記・孔子世家》亦云：「匡人於是遂止孔子，拘焉五日。」然則畏於匡者，拘於匡也。《禮記・檀弓》篇「死而不弔者三：畏、厭、溺」，鄭注卽以孔子畏於匡爲證。而《通典》引王肅注曰：「犯法獄死謂之畏。」是畏爲拘囚之名。後人不達古義，曲爲之説，蓋皆失之。

見之，雖少必作。過之，必趨。

樾謹按：此「見」字當讀如「從者見之」之「見」。見之、過之相對成文。見之者，謂其人見於夫子。過之者，謂夫子過其人之前也。故於見之曰「雖少必作」，言作則坐可知，明是夫子方坐，而其人來見也。上文曰「子見齊衰者、冕衣裳者與瞽者」，一「見」字之中含此兩義，有其人見夫子，有夫子見其人，故以見之、過之兩承之。學者不得其義，則既云子見，又云見之，於文複矣。

雖覆一簣。

馬曰：「雖始覆一簣，我不以其功少而薄之。」

樾謹按：馬讀「雖」如本字，斯其義曲矣。「雖」當讀爲「唯」。《禮記·少儀》篇「雖有君賜」，《雜記》篇「雖三年之喪可也」，鄭注竝曰：「雖，或爲唯。」《表記》篇「唯天子受命於天」，注曰：「唯，當爲雖。」蓋雖本從唯聲，故二字古得通用，說見王氏引之《經傳釋詞》。「唯覆一簣」言平地之上止覆一簣，極言其少，正與「未成一簣」相對成義。

法語之，言能無從乎？改之爲貴。巽與之，言能無説乎？繹之爲貴。

樾謹按：「法語之言」一句中「語」字、「言」字疊用，甚爲不辭，殆經師失其讀也。此當以「法語之」爲句，「巽與之」爲句。皇侃義疏解「與命」、「與仁」曰：「與者，以言語許與之也。」此云「巽與之」，其義與彼同。兩「言」字竝屬下讀，皆語辭也。《詩·大東》篇「睠言顧之」，《荀子·宥坐篇》作「眷焉」，《後漢書·劉陶傳》作「睠然」。焉與然皆語辭，則言亦語辭。凡《詩》所云，如「薄言采之」、「静言思之」、「願言則嚏」、「駕言出遊」之類，皆是。僖九年《左傳》「言歸于好」，《周易·繫辭傳》「德言盛，禮言恭」，言亦語辭也，説詳王氏引之《經傳釋詞》。此文曰「言能無從乎」，「言能無説乎」，謂以法度語之則必從，以巽順與之則必説也。學者誤以爲言語之「言」，失其義，因失其讀矣。

其在宗廟朝廷，便便，言唯謹爾。《鄉黨》

鄭曰：「便便，辯也。雖辯而敬謹。」

樾謹按：此當以「便便」爲句。《詩・采菽》篇「平平左右」，《釋文》引《韓詩》作「便便，閑雅之貌」。是便便以貌言，正與上文「恂恂如也」王注曰「恂恂，温恭之貌」，其義一律，但省「如也」兩字耳。「言唯謹爾」四字爲句，凡有所言，無不謹慎，故曰「言惟謹爾」。此與上文「似不能言」者相對。蓋此兩節皆上一句説孔子之容，下一句説孔子之言。鄭注失之。

揖，所與立左右手。

鄭曰：「揖左人左其手，揖右人右其手。」正義曰：「謂交擯傳命時。」

樾謹按：舊説皆以是時夫子爲承擯，故上擯是右人，末擯是左人。然下文「賓退必復命，曰，賓不顧矣」，據《聘禮》鄭注，是上擯之事。卽趨進一節，江氏永《鄉黨圖考》謂是賓致命後，擯者趨進，相公拜，則亦是上擯事也。凡擯之次弟，君召之時，自應先定，豈有交擯之時尚是承擯，交擯之後無端改易乎？且公與賓每門每曲揖，擯介皆在後雁行，夫子始爲承擯，將於何時凌躐而前乎？竊疑上擯本以卿爲之，魯人重夫子知禮，故使以大夫攝上擯事。君召使擯者，使爲上擯也。夫子爲上擯，則所與立者但有左人，無右人矣。而云「揖所與立左右手」者，謂左其右手也。蓋承擯在上擯之左，夫子與之揖時足不移易，惟引其右手鄉左而已，故其衣之前後襜如也。他人於此，所與揖者在左則必側身左鄉，非君子立不易方之義矣。自鄭君誤解「左右手」句，遂并夫子之爲上擯而亦不著。且揖左人則左其手，揖右人則右其手，此在常人亦然，何足爲夫子異乎？

翼如也。

孔曰：「言端好。」正義曰：「張拱端好，如鳥之張翼也。」

樾謹按：翼如猶勃如、躩如之類，皆以一字形容之，非必取象於鳥翼也。《爾雅·釋詁》曰：「翼，敬也。」《釋訓》曰：「翼翼，恭也。」「翼如」之「翼」蓋亦此義耳。《説文·走部》「趩」下引《論語》「趩進，趩如也」，字又作「趩」，明非鳥翼矣。正義曰「如鳥之張翼」，然則勃如、躩如復何物乎？

必表而出之。

孔曰：「必表而出之，加上衣。」正義曰：「暑則單服，必加尚表衣然後出之，爲其形褻故也。」

樾謹按：加上表衣然後出之，則非如近解所謂表絺綌而出之於外也。「出之」二字連文。之，往也。出之者，出往他所也。居家可單衣絺綌，若其出而他往，必加表衣，故曰必表而出之。皇侃本無「之」字，其疏曰：「古人裘葛之上若在家，無别加衣；若出行、接賓，皆加上衣。當暑絺綌可單，出則不可單，必加上衣，故云必表而出也。」翟氏灝《論語考異》謂依皇氏説，句末應無「之」字。不知邢本句末雖有「之」字，其説未始不與皇同，蓋古義固如此耳。

短右袂。

孔曰：「短右袂，便作事。」

樾謹按：左右兩袂必無一長一短之理，短右袂者，卷之使短也。褻裘長則袂亦長，於作事不便，故卷右袂使短，是謂短右袂。

吉月，必朝服而朝。

孔曰：「吉月，月朔也。朝服，皮弁服。」

樾謹按：《禮記・玉藻》篇：「皮弁以聽朔於大廟，朝服以日視朝於內朝。」孔意月朔所服必是皮弁服，故其說如見。然朝服、皮弁服二者不同，安得混而一之？疑此所服者仍是每日視朝之服。「吉月」乃「告月」之譌。《緇衣》篇「尹吉曰」，鄭注「吉當爲告」，是其例也。說本王氏引之《經義述聞》。惟王氏以告月爲即朝廟，則猶沿舊説之謬。《春秋・文公六年》：「閏月，不告月，猶朝于廟。」《公羊傳》曰：「不告月者，不告朔也。」何休《解詁》曰：「禮，諸侯受十二月朔政于天子，藏于大祖廟。每月朔，朝廟，使大夫南面奉天子命，君北面而受之。比時使有司先告朔，謹之至也。」是告月與朝廟本是二事。朝廟者，每月之朔，諸侯朝于大祖廟，北面受朔也。告月者，每月之末，有司先以月朔告君也。月有大小盡，不定是三十日，故有司必先期以告，然後君得以朔日行朝廟之禮。《月令》凡立春、立夏、立秋、立冬，皆先期三日，太史告于天子。然則告月亦猶告立春、告立夏之比矣。閏月君不朝廟，則有司亦不告月。乃文公於閏月朔日行朝廟之禮，故《春秋》書以示譏。至文公十有六年「夏五月，公四不視朔」，《傳》曰：「自是公無疾，不視朔也。」然則魯之不視朔自文公始。至定、哀閒，此禮之廢久矣。而有司告月則猶循舊典，每月皆然，未之敢廢。夫子於有司告月之日，必朝服而朝焉。記者以夫子之必然，見他人之不必然，而我愛其禮之思，於此寓矣。朝服者，冠則委貌，衣則緇衣，每日視朝之服也。自「告月」誤爲「吉月」，而孔氏以月朔釋之，因以朝服爲皮弁服。夫魯君不皮弁，夫子安得而皮弁？可知其說之未安矣。又按：此經言告月，《八佾》篇言告朔，告月之與告朔亦當有别。《公羊》以告月爲告朔，殆非也。告月者，每月之末，有司以月朔告君也。《春秋》所書，《鄉黨》所記，皆是也。告朔者，每歲之終，天子頒來歲十二月之朔政於諸侯也。《大戴禮·虞戴德》篇曰「天子告朔於諸侯，率天道而敬行之，以示威于天下也」，是其事也。《八佾》篇「子貢欲去告朔之餼羊」，劉氏台拱《論語駢枝》謂以特羊餼天子告朔之使，是爲告朔之餼羊，此最得之。周初之制，每歲之末，天子遣使以來歲十二月之朔頒告諸侯，是曰告朔。每月之末，有司以月朔告于君，是曰告月。諸侯乃於朔日服皮弁服，朝于大廟，使大夫奉天子命而北面受之，是曰聽朔，亦曰視朔，視聽一也。周自平王以後，告朔之使不行矣，而魯有司每歲以餼羊供則猶如故也；魯自文公以後，視朔之禮亦久廢矣，而魯有司每月以月朔告則猶如故也，豈非魯秉周禮之明驗歟？公羊子固傳《春秋》者，而猶不知告月、告朔之有辯，左、穀之徒復何譏焉？於是告朔也，告月也，視朔、聽朔也，三者混而爲一。學者不復致詳，而古制之湮，古義之晦，由來久矣。愚因此經朝服非皮弁服，而知告月之非聽朔。又因此經言告月，《八佾》篇言告朔，而知告朔之非告月。反覆推求，於古制得其大概，好古之士儻有取乎？

必有明衣。

孔曰：「以布爲沐浴衣。」正義曰：「將祭而齊則必沐浴，浴竟而箸明衣，所以明絜其體也。」

樾謹按：孔注云「以布爲沐浴衣」者，猶云以布爲齊衣耳。齊必沐浴，故古語卽謂齊爲沐浴。哀十四年《左傳》「陳恒弑其君壬於舒州，孔丘三日齊而請伐齊」，《論語》作「孔子沐浴而朝」，是沐浴卽齊也。邢氏誤會注意，遂以明衣爲親身之衣，而有明絜其體之説。按《儀禮·士昏禮》「姆加景」，鄭注曰：「景之制蓋如明衣，加之以爲行道禦塵，令衣鮮明也。景亦明也。」是鄭意以明衣爲加之於外者，非親身之衣也。《士喪禮》「明衣裳用布」，鄭注曰：「所以親身爲圭絜也。」此乃死者所用，其制迥異於生。邢氏以《士喪禮》之明衣爲齊之明衣，殆不可從也。

式負版者。

孔曰：「負版者，負邦國之圖籍。」

樾謹按：「負版」之文他書未見，孔亦望文爲説耳。「負版」疑「負販」之誤，或版、販同聲，古文通用也。「式負販者」與上句「凶服者式之」共爲一事，言子見凶服者必式，雖負販者亦式之也。《禮記·曲禮》篇：「夫禮者，自卑而尊人。雖負販者，必有尊也，而況富貴乎？」卽可以説此經矣。孔以凶服爲一事，負版爲一事。然經文不曰「式凶服者」、「式負版者」，是二句本不平列，舊説殆未得也。《爾雅·釋蟲》「傅負版」，亦卽負販也。此蟲喜負重，故以人之負販者爲比耳。

群經平議卷三十

群經平議卷三十一

德清俞樾

論語二

皆不及門也。《先進》

鄭曰：「皆不及仕進之門，而失其所。」

樾謹按：門者，大夫之私朝也。《尚書·堯典》篇「闢四門」，《詩·緇衣》篇正義引鄭注曰：「卿士之職，使爲己出政教于天下。言四門者，亦因卿士之私朝在國門，魯有東門襄仲，宋有桐門右師，是後之取法于前也。」又《周官·大司馬職》「帥以門名」，鄭注曰：「帥，謂軍將。以門名者，所被徽識如其在門所樹者也。軍將皆命卿。古者軍將蓋爲營治於國門，魯有東門襄仲，宋有桐門右師，皆上卿爲軍將者也。」是古者卿大夫私朝在國門，故其適子謂之門子。而《左傳》有「晉政多門」之語，足見鄭義之有據。春秋之季，世卿專政，其出自庶姓者，必先由家臣而後得進爲公臣，晉臾駢、衛大夫僎之類是也。此云「不及門」者，言不得登大夫之朝也。是時以及門爲進身之始，故夫子云然。門且不得及，欲進而升諸公，更不可得矣。下文言語、政事諸賢多仕于季氏，而夫子以爲不及門，蓋其時猶未仕也。鄭注以不及門爲不及仕進之門，正得夫子之旨，但所説未備，故後儒别爲之説。然經云「不及門」，不云「不在門」，則終以古義爲安也。

季氏富於周公。

孔曰：「周公，天子之宰卿士。」正義曰：「魯其後也。」

樾謹按：此周公非周公旦也。擬人必以其倫，以季氏而擬周公，非其倫矣，所謂周公，乃春秋時之周公，如周公黑肩、周公閱是也。蓋欲言季氏之富，而但舉晉、韓、魏、齊、陳氏之屬與之比較，則本爲同列，卽富過之亦不足深罪，故必曰富於周公，以見季氏以侯國之卿而富過於王朝之宰也。《泰伯》篇「如有周公之才之美」，孔注曰：「周公者，周公旦」，正義曰：「以春秋之世別有周公，恐與彼相嫌，故注者明之。」然則孔注於此章不曰周公旦，明是春秋時之周公。正義乃曰「魯其後也」，失經意，且失注意矣。

而求也爲之聚斂而附益之。

孔曰：「冉求爲季氏宰，爲之急賦稅。」

樾謹按：以聚斂爲急賦稅，誣賢者矣。《爾雅·釋詁》曰「斂，聚也」，是聚、斂二字同義。《大學》曰：「財聚則民散，財散則民聚。」竊謂冉有爲季氏聚斂，乃民聚而非財聚也。蓋冉子爲季氏宰，必爲之容民畜衆，使季氏私邑民人親附，日益富庶。《禮》曰：「竹聲濫濫以立會，會以聚衆，君子聽竽笙簫管之聲，則思畜聚之臣。」若冉有者，可謂畜聚之臣矣，故孔子以爲可使治賦。若惟是急賦稅而已，曾是以爲治賦乎？孟子曰：「求也爲季氏宰，無能改於其德，而賦粟倍他日。」蓋人民日衆，田野日闢，故計一歲所賦之粟倍於他日。趙岐注以爲多斂賦粟，非也。冉有之罪，正與辟草萊、任土地者同科，猶云「吾能爲君闢土地，充府庫，今之所謂良臣，古之所謂民賊也。君不鄉道，不志於仁，而求富之，是富桀也。」以富桀罪冉子可也，以爲多斂賦粟則非也。古之所謂民賊者尚不至此，而況冉子乎？

回也其庶乎！屢空。

《集解》曰：「言回庶幾聖道，雖數空匱，而樂在其中。一曰：屢猶每也，空猶虚中也。以聖人之善道教數子之庶幾，猶不至於知道者，各内有此害。其於庶幾每能虚中者，唯回懷道深遠，不虚心不能知道。」樾謹按：「屢」字《説文》所無，古字止作「婁」。《説文・女部》：「婁，空也。從毋中女。婁空之意也。」「婁空」二字卽本此經，蓋古語有如此，而許君猶及知之也。凡物空者無不明，故以人言則曰離婁，《孟子》「離婁之明」是也。以屋言則曰麗廔，《説文・囧部》曰「囱牖麗廔闓明」是也。離與麗皆婁字之雙聲，長言之曰離婁、曰麗廔，實卽婁空之義而已。孔子以婁空稱顔子，蓋謂顔子之心通達無滯，亦若囱牖之麗廔闓明也。終日不違，無所不説，竝其證也。《史記・伯夷列傳》「回也屢空，糟糠不厭」，是史公已不達屢空之旨。何氏前一説蓋以經師舊説，故首列之；其後一説則以舊義未安而自爲之説，雖於「屢」字未得其解，而意稍近之矣。回之婁空與賜之億則屢中正相對。婁空者，通達無滯，故聞一知十也；億則屢中者，推測而知，故聞一知二也。屢中之「屢」依古字亦止作「婁」，而義則有異。訓數、訓每，可施於下「婁」字，不可施於上「婁」字也。

賜不受命而貨殖焉。

《集解》曰：「賜不受教命，唯財貨是殖。」樾謹按：子貢之賢，何至不受教命？何氏此解不可通也。不受命而貨殖自是一事。

古者商賈皆官主之，故《吕氏春秋・上農》篇曰：「凡民自七尺以上屬諸三官，農攻粟，工攻器，賈攻貨。」高誘注曰：「三官，農、工、賈也。」以周禮考之，質劑掌於官，度量純制掌於官，貨賄之璽節掌於官，下至春秋之世，晉則絳之富商韋藩木楗以過於朝，鄭則商人之一環必以告君大夫，蓋猶皆受命於官也。若夫不受命於官，而自以其財市賤鬻貴，逐什一之利，是謂不受命而貨殖。《管子・乘馬》篇曰：「賈知賈之貴賤，日至於市而不爲官賈。」此其濫觴歟？蓋不屬於官卽不得列於太宰之九職，故不曰商賈而曰貨殖。子貢以聖門高第，亦復爲之，陶朱、白圭之徒，由此起也。太史公以貨殖立傳，而首列子貢，有開必先，在子貢固不得而辭矣。

攝乎大國之閒。

包曰：「攝，迫也。」

樾謹按：攝猶籋也。《説文・竹部》：「籋，箝也。」徐鍇《繫傳》曰：「今俗作鑷。」然則「攝」之通作「籋」，猶「籋」之俗作「鑷」也。《周官・司弓矢職》鄭注曰「并夾，矢籋也」，是籋有夾義。「籋乎大國之閒」猶云夾乎大國之閒。包注未得。

鏗爾舍瑟而作。

孔曰：「鏗者，投瑟之聲。」

樾謹按：《説文・臤部》：「臤，堅也，讀若『鏗鏘』。」又《手部》：「摼，擣頭也，讀若『鏗爾舍瑟而作』。」然則許意以鏗爾之鏗異乎鏗鏘之鏗，鏗鏘以聲言，鏗爾不以聲言。此本與子路「率爾而作」相對。鏗爾者，作之貌，非舍瑟之聲。《説文・手部》：「掔，固也，讀若《詩》『赤舄掔掔』。」鏗爾之鏗疑卽赤舄掔掔之掔，赤舄掔掔卽由掔之訓固而引申之，當是鎮定之貌。足容重，故以掔擬之。「鏗爾舍瑟而作」，言掔掔然舍瑟而作也，安詳審慎，與子路之率爾而作氣象不同矣。因其字作「鏗」，説者遂以爲舍瑟之聲。一舍瑟耳，何必取其聲而形容之乎？《説文》引經每不舉全文，若鏗爾是舍瑟聲，則但云「鏗爾舍瑟」足矣。惟其爲作之貌，故必連「而作」二字引之也。據《玉篇・手部》引此經作「摼爾」，是顧野王所見《論語》初不作「鏗鏘」字，何必定以聲言乎？

浴乎沂，風乎舞雩。

包曰：「浴乎沂水之上，風涼於舞雩之下。」

樾謹按：世傳韓昌黎《論語筆解》皆不足采，惟此經「浴」字謂是「沿」字之誤，則似較舊説爲安。風之言放也。《詩・北山》篇「或出入風議」，鄭箋云：「風，放也。」僖四年《左傳》：「唯是風馬牛不相及也。」《尚書・粊誓》正義引賈逵注曰：「風，放也。」風與放一聲之轉。「風乎舞雩」者，放乎舞雩也。沿乎沂放乎舞雩，猶《孟子》曰「遵海而南放乎琅邪」矣。

克己復禮爲仁。《顏淵》

馬曰：「克己，約身。」孔曰：「復，反也。身能反禮則爲仁矣。」正義曰：「此注克訓爲約。劉炫云：克訓勝也，己謂身也。身有嗜慾，當以禮義齊之。嗜慾與禮義戰，使禮義勝其嗜慾，身得歸復於禮，如是乃爲仁也。」

樾謹按：孔注訓克爲能，是也。此當以「己復禮」三字連文，「己復禮」者，身復禮也，謂身歸復於禮也。能身復禮卽爲仁矣，故曰「克己復禮爲仁」。下文曰：「一日克己復禮，天下歸仁焉。爲仁由己，而由人乎哉？」必如孔注，然後文義一貫。孔子之意，以己與人對，不以己與禮對也。正義不能申明孔注，而漫引劉説以申馬注約身之義，而經意遂晦矣。昭十二年《左傳》因楚靈王不能自克，而引仲尼曰：「古也有志，克己復禮仁也，信善哉！」則正訓克爲勝。左氏晚出，先儒致疑，凡此之類皆不足據。

君子敬而無失。

正義曰：「君子但當敬慎而無過失。」

樾謹按：「失」當讀爲「佚」。《周官·大宗伯》鄭注「以防其淫失」，《釋文》曰：「失，本亦作佚。」《莊子·徐無鬼》篇「若卹若失」，《釋文》曰：「失，司馬本作佚。」是失與佚通。言君子敬而無敢佚樂也。敬而無佚與恭而有禮對文，無佚申言敬，有禮申言恭也。若過失，則敬與恭皆不可有，不得專屬之敬矣。

文猶質也，質猶文也，虎豹之鞟，猶犬羊之鞟。

孔曰：「虎豹與犬羊别，正以毛文異耳。今使文質同者，何以别虎豹與犬羊邪？」

樾謹按：四句一氣相屬，虎豹之鞟猶犬羊之鞟，正申明文猶質也，質猶文也之意。蓋虎豹所以有文，犬羊所以無文者，以其毛也，若以鞟而論，則一而已矣。文質之異，異乎其在外者也，至其中之所存，如君臣之主敬，父子之主恩，不以文而有加，不以質而有損也。故曰「文猶質也，質猶文也，虎豹之鞟，猶犬羊之鞟」。孔解上二句未得其義，故并下二句而失之。

主忠信，徙義。

包曰：「徙義，見義則徙意而從之。」

樾謹按：「主忠信」謂所主者必忠信之人，

如孔子主司城貞子之比，説已見《學而》篇矣。至包氏以「徙義」爲徙意從之，其説迂曲，殆非也。「徙」當爲「從」。《述而》篇「聞義不能徙」，阮氏《校勘記》曰「高麗本作從」，是其證矣。所主者必忠信，所從者必義，是謂崇德。主忠信、從義皆以交際言，故下文辨惑亦舉愛惡明之。孔子所言，皆待人接物之道。後儒陳義雖高，未見及此矣。

慮以下人。

馬曰：「其志慮常欲以下人。」

樾謹按：《廣雅·釋訓》曰：「無、慮、都，凡也。」《漢書·食貨志》曰：「天下大氐無慮皆鑄金錢矣」，無慮與大氐同，古人自有複語耳。亦或止言慮，《賈誼傳》「慮無不帝制而天子自爲者」，慮卽無慮，亦猶大氐也。「慮以下人」之「慮」乃「無慮」之「慮」，言察言觀色，大氐以下人也。馬以志慮説之，非是。《大玄·玄瑩》篇「故君子内正而外馴，每以下人」，其句法卽本之此。

先事後得。

孔曰：「先勞於事，然後得報。」

樾謹按：《爾雅·釋詁》：「事，勤也。勤，勞也。」然則「先事」猶先勞也。《禮記·儒行》篇「先勞而後禄」，鄭注曰：「勞，猶事也。」彼文勞與禄對，故勞當訓爲事，猶云事君敬其事而後其食也。此文事與得對，則事當訓爲勞，猶云先難而後獲也。事與勞義本得通。孔不知事之卽爲勞，而云先勞於事，則「勞」字轉爲增出矣。

先之勞之。《子路》

孔曰：「先導之以德，使民信之，然後勞之。」

樾謹按：「先之勞之」四字作一句讀，猶

《陽貨》篇曰「使之聞之」，不得因有兩「之」字而分爲二事也。《詩・緜蠻》篇「爲之載之」，《孟子・滕文公》篇「與之食之」，句法皆與此同。「先之勞之」謂先民而任其勞也。天子親耕，后親蠶之類，皆其事矣。孔謂先導之以德，然後勞之，似於文義未合。下文子路請益，而告以無倦，蓋先任其勞則易倦，故戒之也。

始有曰苟合矣，少有曰苟完矣，富有曰苟美矣。

正義曰：「家始富有，不言己才能所致，但曰苟且聚合也。又少有增多，但曰苟且完全矣。富有大備，但曰苟且有此富美耳。」樾謹按：《論語》「苟」字如「苟有用我者」、「苟正其身矣」，正義竝曰：「苟，誠也。」此「苟」字義亦當同。始有之時，未必合也，荊則曰誠合矣；少有之時，未必完也，荊則曰誠完矣；富有之時，未必美也，荊則曰誠美矣，故曰「善居室」。正義不得其旨，誤以苟且釋之。苟且富美義不可通，因又加「有此」二字，亦可見其説之未安矣。又按：正義以合爲聚合，非是。合猶足也。《孟子・梁惠王》篇「是心足以王矣」，下文曰「此心之所以合於王者何也」，上言足，下言合，文異而義同。蓋合與給通。《説文・糸部》：「給，相足也。」始有之時，或時匱乏，未能給足，而荊之意已以爲足也。邢氏但知合之訓聚，而不知合有足義，由未達叚借之旨耳。

亦可以勝殘去殺矣。

王曰：「勝殘，殘暴之人使不爲惡也。去殺，不用刑殺也。」樾謹按：殺與虐義同，故《尚書・吕刑》篇「惟作五虐之刑曰法」，《墨子・尚同中》篇作「唯作五殺之刑曰法」。宣十五年《左傳》「酆舒爲政而殺之」，《潛夫論・氏姓》篇作「酆舒爲政而虐之」，竝其證也。「勝殘去殺」者，勝殘去虐也，言善人爲邦百年，則殘虐之事可以勝而去之也。勝殘、去殺實止一義，分而爲二，轉非經旨。

吾黨有直躬者。

孔曰：「直躬，直身而行。」《釋文》曰：「躬，鄭本作弓，云直人名弓。」

樾謹按：鄭説是也，躬、弓古通用耳。若以直躬爲直身而行，則孔子亦當云「吾黨之直躬者」。下文無躬字，知躬是人名也，因其直而名之曰直躬，猶因其狂而名之曰狂接輿，殆楚語有然歟？至《廣韵》謂直姓出楚人直躬之後，則又不然。躬是其人之名，直非其人之姓也。

不可以作巫醫。

正義曰：「巫主接神治邪，醫主療病。」

樾謹按：《楚詞・天問》篇曰：「化爲黄熊，巫何活焉？」王逸注曰：「言鮌死後化爲黄熊，人於羽淵，豈巫醫所能復生活？」是巫醫古得通偁。此云「不可以作巫醫」，醫亦巫也。《廣雅・釋詁》曰「醫，巫也」，是其證也。《荀子・王制篇》曰：「相陰陽，占祲兆，鑽龜陳卦，主攘擇五卜，知其吉凶妖祥，傴巫、跛擊之事也。」蓋古者卜筮之事亦巫祝掌之。《禮記・緇衣》篇：「南人有言曰：『人而無恒，不可爲卜筮。』古之遺言與？」彼言卜筮，此言巫醫，其義一也。下文引《易》恒卦之辭，又曰「不占而已矣」，皆以卜筮言，與醫不涉。正義分巫、醫而二之，非古義矣。

求爲後於魯。《憲問》

孔曰：「爲後，立後也。」

樾謹按：爲，有也。「求爲後於魯」者，求有後於魯也。《孟子・滕文公》篇：「將爲君子焉？將爲野人焉？」趙注曰：「爲，有也。」爲之訓有，古訓有然，詳見王氏引之《經傳釋辭》。

夫如是奚而不喪。

樾謹按：奚而猶奚爲也，言奚爲不喪也。襄十四年《左傳》「射爲禮乎」，《太平御覽・工藝部》引作「射而禮乎」。《孟子・滕文公》篇「方里而井」，《論語・顔淵》篇正義引作「方里爲井」，竝其證也。

勿欺也而犯之。

孔曰：「事君之道，義不可欺，當能犯顔諫争。」

樾謹按：能與而古通用。孔氏所據本疑作「能犯之」，故有「能犯顔諫争」之意。此章之旨，蓋卽信而後諫之意，未信則以爲謗己，故惟勿欺者能犯之也。孔子論諫曰吾從其諷，本無取乎犯。不得已而犯，必以勿欺先之，異乎悻悻小丈夫矣。

子貢方人。

孔曰：「比方人也。」

樾謹按：《廣雅・釋詁》曰：「方，正也。」方人猶言正人。《周官・司諫》鄭注曰「諫，猶正也」，「以道正人行」。「子貢方人」卽所謂以道正人行者，蓋亦朋友相切直之義。《釋文》曰：「鄭本作謗人。」謗者，言人之過失也。襄十四年《左傳》「庶人謗」，正義曰：「謗，謂言人過失，使在上聞之而自改，亦是諫之類也。」然則方人、謗人，其義不殊。孔以比方釋之，未得其旨。

丘何爲是栖栖者與？

正義曰：「栖栖，猶皇皇也。」

樾謹按：「栖」卽「棲」字。《詩・六月》篇

「六月棲棲」，毛傳曰：「棲棲，簡閲貌。」下云「戎車既飭」，即承「六月棲棲」而言，是棲棲有整飭之意。字亦通作「萋」。《有客》篇「有萋有且」，傳曰「萋、且，敬慎貌」，箋云：「其來威儀，萋萋且且。」蓋棲、萋竝從妻聲。妻之言齊也，故棲棲、萋萋竝與濟濟同。《文王》篇「濟濟多士」，傳曰：「濟濟，多威儀也。」微生畝見孔子脩飾威儀，疑其以此求悦於人，故曰「何爲是栖栖者與？無乃爲佞乎」？《晏子春秋·外篇》載晏子之言曰「今孔丘盛聲樂以侈世，飾弦歌鼓舞以聚徒，繁登降之禮，趨翔之節以觀衆」，此即微生畝之意。孔子答之曰：「非敢爲佞也，疾固也。」固謂固陋也。疾固陋，故栖栖，是可得栖栖之義矣。班固《答賓戲》曰「是以聖哲之治，棲棲皇皇，孔席不㬉，墨突不黔」，則漢儒已不達栖栖之義。邢氏承其説而曰「栖栖猶皇皇也」，於是此章之義全失矣。

莫己知也，斯已而已矣。

《集解》曰：「此硜硜者徒信己而已，言亦無益。」

樾謹按：荷蕢者之意，以爲人既莫己知，則但當爲己，不必更爲人，故曰「莫己知也，斯已而已矣」。何氏增出「信」字，轉非其旨。

果哉！末之難矣。

《集解》曰：「未知己志而便譏己，所以爲果。末，無也。無難者，以其不能解己之道。」

樾謹按：《淮南子·道應》篇「令不果往」，高誘注：「果，誠也。」「果哉末之難矣」猶曰誠哉無難矣。蓋如荷蕢者之言，隨世以行己，視孔子所爲，難易相去何啻天壤？故孔子聞其言而歎之，一若深喜其易者，而甘爲其難之意自在言外。聖人辭意微婉，初非與之反唇也。何解失之。

闕黨童子將命。

馬曰：「闕黨之童子將命者，傳賓主之語出入。」

樾謹按：此童子自爲其黨之人將命，非爲孔子將命，亦非孔子使之將命也。正義曰：「此章戒人當行少長之禮也。闕黨，黨名。童子，未冠者之稱。將命，謂傳賓主之語出入。時闕黨之童子能傳賓主之命也。或人見其童子能將命，故問孔子曰：『此童子是自求進益之道也與？』孔子答或人言：『此童子非求進益者也，乃是欲速成人者也。』」邢氏此疏深得此章之旨，蓋孔子見此童子違謙越禮，深以爲非。然則闕黨之人使童子將命，亦大非孔子之意也。據《荀子·儒效篇》「仲尼居於闕黨」，是闕黨之地孔子嘗居之，其時適有童子將命一事，故或人以爲問，而孔子答之如此，《論語》特記其言，使人知長少之禮不可越也。後人誤會馬注，以爲孔子實使之，於此章之義全失矣。

君子固窮。《衛靈公》

樾謹按：《禮記·哀公問》篇「固民是盡」，鄭注曰「固，猶故也」，是固、故聲近義通。「君子固窮」猶君子故窮，言惟爲君子故窮困也。明君子不妄干求，宜至窮困，正與「亦有窮乎」問意相對。《文選》劉越石《扶風歌》「夫子故有窮」即本諸此。

立則見其參於前也。

包曰：「立則常想見，參然在目前。」

樾謹按：參字義不可通，如包氏注，則不詞甚矣。「參」當作「厽」。《玉篇》曰：「厽，《尚書》以爲參字。」蓋《西伯戡黎》篇「乃罪多參在上」，古字作「厽」，顧野王所見本尚有作「厽」者，疑其以「厽」爲「參」，故云然，實則作「厽」者是也。《說文・厽部》：「厽，絫坺土爲牆壁，象形。」《尚書》「參在上」、《論語》「參於前」竝當作「厽」。厽之言絫也。「乃罪多厽在上」，言紂之罪積絫在上也。「立則見其厽於前也」，言見其積絫於前也。且厽本象形字，立則見其厽於前，正聖人立言之精。今作「參」，則古字亡，而古義亦晦矣。

邦無道，則可卷而懷之。

樾謹按：「之」字漢石經作「也」。《後漢書・周黃徐姜申屠傳序》亦曰：「孔子稱蘧伯玉邦無道，則可卷而懷也。」是古本如此，當從之。卷之義爲收。《儀禮・公食大夫禮》「有司卷三牲之俎」，鄭注曰：「卷，猶收也。」懷之義爲歸。《詩・匪風》篇「懷之好音」，《皇矣》篇「予懷明德」，毛傳竝曰：「懷，歸也。」「邦有道則仕，邦無道則可卷而懷也」，美其有道則出仕，無道則卷收而歸也。今作「卷而懷之」，「之」字何所指乎？

志士仁人。

正義曰：「此章言志善之士、仁愛之人。」

樾謹按：志士卽知士也。《禮記・緇衣》篇「爲上可望而知也，爲下可述而志也」，鄭注曰：「志，猶知也。」《楚詞・天問》篇：「師望在肆，昌何志？」王注曰：「言太公在市肆而屠，文王何以志知之也。」是志與知義同。《列子・湯問》篇「女志彊而氣弱，故足於謀而寡於斷」，張湛注曰：「志謂心智。」蓋志可爲知，故亦可爲智。《論語》每以仁、知竝言。此云「志士仁人」，猶云知士仁人也。仁者安仁，知者利仁，故有殺身以成仁，無求生以害仁。正義以爲志善之士，非是。《孟子·滕文公》篇「志士不忘在溝壑，勇士不忘喪其元」，此「志」字亦當讀爲「智」。《韓詩外傳》載巫馬期之言曰：「吾嘗聞之夫子，勇士不忘喪其元，志士仁人不忘在溝壑。」是則孔子本以志士仁人竝稱，與此章同，孟子所引不備耳。趙岐但據《孟子》文爲注，故曰「志士，守義者也。勇士，義勇者也」，恐非孔子之本意矣。

樂則韶、舞。

注曰：「韶，舜樂也。」

樾謹按：「舞」當讀爲「武」。《周官·鄉大夫》「以鄉射之禮五物詢衆庶，五曰興舞」，《論語·八佾》篇「射不主皮」馬注引作「五曰興武」。莊十年《左傳》經文「以蔡侯獻舞歸」，《穀梁》作「獻武」。《詩序》「《維清》，奏象舞也」，《獨斷》曰：「《維清》，奏象武之所歌也。」皆古人舞、武通用之證。「樂則《韶》、《武》」者，則之言法也，言樂當取法《韶》、《武》也。子於四代之樂，獨於《韶》、《武》有盡美之論，雖盡善未盡善微有低昂，然尚論古樂韶之後卽及武，而夏、殷之樂不與焉，可知孔子之有取於武矣。夏時、殷輅、周冕，皆以時代先後爲次。若韶舞專指舜樂，則當首及之。惟《韶》、《武》非一代之樂，故列於後。且時言夏，輅言殷，冕言周，而韶舞又言虞，則非止舜樂明矣。

知柳下惠之賢，而不與立也。

正義曰：「不稱舉與立於朝廷也。」

樾謹按：不與立於朝廷，而但曰「不與立」，文義未足。「立」當讀爲「位」。《周官·小宗伯》「掌建國之神位」，注曰：「故書位作立。立讀爲位，古者立、位同字。古文《春秋經》『公卽位』爲『公卽立』。」然則「不與立」卽不與位，言知柳下惠之賢，而不與之禄位也。上句「竊位」作「位」字，下句「不與位」作「立」字，猶《孟子·公孫丑》篇「有仕於子而子悦之」作「仕」字，「夫士也亦無王命而私受之於子」作「士」字也。

君子疾没世而名不稱焉。

樾謹按：此章言謚法也。《周書·謚法》篇曰：「大行受大名，細名受細名。❶行出於己，名生於人。」春秋時列國大夫多得美謚，細行而受大名，名不稱矣，故孔子言此，明當依周公謚法，不得溢美也。

子曰：「衆惡之，必察焉。衆好之，必察焉。」

王曰：「或衆阿黨比周，或其人特立不群，故好惡不可不察也。」

樾謹按：阿黨比周解衆好必察之意，特立不群解衆惡必察之意，是王肅所據本「衆好」句在「衆惡」句前。《潛夫論·潛歎》篇引孔子曰：「衆好之必察焉，衆惡之必察焉。」蓋漢時舊本如此，今傳寫誤倒耳。《風俗通義·正失》篇引孔子曰「衆善焉必察之，衆惡焉必察之」，雖文字小異，而亦善在惡前，可據以訂正。

知及之，仁不能守之。

樾謹按：《後漢書·班固傳論》引此文作「而不能守之」，視今本爲長。「知及之而不能守之」，謂無仁以守之也。今作「仁不能守」，夫既仁矣，又何不能守之有？此蓋後人據下文改易，而不知其非也。且如下文「不莊以涖之」，若改易其文曰「莊不

❶ 上「名」，《周書》作「行」。

能涖之」，豈可通乎？當依范氏所引以正其誤。下文言仁能守之，則此文不能守之由於不仁，其故自見，正古文互見之妙也。

事君敬其事而後其食。

樾謹按：《説文·茍部》：「茍，自急敕也。」敬字從茍爲意，故義亦與茍通。「敬其事」者，急其事也，正與「後其食」相對，猶《禮記·儒行》篇曰「先勞而後禄」矣。

無乃爾是過與？《季氏》

樾謹按：「是」當讀爲「寔」。《爾雅·釋詁》：「寔，是也。」桓六年《公羊傳》曰：「寔來者何？猶曰是人來也。」是與寔古蓋通用。「無乃爾是過與」猶曰無乃爾寔過與。襄十四年《左傳》曰「吾令實過」，《國語·晉語》「簡子曰：『善，吾言實過矣』」，竝與此經同義。《詩·韓奕》篇鄭箋曰：「趙、魏之東實、寔同聲。」

不患寡而患不均，不患貧而患不安。

樾謹按：寡、貧二字傳寫互易，此本作「不患貧而患不均，不患寡而患不安」。貧以財言，不均亦以財言，財宜乎均，不均則不如無財矣，故不患貧而患不均也。寡以人言，不安亦以人言，人宜乎安，不安則不如無人矣，故不患寡而患不安也。下文云「均無貧」，此承上句言；又云「和無寡，安無傾」，此承下句言。觀「均無貧」之一語，可知此文之誤易矣。《春秋繁露·度制》篇引孔子曰「不患貧而患不均」，可據以訂正。

焉能繫而不食？《陽貨》

《集解》曰：「吾自食物，當東西南北；不得如不食之物，繫滯一處。」

樾謹按：草木之類，孰是能食者，何獨匏瓜爲不食之物而以取喻耶？食當訓爲用。

《易·井》初六「井泥不食」，李鼎祚《集解》引虞注曰：「食，用也。」又《國策·衛策》「食高麗也」，《老子》「而貴食母」，高誘、河上公注竝曰：「食，用也。」是食之訓用，乃古義也。《國語·魯語》曰：「夫苦匏不材於人。」然則匏瓜乃無用於人之物，故孔子言吾非匏瓜，安能繫於一處而不爲世用乎？《文選·登樓賦》：「懼匏瓜之徒懸兮，畏井渫之莫食。」按李氏《集解》引荀爽曰：「三者得正，故曰『井渫』。不得據陰，喻不得用，故曰『不食』。」是井卦爻辭言不食者，其義竝爲不用，古說如此，非獨虞翻說也。王仲宣以匏瓜與井渫不食兩事合用，是固以《周易》之「不食」解《論語》之「不食」矣。

鄉原，德之賊也。

周曰：「所至之鄉，輒原其人情而爲意以待之，是賊亂德也。一曰：鄉，向也，古字同。謂人不能剛毅，而見人輒原其趣嚮，容媚而合之言，此所以賊德也。」

樾謹按：周注迂曲，必非經旨。如何晏說，則與《孟子》「一鄉皆稱原人」之說不合，其義更非矣。「原」當爲「傆」。《說文·人部》：「傆，黠也。」鄉傆者，一鄉中傆黠之人也。《孟子》說鄉原曰「非之無舉也，刺之無刺也，同乎流俗，合乎汚世，居之似忠信，行之似廉絜」，則其人之巧黠可知。孔子恐其亂德，蓋卽巧言亂德之意。朱注謂原與愿同，雖視舊說爲勝，然愿自是美名，孔子曰「侗而不愿，吾不知之矣」，則愿固孔子所取也。一鄉皆以爲愿人，當問其果愿與否，安得據絶之爲德之賊？且《孟子》所稱鄉原之行，亦非謹愿者所能爲也。然則讀原爲愿，抑猶未得其字矣。

惡果敢而窒者。

馬曰：「窒，窒塞也。」正義曰：「謂好爲果敢，窒塞人之善道。」

樾謹按：「窒」當讀爲「𡐦」。《説文・至部》：「𡐦，忿戾也。從至，至而復孫，孫，遁也。《周書》曰：『有夏氏之民叨𡐦。』」今《尚書・多方》篇作「懫」，懫與窒古同字。《周易・損・象傳》「君子以懲忿窒欲」，《釋文》曰：「窒，劉本作懫。」《一切經音義》卷九曰：「窒，古文懫同。」然則《論語》之「窒」猶《尚書》之「懫」，竝爲「𡐦」之叚字。「果敢而𡐦」者，言果敢而忿戾也。馬訓爲窒塞，正義因以窒塞人之善道足成其義，胥失之矣。

年四十而見惡焉。

樾謹按：此章之旨，自來失之。《子罕》篇曰「四十、五十而無聞焉」，蓋泛論他人，不能爲一概之詞，故曰「四十、五十」，言或四十，或五十，亦屬辭之常也。此文云「年四十」，則爲據實之言，非泛論矣。竊謂此章乃夫子自嘆也。《説文・言部》：「䛩，相毁也。」古每叚「惡」爲之。《漢書・樊噲傳》「人有惡噲黨於吕氏」，師古注曰：「惡，謂毁譖，言其罪惡也。」《張禹傳》「數毁惡之」，注曰：「惡，謂言其過惡。」《文選》鄒陽《獄中上書》曰「蘇秦相燕，人惡之於燕王」，李善注曰：「惡，謂讒短也。」竝是叚「惡」爲「䛩」。據《史記・孔子世家》，孔子年三十五適齊，爲高昭子家臣，以通乎景公。公欲封以尼谿之田，晏嬰不可，孔子斯言殆因此而發。是時孔子之年固不可考，《麻聘紀年》謂留齊七年，則尼谿之沮或適值四十矣。「其終也已」猶云吾已矣，夫終與已其義同。蓋孔子先是在魯，不過爲委吏，爲乘田，未得一行其道，及是景公欲用之，是亦行道之兆也，乃爲晏嬰所讒毀而止，道之不行，於此徵之矣，故發此歎耳。《陽貨》一篇終以孔子此言，正見群小專恣，聖道不行，非無意也。其下《微子》篇所記皆仁人失所，及巖野隱淪之士，亦由此語發其端矣。

吾非斯人之徒與而誰與？《微子》

正義曰：「我非天下人之徒衆相親與？而更誰親與？」

樾謹按：兩「與」字竝語詞，猶云吾非斯人之徒邪，而誰邪？其語意自有與斯人相親之意。然讀兩「與」字爲「相與」之「與」，則於文義未得矣。《釋文》曰：「徒與，誰與，竝如字，又竝音餘」，當以音餘爲長。

四體不勤，五穀不分。

樾謹按：「分」當讀爲「糞」，聲近而誤也。《禮記·王制》篇「百畝之分」，鄭注曰「分，或爲糞」，《孟子·萬章》篇作「百畝之糞」，是其證也。兩「不」字竝語詞。不勤，勤也；不分，分也。《爾雅·釋丘》曰：「夷上洒下不漘。」郭注曰「不，發聲」。《釋魚》曰：「龜左倪不類，右倪不若。」邢疏曰：「不，發聲也。」古人多以「不」爲發聲之詞。《詩·車攻》篇「徒御不警，大庖不盈」，毛傳曰：「不警，警也。不盈，盈也。」《桑扈》篇「不戢不難，受福不那」，傳曰：「不戢，戢也。不難，難也。那，多也，不多，多也。」此類不可勝數。丈人蓋自言，惟四體是勤，五穀是糞而已，焉知爾所謂夫子？若謂以不勤、不分責子路，則不情矣。此二句乃韵語，或丈人引古諺歟？

虞仲。

樾謹按：虞仲不詳何人，舊説以爲仲雍，非

也。仲雍在伯夷、叔齊前百餘年，豈當反列其後？且仲雍既君吴，子孫世有吴國，豈得目之爲民？竊疑虞仲乃春秋時虞公之弟。桓十年《左傳》「虞叔有玉」，杜注以爲虞公之弟，虞仲亦其類耳。當時國君之弟每以伯仲繫國稱之，若桓十七年蔡季、莊二年紀季皆是也。虞仲次伯夷、叔齊之後，殆亦讓國之賢公子乎？書傳無徵，宜從蓋闕。顧氏炎武欲改虞仲爲吴仲，恐反失之矣。

君子不施其親。

孔曰：「施，易也。不以他人之親易己之親。」

樾謹按：陸氏《釋文》本「施」字作「弛」，然弛、施古字通用，非有異義也。孔訓施爲易，卽用《爾雅·釋詁》「弛，易也」之訓。《詩》云「豈無他人，不如我同姓」，故戒使不易其親也。有國家者往往任用外戚，疏遠宗支，豈非所謂以他人之親易己之親者乎？不施易自不弛廢，不易之意深，不廢之意轉淺矣。其字或可從《釋文》作「弛」，其義仍當從孔注作「易」，古説未可非也。

百工居肆以成其事。《子張》

包曰：「言百工處其肆則事成。」正義曰：「肆謂官府造作之處也。」

樾謹按：肆者，市中陳物之處，故《周官》有肆長。以肆爲官府造作之處，於古未聞，正義説非也。《周易·説卦傳》「巽爲工」，李鼎祚《集解》引虞翻曰：「爲近利市三倍故爲工，子夏曰工居肆。」然則此「肆」字卽市肆之肆。市中百物俱集，工居於此，則物之良苦，民之好惡無不知之，故能成其事。以譬君子學於古訓，則言之是非，事之得失，無不知之，故能成其道也。邢氏誤解「肆」字，不特臆説無徵，且於喻意不見矣。

孰先傳焉？　孰後倦焉？

包曰：「言先傳業者必先厭倦。」

樾謹按：經文兩「孰」字，明分二事，包注并爲一談，非也。先傳對後傳者而言，性與天道，未至其時不得聞，而灑掃應對之事，童而習之，是先傳者也。後倦對先倦者而言，既冠成人，而後弟子之職不復躬親矣，而嚮道而行，忘身之老，俛焉日有孳孳，死而後已，是後倦者也。「孰先傳焉？　孰後倦焉」猶曰有小道焉，有大道焉，故繼之曰「譬之草木，區以別矣」。包氏所解未得經旨。

吾友張也，爲難能也，然而未仁。

包曰：「言子張容儀之難及。」

樾謹按：孔子論仁，多以其易者言之，故曰：「有能一日用其力於仁矣乎？　我未見力不足者。」又曰：「可以爲難矣，仁則吾不知也。」然則仁之不在乎難，明矣。子貢問博施於民而能濟衆，何其難也。孔子告之以己欲立而立人，己欲達而達人，何其易也。孔子嘗謂師也過，惟過故爲難能，惟難能故未仁。子游此論極合孔子論仁之旨，非先以容儀難及美之，而後以未仁譏之也。

其生也榮。

孔曰：「故能生則榮顯。」

樾謹按：《國語·晉語》曰「非以翟爲榮」，韋注曰：「榮，樂也。」是古謂樂爲榮。「其生也榮，其死也哀」，言其生也，民皆樂之；其死也，民皆哀之也。榮與哀相對，非榮顯之謂。《荀子·解蔽篇》「生則天下歌，死則四海哭」，語意與此相近。

天之厤數在爾躬。《堯曰》

《集解》曰：「厤數，謂列次也。」

檝謹按：《説文》無從日厤聲之字，蓋卽「歷」之異文。《禮記・月令》篇「命宰歷卿大夫至于庶民土田之數」，鄭注曰「歷，猶次也」，與此文「天之厤數」其義正同。彼所歷者，卿大夫至于庶民之數；此所歷者，帝王之數，大小不同，其爲歷次一也。

予小子履，敢用玄牡，敢昭告于皇皇后帝。

孔曰：「履，殷湯名。」

檝謹按：古本《論語》疑無「履」字。《尚書・湯誥》篇正義曰：「鄭玄解《論語》云：『用玄牡者，爲舜命禹事。於時總告五方之帝，莫適用，用皇天大帝之牲。』」又《詩・閟宮》篇正義曰：「《論語》曰『皇皇后帝』。注云：『帝，謂大微五帝。』」以《論語》説舜受終于文祖，宜總祭五帝，是鄭康成以此節連上文「舜亦以命禹」讀之，謂是舜、禹之事。若使有「履」字，則明著湯名，鄭豈容有誤乎？《國語・周語》王子晉説伯禹事曰「皇天嘉之，祚以天下」。韋昭注曰：「祚，禄也。《論語》曰『帝臣不蔽，簡在帝心』是也。」然則韋所見本尚無「履」字，不然正文方説禹事，何取以湯事爲證也？近世學者多疑《論語》孔注是魏、晉閒人僞作，卽此一字，誠有可疑。蓋因墨子引《湯誓》與此文相似，而悟鄭説之非，乃於經文依《墨子》增入「履」字以實其説，其後僞《古文尚書》遂竊此文入《湯誥》篇矣。作僞者轉相師承，遂得縣之日月而不刊，亦非易事也。

尊五美。

正義曰：「當尊崇五者美事。」

檝謹按：五種美事不得以尊崇爲言。「尊」

當讀爲「遵」，《方言》：「遵行也。」「遵五美」言當遵行五美，非尊崇之謂。《後漢書·祭遵傳》「遵美屏惡」，《漢平都相蔣君碑》「遵五迸四」，皆用《論語》文，而字正作「遵」，知漢人舊讀固然矣。

出納之吝。

樾謹按：此自言出之吝耳，納則何吝之有？因出納爲人之恒言，故言出而并及納，古人之辭如此。《史記·刺客傳》「多人不能無生得失」，言失而并言得也。《游俠傳》曰「緩急人之所時有也」，言急而并言緩也。此言「出納」，亦猶是矣。

謂之有司。

孔曰：「此有司之任耳，非人君之道。」

樾謹按：《周官·泉府職》「與其有司辨而授之」，鄭注曰：「有司，其所屬吏也。」《儀禮·士冠禮》「有司如主人服」，鄭注曰：「有司，群吏有事者，謂主人之吏所自辟除府史以下也，今時卒史及假吏皆是也。」然則古所謂有司者，至爲卑微，故以從政之君子而得有司之名，卽與謂之虐、謂之暴、謂之賊一律矣。孔注以有司對人君言，非是。子張止問從政，孔子不當以人君之道答之也。有司對有位之君子而言，故曾子告孟敬子亦曰「籩豆之事則有司存」。

群經平議卷三十一

群經平議卷三十二

德清俞樾

孟子一

時日害喪。《梁惠王》

趙岐《章句》曰：「時，是也。日，乙卯日也。害，大也。湯臨士衆誓，言是日桀當大喪亡，我與女俱往亡之。」

樾謹按：趙説與孟子引《書》之意不合。《尚書·湯誓》篇枚傳謂：「衆下比桀於日，曰『是日何時喪？我與女俱亡』」，此説是也。《詩·柏舟》篇毛傳曰：「日，君象也。月，臣象也。」《東方之日》篇傳曰：「君明於上，若日也。臣察於下，若月也。」是詩人之辭，每以日喻君。「時日害喪，予及女偕亡」，此兩句乃韵語，疑是夏民歌謡之辭，故與《詩》義相近也。《廣雅·釋詁》「日，君也」，《韓非子·内儲説》曰「吾聞見人主者夢見日」，哀六年《左傳》「有雲如衆赤鳥，夾日以飛。周大史曰：其當王身乎」，竝古人以日喻君之證。文七年《傳》賈季稱趙衰冬日之日，趙盾夏日之日，亦以古卿大夫有土者皆有君道，故以日爲喻也。必謂桀嘗自比於日，因以目之，抑又未達古義矣。

五畝之宅。

《章句》曰：「廬井、邑居各二畝半以爲宅，冬入保城二畝半，故爲五畝也。」

樾謹按：《漢書·食貨志》云：「六尺爲步，步百爲畮，畮百爲夫，夫三爲屋，屋三爲井，井方一里，是爲九夫。八家共之，各受私田百晦，公田十晦，是爲八百八十晦，餘二十晦以爲廬舍。春令民畢出在野，冬則畢入於邑。」此趙氏所本也。然廬井、邑居各二畝半，則已五畝矣，又云「冬入保城二畝半」，義殊可疑。趙氏此注，或有奪誤。詳繹《孟子》本文，「五畝之宅」本連「樹之以桑」爲義，若果有在野在邑之分，則蠶時民方畢出在野，但於在野之二畝半宅樹桑已足供蠶事矣。必并在邑之二畝半宅樹之，自野至邑，往返采取，雖丈夫猶病其勞，豈婦女所能勝乎？疑《孟子》之意，但爲一夫之宅合有五畝，此五畝之宅自在一處，各近其所受之田，冬夏可居。必如班《志》之說，謂冬入夏出，而於其中之百畝各私二畝半以爲宅，則安得云方里而井，井九百畝，其中爲公田，八家皆私百畝乎？是班《志》與《孟子》本是不合。孔穎達於《毛詩・甫田》篇正義已詳辨之，學者必據以說《孟子》「五畝之宅」，不可通也。

申之以孝悌之義。

《章句》曰：「申重孝弟之義。」

樾謹按：申乃約束之義。《漢書・文帝紀》「勒兵申教令」，《元帝紀》「公卿其明察申敕之」，師古注竝以申爲約束。《說文・申部》：「申，神也。七月陰气成，體自申束。從臼自持也。」是申之訓束，乃其本義。「申之以孝弟之義」，謂以孝弟之義約束之也。《荀子・仲尼篇》「疾力以申重之」，楊倞注曰：「申重，猶再三也。」趙氏以說此經申字，雖亦可通，然不如訓爲約束更合古義矣。

寡人願安承教。

《章句》曰：「願安意承受孟子之教令。」

樾謹按：安乃語詞，猶焉字也。《漢書・史丹傳》「安所受此語」，師古注曰：「安，焉也。」《文選・東京賦》「獨微行其焉如」，薛注曰：「焉，言安也。」是安、焉二字古通用。《論語・子罕》篇「焉知來者之不如今也」，《新序・雜事》篇引此焉作安；《季氏》篇「則將焉用彼相矣」，《漢書・王嘉傳》引此焉作安，竝其證也。「願安承教」，猶云願焉承教。趙氏訓爲安意，是誤以語詞爲實字矣。

願比死者一洒之。

孫奭正義曰：「今願爲死不惜命者一洗除之。」

樾謹按：上云「寡人恥之」，恥以生者言，則洗除亦當以生者言，不得云爲死者洗除也。此「比」字當訓爲近，「比死」猶近死也。《管子・勢》篇「動静者比於死」，尹知章注曰「比，近也」，與此文「比死」同義。《國語・齊語》「夫管夷吾射寡人中鉤，是以濱於死」，韋昭注曰：「三君皆云濱近也。」比與濱一聲之轉，義亦相通。據《竹書紀年》，惠王立三十六年改元，又十六年而卒。孟子至梁，實在惠王後元之十五年。次年惠王卒，襄王立，孟子一見卽去梁矣。說本顧氏炎武《日知録》及江氏永《群經補義》。然則惠王是時在位已五十一年，其年之老可知。「比死者」蓋其自稱之辭，猶云垂死之人。「願比死者一洗之」，若曰願及其未死之時一洗除其恥耳。

吾不忍其觳觫若，無罪而就死地。

正義曰：「我不忍其牛之恐懼，若無罪之人而就於所死之地者也。」

樾謹按：此當於「若」字絶句。若猶然也，「吾不忍其觳觫若」者，吾不忍其觳觫然也。《詩・猗嗟》篇「抑若揚兮」，正義曰：「抑然而美者，其額上揚廣兮。」以「抑然」釋「抑若」，可證「觳觫若」之即「觳觫然」矣。正義以若字屬下讀，未得其義。「無罪而就死地」，卽以羊言，非以人爲比也。

此心之所以合於王者何也？

《章句》曰：「寡人雖有是心，何能足以王也？」

樾謹按：合猶足也。上文孟子曰「是心足以王矣」，故王問曰「此心之所以合於王者何也」？《説文・糸部》：「給，相足也。」合與給通，趙氏正以足字釋合字。各本作「何能足以合於王也」，此不得其義而妄增，阮氏《校勘記》已訂正矣。

明足以察秋豪之末。

樾謹按：《尚書・堯典》「鳥獸毛毨」，枚傳曰「毨，理也。毛更生整理」，《周官・司裘》疏引鄭注同。是鳥獸之毛皆生於秋，故夏言希草，秋言毛毨，明夏時毛羽脱落，至秋更生也。新生之毛其細可知，故古人言細必稱秋豪。趙氏未説秋豪之義，《集注》謂毛至秋而末鋭小，未詳其意。

以御于家邦。

《章句》曰：「御，享也，享天下國家之福。」

樾謹按：「御」通作「訝」，訝之言逆也。《周官・小宰職》「以逆邦國都鄙官府之治」，鄭注曰：「逆，迎受之。」又《司會職》「以逆邦國都鄙官府之治」，注曰：「逆，受而鉤考之。」此經「御」字毛傳訓迎而鄭箋訓治，治卽「受而鉤考之」之謂。《周官・鄉師職》「以逆其役事」，注曰：「逆，猶鉤考也。」御之徑訓爲治，猶逆之徑訓爲鉤考也。趙氏此注又訓爲享，則卽「迎受之」之謂。僖二十三年《左傳》「保君父之命而享其生禄」，杜注曰：「享，受也。」又哀十五年《傳》「其使終饗之」，注曰：「饗，受也。」享、饗古通用，是享有受義。《儀禮・聘禮》「衆皆逆命不辭」，鄭注曰：「逆，猶受也。」御之徑訓爲享，猶逆之徑訓爲受也。毛公訓御爲迎，自足包此二義，鄭、趙皆就毛義引申之耳。《尚書・顧命》篇「御王册命」，正義引鄭注曰「御，猶嚮也」，蓋亦卽迎受之義而引申之，相迎故相嚮也。御之爲享，正猶御之爲嚮，古訓引申，往往如此。後人不知古訓之例，而於此等處莫措一辭矣。又按：上文「刑於寡妻」，趙氏曰「刑，正也」，《詩》《釋文》引《韓詩》亦曰「刑，正也」，是趙所用者《韓詩》之義。御之爲享，其亦韓義乎？

抑王興甲兵，危士臣，構怨於諸侯，然後快於心與？

《章句》曰：「抑，辭也。孟子問王抑亦如是乃快邪？」

樾謹按：抑之爲辭，皆承上意而進之。《國語・周語》曰：「敢問天道乎？抑人故也？」《大戴禮・五帝德》篇曰：「請問黄帝者人邪？抑非人邪？」竝其例也。此文前無所承，則與他處用「抑」字者不同。「抑」當讀爲「意」。古抑、意二字通，《論語・學而》篇「抑與之與」，漢石經「抑」作「意」，是其證也。《戰國策・秦策》曰：「誠病乎？意亦思乎？」《荀子・修身篇》曰：「將以窮無窮逐無極與？意亦有所止之與？」竝是借意爲抑。《漢書・敘傳》曰：「其抑者從横之事復起於今乎？」此則借抑爲意，「抑者」猶「意者」也。《文選・長楊賦》「意者以爲事罔隆而不殺，物靡盛而不虧」，《魯靈光殿賦》「意者豈非神明依憑支持以保漢室者也」，李善注竝引《廣雅》

曰：「意，疑也。」《漢書・文三王傳》「於是天子意梁」，師古注曰：「意，疑也。」蓋意之言疑，故爲擬度之辭。《禮記・禮運》篇曰：「聖人耐以天下爲一家，以中國爲一人者，非意之也。」《管子・小問》篇曰：「君子善謀而小人善意，臣意之也。」「意王興甲兵，危士臣，搆怨於諸侯，然後快於心與」，猶曰意者王以此爲快與？《戰國策・魏策》曰「臣願以鄙心意公」，此云「意王」，猶彼云「意公」矣。

天下之欲疾其君者，皆欲赴愬於王。

樾謹按：兩欲字異義。上欲字猶好也，《孟子》書每以欲惡對言。《離婁》篇「所欲與之聚之，所惡勿施爾也」，《告子》篇「所欲有甚於生者，所惡有甚於死者」，所欲所惡即所好所惡也。《中論・夭壽》篇引《孟子》「所欲有甚於生者」正作「所好」，是好與欲義同。此文欲疾二字平列，欲其君者謂好其君者也，疾其君者謂惡其君者也。天下之好惡其君者莫不來告，故曰「皆欲赴愬於王」。

是罔民也。

《章句》曰：「是由張羅罔以罔民者也。」

樾謹按：趙氏以「罔」爲「羅罔」之「罔」，非經意也。《爾雅・釋言》：「罔，無也。」此「罔」字當訓爲無。上文言「無恒産而有恒心者，惟士爲能」，然則無恒産而不陷於罪、得免於刑者，惟士而已，民則皆不免矣，故曰「是罔民也」，猶言是無民也，正與「惟士爲能」相應。民爲邦本，無民則不可以爲國，故下文曰「焉有仁人在位，罔民而可爲也」，蓋言無民之不可爲國也。

樂酒無厭謂之亡。

《章句》曰：「樂酒無厭，若殷紂以酒喪國

也，故謂之亡。」

樾謹按：如注義，則從獸無厭，若羿之好田獵，亦豈不足以亡國，何不并謂之亡而謂之荒乎？ 趙説「亡」字非其義矣。 亡當讀爲芒。《荀子・富國篇》「芒軔僈楛」，楊倞注曰：「芒，昧也，或讀爲荒。」是荒芒義通，故《淮南子・詮言》篇曰：「自身以上，至於荒芒爾遠矣。」然則荒芒猶流連也，流連雙聲，荒芒疊韵，皆古之恒言。「從流下而忘返謂之流，從流上而忘反謂之連」，連與流一也；「從獸無厭謂之荒，樂酒無厭謂之芒」，芒與荒亦一也。《爾雅・釋天》「大歲在巳曰大荒落」，《史記・麻書》作「大芒落」，是荒芒同義之證。 流連、荒芒亦猶上文遊豫之比，趙氏曰「豫亦遊也」，斯爲通論。 必逐字爲之説，則轉失之泥矣。

關市譏而不征。

《章句》曰：「關以譏難非常不征稅也。」

樾謹按：趙氏所據本疑無「市」字，故注文言關不言市也。《禮記・王制》篇「古者公田藉而不稅，市廛而不稅，關譏而不征，林麓川澤以時入而不禁」，與此經大略相同。但此經無「市廛而不稅」一句，文不備耳，不當并關市爲一也。《荀子・王制篇》「關市幾而不征」，《國語・齊語》「使關市幾而不征」，《管子・小匡》篇同，是他書固有有「市」字者，後人據以增入《孟子》耳。《公孫丑》篇「關譏而不征」，注曰「文王治岐，關譏而不征」，以後證前，益知此經「市」字之爲衍文矣。 或疑彼經文止言關，故趙氏引此經亦去「市」字，此不然也。 彼經上有「市廛而不稅」一節，❶若此經有「市」字，則

❶「稅」，原作「征」，今據阮刻《禮記正義》改。

趙氏亦可引以爲證。乃彼注但曰古者無征，而不據文王治岐爲説，然則此經之無「市」字明矣。文十一年《左傳》正義引彼經亦作「關市譏而不征」。夫彼分關市爲二節，一則曰「天下之商皆悦而願藏於其市矣」，一則曰「天下之旅皆悦而願出於其路矣」，其不容并而爲一，更屬顯然。乃孔穎達引彼經亦誤增入「市」字，蓋關市連文，他書屢見，遂牽連而書之。此經「市」字之衍，亦猶是矣。

諸侯多謀伐寡人者，何以待之？

樾謹按：《爾雅·釋詁》「止，待也」，《論語·微子》篇「齊景公待孔子」，《史記·孔子世家》作「止孔子」，是待與止同義。宣王問「何以待之」，猶言何以止之，故孟子告之曰：「置君而後去之，則猶可及止也。」

臣聞七十里爲政於天下者，湯是也。

正義曰：「孟子答齊宣，以爲臣嘗聞有地但方闊七十里而能爲王政於天下者。」

樾謹按：政與正古通用，此「政」字當讀爲「正」。《爾雅·釋詁》：「正，長也。」「爲正於天下」者，爲長於天下也，言湯由七十里而爲天下長也。《吕氏春秋·君守》篇「既静而又寧，可以爲天下正」，高誘注曰：「正，主也。」此言「爲政於天下」，彼言「爲天下正」，文異而義同。正義謂「爲王政於天下」，失之矣。

行乎國政，如彼其久也。《公孫丑》

《章句》曰：「行政於國，其久如彼。」

樾謹按：注義非也。閔二年《左傳》「君與國政之所圖也」，《史記·晉世家》集解引賈逵注曰：「國政，正卿也。」蓋古謂官長爲正，昭二十九年《左傳》「木正曰句芒」，杜注曰：「正，官長也。」故樂官之長曰樂正，酒官之長曰酒正，其義竝同。國之正卿當謂之國正，因正政古通用，故亦謂之國政耳。「行乎國政」者，管仲在齊，其位在高國之下，而其號令能行乎高國。定十年《公羊傳》曰「孔子行乎季孫，三月不違」，何休《解詁》曰：「孔子仕魯，政事行乎季孫，三月之中不見違過。」管仲之行乎高國，與孔子之行乎季孫，皆所謂行乎國政也。得君與行乎國政正相對，得君，見桓公不疑；行乎國政，見高國不忌。以爲行政於國，失之矣。

夫子加齊之卿相，得行道焉。

《章句》曰：「加，猶居也。」

樾謹按：趙訓加爲居，非也。「加」當讀爲「假」，「夫子假齊之卿相得行道焉」，言假藉其位以行道也。《詩・假樂》篇「假樂君子」，《禮記・中庸》篇引作「嘉樂君子」。嘉字從加得聲，「嘉」得通「假」，則「加」亦得通「假」矣。

雖由此霸王不異矣。

《章句》曰：「雖用此臣位而輔君行之，亦不異於古霸王之君矣。」

樾謹按：公孫丑之意，謂夫子假藉齊卿相之位以行其道，即與由此而霸、由此而王不異，正極見其事之難也，故曰「如此則動心否乎」？趙氏説此不明，近解謂亦不足怪，則轉不見其任大而責重矣。

孟施舍之所養勇也。

《章句》曰：「孟，姓。舍，名。施，發音也。」

樾謹按：孟施，字也；舍，名也，連言之曰「孟施舍」，猶《左傳》稱「孟明視」矣。《周官・小司徒職》曰「凡征役之施舍」，《鄉師職》曰「辨其可任者與其施舍者」，然則名舍而字孟施，名字正相應。趙注以「施」爲發聲，義既未安。近人或以「孟施」爲姓，或以「施舍」爲名，胥失之矣。

今夫蹶者趨者。

《章句》曰：「蹶者相動。今夫行而蹶者，氣閉不能自持，故志氣顛倒。顛倒之間，無不動心而恐矣。」

樾謹按：趙氏之意，謂蹶由於趨。「今夫蹶者趨者」，猶云大凡顛蹶之人，皆是趨走之人。蓋人之疾趨而行，氣使之也，而至於顛蹶，則無不動心而恐矣，故曰「是氣也而反動其心」。若以蹶者趨者平列，則其義轉不見矣。

必有事焉而勿正。

《章句》曰：「言人行仁義之事，必有福在其中。而勿正，但以爲福，故爲仁義也。」

樾謹按：趙氏《章句》自此文至「不當急欲求其福」，「福」字凡十見。翟氏灝《孟子考異》曰：「古文『福』但作『畐』，中筆引長形便類『事』。舊本《孟子》當作『必有畐焉』，故趙氏注之如此。」今按：《説文・畐部》「畐，滿也」，竝非「福」古文。若是「畐」字不當作「福」字讀之，疑趙本直是「福」字耳。後人不達「福」字之義，見趙注首云「言人行仁義之事」，遂改經文爲「必有事」，初非因形似而誤也。夫漢人《孟子》注存於今者，止趙岐一家，而又非若他經之尚有漢石經殘碑可以取證一二，則經中文字，舍趙氏將何從？趙氏作「福」，乃必舍而從作「事」之本，非治經者所敢出矣。雖然，其字是也，其義未必然也。請據趙本之字，以求《孟子》之旨。「福」當讀爲「副」。《廣雅・釋詁》「貳、福，盈也」，是副貳字古或作「福」也。王氏念孫《疏證》引顏氏《匡謬正俗》之説，謂當作「福」。然

「副貳」之義，本從副之爲判而引申之。《説文》無「褔」字，疑卽「幅」之俗字，變從巾而從衣，猶「帬」之或爲「裙」、「常」之或爲「裳」耳。《漢尹宙碑》「位不褔德」，《魏大饗碑》「以褔海内欣戴之望」，竝是叚「幅」爲「副」，初非「副貳」之本字，未可據顔氏之誤説以改《廣雅》之原文也。此經云「必有褔焉而勿正」，猶云必有副焉而勿正。《周官·太宰職》曰「建其正，立其貳」，副卽貳也，故與正相對。何謂副？上文所謂「配義與道」是也。孟子之養氣，其本在乎持志。惟能持志以帥氣，然後能自反而知其縮與不縮。縮卽直，直卽義，故趙氏曰：「縮，義也。」義則往，不義則不往，此孟子之養氣所以同符曾子，而異乎孟施舍之守氣也。是故氣必配道與義，然後可謂善養吾浩然之氣，此「必有副焉」之説也。若無所配，卽無所副；無所副，則氣爲正矣。於是不問其縮與不縮，而徒曰「雖千萬人吾往矣」，是孟施舍所爲能無懼者也。不知持志而但知守氣，是暴之也，非養之也，終歸於餒而已矣。後之學者日誦《孟子》之書而不得其旨，慕養氣之虚名而不知有持志之實學，於是君臣朋友之閒，皆欲以氣勝之。彼自謂吾善養吾浩然之氣也，而不知其爲孟施舍之守氣也，豈無忠孝廉節之事足以驚世駭俗？要而論之，終是以氣爲主，義特襲而取之耳，非集義而生之謂也。集之言合也，合之言配也，集義卽配道與義。配道與義，卽必有副焉而勿正。因訂一字之譌而通全章之義，學者慎毋束古注於高閣也。下文云「心勿忘勿助長焉」，正示人以養之之法。忘之云者，不耘苗者也，告子之「不得於言，勿求於心；不得於心，勿求於氣」近之矣。其流獘極於莊、列之槁木死灰，佛氏之無心意觸發而止，助之云者，揠苗者也。如黝、舍之徒固不足道，乃有如孔子所謂匹夫匹婦之爲諒，孟子所謂悻悻小丈夫者，則三代以下，雖學士大夫多中斯病，而人倫之變，從此多矣。故孟子以宋人一喻，極言助長之不可，而終之曰「非徒無益，而又害之」。然則宜何如而可以無害？曰：以直養則無害。以直養者，以義養也。直卽義也，趙氏曰「養之以義」是也。養之以義，故能集義而生，是卽配道與義之説，亦卽必有副焉之説。必如是而後無害，必如是而後謂之善養。學者知此，則知養氣必先持志，可使志動氣，不可使氣動志。而不得於心，勿求於氣之可，不得於言，勿求於心之不可，亦無不可見矣。

智，足以知聖人；汙，不至阿其所好。

《章句》曰：「宰我等三人之智，足以識聖人。汙，下也。言三人雖小汙不平，亦不至阿其所好以非其事，阿私所愛而空譽之。」

樾謹按：「智」與「汙」對文。《萬章》篇曰：「曾不知以食牛干秦穆公之爲汙也，可謂智乎？」足見汙者不智，智者不汙矣。此文當於「智」字、「汙」字略逗之，言三子者果明智邪？則足以知聖人。或汙下邪？亦不至阿其所好。經文本極分明，趙氏不得其旨。宋蘇洵有《三子知聖人汙論》，則并失其讀矣。

無敵於天下者，天吏也。

《章句》曰：「天吏者，天使之也。爲政當爲天所使，誅伐無道，故謂之天吏也。」阮氏

《校勘記》出「天使之也」四字，曰：「閩、監、毛三本同。廖本、孔本、韓本、考文古本無『之』字，是也。」

樾謹按：趙氏所據經文疑本作「無敵於天下者天使也」，故釋之曰「天使者，天使之也」。若經文是「吏」字，何必定以「使」字説之乎？「沈同問燕可伐」章「爲天吏則可以伐之」，趙氏曰「天吏，天所使」，疑經文亦本作「天使」，故釋之曰「天使，天所使」。彼不直云「天使」而曰「天所使」，則此不直曰「天使」而曰「天使之」，正趙氏之本文。廖、孔諸本無「之」字者，非也。「天使」之稱，蓋古人恒言。宣三年《左傳》：「夢天使與己蘭，曰：『余爲伯鯈。余，而祖也。』」成五年《傳》：「嬰夢天使謂己：『祭余，余福女。』」此兩《傳》竝有「天使」之文，足徵古有此稱，故孟子從俗而言也。若謂《左傳》「天使」字不連讀，乃「天，使人與己蘭」，「天，使人謂己」，則既云「天」矣，何以又云「余爲伯鯈」？是知「天使」二字必當連讀。《孟子》兩言「天使」，即可以《左傳》之「天使」説之。古使、吏二字亦或通用。襄三十年《左傳》「使走問諸朝」，《釋文》曰「『使』，本作『吏』」，是其證也。古本《孟子》蓋亦有作「吏」者，乃「使」之叚字。後人不曉「天使」之語，改從作「吏」之本，而又改趙注以從既改之經，於是《孟子》原文不可復見，并「天使」之古語亦因以失傳矣。

巫匠亦然。

《章句》曰：「巫欲祝活人。」

樾謹按：巫即醫也。《楚辭·天問》篇：「化爲黃熊，巫何活焉？」王逸注曰：「言鮌死後化爲黃熊，入於羽淵，豈巫醫所能復生活？」是巫醫古得通稱。蓋醫之先亦巫也，《説文・酉部》曰「古者巫彭初作醫」是也，故《廣雅・釋詁》曰「醫，巫也」。巫之與醫，對文則别，散文則通。孟子所謂巫，止是醫耳。疾病自以醫爲主，豈有舍醫而專言巫者？趙注未得。

善與人同，舍己從人。

《章句》曰：「能舍己從人，故爲大也。於子路與禹同者也。」

樾謹按：趙氏之意，似以「人」字卽指子路與禹言，殊非經旨。「善與人同，舍己從人」兩句共爲一義。蓋天下之理容有兩可者，己與人各執一理而各成一善，所謂「善與人同」也。人情每是己而非人，雖明知他人之善，必不肯舍而從之，執一而不能通，斯狹矣。惟舜不然，善與人同，則舍己之善而從人之善，此大舜所以爲大也。

寡人如就見者也。

樾謹按：「者也」猶云「者邪」，古也、邪二字通用，陸德明《經典釋文・序》所謂「也邪無别」是也。齊王此言，蓋設爲商度之辭。若曰寡人如就見者邪？則有寒疾不可以風，故欲孟子來朝而見之也。

不得已而之景丑氏宿焉。

《章句》曰：「孟子迫於仲子之言，不得已而心不欲至朝，因之其所知齊大夫景丑之家而宿焉。」正義曰：「以其心不欲朝王，故往景丑氏家宿而已。」

樾謹按：孟子既不欲朝王，則竟歸其家可矣。何必之景丑氏宿乎？蓋宿於景丑氏者，將朝王也。將朝王而宿於景丑氏者，便於造朝也。古者卿大夫皆受宅於司里，與公宫相近。《國語・魯語》「文公欲弛孟文子之宅」，又「欲弛郈敬子之宅」，韋昭注曰「公欲毁之以益宮」，則其近於公宮可知矣。孟文子之言曰：「夫署，所以朝夕虔君命也。臣立先臣之署，服其車服，爲利故而易其次，是辱君命也。」韋注曰：「言朝夕者，不宜遠也。」郈敬子之言曰：「先臣惠伯以命於司里，今命臣更次於外，爲有司之以班命事也，無乃違乎！」韋注曰：「言先臣惠伯受命於司里，居此宅也。」以是二傳考之，古卿大夫皆受宅於司里，如後世賜第之比，其宅必近公宮。莊三十二年《左傳》「公築臺臨黨氏」，杜注曰：「黨氏，魯大夫。」此黨氏之家亦必與公宮近，故公築臺得臨之。哀十一年《傳》「季氏使從於朝，俟於黨氏之溝」，杜注曰「黨氏溝，朝中地名」，即此黨氏矣。孟子之宿於景丑氏，蓋以景丑氏家距朝不遠，故孟子宿此以爲明日造朝之地。或孟子每朝王，恒主其家，未可知也。《儀禮·鄉飲酒禮》篇賈疏曰「孟子不肯朝，後不得已而朝之，宿於大夫景丑氏之家」，是賈公彦正以「不得已」爲不得已而朝王。但其必宿於景丑氏之故，則自來未見及耳。又按：孟仲子之意，欲使孟子即以是日造朝。而孟子必宿於景丑氏，待明日乃朝者，蓋其不得已而朝也，所以踐仲子之言。而不以是日造朝，則仍所以明不可召之義。且仲子固言之矣，曰「吾不識能至否乎」，則是日不造朝，於仲子仍無失言之咎也。

養弟子以萬鍾。

《章句》曰：「使養教一國君臣之子弟，與之萬鍾之禄。」

樾謹按：如趙注，則「養弟子」三字自爲句，「以萬鍾」三字不成句矣。此當以六字爲句。蓋齊王之意，以爲孟子即不欲仕，吾將用其弟子中賢者，養之以萬鍾之禄，使孟子得以安居齊國，而諸大夫國人有所矜式也。孟子仕齊，其禄十萬，蓋以孟子大賢，故優隆之。至其弟子，則萬鍾足矣。若猶是孟子一人，而今昔縣殊如此，豈齊王所能出之口哉？然萬鍾之禄已自不少，陳戴以齊之公族，且爲世臣，而禄亦止萬鍾，疑萬鍾是齊國卿禄之常額。養之以萬鍾，卽是使之爲卿，故孟子曰「不用則亦已矣，又使其子弟爲卿」也。自後人誤解「養弟子以萬鍾」句，乃并下文孟子之語不可曉矣。

必求龍斷而登之。

《章句》曰：「龍斷，謂堁斷而高者也。」

樾謹按：趙説「龍斷」不了，疑非經旨也。《説文·网部》「買」下引《孟子》「登壟斷而网市利」，是「龍」字本作「壟」。孫奭《音義》曰「陸云：『龍斷，謂岡壟斷而高者』」，是陸善經正讀「龍」爲「壟」也。惟於「斷」字尚未得解。「斷」當讀爲「敦」，敦與斷一聲之轉，古得通用。《莊子·逍遥遊》篇「斷髮文身」，《釋文》云「斷，司馬本作敦」，是其證也。《爾雅·釋丘》曰「丘，一成爲敦丘」，郭注曰：「今江東呼地高堆者爲敦。」然則壟與敦皆土之高者。《説文·土部》：「壟，丘壟也。」敦卽今墩字。讀「龍斷」爲「壟墩」，自得其義，無煩申説矣。

弟子齊宿而後敢言。

《章句》曰：「齊，敬；宿，素也。弟子素持敬心來言。」

樾謹按：如注義則當云「宿齊」，不當云「齊宿」，趙注非也。古「宿」與「肅」通。《儀禮·特牲饋食禮》「乃宿尸」，《禮記·祭統》篇「宮宰宿夫人」，鄭注竝云：「宿，讀爲肅。」然則「齊宿」猶齊肅也。《賈子・保傅》篇「有司齊肅端冕」，《國語・楚語》「故齊肅以承之」，竝以「齊肅」連文。又或作「齊遬」，《禮記・玉藻》篇「君子之容舒遲，見所尊者齊遬」是也。「齊宿而後敢言」，正自言極其敬謹爾。又按：此人自稱弟子，而孟子與之語自稱長者，與語樂正子同。然則留行之客，雖不知何人，要必孟子弟子之留仕於齊者，若盆成括之流歟？

昔者魯繆公無人乎子思之側，則不能安子思。泄柳申詳無人乎繆公之側，則不能安其身。

正義曰：「子思之於繆公，師道也，非求容者也，故繆公無人於子思之側，則不能安子思。泄柳申詳之於繆公，臣道也，則求容者也，故無人於繆公之側，則不能安其身。」

樾謹按：《孟子正義》，朱子謂邵武士人所作，託之孫奭。看其書，至鄙俚不足取，而此數語獨爲明了。孟子之意，賴此而顯。蓋客既爲王留行，則必欲孟子在晝少留，而後自至齊國，力言於王，使王復用孟子。其所坐而言者，雖不詳何語，大旨如此而已矣。若然，是孟子有人乎齊王之側也，是爲孟子求容也，故孟子曰「子爲長者慮而不及子思」。蓋孟子在齊，居師賓之位，師道也，非臣道也，柰何不爲子思而爲泄柳申詳乎？況其人自稱弟子，顯是游孟子之門者，而爲孟子説王，尤不可矣，宜其絶之之深也。趙氏解此章之義既未分明，而後人又曲爲泄柳申詳回護，於是其義益晦矣。

彼一時，此一時也。

《章句》曰：「彼時前聖賢之出，是其時也。

今此時亦是其一時也。」

樾謹按：趙說是也。「彼一時，此一時」，言其時之同也。猶彼丈夫也，我丈夫也，言其人之同也。下文云「以其時考之則可矣」，卽承此而言。惟其時可，故孟子之時卽太公望、散宜生之時；又推而上之，卽伊尹、萊朱之時；又推而上之，卽禹、皋陶之時。彼亦一時，此亦一時，非有異也。天欲平治天下，舍我其誰，則孟子雖不得志於齊，而固未嘗不豫也。後人誤解「彼一時此一時」句，遂謂孟子真若有不豫色者，殊失孟子之意。乃東方朔《答客難》曰：「彼一時也，此一時也，豈可同哉？」則漢人已誤解此二語矣。

不欲變，故不受也。

《章句》曰：「不欲卽去，若爲變詭，見非泰甚，故且宿留。心欲去，故不復受祿。」

樾謹按：趙氏以「變」爲「變詭」，是也。以「不欲變」爲「不欲卽去」，非也。孟子所以不受祿者，正以既受之而旋辭之，近於變詭，故不受耳。若如趙注，以爲不欲卽去，則與下句不屬矣。

弔者大悅。《滕文公》

樾謹按：《爾雅·釋詁》：「悅，服也。」「弔者大悅」，言弔者大服也。《孟子》書「悅」字當訓服者甚多，「取之而燕民悅」猶云燕民服也，「士則茲不悅」猶云茲不服也。悅與喜微有區別，如屋廬子喜、屋廬子悅兩字不可互易。喜者，因有閒可問而喜也；悅者，因既得其義而服也。

夏后氏五十而貢，殷人七十而助，周人百畝而徹。

樾謹按：顧氏炎武《日知録》曰：「古來田賦之制，實始於禹。水土既平，咸則三壤，後之王者，不過因其成蹟而已。故《詩》曰：『信彼南山，維禹甸之。畇畇原隰，曾孫甸之。我疆我理，南東其畝。』然則周之疆理猶禹之遺法也。使夏必五十，殷必七十，周必百，則是一王之興，必將改畛涂、變溝洫、移道路以就之，爲此煩擾無益於民之事也，豈其然乎？蓋三代取民之異，在乎貢、助、徹，不在乎五十、七十、百畝。其五十、七十、百畝，特丈尺之不同，❶而田未嘗易也。」顧氏此論，殊爲有見。然以爲是丈尺之不同，則恐不然。蔡邕《獨斷》曰：「夏以十寸爲尺，殷以九寸爲尺，周以八寸爲尺。」是三代之尺相去無幾，而謂夏后氏之五十畝，周人遂以爲百畝乎？然則五十、七十、百畝之所以異，何也？曰：此萊田多寡之不同也。古者必有休而不耕之田，以養地力，謂之萊田，《周官·遂人》注曰「萊謂休不耕者」是也。夏制民受田百畝，而以五十畝爲萊田，則民所耕者止五十畝，故曰「夏后氏五十」。殷制民受田百畝，而以三十畝謂萊田，民所耕者七十畝，故曰「殷人七十」。周制民受田百畝，而萊田在其外。《遂人職》曰「上地夫一廛田百畮，萊五十畝。中地夫一廛田百畮，萊百畝。下地夫一廛田百畝，萊二百畮」，此鄉遂之制也。《大司徒職》曰「不易之地家百畮，一易之地家二百畮，再易之地家三百畮」，此都鄙之制也。一易之地家二百畮，卽以百畝爲萊田；再易之地家三百畮，卽以二百畮爲萊田。惟不易之田無萊田，與郊遂異。而要之一夫歲耕百畝則無異也，故曰「周人百畝」。明乎此，則

❶ 「特」，原作「持」，今據清經解續編本改。

知三代之田初無改易，而特以萊田之多寡爲五十、七十、百畝之異制，則顧氏所疑可以釋然矣。

其實皆什一也。

《章句》曰：「民耕五十畝，貢上五畝。耕七十畝者，以七畝助公家。耕百畝者，徹取十畝以爲賦。雖異名而多少同，故曰『皆什一也』。徹，猶人徹取物也。藉者，借也，猶人相借力助之也。」

樾謹按：三代取民之制，曰貢、曰助、曰徹，其名不同，而其實皆什一。趙氏此注，最爲明了。後人誤謂貢法什一，助法九一，則與《孟子》之文不合矣。不知殷人助法，非如下文所謂八家同井而中爲公田也。蓋一井九百畝，分授九家。各以三十畝爲萊田，休而不耕，其所耕者七十畝。七十畝之中，各私其六十三畝，而以七畝爲公田，故助法亦什一也。周人變而爲徹，以九百畝分授九家。一夫歲耕百畝，上取十畝爲稅。俟收穫之時，命有司巡行田野，就百畝之中任指十畝徹而取之，故謂之徹。此徹字即「以雍徹」之「徹」。祭畢而徹去之，耕畢而徹取之，其義一也。蓋什一而稅，百王所同。夏之貢法至爲簡易，然年有豐凶，而額無增減，則凶年獨在民，而豐年常在君矣。殷監於夏而變通之，公者自公，私者自私，則年之上下，君民所同，無病於民。然其弊也，民必盡力於私田，而公田或不治，故周又監於殷而變通之，百畝之中，亦以十畝爲公田，而不豫定其孰爲公孰爲私，至臨時徹而取之，則民自無從歧視矣。《易》曰：「通其變，使民不倦。神而化之，使民宜之。」其斯之謂乎！三代遺制，幸有孟子此數言存其大略，又幸有趙氏此注足以發明。乃後人不就注文體會，於是助、徹之制俱失矣。或曰：然則下文所謂八家同井，中爲公田者，何歟？曰：此孟子爲滕文公所定之助法，非殷人之助法也。夫「二猶不足」，魯哀公已云爾矣，況至戰國乎？孟子因時制宜，使國中用什一之法，而野用九一之法。方里而井，井九百畝。八家皆私百畝，同養公田，此則九一，非什一也，故曰「請野九一而助，國中什一使自賦」。所謂「九一而助」者，以九一行助法也。助本什一，茲則九一猶是助也，而非什一也。是爲「九一而助」，下文所言是也。後人不達孟子語意，謂殷人助法本如是，失之甚矣。

又按：經文明言「請野九一而助」，而趙注謂「孟子欲請使野人如助法，什一而稅之」；經文明言「國中什一使自賦」，而趙注謂「國中從其本賦，二十而稅一以寬之」，顯與經文相背，趙氏之謬不待言矣。至鄭康成借《孟子》以説周人徹法，《考工記・匠人》注引《孟子》此文而説之曰：「稅有重輕，通其率以什一爲正。」《詩・甫田》篇孔氏正義又引鄭注而申明之，曰：「周制有貢有助。助者九夫而稅一夫之田，貢者什一而貢一夫之穀，通之二十夫而稅二夫，是爲什中稅一也。」此説雖巧，然經文「九一」、「什一」對舉，「九一」是九之一，則「什一」自是什之一，安得謂是什一而稅一乎？孔氏雖曲爲之説，終不可通。且《載師》云「凡任地，國宅無征，園廛二十而一，近郊十一，遠郊二十而三，甸、稍、縣、都皆無過十二」，是古人制稅或以十夫計，或以二十夫計，未有以十一夫計者。奇零不齊，可知其非古法矣。恐疑誤學者，附辨之於此。

惟助爲有公田。

樾謹按：孟子言「惟助爲有公田」，而《夏小正》曰「初服於公田」，傳曰「古有公田焉者，古言先服公田而後服其田也」，是夏制已有公田之名，與《孟子》不合，何也？蓋嘗思之。方夏之時，禹平水土，盡力溝洫而後成其爲田，天下之田皆公田也，民爲之耕而貢其十之一焉。自上言之，則此一者民所貢也；自下言之，則其九者皆君之餘也。至殷人爲助法，則七十畝之中止以七畝爲公田，而其餘六十三畝皆私田矣。至周人爲徹法，則無公田矣。然而曰「雨我公田」者，徹法本從助法而變通之，雖臨時徹取，不先定其孰爲公私，而百畝之中要有十畝是公田，故公田之名在周初不廢也。傳《夏小正》者誤以殷、周之公田說夏之公田，則誤矣。夏制有公無私，殷制有公有私，周制寓公於私。然《噫嘻》之詩曰「駿發爾私」，則自上言之固以爲皆民之私田矣。相沿既久，遂不復知有公田之名，使無《大田》之詩，雖孟子亦何以徵之哉？逮及嬴秦決裂阡陌，井田遺制蕩然無存，而蚩蚩之民各私其田矣。王莽更名天下田爲王田，不得買賣，而適以致亂，豈非古今之異勢乎？

是以暴君汙吏必慢其經畍。

樾謹按：「慢」之言「漫漫」也。《釋名·釋言語》曰：「慢，漫也。漫漫，心無所限忌也。」《文選·甘泉賦》「指東西之漫漫」，李善注曰：「漫漫，無厓際之貌。」是「慢其經畍」者，言經畍不正，漫漫然無厓際也。《莊子·齊物論》篇曰「因之以曼衍」，《釋文》引司馬注曰「曼衍，無極也」；《漢書·

楊雄傳》曰「爲其泰曼漶而不可知」，師古注曰「曼漶，不分別貌」；《文選》司馬相如《子虛賦》曰「案衍壇曼」，李善引司馬彪注曰「壇曼，平博也」，竝與此「慢」字義近。字亦作縵，《漢書・食貨志》注曰「縵田，田不爲甽者也」，義亦同此矣。

同養公田。

樾謹按：養猶事也，「同養公田」言同事公田也。養之爲事，蓋古有此義。《萬章》篇「舜往於田」章曰「百官牛羊倉廩備，以事舜於畎畝之中」，「不託諸侯」章曰「百官牛羊倉廩備，以養舜於畎畝之中」，語凡兩見，而一作「事舜」，一作「養舜」，是「養」與「事」同。《孝經》曰：「親生之膝下，以養父母日嚴」，「養父母」猶事父母也。上文「非野人莫養君子」，「養」亦「事」也。

益烈山澤而焚之。

《章句》曰：「烈，熾也。益視山澤草木熾盛者而焚燒之。」

樾謹按：經曰「烈山澤」，不曰「山澤烈」，注乃以爲「山澤草木熾盛者」，失經旨矣。「烈」當作「列」。《禮記・玉藻》篇曰「山澤列而不賦」，鄭注曰：「列之言遮列也。」「列山澤而焚之」，蓋亦謂遮列山澤而焚之。列烈古通用，故「烈山氏」亦稱「列山氏」，是其證也。《説文・辵部》「迾，遮也」，是字本作「迾」，「列」、「烈」均叚字。又通作「厲」。《周官・山虞》「物爲之厲而爲之守禁」，鄭司農曰：「厲，遮列守之。」益之列山澤也，亦猶是矣。

君哉舜也。

《章句》曰：「舜得人君之道哉！」

樾謹按：君猶美也。《詩・羔裘》篇「洵直且侯」，毛傳曰：「侯，君也」，《釋文》引《韓詩》曰：「侯，美也。」《文王有聲》篇「文王烝哉」，毛傳曰：「烝，君也」，《釋文》引《韓詩》曰：「烝，美也。」是君與美義通。故昭元年《左傳》曰「楚公子美矣，君哉」，《白虎通・號》篇曰「皇，君也，美也」，竝其證矣。「君哉舜也」，猶曰美哉舜也。《說文・羊部》美從大，與善同意。《詩・桑柔》篇鄭箋云「善猶大也」，然則美亦猶大也。孔子稱堯曰「大哉」，稱舜曰「君哉」，其意相近。趙注未達其旨。

江漢以濯之，秋陽以暴之，皜皜乎不可尚已。

《章句》曰：「曾子不肯，以爲聖人之潔白，如濯之江漢，暴之秋陽。皜皜，甚白也。」

樾謹按：江漢濯之，誠哉潔白矣。秋陽暴之，則何潔白之有？且贊聖人之德，而但稱其潔白，亦小之乎視聖人矣。趙注非也。「江漢以濯之，秋陽以暴之」，猶《說卦傳》云「雨以潤之，日以烜之」。此兩句正以相反而見相劑之妙。惟濯之以江漢，故秋陽暴之而不燥；惟暴之以秋陽，故江漢濯之而不濡。孔子之聖，所以化清和任之迹而集大成也。曾子之稱孔子，猶孟子之稱孔子也。其下曰「皜皜乎不可尚已」，《說文》無「皜」字，古字止作「皓」，亦與「浩」通。《公孫丑》篇「我善養吾浩然之氣」，《文選・答賓戲》篇作「養皓然之氣」，是「皓皓」即「浩浩」也。《尚書・堯典》篇「浩浩滔天」，枚氏傳曰：「浩浩，盛大。」《楚辭・懷沙》篇「浩浩沅湘」，王逸注曰：「浩浩，廣大貌。」「浩浩乎不可尚已」，蓋言聖人之大也。因字叚作「皓」，又變作「皜」，後人以爲形容其潔白，遂并上兩句之義而失之矣。

儒者之道古之人若保赤子。

《章句》曰：「言儒者曰，古之治民若安赤子。」正義曰：「儒者之道，有云古之人治民若保安赤子者。」

樾謹按：趙氏以「曰」字釋經文「道」字，道猶言也。此文十一字共爲一句，猶云儒者之言古之人若保赤子也。正義斷「儒者之道」四字爲句，失之。

如枉道而從彼何也？

《章句》曰：「子如何欲使我枉正道，而從彼驕慢諸侯而見之乎？」

樾謹按：此八字爲一句，乃申明弗爲之意。蓋「比而得禽獸，雖若丘陵，如枉道而從彼何」，故弗爲也。「枉道而從彼」，即以詭遇言，未及正意。趙説失之。

傳曰：「孔子三月無君，則皇皇如也，出疆必載質。」公明儀曰：「古之人三月無君則弔。」

樾謹按：此皆周霄語也。周霄問「古之君子仕乎」？孟子曰「仕」，一言足矣，無事繁稱博引也。「傳曰」、「公明儀曰」皆周霄所引，以爲發問之地。蓋周霄意中有此兩説，故竝引之，而先以「三月無君則弔」爲問，又以「出疆必載質」爲問也。自來以此數言爲孟子所稱引，失之矣。

與鑽穴隙之類也。

樾謹按：此句文義似未足。孔氏廣森《經學卮言》曰「與音歟，絶句」，然於義亦未安。與當訓爲如。《廣雅·釋言》曰：「與，如也。」《漢書·高帝紀》「孰與仲多」，《韓信傳》「孰與項王」，師古注竝曰：「與，如也。」《文選》司馬相如《子虛賦》「孰與寡人乎」，郭璞曰：「與猶如也。」不由其道而往者，如鑽穴隙之類也。與訓爲如，則文義自明矣。

毁瓦畫墁。

《章句》曰：「孟子言但破碎瓦畫地則復墁滅之，此無用之爲也。」

樾謹按：「毁瓦」、「畫墁」對文成義，如趙説，則兩句不一例矣。「畫」當讀爲「劃」。《説文·刀部》「錐刀曰劃」，又曰「刉，劃傷也」，又曰「剺，剥也，劃也」，是「劃」與「毁」義相近。《説文·畫部》「畫」篆下有古文「畫」，又有古文「劃」，「劃」從刀從古文畫，則即「劃」字也。疑「畫」「劃」古同字，故《孟子》書止作「畫」耳。「墁」乃「幔」之誤，或亦古字通用也。《説文·車部》：「幔，衣車蓋也。」「畫幔」者，劃傷其車上之幔也。毁瓦以治屋言，乃梓匠之事；畫幔以治車言，乃輪輿之事，車之有幔，猶屋之有瓦也，故以竝言矣。

葛伯仇餉。

《章句》曰：「仇，怨也。言湯所以伐殺葛伯，怨其害此餉也。」

樾謹按：經文言「葛伯仇餉」，不言「仇葛伯害餉」，趙説非也。《尚書·仲虺之誥》篇枚傳曰：「葛伯遊行，見農民之餉於田者，殺其人，奪其餉，故謂之『仇餉』。仇，怨也。」夫葛伯於餉者何仇？特利其酒食黍稻耳，枚説亦非也。今即《孟子》文考之，此言「仇餉」，下文言「爲匹夫匹婦復讎也」，「仇」「讎」異字，明非同義。此「仇」字當讀爲「賓載手仇」之「仇」。《詩·賓之初筵》篇「賓載手仇」，鄭箋曰：「仇讀曰斞。賓手挹酒，室人復酌爲加爵。」《釋文》曰：「仇，鄭讀爲斞，音俱，謂挹取酒。」然則「仇」與「斞」通，有挹取之義。「葛伯仇餉」，謂挹取其餉也。以仇怨釋之，非其義矣。

有攸不惟臣。

《章句》曰：「攸，所也。言武王東征安天下，士女小人各有所執往，無不惟念執臣子之節。」

樾謹按：經言「不惟」而注言「無不惟」，失經旨矣。《玉篇・心部》曰「惟，爲也」，《尚書・臯陶謨》篇「共惟帝臣」，枚傳曰「共爲帝臣」，是「惟」之訓「爲」，經有明文。「不惟臣」與「共惟帝臣」義可互明。「有攸不惟臣」者，「攸」語詞，言有不爲臣也。有不爲臣，故武王東征也。朱子《集注》本竟作「不爲臣」，與古本不合，然其義是也。義從今作「爲」，字從古作「惟」，斯兩得矣。

侵于之疆。

樾謹按：「之」與「其」同，「侵于之疆」者，侵于其疆也。《吕氏春秋・音初》篇「或曰：『后來，良日也，之子是必大吉。』或曰：『不勝也，之子是必有殃』」，高誘訓之爲其，是其證。

大夫有賜於士，不得受於其家，則往拜其門。

《章句》曰：「陽貨，大夫也。孔子，士也。」

樾謹按：陽貨乃季氏家臣，而謂之大夫。毛氏奇齡《四書賸言》曰：「季氏家臣原稱大夫。季氏是司徒，下有大夫二人，一曰小宰，一曰小司徒。」此說得之。襄九年《左傳》曰：「鄭六卿公子發、公子嘉、公孫輒、公孫蠆、公孫舍之及其大夫、門子皆從鄭伯。」夫不直曰「大夫」而曰「其大夫」，則知所謂「大夫」者，乃六卿之私屬，故與「門子」竝言。門子者，其適子；大夫者，其屬大夫也。此卿之私屬得有大夫，見於《左傳》之明證。又文十二年《傳》「趙氏新出其屬曰臾駢」，杜注曰：「臾駢，趙盾屬大夫，新出佐上軍。」陽貨在魯，亦其比矣。孔子是時，殆猶爲委吏、乘田乎？考之

《周官・地官》有委人，中士二人，下士四人，即趙注所謂「委吏，主委積倉庾之吏也」；又有囿人，中士四人，下士八人，即趙注所謂「乘田，園囿之吏也」。魯季氏爲司徒，委人、囿人正其所屬，是孔子爲季氏所屬之士，而陽貨乃季氏所屬之大夫，故陽貨得以大夫之禮自居，而孔子亦以大夫之禮事之也。全氏祖望《經史問答》引《禮記・玉藻》篇「大夫親賜於士，士拜受，又拜於其室。敵者不在，拜於其室」，謂陽虎矙孔子之亡而饋蒸豚，是用敵者之禮。周氏柄中《辨正》曰：「此記上言『酒肉之賜弗再拜』，下言『大夫親賜士，士拜受，又拜於其室』，孔疏云『此非酒肉之賜，故再拜』。陽貨饋豚，正所謂『酒肉之賜弗再拜』者，故必矙亡而來，非以敵體之禮而然也。」然則全氏讀《禮》殊涉麤疏，益知毛氏所言塙不可易矣。

知我者其惟《春秋》乎？罪我者其惟《春秋》乎？

《章句》曰：「知我者謂我正王綱也，罪我者謂時人見彈貶者。」

樾謹按：時人見彈貶者，無非亂臣賊子而已，豈足輕重？譬如士師執罪人而殺之，其人亦必怨士師，而爲士師者豈宜以其人爲罪我者乎？趙説非也。知我罪我，皆以後世讀《春秋》者而言。《春秋》有天子之事，孔子固明以天子之權予魯，故《公羊》家有王魯之説，而爲《左氏》之學者深非之。然則如何休者，知孔子者也。如杜預者，罪孔子者也。彼謂《春秋》必不斥周王魯，而孔子之《春秋》實是斥周王魯；彼謂《春秋》必不褒貶天子，黜陟諸侯，而孔子之《春秋》實是褒貶天子，黜陟諸侯，然則孔子有罪矣。雖名爲治《春秋》，而實則罪孔子也。乃孔子之意，固甚望後世有知我者，亦未始不望後世有罪我者，何也？孟子之論伊尹也，有其志則可，無其志則篡。古聖人之事，若湯、武之放伐，周公之居攝，孔子之作《春秋》，皆當以是觀之。是故知我罪我，聽之後人，孔子之意微矣。

周公兼夷狄。

《章句》曰：「周公兼懷夷狄之人。」

樾謹按：上文言周公誅紂伐奄，戮飛廉，滅國五十，無兼懷夷狄之事；下文又引《詩》云「戎狄是膺，荆舒是懲」，然則趙氏以「兼夷狄」爲「兼懷夷狄之人」，殆失之矣。兼之言絕也。《考工記·輪人》曰「外不廉而內不挫」，鄭注曰：「廉，絕也。」《説文·火部》作「熑」，曰「火煣車网絕也」，引《周禮》曰「煣牙外不熑」。又《水部》：「濂，薄水也。一曰中絕小水。」是從兼之字竝有絕義。《周書·武稱》篇「爵位不謙」，「不謙」即不絕也，説詳《周書》。「周公兼夷狄」，蓋謂屏絕之，故與驅猛獸竝言。

群經平議卷三十二

群經平議卷三十三

德清俞樾

孟子二

仁不可爲衆也夫，國君好仁，天下無敵。《離婁》

樾謹按：此當以「夫」字斷句。「仁不可爲衆也夫」，蓋孔子讀《詩》而歎之也，下乃釋其義曰：「國君好仁，天下無敵。」僖二十四年《左傳》曰「『彼其之子，不稱其服』，子臧之服不稱也夫」，宣十二年《傳》曰「『亂離瘼矣，爰其適歸』，歸於怙亂者也夫」，襄二十四年《傳》曰「『愷弟君子，邦家之基』，有令德也夫。『上帝臨女，無貳爾心』，有令名也夫」，皆引《詩》而詠歎之，與此正同。

國必自伐而後人伐之。

《章句》曰：「國先自爲可誅伐之政，故見伐也。」

樾謹按：趙氏蓋以國無自伐之理，故云「先自爲可誅伐之政」，然其義迂矣。《説文・人部》：「伐，敗也。」《蓺文類聚・武部》引《春秋説題辭》曰：「伐之爲言敗也。」然則「國必自伐」言國必自敗也，正與自侮、自毁一律。

今之欲王者，猶七年之病求三年之艾也。

《章句》曰：「如七年病而卻求三年時艾。」

樾謹按：此承「雖欲無王不可得矣」而言，喻當今之世行仁政而王者之易也。假使病者不過三年，而艾必以七年爲期，斯無及矣。今病者尚可七年，而艾乾三年即已可用，則何爲而不畜乎？趙注似失之。

至三年、七年，乃古人恒語。古凡言數者必三、五、七，如「大國五年，小國七年」，則以五與七言；「三年之艾」，「七年之病」，則以三與七言。蓋數極於九，至十則復爲一矣，五其中數也；自一至五則三爲中數，自五至九則七爲中數。《大戴記》明堂之制二九四七五三六一八，亦以七五三爲中，卽此義也。故古人舉得半之數則曰五，不及乎半則曰三，過乎半則曰七。《易》曰「三日不食」，又曰「七日來復」，又曰「七日得」，《詩》曰「其實七兮」，「其實三兮」，又曰「鳲鳩在桑，其子七兮」，又曰「五日爲期」，《論語》曰「三年有成」，又曰「比及三年」，又曰「善人教民七年」，皆是也。若至少之數不可以三言者則曰一，如「一鉤金」、「一杯水」是也。至多之數不可以七言者則曰九，如「九合諸侯」、「叛者九起」是也。《左傳》「五侯九伯」，五者舉其中數，九者舉其極數也。後人不達古語，凡言數者必求其義，斯鑿矣。

人不足與適也，政不足閒也。

《章句》曰：「時皆小人居位，不足過責也，政教不足復非訙。」

樾謹按：《音義》出「足閒」二字，是孫宣公本下句無「與」字。據阮氏《校勘記》，則岳、孔、韓本皆然，俗本因上句而妄加「與」字，非也。兩句既不一律，其義亦必不同，趙氏所説殆失之矣。「適」當讀爲「敵」。《論語·里仁》篇「無適也」，《釋文》曰「鄭本作敵」；《禮記·玉藻》篇「敵者不在」，《釋文》曰「敵本作適」，是敵、適古通用。「人不足與敵」者，爲人君挾貴以驕士，而士之道義不足以敵之也。曾子曰：「彼以其富，我以吾仁；彼以其爵，我以吾義，吾何慊乎哉？」孟子曰：「在彼者皆我所不爲也，在我者皆古之制也，吾何畏彼哉？」若是者謂之足與敵。人苟不足與敵，則奉令承教而已，故曰「政不足閒也」。「閒」猶「與」也。莊十年《左傳》「肉食者謀之，又何閒焉」，昭二十六《傳》「諸侯釋位以閒王政」，杜注竝曰：「閒，與也。」此「閒」字義與彼同，言不足參預也。下文曰「惟大人爲能格君心之非」，大人者別乎人而言之，正所謂足與敵者。若湯之於伊尹，桓公之於管仲，學焉而後臣之，故能格君心之非。

人之易其言也，無責耳矣。

《章句》曰：「人之輕易其言，不得失言之咎責也。一說人之輕易不肯諫正君者，以其不在言責之位者也。」

樾謹按：趙氏二說，義均未安。「無責耳矣」，乃言其不足責也，猶曰「若而人者，吾無責焉爾」。孔子稱「君子欲訥於言」，又曰「仁者其言也訒」，若輕易其言，則無以入德矣，故以不足責絶之也。

子之從於子敖來，徒餔啜也，我不意子學古之道而以餔啜也。

《章句》曰：「學而不行其道，徒食飲而已，謂之餔啜也。樂正子本學古聖人之道，而今隨從貴人，無所匡正，故言不意子但餔啜也。」

樾謹按：趙以不行其道爲餔啜，是也；謂隨從貴人無所匡正，非也。孟子與子敖同使，且未嘗與言行事。樂正子偶從子敖而來，豈必責其有所匡正乎？蓋樂正子孟門高弟，固亦以行道爲志，其從子敖來，乃欲因以行其道也。夫衛卿可得之言，子路猶且以告；樂正子之賢未及子路，其從子敖來，亦無足怪。然孟子在齊，尚不得行其道，於樂正子何有？即使得仕於齊，亦徒享萬鍾之奉而已，故曰「子之從於子敖來，徒餔啜也，我不意子學古之道而以餔啜也」。近今説此章者，皆謂樂正子之從子敖，不過藉省道路資糧之費，故孟子以徒餔啜責之。夫自魯之齊，相距甚近，所費幾何？爲此説者，徒欲回護樂正子，而不知其視樂正子也反陋矣。朱注云「言其不擇所從，但求食耳」，是亦未嘗明指所食者爲道路資糧也。

有故而去，則君搏執之。

《章句》曰：「搏執其族親也。」

樾謹按：臣已去矣，而又曰「搏執之」，故趙氏以爲搏執其族親，其實非也。此對上文「導之出疆」而言，謂君使封疆之吏搏執之也，搏執之則不得去矣。或其臣有如伍員之橐載而出昭關者，是不可得而搏執也。於是其君又極之於其所往，若晉錮欒氏之比矣。

中也養不中。

《章句》曰：「中者，履中和之氣所生。」

樾謹按：「中」當讀若「從容中道」之「中」。《大戴禮記·曾子事父母》篇「兄之行若中道則兄事之，若不中道則養之」，孟子語意正與此類，趙注非也。

王者之迹熄而詩亡，詩亡然後《春秋》作。

樾謹按：此「迹」字即「車轍馬迹」之「迹」。周制十二年一巡守，至方岳之下，朝諸侯於明堂，命太史陳詩以觀民風，是天下皆有王者車轍馬迹焉。巡狩之禮廢而王者之迹熄，於是太史不復陳詩，而詩亦從此亡矣。所謂亡者，非無詩也。其時士大夫固亦作之，且傳播之，是故春秋時所賦之詩，多出東遷以後，而孔子删詩亦有取焉。

然王者不省方，太史不陳詩，則有詩而不收詩之效，雖謂之詩亡可矣。何也？昔日之詩，王者所陳而觀之者也，黜幽陟明，章善癉惡，皆於此乎在焉；此日之詩，聽其自作自傳，莫之陳亦莫之觀也，雖復憂時感事，陳古刺今，空言而已矣，奚益哉！孔子曰「吾欲託之空言，不如見之行事之深切著明也」，此卽因詩亡而作《春秋》之旨。詩空言也，《春秋》行事也。孟子推《春秋》之作而上溯之，迹熄詩亡，殆孔氏之遺言矣。

其義則丘竊取之矣。

樾謹按：孔子作《春秋》，其文其事本之舊史，其義則所謂「筆則筆，削則削，游、夏不能贊一辭」者。孔子何所取之哉？取者，爲也。《廣雅·釋詁》曰「取，爲也」，卽此「取」字之旨。「竊取之」猶言私爲之，孔子蓋曰其義則丘私爲之也。後世治《春秋》者不信三科九旨諸説，而但曰經承舊史，史承赴告，則止有其事其文，而孔子之義付之悠悠矣。

天下之言性也，則故而已矣。

樾謹按：《荀子·性惡篇》曰：「凡禮義者，是生於聖人之僞，非故生於人之性也。」楊注曰：「故猶本也，言禮義生於聖人矯僞抑制，非本生於人性也。」孟子言性善，則人性本有禮義，故曰「天下之言性也，則故而已矣」，猶曰但言其本然者足矣，與荀子之語正相反。荀子又引舜之言曰「妻子具而孝衰於親，嗜欲得而信衰於友，爵祿盈而忠衰於君」，蓋以證人性之惡。乃自孟子言之，則孝也、信也、忠也，是其故也；妻子具而孝衰、嗜欲得而信衰、爵祿盈而忠衰，非其故也。無失其故，斯可矣，故又曰「故者以利爲本」，言順其故而求之，則自得其本也。孟子論性大旨，具見於此。

又從而禮貌之。

《章句》曰：「又禮之以顔色喜悦之貌也。」

樾謹按：「禮」當爲「體」。《周易・繫辭傳》「知崇禮卑」，蜀才本「禮」作「體」，《詩・谷風》篇「無以下體」，《韓詩外傳》「體」作「禮」，是古字通也。《戰國策・齊策》「令人體貌而親郊迎之」，《漢書・賈誼傳》「所以體貌大臣而厲其節也」，此「體貌」二字之證。桓十四年《穀梁傳》「察其貌而不察其形」，范甯注曰「貌，姿體」，是貌與體義亦相通。古人言容貌，亦言容體，故以「體貌」連文。《荀子・大略篇》：「君子之於子，愛之而勿面，使之而勿貌。」楊注曰：「面、貌，謂以顔色慰悦之。」「體貌」亦猶是矣，二字平列。如趙注，則當云「禮之以貌」，不當云「禮貌之」也。《告子》篇「禮貌未衰」，又曰「禮貌衰」，凡言「禮貌」者，竝當讀爲「體」。

夫章子，子父責善而不相遇也。

《章句》曰：「章子子父親教，相責以善，不能相得，父逐之也。」

樾謹按：孟子論匡章，止言子父責善，不及他事。卽趙氏所謂「子父親教」者，亦自據孟子易子而教之義，於匡章事固無考也。乃《戰國策》有所謂章子者，《齊策》曰：「秦假道韓、魏以攻齊，齊威王使章子將而應之。」又曰：「濮上之事，贅子死，章子走。」《燕策》曰：「王因令章子將五都之兵，以因北地之衆以伐燕。」止稱章子，不稱匡章，無以知其爲卽孟子所與遊者也。徒以《齊策》有章子之母爲其父所殺一事，遂從而附會之，謂孟子之匡章卽其人也。今按：

《齊策》所載威王之言，曰：「章子之母啟得罪其父，其父殺之而埋馬棧之下。吾之使章子將也，勉之曰：『夫子之强，全兵而還，必更葬將軍之母。』對曰：『臣非不能更葬先妾也。臣之母啟得罪臣之父，臣之父未教而死。夫不得父之教而更葬母，是欺死父也，故不敢。』」此與孟子所謂「子父責善」者了不相涉。若匡章果有此事，則是遘人倫之大變，豈惟責善而已乎？高誘注《戰國策》，初不以章子爲卽匡章。《吕氏春秋·諭大》篇：「匡章之難惠子以王齊王也。」注曰：「匡章乃孟軻所謂通國稱不孝者。」夫《吕氏春秋》注與《戰國策》注竝出高誘一人之手，乃引《孟子》以證《吕氏春秋》之匡章，而不引以證《戰國策》之章子，是高氏之意，固不以匡章、章子爲一人矣。且匡章難惠子，事見《吕氏春秋·愛類》篇，其文曰：「匡章謂惠子曰：『公之學去尊，今又王齊王，何其到也？』」又曰：「齊王之所以用兵而不休，攻擊人而不止者，其故何也？」以此數語觀之，匡章蓋齊之處士，亦是高尚其志者，故見惠子王齊王而非之，又若頗不滿意於齊王之用兵不休者。若是章子，則歷事威、宣兩朝，爲齊大將，屢從戎事，其必不爲此言明矣。《莊子·盜跖》篇「匡子不見父」，《釋文》引司馬彪云：「匡章諫其父，爲父所逐，終身不見父，此事見《孟子》。」夫曰見《孟子》，而不云見《國策》，則自唐以前，固無匡章卽章子之説，未可據姚宏、吴師道之説爲定，而轉使孟子「子父責善」之本旨爲之不箸也。

好色人之所欲。《萬章》

樾謹按：「好」乃「妃」字之誤。《漢書·賈誼傳》「及太子少長，知妃色」，師古注曰「妃色，妃匹之色」，《大戴記・保傳》篇同，賈子《新書》作「好色」，字之誤也。此云「好色人之所欲」，其下云「人悅之好色富貴」，又云「知好色則慕少艾」，「好」字竝當作「妃」。「妃色」蓋古語，孟子、賈子竝有「知妃色」之文。後人不達古語，而改爲「好色」，失之矣。

出，從而揜之。

《章句》曰：「舜入而卽出，瞽瞍不知其已出，從而蓋其井。」

樾謹按：出者舜也，揜之者瞍也，「從而」二字文義不合矣。竊謂出者非舜出也，乃出井中之土也。蓋舜入井後，井中之土必瞽瞍與象縋而出之，瞍與象卽以所出之土揜舜於井，故曰「從而揜之」也。然則舜何以得免？曰：《史記》載之甚詳。蓋必古傳記之詞，萬章約舉其文，於完廩也，不及舜以兩笠自捍而下之事；於浚井也，不及舜從匿空中出去之事。蓋萬章之問，惟在象欲害舜，故其事有所不必備也。趙氏解「捐階」爲「捐去其階」，已得其義矣。又一說云「捐階，舜卽旋從階下」，蓋因誤解「出」字，故爲此說以配之，其義甚晦。僞孫疏反以後說爲勝，非也。

弤朕。

注曰：「弤，彫弓也。天子曰彫弓。」

樾謹按：《音義》曰：「弤，都禮切，丁音彫，義與弴同。」若依趙注，則但從丁公著音彫足矣，乃必先出「都禮切」一音者，蓋孫宣公之意不以趙注爲然也。《玉篇・弓部》「弴，丁幺、丁昆二切，天子弓也。弤，同上，畫弓也。又丁禮切，舜弓名」，是弤有丁幺、丁昆、丁禮三音。音丁幺、丁昆者，皆天子之弓。《詩·行葦》篇「敦弓既堅」，毛傳曰：「敦弓，畫弓也，天子敦弓。」然則丁幺切者，從趙注讀如彫也；丁昆切者，從毛傳讀如敦也。至丁禮切，則爲舜弓名，别是一義。孫蓋從舜弓之義，故音都禮切，都禮卽丁禮也。舜是時未爲天子，安得用天子之弓？然則顧野王音丁禮切而訓爲舜弓，必有所受之矣。至近世學者相承讀都禮切，而仍從趙注以爲雕弓，是又兩失，不可不知也。

故君子可欺以其方。

《章句》曰：「方，類也，君子可以事類欺。」

樾謹按：《禮記·樂記》篇「樂行而民鄉方」，《經解》篇「是故隆禮由禮謂之有方之士」，鄭注竝曰：「方，猶道也。」然則「可欺以其方」卽是可欺以其道。下云「難罔以非其道」，「非其道」卽是非其方，「方」與「道」一也，變文以成辭耳。趙以事類釋之，非是。

封之有庳。

樾謹按：舊説以有庳爲今永州府零陵縣，誠爲太遠，先儒疑焉。《漢書·鄒陽傳》作「封之於有畀」，《水經·淮水》篇曰「淮水東過期思縣北，又東北淠水注之，水出弋陽南垂山西，北流歷陰山關西北出山，又東北流逕新城戍東，又東北得詔虞水口，又東北注淮」。竊疑「畀」乃「淠」之叚字，有淠之國蓋以淠水得名。所謂「詔虞水」者，殆象之遺跡乎？詔虞者，朝虞也。「詔」字古止作「召」。劉向《九歎·遠逝》篇「朝四靈於九濱」，王逸注曰「朝，召也」，是「朝」「召」聲近義通。象自其國而朝於虞，經臨其地，因有朝虞之名矣。有畀之封，似當在此。《漢書·武五子傳》又作

「有鼻」。據《説文・水部》有「淠」、「濞」二篆，淠爲水名，濞爲水暴至聲，疑淠、濞古同字，淠從畀聲，濞從鼻聲，鼻聲卽畀聲也，書有緐簡耳。《鄒陽傳》作「有畀」者，「淠」之省也；《武五子傳》作「有鼻」者，「濞」之省也。古文從省，不加水旁，實一字矣。《孟子》書作「庳」，則是「痹」之誤字，「痹」亦從畀聲也。

若是，爲父不得而子也？

《書》曰：祗載見瞽瞍，夔夔齊栗，瞽瞍亦允。《章句》曰：「舜既爲天子，敬事嚴父，戰栗以見瞽瞍。瞍亦信知舜之大孝，若是爲父不得而子也。以是解咸丘蒙之疑。」

樾謹按：趙氏以「瞍亦信知舜之大孝」釋「瞽瞍亦允」之義，是於「允」字絶句，「若」字屬下讀。古「也」、「邪」二字通用。「若是逗。爲父不得而子也」，猶曰舜敬事嚴父若是，尚爲父不得而子邪？正所以解咸丘蒙之疑。《荀子・正名篇》「其求物也，養生也，粥壽也」，楊倞注曰：「也，皆當爲邪。」《孟子》七篇亦往往有此。《告子》篇「冬日則飲湯，夏日則飲水，然則飲食亦在外也」，《盡心》篇「殺人之父者人亦殺其父，殺人之兄者人亦殺其兄，然則非自殺之也」，「也」字竝當作「邪」，説詳王氏引之《經傳釋詞》。東晉《古文尚書》竊其語入《大禹謨》篇，而以「允若」連文，蓋由不達古語，故誤讀《孟子》耳。江氏聲作《尚書集注》曰「孟子既引此經，遂言曰『是爲父不得而子也』」，則未免於爲先人之言所惑矣。

一介不以與人，一介不以取之人。

《章句》曰：「一介草不以與人，亦不取於人也。」

樾謹按：趙氏蓋讀「介」爲「芥」，故以爲草，然非古義也。「一介」即「一个」也。《儀禮・大射儀》「搢三挾一个」，鄭注曰：「个，猶枚也。」个、介實一字，乃隸體之變。介音古拜反，轉而爲古賀反。後人妄分介、个爲二，遇讀古拜反者作介，讀古賀反者作个，誤也。王氏引之《經義述聞・通説》立七證以明介、个爲一字，當從之。孟子「介」字即禮經「个」字，因趙氏以「一介草」釋之，故得存其本字耳。一枚之物不輕取與，非必以草言，且孟子立言必有典則。《士虞禮》、《特牲饋食禮》及《少牢饋食禮》下篇竝云「俎釋三个」，《國語・齊語》云「鹿皮四个」，是物數言若干个，乃古人通語。經傳明文，豈有以草與人及取於人者乎？

天誅造攻自牧宮。

《章句》曰：「造作可攻討之罪者，從牧宮桀起，自取之也。」

樾謹按：以「造攻」爲是「造作可攻討之罪」，甚爲不詞。昭三十一年《左傳》曰「攻難之士將奔走之」，杜注曰：「攻猶作也。」蓋攻訓治，故亦訓作。《詩・靈臺》篇「庶民攻之」，毛傳曰「攻，作也」，《梁惠王》篇引此文趙注曰「民竝來治作之」，蓋即用傳義而又加「治」字，以申明攻之所以訓作也。「造攻」猶造作，言天所以降誅罰者，由桀自於牧宮造作其罪耳。

主癰疽。

《章句》曰：「癰疽，癰疽之醫也。」

樾謹按：「癰疽」，《説苑・至公》篇作「雍雎」，《史記・孔子世家》作「雍渠」，《韓非子》作「雍鉏」，字竝是「雍」。《孟子》書作「癰」，疑是叚借字。僖十七年《左傳》「雍巫有寵於衛共姬，因寺人貂以薦羞於公」，杜注曰「雍人名巫」，正義曰：「《周禮》掌食之官有内雍、外雍，此人爲雍官，名巫而字易牙。」竊疑癰疽亦雍人也，「癰」讀爲「雍」，乃其官也，「疽」其名也。雍疽寺人瘠環，猶雍巫寺人貂矣。《戰國策》曰「衛靈公近癰疽」，高誘注曰「孟子有其人，蓋醫之幸者」，望文生訓，失與趙同。

知虞公之不可諫而去之秦年已七十矣。

樾謹按：何氏焯《讀書記》謂此當以「知虞公之不可諫而去」九字爲句，「去」謂去位也，「之秦」二字自爲句屬下讀，方與《史記》虜晉走宛諸事合。然真德秀《四書集編》、趙順孫《四書纂疏》所載經文竝作「知虞公之不可諫而去之」，是南宋時舊本有無「秦」字者。據下文「知虞公之將亡而先去之」亦無「秦」字，疑此「秦」字直衍文耳。百里奚事在孟子時已不甚可考，今以《孟子》書爲主，參以《史記》，蓋奚知虞之將亡，先去而之宛。宛今南陽府南陽縣，是時屬楚。晉之滅虞也，齊霸將衰而楚方盛，奚之走宛，殆有意於用楚乎？然以羈旅之人，資用匱乏，或出其餘智，買賤賣貴，逐什一之利，故孟子有「舉於市」之説。《説苑·臣術》篇云「賈人買百里奚以五羖羊皮，使將鹽車之秦」，此説雖不足信，然孟子明言「舉於市」，則將鹽車事固宜有之。《史記·孟荀傳》「伊尹負鼎而勉湯，百里飯牛車下而繆公用霸」，然則所謂「飯牛」者，即其將鹽車時事。《書》云「肇牽車牛遠服賈」，百里奚之食牛，正「舉於市」之塙證，非如或説云云也。其後不知以何事爲楚鄙人所執，於是穆公以五羖羊皮贖之。《史記》載其事曰：「繆公聞百里奚賢，欲重贖之，恐楚人不與，乃使人謂楚曰：『吾媵臣百里奚在焉，請以五羖羊皮贖之。』楚人遂許與之。」此乃當時實事也，不然，何以有五羖大夫之號，至孝公時猶見稱於趙良之口乎？媵臣乃託辭。據《左傳》曰「執虞公及其大夫井伯以媵秦穆姬」，是虞君且爲媵，雖謂其臣皆吾媵臣，無不可矣。楚人受秦五羖羊皮而以百里奚予秦，是楚人固以五羊之皮當百里奚之值，謂之曰鬻亦無不可。然楚人鬻之，非百里奚自鬻之也。後世傳訛，因有自鬻之説。孟子據理斷之，以爲不然，而不復詳述其事之顛末。千載而下，以意推測，儻有得乎？

金聲而玉振之也。

《章句》曰：「振，揚也。故如金音之有殺，振揚玉音，終始如一也。」

樾謹按：《集注》曰「先擊鎛鐘以宣其聲，後擊特磬以收其韵」，若然，則當云「金聲之而玉振之也」，於文方足。如謂下有「之」字，則上可省。然下文又曰「金聲也者，始條理也；玉振之也者，終條理也」，是可知「玉振」下必當有「之」字，「金聲」下必不當有「之」字矣。蓋此句之義，趙注得之。所謂「金聲而玉振之」者，以金聲始洪而終殺，必以玉聲振揚之，此「之」字即指金聲而言。伯夷、伊尹、柳下惠亦金聲也，而不能以玉振之，則始洪而終殺矣。惟孔子金聲而以玉振之，是以始終如一，而爲集大成也。

其至，爾力也；其中，非爾力也。

《章句》曰：「夫射遠而至，爾努力；其中的者，爾之巧也。思改其手，用巧意乃能中也。」正義曰：「其射至於百步之外，是人之力也；其所以中的者，非人之力，以其人之巧耳。」

樾謹按：上文以巧譬智，以力譬聖，此云其至爾力，其中非爾力，則似所重者反在巧，與上喻意不合矣。王若虚《孟子辨惑》載呂東萊策問進士云：「孟子論孔子集大成，譬之金玉，則智始而聖終；譬之巧力，則聖至而智中。以智爲尚則害前説，以聖爲尚則害後説。」是先儒於此固已致疑。乃尋繹趙注，則經文兩「爾力」皆就伯夷、伊尹、柳下惠三子説，蓋謂三子所以能至者，力也；三子所以能中者，非力也，巧也。三子之力足以至，故不失爲聖；三子之力不足以中，故不能爲時，改而爲清、爲任、爲和，是不能以力中而以巧中，趙氏所謂「思改其手，用巧意乃能中」是也。若孔子，則至以力，中亦以力，不必以巧見長，此孔子所以遠過乎三子也。如此説，則與上喻意一貫，而東萊所疑亦不言而解矣。由正義不能發明趙注之意，故啟東萊之疑，而王若虚并欲改經文爲「智譬則力，聖譬則巧」，何其謬歟！

獻子之與此五人者友也，無獻子之家者也。此五人者，亦有獻子之家，則不與之友矣。

《章句》曰：「其五人者，皆賢人無位者也。此五人者，自有獻子之家，富貴而復有德，不肯與獻子友也。」

樾謹按：近來説此經者皆以「無獻子之家」爲忘人之勢。然下文不云「若有獻子之家」而云「亦有獻子之家」，亦者亦獻子也，謂獻子有而五人亦有也。然則「無獻子之家」自謂五人無獻子之富貴，非謂其視之若無矣，當以趙注爲長。惟趙以「不與之友」爲不與獻子友，此殆不然。四句反覆申明與之友，卽與此五人者友，仍以獻子言，不以五人者言，見獻子所友皆寒素之士。若使其亦有獻子之家，獻子轉不與友矣。蓋所重在獻子之友五人，而不在五人之友獻子。下文引費惠、晉平兩事亦然，可知趙注之誤。

費惠公曰。

樾謹按：顧氏炎武《日知録》曰：「春秋時有兩費，其一見《左傳》成公十三年，晉侯使吕相絶秦，曰『殄滅我費滑』，注曰『滑國都於費』；其一僖公元年公賜季友汶陽之田及費。在子思時滑國之費其亡久矣，疑即季氏之後而僭稱公者。」閻氏若璩《四書釋地》主其説。乃以《左傳》求之，魯亦有兩費。季氏之費，今山東沂州府費縣是也。若隱元年《傳》「費伯帥師城郎」，此又一費，今兖州府魚臺縣西南有費亭，東北有郎城，費伯城郎，是其地也。顧氏棟高《春秋大事表》引高氏《地名考》曰：「費讀如字，與季氏費邑讀曰祕者有別。」乃陸德明《釋文》於隱元年《傳》亦音祕，蓋已混兩費而一之。于欽《齊乘》謂費本伯國姬姓，魯懿公之孫，後爲季氏邑。此説雖誤，然即其説，知費伯之費昔人固有以爲國名者。蓋費伯以公孫別封於費，若晉成師、鄭大叔之比。因城郎而居之，與郕、郜諸國竝爲魯附庸，徒以無事故不經見，而入戰國後，猶以魯費竝稱。所謂費惠公者，殆其苗裔乎？其後國亡，而子孫遂以郎爲氏，見《廣韵》。或疑郎爲魯地，屢見經傳。若如此説，則爲費國之都矣，尚得爲魯地乎？不知魯有二費，亦有二郎。魚臺之郎，去曲阜約二百里；而桓十年齊、衛、鄭來戰於郎，《公羊傳》曰「吾近邑也」，其非一地明矣，説詳江氏永《春秋地理考實》。

亦饗舜。

《章句》曰：「堯亦就饗舜之所設。」

樾謹按：趙解「亦」字非也。《列子・黄帝》篇「二者亦言」，張湛注曰「亦當作易」，《論語・述而》篇「五十以學易」，《釋文》曰「魯讀易爲亦」，是亦、易二字古通用。《素問・氣厥論》「謂之食亦」，王砅注曰「食亦者，食入移易而過不生飢膚也。亦，易也」；又《骨空論》「易髓無空」，注曰「易，亦也」，竝其證矣。「亦饗舜」者，易饗舜也，蓋猶是堯之饗舜耳。乃今日堯自爲主，明日使舜爲主，是易而饗之矣，故曰「迭爲賓主」。

生之謂性。《告子》

樾謹按：《白虎通・性情》篇曰「性者，生也」，《禮記・樂記》篇鄭注曰「性之言生也」，故性與生古字通用。《荀子・禮論篇》「天地者生之本也」，《大戴禮・禮三本》篇「生」作「性」；《戰國策・秦策》「生命壽長」，《史記・范睢傳》「生」作「性」，竝其證也。「生之謂性」猶云性之謂性，故孟子以「白之謂白」破之。上字作「生」，下字作「性」，猶《公孫丑》篇「有仕於此」作「仕」，「夫士也」作「士」。彼「士」、「仕」同字，此「生」、「性」亦同字。告子此説，卽所謂無善無不善者，其意若曰，所謂性者止是性而已矣。論者但當就性言性，其善其不善皆非性中所有，不必論也。此是告子論性之本旨，故公都子曰「告子曰『性無善無不善』」也。上文杞柳、湍水之喻，皆從此出。

異於白馬之白也。

樾謹按：此句上「白」字當一字重讀，蓋先折之曰「異於白」，下乃云「白馬之白也，無以異於白人之白也」云云，則申說其異之故也。古書自有一字重讀之例。《考工記・輈人》曰：「輈注則利準，利準則久。」賈疏曰：「依後鄭，利準不重讀。」據此則經文「利準」二字本無重文，先鄭特就本字重讀之，故後鄭可以不從也。明乎古書之一字可以重讀，則此句之義自明，而亦不必疑其有闕文矣。

以紂爲兄之子，且以爲君，而有微子啟、王子比干。

《章句》曰：「紂爲君，又與微子、比干有兄弟之親，亦不能使此二子爲不仁。」

樾謹按：《史記》微子是紂庶兄，比干則但云紂之親戚。如《孟子》此文，則是微子、比干皆紂父帝乙之弟矣，與史不合。顧氏《日知録》曰：「以紂爲弟，且以爲君，而有微子啟。以紂爲兄之子，且以爲君，而有王子比干。竝言之，則於文有所不便，故舉此以該彼。」夫舉兄之子，何足以該弟？此論殊不可通。據趙注云「紂爲君，又與微子、比干有兄弟之親」，疑趙氏所見經文作「以紂爲兄弟，且以爲君」。「弟」字誤爲「之子」二字，非特不合《史記》，卽以趙注按之，亦自不合矣。朱子《集注》云「疑此或有誤字」，殆已見及此，因無左證，不敢質言耳。

乃若其情，則可以爲善矣。

《章句》曰：「若，順也。性與情相爲表裏。」

樾謹按：性與情若果有表裏之分，則公都子所舉三説皆自論性，孟子何獨與之言情乎？蓋性情二字，在後人言之則區以別矣，而在古人言之則情卽性也。《吕氏春秋・上德》篇「此之謂順情」，《淮南子・本經》篇「人愛其情」，高誘注竝曰：「情，性也。」下章孟子言牛山之木則曰「此豈山之性也哉」，其言人則曰「是豈人之情也哉」，然則性情一也。以六書而論，性從心生聲，情從心青聲，而青亦從生聲，故從生從青之字於義得通。《釋名·釋兵》曰：「旌，精也。」《列子·説符》篇「東方有人焉，曰爰旌目」，《後漢書·張衡傳》注引作「爰精目」，旌從生聲，精從青聲，古字通用。而謂性之與情若冰炭之異，此必不然矣。《荀子·正名篇》曰「生之所以然者謂之性，性之好惡喜怒哀樂謂之情」，此蓋古義如此。孟子之於荀子不能有異，特自孟子言之，性善而情亦善；自荀子言之，性惡而情亦惡，此則其説之異也。《荀子·性惡篇》引舜之言曰「人情甚不美。妻子具而孝衰於親，嗜欲得而信衰於友，爵禄盈而忠衰於君。人之情乎，人之情乎」，楊倞注曰「引此亦以明性之惡」，是可見古人言性必言情。孟、荀雖異，要未嘗區性與情而二之也。《白虎通·情性》篇以仁義禮智信爲五性，喜怒哀樂愛惡爲六情。夫無喜怒哀樂愛惡，則仁義禮智信於何見之？惻隱之心，仁也，獨非愛乎？羞惡之心，義也，獨非惡乎？孟子以惻隱爲仁，羞惡爲義，正是以情見性。若如《白虎通》之説，則仁義屬性，惻隱羞惡屬情，不可合矣。此説也蓋襲《禮記》而失之。《禮記·禮運》篇曰：「何謂人情？喜、怒、哀、懼、愛、惡、欲七者，弗學而能。何謂人義？父慈、子孝、兄良、弟悌、夫義、婦聽、長惠、幼順、君行、臣忠十者謂之人義。」夫以人情對人義，非以人情對人性，則人情即人性也。蓋性之好惡喜怒哀樂謂之情，故此七者謂之情可也，謂之性亦可也。後人不達此義，妄有五性六情之説，遂以性情分屬陰陽，而《孟子》此章之旨晦矣。

人有雞犬放則知求之，有放心而不知求。

樾謹按：「而」猶「則」也，「人有雞犬放則知求之，有放心則不知求」，猶下章云「指不若人則知惡之，心不若人則不知惡」也。「而」與「則」義同，故古書每以「而」「則」互用。《墨子・明鬼》篇「非父則母，非兄而姒」，《史記・欒布傳》「與楚則漢破，與漢而楚破」，竝其證也。此文上句用「則」字，下句用「而」字，亦猶是矣。

此之謂不知類也。

《章句》曰：「類，事也。」

樾謹按：「類」之言「比類」也。《禮記・月令》曰「必比類」，《國語・周語》曰「象物天地比類百」，則「比類」蓋古語，猶今言「比例」也。《周語》又曰「度之天神，比之地物，類之民則，方之時動」，是重言之則曰比類，單言之則或曰比，或曰類。《易・繫辭傳》曰「以類萬物之情」，襄九年《左傳》曰「晉君類能而使之」，皆此義也。「不知類」言其不知比類，注訓爲事，未得其旨。

比天之所與我者。

《章句》曰：「比方天所與人情性。」

樾謹按：比之言次也。《周官・世婦職》「比其具」，鄭注曰「比，次也」；《宰夫職》「比官府之具」，注曰「比，校次之」；又《儀禮・大射儀》「遂比三耦」，注曰「比，選次之也」，竝與此「比」字義同。蓋心與耳目皆天之所與我者，必比次之，然後知其孰爲大孰爲小，然後能先立乎其大。下文「先」字正從「比」字生出。趙氏以「比方」釋之，其義不顯，後人遂誤改作「此」字矣。

有人於此，力不能勝一匹雛，則爲無力人矣。今曰舉百鈞，則爲有力人矣。然則舉烏獲之任，是亦爲烏獲而已矣。

樾謹按：不能勝一匹雛之人安能舉百鈞，故閻氏若璩《釋地三續》引陳幾亭之言，謂孟子言辭小失。乃以經文尋繹之，孟子此言固無失也。蓋此節之義，全在「今曰」二字。以不能勝匹雛之人，而今曰舉百鈞，是非必果能舉也，即此舉百鈞之言，已可爲有力人矣。曹交自謂食粟而已，此與力不能勝一匹雛者無異。今一旦奮然曰吾爲堯，吾爲舜，是亦爲堯、舜矣，故曰「夫人豈以不勝爲患哉？弗爲耳」！孟子之言本是明了，但「舉烏獲之任」句省一「曰」字。若作「然則曰舉烏獲之任，是亦爲烏獲而已矣」，其意便顯。孟子因上文已有「今曰」字，故此省之。不謂後之學者并上「今曰」字而亦忽畧讀過也。

公儀子爲政。

《章句》曰：「公儀休爲執政之卿。」

樾謹按：閔二年《左傳》「君與國政之所圖也」，《史記・晉世家》集解引賈逵注曰「國政，正卿也」，然則「爲政」即爲國政，言爲正卿也。政正古通用。《爾雅・釋詁》：「正，長也。」「公儀子爲政」，乃「正長」之「正」，非「政事」之「政」。下云「子柳、子思爲臣」，臣與政相對，猶《離婁》篇「曾子師也」，「子思臣也」，臣與師亦相對也。趙不知「政」爲「正」之叚字，而以「執政」釋之，非是。本篇又云「魯欲使樂正子爲政」，「爲政」之義亦與此同，猶「魯欲使慎子爲將軍」也。曰正、曰將軍，竝以位言。趙注曰「魯君欲使之執政於國」，亦失之矣。

子柳、子思爲臣。

《章句》曰：「子柳，泄柳也；子思，孔伋也，二人爲師傅之臣。」

樾謹按：子思乃穆公所尊禮，觀《公孫丑》篇可知。子思與泄柳申詳分量迥殊，而此乃以竝稱，且以子思居子柳之下，卽《孟子》本書證之，已自不合矣。據《鹽鐵論・相刺》章「昔魯穆公之時，公儀爲相，子柳、子原爲之卿。然北削於齊，以泗爲境，南畏楚人，西賓秦國」，其文卽本之《孟子》。疑古本《孟子》作「子柳、子原」，非「子思」也。「爲臣」與「爲政」相對，爲政謂爲正卿，爲臣謂爲庶職也。趙因子思大賢，不宜以官守屈之，故曰「爲師傅之臣」。《離婁》篇：「曾子師也，父兄也。子思臣也，微也。」師之與臣大有別矣，何不曰「爲師」而曰「爲臣」乎？若知「子思」是「子原」之誤，則不必爲是曲説矣。

乃孔子則欲以微罪行。

《章句》曰：「燔肉不至我，黨從祭之禮不備，有微罪乎？」

樾謹按：孔子以微罪行之旨，惟趙氏得之。此注當以「燔肉不至我」爲句，「黨」字屬下讀。「黨」猶「儻」也，「儻」者或然之詞，古書每以「黨」爲之。《漢書・伍被傳》「黨可以徼幸」，《墨子・法儀》篇「黨皆法其君奚若」，竝其證也。趙氏述孔子之意，以爲燔肉所以不至我者，儻我從祭之禮不備，故有微罪乎？於是卽引爲己罪而去，所謂不欲爲苟去也。僞孫疏誤以「我黨」二字連讀，故注意晦而經意亦晦矣。閻氏若璩《釋地續》曰：「孔子不欲其失純在君相，己亦帶有罪焉。其所謂有罪，卽在不稅冕而行一句。冕原祭服，今也戴於道路閒，尚非罪乎？《史記・世家》師己送曰：夫子則無罪。觀此，似孔子當日自認一罪名而行，千載以下猶可以情測。」今按：閻氏引師己之言爲證，最爲得之。而以不税冕實孔子之罪，則大謬矣，豈有孔子之聖而船冒不韙者乎？且不税冕而行，極言其行之速，非因不税冕而後行也。如閻氏此論，設有人問孔子何以去魯者，將以不税冕告之乎？又問何以不税冕而行，則將何以對？是仍爲苟去矣。趙注具在，而學者讀之不審，致滋妄説，故具論之。

則六師移之。

《章句》曰：「移之，就之也。」

樾謹按：「移」當讀爲「陊」。《廣雅·釋詁》陊隓竝訓壞，是陊與隓義相近。「隓」即「墮」字，故《集韵》曰「陊或作墯」。然則「六師陊之」猶六師墮之，蓋毁壞其都邑，若《春秋》所書「帥師墮郈」、「帥師墮費」之類是也。因叚「移」爲「陊」，而注者以本字讀之，遂失其旨矣。

有天民者，達可行於天下而後行之者也。《盡心》

《章句》曰：「天民，知道者也。可行而行，可止而止。」

樾謹按：如注義，則經文「達」字疑「道」字之誤。《章句》亦曰「天民行道」，趙氏所據本必是「道」字也。

四體不言而喻。

樾謹按：此句之義殊不可曉。若謂四體不言而人自喻，則四體豈能言者？若謂我之四體不待我言而喻我之意，則凡人皆然，豈必君子？據《文選·魏都賦》劉淵林注引《孟子》曰「君子所性，仁義禮智根於心，其生色睟然見於面，不言而喻」，應吉甫《華林園集詩》李善注引《孟子》曰「君子所性，仁義禮智信根於心，施於四體，不言而喻」，兩文不同。然「不言而喻」上皆無「四體」字，疑古本《孟子》「四體」二字不疊也。若謂古人引書，或以意增損，不足據，則何以劉、李二人如出一手乎？且如李所引有「信」字而劉所引卽無之，蓋以意增損，必不能同。乃兩人所引皆無「四體」字，則是古本如此矣。

易其田疇。

《章句》曰：「易，治也。」

樾謹按：易者，所以休地力也。《周官・大司徒職》「不易之地家百晦，一易之地家二百晦，再易之地家三百晦」，鄭司農云「不易之地歲種之，地厚，故家百晦。一易之地休一歲乃復種，地薄，故家二百晦。再易之地休二歲乃復種，故家三百晦」，是地有一易、再易之分，「易其田疇」謂此也。不易之地惟都鄙有之。若遂人所掌郊甸之制，上地亦有萊五十晦，則亦非不易矣。蓋休而不耕，故地力有餘，多黍多稌實由於此，乃先王制民之産之精意。若如趙氏訓易爲治，則是憂百畝之不易者農夫也，非聖人治天下之道矣。

恭敬者，幣之未將者也。恭敬而無實，君子不可虛拘。

樾謹按：此數語蓋承上文而更進一義，言食而弗愛，愛而弗敬，固不可矣；然恭敬亦不可無實，故曰「恭敬者幣之未將者也」，言未以幣交之時，有此恭敬之心已足多矣。若既以幣交，則當用其言，行其道，乃爲有實。《告子》篇曰「迎之致敬以有禮，言將行其言也，則就之。禮貌未衰，言弗行也，則去之」，與此文正相發明。「迎之致敬以有禮」，所謂「恭敬」也；「禮貌未衰言弗行也」，則「恭敬而無實」矣。君子不可虛拘，故去之也。

若崩厥角稽首。

《章句》曰：「百姓歸周，若崩厥角，額角犀厥地稽首拜命，亦以首至地也。」

樾謹按：此當以六字爲句，「厥角」「稽首」相對成文。《漢書·諸侯王表》「漢諸侯王厥角稽首」，應劭曰「厥者，頓也。角，額角也。稽首，首至地也」，視趙注更簡而明。「若崩厥角稽首」乃倒句，若順言之，則當云「厥角稽首若崩」。蓋商衆一聞武王之言，無不厥角稽首，若山冢之猝然而崩也。李善注《文選》丘希範《與陳伯之書》、王元長《曲水詩序》、陸佐公《石闕銘》，三引《孟子》，竝作「百姓若崩厥角」，不連「稽首」二字，則雖未失其義，而似已失其讀。後人并其義而失之，固無怪矣。

是故得乎丘民而爲天子。

《章句》曰：「丘，十六井也。」

樾謹按：《廣雅·釋詁》曰「區，小也」，《釋訓》曰「區區，小也」。丘與區古同聲而通用，「丘民」猶言小民。必以「十六井」釋之，非是。

仁也者，人也，合而言之道也。

《章句》曰：「能行仁恩者，人也。人與仁合而言之，可以謂之有道也。」

樾謹按：「合而言之道也」六字爲一句。此章直是孟子解説仁字之義。《禮記·中庸》篇「仁者人也」，鄭注曰：「人也，讀如相人偶之人，以人意相存問之言。」《説文·人部》：「仁，親也，從人二。」段氏玉裁注引鄭注而釋之曰：「人偶猶言爾我親密之辭，故其字從人二。」阮氏元《揅經室集》又從而推闡其義，引《曾子制言》篇「人之相與也，譬如舟車，然相濟達也，人非人不濟，馬非馬不走，水非水不流」，發明「相人偶」之説。明乎此，然後《孟子》此章可得而言矣。蓋仁也者，人也，乃孔門相傳之故訓也。然仁即是人，何以又製此從人從二之仁字？故釋之曰「合而言之道也」。夫我一人也，人一人也，仁於何有？必我與人相親，人與我相親，而後仁在其中焉。此即相人偶之義，亦即仁字從人從二之意。別乎我而爲人，此分而言者也；并人我二人而爲仁，此合而言者也，故曰「合而言之道也」。趙氏誤斷「合而言之」四字爲句，「道也」二字爲句，則其義不可通，遂有增數語於其閒，託之外國本者矣。

孟子曰：「無傷也，士憎茲多口。」

樾謹按：此章之文止於此，下文「《詩》云憂心悄悄」一節當在「貉稽曰」之前，與上章合爲一章。其文云：「孟子曰：『君子之戹於陳、蔡之閒也，無上下之交也。《詩》云：「憂心悄悄，愠于群小」，孔子也；「肆不殄厥愠，亦不殞厥問」，文王也。』」蓋因孔子而及文王，孟子之意以文王比孔子也。簡策錯亂，誤倒在後，注家遂誤以爲告貉稽之言。若果孟子爲貉稽引《詩》，則當有次弟，安得先孔子而後文王乎？

以追蠡。

《章句》曰：「追，鍾鈕也。」

樾謹按：追訓鍾鈕，於古無徵。「追」疑當爲「縋」。《說文·糸部》：「縋，以繩有所縣也。」鍾鈕亦所以縣者，故謂之縋。

望見馮婦，趨而迎之。

《章句》曰：「馮婦恥不如前，見虎走而迎之，攘臂下車欲復搏之。」

樾謹按：趙氏之意，「望見馮婦趨而迎之」者，虎望見馮婦趨而迎之也。蓋馮婦未爲善士之時，虎望風而避矣。今乃不惟不避，又趨而迎之，此馮婦見之所以恥不如前，而忿然攘臂下車也。注中「見」字非經文「見」字，注文「見」字屬馮婦言，經文「見」字屬虎言。《太平御覽・人事部》引《孟子》曰「晉有馮婦者，善搏虎。野有衆逐虎，虎負隅，莫敢攖，馮婦趨而迎之」，則因誤讀趙注而妄刪經文「望見」二字，失之甚矣。翟氏灝《孟子考異》以此致疑，未深體注意也。

聖人之於天道也。

樾謹按：《集注》曰「或云『人』衍字」，其説是也。古人每以「聖」、「知」對言。《老子》曰「絶聖棄智」，《國語・楚語》曰「其知能上下比義，其聖能光遠宣明」，竝其例也。此云「知之於賢者也，聖之於天道也」，猶《萬章》篇曰「始條理者，知之事也；終條理者，聖之事也」，皆以「聖」、「知」對言。「聖」下不得有「人」字，後人妄加之耳。《説文・耳部》：「聖，通也。」蓋聖之本義與知相近，故《大戴記・四代》篇曰「聖者，知之華也」。《孟子》書屢言聖人，皆大而化之之謂，此「聖」字則其本義。所謂天道者，乃吉凶禍福占驗之道。《後漢書・桓譚傳》曰「天道性命，聖人所難言」，李賢注引鄭康成《論語》注曰「天道，七政變動之占也」，古者言天道類如此。《左傳》曰「天道多在西北」，又曰「天道遠，人道爾」，《國語》曰「我非瞽史，焉知天道」，可見天道者，瞽史所以占驗之術也。知之於賢者也，以人事言；聖之於天道也，以天事言。知者固欲知賢，然或爲耳目之所不及察；聖者固欲知天道，然或爲推步之所不能周，故曰「命」矣。

曰殆非也。

《章句》曰：「館人曰：殆非爲是事來，事夫子也。」

樾謹按：此非館人之言，亦孟子之言也。「子以是爲竊屨來與？曰：殆非也」，乃自問而自答之之詞。《告子》篇「爲是其智弗若與？曰：非然也」，文法正與此同。下文曰：「夫予之設科也，往者不追，來者不拒。苟以是心至，斯受之而已矣。」孟子之意，蓋謂從者固非爲竊屨來也，然予之設科如此，則亦有所不能保矣。語意抑揚，而詞氣固不隔也。自趙氏誤以此「曰」字爲館人曰，後人因并以下文數語皆爲館人之言，而經文「夫予」字遂誤爲「夫子」，不得謂非趙氏有以啟之矣。

言語必信，非以正行也。

《章句》曰：「庸言必信，非必欲以正行爲名也。」

樾謹按：趙氏之意，以正行是美事，以正行爲名始是不美，故增益其義如此，不知非孟子意也。上文云：「經德不回，非以干禄也。」「干禄」二字見於《詩》，亦是美事，故子張學干禄，孔子不斥其非，且告以干禄之道曰：「言寡尤，行寡悔，禄在其中矣。」然則經德不回，以之干禄；言語必信，以之正行，此乃學者之常事，卽孔、孟教人，亦未嘗不以此也。若夫經德不回而非以干禄，言語必信而非以正行，則盛德之至，非聖人不能矣。三代以下儒者恥言干禄，遂覺正行與干禄不可竝論，乃謂其欲以正行爲名，非古義也。

琴張。

《章句》曰：「琴張，子張也。子張之爲人踸踔譎詭，《論語》曰『師也辟』，故不能純善而稱狂也。又善鼓琴，號曰琴張。」

樾謹按：趙注以琴張即顓孫師，乃賈逵、鄭衆之舊説，見昭二十年《左傳》正義。而服虔已疑之，至杜預注《左傳》曰「琴張，孔子弟子，字子開，名牢」，則本之《家語》，更不足據。《莊子·大宗師》篇「子桑户、孟子反、子琴張三人相與友」，竊疑此人名張字子琴，而姓氏不傳。古人名字竝稱，皆先字後名，故曰子琴張，亦曰琴張也。

曰：何以是嘐嘐也？言不顧行，行不顧言，則曰古之人，古之人，行何爲踽踽涼涼？

樾謹按：此三十字當在「其志嘐嘐然」之下，「夷考其行」之上。「曰何以是嘐嘐也」，萬章問也；「言不顧行」以下，孟子答也。踽踽涼涼，正與嘐嘐相反。踽踽者，獨也，《詩》云「獨行踽踽」是也。涼涼者，薄也，《説文·水部》「涼，薄也」是也。凡物之衆者、厚者皆有大義，殷訓大，亦訓衆，膴訓大，亦訓厚，是其證也。然則獨與薄皆有小義矣。趙氏訓嘐嘐爲志大，言大是踽踽涼涼，正與相反也。狂者言行不相顧，故常以古人之行爲隘小而非笑之，每曰「古之人，古之人，行何爲是踽踽涼涼」，此狂者譏古人之詞也。及考其所爲，則實未能大過古人，故曰「夷考其行而不掩焉者也」。自此三十字誤移在後文，則與論鄉原何涉？趙注、朱注皆曲爲之説，而義不可通。前文止存「曰古之人古之人」七字，此乃文字爛脱之有未盡者，今當爲衍文矣。

群經平議卷三十三

群經平議卷三十四

德清俞樾

爾雅一

權輿，始也。《釋詁》

郭璞注曰：「《詩》曰：『胡不承權輿？』」邢昺疏曰：「權輿者，天地之始也。」

樾謹按：《文選・劇秦美新》曰：「權輿天地未袪，睢睢盱盱。」「權輿」二字止作始字解，非天地之始謂之權輿也。邢氏誤會其義，謬甚矣。錢氏大昕《潛研堂集》引孫星衍說，謂卽《釋草》之「其萌蘿蕍」，亦卽《說文》之「𦱤，灌渝」，此說自不可易。惟經文曰「初、哉、首、基、肇、祖、元、胎、俶、落、權輿，始也」，「俶落」以上皆字各成義，則「權輿」亦非必相連爲文。《方言》曰：「𡙇，始也。」𡙇卽權字，而其字從大，是其本義爲大也。𡙇爲大而亦爲始，猶元爲始而亦爲大矣。輿者，衆也。僖二十八年《左傳》「聽輿人之謀」，成二年《傳》「無令輿師淹於君地」，杜注竝訓輿爲衆，故《廣雅・釋詁》曰：「輿，多也。」衆多則亦有大義。《玉篇・多部》𡖅、夥、䫬、𡖇四字竝曰「大也」，而其字竝從多。至䫬、𡖇二字亦作奓、奝，則又從大，可知其義之通矣。《詩・韓奕》篇「魴鱮甫甫」，毛傳曰：「甫甫然，大也。」《廣雅・釋訓》曰：「甫甫，衆也。」《周官・小宗伯》及《冢人職》鄭注竝曰：「甫，始也。」然則輿爲衆，故爲大，亦爲始，猶甫爲始，故爲大，亦爲衆矣。此權輿訓始之本意也。因「權輿」二字適相連成文，故古人即以二字竝舉。《周書·文酌》篇「一榦勝權輿」，《周月》篇「是謂日月權輿」，《大戴記·誥志》篇「孟春百草權輿」，竝本之《爾雅》耳。亦猶下文「林烝，君也」，而《平都相蔣君碑》即曰「於穆林烝」，「林烝」二字非相連爲義也。此可見《爾雅》一書雖經後人附益，而實傳之自古矣。

業，大也。

疏曰：「業者，版之大也。」

樾謹按：邢氏以大版爲説，未得其義。《廣雅·釋詁》：「業，始也。」《國語·齊語》「擇其善者而業用之」，韋昭注曰：「業，猶創也。」創亦始也。業之義爲始，故亦爲大，猶元之義爲大，故亦爲始矣。《爾雅》甫、業竝訓大，而甫之義即通乎始。《廣雅》昌、孟、業竝訓始，而昌與孟之義即通乎大。然則訓始、訓大於義得通，《爾雅》、《廣雅》正堪互證。

省，善也。

注曰：「省，未詳其義。」

樾謹按：「省」通作「眚」。《尚書·洪範》篇「王省惟歲」，《史記·宋微子世家》作「王眚惟歲」，莊二十二年《公羊傳》「肆大省」，《左》、《穀》竝作「肆大眚」是也。《釋名·釋天》曰：「眚，消也，如病者消瘦也。」以消釋眚，乃從雙聲取義，消從肖聲。河上公注《老子》曰：「肖，善也。」然則省之爲善，猶肖之爲善，而省之爲肖，猶眚之爲消矣。省字蓋從少得聲，省與少雖於古音非同部，而實一聲之轉。《説文·水部》：「渻，少減也。」不徑訓減而必曰少減者，兼以聲訓也。《禮記·喪服小記》篇「多陳之而省納之」，《荀子·仲尼篇》「省求多功」，竝以省、多對文，疑卽讀省如少矣。故省與肖義得通也。

肇、基，謀也。

注曰：「肇，未詳。」疏曰：「肇者，《大雅・江漢》云：『肇敏戎公。』基者，君子作事謀始也。」

樾謹按：肇亦謀始之意，上文肇、基竝訓始，是其證也。《詩・生民》篇「后稷肇祀」，《禮記・表記》篇引作「后稷兆祀」，是肇、兆古字通。《文選・漢高祖功臣頌》「伐謀先兆，擠響于音」，李善注曰「兆爲謀始，響爲音初也」，正得《爾雅》之義。郝氏懿行《義疏》引《釋言》「肇，敏也」，謂敏、謀古音相近，雖其說亦通，然經以「肇基」連文，則以謀始之説爲塙矣。

耇、老，壽也。

注曰：「耇，猶耆也。」疏曰：「《方言》云『燕岱北鄙謂耇爲梨』，郭彼注云：『梨，面色如凍梨也。』舍人曰：『耇，覯也。血氣精華覯竭，言色赤黑如狗矣。』孫炎曰：『耇，面如凍梨，色如浮垢，老人壽徵也。』」

樾謹按：凍梨之義可以釋梨，不可以釋耇，故郭氏不用以説此經。至訓覯訓垢，又取象於狗，皆以聲近之字展轉相訓，而義實未安，宜郭氏皆不之用也。《説文・老部》：「耇，從老省，句聲。」《句部》：「句，曲也。」故凡從句聲之字皆有曲義。《竹部》：「笱，曲竹，捕魚笱也。」《羽部》：「翑，羽曲也。」《疒部》：「痀，曲脊也。」竝其證也。「耇老」之「耇」蓋卽「痀」之異文，老人之脊必曲，故以爲名。其變從老省者，以疾言則宜從疒，以壽言則宜從老也。《玉部》「玖」篆下云：「讀若人句脊之句。」然則「句脊」字本止作「句」，從疒、從老皆其孳乳寖多者矣。

忥，静也。

注曰：「忥，未聞。」

樾謹按：《説文・心部》：「忥，癡皃。」《疒部》：「癡，不慧也。」其義與静絶遠。然癡字從疑。《詩・桑柔》篇「靡所止疑」，毛傳曰：「疑，定也。」不慧謂之癡，正由其性能定而不能動耳，是亦人之一病，故從疒作癡。然所謂癡皃者，非必其爲不慧之皃也。《儀禮・鄉飲酒禮》「賓西階上疑立」，鄭注曰：「疑，讀爲仡然從乎趙盾之仡，正立自定之皃。」然則忥猶仡也，其字竝從气聲，義得相通。以其不善者而言則爲癡皃，以其善者而言則爲疑立之皃，美惡不嫌同辭。《大學》篇曰「定而后能静」，正立自定，是爲静矣。學者但知忥爲癡皃，而不知忥通乎仡然之仡，癡通乎疑立之疑，故不得其解也。《説文・心部》又曰：「懝，騃也。」癡與懝蓋同字，以疾言則從疒，以心言則從心耳。懝之義爲騃，而《馬部》曰：「騃，馬行仡仡也。」仡仡者謂之懝，故仡然者謂之癡。明乎此，而《爾雅》之與《説文》固一貫矣。

順、劉，陳也。

注曰：「皆未詳。」

樾謹按：郝氏懿行《義疏》引洪頤煊《讀書叢録》説，謂《士冠禮》之「南順」即《特牲饋食禮》之「南陳」，其説甚塙。順之與陳蓋以聲近而義通，陳從申聲，古文作阠，然則順之爲陳，猶坤之爲順矣。劉者，郝云與㩅聲近。《説文》云：「㩅，引也。」或從由作抽，訓引，故又訓陳，其説亦塙。此經以「劉繹」連文，劉繹猶抽繹也。《尚書・立政》篇「克由繹之」，由即抽也，即此經之

「劉繹」矣。下文「畱，久也」，畱與劉亦通。高誘注《淮南子・原道》篇曰「劉，讀畱連之畱」，是其證也。此文引延與劉竝訓陳，下文引、延訓長，畱訓久，長久之義同矣。且陳亦有久義。《尚書・盤庚》篇「失于政陳于兹」，枚傳以陳久釋之，正義曰：「《釋詁》云『陳，久也』，古者塵、陳同。」以是言之，劉猶畱也，陳猶塵也。觀下文畱與塵同訓，則無疑乎劉之訓陳矣。

台、朕、賚、畀、卜、陽，予也。

注曰：「賚、卜、畀，皆賜與也。與猶予也，因通其名耳。《魯詩》云：『陽如之何。』今巴濮之人自呼阿陽。」

樾謹按：郭意以賚、卜、畀爲賜予之予，台、朕、陽爲予我之予，其實卜亦予我之予也。卜乃「僕」之叚字。《禮記・檀弓》篇「卜人師扶右」，鄭注曰「卜當爲僕」，其是證也。古人每自稱僕，故訓僕爲予矣。《詩・天保》篇「君曰卜爾」，《楚茨》篇「卜爾百福」，毛、鄭竝用此經爲説，誤也，辯見《毛詩》。至陽字，郭引《魯詩》及巴濮語證之，然其義未詳。今按：陽者，「養」之叚字。《説卦傳》「爲妾爲羊」，朱震《漢上易傳》引鄭本「羊」作「陽」，注曰：「此陽謂爲養，无家女行賃炊爨，今時有之，賤於妾也。」是陽與養通。鄭因兑爲少女，故以女説之。然宣十二年《公羊傳》「厮役扈養」，何休注曰：「炊亨者曰養。」《漢書・兒寬傳》「嘗爲弟子都養」，師古注曰：「養，主給烹炊者也。」然則養之名通於男女。此經卜、陽竝言，卜卽僕也，陽卽養也，皆古人謙稱，自託于執卑賤之役也。

緝、熙，光也。

注曰：「《詩》曰：『學有緝熙于光明。』」

樾謹按：「緝熙」字《詩》凡四見，然以字義言，緝無光義，疑「湒」之叚字也。《説文・水部》：「湒，灪涌皃。」水涌則有光，故「洸」篆説解曰：「水涌光也。」「湒熙」連文，湒者水之光，熙者火之光矣。

黎，衆也。

樾謹按：黎之言麗也。《尚書・禹貢》「厥土青黎」，《史記・夏本紀》作「其土青驪」，是其例矣。黎又通作「離」。《禹貢》「導弱水至于合黎」，《水經・禹貢山水澤地》篇作「合離」，離亦麗也。《説文・鹿部》「麗，旅行也」，故此經「黎旅」竝訓衆矣。

逐，病也。

注曰：「未詳。」

樾謹按：《詩・考槃》篇「碩人之軸」，箋云：「軸，病也。」正義引此經而曰「軸與逐蓋古今字異」，是逐又通作軸。然逐、軸竝非正字也。《詩・鼓鐘》篇「憂心且妯」，傳曰：「妯，動也。」《説文・心部》引作「怞」，疑逐、軸竝「怞」之叚字。怞爲心動。《漢書・田延年傳》「使我至今病悸」，師古曰「悸，心動也」，是心動亦爲病也。《周易・頤》六四「其欲逐逐」，虞注曰：「逐逐，心煩貌。」以《易》義證《詩》義，而《雅》詁益明矣。

寫，憂也。

注曰：「寫有憂者思，散寫也。」疏曰：「《小雅・車舝》云：『我心寫兮。』」

樾謹按：以散寫爲憂，義不可通。如其説，則「我心寫兮」爲我心憂兮，而於詩人之旨大悖矣。寫者，「獡」之叚字。《方言》曰：「獡，驚也。宋、衛、南楚凡相驚曰獡。」驚與憂義相近，獡爲驚，故卽爲憂矣。《説文・犬部》：「南楚謂相驚曰獡，讀若愬。」凡

《説文》「讀若」之字義皆得通。《周易・履》九四「愬愬終吉」，《釋文》引《子夏傳》曰「愬愬，恐懼貌」，即可以説此經矣。

祠、蒸、嘗、禴，祭也。

樾謹按：郝氏《義疏》曰：「四者皆時祭之名，詳見《釋天》。而此又單訓祭者，蓋不獨時祭有此名，而凡祭亦被斯名也。《小宗伯》云：『大烖及執事禱祠于上下神示』，《女祝》云『凡内禱祠之事』，《大祝》云『一曰祠』，鄭注皆不以爲春時祭名。《書・洛誥》云：『王在新邑烝』，《大宗伯》疏引鄭注云：『是非時而特假祖廟，故文、武各特牛也。』《月令》『大饗帝嘗』，鄭注曰：『嘗者，謂嘗群神也。天子親嘗帝，使有司祭於群神。』然則鄭意亦以此嘗爲祭名，而不以爲時祭之嘗矣。惟禴未聞，郭以爲皆四時祭名，恐未然也。」今按：郝氏此論甚得經意。春祭曰祠，夏祭曰礿，秋祭曰嘗，冬祭曰蒸，而四者又爲凡祭之通稱，亦猶春獵爲蒐，夏獵爲苗，秋獵爲獮，冬獵爲狩，而四者又爲凡獵之通稱也。不然，《車攻》篇既曰「駕言行狩」，又曰「之子于苗」，一時之事，何以狩、苗互見乎？《周易・萃》六二、《升》九二竝曰「孚乃利用禴」，干寶注竝曰：「非時而祭曰禴。」然則禴非時祭，古亦有徵，可以補郝説之闕。

載、謨、食、詐，爲也。

注曰：「載者，言而不信。謨者，謨而不忠。《書》曰：『朕不食言。』」

樾謹按：錢氏大昕謂古爲、僞同字，載、謨者作爲之義，食、詐者虛僞之義。而王氏引之又謂載、謨、食皆爲也，引哀元年《左傳》「不可食已」爲證。其義皆極塙，勝郭注遠矣。惟食何以訓爲，義終未明。王氏引或説謂食當讀「飭」。今按：《周易・井》初六傳「井泥不食」，虞注曰：「食，用也。」《國策・衛策》「始君之所行於世者食高麗也」，《老子》「我獨異於人而貴食母」，高誘、河上公注竝曰：「食，用也。」《荀子・富國篇》「仁人之用國」，楊倞注曰「用，爲也」，是用與爲義得相通。食訓用，故訓爲，正古義矣，不必改讀作飭也。

行，言也。

注曰：「今江東通謂語爲行。」

樾謹按：《釋宮》曰「行，道也」，是行與道義通。《周官・訓方氏》「掌道四方之政事」，《撢人》「道國之政事」，鄭注竝曰：「道，猶言也。」行之訓言，猶道之訓言矣。襄二十五年《穀梁傳》「莊公失言，淫于崔氏」，失言卽失道也。然則「行，言也」，猶曰：行，道也，與《釋宮》之文其義本通。郭引時諺爲證，尚非古義。

徽，止也。

注曰：「徽，未詳。」

樾謹按：《説文・水部》：「潿，不流，濁也。」段氏注曰：「謂薉濁不流去也。」不流則有止義，「徽」卽「潿」之叚字。《禮記・大傳》篇「殊徽號」，鄭注曰「徽，或作褘」，是其例也。上文「褘，美也」，猶云徽，美也。此文「徽，止也」，猶云潿，止也。以聲求之，得其義矣。

衛，垂也。

注曰：「營衛在外垂也。」

樾謹按：《史記・五帝紀》「以師兵爲營衛」，正義曰「爲營以自衛」，是營衛之衛乃保衛之衛。郭引以證此經，於義未塙。衛者，「圍」之叚字。《禮記・孔子閒居》篇「帝命式于九圍」，鄭注曰「九圍，九州之界也」，是圍與界義同。界訓垂，故圍亦訓垂矣。

嗟，咨蹉也。

樾謹按：《釋文》曰「蹉，本或作䟡。《字林》云：『蹉、䟡皆古嗟字』」，是嗟之與蹉古今字耳。若以嗟釋嗟，義不可通。此經當以「嗟」字爲句，「咨蹉也」三字爲句。「咨蹉」即咨嗟，蓋以咨嗟釋嗟字，謂若《尚書》「王曰嗟」之類，皆是爲咨嗟之聲以發語端也。《詩序》「故嗟歎之」，《釋文》曰：「嗟，咨嗟也。」《漢書·賈誼傳》「嗟若先生」，師古注曰：「嗟，咨嗟也。」皆本《爾雅》文，是古讀固以「咨嗟」連文矣。《釋詁》、《釋言》雖多以一字爲訓，而如「昆劉，暴樂也」，「覭髳，茀離也」，則亦閒有二字者。此云「咨嗟」，亦猶「暴樂」、「茀離」之類耳。上文「肆，故今也」，《詩·思齊》篇毛傳、《抑》篇鄭箋皆以「故今」連讀。宋王觀國《學林》謂非《爾雅》句法，失之不考矣。

於，代也。

注曰：「於，義未詳。」

樾謹按：於乃語詞也。《説文·口部》：「哉，言之閒也。」是古人用語詞本取相閒之義。上文哉、與、之、言竝訓閒，邵氏晉涵正義曰：「《周頌·雝》云『假哉皇考』，《臣工》云『維暮之春』，《有客》云『薄言追之』，皆謂詞之閒也。」然則於亦詞之閒也。凡言於者，皆自此之彼之詞，故《爾雅》不與哉、之、言竝訓閒，而與閒竝訓代，義可互明矣。

艾，歷也。

注曰：「長者多更歷。」

樾謹按：「也」字衍文，古本與下文合爲一條，其文曰：「艾、歷、厤、秭、算，數也。」故

《詩・訪落》篇「朕未有艾」，鄭箋以艾爲數，卽本此文。若如今本，則鄭何以不訓爲歷乎？歷、厤竝訓數，亦猶申、神竝訓重，任、壬竝訓佞。郭所據本於「歷」下衍一「也」字，因從而爲之説，殆非其舊矣。下文「艾、歷、覛、胥，相也」，亦以「艾歷」二字冠首，與此正同。

神，治也。

注曰：「神，未詳。」

樾謹按：上文申、神竝訓重，郝疏謂申與神同，然則此文神訓治，猶申訓治也。《説文・申部》：「申，神也。七月陰氣成體自申束，從臼自持也。」自申束卽有治義。《廣雅・釋詁》：「伸，理也。」伸與申通，理卽治也。《爾雅》亂、神竝訓治，《廣雅》亂、伸竝訓理，其義同矣。下文又曰「神，慎也」，亦卽申束之義。《釋詁》神字凡三見，惟首條訓重者申、神竝列，至下二條則有神無申，知神卽申矣。郭氏不達叚借之旨，故多未詳也。

允、任、壬，佞也。

注曰：「《書》曰：『而難任人。』允信者，佞人似信。壬猶任也。」

樾謹按：佞人似信之説義不可通。允者，「㕣」之叚字也。《説文・口部》：「㕣，山閒陷泥地。從口，從水敗皃。讀若兖州之兖。」按兖州之兖古字止作「沇」，以沇水得名。㕣讀若沇，故通作允。訓允爲佞，卽訓㕣爲佞也。㕣從口從水敗皃，正與佞義合。以地言則爲陷，以人言則爲讇，其義又相通矣。《荀子・脩身篇》「饒樂之事則佞兑而不曲」，兑字疑卽㕣字之誤。因㕣字罕見，淺人遂改爲兑矣。此經允、任、壬同訓佞，而義實不同，《爾雅》此例甚多。《説文・女部》：「佞，巧讇，高材也。」允之爲佞，乃巧讇之義。任、壬之爲佞，乃高材之義，任、壬文異義同。佞之言能也，勝也。古人自謙不佞，猶言不任矣。疏引孫炎云：「似可任之佞也。」蓋天下有真可任之人，亦有似可任之人。四岳舉鯀可用，此卽鯀之似可任也。堯不以爲可，因四岳再舉而始用，此卽堯之難任人也。難者，不輕用之意也。郝疏本郭氏「佞人似信」之説，謂任亦信也，更失之矣。

儴、仍，因也。

樾謹按：《尚書・臯陶謨》篇「思曰贊贊襄哉」，《釋文》引馬融曰：「襄，因也。」《呂刑》篇「奪攘矯虔」，《周官・司刑職》疏引鄭注曰「有因而盜曰攘」，❶蓋卽從襄聲生義。儴之訓因，亦當以此。然襄之本義解衣耕也，殊無因義？上文「曩，久也」，久則有相因之義，《漢書・食貨志》「陳陳相因」是也。曩訓久，故儴訓因，文異而義通。曩聲轉而爲乃。《漢書・曹參傳》曰「乃者我使諫君也」，師古曰：「乃者，猶言曩者。」古音乃與仍同，故上文曰「仍，乃也」。儴之與仍猶曩之與乃，故其訓同矣。郝疏以爲「攘」之叚音，失之。

珍，獻也。

注曰：「珍物宜獻。」

樾謹按：珍物雖宜獻，而獻物不可卽謂之珍，注義非也。珍與昣通。《釋言》曰「昣，致也」，卽此經「珍」字。昣爲致，故珍爲獻，文異而義通。上文曰「昣，告也」，告與致義亦相近。《禮記・少儀》篇曰「致膳於君子」，又曰「凡膳告於君子」，告卽致也，

❶「曰」，原作「而」，今據清經解續編本改。

致、告竝卽獻也。郭氏此注未免泥乎其形矣。

揚，續也。

注曰：「揚，未詳。」

樾謹按：邵氏正義引《益稷》篇「皋陶拜手稽首颺言」，❶《史記》作「揚言」爲證，已得之矣。揚言者，繼續其言，枚傳謂大言而疾，非也。惟揚何以爲續，邵亦未得其義。今按：揚者，「昜」之叚字。《説文·勿部》：「昜，一曰長也。」字亦作通「暢」。《詩·小戎》篇「文茵暢轂」，毛傳曰：「暢轂，長轂也。」凡物續之則長，長與續義相近。《淮南子·人閒》篇「故交畫不暢」，《文選·神女賦》「不可盡暢」，高誘、李善注竝曰：「暢，申也。」揚之爲續，猶暢之爲申，皆由昜之爲長而引申之。申重與繼續其義同矣。

祔、祪，祖也。

注曰：「祔，付也，付新死者於祖廟。祪，毁廟主。」

樾謹按：徐鍇《説文繫傳》引郭注曰「祪，毁也，附新廟毁舊廟也」，與今本不同，而其義更明。惟「祪毁也」之上當有「祔附也」一句，徐氏因於「祪」篆下引之，故不及耳。郭意蓋以附釋祔，以毁釋祪，而申之曰「附新廟毁舊廟也」，兩「廟」字卽經文「祖」字。《説文·示部》「祖，始廟也」，是祖之本義爲廟。《尚書·甘誓》曰「用命賞于祖，弗用命戮于社」，《考工記·匠人》曰「左祖右社」，竝以祖、社對言，祖社猶廟社也。鄭注《考工記》曰「祖，宗廟」，得其本義矣。文二年《公羊傳》：「毁廟之主陳于太祖，未毁廟之主皆升合食于太祖。」太祖卽太廟

❶「手」，原作「子」，今據清經解續編本改。

也。毁廟言廟，太廟言祖，廟、祖一也，互言之耳。《詩·有瞽》篇《序》曰「始作樂而合乎祖也」，合乎祖卽合乎廟也。《周書·嘗麥》篇「乃嘗麥于太祖」，「于太祖」卽于太廟也。《禮記·檀弓》篇：「君復於小寢大寢、小祖大祖」，小祖大祖卽小廟大廟也。《荀子·成相篇》「武王善之，封之于宋，立其祖」，立其祖卽立其廟也。凡此皆祖之本義。此經曰「祔、祪，祖也」，祖之本義也。《釋親》曰「祖，王父也」，祖之引申義也。本義爲引申義所奪，而此經之旨失矣。《説文》以祪、祔、祖三篆相次，正本此經之文。蓋有新附之廟，有已毁之廟，故必兼祔、祪而言，然後廟制乃備。吾鄉許氏宗彦《廟祧考》曰：「五廟者，一祖四親。服止五，廟亦止五。先王于親盡之祖，限于禮不得不毁，而又不忍遽毁，故五廟外建二祧，使親盡者遷焉，行享嘗之禮。❶由遷而毁去，事有漸。禮之正，仁之至，此周人宗廟之大法也。」詳見《鑑止水齋集》，其義至精。然則此經兼祔祪言，卽兼廟祧言。廟祧雖別，亦得通稱，故《王制》曰「天子七廟」，蓋五廟二祧并稱七廟也。祧得稱廟，故祪亦稱祖矣。郝氏《義疏》謂此文當以「祪祖」連讀，《玉篇》《廣韻》曰：「祪，毁廟之祖也。」祔必於毁祖者，祖親盡則廟毁，祔祭於此，以新死之主將入此廟，故祭而屬之也。此説殊不可通。古者孫祔於祖，但取昭穆相同，非必祔於毁廟之祖也。且如其説，祪祖者毁廟之祖，而祔者祔於毁廟之祖，安得卽以祪祖釋祔乎？

卽，尼也。

❶「享」，原作「亨」，今據上下文意改。

注曰：「卽，猶今也。尼者，近也。」

樾謹按：《釋文》曰：「尼，本亦作昵。」是尼有親昵之意。卽之言就也，相就卽相親，故卽訓尼矣。僖二十四年《左傳》「卽聾從昧」，正義曰「卽是依就之義」，與此經卽尼之訓正合，謂與聾者相昵也。郭以卽今說之，非是。

在，終也。

樾謹按：「在」當讀爲「載」。載從𢦏聲，在從才聲，亦或從𢦏聲。《州輔碑》「𢦏貴不濡」，在作𢦏，是其證也。故在、載得通用。載之言成也，成與終義相近，載爲終，猶就爲終矣。上文載訓始，而此文訓終，正以亂爲治，以故爲今之例。《釋天》「唐虞曰載」，注曰「取物終更始」，然則載之義固通乎終始矣。

頲，充也。《釋言》

疏曰：「《說文》云：『頲，火光也。』」

樾謹按：《方言》：「⿰扌頲，竟也。」《廣雅·釋詁》同。《小爾雅·廣詁》：「充，竟也。」⿰扌頲訓竟，充亦訓竟，是⿰扌頲、充同義矣。此經「頲」字卽《方言》「⿰扌頲」字，疑⿰扌頲從頲，亦或從頲，古文又省手耳。邢氏依「頲」字本義爲說，失之。

劑，翦，齊也。

注曰：「南方人呼翦刀爲劑刀。」疏曰：「皆爲齊截也。」

樾謹按：劑、翦、齊一聲之轉，其義皆通。然此經訓劑、翦爲齊，非訓齊爲劑、翦，則自當以齊字之義爲主，不當訓齊爲齊截，以求合於劑、翦二字也。劑者，《周官·小宰》「聽賣買以質劑」，司農云：「質劑，謂市中平賈，今時月平是也。」是質劑皆平也。《說文·齊部》：「齊，禾麥吐穗上平也。」齊爲平，劑亦爲平，故曰「劑，齊也」。翦者，《説文·羽部》曰「羽生也」，羽初生必整齊。《周官·司裘》疏引鄭康成《尚書》注曰：「毨，理也，毛更生整理。」然則翦之爲齊，猶毨之爲理矣。翦亦通作踐。《禮記·文王世子》篇「不翦其類也」，《周官·甸師》注引作「不踐其類也」，是其證也。《伐柯》篇、《伐木》篇竝曰「籩豆有踐」，蓋謂其陳設之整齊，故毛傳曰「踐，行列貌」，鄭箋曰「踐，陳列貌」，正與《雅》訓合矣。

矜，苦也。

注曰：「可矜憐者亦辛苦。」

樾謹按：「矜」通作「鰥」，《禮記·王制》篇「老而無妻者謂之矜」是也。《釋詁》曰：「鰥，病也。」鰥訓病，故矜訓苦。《廣雅·釋詁》曰「病，苦也」，是病與苦義通也。郭注失之迂矣。

誥、誓，謹也。

注曰：「皆所以約勤謹戒衆。」

樾謹按：注中「勤」字衍文也。郭意蓋以「約謹」解經文「謹」字。《韓子·十過》篇：「知伯曰：『吾與二主約謹矣。』」此「約謹」二字連文之證也。約謹猶約結也，謹與結一聲之轉，古亦通用。桓三年《穀梁傳》「謹言而退」，《公羊傳》作「結言而退」是也。此經曰「誥、誓，謹也」，謂誥誓所以約結其衆也。《説文·言部》「誓，約束也」，即本之《爾雅》矣。

黼、黻，彰也。

注曰：「黼文如斧，黻文如兩己相背。」

樾謹按：黼文如斧，其義易明。黻文如兩己相背，自來不得其説。然《尚書·益稷》篇枚傳，桓二年、昭二十五年《左傳》杜注竝與郭同，則固先儒相承之舊説。兩己相背者，兩身相背也。《禮記·樂記》篇鄭注曰：「躬猶己也。」然則己與身同義矣。兩己猶兩人。《説文·北部》：「北，乖也，從二人相背。」北從二人相背，𢀳從兩己相背，其意相近，故《釋文》曰「黻，戾也」，戾與乖同也。人各有己，挾其己意而不相從，是爲兩己相背。古君臣之閒獻可替否不爲苟同，故聖人特著此文。阮氏元謂是兩弓相背之誤，轉不如兩己之義精矣。

肇，敏也。

樾謹按：《釋詁》：「肇，始也。」肇爲始，故爲敏。始猶先也，敏猶速也。《吕氏春秋·辯土》篇「其生也必先」，高誘注曰：「先，猶速也。」肇之爲敏，猶先之爲速矣。《方言》：「佻，疾也。」佻與肇聲亦相近。《詩·生民》篇「后稷肇祀」，《禮記·表記》引作「后稷兆祀」，即其例矣。

茅，明也。

注曰：「《左傳》曰：『前茅慮無。』」疏曰：「舍人曰：『茅，昧之明也。』」

樾謹按：《左傳》「前茅慮無」，杜注雖訓茅爲明，而又云「或曰時楚以茅爲旌識」，當以或説爲長，未足以證《雅》訓也。舍人以爲昧之明，疑讀「茅」爲「霿」，其説亦迂曲。今按：「茅明也」與「蠲明也」兩文相連，竝取明潔之義。《禮記·祭統》篇「明薦之而已矣」，《中庸》篇「齊明盛服」，鄭注竝曰：「明，猶潔也。」《周官·宮人職》「除其不蠲」，鄭注曰：「蠲，猶潔也。」然則蠲之訓明，猶訓潔矣。茅亦潔也。《詩·静女》篇鄭箋云：「茅，潔白之物也。」茅爲潔，故亦爲明，正與蠲同義。《郊特牲》篇曰「縮酌用茅明酌也」，即爲此經之塙證矣。

坎、律，銓也。

注曰：「《易・坎》卦主法，法律皆所以銓量輕重。」

樾謹按：《爾雅》釋字義不當以《易》義附會，郭注非也。「坎」當讀爲「科」。《孟子・離婁》篇「盈科而後進」，趙注以爲盈滿科坎，《盡心》篇「不盈科不行」，注亦曰「科，坎也」，蓋坎、科一聲之轉，其義相通。《説文・禾部》：「科，程也。從禾從斗。斗者，量也。」然則科字正有銓量之義。「坎律」猶科律也。《廣雅・釋水》曰：「科，坑也。」「科」即「坎」之叚字。此經曰「坎銓也」，「坎」即「科」之叚字。王氏引之疑「坎」爲「次」之誤，亦未免不求之聲而求之形矣。

陪，朝也。

注曰：「陪位爲朝。」疏曰：「臣見君曰朝。朝之列位必陪重，是陪位爲朝也。」

樾謹按：陪者，「部」之叚字。凡偏旁從邑者隸變作阝，與從𨸏者相混，但有在左、在右之分，而古人又往往不拘。《敦煌長史武班碑》「領校秘鄓」，「鄓」即「隩」也。《李翕析里橋郙閣頌》王氏念孫謂「郙」即《廣雅》「陠衺也」之「陠」。然則「部」之爲「陪」，亦猶是矣。朝廷之位各有部署。《文選・西京賦》薛綜注曰：「署，位也。」部訓朝，猶署訓位矣。

康，苛也。

注曰：「謂苛刻。」疏曰：「苛名康者，以康安也。苛刻者心安之。《左傳》曰：『州吁阻兵而安忍』，其類也。」

樾謹按：「康苛」當作「抗荷」，皆同音叚借字也。《後漢書・班彪傳》「尊無與抗」，李善注曰：「抗，讀曰康。」然則康亦可讀爲抗矣。《禮記・明堂位》篇「崇坫康圭」，鄭注曰「康，讀爲亢龍之亢」，即其例也。苛與荷古字通。《晏子春秋・諫上》篇「執法之吏竝荷百姓」，《漢衡彈碑》「吏無荷擾之煩」，彼「荷」字即是「苛」，知此「苛」字即是「荷」矣。《詩・玄鳥》篇「百禄是何」，「何」即負荷之本字。《釋文》曰「本亦作荷」，是古字通也。抗舉與負荷其義相近，故曰「抗荷也」。郭以本字讀之，訓爲苛刻，而邢疏乃以安忍之義曲爲之説，無論迂迴難通，且經傳「康」字無作苛刻解者，《爾雅》何以横發此訓乎？或謂經文本是「康苛」，若作「抗荷」，則兩字俱易，恐涉臆説。然下文「奘駔也」，《釋文》引孫炎、樊光本作「將且也」，「抗荷」之爲「康苛」，亦猶「將且」之作「奘駔」。同音叚借，不必泥其形矣。

展，適也。

注曰：「得自申展，皆適意。」

樾謹按：展之言展轉也，展轉則有相嬗之義，故訓爲適，乃適齊適楚之適，非調適之適也。下文云：「逡，退也。」《一切經音義》九及《文選・東都賦》注竝引郭注曰：「逡巡，卻去也。」展轉之爲適，猶逡巡之爲退。重言之曰逡巡，單言之則止曰逡，逡猶逡巡也。重言之曰展轉，單言之則止曰展，展猶展轉也。《儀禮・鄉射禮》注曰：「少退，少逡遁也。」《聘禮》注曰：「三退，三逡遁也。」逡遁即逡巡。鄭君以退爲逡遁，即本《爾雅》之文。郭氏未達此例，而云「得自申展，皆適意」，則失之迂矣。

昆，後也。

注曰：「謂先後。方俗語。」

樾謹按：郝疏以「昆」爲「罤」之叚音。然周人謂兄曰罤，乃男子先生者之稱，安得訓後乎？《釋親》曰：「來孫之子爲晜。」孫注曰：「晜，後也。」然則昆之訓後，卽晜孫之晜。《國語・晉語》曰：「使寡君之紹續昆裔。」韋注曰：「昆，後也。裔，末也。」昭二十九年《左傳》注曰：「玄孫之後爲裔。」是昆、裔竝以子孫言。昆之訓後，猶裔之訓末。《吴都賦》「虞魏之昆，顧陸之裔」，劉淵林注曰「昆、裔，皆後世也」，得其義矣。《爾雅》晜孫字古本作「昆」，其説見後。

惕惕，愛也。《釋訓》

注曰：「《詩》云『心焉惕惕』，《韓詩》以爲悦人，故曰愛也。」

樾謹按：《説文》惕訓敬，經典亦無訓愛者，郭引《韓詩》説，今不可詳。以聲義求之，惕惕卽施施也，惕與施古音相近。《尚書・盤庚》篇「不惕予一人」，《白虎通・號》篇引作「不施予一人」，是其證也。《孟子・離婁》篇「施施從外來」，趙注曰：「施施，猶扁扁，喜悦之貌。」然則《韓詩》以惕惕爲悦人，猶趙注以施施爲喜悦貌，聲近而義通矣。

休休，儉也。

樾謹按：休休猶嘻嘻也。僖元年《公羊傳》何休注曰：「嘻，發痛語首之聲。」休與嘻一聲之轉。《廣雅・釋詁》：「休，喜也。」休之爲嘻，猶休之爲喜矣。《詩・蟋蟀》篇首章「瞿瞿」以目言，二章「蹶蹶」以足言，三章「休休」卽嘻嘻，以聲言，竝不敢荒淫之意，故《爾雅》曰：「瞿瞿、休休，儉也。」毛傳以休休爲樂道之心，則不合《雅》訓矣，説詳《毛詩》。

佻佻、契契，愈遐急也。

注曰：「賦役不均，小國困竭。賢人憂歎，遠益急切。」

樾謹按：經文本作「佻佻、契契，遐愈急也」，故郭注以「遠益急切」釋之。遠釋遐字，益釋愈字，急切釋急字也。下文「宴宴、粲粲，尼居息也」，注曰：「盛飾宴安，近處優閒。」疏曰：「尼，近也。」然則此兩經正相對成義。「遐愈急也」，明遠者急切；「尼居息也」，明近者優閒，遐與尼爲對文。今誤作「愈遐急也」，則不特與郭注不合，而與下文亦不一律。且「遐急」二字文義不倫，非上文之「切直」、「協服」，下文之「禍毒」、「爽忒」二字同義者可比，❶其爲傳寫之誤倒無疑矣。

男子先生爲兄，後生爲弟。男子謂女子先生爲姊，後生爲妹。《釋親》

樾謹按：男子先生爲兄，後生爲弟，則女子先生爲姊，後生爲妹，從可知矣。男子謂女子先生爲姊，後生爲妹，則女子謂男子先生爲兄，後生爲弟，從可知矣。兄弟姊妹男女通稱，故經文亦互見之。

來孫之子爲晜孫。

阮氏《校勘記》曰：「《史記索隱・孟嘗君列傳》、《漢書・惠帝紀》師古注皆引《爾雅》『來孫之子爲昆孫，昆孫之子爲仍孫』，是唐初本《爾雅》作『昆孫』，開成石經始誤爲『晜弟』字，猶『晜弟』字《釋文》及《後漢書》注亦誤作『昆』也。」

樾謹按：《説文・弟部》：「周人謂兄曰罤。」然經典相承皆作昆弟，不作罤弟，猶昆蟲字依《説文》當作䖵，而經典相承止作昆蟲，不作䖵蟲也。此篇自「父之晜弟」以下「晜」字凡十六見，《釋文》曰「本亦作昆，下同」，疑唐初《爾雅》凡晜弟字、晜孫字皆

❶「比」，原作「此」，今據清經解續編本改。

作「昆」，實古本也。故唐以前引《爾雅》者皆如此，不得謂昆孫是而昆弟非也。惟昆孫、昆弟字同而義異。昆弟之昆，「罤」之叚字也。昆孫之昆，疑當讀爲「貫」。《釋名·釋親屬》曰：「來孫之子曰昆孫。昆，貫也，恩情轉遠，以禮貫連之耳。」此雖依聲取義，爲《釋名》一書之常例，而適得其本字。昆、貫一聲之轉。《說文·玉部》「琨」或作「瑻」，是其證也。《詩·皇矣》篇鄭箋曰：「串夷，卽混夷。」然則昆之爲貫，猶混之爲串矣。上文「曾孫」注曰「曾猶重也」，下文「仍孫」注曰「仍亦重也」。貫有連貫之義，則亦重也。此與昆弟之昆其義本不相涉。開成石經於「昆弟」字俱改作「晜」，遂并「昆孫」字而亦改之，則失其指矣。夫昆者同音叚借字也，晜者俗字也。既不依《說文》作「罤」，而變其文作「晜」，直以昆字上半、罤字下半合成一字，豈古經所宜有乎？竊謂此篇「晜」字皆當改從作「昆」之本。昆弟字讀爲罤，昆孫字讀爲貫，則古字古義俱得矣。

妻之姊妹同出爲姨。

注曰：「同出，謂俱已嫁。《詩》曰：『邢侯之姨。』」

樾謹按：下文「女子同出，謂先生爲姒，後生爲娣」，注曰：「同出謂俱嫁一夫。」然則此經言同出，亦當與下文同。而必異爲之說者，正以莊姜爲衛侯之妻，邢侯之姨，不得言俱嫁一夫耳。然《碩人》篇毛傳但曰「妻之姊妹曰姨」，而此經則有「同出」二字，自與毛傳不同。竊意姨者本是妻之姊妹同出之稱，姨猶娣也，從夷、從弟，古音相同。《周易·渙》六四「匪夷所思」，《釋文》曰：「夷，荀本作弟。」又《明夷》六二「夷于左股」，《釋文》曰：「夷，子夏本作睇，又作眱。」竝其例矣。與妻俱來者皆其姪娣，姪則但謂之姪，而娣則亦謂之姨，蓋聲近而義通。經兼姊妹言之，乃因妹而連言姊，古經自有此例。《禮記·喪服小記》曰：「生不及祖父母諸父昆弟而父稅喪，已則否。」正義引王云：「計己之生不及此親之存，則不稅。」夫己之生所不及者，何得言弟？蓋因昆而連言之耳。猶《雜記》篇「爲妻父母在不杖不稽顙」，正義亦謂因父而連言母也，説詳《禮記》。此經「姊妹」猶彼經「昆弟」矣。《説文·女部》「妻之女弟同出爲姨」，卽本《爾雅》而改「姊妹」爲「女弟」，則其義更明，此許君之善於説經也。莊十年《左傳》「蔡哀侯娶於陳，息侯亦娶焉。息嬀將歸，過蔡，蔡侯曰：『吾姨也。』」此語卽有輕之之意，蓋謂是本吾娣媵之屬耳，所以止而見之而弗賓也。此姨字之本義，亦禮經之正名。自後相承，凡妻之姊妹通謂之姨，故詩人以莊姜爲邢侯之姨，此與《爾雅》之義有別。不然，毛公釋《詩》何不卽用《爾雅》全文，而必去其「同出」二字乎？襄二十三年《左傳》「穆姜之姨子也」，杜注：「穆姜，姨母之子。」正義曰：「據父言之謂之姨，據子言之當謂之從母。❶但子效父言，亦呼謂姨。」《釋名·釋親屬》曰：「母之姊妹曰姨」，則又因妻之姊妹而推之于母之姊妹，其去古義更遠矣。

長婦謂稚婦爲娣婦，娣婦謂長婦爲姒婦。

樾謹按：成十一年《左傳》正義引此文而説之，以爲止言婦之長稚，不言夫之大小。《儀禮》賈疏曰：「假令弟妻年大，稱之曰

❶「子」，原作「母」，今據《左傳正義》改。

姒。兄妻年小，稱之曰娣。」其說與孔氏同。邵氏正義曰：「孔氏所據者，《左傳》之稱弟妻爲姒耳。不知古之稱娣姒者，猶今人稱妯娌也。兄妻稱弟妻曰妯娌，弟妻稱兄妻亦曰妯娌。蓋晰言之則兄妻爲姒，弟妻爲娣，合言之則昆弟之妻統稱爲娣姒，急言之則但稱爲姒。孔氏謂娣姒不計夫之長幼，非也。」此二説當以邵説爲正，然苦未有塙證。今按：《墨子·明鬼》篇曰：「若然則先死者非父則母，非兄而姒也。」以父母兄姒對言，則姒爲兄妻明矣。下文云「長婦爲嫡婦，衆婦爲庶婦」，是長婦以夫之長幼言，經有明文，豈得曲爲之説乎？是故娣姒猶婚姻也。下文「壻之父爲姻，婦之父爲婚」，此晰而言之也。又曰「婦之父母、壻之父母相謂爲婚姻」，此合而言之也。僖五年《傳》「江黄道柏皆弦姻也」，襄二十三年《傳》「公有姻喪」，昭九年《傳》「王有姻喪」，諸言姻者，豈必皆壻氏乎？隱元年《傳》「外姻至」，言姻不言婚，則當時已通稱姻矣。今世相沿壻與婦家竝以姻稱，無以婚稱者，蓋方俗語言，積漸而殊，雖三代之聖人亦不能執禮文而一一正之。然則《左傳》稱弟妻爲姒，亦猶是矣，未可據《左傳》以説《爾雅》也。嘗謂《爾雅》一書最古，自黄帝正名百物以來卽當有之，特世有增益，不皆其舊耳。是故生曰父母，死曰考妣，禮有明文，而《爾雅》則以爲通稱。兄妻爲嫂，弟妻爲婦，通乎男女，而《爾雅》則專屬之女子。凡此之類，皆不當以後世之義繩之。

夫之兄爲兄公，夫之弟爲叔，夫之姊爲女公，夫之妹爲女妹。

樾謹按：此本作「夫之兄爲公，夫之弟爲

叔，夫之姊爲女公，夫之妹爲女叔」，蓋兄弟姊妹一也。夫之兄爲公，故姊爲女公；夫之弟爲叔，故妹爲女叔。今作女妹者，字之誤也。《禮記·昏義》「和於室人」，鄭注曰：「室人，爲女妐、女叔諸婦也。」正義曰：「女妐，謂壻之姊也。女叔，謂壻之妹也。」此可證《爾雅》「女妹」爲「女叔」之誤。邵氏《義疏》、阮氏《校勘記》均已具論之矣。惟兄公之「兄」爲衍文，則未有見及者。夫夫之兄婦不得謂之兄，猶夫之妹婦不得謂之妹也。是故夫之兄曰公，乃禮經之正名。郭注曰「今俗呼兄鍾」，則方俗之殊語。《釋名·釋親屬》曰「夫之兄曰公。公，君也，君，尊稱也」，此卽本《爾雅》之文而釋其義。又曰：「俗閒曰兄章。章，灼也，章灼敬奉之也。」又曰：「兄伀，言是己所敬忌，見之怔忪，自肅齊也。」兄章、兄伀之稱以俗閒別之，明非《雅》義矣。其下文又曰：「俗或謂舅曰章。」又曰：「伀亦如之也。」然則兄章、兄伀之稱蓋起於此。因舅亦有此稱，故於夫兄之正稱轉加「兄」字以別於舅也。《禮記·奔喪》篇注曰：「兄公於弟之妻。」此蓋從漢世俗稱，非據《爾雅》文。正義曰：「《釋親》：『婦人謂夫之兄爲兄公。』」則唐初已衍「兄」字矣。又引皇氏云「婦人稱夫之兄爲公者，須公平尊稱也」，此亦可證古本《爾雅》之無「兄」字。

群經平議卷三十四

群經平議卷三十五

德清俞樾

爾雅二

東北隅謂之宧。《釋宫》

樾謹按：《説文·宀部》：「宧，養也。室之東北隅，食所居。」此蓋從頤字取義，其實非也。《士昏禮》：「媵布席于奥，夫入于室即席。」是古人飲食亦即在奥，故祭亦如之。乃以東北隅爲食所居，於禮無徵矣。今按：東北與西南兩隅相對。西南隅謂之奥，奥取其隱，則宧必取其明。《曲禮》正義引孫炎云「宧日側之明」，日側之義雖從東北附會，而其訓宧爲明，實古義也。蓋東北隅與户相當，最爲明顯，故東北隅謂之宧，猶西北隅謂之屋漏。《詩·抑》篇正義引孫炎曰：「屋漏者，當室之白日光所漏入。」然則宧也，屋漏也，皆以受户之光而言。光自户入，正當東北隅，而西北隅亦得受之。其西南隅與户絶遠，則爲奥矣。其東南隅雖與户近，而適爲户扉所掩，則爲窔矣。郭注曰：「窔亦隱闇。」是室中四隅之名皆以明闇爲義，兩明兩闇，義適相當。《釋詁》曰：「熙，光也。」宧之與熙蓋聲近而義通矣。

樞達，北方謂之落時。

注曰：「門持樞者，或達北檼以爲固也。」疏曰：「其持樞之木或達北檼以爲牢固者，名落時。檼即棟也。」

樾謹按：樞者門扉開闔之所由也，安得復

有木以持之？且所謂達北方者，不知達於何地？郭以爲北櫺，則專以室户言矣。且北櫺之名，亦於古無徵。《釋名·釋宫室》曰：「棟，中也，居室之中也。」然則安得有北櫺乎？今按：此當以「樞達」二字爲句，「北方謂之落時」乃釋方俗之殊語，與《釋獸》篇「秦人謂之小驢」其語一律。樞達者，受樞之達也。門扉所由開闔者謂之樞，而其上下設木鑿孔以受樞謂之達。達者，通也，穿也。《廣雅·釋詁》：「達，通也。」高誘注《淮南子·脩務》篇曰：「達，穿也。」是其義也。受樞之達其名曰扂，而北方則有落時之名，故曰「樞達，句。北方謂之落時，落時謂之扂」。郭失其讀，斯失其解矣。

垝謂之坫。

注曰：「在堂隅坫端也。」

樾謹按：《説文·土部》：「垝，毁垣也。」堂隅之坫經傳從無垝名，疑「坫」乃「阽」之叚字。《説文·𨸏部》：「阽，壁危也。」垣毁、壁危義正相近，故垝謂之阽矣。《釋文》曰「垝，本又作庋」，則因「阽」字叚作「坫」，故改「垝」爲「庋」以合之，非《爾雅》之舊也。其下云「牆謂之墉」，可知此文亦以牆垣言矣。

九達謂之逵。

注曰：「四道交出，復有旁通。」疏曰：「按《左傳》隱十一年云『及大逵』，桓十四年『焚渠門，入及大逵』，莊二十八年『衆車入自純門及逵市』，宣十二年『入自皇門，至于逵路』，杜預皆以爲道竝九軌。按《周禮》：『經途九軌，不名曰逵。』杜意蓋以鄭之城内不應有九出之道，故以爲竝九軌，於此則不合也。」

樾謹按：《爾雅》之「逵」與《左傳》之「逵」同字異義。《爾雅》之逵乃九道交出之名，自一達至九達，義皆一律。《淮南子·説林》篇「楊子見逵路而哭之，爲其可以南可以北」，此《爾雅》義也。《左傳》之逵則爲道路之通稱。《傳》於魯國多言衢，於齊國多言莊，於鄭國多言逵，蓋方俗之殊語。左氏就其國史原文而載之，非魯之道必四達，齊之道必六達，鄭之道必九達也，各取大名以命之耳。執《爾雅》以説《左傳》，則疑城内不應有九出之道，而附會于《周禮》之「經涂九軌」，於是《傳》義失而《雅》訓亦違矣。

室有東西廂曰廟。

樾謹按：古制堂東西牆爲序，序以外爲夾室，夾室之前爲東堂、西堂，亦曰東廂、西廂，是廂繫堂不繫室也。乃云「室有東西廂」，於義難通。疑「室」乃「堂」字之誤。宣十六年《公羊傳》疏引李巡曰：「室有東西廂，謂宗廟殿有東西小堂也。」按《説文·土部》：「堂，殿也。」是殿者堂之訓。經文是「堂」字，故李巡以「殿」字釋之。若是「室」字，安得以爲殿乎？下文「無室曰榭」，《尚書·大誓》正義引孫炎曰：「榭，但有堂也。」《禮記·月令》正義引李巡曰：「但有大殿無室名曰榭。」以彼證此，可知李巡以「殿」字解「堂」字，其所據經文必作「堂」矣。《文選》潘安仁《爲賈謐作贈陸機詩》注引舍人曰：「殿有東西小堂也。」與李巡同，是古本《爾雅》皆作「堂有東西廂」也。且合下文讀之，曰「堂有東西廂曰廟，無東西廂有室曰寢，無室曰榭」，是「堂」之一字冒下三句而言。均是堂也，其有東西廂者曰廟，其無東西廂而有室者曰寢，無室者曰榭。今「堂」字誤作「室」，則合下文讀之而不可通矣，所宜訂正也。

陝而脩曲曰樓。

樾謹按：邵、郝二疏竝引《説文》「樓重屋也」爲證，此失其義也。古重屋之樓與今所謂樓者相似，皆於屋上爲屋，但古以取明，故其下無版；今以居人，故其下施版，此爲異耳。若陝而脩曲之樓，與今所謂樓者絶異。蓋承上文「四方而高曰臺」言之，樓與臺同，皆是絫土而成，其四方者曰臺，其陝而脩曲者曰樓，非重屋也。《方言》曰：「冢，自關而東謂之丘，小者謂之塿。」雖非此經「樓」字之義，然同是絫土爲之，較重屋之樓其義稍近矣。

嫠婦之笱謂之罶。《釋器》

注曰：「《毛詩》傳曰『罶，曲梁也』，謂以簿爲魚笱。」疏曰：「孫炎云：罶，曲梁，其功易，故謂之寡婦之笱。」

樾謹按：孫謂寡婦之笱以功易得名，此説非也。《詩》云「彼有遺秉，此有不斂穧，伊寡婦之利」，所謂嫠婦之笱者疑亦同此。蓋於水中設簿取魚，使寡婦得以取之而食其利，故有是名。邵氏正義曰「今南方排竹水中疎節相維謂之魚簿，設門焉，隨潮爲啓閉」，引《淮南子·兵略》篇「發笱門」爲證，此説「笱」字之義極得。寡婦之笱殆是笱之小者，故異其名曰罶矣。

袩謂之裾。

注曰：「衣後裾也。」

樾謹按：此經「衣眥謂之襟，袩謂之裾」，「襟裾」連文，郭以裾爲衣後裾，則與襟迥別。而《玉篇·衣部》曰：「袩，裾也。裾，衣袌也。袌，衣前袷也，袷卽古襟字。」然則襟裾同物矣。戴氏震作《方言疏證》，據此以訂郭注之誤。今按：郭注固未覈，然竟謂襟裾同物而異名，則亦失之。蓋自衣領至腋下謂之襟，而自腋下直垂至末謂之裾，故襟惟前有之，而裾則前後皆有之。《玉篇》以裾爲衺，衺爲衣前衿，此指前裾而言也。《釋名·釋衣服》曰：「裾，倨也，倨倨然直，亦言在後常見踞也。」此指後裾而言也。各成一義，似皆未備。然云「倨倨然直」，則可知其與襟異矣。襟必斜掩至右，不得倨倨然直也。

䰝謂之鬵，鬵，鉹也。

樾謹按：古本當作「若䰝謂之鬵」，蓋與上連爲一條，皆釋鼎之異名也。《説文·鬲部》：「鬵，大釜也。一曰鼎大上小下若甑曰鬵。」大釜之訓，釋鬵字之本義；其鼎大上小下之説卽本《爾雅》文，而又詳其形狀也。甑、䰝古字通。《釋文》曰：「䰝，本作甑。」許君所見本蓋正作「甑」矣。其「鬵鉹也」之文，亦以鼎言，蓋鼎之若甑者謂之鬵，而鬵又謂之鉹也。何以明之？《説文·金部》：「鉹，曲鉹也。一曰鬵鼎。」曲鉹之訓，釋鉹字之本義；一曰鬵鼎，則亦本《爾雅》文。《爾雅》止言鬵，而許君增其文曰「鬵鼎」，正以此條是説鼎事也。然則古本《爾雅》作「若䰝謂之鬵」，固無疑矣。

百羽謂之緷。

樾謹按：「緷」通作「揮」，故鄭公孫揮字子羽也。《地官·羽人》「十搏爲縛」，「縛」卽「緷」字之誤，説詳《周禮》。

旄謂之藣。

注曰：「旄，牛尾也。」疏曰：「舞者所執也。」

樾謹按：《集韻》「藣，班縻切，笥虡飾」，引《爾雅》曰：「髦謂之藣。」王氏引之據此訂邢疏之誤，且引《周頌・有瞽》篇「設業設虡，崇牙樹羽」爲證，其説是也。惟未及「龍」字之義。龍者，「擺」之叚字。《釋名・釋喪制》曰：「披，擺也，各于一旁引擺之，備傾倚也。」據《有瞽》篇正義謂「置之於栒虡之上角」，則亦有在旁引擺之義，故謂之擺矣。「擺」字《説文》所無，然已見《釋名》，則漢世固有「擺」字。《玉篇》謂擺與捭同，當卽「捭」之或體也。《説文・草部》：「龍，草也。」徐鍇引此文而説之曰「蓋似此草也」，則未達叚借之例，而臆爲之説矣。

革中絶謂之辨，革中辨謂之韏。

注於上句曰：「中斷皮也。」下句曰：「復分半也。」

樾謹按：革中絶謂之辨，則革中辨卽是革中絶耳，豈得分爲二義？若如注義，當云「辨中絶謂之韏」，於義方明，不當仍云「革中辨」也。疑經文下「辨」字乃「辮」字之誤。《説文・糸部》：「辮，交也。」中絶、中辮兩文相對，中絶謂之辨，辨者，判也；中辮謂之韏，韏者，曲也。《廣雅・釋詁》曰「韏，曲也」，是其義也。相交則有曲義，故中辮謂之韏矣。辮、辨形似，又涉上句「辨」字而誤耳。《説文》「韏」篆説解卽用《爾雅》文，而亦作「革中辨」，蓋後人依既誤之《爾雅》改之也。

大篪謂之沂。《釋樂》

樾謹按：「沂」誤字也。《釋文》引孫炎曰：「篪聲悲，沂悲也。」《太平御覽》卷五百八十引舍人曰：「大篪其聲悲沂鏘然也。」夫沂與悲義了不相涉，若果是「沂」字，則古人必不作是解矣。「沂」當作「⿰⿱甘言斤」。《説文・言部》：「⿰⿱甘言斤，悲聲也。」

舍人注云「其聲悲䜣」，孫炎注云「䜣，悲也」，皆與字義合。今作「沂」者，疑別本或叚「澌」爲「䜣」，其字闕壞，遂成「沂」矣。《釋名·釋樂器》曰：「篪，啼也，聲從孔出，如嬰兒啼聲也。」是篪之名義本取諸啼，故亦謂之䜣，䜣與啼義相近。下文「大塤謂之嘂」，《詩·何人斯》篇正義引孫炎曰：「音大如叫呼也。」然則大篪謂之䜣，大塤謂之嘂，皆象其聲而名之。《釋名》曰：「塤，喧也，聲濁喧喧然也。」䜣與啼同，嘂與喧同，《爾雅》與《釋名》其義通矣。

大籈謂之麻。

注曰：「麻者，音概而長也。」

樾謹按：麻與靡古字通。《呂氏春秋·任數》篇「西服壽靡」，高注曰「靡，亦作麻」是也。「大籈謂之麻」者，言其聲靡靡然也。《詩·黍離》篇毛傳曰：「靡靡，猶遲遲也。」故郭以爲聲概而長也。《說文·禾部》：「概，稠也。」《釋言》篇注曰：「粥之稠者曰糜。」然則聲稠謂之靡，猶粥稠謂之糜矣。

四時和謂之玉燭。《釋天》

樾謹按：此及下文「四時和爲通正」，「時」字竝「氣」字之誤，說見阮氏《校勘記》。此四氣卽上文「春爲青陽，夏爲朱明，秋爲白藏，冬爲玄英」也。郭注於青陽等四名竝以氣言之，是其所據本固未誤。至下文「春爲發生，夏爲長贏，秋爲收成，冬爲安甯」，則不以氣言，而以爲四時之別號，蓋郭所據本已作「四時和爲通正」矣。唐石經於此文作「四氣」，下文作「四時」，卽依郭氏本也。今本皆作「四時」，又非郭氏之舊矣。惟經文兩言「四氣和」，其義不同，此文以光言，下文以風言。光也，風也，竝由氣而生也，故此曰「謂之玉燭」，下曰「謂之景風」。燭猶光也。《釋文》引李巡云「君德美如玉而明若燭」，此説失之。蓋玉燭與景風、醴泉一律，燭也，風也，泉也，實指其事；玉也，景也，醴也，爲之美名耳。古人之詞，凡所甚美者則以玉言之，《尚書》之「玉食」，《禮記》之「玉女」，《儀禮》之「玉錦」皆是也。玉燭猶言玉光，謂光之至美者也。邢疏引《尸子》曰：「燭於玉燭，飲於醴泉，暢於永風。」然則玉燭固不得分而爲二矣。

十一月爲辜，十二月爲涂。

樾謹按：辜之言故也，涂之言除也。一歲至此，將除去故舊而更新矣，是以十一月謂之故，十二月謂之除也。辜、故，涂、除竝聲近而義通。《周官・硩蔟氏》注曰：「月謂從娵至荼。」「荼」亦「除」之叚字耳。《詩・小明》篇「日月方除」，毛傳以爲除陳生新，當卽此「除」字之義，故「二月初吉，至于艽野」也。鄭箋曰「四月爲余」，恐失之矣。四月爲余乃「舒」之叚字，《釋文》曰「孫作舒」是也。《詩》正義引李巡曰：「四月萬物皆生枝葉，故曰余。余，舒也。」其説亦與孫炎同，初非取除陳生新之義，不得混而一之。

焚輪謂之穨。

樾謹按：「焚」字《釋文》作「棼」，曰：「棼，本或作焚。」蓋焚、棼古通用。文十一年《左傳》「獲僑如之弟焚如」，《史記・魯世家》作「棼如」是也。棼輪與紛綸同。《文選・封禪文》「紛綸威蕤」，張揖曰：「紛綸，亂貌。」

暴雨謂之涷。

樾謹按：《説文・水部》：「涷水出發鳩山入於河，從水東聲」，是涷爲水名，其本義也。此經以爲暴雨之名，其别義也。《廣韻・一送》「涷，瀑雨。又水名」，一本《爾雅》，一本《説文》。至涷爲冰涷，初無暴雨之説。唐石經本作「涷」，張參《五經文字》隸「涷」字於水部，云見《爾雅》，知此字自當從水。阮氏《校勘記》謂《説文》有「涷」無「涷」，誤甚矣，故特訂正之。

夏獵爲苗。

注曰：「爲苗稼除害。」疏曰：「《周禮・大司馬職》鄭玄解苗田與此小異，言『擇取不孕任者，若治苗，去不秀實者』。孫炎亦然。明帝集諸學士作《白虎通義》，其説曰：『夏謂之苗何？擇去其懷任者也。秋謂之蒐何？蒐索肥者也。』按苗非懷任之名，何云擇去懷任？秋獸盡皆不瘦，何云蒐索取肥？雖名《通義》，不通也。」

樾謹按：鄭、孫、郭三説皆從苗稼生義，於義難通，當以《白虎通義》爲正。邢氏以苗非懷任之名譏之，殆未喻其意也。彼以擇訓苗，非以懷任訓苗，猶以索訓蒐，非以肥訓蒐也，安得以此爲譏乎？今按：苗讀爲「芼」。《詩・關雎》篇「左右芼之」，毛傳曰：「芼，擇也。」夏田爲芼，蓋以擇取爲義，故班固以爲擇去其懷任者，乃古義也。鄭、孫擇取之説猶存古義，而以經字作「苗」，遂以治苗附會之，則失之迂矣。郭知其不可通，别爲之説，而擇取之義遂不復存，此失之愈遠者也。苗與芼皆叚字，其本字當作「覒」。《説文・見部》：「覒，擇也。從見毛聲，讀若苗。」凡《説文》「讀若」之字每即經典通用之字，如「勼」讀若「鳩」，而經典即通作「鳩」；「竺」讀若「篤」，而經典即通作「篤」；「亼」讀若「集」，而經典即通作「集」；「𡗜」讀若「頒」，而經典即通作「頒」，竝其例也。「覞」讀若「苗」，故即以「苗」爲之。不明乎此而望文生訓，難以論古矣。

錯革，鳥曰旟。

注曰：「此謂全剝鳥皮毛置之竿頭，即《禮記》云載鴻及鳴鳶。」

樾謹按：如郭義，則當云「錯鳥革」，不當云「錯革鳥」，殆非經旨也。《詩·六月》篇正義引孫炎曰：「錯，置也。革，急也。畫急疾之鳥於縿也。《鄭志》荅張逸亦云『畫急疾之鳥隼』。」是孫義本於鄭。然急疾之鳥謂之革鳥，於古無徵，雖本鄭義，未爲可據。《説文·㫃部》曰：「旟，錯革畫鳥其上。」然則許君讀此經以「錯革」二字逗之。錯革鳥曰旟，謂置皮而畫鳥於皮上，是謂旟也。《文選·西京賦》薛綜注引《爾雅》曰「熊虎爲旗」，今無此文，疑古本《爾雅》作「錯革，鳥曰旟，熊虎曰旗」。「錯革」二字總冒下事，蓋置皮而畫鳥爲旟，畫熊虎爲旗也。今本蓋有闕文，故其義晦矣。《六月》篇毛傳曰「鳥章，錯革，鳥爲章也」，亦當以「錯革」連文，謂錯革而以鳥爲章也。鄭誤以「革鳥」連文，非《雅》義亦非傳義。

秦有楊陓。《釋地》

注曰：「今在扶風汧縣西。」疏曰：「《周禮》冀州云『其澤藪曰陽陓』，鄭注云：『所在未聞。』又雍州云『其澤藪曰弦蒲』，鄭注曰：『在汧。』按《地理志》汧吴山在西，古文以爲汧山。北有蒲谷鄉弦中谷，雍州藪。今注亦云『在汧』，然則《周禮》弦蒲即此楊陓也。」

樾謹按：郭以《周禮》之「弦蒲」説此經之「陽陓」，殊苦無據。《淮南子·墬形》篇「秦之陽紆」，高誘注曰：「陽紆，蓋在馮翊池陽，一名具圃。」據下文「周有焦護」，注曰：「今扶風池陽縣瓠中是也。」然則高氏之説，殆卽以焦護當陽紆，而又牽合《左傳》之具圃，亦非塙詁。至《吕氏春秋·有始覽》「秦之陽華」，高注曰「陽華，在鳳翔。或曰在華陰西」，則又與注《淮南》不同。竊嘗合諸説論之，當以在華陰爲是。卽經字亦當從吕氏作「陽華」，《周禮》之「楊紆」，《爾雅》之「楊陓」，竝「陽華」之叚字。《釋文》曰「陓，郭烏花反」，則陓與華音固相近矣。陽華與華陰其實一地，皆從華山得名，主乎山而言之則爲華山之陰，故縣名華陰；主乎地而言之則華山當其陽，故藪名陽華。《漢書·地理志》大原郡陽曲，應劭曰：「河千里一曲，當其陽，故曰陽曲也。」陽華之名正與陽曲一律矣。是故陽華在華陰，焦護在池陽，弦蒲在汧，三者異地異名。至《職方氏》稱楊紆爲冀州藪，恐是誤文，亦猶以潁湛爲荆州浸，波溠爲豫州浸，同屬傳寫之誤。學者當據《爾雅》以正《周禮》，未可執《周禮》以疑《爾雅》，以致重悂而貤繆也。

如乘者，乘丘。《釋丘》

注曰：「形似車乘也。或云：乘者，謂稻田塍埒。」

樾謹按：此當以或説爲長。《玉篇·土部》：「塍，視陵切。隄也，埒也，畔也。」又曰：「堘，水埒，亦同上。」然則乘丘之乘，卽堘字之省耳。知非車乘者，以下句云「如陼者陼丘」，注曰「水中小洲爲陼」，是則如乘、如堵，皆取象於地，猶下文「如畝畝丘，如陵陵丘」，亦皆取象於地也。若云形似車乘，則當與下文「如覆敦者敦丘」相次，不得次於此矣。

方丘，胡丘。

注曰：「形四方。」

樾謹按：邵氏正義說以《淮南・墬形》篇之和丘，郝氏《義疏》說以《漢志》山陽郡之暇丘，皆足備一說，然未若王氏引之以壺丘說之爲尤塙也。文九年《左傳》「楚侵陳，克壺丘」，壺丘蓋卽以丘名邑。昭二十五年《公羊傳》注曰：「壺，禮器，腹方口圓曰壺，反之曰方壺。」是壺之制固有方者，故方丘謂之壺丘矣。《列子・湯問》篇有圓嶠方壺之名，雖屬寓言，而所謂方壺者，或卽從方丘之爲壺丘取義歟？經作「胡丘」者，胡、壺聲同。《呂氏春秋》有「壺丘子林」，而《漢書・古今人表》又作「狐丘」，狐、胡亦聲同。

畢，堂牆。

注曰：「今終南山道名畢，其邊若堂室之牆。」

樾謹按：如注義，則堂牆乃譬況之辭，當云「如堂牆者畢」，於文方明，不得但云「畢堂牆」也。堂者，山中道名。《詩・終南》篇「有紀有堂」，毛傳曰：「堂，畢道，平如堂也。」蓋以其如堂而名之曰堂，亦猶「如畝畝丘，如陵陵丘」之例。《山海經・大荒東經》「有大人之堂」，注曰：「大人之堂，亦山名，形狀如堂室耳」，是山固有以如堂得名者。《禮記・檀弓》篇注：「堂形，四方而高。」然則所謂如堂者，以其四方而高，非堂室之謂也。凡山形四方而高者曰堂，堂之兩邊復有厓岸曰牆，亦謂之畢，故曰「畢，堂牆」也。《爾雅》與毛傳義可互明。主乎畢而言之則爲堂之牆，主乎堂而言之則爲畢之道矣。鄭箋申之曰：「畢也，堂也，亦高大之山所宜有也。」畢，終南山之道名，邊如堂之牆然。」此義爲郭所本，而實有誤。堂是道名，畢是道旁厓岸之名，非道名也。若云「堂，終南山之道名，畢其邊牆」，則簡而明矣。

小山岌大山，峘。《釋山》

樾謹按：《説文·馬部》：「馺，馬行相及也，讀若《爾雅》『小山馺大山，峘』。」然則古本《爾雅》作「馺」，不作「岌」也。《説文》讀若之字亦有即舉本字者，如《走部》「⿺走樂」讀若《春秋傳》『輔⿺走樂』之類。陳氏壽祺《左海經辨》所舉凡十五事，馺讀若馺即其一也。「小山馺大山，峘」與下文「大山宮小山，霍；小山别大山，鮮」句法一律。郭解「大山宮小山」曰：「宮，謂圍繞之，《禮記》曰『君爲廬宮之』是也。」然則「小山馺大山」取馬行相及之義，亦猶「大山宮小山」取爲廬宮之之義，謂山之相及猶馬之相及，山之相圍繞猶宮之相圍繞也。若如今本作「岌」，於文爲不辭矣。《玉篇·山部》：「峘，大山也」，蓋由誤讀《爾雅》，分「小山馺大山峘」爲二句，與酈道元《水經注》於廬江水下引《爾雅》「大山曰宮」其誤正同。然「岌」下但曰「山高貌」，而不曰「小山也」，是其所見《爾雅》猶作「馺」也。不然，以峘爲大山，必以岌爲小山矣。是可知變「馺」爲「岌」乃唐以後傳寫之誤，當據《説文》訂正。

多草木，岵；無草木，峐。

疏曰：「毛傳云：『山無草木曰岵，有草木曰屺。』與此不同者，當是傳寫誤也。」

樾謹按：毛傳與《爾雅》異，而《説文》曰「岵，山有草木也」，「屺，山無草木也」，《釋名》曰「山有草木曰岵，無草木曰屺」，則皆與《爾雅》同。其孰是孰非固未易論，然即多草木與有草木論之，則《爾雅》之義精矣。蓋天下之山大抵皆有草木者也，其無草木者謂之峐，其多草木者謂之岵，皆因其有異於常，故特異其名。若如諸書以有無對舉，則天下之山非岵卽峐矣，豈古人命名之意乎？然則卽此一字而《雅》訓之精具見，恐未可以毛傳疑《爾雅》也。

山上有水，埒。

注曰：「有渟泉。」

樾謹按：王氏引之《經義述聞》據《列子·湯問》篇注「山上水流曰埒」，謂郭注未允，其說是也。山上有水卽所謂瀑布。《文選·天台山賦》「瀑布飛流以界道」，李注曰：「界道，謂爲道疆界也。」是卽名埒之義矣。

潬，沙出。《釋水》

注曰：「今河中呼水中沙堆爲潬。」

樾謹按：《說文》無「潬」字，疑卽「灘」字也。據《說文》灘爲灘重文，其說解曰「水濡而乾也」，竝無水中沙堆之說，蓋是別義，許所不收耳。《玉篇·水部》「灘，水灘也。灘同上」，此卽《爾雅》「潬沙出」之「潬」。《釋天》篇「在申曰涒灘」，李巡注曰「灘，單，盡也」，是灘、單聲近，故灘或爲潬矣。《釋名·釋言語》曰：「難，憚也。」灘之與潬，猶難之與憚也。今人習用沙灘字，不知其本於《爾雅》矣。

瀵，大出尾下。

注曰：「尾猶底也。」疏曰：「言其源深出底下者名瀵。」

樾謹按：凡泉莫不有底，何獨於瀵言之？且泉之有底，乃其源也，非尾也，郭注義不可通。尾者，水之下流也。《水經·㶟水》篇注引諺曰「高梁無上源，清泉無下尾」，是尾對源而言。「瀵大出尾下」，言其出甚大，而其尾則歸於下也。《列子・湯問》篇「壺領之山有水湧出，名曰神瀵」，張湛注曰：「山頂之泉曰瀵泉。」在山頂則其下注可知。《爾雅》蓋以尾之在下見源之在上也。是故壺領之神瀵正《爾雅》大出尾下之瀵。若《水經注》所稱瀵水出汾陰縣南四十里，平地開源，濆泉上湧，則是平地之水但可謂之大出，而不可謂之尾下，雖沿瀵名，實與《雅》義微別。相習既久，但以濆湧者謂之瀵水，而不知其爲山頂之泉，則尾下之義不可解矣。

濟有深涉，深則厲，淺則揭。揭者，揭衣也。以衣涉水爲厲。繇膝以下爲揭，繇膝以上爲涉，繇帶以上爲厲。

樾謹按：涉者，厲、揭之總名。《詩》云「濟有深涉」，涉字之中即包深厲、淺揭二義。《爾雅》引《詩》而釋之曰「揭者，揭衣也。以衣涉水爲厲」，則已分釋厲、揭二字。其下三句則又明涉義之兼乎揭、厲，所謂深則厲，淺則揭也，均是揭也。繇膝以下謂之揭，繇膝以上謂之涉，是揭淺於涉也。以此推之，均是厲也。繇帶以上謂之厲，繇帶以下謂之涉矣，是厲深於涉也。詩人所謂深則厲，淺則揭者，義正如此。《爾雅》不言繇帶以下爲涉者，帶以下即膝以上，「繇膝以上爲涉」此一句固兼揭、厲言之矣。毛傳曰：「由膝以上爲涉，以衣涉水爲厲，謂由帶以上也，揭褰衣也。」不引出膝以下之文，則於深則厲淺則揭之旨不明，毛公之説《詩》固不逮《爾雅》矣。《説文》引《詩》作「深則砅」，其解云「履石渡水也」，此是許君聊廣異聞，既違《雅》訓，且乖《詩》義。戴氏震作《毛鄭詩考正》從之，謬矣。王氏引之《經義述聞》謂「繇膝以下爲揭」六字唐以前學者所增，抑何言之鹵莽歟？

瘣，懷羊。《釋草》

注曰：「未詳。」

樾謹按：萬希槐《困學紀聞集證》引《大戴記·勸學》篇「蘭氏之根，懷氏之包」，謂懷氏即懷羊也。此恐不然。《荀子·勸學篇》作「蘭槐之根」，是懷者，槐也。《釋木》篇曰：「懷，槐大葉而黑。」「懷」即「櫰」之叚字，非此所謂懷羊也。今按：《廣雅·釋草》：「褱，續斷也。」《名醫别録》云：「續斷一名槐。」槐與瘣通，褱與懷通。然則《爾雅》之「瘣」殆即《廣雅》之「褱」乎？續斷有草木二種，此入《釋草》，當謂草續斷矣。

熒，委萎。

樾謹按：《釋文》「委」作「荽」，阮氏《校勘記》謂委、萎一字，唐石經、今本作「委」非，當從陸本作「荽」，其説是也。惟荽、萎二字似乎倒置，經文當本作「熒萎荽」，「萎荽」即「萎蕤」也。《玉篇·草部》「蘂，萎蕤也」，即本《爾雅》文，蘂與熒同，蕤與荽同。《明堂位》篇「夏后氏之綏」，鄭注曰：「綏讀如冠蕤之蕤。」然則荽之通作蕤，猶綏之通作蕤矣。

其葉蕸。

樾謹按：《釋文》云：「蕸，字又作葭。衆家竝無此句，惟郭有。」然芙渠惟葉爲最大，古人命名，雖蓮中之的，的中之薏，猶一一爲之名，何獨於葉而遺之乎？是無此句者非也。惟「蕸」字《説文》所無，葭則葦之未秀者，非芙渠葉也。疑上句「其莖茄」或作「其莖葭」，蓋以葭爲茄，乃同音叚借，亦猶《中庸》引《詩》「假樂」作「嘉樂」也。此句古本當作「其葉荷」。《説文》曰「荷，芙渠葉」，即本《爾雅》文，可證也。荷者，芙蕖葉之定名。種芙蕖者，其始彌望止見有葉而已，因以葉之名名之，故荷即爲大名。上文曰「荷芙渠」，此文曰「其葉荷」，不嫌同名也。學者疑荷是大名，不應葉其名，或徑删此句，或移上句「茄」字異文作「葭」者以當之，或又變其字作「蕸」以別於「蒹葭」字，胥失之矣。

莙，牛藻。

注曰：「似藻，葉大，江東呼爲馬藻。」

樾謹按：《説文·艸部》：「藻，水艸也。或作藻。」莙，牛藻也，是莙者藻之別種。《齊民要術》引《詩義疏》曰：「藻，水草也，生水底。有二種，其一種葉如雞蘇，莖大如箸，可長四五尺；一種莖大如釵股，葉如蓬，謂之聚藻。」郝氏《義疏》云：「陸説二藻之狀，其言葉如雞蘇，即今之大葉藻，所謂馬藻也。言葉如蓬，所謂牛藻也。此注以牛藻爲馬藻，蓋誤。」今按：郝説非也。牛藻者，馬藻之異名。凡草之以馬名者，皆以大而名之。上文「荓馬帚」，郝云：「馬之言大也。」然牛、馬同類之物，義得通稱。上文「茭牛蘄」，注云：「今馬蘄。」然則牛藻之即馬藻，猶牛蘄之即馬蘄矣。又《釋木》篇「終牛棘」，注云：「即馬棘也。」亦與此同。必分牛藻、馬藻而二之，以郭注爲誤，殆不然矣。

蘜，治蘠。

注曰：「今之秋華菊。」

樾謹按：《説文繫傳·草部》：「蘜，日精也，以秋華。臣鍇按：《本草》蘜即九月黄華者也。」又曰：「蘜，治蘠也。臣鍇按：《本草》菊有十名，不言治蘠。」小徐之意蓋以郭注爲誤。郝氏《義疏》從之，然所據者小徐本也，大徐本則云「蘜，日精也，似秋華」。夫曰似秋華，則非真秋華矣。《玉篇・草部》：「蘜，居六切。《説文》云：『日精也，似秋華。』蘜，居六切，治牆也。」《爾雅》注云：「今之秋華菊。」疑郭璞、顧野王所見《説文》皆與大徐本同，故竝以治牆之蘜爲秋華菊。此二字音同形似，殆難辨別。然秋華菊見於《月令》，載於《本草》，《爾雅》何容不列其名？若以治牆爲非，則菊之名竟不登於《爾雅》，而所謂治牆者又不能塙指爲何物。邢疏引《本草》陶注云：「菊有兩種，一種莖紫，氣香而味甘，葉可作羹而食者爲真；一種莖青，而作蒿艾氣味苦，不堪食者名苦薏，非真也。」郝氏遂疑《爾雅》「治牆」即指此種而言，然則《爾雅》何以舍其真者，録其非真者乎？且以字論之，日精之「蘜」據《玉篇》作「蘜」，是今本《説文》作「蘜」者誤，非許氏原文也。至治牆之「蘜」則從艸從鞠，而今俗書秋華菊皆借用大菊蘧麥之「菊」，以蘜從鞠聲，菊從匊聲，兩聲本同故也。然則小徐本未必是，大徐本未必非。「蘜」篆下「以秋華」，當從《玉篇》作「似秋華」。秋華者，菊之異名，疑漢、晉人有此稱，故郭注亦云「秋華菊」矣。似秋華即似菊，陶注所謂一種非真者，當即謂此。《説文》乃字書，故蘜、蘜竝列。《爾雅・釋草》則録其真者，而其似者從略，故有「蘜」無「蘜」也。《夏小正》「九月榮鞠」，《禮記・月令》「鞠有黄華」，竝「蘜」字之省，而非「蘜」字之省，益可知郭注之不誤矣。

中馗菌，小者菌。

注於上句曰：「地蕈也，似蓋，今江東名爲土菌，亦曰馗廚，可啖之。」又注下句曰：

「大小異名。」

樾謹按：中馗謂之菌，小者又謂之菌，則何以見大小之異名乎？以《釋蟲》篇「蚍蜉大螘，小者螘」例之，則當云「中馗大菌，小者菌」。以《釋魚》篇「蝤蠌小者蟧」，「蜃小者珧」例之，則當云「中馗小者菌」，不當云「中馗菌，小者菌」也。據《說文·草部》：「菌，地蕈也。」疑古本《爾雅》作「中馗地蕈，小者菌」，故《說文》即以地蕈釋菌。蓋對文則地蕈與菌大小異名，散文則亦可通也。今注中「地蕈」字蓋本在正文，傳寫誤入注文，而又增「也」字以足句。學者遂據注中「土菌」之文臆增「菌」字，❶而大小異名者轉若大小同名，義不可通矣。

薇，垂水。

注曰：「生於水邊。」

樾謹按：上句云「虇從水生」，此云「薇垂水」，蓋別虇與薇之異，見一生水中，一生水邊也。陳藏器《本草》云「薇生水旁，葉似萍」，此可證薇是水邊之草。至《詩·草蟲》篇正義引陸璣疏云「山菜也」，則因《詩》言「山有蕨薇」，《伯夷傳》又言「登彼西山兮，采其薇矣」，故以薇爲山菜，而實非此經所謂垂水之薇也。《釋文》引顧云「水濱生，故曰垂水」，此說非是。「垂水」與上句「從水生」一律。若以垂水爲薇之名，豈從水生爲虇之名乎？郝氏《義疏》引或說曰「薇名垂水，非生水濱」，以附合陸璣山菜之說，則更失之矣。

拔，龍葛。

注曰：「似葛，蔓生，有節。江東呼爲龍尾，亦謂之虎葛。」

❶「遂據」，原誤倒，今據清經解續編本乙正。

樾謹按：正文「蘢」字古本蓋止作「龍」，以其蔓生若龍尾然，故謂之龍葛。而又有虎葛之名，龍葛、虎葛，命名雖異，取義一也。因是草名，遂加草作「蘢」，非其舊矣。亦猶本篇菟荄、菟奚、菟瓜、菟葵諸「菟」字，古止作「兔」。《説文》「黄，兔瓜也」，「莃，兔葵也」，卽用《爾雅》文，可證其不從草也。上文「紅，蘢古」，據《詩》「隰有游龍」篇傳曰「龍，紅草也」，則其字亦止作「龍」。惟蘢天蘥之「蘢」與《説文》合，當從草耳。

蘦，大苦。

注曰：「今甘草也。蔓延生，葉似荷，青黄，莖赤有節，節有枝相當。或云蘦似地黄。」

樾謹按：甘草而名大苦，名與實乖，莫此爲甚，義殊可疑。其引或説謂似地黄，據蘇頌《圖經》地黄葉似車前，葉上有皺文而不光，花似油蔴花而紅紫色，與郭所説甘草形狀全不相似，然則所引或説是别一義，不知所謂似地黄者究何物也。沈括《筆談》云郭注乃黄藥也，其味極苦，故謂之大苦，非甘草也。此不知其何以知之，疑其所見郭注與今本異。而王氏念孫《廣雅疏證》非之，且謂苦與苄通，大苦卽大苄，乃「苄」字之叚借，非以其味之苦也。此恐不然。經典固有叚字，而《説文》一書解説字義，必當各從本字。其曰：「苷，甘草也。」「苄，地黄也。」「蘦，大苦也。」「苦，大苦苓也。」然則大苦與苄明分爲二，豈得卽以地黄當之？沈括之説或未可非乎？

檴，落。柚，條。《釋木》

注於上句曰：「可以爲桮器素。」於下句曰：「似橙，實酢。生江南。」

樾謹按：檴、落，柚、條竝疊韻字。《詩·大東》篇「無侵穫薪」，傳曰「穫，艾也」，箋云

「穫，落，木名也」，《釋文》曰「穫，鄭木名，字則宜從木」。是毛、鄭不但義異，字亦不同。毛公蓋以《爾雅》所云「檴落」者，檴卽穫也。落有二義，草零木落之落就其自落者言也，落實取財之落以人落之而言也。《爾雅》訓落，毛傳訓艾，其義通矣。「檴落柚條」兩文一律，竝非木名。柚者，「甹」之叚借字。《說文・马部》「甹，木生條也」，引《商書》「顛木之有甹枿」，古文言「由枿」。柚之訓條，卽木生條之本義矣。《禹貢》「厥草惟繇，厥木惟條」，「繇」亦「甹」之叚借，草木得通稱也。「甹」古文作「由」，故通作「柚」，又通作「繇」。《中山經》曰「荆山有橘櫾」，是「橘柚」字古亦作「櫾」。然則《禹貢》「繇條」此經作「柚條」，亦猶「橘柚」之爲「橘櫾」矣。木之落者謂之穫，木之生條者謂之柚，故曰「檴，落。柚，條」。學者見前後文皆釋木名，亦以木名說之，不知上文「髡梱」在「柏椈」、「椵柂」二者之閒，陳氏壽祺以《說文》梡梱說之，則亦非木名也，是卽其例矣。《說文》：「柚，條也，似橙而酢。」又曰：「條，小枝也。」夫條爲小枝，何以爲似橙而酢之木果？然則柚篆說解義不可通。或「條也」二字後人據《爾雅》增入，非許書之舊乎？

楔，荆桃。

注曰：「今櫻桃。」

樾謹按：「楔，荆桃；旄，冬桃；榹桃，山桃」，蓋別桃之異種，猶下文「休，無實李」三句別李之異種，「棗，壺棗」十一句別棗之異種也。櫻桃雖有桃名，實非桃類，何得以冠桃類之首？且徧考經傳，無稱櫻桃爲荆桃者。竊疑桃有荆桃，猶棗有齊棗，乃桃之別種，非櫻桃也。《文選・南都賦》「樫松楔櫻」，李善注引《爾雅》「楔荆桃」郭璞曰「櫻桃也」，而《蜀都賦》「棱枒楔樅」，劉逵注曰「楔，似松有刺也」，則不謂櫻桃矣。或《爾雅》舊注固不盡如郭義乎？《玉篇·木部》：「櫻，於耕切。含桃，《上林賦》云櫻桃也。」「梒，胡諳切。今謂之櫻桃也。亦作含。」「楔，革鍇切。荆桃也。」初無今謂櫻桃之説。然則郭璞之説，顧野王所不用也。

大而皵楸，小而皵榎。

注曰：「老乃皮麤皵者爲楸，小而皮麤皵者爲榎。」

樾謹按：注以大爲老，則以小爲少矣。疏引樊光説同。《釋文》引孫炎亦云老乃皮麆皵爲楸，是固《爾雅》家相傳之舊説。然上文曰「楸，小葉曰榎」，以葉之大小别楸榎也；❶此云「大而皵楸，小而皵榎」，以枝榦之大小别楸榎也，兩「小」字不當異義。《釋鳥》篇「鳥少美長醜爲鶹鷅」，彼言少長，不言大小，知大小非少長矣。《楚辭·哀郢》篇「望長楸而大息兮」，王逸注曰：「長楸，大梓。」是可證楸爲大樹也。

唐棣，移。常棣，棣。

樾謹按：《詩·何彼穠矣》篇傳「唐棣，移也」，《采薇》篇傳「常棣，棣也」，均與《爾雅》合。《晨風》篇傳「棣，唐棣也」，則與《爾雅》異矣，此必有一誤。而《兼明書》引孔氏《論語解》曰「唐棣，棣也」，亦與《晨風》傳同。《藝文類聚》八十九引《三家詩》曰「夫移之華，萼不煒煒」，是《毛詩》作「常棣」，《三家詩》作「夫移」，然則常棣是移明

❶「榎」，原作「檟」，今據《爾雅》及上下文義改。下兩「榎」字同。

矣。《常棣》篇傳「常棣，棣也」，《釋文》曰：「本或作『棠棣栘』，非。」竊疑作「栘」者毛傳之原文，作「棣」者後人據《爾雅》改之。《何彼穠矣》篇、《采薇》篇竝可類推。陸德明以《爾雅》訂毛傳，故以不非者爲非。其實《爾雅》之文本作「唐棣，棣。常棣，栘」，今本傳寫互易，非其舊也。《説文·木部》：「栘，棠棣也。」《文選》謝宣遠《於安城答靈運詩》注引《毛詩》曰「棠棣之華，萼不韡韡」，是棠棣卽常棣也。《甘泉賦》注引《爾雅》正作「棠棣，栘也」，可證今本「唐棣，栘」之誤。《玉篇·木部》：「榶，徒郎切，棣也。」「榶」卽唐棣之「唐」。又曰：「栘，余支、成兮二切，棠棣也。」可證梁時《爾雅》猶作「唐棣，棣。棠棣，栘」，與許君所見同。乃又曰：「棣，徒計切。《詩》曰『唐棣之華』，唐棣，栘也。」則與「栘棠棣也」之説自相違錯，此必後人所改，非顧氏之原文矣。

蠸輿父，守瓜。《釋蟲》

注曰：「今瓜中黄甲小蟲，喜食瓜葉，故曰守瓜。」疏曰：「蠸輿父，一名守瓜。」

樾謹按：錢氏大昕《潛研堂集》據《莊子·至樂》篇「瞀芮生乎腐蠸」，謂此蟲名蠸，又名輿父，其説非也。依郭注，自以「蠸輿父」連文。蠸輿猶權輿也。《釋詁》曰：「權輿，始也。」故凡物之初生者爲權輿，《釋草》篇「其萌蘿蕍」是也。物之小者亦爲權輿，此篇「蠸輿父」是也。《莊子》止謂之蠸者，省文耳。《鹽鐵論·散不足》篇：「諸生獨不見季夏之螇乎？」郝氏《義疏》引以説此篇之螇螰，是亦從省止稱一字也。《説文·虫部》：「蠸，蟲也。」《玉篇》：「蠸，食瓜蟲。」相沿既久，而蠸輿父之名止見於《爾雅》矣。然司馬彪注言一名守瓜，竝無一名輿父之説，亦可證郭注、邢疏之不誤也。

蒺蔾，蝍蛆。

注曰：「似蝗而大腹，長角，能食蛇腦。」疏曰：「《廣雅》云：『蝍蛆，蜈蚣也。』郭云：『似蝗而大腹，長角，能食蛇腦』，則非蜈蚣也。」

樾謹按：如郭氏之注，誠非蜈蚣矣，然所謂蝍蛆者，究莫能塙指爲何物。竊疑此與下文「蛝，馬䗃」實一物也。《廣雅·釋蟲》曰：「蛆蟝，馬𧒭，馬蚿也。」又曰：「馬䗃，蠽蛆也。」馬䗃卽馬𧒭之異名。蠽蛆與蛆蟝乃一聲之轉，此云蝍蛆，卽蠽蛆也。蠽從𢧵聲，蝍從卽聲，兩聲相近。《司隸校尉楊孟文頌》「未秋截霜」，言未秋卽霜也，是其例矣。《御覽》引吳普《本草》云：「馬蚿，一名馬軸，又謂之馬陸。」《本草》云：「馬陸，一名百足。今南方人稱蜈蚣爲百腳。」然則古人混蝍蛆、蜈蚣而爲一，正以此二蟲竝多足耳。陶注《本草》「馬陸」云：「此蟲足甚多，寸寸斷便寸行。」又引李當之云：「蟲形，長五六寸，狀如大蛩。」蛩卽蟋蟀，下文云『蟋蟀蛬』，蛬與蛩通。然則高誘注《淮南子·説林》篇，以蝍蛆爲蟋蟀，亦以二蟲相似故耳。《爾雅》既云「蒺藜，蝍蛆」，又云「蛝，馬䗃」，一物異名，而前後兩見，亦猶「螌，天螻」與「蝚，螰螻」，「不過，蟷蠰」與「莫貈，蟷蜋」，雖異名而實同物也。《廣雅》一書踵《爾雅》而作，而馬蚿與蠽蛆分爲兩條，疑卽本乎此矣。

翥醜鏬。

注曰：「剖母背而生。」疏曰：「翥，飛也。醜，類也。蟲類能飛翥者謂蟬屬，皆剖坼母背以爲孔鏬而生。」

樾謹按：下文「螽醜奮，强醜捋，蠭醜螫，蠅醜扇」，上一字皆蟲名，下一字皆蟲之形狀也。獨此文翥訓飛，則非蟲名；鏬訓剖母背而生，則非蟲之形狀，與下文不類矣。且蠭醜蠅醜，孰是不能飛者，何獨於此別之爲翥醜乎？注疏舊説疑不可從。《廣韻·九御》引《爾雅》「翥」作「⿱者䖵」，云「蟲名」，其説是也。「⿱者䖵醜鏬」者，謂凡⿱者䖵之類喜居鏬隙中也。「⿱者䖵」疑卽「蟅」之異文，「蟅」之爲⿱者䖵，猶甘蔗之「蔗」或作「睹」也。《周官·赤犮氏》「凡隙屋除其貍蟲」，鄭注曰「貍蟲，䗪肌求之屬」，是卽可爲⿱者䖵醜鏬之證。

鮂，黑鰦。《釋魚》

注曰：「卽白鯈魚，江東呼爲鮂。」

樾謹按：白鯈卽白鰷。羅願《爾雅翼》云：「其形纖細而白，故曰白鰷。」夫以纖細而白者謂之黑鰦，名與實乖矣，疑鮂魚非白鰷也。《玉篇·魚部》：「鮂，似由切，魚也。或作鮋，鮋，直留、市由二切，魚名。鰦，子夷切，黑鰦也。」竝無卽白鰷之説。其「鯈」字注云：「徒堯切，白鯈魚也，似雞，赤尾，六足四目。又直流切。」按：白儵之魚人所習見，安得有六足四目之怪狀？其文必傳寫有誤。「又直流切」四字當在「似雞赤尾」之上。蓋「鯈，徒堯切，白鯈魚也」，乃其本義，徒堯切卽讀如鰷矣。「又直流切，似雞，赤尾，六足四目」，則正《爾雅》所謂「鮂黑鰦」者，直流切卽讀如鮂，與鮂或作鮋，音直留切正同一音也。此乃魚之異者，初非白鯈。《爾雅》本作「鮂」，不作「鯈」，而説《爾雅》者誤以鯈當鮂，故《玉篇》卽於「鯈」字下載之。然別之爲直流切，則固未嘗混而一之也。《山海經·北山》篇「彭水鯈魚，其狀如雞而赤毛，三尾，六足，四首，其音如鵲」，與《玉篇》所説略同，而字亦作「鯊」。蓋鮂、鯊二字古音本同，無嫌通用。但據黑鰦之名，必非白鯊之屬。白鯊謂之鯊，而鮂亦謂之鯊。鳥獸蟲魚固多異物而同名者，魵謂之鰕，鯢大者亦謂之鰕；似鮎之魚謂之鯢，雌鯨亦謂之鯢；鱣謂之鯉，鯪魚亦謂之鯉，皆其例矣。顧野王斤斤於徒堯、直流之異音，此未免爲後世之見。然卽其音之異以知其義之殊，有功於《雅》訓不淺也。

蜪蚅。

注曰：「未詳。」

樾謹按：此卽《釋蟲》篇之「蝝蝮蜪」也。郭彼注曰：「蝗子未有翅者。」蝗是蟲類，故入《釋蟲》，而蝗本魚子所化，故又入《釋魚》也。凡魚生子多在岸旁淺水處，或水涸，其子卽變爲蝗，《爾雅》「蜪蚅」卽謂此矣。「蝝蝮蜪」見于《釋蟲》，而「蜪蚅」又見于《釋魚》，亦猶「蛭蟣」見于《釋魚》，而「蛭蝚至掌」又見于《釋蟲》也。郭於《釋蟲》不解「蛭蝚至掌」，於《釋魚》不解「蜪蚅」，未知其爲同物耳。

鶅，鵵軌。《釋鳥》

注曰：「未詳。」

樾謹按：下文「狂，茅鴟」注曰「今鵵鴟也」，鵵軌疑卽鵵鴟矣。是故「茅鴟」與「怪鴟」相次，怪鴟卽鵂鶹也。此文「鶅鵵軌」與「鵅鵋鶀」相次，鵋鶀亦卽鵂鶹也。比類而觀，鵵軌之卽鵵鴟信矣。下文又曰「雈，老鵵」，蓋鵵軌之老者謂之雈，故曰「雈老鵵」也。《説文·雈部》：「雈，鴟屬。有毛角，所鳴其民有旤。」❶然則鵵軌名鶅者，鶅猶

❶「角」，原作「羽」，「民」，原作「家」，今據《説文解字》改。

甾也。甾音如災禍之災，因以爲名歟？

鷚，天鸙。

樾謹按：《釋文》曰：「鸙，《説文》作『蘥』。」今《説文·鳥部》：「鷚，天鸙也。」蓋後人據《爾雅》改之，非其舊矣。惟蘥乃草名，《釋草》所謂「龍，天蘥」也。凡草木鳥獸之同名者多雙聲疊韻字，若《釋草》有莪蘿，《釋蟲》有蛾羅，《釋草》有蚍衃，《釋蟲》有蚍衃，皆是也。至天蘥非雙聲疊韻字，鷚鳥何取與蘢草同名？不得援莪蘿、蚍衃之例矣。疑《説文》本作「天籲」，天籲者，籲天也，《書·召誥》「以哀籲天」即其義也。此鳥高飛直上，鳴聲相屬，有如告訴，今人謂之告天鳥。告天之名與天籲同，但語有雅俗耳。

鶅，鶋老，鳸鴳。

疏曰：「舍人、李巡、孫炎、郭氏皆斷『老』上屬，『鳸』下屬。解云：鶅，一名鶋老。鳸，一名鴳。鴳，雀也。唯樊光斷『鶅鶋』爲句，以『老』下屬，注云《春秋》云：『九鳸爲九農正。』九鳸者，春鳸、夏鳸、秋鳸、冬鳸、棘鳸、行鳸、宵鳸、桑鳸、老鳸。是以『老』爲下屬。」

樾謹按：近時説《爾雅》者，郝氏謂兩讀俱通；邵氏疑下文「鳸」字上舊有「老」字，後人誤以爲重衍而去之；王氏引之《經義述聞》則以「老」字下屬爲是。今按：《説文·鳥部》：「鴳，雇也。」「鶅，欺老也。」然則許叔重讀《爾雅》正以「老」字上屬爲句矣。王氏謂《説文》當云「鶅，欺也」，此大不然。「欺老」二字合爲鳥名，止一「欺」字非鳥名也。《欠部》：「欺，詐欺也。」今云鶅欺也，不幾以詐欺説鶅字乎？可知鶅爲欺老，《爾雅》舊讀固然。樊光必以老鳸下屬者，以《左傳》九鳸有老鳸耳。夫《左傳》晚出之書，又經漢儒附益，不可爲典要。所説五鳩、五雉、九鳸，皆因《爾雅》之文附會其説，在《爾雅》初無此義也。是故佳其夫不不稱祝鳩，而爽鳩又爲來鳩，且不與鶻鳩、鳲鳩、鵙鳩相次，則非説《左傳》之五鳩也。此云「鳸鴳」，是鴳爲鳸之總名。繼之以桑鳸、竊脂，亦止説桑鳸一種。其下「春鳸鳻鶞，夏鳸竊玄，秋鳸竊藍，冬鳸竊黄，棘鳸竊丹，行鳸唶唶，宵鳸嘖嘖」，不與桑鳸之文相次，則非説《左傳》之九鳸也。至雉之名尤多，賈逵注《左傳》强以南方、東方、北方、西方四雉，益以伊洛而南之翬爲五雉，此説之不可通者。《爾雅》云：「伊洛而南，素質、五采皆備成章曰翬。江淮而南，青質、五采皆備成章曰鷂。」此兩文正相對，説五雉者何以數翬不數鷂乎？以是言之，《爾雅》之文本與《左傳》不合。《説文》於「雇」篆下列九雇之名，即用賈逵義，《左傳》家説也。於「鴳」篆下止曰「雇也」，不言「老雇」，此《爾雅》古義也。樊光乃據《左傳》以説《爾雅》，而《爾雅》之古義亡矣。蓋由爲左氏學者求九鳸之名於《爾雅》，而止得其八，不得已斷「老」字下屬，强立老鳸之名，違《爾雅》舊讀，不可從也。

鷹，鶆鳩。

注曰：「『鶆』，當爲『鷞』字之誤耳。《左傳》作『鷞鳩』，是也。」

樾謹按：「鶆」，《釋文》作「來」，云郭讀作「爽」，衆家竝依《字林》作「鶆」字，音「來」，是「來」爲正字，「鶆」爲或體，衆家悉無異説。昭十七年《左傳》正義引樊光曰：「來鳩，爽鳩也。」雖依《左傳》爲説，未敢質言字誤也。郭據《左傳》以改《爾雅》，竊所未安。《玉篇・鳥部》：「鷞，所良切，鷫鷞。鶆，力才切，鶆鳩也。」不從郭讀，其見卓矣。

貈子貆。《釋獸》

樾謹按：《周官・草人職》「鹹潟用貆」，鄭注曰「貆，貒也」，賈疏曰「按《爾雅》云『貈子貒，或曰貆』」，故以貆、貒爲一也」，是今本《爾雅》蓋有闕文。或疑「貆」通作「貛」，下文「貒子貗」，郭注「一名貛」，是貒、貛同物，故鄭以貒釋貛耳。若然，鄭當云「貆讀爲貛」矣。今無改讀之文，此説非也。

麝父，麕足。

樾謹按：麝父之名古書未見。《釋文》引李巡本作「澤父」，云「澤父，獸名」，疑古本《爾雅》作「麝黑麞，澤父麕足」。「麝黑麞」與上文「貔白狐」以類相從，「澤父麕足」與下文「豺狗足」以類相從，《釋獸》一篇文多相儷也。傳寫奪「黑麞澤」三字，遂合爲一條矣。《太平御覽》引《説文》曰「麝，黑色麞」，蓋即本《爾雅》。今《爾雅》無「黑麞」之文，傳《説文》者亦刪去「黑色麞」三字。然陶注《本草》云「麝形似麞」，則麝固麞類。今世俗猶有香麞之名，是亦古義之未泯者也。

狻麑，如虦貓，食虎豹。

注曰：「即師子也。」

樾謹按：後世俱謂狻麑即師子。《説文・犬部》：「狻麑，獸也，如虦貓，食虎豹者。」《虎部》：「虦，一曰師子。」是師子乃虦也，非狻麑也。《後漢書・順帝紀》陽嘉二年「疏勒國獻師子、犎牛」，注曰：「師子，似虎，正黄，有頿耏，❶尾端茸毛大如斗。」是師子非淺毛之獸。而經云「如虦貓」，則狻

❶「師」，原皆作「獅」，「頿」，原作「[illegible]」，今據《後漢書》改。

麑殆非師子矣。

豹文鼮鼠。❶

注曰：「鼠文采如豹者。漢武帝時得此鼠，孝廉郎終軍知之，賜絹百匹。」疏曰：「《説文》云：『鼨，豹文鼠也。』今郭氏以『豹文』下屬，未知孰是。」

樾謹按：《説文》是也。《釋獸》一篇皆先舉其名，而後詳其形狀，「豹文」二字自當上屬作「鼨鼠豹文」，不當下屬作「豹文鼮鼠」也。《玉篇·鼠部》「鼨，之弓切，豹文鼠」，與《説文》合。又曰：「鼮，徒聽切，鼠名。漢武帝時有此鼠，文如豹，終軍識之，賜絹百匹。」此蓋後人據郭注增益之，《玉篇》原文止言「鼠名」，無終軍事也。終軍之事不見于《漢書》，《藝文類聚》引《竇氏家傳》以爲是光武時孝廉郎竇收事，疑世俗相傳本無實事，郭據以説經，遂致失其句讀。唐時盧若虛據《説文》訂正，見《唐書》本傳。近人説《爾雅》者皆知之，乃猶依違郭義，兩存其説，何也？

騉蹄，趼，善陞甗。《釋畜》

注曰：「騉蹄，蹄如趼而健上山。秦時有騉蹄苑。」

樾謹按：疏引舍人云「騉蹄者，溷蹄也。趼，平也，謂蹄平正」，是以「騉蹄」連讀爲句。又引李云「騉者，其蹄正堅而平似趼也」，是讀「騉」字爲句。二讀不同，郭從舍人，是也。此云「騉蹄，趼，善陞甗」，下云「枝蹄，趼，善陞甗」，兩文相對。《莊子·騈拇》篇《釋文》引崔注曰：「枝指，謂指有岐也。」馬之枝蹄猶人之枝指矣。然則何謂騉蹄？曰：騉者，同也。《説文·日

❶「鼮」，原作「⿰鼠延」，今據《爾雅》改。

部》：「昆，同也。」《手部》：「掍，同也。」《周語》「若能類善物以混厚民人者」，韋昭注曰：「混，同也。」竝字異而義通。《老子》「故混而爲一」，河上公注曰「混，合也」，合亦同也。馬蹄之枝分者謂之枝蹄，馬蹄之混合者謂之騉蹄，其趼雖同，而騉蹄與枝蹄不同，故以騉蹄趼、枝蹄趼別而言之也。乃「枝蹄趼」上有「騉駼」二字，而「騉蹄趼」上更無他文者，古人於騉蹄之馬不别爲之名，但以騉蹄名之。若依下文之例，而曰「騉蹄，騉蹄趼」，則於詞贅矣，故無文也。舍人以溷蹄解騉蹄，溷猶混也。郭雖從其讀，未能得其義矣。然則騉駼之名何以轉施於枝蹄之馬？曰：《釋文》引舍人云「騉駼，外國之名」，此説是也。蓋其國出枝蹄馬，因卽以國名之，猶騊駼亦外國名，《楊雄傳》「前番禺，後陶塗」，師古曰「國名，出騊駼」，是騊駼亦以國得名者也。騉駼之名與騉蹄之義初不相涉，學者可無疑矣。

青驪驎，驒。

注曰：「色有深淺，斑駁隱粼。今之連錢驄。」

樾謹按：郭意蓋讀「驎」爲「粼」，不知「驎」卽「連」也。驎與連一聲之轉，《釋名·釋州國》曰「鄰，連也，相接連也」，是其例矣。均是青驪二色之馬，其不相雜厠者謂之駽，其青中有驪，驪中有青，相接連者謂之驒，故曰「青驪，駽；❶青驪驎，驒」也。後世以驒爲連錢驄，卽驎字之轉音矣。《釋文》作「粼」，蓋本郭義。又引孫云「似魚鱗也」，若然，當云「如鱗」，不得止言「鱗」也。《説文》云「青驪白鱗，文如鼉魚」，「白」字經文所無，且魚可言鱗，馬不可言鱗，於義

❶ 「駽」，原作「絹」，今據阮刻《爾雅注疏》改。

更未安矣。

陰白雜毛，駰。

注曰：「陰，淺黑。今之泥驄。」

樾謹按：《詩》正義引孫炎説，亦以陰爲淺黑，然陰非黑色之名。或謂從陰幽取義，鑿矣。「陰」當讀爲「黅」。《説文・黑部》：「黅，黄黑也。」《玉篇》曰：「記林切，黄色如金也。」《廣韻》曰：「居吟切，淺黄色也。」以是言之，黅爲黄黑色，其色非黄非黑，可謂之淺黑，亦可謂之淺黄。此承上文「黄白雜毛」之下，則當以淺黄之義爲長。蓋猶是黄白雜毛者，其黄色深則爲黄白雜毛之駓，其黄色淺則爲陰白雜毛之駰。「陰」乃「黅」之叚字，陰、黅竝從今得聲，古音相同，故得通借也。

犬生三，猣；二，師；一，玂。

注曰：「此與豬生子義同，名亦相出入。」

樾謹按：《釋獸》篇：「豕生三，豵；二，師；一，特。」豵、猣音同，惟玂與特異，故郭謂與豬生子同義。錢氏大昕因《説文》無「猣」字，據《玉篇》「猥，犬生三子也」謂「猣」是「猥」字之誤，此不然也。《玉篇・犬部》：「猣，子公切，犬生三子也。」「玂，巨衣切，犬生一子」，正與《爾雅》合。又曰「㺜、猔二同子宋切，犬生一子」，一子蓋三子之誤，是其所見《爾雅》有作「㺜」者。犬謂之㺜，豬謂之豵，足知其同義矣。又曰：「猥，於隗切，犬聲。又犬生三子也。」又曰：「㹱，音卽，犬生三子。」此是別義，非出《雅》訓。或「猣」誤作「㹱」，又誤作「猥」，未可知也。顧野王兼存其義，以廣異聞，豈可據以改經乎？

未成毫，狗。

注曰：「狗子未生𣯛毛者。」

樾謹按：上文「未成羊羜」，下文「未成鷄僆」，此文亦當一律，不當言「未生𣬉毛」也。且如注義，則經文何不言「未生毫」而言「未成毫」乎？狗犬通稱，至今猶然。若以狗爲未生𣬉毛者，則下文云「尨，狗也」，豈亦未生𣬉毛之謂乎？尨字從犬從彡，《説文》謂是犬之多毛者，其不得以爲未生𣬉毛明矣。《爾雅》以狗釋尨，狗、犬一也。若如此注，則犬之與狗若羊之與羜，鷄之與僆，區以别矣，《爾雅》何不以犬釋尨，而以狗釋尨乎？下文又曰「狗四尺爲獒」，夫未生𣬉毛至四尺以上相去縣絶，何不曰「犬四尺爲獒」，而曰「狗四尺爲獒」乎？然則郭注非也。毫卽獒也。此云「未成毫狗」，下云「狗四尺爲獒」，兩文正可互明。蓋狗自四尺以上始得獒稱，四尺以下通謂之狗。羊有未成羊之名，雞有未成雞之名，狗則無之，惟至四尺以上者異其名曰獒，故曰未成獒狗也。獒與毫古字通，《尚書·旅獒》馬、鄭均作「豪」是也。豪、毫古今字，疑古本《爾雅》并下文「四尺爲獒」之「獒」亦止作「豪」，故《説文》「獒」篆下但曰「知人心可使者」，引《春秋傳》「公嗾夫獒」爲證，而不用《爾雅》「四尺爲獒」之説，是許君所見《爾雅》不作「獒」也。後人改四尺之「豪」爲「獒」，而此文「未成豪」之「豪」則以不得其解而轉仍其舊，但傳寫者從俗作「毫」耳。《釋文》曰：「毫，本作豪。」此古本也。今定其字作「豪」，其義爲四尺以上之稱，則得之矣。

群經平議卷三十五

鳴謝

《儒藏》精華編惠蒙善助，共襄斯文；謹列如左，用伸謝忱。

本焕法師　壹佰萬元

智海企業集團董事長　馮建新先生　壹佰萬元

NE·TIGER 時裝有限公司董事長　張志峰先生　壹佰萬元

張貞書女士　壹佰萬元

北京大學《儒藏》編纂與研究中心

本册审稿人　陈　新

本册责任编委　王豐先

圖書在版編目(CIP)數據

儒藏.精華編.一〇二/北京大學《儒藏》編纂與研究中心編.—北京：北京大學出版社，2014.3

ISBN 978-7-301-11820-7

Ⅰ.①儒… Ⅱ.①北… Ⅲ.①儒家 Ⅳ.①B222

中國版本圖書館CIP數據核字（2014）第028300號

書　　名	儒藏（精華編一〇二） RUZANG（JINGHUABIAN YILINGER）
著作責任者	北京大學《儒藏》編纂與研究中心　編
責任編輯	吴遠琴
標準書號	ISBN 978-7-301-11820-7
出版發行	北京大學出版社
地　　址	北京市海淀區成府路205號　100871
網　　址	http://www.pup.cn　　新浪微博：@北京大學出版社
電子郵箱	編輯部 dj@pup.cn　總編室 zpup@pup.cn
電　　話	郵購部 010-62752015　發行部 010-62750672　編輯部 010-62756449
印 刷 者	北京中科印刷有限公司
經 銷 者	新華書店
	787毫米×1092毫米　16開本　59印張　572千字
	2014年3月第1版　2023年12月第3次印刷
定　　價	1200.00元

ISBN 978-7-301-11820-7

定價：1200.00元